NTOA 43

Peter Egger

Verdienste vor Gott?

NOVUM TESTAMENTUM ET ORBIS ANTIQUUS (NTOA)

Im Auftrag des Biblischen Instituts
der Universität Freiburg Schweiz
herausgegeben von Max Küchler
in Zusammenarbeit mit Gerd Theissen

Zum Autor:

Peter Egger, geb. 1958, studierte von 1978 bis 1984 an der ev.-theol. Fakultät der Universität Bern. Während eines Studienjahres an der Hebräischen Universität in Jerusalem arbeitete er sich in die rabbinischen Auslegungsmethoden ein. Seine Lizenziatsarbeit im Gebiet der Judaistik trägt den Titel: Von den Middot des Rechts und der Barmherzigkeit (maschinenschriftliches Manuskript), Bern 1983. Peter Egger ist seit 1985 Pfarrer in der ev.-ref. Kirchgemeinde Biel-Mett. 1998 promovierte er an der Theologischen Fakultät des Universität Freiburg.

Novum Testamentum et Orbis Antiquus 43

Peter Egger

Verdienste vor Gott?

Der Begriff *z^ekhut* im rabbinischen Genesiskommentar Bereshit Rabba

Universitätsverlag Freiburg Schweiz
Vandenhoeck & Ruprecht Göttingen
2000

Die Deutsche Bibliothek – CIP-Einheitsaufnahme

Egger, Peter:
Verdienste vor Gott?: der Begriff z^{e}khut im rabbinischen Genesiskommentar Bereshit Rabba / Peter Egger. – Freiburg [Schweiz]: Univ-Verl.; Göttingen: Vandenhoeck und Ruprecht, 2000
(Novum testamentum et orbis antiquus; 43)
ISBN 3-525-53943-6
ISBN 3-7278-1275-3

Veröffentlicht mit Unterstützung des Hochschulrates Freiburg Schweiz,
des Rektorates der Universität Freiburg Schweiz

Die Druckvorlagen der Textseiten wurden vom Autor
reprofertig zur Verfügung gestellt.

Paulusdruckerei Freiburg Schweiz
ISBN 3-7278-1275-3 (Universitätsverlag)
ISBN 3-525-53943-6 (Vandenhoeck & Ruprecht)
ISSN 1420-4592 (Novum Testam. orb. antiq.)

Meinem Lehrer
Prof. Dr. theol. Kurt Stalder (1912-1996)
und meinen antiken Lehrern
den Rabbinen,
die in diesem Buche zu Worte kommen

Vorwort

Die Aufgabe der vorliegenden Arbeit habe ich nicht selbst gewählt. Vielmehr wurde sie mir durch Prof. Dr. Kurt Stalder (1912-1996) gestellt, der in meiner Studienzeit an der Theologischen Fakultät Bern mein eigentlicher Lehrer wurde. Auch in den vielen Jahren danach unterstützte er mich bei meinen wissenschaftlichen Bemühungen und in meiner Tätigkeit als Pfarrer. Dabei kamen mir seine überaus grosse Fähigkeit und Bereitschaft zugute, Fragen zu stellen und die Dinge unter vielen verschiedenen Gesichtspunkten zu sehen, sowie seine herzliche Anteilnahme und seine nie ermüdende Hilfsbereitschaft. Als kleines Zeichen des Dankes ist ihm diese Arbeit gewidmet.
Die zweite Widmung gilt meinen antiken Lehrern, den Rabbinen, die in dieser Arbeit zu Worte kommen. Durch ihre Auslegungsweise, die mehr am Detail als an grossen Zusammenhängen interessiert ist, schärften sie meinen eigenen Blick für biblische Texte. Die theologische Grösse, Weite, Tiefe und Kraft ihrer Aussagen haben mich immer wieder neu erstaunt, fasziniert und mein Denken wesentlich verändert und bereichert, was sich auch in meiner pfarramtlichen Tätigkeit auswirkt. Ich hoffe daher, dass dieses Buch nicht nur zur Klärung des Begriffs *z^e^khut* in Midrasch Bereshit Rabba beiträgt, sondern seinen Leserinnen und Lesern etwas vom Reichtum rabbinischen Denkens und der Freude daran vermittelt.
Bei der Bedeutung von *z^e^khut* in Midrasch Bereshit Rabba bin ich zu anderen Ergebnissen gekommen als die bisherige Forschung. Der für Christen vielleicht erstaunlichste Befund, den die analysierten rabbinischen Texte ergaben, besteht darin, dass diese und damit auch der Begriff *z^e^khut* nur im Lichte von Erwählung und Gnade verstanden werden können. Dass alles unter dem Vorzeichen von Erwählung und Gnade steht, gehört zu den grossen Wiederentdeckungen der Reformation. Unter diesem Gesichtspunkt kommen rabbinisches Denken und Reformation einander sehr nahe. Während jedoch in der reformierten Tradition das menschliche Wollen gegenüber demjenigen Gottes in den Hintergrund geriet, erhält es bei den Rabbinen dasselbe Gewicht wie dasjenige Gottes. Die Erwählung wird nur durch die Gott antwortende Glaubenspraxis von Erwählten verwirklicht und kommt nur durch sie zum Ziel.
Christliche Forscher sind bei der Interpretation rabbinischer Texte oft allzu schnell zu Vergleichen mit dem Neuen Testament bereit. Vor dieser Gefahr hat mich Prof. Dr. Max Küchler von allem Anfang an bewahrt und mich veranlasst, die untersuchten Texte allein aus ihrem rabbinischen Umfeld zu interpretieren. Für die Bereitschaft, die Leitung meiner Dissertation zu übernehmen, für seine kompetente fachliche Begleitung, die

gute Zusammenarbeit und dafür, dass mit seiner Hilfe aus einer Idee ein lesbares Buch wurde, danke ich ihm ganz herzlich.
Einer meiner ersten Leser war Dr. theol. Walter E. Meyer. Für sein lebhaftes Interesse an meinen Textanalysen, für seine schonungslose Kritik und seine vielen konstruktiven Änderungsvorschläge gebührt ihm ganz besonderer Dank. PD. Dr. theol. Kurt Schori verdanke ich wichtige linguistische Hinweise. Und Prof. Dr. Adrian Schenker hat freundlicherweise das Koreferat übernommen. Seine kritische Stellungnahme hat zu weiteren Verbesserungen der Dissertation geführt, wofür ich ihm sehr dankbar bin.
Als eine besondere technische Schwierigkeit erwies sich die Beschaffung der rabbinischen Originalliteratur. Viele Werke sind nur schwer und allenfalls nur noch antiquarisch erhältlich. Bei der Beschaffung haben mir meine Freunde Ahron und Schoschanah Kirschner in Holon (Israel) sehr geholfen. Herzlichen Dank auch ihnen!
Um die vorliegende Arbeit neben einem vollen Pfarramt zu verfassen, waren Beurlaubungen notwendig. Obwohl ich für diese Zeit Stellvertretungen organisierte, übernahm mein Kollege Pfr. Adrian Beyeler in der ev.-ref. Kirchgemeinde Biel-Mett vieles an Mehrarbeit. Für seine Grosszügigkeit, sein stetiges Wohlwollen und seine rege Anteilnahme an meiner wissenschaftlichen Tätigkeit und viele anregende Gespräche schulde ich ihm den allergrössten Dank.
Ganz besonders zu danken habe ich aber – neben vielen Ungenannten – meiner Frau Ursula und meinen beiden Töchtern Kathrin und Mirjam. Obwohl ihnen an meinem Forschungsgegenstand manches fremd geblieben ist, glaubten sie mit mir an dessen Wichtigkeit und nahmen am Fortgang meiner Arbeit lebhaft Anteil, indem sie mich auf meinem langen Weg begleiteten und Höhepunkte und Tiefen mit mir teilten.

Biel, den 2. September 1999

Peter Egger

Inhaltsverzeichnis

EINLEITUNG

HAUPTTEIL

SCHLUSS

Anhang

Verzeichnisse

Einleitung

1. Die Frage

1.1 Die Ausgangsfrage

Ist das Judentum und insbesondere das rabbinische Judentum eine „Verdienstreligion“? Leben die Juden von ihren „Verdiensten“, die sie vor Gott erwerben und vor ihm geltend machen können, die Christen hingegen von Gottes Gnade? – Dass diese und ähnliche Fragen mit Ja zu beantworten seien, wurde von christlicher Seite lange als nahezu selbstverständlich angenommen. Dabei schien ein Beweis für die Richtigkeit dieser Annahme darin zu liegen, dass in der rabbinischen Literatur oft der Ausdruck זכות (*z^e^khut*) bzw. זכות אבות (*z^e^khut avot*) vorkommt.
Das Nomen זכות (*z^e^khut*) kommt in der Hebräischen Bibel noch nicht vor, sondern erst im Mittelhebräisch der Rabbinen. Die Wörterbücher geben für *z^e^khut* verschiedene Übersetzungsmöglichkeiten an, doch ist ihrer Meinung nach eine der Hauptbedeutungen „Verdienst“ bzw. „merit“ (s.u. S. 26f). In den Übersetzungen rabbinischer Texte wird *z^e^khut* ebenfalls sehr oft mit „Verdienst“ („merit“) wiedergegeben. Diese Meinung teilen die christlichen mit den jüdischen Autoren.
In einem viel beachteten Werk hat E. P. Sanders sich mit grosser Entschiedenheit gegen die Auffassung des rabbinischen Judentums als einer „Verdienstreligion“ gewehrt.[1] Sanders lehnt die Übersetzung von *z^e^khut* mit „Verdienst“ jedoch nicht ab (s.u. S. 19f). Er folgt dabei G. F. Moore, dessen Auffassung nach *z^e^khut* in rabbinischen Texten zwar auch, aber längst nicht immer „Verdienst“ bedeutet (s.u. S. 15-18). J. Neusner hingegen bestreitet, dass *z^e^khut* „Verdienst“ bedeute (s.u. S. 21-25).
Da die Frage noch immer offen ist, ob *z^e^khut* a) immer, b) auch, oder c) nie „Verdienst“ bedeutet, ist eine weitere Untersuchung gerechtfertigt. In dieser Arbeit wird eine Antwort auf die Frage nach der Bedeutung von *z^e^khut* in einem zentralen rabbinischen Text, im Midrasch Bereshit Rabba, gegeben.[2]

---

1) E. P. Sanders, Paul and Palestinian Judaism. A Comparison of Patterns of Religion; deutsch: Paulus und das palästinische Judentum. Ein Vergleich zweier Religionsstrukturen. Zum Ziel seiner Arbeit vermerkt Sanders (IX): „Eins der Ziele dieses Buches war, der vorherrschenden christl. Beurteilung des rabb. Judentums, wonach es sich bei ihm um eine Religion gesetzlicher Werkgerechtigkeit handele, ein Ende zu bereiten.“ Vgl. auch die Ausführungen Sanders’ zum rabbinischen Judentum zur Zeit der Tannaiten, ebd. 75-224.

2) Zur Begründung dieser Eingrenzung s.u. Kapitel 2. und 3.

1.2 Forschungsgeschichtliche Situierung

a. Die Monografie A. Marmorsteins (1920)

A. Marmorsteins Monografie *The Doctrine of Merits in Old Rabbinical Literature, London 1920*, ist zwar nicht die älteste Darstellung zur Bedeutung von *z^e khut* in den rabbinischen Schriften. Aber sie gilt noch immer als Standardwerk und wird trotz ihres Alters noch von vielen benützt. Die Darstellung der Forschungslage soll daher mit der Vorstellung von Marmorsteins Werk beginnen.

Marmorsteins (3) Auffassung nach gibt es eine rabbinische Verdienstlehre. Diese formuliert er in Opposition zur Lehre der Kirchenväter und somit zu einer christlichen Auffassung: Im Unterschied zu den Christen, die aus Gnade gerechtfertigt werden, werden die Juden von ihren Rabbinen gelehrt, „how one can obtain positive merits" (ebd. 3). Marmorstein formuliert also gerade das als Positivum, was die christliche Polemik, wie sie z.B. auch bei Billerbeck begegnet (s.u. S. 13f), dem rabbinischen Judentum negativ anlastet. Marmorstein hat die christliche Polemik zweifellos gekannt. Aber er weist weder darauf hin, dass sie ihm bekannt ist, noch grenzt er sich dagegen ab.

Dass die Rabbinen die Juden lehrten, wie man „Verdienste" erwerben kann, ist für Marmorstein deshalb etwas völlig Positives, weil dadurch der „immeasurable value" (ebd. 3) jedes Menschen zum Ausdruck kommt, und weil die „Verdienste" nicht bloss denjenigen zu Gute kommen, welche sie erwerben, sondern vielmehr anderen (ebd. 4):

> Our chief concern will be to describe how men or women can obtain merits, according to the teachings of the scribes, which shall benefit not merely themselves, but also their posterity, their fellow-creatures, their ancestry, their whole generation, not merely during their life, but even after their departure from the land of the living. Even in the hereafter their merits protect and heal others.

Es gibt gemäss diesen Sätzen fast keine Grenze für die positive Wirksamkeit der „Verdienste". Von ihnen profitieren nicht nur die Zeitgenossen oder Nachkommen jener, welche sich vor Gott verdient gemacht haben, sondern sogar deren *Vorfahren*. Nach Marmorstein kommt den „Verdiensten" somit also praktisch *universale Bedeutung* zu. Zur Frage, *wie* und *durch wen* diese erworben werden können, äussert sich Marmorstein (20) wie folgt:

> We learn, therefore, (1) God has given the Law to enable man to obtain merits; (2) by not using the reward which is due to him who

observes the Law, they are preserved for the later generations; (3) Jews and Gentiles are alike in acquiring merits for good deeds.

Marmorstein zufolge ist die *torah* also ein Instrument zum Erwerb von „Verdiensten". Obwohl die *torah* den Juden gegeben ist, können nicht nur diese, sondern auch die Heiden „Verdienste" erwerben (vgl. auch ebd. 8, 19, 81f, 99) Aus diesem Grunde sagt Marmorstein (3) nicht, die Rabbinen hätten gelehrt, wie die Juden „Verdienste" erwerben können, sondern „how one can obtain positive merits".
Trotz der immensen Bedeutung, die bei Marmorstein den „Verdiensten" zukommt, würde man ihn missverstehen, wenn man meinte, alles Gute, das Gott den Menschen erweist, tue er einzig und allein aufgrund von „Verdiensten". So führt Marmorstein (12-15) auch viele Stellen an, in denen davon die Rede ist, dass Gott den Menschen um seines Namens willen, d.h. also um seiner selbst willen Gutes erweist.
Als Belege führt Marmorstein unzählige Stellen aus der rabbinischen Literatur an, in denen seiner Auffassung nach davon die Rede ist, wie Menschen von den „Verdiensten" anderer profitieren konnten. Bei denjenigen, die davon profitierten, handelt es sich in den meisten Fällen um Israel oder um einzelne seiner Glieder. Bei denjenigen, welche die „Verdienste" erwarben, handelt es sich meistens um die „Väter" – also um Abraham, Isaak und Jakob – und um andere Gestalten der Bundesgeschichte Gottes mit Israel. Marmorstein ist jedoch der Ansicht, dass *alle* Menschen „Verdienste" erwerben können. Er führt dafür auch ein paar Beispiele an (vgl. ebd. 8, 19, 81f, 99). In weitaus den meisten Stellen ist aber von Israel bzw. von seinen Repräsentanten die Rede.
In seiner Darstellung verfährt Marmorstein nach folgender Methode:

1. Marmorstein setzt voraus, dass *z^ekhut* „merit" bedeutet. Er gibt an, mit welchen Verben und in Verbindung mit welchen anderen Wörtern *z^ekhut* in der rabbinischen Literatur vorkommt (ebd. 6-12). Dabei weist er darauf hin, dass בשביל (*bishvil*) und בשכר (*bis^ekhar*) austauschbare Begriffe für בזכות (*biz^ekhut*) seien. Entsprechend führt Marmorstein in seiner Darstellung neben vielen Stellen, in denen *z^ekhut* vorkommt, auch solche an, in denen die Ausdrücke *bishvil* und *bis^ekhar* vorkommen. Aber es werden auch Stellen zitiert, in denen das Verb זכה (*zakha*) vorkommt, von dem *z^ekhut* ja abgeleitet ist.
2. Die Übersetzung von *z^ekhut* mit „merit" bzw. „merits" – Marmorstein übersetzt den Singular von *z^ekhut* meistens mit einem Plural – ist an und für sich mehrdeutig.[3] Marmorstein verwendet den Begriff im ganz

3) Einige Beispiele sollen zeigen, wie vielseitig verwendbar dieser Begriff in der englischen Sprache ist. Zu *merit* geben die Wörterbücher u.a. folgende Bedeutungen an: The Oxford English Dictionary, Prepared by J. A. Simpson and E. S. C. Weiner, 20 Bde., Oxford

eingeschränkten Sinn einer „verdienstlichen Tat" oder „verdienstlichen Handelns" (vgl. auch ebd. 6-12). Dies geht auch aus seiner Aussage hervor, *z^ekhut* und מעשה (*ma^{c}aseh*) – „Tat, Tun, Handeln" – seien bei gewissen Rabbinen austauschbare Begriffe (ebd. 11).

3. Um seine Aussagen zu belegen, führt Marmorstein eine beeindrukkende Fülle von Stellen aus der rabbinischen Literatur an. Bei keinem anderen Autor findet man ein derart reiches Stellenmaterial. Bedingt durch diesen Reichtum kann Marmorstein die einzelnen Stellen nicht vollständig, sondern nur fragmentarisch zitieren. Oft auch gibt er deren Inhalt paraphrasierend wieder, oder beschränkt sich auf eine Stellenangabe in einer Fussnote. Zitate in der Originalsprache sind selten. Diese Verfahrensweise bietet für den Leser die Schwierigkeit, dass er den Gang in die rabbinische Literatur antreten muss, wenn er überprüfen will, ob der Inhalt der angeführten Belege sich tatsächlich mit Marmorsteins Aussagen deckt.

b. S. Schechter (1909)

In seinen Ausführungen gibt S. Schechter *z^ekhut* oft mit *„Zachuth"* wieder.[4] Es ist jedoch klar, dass er damit „merit" meint (170). Was Schechter unter „merit" versteht, wird aus folgenden Sätzen ersichtlich (170):

> THE last chapter having treated of the righteousness achieved through the means of the Law and the sin involved by breaking it, it will be convenient to deal here with the doctrine of the זכות אבות (the Merits of the Fathers), the merits of whose righteousness are charged to the account of Israel. This doctrine plays an important part in Jewish theology, and has its counterpart in the belief that under certain conditions one person has also to suffer for the sins of another person. We have thus in Judaism both the notion of imputed righteousness and imputed sin. They have, however, never attained such significance either in Jewish theology or in Jewish conscience

---

^{2}1989, IX,634: „quality", „excellence, „worth"; R. E. Allen, (Hrsg.), The Concise Oxford Dictionary of Current English, Oxford ^{8}1990, 743: „excellence, worth"; L. Urdang, The Oxford Thesaurus, An A-Z Dictionary of Synonyms, Oxford 1991, 268: „worth, worthiness, value, excellence, quality, virtue, good, goodness". Aus allen drei angeführten Wörterbüchern geht klar hervor, dass sich „quality", „excellence, „worth", „worthiness", „value", „good" und „goodness" nicht nur auf Personen beziehen kann, sondern ebensosehr auf *Sachen*. Auch muss der Wert, die Qualität usw. also „the merit" bei einer Person nicht notwendigerweise in einer guten oder hervorragenden Tat bzw. Leistung bestehen, obwohl „merit" natürlich auch im Sinne „einer guten oder hervorragenden Tat bzw. Leistung, die Anerkennung verdient," verwendet wird. Die Wörterbücher zeigen, dass Marmorstein den Begriff „merit" nur in einem eingeschränkten Sinne verwendet.

4) S. Schechter, Aspects of Rabbinic Theology, Major Concepts of the Talmud, New York 1909, Ndr. 1961, 170-185.

> as it is generally assumed. By a happy inconsistency, in the theory of salvation, so characteristic of Rabbinic theology, the importance of these doctrines is reduced to very small proportions, so that their effect was in the end beneficial and formed a healthy stimulus to conscience.

Zu Schechters Verständnis von *z^{e}khut* ergibt sich aus diesen Sätzen folgendes Bild:

1. Nach Schechter ist die *z^{e}khut avot* eine „imputed righteousness" („imputierte Gerechtigkeit"). Das Gegenstück dazu ist die „imputed sin" („imputierte Sünde").[5] Da es sich bei den Sünden um Taten handelt, folgt aus dieser Gegenüberstellung, dass es sich auch bei den „Merits of the Fathers" um Taten handelt. Wie später Marmorstein versteht demnach schon Schechter unter „merit" „verdienstliche Taten" bzw. „verdienstliches Handeln". Dies wird von folgender Aussage bestätigt: „Of course, Israel need not despair, for when every *Zachuth* of the ancestral piety disappears, Israel can always fall back on the grace of God, never to be removed" (ebd. 178). Bei der „ancestral piety" handelt es sich um ein *Tun* der Väter. Daraus folgt, dass es sich bei der „*Zachuth* of the ancestral piety" nur um ein „merit" im Sinne eines „Verdienstes" handeln kann.
2. Wie später Marmorstein geht schon Schechter davon aus, dass es eine rabbinische Verdienstlehre gebe. Im Unterschied zu Marmorstein schätzt er deren Bedeutung jedoch eher gering ein. Letztlich werden sämtliche „Verdienste" durch Gottes Gnade überboten.
3. Als Urheber der „Verdienste" nennt Schechter ausser den Vätern auch noch die „Pious Contemporary" und „Pious Posterity". Als Nutzniesser der „Verdienste" nennt er Israel. Anders als später Marmorstein, schränkt Schechter die „Verdienste" auf Israel ein. Aus Schechters Ausführungen geht hervor, dass es sich nicht nur bei den Vätern, sondern auch bei den „Pious Contemporary" und „Pious Posterity" um Israeliten handelt.

c. *Der Kommentar P. Billerbecks (1926-1928)*

P. Billerbecks[6] Position ist von besonderem Interesse, da sie von vielen Neutestamentlern geteilt wurde bzw. noch immer geteilt wird.[7] Sein Kom-

---

5) Zur Frage der „imputed sin" s.u. Exkurs B.

6) H. L. Strack / P. Billerbeck, Kommentar zum Neuen Testament aus Talmud und Midrasch, München 1926-1928, ^{9}1986

7) Vgl. die forschungsgeschichtlichen Ausführungen von Sanders (27-54). Sanders (28) ist der Meinung, dass die Position Billerbecks oder eine ihr ähnliche unter christlichen Forschern noch immer weit verbreitet ist.

mentar bietet keine eigentliche Auslegung des Neuen Testaments, sondern reiches Material aus der rabbinischen Literatur, das zu dessen Verständnis beiträgt. Dieses besteht sowohl aus Übersetzungen und aus vielen Stellenangaben. Obwohl das Werk Billerbecks bereits über ein halbes Jahrhundert alt ist, und manche seiner Aussagen überholt sind, wird es immer noch oft benützt, und zwar meist nicht so sehr als Kommentar zum Neuen Testament, sondern vielmehr wie ein Nachschlagewerk und als Quellensammlung rabbinischer Texte. Auch Billerbecks Übersetzungen werden von vielen verwendet.
Billerbecks Verständnis von *z^e^khut* kommt in den folgenden Sätzen gut zum Ausdruck (IV/1,490):

> Die alte Synagoge hat die Idee des Gnadenlohnes nicht festgehalten. Das hatte seinen Grund darin, dass ihre Lohnlehre in völlige Abhängigkeit von ihrer Rechtfertigungslehre geriet (s. zu dieser Exkurs 1 S. 3ff). Ein Hauptsatz der letzteren lautet: Die Tora ist Israel nur gegeben worden, damit sie durch sie Verdienst erwerben; d. h. Gott hat seine Gebote nur zu dem Zweck gegeben, dass die Israeliten durch ihre Erfüllung in den Besitz verdienstlicher Leistungen gelangen möchten, u. zwar weil Gott irgendeinen Segen, irgendein Heil nur demjenigen zuwenden kann, der ein Verdienst vor ihm aufweisen kann. .... Hiernach hat der Israelit zunächst irgendein Gottesgebot zu erfüllen; dadurch erwirbt er ein Verdienst vor Gott; dann erst kann Gott auf Grund dieses Verdienstes irgendeinen Gottessegen als Lohn auszahlen. Damit tritt dem obigen Grundsatz: „Die Tora ist Israel nur gegeben worden, damit sie durch sie Verdienst erwerben“, der andre gleichbedeutende zur Seite: „Die Tora ist Israel nur gegeben worden, damit sie durch sie Lohn erwerben.“

Billerbeck bestreitet nicht, dass es in der „alten Synagoge“ den „Gnadenlohn“ gegeben habe (IV/1,487f). Zum Beweis dafür führt er auch einige Stellen an (IV/1,488ff). Wenn er in der „alten Synagoge“ dennoch eine Entwicklung vom „Gnadenlohn“ zum „Lohn“, der ausschliesslich und allein im „Verdienst“ begründet ist, feststellen zu können meint, liegt dies am Wort *z^e^khut*, das nach allgemein anerkannter Auffassung „Verdienst“ bedeutet. Dass er seine Auffassung von der Bedeutung des „Verdienstes“ im rabbinischen Judentum derart radikal formuliert – so dass Marmorstein, Schechter und alle anderen Autoren, die noch vorgestellt werden, sich dagegen wehren würden – hängt sicher damit zusammen, dass er das Bedürfnis hat, seinen christlichen Glauben vom jüdischen radikal abzugrenzen.

d. G. F. Moore (1946)

Im Unterschied zu Marmorstein und Schechter setzt sich G. F. Moore in seiner Darstellung[8] ausdrücklich mit christlichen Positionen und Vorurteilen auseinander (ebd. I,93f):

> The prejudice of many writers on Judaism against the very idea of good works and their reward, and of merit acquired with God through them, is a Protestant inheritance from Luther's controversy with Catholic doctrine, and further back from Paul's contention that there is no salvation in Judaism, for 'by the works of the law shall no flesh be justified in His sight.' Paul's assertion is the corollary of his first proposition, that the one universal and indispensable condition of salvation is faith in the Lord Jesus Christ. Luther is bent on proving that salvation is wholly and solely the work of God's free grace, which takes no account of man's works. Both involve the question in the doctrine of salvation.

Weshalb dieses christliche Vorurteil falsch ist, geht besonders deutlich aus den folgenden Sätzen hervor (ebd. I,94f):

> It should be remarked, further, that "a lot in the World to come," which is the nearest approximation in rabbinical Judaism to the Pauline and Christian idea of salvation, or eternal life, is ultimately assured to every Israelite on the ground of the original election of the people by the free grace of God, prompted not by its merits, collective or individual, but solely by God's love, a love that began with the Fathers. For this national election Paul and the church substituted an individual election to eternal life, without regard to race or station.
>
> These facts are ignored when Judaism is set in antithesis to Christianity, a "Lohnordnung" over against a "Gnadenordnung." "A lot in the World to Come" is not wages earned by works, but is bestowed by God in pure goodness upon the members of his chosen people, as "eternal life" in Christianity is bestowed on the individuals whom he has chosen, or on the members of the church. If the one is grace, so is the other.

Nach Moore hat also jeder Israelit aufgrund der Erwählung Israels „a lot in the World to Come", d.h. „einen Anteil an der kommenden Welt". Diese haben ihren Grund in der freien Gnade Gottes. Moore sieht daher

8) G. F. Moore, Judaism in the first Centuries of the Christian Era, The Age of the Tannaim, Cambridge 1946, I,537-545, III,162ff, vgl. auch I,93ff.

keinen grundsätzlichen Unterschied oder gar Gegensatz zwischen der rabbinischen und der christlichen Soteriologie.
Im Unterschied zu Marmorstein und Schechter bezieht Moore die Erwählung Israels in seine Überlegungen mit ein.[9] Somit sind „reward" und „merit" nach Moore unter dem Vorzeichen der Erwählung zu verstehen. Was dies genau bedeutet, in welchem Verhältnis sich „reward" und „merit" zur Erwählung durch Gott und zu seiner Gnade verhalten, führt Moore allerdings nicht aus. Zudem spricht er im Unterschied zu Marmorstein nirgendwo davon, dass auch die Heiden – und somit also Nicht-Erwählte – „Verdienste" erwerben können.
Wie Marmorstein und Schechter versteht auch Moore unter „merit" eine „verdienstliche Tat" bzw. „verdienstliches Handeln". Dies geht aus dem ersten der beiden angeführten Zitate hervor, wo die „good works" in einem Atemzug mit „reward" und „merit" genannt werden. Dies geht aber auch aus Moores Gewohnheit hervor, anstatt von „merit" von „good desert" zu sprechen, das man mit „guter Lohn" übersetzen kann. Allerdings ist Moores Verdienstbegriff im Unterschied zu Marmorstein und Schechter weiter gefasst (ebd. III,164, Anm. 249):

> זכות is virtue, righteousness, good desert.... בזכות is, however, often used in a prepositional way, without thinking of the desert, or merit, of the object, as we use 'bye virtue of' without any thought of the usual meaning of the noun. Similar cases are the Greek χάριν, δίκην, Latin *gratia* with a genitive, equivalent to *propter*. When we read, for example, that the world was created בזכות התורה (Gen. R. 12, 2; Tanḫuma ed. Buber, Bereshit § 10) or בזכות השבטים (Gen. R.), or בזכות ישראל (Tanḫuma, l.c.), the natural rendering is 'for the sake of the Torah,' 'for the sake of the tribes' (of Israel); 'for the sake of Israel,' not 'on account of the excellence of the Torah' or 'on account of the good desert of the tribes' or 'of Israel.' So the Red Sea was divided בזכות ירושלים 'for Jerusalem's sake' (Mekilta on Exod. 14, 15, ed. Weiss, f. 35a; citing Isa. 51, 9 f.); the world was created בזכות ציון (Tanḫuma, Buber, Bereshit § 10). – In other places the זכות אבות is a good inheritance which Israel has from its forefathers. Thus Israel is compared to an orphan maiden who has been brought up in a palace. When it came time for her to be married, people said to her, you have nothing at all (no inheritance). She replied, I have something from my father and from my grandfather. So Israel has זכות from that of Abraham and from our father Jacob (Isa. 61,10; Pesiḵta ed. Buber, f. 147b). Frequently the phrase בזכות אבות is best trans-

9) Es gibt nur gerade eine Stelle, in der Marmorstein über das Verhältnis von Erwählung und „merit" spricht, und die der Diskussion bedarf (s.u. S. 262ff).

> lated the same way: for the sake of the Patriarchs God opened the well in the desert, for the sake of the Patriarchs Israel was given the manna to eat, etc. (Tanh̲uma ed. Buber, Wayyera 9, f. 45b, 46a; H̲uk̲k̲ot 48; Beshallah̲ 24, etc.).

Aus diesen Sätzen geht folgendes hervor:

1. Moore sagt, dass *biz^{e}khut torah* nicht „on account of the excellence of the Torah" bedeute. Daraus folgt, dass er „merit" auch im Sinne von „excellence" versteht.[10] Aus seinen Ausführungen wird allerdings nicht klar, wann er unter *z^{e}khut* „merit" im Sinne Marmorsteins und Schechters versteht, und wann als „excellence".
2. Dem Ausdruck kommt *biz^{e}khut* keine besondere Bedeutung und kein besonderes Gewicht zu. *biz^{e}khut* bedeutet „um .... willen" bzw. „wegen". Nun kommt *z^{e}khut* in der rabbinischen Literatur oft, um nicht zu sagen in den meisten Fällen, mit der Präposition בְּ (*b^{e}*) vor.[11] Wenn Moore recht hat, wird die Bedeutung von *z^{e}khut* in der rabbinischen Literatur drastisch reduziert. Andererseits wäre an ihn die kritische Frage zu richten, ob dem „wegen" bzw. „um .... willen" in den Aussagen, dass die Welt „for the sake of the Torah", „for the sake of the tribes" oder „for the sake of Israel" erschaffen wurde, wirklich kein besonderes Gewicht zukommt. Hat nicht jedes „wegen" bzw. „um .... willen" sein Gewicht, und zwar umso mehr, je gewichtiger der Gegenstand ist, auf den es sich bezieht? Es stellt sich daher die Frage, was es zu bedeuten hat, wenn gesagt wird, die Welt sei um der *torah*, der Stämme oder Israels willen erschaffen worden.
3. Der Ausdruck זכות אבות bedeutet Moore zufolge an vielen Stellen „a good inheritance". Aus seinen Ausführungen wird jedoch nicht klar, was er damit meint.

Dass er mit dem „guten Erbe" der Väter nicht einen „Schatz" oder „Fonds" meint, sagt er allerdings deutlich (ebd. I,544f):

> The customary rendering of זכות אבות by 'merit of the fathers' has led some scholars erroneously to attribute to the rabbis a doctrine corresponding to the Roman Catholic doctrine of the treasury of merits. In the first place, there is no rabbinical *doctrine* on the subject, as the foregoing exposition should suffice to make evident. Second, the notion of the efficacy of the merit of the fathers has not the remotest affinity to Catholic doctrine. The *thesaurus meritorum Jesu Christi et sanctorum* is a fund, so to speak, deposited to the credit of the Church, on which the Pope, as the successor of Peter

---

10) S.o. S. 11, Anm. 3.

11) In Midrasch Bereshit Rabba gibt es nur wenige Fälle, in denen *z^{e}khut* ohne diese Präposition vorkommt. In anderen Midraschim dürfte es sich wohl ähnlich verhalten.

> and the vicar of Christ, draws when he grants indulgences to the faithful. The 'merit of the fathers' is no treasury of supererogatory and superabundant good works; and, above all, there was no Church, and no Pope to dispense it upon his own conditions. That God, having regard to the character of the patriarchs, his relations to them and his promises to them, in his good pleasure shows special favor or undeserved lenience to their posterity, is a wholly different thing. Men may seek of God the forgiveness of sins 'for the sake of the fathers'; but they cannot claim to have their demerit offset by the merit of the fathers.

Im grossen Unterschied zu Marmorstein und Schechter vertritt Moore die Auffassung, dass es keine rabbinische Lehre über die „Verdienste“ gebe. Moores Stellenmaterial ist im Unterschied zu Marmorstein allerdings zu schmal, um zu beurteilen, ob er mit dieser Auffassung recht hat oder nicht.

e. E. E. Urbach (1979)

E. E. Urbach geht nicht auf die Frage ein, ob es eine rabbinische Verdienstlehre gebe.[12] Auch in Urbachs Darstellung wird *z^e^khut* mit „merit“ übersetzt und bedeutet „verdienstliche Tat“ bzw. „verdienstliches Handeln“ (ebd. I,496):

> The activity of the righteous and the influence of their merit do not cease with their death. The covenant that God made with Noah and with the Patriarchs, and which He swore to remember and to fulfil, is due to the merit of the good deeds of the Patriarchs. .... To the merit of the early Patriarchs are added those of the righteous in every generation. On the respective share to be accredited to the deeds of the living generations and to the merits of former generations in preventing the abolition of the covenant, and likewise in the acts of salvation and redemption, there are differences of opinion between the Sages since the time of Shema'ya and Avṯalion.

Nach Urbach sind es die Väter und die *tsadiqim* in jeder Generation, die „merit“ erwerben. Im Unterschied zu Moore kommt Urbach in seinen Ausführungen über die Bedeutung von *z^e^khut* zwar nicht auf die Erwählung zu sprechen. Allerdings sagt er auch an keiner Stelle, dass die Heiden „Verdienste“ erwerben können.

---

12) E. E. Urbach, The Sages, their Concepts an Beliefs, Jerusalem [2]1979, Ndr. 1987, I,496-511, II,908-917.

f. E. P. Sanders (1985)

Eine ähnliche Position wie Moore vertritt auch Sanders.[13] Mit Berufung auf Moore (ebd. 173), spricht sich auch Sanders mit Nachdruck gegen die Meinung gewisser Forscher aus, wonach es nach rabbinischer Auffassung einen „Schatz von Verdiensten" gebe, mit dessen Hilfe Sünden kompensiert würden (vgl. ebd. 172-177, 186f). Und wie Moore ist er ebenfalls der Meinung, „dass בזכות häufig präpositional verwendet wird" (ebd. 173) und dass der Ausdruck oft mit „wegen" oder mit „aufgrund von" übersetzt werden muss (ebd. 173). An die Adresse Marmorsteins richtet Sanders die Kritik, er habe *z^ekhut* konsequent mit „Verdienst" übersetzt „ganz gleich welcher Zusammenhang oder welche Nuance vorliegt" (ebd. 174). Bei Marmorstein habe *z^ekhut* immer den „vollen substantivischen Sinn" (ebd. 174). Diese Übersetzung sei häufig unglücklich, „da sie auf eine 'Lehre von Verdiensten' schliessen lässt, die in Wirklichkeit nicht existiert" (ebd. 176). Jedoch ist die Kritik an Marmorstein nicht grundsätzlicher Art (ebd. 178). Es gibt Fälle, in denen die Übersetzung von *z^ekhut* mit „Verdienst" richtig ist (ebd. 176). Sanders führt in seinen Erörterungen denn auch einige Beispiele an.

Seine Auffassung zur Bedeutung der *z^ekhut* der Väter kommt in den folgenden Sätzen gut zum Ausdruck:

> Es existieren also mehrere Zusammenhänge, in denen vom Verdienst oder von den Taten der Väter die Rede ist: 1. Gott vollbrachte bestimmte Taten für Israel (z.B. die Teilung des Meeres) 'um der Väter willen', da er ihnen entsprechende Zusagen gemacht hatte. 2. Gott vollbrachte bestimmte Taten für Israel wegen der guten Taten (des 'Verdienstes') der Väter. 3. Angesichts des Verdienstes der Väter straft Gott die Welt nicht, was er andernfalls tun würde (die Welt ist es wert, zerstört zu werden). 4. Die guten Taten der Väter nützen ihren Nachkommen in bestimmten historischen Situationen. *In der tann. Literatur gibt es nirgendwo einen Hinweis auf einen Schatz von Verdiensten, der beim Gericht auf andere übertragen werden kann* (ebd. 186).[14]

Sanders beginnt mit seiner Darstellung des rabbinischen Judentums in tannaitischer Zeit mit dem Thema der Erwählung und des Bundes (ebd.

---

13) E. P. Sanders, Paul and Palestinian Judaism. A Comparison of Patterns of Religion; deutsch: Paulus und das palästinische Judentum. Ein Vergleich zweier Religionsstrukturen, Göttingen 1985, 172-187.

14) Dass die Bedeutung des englischen „merit" weiter als diejenige des deutschen Wortes „Verdienst" ist, stellt sich auch bei Sanders die Frage, was er mit „merit" meint. Aus dem vorliegenden Zitat geht hervor, dass er mit „merit" eine „verdienstliche Tat" bzw. „verdienstliches Handeln" meint.

Kapitel 1.4). Daraus folgt, dass die Bedeutung von *zekhut* bei ihm unter diesem Vorzeichen verstanden werden müsste. Allerdings kommt er in seinen Ausführungen zu den Begriffen זכה (*zakhah*) und זכות (*zekhut*) nicht mehr auf die Erwählung zu sprechen. Das Verhältnis des „Verdienstes der Väter" und anderer „Verdienste" zu Erwählung und Bund bleibt bei ihm daher ungeklärt.

g. M. Remaud (1992)

In seiner Dissertation[15] gibt M. Remaud die Bedeutung von *zekhut* wie folgt an:

> Schématiquement les significations principales du mot זכות, en hébreu rabbinique, peuvent être ramenés à trois: *innocence, mérite, vertu* (ou *bonne conduite*). Mais le mot peut aussi avoir des sens plus larges ou plus souples, qui ne peuvent se ramener exactement à aucun de ces trois sens (ebd. 34f).

Nach Remaud ist die Grenze zwischen „mérite" und „bonne conduite" oft nicht leicht zu ziehen (ebd. 36f). Den Begriff „mérite" umschreibt er nicht näher. Sein Verständnis geht jedoch aus folgendem Satz hervor: „Si la femme accusée d'adultère, par exemple, a quelque mérite, c'est evidemment parce qu'elle a de bonnes oeuvres à son crédit" (ebd. 37). Mit „mérite" sind somit „gute Werke, die jemandem als Kredit angerechnet werden" gemeint.

Seiner Auffassung nach ist es falsch, *zekhut* systematisch mit „mérite" zu übersetzen, da diese Übersetzung den Textsinn verfälsche und zu einer tendenziösen Textinterpretation führe (ebd. 38). Dies gelte ganz besonders für den Ausdruck *bizekhut*. Zu diesem macht Remaud (ebd. 38) ganz ähnliche Aussagen wie Moore und Sanders:

- Wenn der Ausdruck זכות (*zekhut*) mit der Präposition בְּ (*be*) verwendet wird, hat er meistens nicht mehr den selben Sinn wie als selbständiges Nomen, sondern lediglich präpositionalen Sinn und bedeutet *„pour, à cause de, par égard pour"*.
- Besonders dann, wenn sich *bizekhut* auf nicht-personelle Dinge bezieht, ist die Übersetzung mit *„par le mérite de"* unverständlich und erscheint sogar absurd.

15) M. Remaud, Le mérite des pères dans la tradition juive ancienne et dans la liturgie synagogale. Thèse présentée pour l'obtention du doctorat en science théologique, Paris 1992. Diese Arbeit war bei Abschluss meiner Untersuchung noch nicht im Buchhandel erhältlich. Es war mir lediglich möglich, sie in der Bibliothèque de Fels im Institut Catholique de Paris einzusehen. Deshalb konnte ich M. Remaud in dieser Untersuchung nicht mehr weiter berücksichtigen.

– Auch Remaud kritisiert Marmorsteins Gewohnheit, *z*^{e}*khut* mit „merit" zu übersetzen. Aber auch seine Kritik ist nicht grundsätzlicher Art. Das Werk Marmorsteins ist nach wie vor „irremplaçable" (unersetzbar).

Trotz dieser Einschränkungen kann *biz*^{e}*khut* auch „wegen des Verdienstes von" bedeuten:

> Cela dit, il serait inexact de conclure de ce qui précède que l'expression בזכות ne contient jamais l'idée de mérite. Les choses sont ici assez complexes. .... Mais dans le même contexte le mot זכות retrouve aussi explicitement, le sens fort de *mérite* (ebd. 42).

Trotz aller einschränkenden Bemerkungen zweifelt Remaud nicht daran, dass *z*^{e}*khut* „Verdienst" und *biz*^{e}*khut* „um des Verdienstes willen" bedeuten kann.

Zusammenfassend ist zu sagen, dass er den Ausführungen von Moore und Sanders folgt. In Bezug auf die Bedeutung von *z*^{e}*khut* bringt er nichts Neues.

h. J. Neusner (1993)

In einem Aufsatz äussert sich J. Neusner ausführlich zur Bedeutung von *z*^{e}*khut* und zur zentralen Wichtigkeit dieses Ausdrucks in der rabbinischen Literatur.[16] Mit Berufung auf das Wörterbuch von Jastrow (s.u. S. 27) gibt er die Bedeutung von *z*^{e}*khut* mit „[1] acquittal, plea in favor of the defendant; [2] doing good, blessing; [3] protecting influence of good conduct, merit; [4] advantage, privilege, benefit" an. Wobei die erste Bedeutung (meaning) nur im juristischen oder metaphorisch-juristischen Kontext vorkommt. Die zweite Bedeutung repräsentiert einen sehr allgemeinen und unpräzisen Gebrauch des Ausdrucks, da verschiedene andere Wörter dieselbe Bedeutung haben (ebd. 170). In den rabbinischen Texten kommt *z*^{e}*khut* vorwiegend in der dritten und vierten Bedeutung vor, wobei diese nicht voneinander unterschieden werden können (ebd 170).

Anschliessend stellt Neusner seine eigene Definition der Bedeutung von *z*^{e}*khut* vor (ebd. 170f). Diese lautet: „the heritage of virtue and its consequent entitlements" (ebd. 171). Er führt dafür folgende Gründe an:

– Die Vorteile und Privilegien, die durch *z*^{e}*khut* verliehen werden, können geerbt und weitergegeben werden (ebd 170).

---

16) J. Neusner, Systemic Integration and Theology, The Concept of Zekhut in formative Judaism, 170-180. Die Aussagen dieser Arbeit werden gekürzt, zum Teil aber auch wörtlich in J. Neusner / W. S. Green (Hrsg.), Dictionary of Judaism in the Biblical Period, 450 B.C.E. to 600 C.E., Volume 2, New York 1996, II,688f, Artikel *zekhut*, übernommen. Eine gesonderte Besprechung dieses Artikels erübrigt sich. Es wird lediglich auf die wesentlichen Differenzen zu Neusners Arbeit von 1993 hingewiesen.

- Da Vorteile und Privilegien immer vom Empfang von *z^{e}khut* von seiten der Vorfahren oder vom eigenen Erwerb von *z^{e}khut* resultieren, sind damit „entitlements“ (Berechtigungen, Anrechte) verbunden. Diese werden in der Umschreibung betont (ebd. 170).
- Mit dem Ausdruck „virtue“ werden die „supererogatory acts“ bezeichnet, d.h. die über das Pflichtmass hinausgehenden Handlungen, die dem freien Willen eines Menschen entspringen, die eine eigene Wahl oder eine freiwillige Gabe darstellen, und die darum ein „reward“ (Anerkennung, Vergeltung) durch Gott verlangen. Diese „supererogatory acts“ sind Taten und Handlungsweisen, die von der *torah* nicht als Verpflichtung auferlegt werden, die jedoch deren Werten entsprechen und daher von ihr als wertvoll anerkannt werden (ebd. 170).

Obwohl es auch nach Neusners Auffassung bei *z^{e}khut* um „verdienstliches Handeln“ bzw. um „verdienstliche Taten“ vor Gott geht, lehnt er die Übersetzung dieses Ausdrucks mit „merit“ ab:

> The commonly-used single word, "merit," does not apply, but "merit" bears the sense of reward for carrying out an obligation, *e.g.*, by doing such and such, he merited so and so. *Zekhut*, by contrast, commonly refers to acts of supererogatory free will, and therefore while such acts are meritorious in the sense of being virtuous (by definition), they are not acts that one owes but that one gives. And the rewards that accumulate in response to such actions are always miraculous or supernatural or signs of divine grace, *e.g*,, an unusually long life, the power to prevent a dilapidated building from collapsing (ebd. 171, Anm. 4). ....
> Indeed, the conception of "merit" is so alien to the concept of *zekhut*, which one enjoys wether or not one personally has done something to merit it, that I am puzzled on how "merit" ever seemed to anyone to serve as a translation of the word *zekhut*. If I can inherit the entitlements accrued by my ancestors, then these entitlements not only cannot be classed as merit(ed by me), they must be classed as a heritage bestowed by others and not merited by me at all. And, along these same lines, the *zekhut* that I gain for myself may entitle me to certain benefits, but it may also accrue to the advantage of the community in which I live (....) and also of my descendants. The transitive character of *zekhut*, the power we have of receiving it from others and handing it on to others, serves as the distinctive trait of this particular entitlement, and, it must follow from that definitive characteristic, *zekhut* is the opposite of merit, as I said, and its character is obscured by the confusion created through that long-standing and conventional, but wrong translation of the word (ebd. 175, Anm. 7).

Dazu ist folgendes zu bemerken:

1. Neusner lehnt die Übersetzung von *z^e^khut* mit „merit“ ab, weil dieser Ausdruck seiner Meinung nach den Sinn von Vergeltung für die Ausführung einer Pflicht hat. Ihm ist zwar zuzustimmen, dass man „merit“ in diesem Sinne gebrauchen kann. Es trifft aber nicht zu, dass „merit“ notwendigerweise diesen Sinn hat.[17] Auch das deutsche Wort „Verdienst“, dessen Bedeutung nicht so weit ist wie „merit“, hat nicht notwendigerweise diesen Sinn. Entgegen seiner Aussage kann man „merit“ auch verwenden, um damit „supererogatory acts“ zu bezeichnen.
2. Dass die „entitlements“, die von den Vorfahren geerbt werden, nicht ein „merit“ dessen sind, der als Erbe in ihren Genuss kommt, ist kein Grund, *z^e^khut* nicht mit „merit“ zu übersetzen. Die übliche Übersetzung von *z^e^khut avot* mit „merit of the fathers“ bzw. „Verdienst der Väter“ bedeutet natürlich nicht, dass die Nachkommen, die vom „Verdienst der Väter“ profitieren, selbst etwas verdient haben, sondern dass sie von dem profitieren, was die Vorfahren an „Verdienst“ erworben haben. Dass die Vorfahren durch ihre „virtue“ und somit durch ihre das Pflichtmass überbietenden Taten „entitlements“ erwarben, die sie an ihre Nachkommen vererben, ist ja auch ausdrücklich Neusners Auffassung.

Da die Bedeutung von „merit“ sehr weit ist, ist dieser Ausdruck nicht besonders geeignet, um präzise das wiederzugeben, was Neusner mit seiner Umschreibung der Bedeutung von *z^e^khut* meint. Man könnte ihm daher zustimmen, wenn er sich darauf beschränken würde, auf diesen Umstand hinzuweisen. Aber man kann seine Beurteilung, dass die Übersetzung von *z^e^khut* mit „merit“ falsch sei, nicht teilen. Wenn man seine These akzeptiert, *z^e^khut* bedeute „the heritage of virtue and its consequent entitlements“, kommt man nicht zum Schluss, „*zekhut* is the opposite of merit“, sondern dass „merit“ eine vieldeutige, unpräzise und folglich missverständliche Übersetzung von *z^e^khut* sei, aber dennoch eine mögliche.[18]

---

17) Vgl. dazu z.B. die folgenden englischen Wörterbücher: The Oxford English Dictionary, Prepared by J. A. Simpson and E. S. C. Weiner, 20 Bde., Oxford ²1989, IX,633ff; R. E. Allen, (Hrsg.), The Concise Oxford Dictionary of Current English, Oxford ⁸1990, 743; L. Urdang, The Oxford Thesaurus, An A-Z Dictionary of Synonyms, Oxford 1991, 268.

18) Im Dictionary of Judaism in the Biblical Period, II,689, lehnt Neusner die Übersetzung von *z^e^khut* nicht mehr kategorisch ab: „The word *zekhut* has been given the confusing translation of "merit." But one may receive *zekhut* from one's ancestors, and that is not by reason of one's own merit – by definition. "Unearned grace" is more appropriate in that context.“ Interessanterweise spricht Neusner im Zusammenhang von *z^e^khut* von „unverdienter Gnade“. Der Zusammenhang macht jedoch deutlich, dass damit nur der Empfang, nicht aber der Erwerb von *z^e^khut* gemeint ist. Die Gnade besteht darin, dass die Nachkommen von dem profitieren, was die Vorfahren erwarben.

Über das bisher Gesagte hinaus äussert sich Neusner wie folgt zum Übersetzungsproblem:

> *Zekhut* stands for the empowerment, of a supernatural character, that derives from the virtue of one's ancestry or from one's own virtuous deeds of a very particular order. No single word in English bears the same meaning, nor can I identify a synonym from *zekhut* in the canonical writings in the original either. The difficulty of translating a word of systemic consequence with a single word in some other language (or in the language of the system's documents themselves) tells us we deal with what is unique, beyond comparison and therefore contrast and comprehension. .... What is most particular to, distinctive of, the systemic structure and its functioning requires definition through circumlocution, such as "the heritage of virtue and its consequent entitlements." The word *zekhut* for the successor-system forms the systemic counterpart to the mythologoumenon of the resurrection of Jesus Christ, unique son of God, for important Christianities (ebd. 171).

Mit seiner Aussage, dass die Bedeutung von *z^e^khut nicht mit einem einzigen englischen Wort wiedergegeben werden, sondern lediglich umschrieben werden kann*, und dass es im Hebräischen *kein Synonym* für *z^e^khut* gebe, bringt Neusner eine Auffassung ins Spiel, die von keinem der Autoren, die bisher vorgestellt wurden, und die auch von keinem der Wörterbücher, die weiter unten noch angeführt werden, vertreten wird. Zwar geben diese für *z^e^khut* mehrere Bedeutungen an. Aber das ist etwas völlig anderes als das, was Neusner meint: Bei dem, was das Wort *z^e^khut* in der rabbinischen Literatur bedeutet, handelt es sich um etwas ganz Besonderes und Einzigartiges. Diese Sache ist im Rahmen des rabbinischen Systems so einzigartig und gewichtig wie das „mythologoumenon" von der Auferstehung Jesu Christi, des einzigen Sohnes Gottes, für das christliche System. Und gerade deshalb, weil das, was die Rabbinen mit *z^e^khut* bezeichnen, derart einzigartig ist, kann die Bedeutung von *z^e^khut nur umschrieben werden*.

Neusner vergleicht *z^e^khut* somit mit etwas, das im Rahmen des christlichen Systems kaum noch an Bedeutung zu überbieten ist. Es stellt sich daher die Frage, wie ernst es ihm mit seiner Aussage ist, oder ob seine Äusserung nicht wirklich so gemeint ist. Es kann hier selbstverständlich nicht darum gehen, zu beurteilen, ob seine Äusserung sachlich korrekt ist. Aufgrund seiner weiteren Ausführungen kommt man jedoch zum Schluss, dass er seinen Vergleich sehr ernst meint. Er ist tatsächlich der Auffassung, dass es sich beim Ausdruck *z^e^khut* um einen zentralen Schlüsselbe-

griff des rabbinischen Schrifttums handelt. Die Sache, die mit *z^{e}khut* bezeichnet wird, bildet das Zentrum rabbinischer Theologie.
Um die Richtigkeit seiner These zu belegen, führt Neusner ein paar wenige Beispiele aus der rabbinischen Literatur an. An ihnen illustriert er die verschiedenen Aspekte seines Verständnisses von *z^{e}khut*.
Mit seiner starken Betonung der zentralen Wichtigkeit von *z^{e}khut* für das rabbinische Judentum entspricht seine Position mehr derjenigen Marmorsteins als Moores und jener Autoren, die Moore folgen. Im Gegensatz zu Moore und Sanders scheut er sich (ebd. 176, Anm. 8; 178) wie Marmorstein (156) nicht davor, von der *z^{e}khut* als einem „treasure" (Schatz) zu sprechen. Im Unterschied zu Moore, Sanders und Remaud äussert sich Neusner nicht zur Frage, ob *z^{e}khut* mit der Präposition בְ (*b^e*) nicht mehr denselben Wert hat wie als selbständiges Nomen. Sein Schweigen zu dieser Frage sowie seine starke Betonung der zentralen Wichtigkeit von *z^{e}khut* in der rabbinischen Literatur lassen allerdings darauf schliessen, dass seiner Meinung nach kein Unterschied zwischen *z^{e}khut* mit und ohne Präposition besteht.
Obwohl seine Position derjenigen Marmorsteins recht nahe kommt, gibt es auch bedeutende Unterschiede zu diesem. So spricht er z.B. nirgendwo davon, dass auch Heiden *z^{e}khut* erwerben können. Da *z^{e}khut* von ihm als Erbe Israels verstanden wird, ist damit die *z^{e}khut* der Heiden schon *per definitionem* ausgeschlossen.
Im Unterschied zu den Autoren, die bisher vorgestellt wurden, fällt auch auf, dass er im Zusammenhang seiner Ausführungen zu *z^{e}khut* sehr oft das Adjektiv „supernatural" verwendet (ebd. 171, 173, 175-180). Bei der Frage nach der Bedeutung von *z^{e}khut* wird daher auch zu fragen sein, ob es sich bei *z^{e}khut* um eine „übernatürliche" Grösse handle.
Und schliesslich bleibt auch bei Neusner das Verhältnis von *z^{e}khut* zur Erwählung ungeklärt.

i. Gesamtwürdigung

Ausser Neusner gehen alle genannten Autoren davon aus, dass *z^{e}khut* – wenn auch nicht immer! – „Verdienst" bedeutet. Obwohl die Bedeutung von „merit" recht weit ist,[19] wird aus den Ausführungen der englischsprachigen Autoren klar ersichtlich, dass sie damit eine „verdienstliche Tat" bzw. „verdienstliches Handeln" meinen. Dasselbe gilt auch für Remauds „mérite".
Allerdings sind Moore, Sanders und Remaud der Auffassung, dass dieser Gebrauch von *z^{e}khut* in der rabbinischen Literatur bei weitem nicht so

---

19) Zu diesen ist auch Urbach zu zählen, da hier nicht das hebräische Original seines Werks verwendet wird, sondern die englische Übersetzung.

häufig sei, wie Marmorsteins Werk dies erscheinen lässt, oder wie Billerbeck dies in polemischer Abgrenzung glaubhaft machen will. Zudem kommt diesem „Verdienst“ je nach Autor eine ganz verschiedene Bedeutung zu. Während z.B. Billerbeck der Meinung ist, das „Verdienst“ komme demjenigen zugute, der es erwirbt, kommt es laut Marmorstein vor allem anderen zugute.
Weder Moore noch Sanders wollen etwas von einer „Verdienstlehre“ wissen, oder von einem „Schatz von Verdiensten“ mit deren Hilfe Sünden kompensiert werden können. Und Sanders und Remaud sind sich mit Moore darin einig, dass *biz^{e}khut* in vielen Fällen nicht „wegen des Verdienstes“ bedeutet, sondern „wegen“ oder „um .... willen“.
Demgegenüber kommt die Position Neusners derjenigen Marmorsteins sehr nahe, indem Neusner wie Marmorstein der Auffassung ist, beim Ausdruck *z^{e}khut* handle es sich um einen zentralen Begriff der rabbinischen Literatur, dessen Wichtigkeit nicht hoch genug eingeschätzt werden kann. Im Unterschied zu allen anderen angeführten Autoren vertritt Neusner jedoch die Auffassung, dass die Bedeutung von *z^{e}khut* nicht mit einem einzigen englischen Wort wiedergeben werden kann, dass die Bedeutung von *z^{e}khut* lediglich umschrieben werden kann, und dass es im Hebräischen kein Synonym für *z^{e}khut* gibt.
Moores und Sanders’ Ausführungen zufolge muss man die Bedeutung von *z^{e}khut* von der Erwählung her verstehen. Obwohl bei beiden Autoren das Verhältnis von *z^{e}khut* und Erwählung ungeklärt bleibt, wird in dieser Untersuchung auch nach diesem Verhältnis zu fragen sein.
Durch die Arbeiten von Sanders und Remaud schien es, dass sich die Position Moores in der Forschung immer mehr durchsetzen würde. Indem Neusner in ganz wichtigen Fragen wieder bei Marmorstein anknüpfte, bekam dessen Position von neuem Gewicht. Dadurch ist keine eindeutige Tendenz in der Forschung mehr auszumachen. Es kann lediglich festgestellt werden, dass die Meinungen zur Bedeutung von *z^{e}khut* sehr verschieden, differenziert, aber zum Teil auch höchst kontrovers sind. Eine weitere Untersuchung zur Bedeutung von *z^{e}khut* ist daher gerechtfertigt.

j. Wörterbücher

In den Wörterbüchern wird die Bedeutung von *z^{e}khut* wie folgt angegeben:
G. H. Dalman, Aramäisch-Neuhebräisches[20] Handwörterbuch zu Targum, Talmud und Midrasch, 2. verb. Aufl. Frankfurt a.M. 1922, 128, gibt die Bedeutung von זְכוּת *h. f., pl.* זְכִיוֹת mit „1. Gerechtigkeit, gute Tat;

20) Mit „Neuhebräisch“ ist natürlich nicht das Hebräisch gemeint, das die Landessprache des Staates Israel bildet, sondern dasjenige der Rabbinen.

2. Verdienst; 3. Vorteil, Gewinn; 4. freisprechendes Urteil" an. Als Bedeutungen des aramäischen זְכוּתָא nennt Dalman „1. Gerechtigkeit, gute Tat; 2. Recht; 3. Heilstat".
M. Jastrow, A Dictionary of the Targum, the Talmud Babli and Yerushalmi and the Midrashic Literature, 2 Bde., London 1886-1903, Ndr. New York 1950, I,398, gibt die Bedeutung von זְכוּת mit „1) *acquittal, favorable judgment, plea in defence.* .... 2) *doing good, blessing.* .... 3) *the protecting influence of good conduct, merit.* .... 4) *advantage, privilege, benefit*" an. Die Bedeutung von זְכוּתָא ist nach Jastrow dieselbe.
J. Levy, Wörterbuch über die Talmudim und Midraschim, 4 Bde., Darmstadt (Berlin und Wien) ²1924, I,535 nennt als Bedeutung von זְכוּת „1) *Gewinn, Vortheil.* .... 2) *verdienstvolle Handlung, Tugendhaftigkeit.* .... זכות אבות ... זכות אמהות die Verdienste der Erzväter, die Verdienste der Erzmütter. .... 3) *logischer Schluss.*" Als Bedeutung des aramäischen זְכוּתָא gibt er „*Vortheilhaftes, Gewinn;* bes. oft: *Tugendhaftigkeit* .... *die Rechtfertigungsgründe*...." an.
Im Unterschied zu den genannten Wörterbüchern ist E. Ben Yehuda, A Complete Dictionary of Ancient and Modern Hebrew, 8 Bde., New York / London 1959, kein Spezialwörterbuch für die rabbinische Literatur. Dieses Werk umfasst die ganze hebräische Sprachgeschichte von der Hebräischen Bibel bis hin zum heutigen Tage. E. Ben Yehudas Ausführungen sind fast ausschliesslich in Hebräisch. Doch gibt er die Bedeutung der Wörter gelegentlich auch in anderen Sprachen an. Für זְכוּת gibt E. Ben Yehuda (ebd. II,1334f) „Schuldlosigkeit; innocence; blamelessness", „Verdienst; mérite; merit", „Vorzug; privilège" und „Recht; droit; right" an. Zu jeder dieser Angaben führt er Beispiele an, die von der rabbinischen Literatur bis in die Moderne reichen.
A. Even-Shoshan, Ham-Millon heẖadash bi-shloshah kerakhim, 3 Bde., Jerusalem ¹⁴1982 hat grosse Ähnlichkeit mit E. Ben Yehudas Wörterbuch. Wie E. Ben Yehudas Werk umfasst auch dieses Wörterbuch die gesamte hebräische Sprachgeschichte, ist noch ausschliesslicher ganz in Hebräisch gehalten und gibt bei der Bedeutung von זְכוּת die Verwendungsmöglichkeiten des heutigen Sprachgebrauchs an (ebd. I,343f). So weist es z.B. darauf hin, dass *z^ekhut* auch die Aktiva in der Buchhaltung bedeuten kann, oder die Urheberrechte eines Autors oder Erfinders (ebd. I,343). Die Bedeutung von *z^ekhut avot* wird mit „*ts^edaqah* der Väter eines Menschen, besonderes Verhältnis, das einen Mensch wegen seinen Eltern oder seiner Abstammung würdig macht" angegeben und *biz^ekhut* mit „wegen einer guten Tat von jmdm., dank jmdm." Auch hier wird *z^ekhut* unter anderem im Sinne von „Verdienst" verstanden.
Obwohl die angeführten Wörterbücher für *z^ekhut* verschiedene Bedeutungen angeben, ist ihnen gemeinsam, dass sie unter *z^ekhut* auch eine „ver-

dienstliche Tat“ bzw. „verdienstliches Handeln“ verstehen. Zudem weisen die angegebenen Wörterbücher mit Ausnahme von A. Even-Shoshan bereits ein recht hohes Alter auf. Leider gibt es keine neueren.

j. Übersetzungen rabbinischer Texte

Teil der Forschungsgeschichte sind auch die Übersetzungen. Auch in diesen wird *z^e^khut* oft mit „Verdienst“ bzw. „merit“ übersetzt. Und zwar gilt dies auch für die ganz modernen der im Literaturverzeichnis angeführten Übersetzungen. Da es nicht nötig ist, auf alle Übersetzungen rabbinischer Texte einzugehen, sollen nur diejenigen von Midrasch Bereshit Rabba näher vorgestellt werden (s.u. Kapitel 3.).

1.3 Fragen zur Bedeutung von *z^ekhut* im Zusammenhang mit rabbinischen Texten

Gestützt auf den Stand der Forschung kann die Frage nach der Bedeutung von זכות (*z^ekhut*) bzw. von זכות אבות (*z^ekhut avot*) präziser gestellt werden:

1. Bedeutet *z^ekhut* „Verdienst" und *z^ekhut avot* „Verdienst der Väter", oder hat dieser Ausdruck noch andere Bedeutungen?
2. Trifft es zu, dass die Bedeutung von *z^ekhut* nicht mit einem einzigen Ausdruck übersetzt, sondern lediglich umschrieben werden kann? Bedeutet *z^ekhut* „the heritage of virtue and its consequent entitlements" (Neusner), oder lautet die Umschreibung anders?
3. Hat *z^ekhut* in der präpositionalen Wendung בזכות (*biz^ekhut*) dieselbe Bedeutung wie als eigenständiges Nomen (Marmorstein, Neusner und andere)? Oder hat dieser Ausdruck kein besonderes Gewicht und bedeutet lediglich „um .... willen" und „wegen" (Moore und andere)?
4. Welcher theologische Stellenwert kommt dem Ausdruck *z^ekhut* in der rabbinischen Literatur zu? In welchem Verhältnis stehen *z^ekhut* und die Erwählung durch Gott?

Definition von „Verdienst" und „merit"

Um Unklarheiten zu vermeiden, ist es nötig, eine Definition dessen zu geben, was mit „Verdienst" gemeint ist. Da sich diese Frage im religiös-theologischen Zusammenhang stellt, liegt der Gedanke nahe, sich bei der Definition von „Verdienst" auf religiös-theologische Lexika zu berufen. Nun zeigt allerdings bereits ein oberflächlicher Blick in die Literatur, dass es sich bei den „Verdiensten" um ein recht weit verbreitetes religiöses Phänomen handelt, dem je nach Religion oder theologischer Richtung innerhalb einer bestimmten Religion eine andere Bedeutung und ein anderes Gewicht zukommt.[21] Der „Verdienst"-Verständnisse in den Religionen und ihren theologischen Richtungen sind viele. Die Definition dessen, was mit „Verdienst" gemeint sein soll, kann daher nicht von einer religionsphänomenologischen Grundlage aus erfolgen, da man für unseren Forschungsgegenstand nicht von vornherein bestimmte „Verdienst"-Verständnisse ausschliessen, oder sich gar auf ein bestimmtes „Verdienst"-Verständnis festlegen darf.

Obwohl es sich bei der Frage, ob *z^ekhut* in den zu untersuchenden Texten „Verdienst" bedeutet, ganz wesentlich auch um ein theologisches Prob-

---

21) Vgl. z.B. Die Religion in Geschichte und Gegenwart, VI,1261-1270 und Encyclopaedia of Religion and Ethics, VIII,561-565; vgl. bes. M. Eliade, The Encyclopedia of Religion, IX,380-389.

lem handelt, geht es ebensosehr um ein sprachliches Problem, d.h. um die Frage, ob das deutsche Wort *Verdienst* eine angemessene Übersetzung dessen sei, was mit *z^ekhut* in den betreffenden Texten gemeint ist. Diese Frage kann nur mit Hilfe der allgemeinen deutschen Wörterbücher beantwortet werden.

Gemäss den Wörterbüchern kann das deutsche Verb *verdienen* und dessen Derivate in verschiedenem Sinne verwendet werden. Neben der Verwendungsmöglichkeit im wirtschaftlichen und finanziellen Sinne wird in den deutschen Wörterbüchern zur Bedeutung u.a. folgendes vermerkt:

- Brockhaus/Wahrig:[22] „verdienen: .... *ein Anrecht, einen Anspruch auf etwas haben* .... sich um etwas od. jmdn. verdient machen *viel für etwas od. jmdn. leisten* .... Verdienst: .... *verdienstvolle Tat, Leistung, Tat zum Wohle anderer* .... verdienstvoll: .... *anerkennenswert.*“
- Duden:[23] „verdienen: .... *gemäss seinem Tun, seiner Beschaffenheit o.ä. einer bestimmten Reaktion, Einschätzung o.ä. wert, würdig sein*; .... jmd., etw., verdient Beachtung, Bewunderung, Lob, Anerkennung, Dank. .... Verdienst: .... *Tat, Leistung (für die Allgemeinheit), die öffentliche Anerkennung verdient* .... verdienstvoll: *Anerkennung verdienend.*“
- Grimm:[24] „VERDIENEN, *verb. dienste leisten um etwas, durch dienstleistung anspruch haben* (XII/1,223), ... *ansprüche auf etwas erlangen, werth sein einer Sache* (XII/1,225). .... VERDIENST, m. n. *quaestus, meritum* (XII/1,229), ... *das was jemandem nach seinen leistungen zukommt, der erworbene anspruch auf etwas* .... verdienst *wird, in bösem sinne genommen, sogar die schuld .... meist in gutem sinne, das, wodurch man anspruch auf anerkennung verdient; dann überhaupt anspruch und anrecht auf anerkennung, belohnung in der älteren kirchensprache* (XII/1,230) .... VERDIENSTLICH, *anspruch auf anerkennung in sich bergend .... in der sprache der kirche, anspruch auf göttliche belohnung erwerbend .... allgemeiner, nutzen, heil bringend* (XII/1,233)
- H. Paul:[25] „verdienen: .... ‘für seinen Dienst, seine Bemühungen einer Sache wert sein’: *Belohnung, Dank* auch *Strafe, den Tod* usw. *v.*“
- G. Wahrig:[26] „verdienen: .... *ein Anrecht auf etwas erwerben, Anspruch auf etwas haben* .... Verdienst: .... *verdienstvolle Tat, Tat zum Wohle*

22) Brockhaus/Wahrig, Deutsches Wörterbuch, 6 Bde., Stuttgart 1984, VI,482f.

23) Duden, Das Grosse Wörterbuch der deutschen Sprache, 8 Bde., Mannheim u.a. ²1995, VIII,3640.

24) J. Grimm und W. Grimm, Deutsches Wörterbuch, Hrsg. von der Deutschen Akademie der Wissenschaften zu Berlin, 16 Bde., Leipzig 1854-1914, Ndr. Leipzig 1956, XII/1,223-233.

25) H. Paul, Deutsches Wörterbuch, Tübingen ⁹1992, 959.

anderer .... Anspruch auf Anerkennung, auf Dank .... verdienstvoll: .... *verdienstlich* (Tat); *mit grossen Verdiensten.*“

Auch das englische *merit* kann in verschiedenem Sinne verwendet werden. Um Unklarheiten zu vermeiden, wird in dieser Untersuchung „Verdienst“ und „merit“ in Anführungszeichen gesetzt, wenn eine „verdienstliche Tat“ bzw. „verdienstliches Handeln“ vor Gott gemeint ist, aufgrund dessen Gott jemanden segnet oder rettet, oder Liebe, Zuwendung und Hilfe – oder sonst in irgend einer Weise Gutes erweist; oder wenn damit eine „verdienstliche Tat“ bzw. „verdienstliches Handeln“ gemeint ist, aufgrund dessen jemand von sich aus Gott gegenüber einen Anspruch geltend machen kann. Wenn *verdienen* bzw. dessen Derivate in einem anderen Sinne gebraucht werden, werden die Anführungszeichen weggelassen. In solchen Fällen wird auch angegeben, in welchem Sinne der Ausdruck gebraucht wird.

26) G. Wahrig, Deutsches Wörterbuch, neu herausgegeben von R. Wahrig-Burfeind, Gütersloh [5]1994, 1658.

2. Die Methode

Allen in Kapitel 1.2 vorgestellten Autoren ist gemeinsam, dass sie bei der Bedeutung von *z^{e}khut* von einem bestimmten Verständnis und somit *von etwas Bestehendem* ausgingen. Im Unterschied dazu setzt die vorliegende Untersuchung kein bestimmtes Verständnis der Bedeutung von *z^{e}khut* voraus. Vielmehr beginnt sie bei der Frage nach der Bedeutung von *z^{e}khut* in der rabbinischen Literatur nochmals von vorne. Sie geht davon aus, dass dieser Ausdruck trotz bisheriger Erklärungsversuche noch immer eine *Unbekannte* sei, und davon, dass es möglich sei, die Bedeutung von *z^{e}khut* mit Hilfe sorgfältiger Analyse rabbinischer Texte *zu eruieren*. Damit dies gelingt, muss der Eigenart rabbinischer Texte Rechnung getragen werden. Bevor die Arbeit an den Texten beginnen kann, ist es daher nötig, sich über deren Charakteristika Rechenschaft abzulegen und nach einer geeigneten Untersuchungsmethode zu fragen.

Eigenart rabbinischer Texte

Rabbinische Texte enthalten keine systematischen Erörterungen, sondern bieten ausschliesslich Interpretationen von Bibeltexten. Die Auslegung geschieht in einer Weise, die den Verstehensversuchen moderner Leser erhebliche Schwierigkeiten bereitet:

1. Sehr oft ist weder die Frage, die der rabbinische Ausleger beantworten will, noch die Begründung seiner Erklärung aus der interpretierten Schriftstelle ersichtlich, sondern aus einem Satz, der ihr vorangeht oder nachfolgt, oder aus deren weiterem biblischem Umfeld. Dieser Satz bzw. dieses Umfeld wird jedoch nicht zitiert, sondern vielmehr als bekannt vorausgesetzt. Da die Rabbinen im Unterschied zu heutigen Lesern über geradezu phänomenale Bibelkenntnisse verfügten, war diese Voraussetzung für ihre Bedürfnisse angemessen.
2. Oft wird zur Interpretation einer Stelle eine weitere herangezogen. In diesem Fall liegt der Schlüssel für das Verständnis des Midrasch in dieser zusätzlichen Stelle. Welches der auszulegende Bibeltext ist, und welches der Text, mit dessen Hilfe ausgelegt wird, ist oft nicht leicht zu entscheiden.
3. Um rabbinische Texte zu verstehen, muss man das exegetische Problem, das sich dem rabbinischen Ausleger gestellt hat, aus den angeführten Bibeltexten bzw. aus deren *nicht zitierten* Teilen rekonstruieren. Dies gelingt nur, wenn man die angeführten Bibelzitate mit den Augen des rabbinischen Auslegers liest. Dies bedeutet, dass man nicht auf eine gängige Bibelübersetzung zurückgreifen kann, sondern aus dem Kommentar des Auslegers Rückschlüsse auf dessen Verständnis der angeführten Bibelzitate ziehen muss.

4. Oft auch kann man rabbinische Texte nur mit Hilfe weiterer biblischer oder rabbinischer Texte verstehen, weil sie die Kenntnis biblischen oder rabbinischen Gedankengutes voraussetzen. Da dieses im Falle rabbinischer Texte nicht mehr bekannt ist, muss man sich den biblischen und rabbinischen Hintergrund vergegenwärtigen.[27]
5. Zum diesem Hintergrund gehört auch die biblisch-rabbinische Terminologie. Wenn in einem Text z.B. von der *z^{e}khut* der *torah* die Rede ist, genügt es nicht, nur nach der Bedeutung von *z^{e}khut* zu fragen. Bevor diese Frage beantwortet werden kann, muss man sich darüber Rechenschaft ablegen, was in diesem bestimmten Zusammenhang mit dem Begriff *torah* genau gemeint ist. Dasselbe gilt für andere Begriffe.
6. Durch den ganz anderen Aufbau des Hebräischen gegenüber dem Deutschen und durch die stilistischen Mittel der Rabbinen werden oft grosse Übersetzungsprobleme verursacht. Da die Rabbinen bei ihren Interpretationen dieselbe Sprache benützen, in der die Bibel abgefasst ist, können sie Wortspiele benützen.[28] Dadurch wirken ihre Aussagen sehr geschlossen und einprägsam, was den Erfordernissen der mündlichen Tradition entgegenkommt, den Übersetzer jedoch vor nicht geringe Probleme stellt.
7. Weiter zeichnet sich der rabbinische Stil durch eine grosse Knappheit und Wortkargheit aus. Oft muss man Wörter oder ganze Satzteile ergänzen.
8. Zur Eigenart rabbinischer Texte gehört schliesslich auch die völlig andere Blickrichtung und Akzentuierung, mit der die rabbinischen Bibelausleger im Unterschied zu modernen Forschern arbeiten. Während für uns sowohl bei der Fragestellung wie bei der Lösung der Zusammenhang massgeblich ist, sind es für die Rabbinen Einzelheiten, die sie als signifikant empfinden. Dies könnte seinen Grund darin haben, dass für die Rabbinen die ganze Schrift Hinweis und Zeugnis von Verheissung, Geschichte und Erfüllung ist, so dass in jeder Einzelheit und insbesondere in auffälligen, für sie immer das Ganze zu Tage tritt und jede Einzelheit für sie das Ganze repräsentiert.

---

27) So kann man z.B. die Aussage in BerR 53,14, dass Ismael einst Gottes Kinder durch Durst töten wird, nur verstehen, wenn man die rabbinische Legende kennt, auf die diese Aussage anspielt (s.u. Exkurs B, S. 197f). Oder so versteht man die vielen Anspielungen auf Abrahams Rettung aus dem Feuerofen ebenfalls nur, wenn man die betreffenden Legenden kennt (s.u. Kapitel 7.5.1).

28) Zwar bestehen grosse Unterschiede zwischen dem Hebräisch der Bibel und demjenigen der rabbinischen Literatur. Diese spielen für unseren speziellen Gesichtspunkt jedoch keine Rolle.

Regeln der Textanalyse

Aus diesen Gründen folgt, dass es nicht genügt, rabbinische Texte zu übersetzen und anzuführen. Vielmehr bedürfen diese einer mehr oder weniger langen Erklärung. Für Übersetzung und Analyse ergeben sich aus den bisherigen Erörterungen folgende Regeln:

1. Die betreffenden Bibeltexte müssen genauso ernst genommen werden wie die rabbinischen Erläuterungen.
2. Bibelzitate sind nach vorne oder nach hinten zu ergänzen.
3. Bei der Interpretation ist die biblisch-rabbinische Überlieferung mit einzubeziehen.
4. Bei der Übersetzung der Bibelzitate in rabbinischen Texten kann nicht auf eine gängige Übersetzung zurückgegriffen werden. Vielmehr ist die Übersetzung aus dem Sinn des Midrasch zu erschliessen.
5. Unübersetzbare Ausdrücke wie *torah* (תורה), *ts^edaqah* (צדקה), *tsadiq* (צדיק) und *tsadiqim* (צדיקים) sind unübersetzt und in Umschrift zu belassen.[29] Es ist danach zu fragen, welche Bedeutung sie im jeweiligen Zusammenhang haben.
6. Da es um die Frage geht, was *z^ekhut* bedeutet, ist dieser Ausdruck ebenfalls unübersetzt und in Umschrift zu belassen. Die Bedeutung dieses Ausdrucks ist aus dem Sinn des Midrasch zu schliessen, den die Analyse ergeben hat.

Zur Frage, ob *z^ekhut* in der präpositionalen Wendung בזכות (*biz^ekhut*) dieselbe Bedeutung wie als eigenständiges Nomen hat, ist folgendes zu bemerken:

– Wie Moore und Sanders macht auch Remaud (38f) geltend, dass *biz^ekhut* oft nicht denselben Sinn wie das Nomen ohne Präposition habe. Oft aber auch behält nach Remaud (42) der Ausdruck *biz^ekhut* seinen Wert als eigenständiges Nomen (s.o. S. 20f). Es gibt also *keine Regel* dafür, ob das Nomen *z^ekhut* mit der Präposition בְּ (*b^e*) dasselbe bedeutet wie ohne Präposition. Die Frage muss also von Fall zu Fall wieder neu gestellt werden.

– Beim Ausdruck *z^ekhut* handelt es sich um ein *Nomen*. Wenn die durch Textanalyse gewonnene Bedeutung von *z^ekhut* mit Hilfe *deutscher Nomen wiedergegeben werden kann, erübrigt sich jeweils die Frage*, ob das Verständnis des Ausdrucks *biz^ekhut* auch noch einen Sinn ergibt, wenn man ihn mit „um .... willen“ oder mit „wegen“ übersetzt.

29) Unübersetzbar sind diese Begriffe deshalb, weil weder die übliche Übersetzung von *torah* mit „Gesetz“, noch die Übersetzung von *ts^edaqah* mit „Gerechtigkeit“, *tsadiq* mit „Gerechter“ bzw. *tsadiqim* mit „Gerechte“ die Sache trifft.

– Um ständige Wiederholungen zu vermeiden, wird nicht jedesmal, wenn sich diese Frage erübrigt, auf diesen Umstand hingewiesen, sondern nur in den Zwischen- und Hauptergebnissen.

Darstellungsweise

Bei der Übersetzung der angeführten rabbinischen Texte wird allergrösster Wert auf Präzision gelegt. Soweit wie möglich wird auch die hebräische Wortfolge beibehalten. Dadurch wirken die gebotenen Übersetzungen zwar etwas holprig, aber Genauigkeit geht hier vor sprachlicher Eleganz. Für das Verständnis notwendige Ergänzungen in den übersetzten Bibelzitaten und rabbinischen Erörterungen werden in [....] gesetzt. (....) stehen für Anmerkungen von meiner Seite, die dem Leser das Verständnis erleichtern sollen.

Methodologische Konsequenzen

Die vorgestellten Regeln der Textanalyse haben weitreichende methodologische Konsequenzen:

a) Da diese Untersuchung davon ausgeht, dass die Bedeutung von *z^e^khut* in der rabbinischen Literatur mit Hilfe von Textanalysen eruiert werden muss, wäre eine Untersuchung *sämtlicher Stellen* wünschenswert.
b) Wegen der Fülle der rabbinischen Texte, in denen der Ausdruck *z^e^khut* vorkommt, und wegen der Notwendigkeit der Erklärung ist es im Rahmen dieser Untersuchung nicht möglich, sämtliche Stellen des gesamten rabbinischen Schrifttums zu analysieren. Sie beschränkt sich daher auf einen wesentlichen Ausschnitt aus der rabbinischen Literatur: *die Textsammlung Bereshit Rabba und vier Midraschim aus dem Talmud Yerushalmi.*
c) Die Ergebnisse zur Bedeutung von *z^e^khut* in der rabbinischen Literatur beanspruchen deshalb ihre Gültigkeit nur in *diesem beschränkten Rahmen.*

Üblicherweise wird bei Begriffsuntersuchungen entscheidend anders verfahren: Zuerst wird das semantische Wortfeld des fraglichen Ausdrucks beschrieben bzw. untersucht. Erst danach wird nach der Verwendung bei einem bestimmten Autor oder in einer bestimmten Literaturgattung gefragt. Gemäss dieser Verfahrensweise würde man also bei der Frage nach der Bedeutung von *z^e^khut* zuerst eine linguistische Diskussion über die Wortfamilie *z^e^khut* führen, d.h. Singular, Plural, Konstruktionen mit Personen, Sachen, Präpositionen usw. angeben, sowie verwandte und entgegengesetzte Begriffe nennen. Erst wenn diese Arbeit geleistet worden wäre, würde man nach der Verwendung von *z^e^khut* in einem Teil der rabbinischen Literatur fragen. So gerechtfertigt dieses Verfahren in anderen

Fällen zweifellos ist, in diesem speziellen Zusammenhang ist es aus folgenden Gründen nicht anwendbar:

- Um das semantische Feld von *z^e^khut* in der rabbinischen Literatur zu untersuchen, muss man mit Hilfe der Konkordanzen das Stellenmaterial erheben. Werke, von denen keine Konkordanzen vorhanden sind, muss man durchsehen. Diese Erhebung genügt aber noch nicht. Bedingt durch die Eigenart rabbinischer Texte ist oft eine Textanalyse erforderlich, um zu erkennen, mit welcher Person oder Sache *z^e^khut* in Verbindung steht.[30] Um das semantische Feld von *z^e^khut* bestimmen zu können, müsste man also genau diejenige textanalytische Arbeit leisten, die in dieser Untersuchung für einem Teilbereich der rabbinischen Literatur erst zu leisten ist.
- Um angeben zu können, welche Begriffe mit *z^e^khut* verwandt bzw. der Bedeutung dieses Ausdrucks entgegengesetzt sind, muss man die Bedeutung von *z^e^khut* kennen. Aber gerade das ist ja die Frage dieser Arbeit. Wenn man von der Annahme ausgeht, dass die Bedeutung von *z^e^khut* in der rabbinischen Literatur aus deren Texten eruiert werden muss, kann man nicht im Vorfeld dazu Aussagen machen, die das Untersuchungsergebnis bereits voraussetzen.

Die Feststellung dieser *petitio principii* soll selbstverständlich nicht die Wichtigkeit der Kenntnis des semantischen Feldes von *z^e^khut* in Frage stellen. Die Beschreibung des semantischen Feldes von *z^e^khut* kann jedoch erst in Angriff genommen werden, *wenn sämtliche rabbinischen Texte, in denen dieser Ausdruck vorkommt, analysiert worden sind.* Die vorliegende Untersuchung will einen ersten wichtigen Beitrag zu diesem grossen Unternehmen liefern.

---

30) Vgl. z.B. die Auslegung von BerR 39,15 (Kapitel 5.3), wo es heisst: „Bis dahin suchte er für sie nach der *z^e^khut* im Land." Aus diesem Satz geht weder hervor, wer mit „er", noch wer mit „für sie" gemeint ist. Oder man merkt erst aufgrund einer sorgfältigen Textanalyse, dass in BerR 63,8 (Kapitel 7.1.3) mit der *z^e^khut* von Lev 23,40 die *z^e^khut* des Laubhüttenfestes gemeint ist – und erst recht, was damit gemeint ist.

3. Die Texte

Aus den in Kapitel 2. genannten Gründen wird in dieser Arbeit nur ein ganz bestimmter Ausschnitt aus dem reichen Stellenmaterial der rabbinischen Literatur untersucht. Seine Wahl erfolgt aber nicht willkürlich. Rabbinische Schriften sind nicht Werke einzelner Autoren, sondern Sammlungen rabbinischer Auslegungen. Wenn der Gebrauch von z^{e}*khut* in einem rabbinischen Werk statistisch häufig und signifikant ist, stellt dieses einen bereits definierten Ausschnitt der Verwendung von z^{e}*khut* im rabbinischen Sprachgebrauch dar. Unsere Wahl gilt einem rabbinischen Werk, das diese Rahmenbedingungen erfüllt: dem Midrasch Bereshit Rabba (in älteren Werken Genesis Rabba genannt).

Die Beschränkung auf Midrasch Bereshit Rabba

Die Wahl von Midrasch Bereshit Rabba hat folgende Vorteile:

- Midrasch Bereshit Rabba (BerR) ist der älteste rabbinische Kommentar zum Buch Genesis. Es handelt sich um einen zentralen haggadischen Midrasch.[31] Viele in BerR enthaltenen Traditionen finden sich auch in anderen Midraschim. Die meisten in dieser Untersuchung angeführten Texte haben eine oder mehrere Parallelen.
- Der Ausdruck z^{e}*khut* kommt im Haupttext von Theodor/Albeck von BerR 136mal in 66 Midraschim vor. BerR erfüllt somit das Kriterium der statistischen Häufigkeit.
- Für eine gelungene Untersuchung ist nicht bloss die Häufigkeit von z^{e}*khut* massgebend. Stellen, aus denen sich nicht ableiten lässt, was z^{e}*khut* bedeutet, sind nicht signifikant. In BerR kann die Bedeutung von z^{e}*khut* in 59 von 66 Fällen mit Sicherheit aus dem jeweiligen Textzusammenhang erhoben werden. BerR genügt somit auch dem Kriterium der Signifikanz.
- Zahlreiche Wiederholungen bei der Erhebung der Bedeutung von z^{e}*khut* in BerR zeigen, dass die gewonnenen Ergebnisse genügend abgesichert sind.
- Da in BerR allerdings ein paar wichtige Gesichtspunkte fehlen, die in der Sekundärliteratur eine grosse Rolle spielen (s.u. S. 255), wird das

---

31) Die *halakha* (von הלך – *halakh*, „gehen") gibt darüber Auskunft, *was* der Jude zu tun und *wie* er seinen Lebenswandel zu gestalten hat. Die *haggadah* (von הגיד – *higgid*, „mitteilen") gibt darüber Auskunft, *warum* und *weshalb* er es tun soll. Die *halakha* ist also derjenige Teil der *torah* mitsamt ihrer Interpretation, in dem es um die rechte Ausübung der מצוות (*mitswot*), der Gebote geht. In der *haggadah* geht es um die theologische Reflexion über die Geschichte Gottes mit den Menschen und seinem Handeln an ihnen.

Textmaterial aus diesem Midrasch noch um vier weitere Texte aus dem Talmud Yerushalmi ergänzt.

– Mit Hilfe der Ergebnisse zur Bedeutung von *z^e^khut*, die sich anhand von BerR und den vier weiteren Texten aus dem Talmud Yerushalmi gewinnen lassen, können die Fragen in Kapitel 1.3 befriedigend beantwortet werden.

Entstehung, Form und Inhalt von Midrasch Bereshit Rabba

Es sollen hier nicht die Probleme der Einleitung diskutiert werden, sondern nur ein paar Grundinformationen zu diesem wichtigen Midrasch gegeben werden.[32]

BerR ist ein sogenannter Auslegungsmidrasch zum ersten Buch der Hebräischen Bibel. D.h. dieser Midrasch bietet eine Vers für Vers Auslegung von Gen 1-50. Allerdings wird nicht jeder Vers aus der Genesis ausgelegt. Ab Parasche 93 wird die Vers für Vers Erklärung zudem aufgegeben. Die Auslegung geschieht zum Teil durch einfache Wort- und Satzerklärungen und zum Teil durch mehr oder weniger ausführliche haggadische Deutungen und Darlegungen, in die häufig Sentenzen und Gleichnisse hineinverwoben sind.

Der unbekannte Redaktor stützt sich auf eine Fülle rabbinischer Traditionen. Im Einzelfall ist allerdings schwer zu entscheiden, ob er schriftliche Texte vor sich hat und frei zitiert, oder ob er auf frühere Fassungen der überlieferten Texte oder auf gemeinsame mündliche Traditionen zurückgreift. Da BerR den Talmud Yerushalmi „noch nicht in seiner jetzigen Form zitiert, wohl aber auch die letzten Schichten seines Inhalts kennt,“[33] sind vermutlich beide Werke etwa gleichzeitig endredigiert worden, d.h. in der ersten Hälfte des 5. Jhs. Zur Vorgeschichte von BerR lässt sich nichts sagen. Entstanden ist dieser Midrasch – wie übrigens alle haggadischen Midraschim – in Palästina. Darauf verweist nicht nur das Überwiegen von palästinischen Rabbinen, sondern vor allem die Sprache. Diese besteht vorwiegend aus Hebräisch mit vielen griechischen Fremdwörtern, aber auch aus Teilen in galiläischem Aramäisch. Zudem wird BerR von Rashi als *'aggadat 'erets Yisra'el* d.h. als *„(h)aggadah des Landes Israel“* bezeichnet. Ein entscheidender Grund für dessen Abfassung bestand darin, dass der Lehrbetrieb unter Theodosius II. (408-450 n.Chr.) sehr eingeschränkt und die mündliche Tradition dadurch gefährdet wurde.[34]

Neusner[35] reiht BerR nicht bloss hinsichtlich der zeitlichen Entstehung zwischen der Mischnah und dem babylonischen Talmud ein, sondern ge-

32) Vgl. für das Folgende G. Stemberger, 257-263.

33) Stemberger, 260.

34) Vgl. J. Maier, Geschichte der jüdischen Religion, 101.

35) J. Neusner, Genesis Rabbah, Bd. I, ix (= Bd. II, ix = Bd. III, ix).

rade auch hinsichtlich dessen Wichtigkeit und Bedeutung. BerR ist für rabbinisches Denken, für die Bedeutung des rabbinischen Judentums und für dessen Interpretation nicht weniger wichtig als die Mischnah und der babylonische Talmud. In BerR geht es ja nicht nur um die Väter Israels, sondern vielmehr um die Geschichte Israels von ihren Anfängen bis hin zu ihrer eschatologischen Vollendung. Es geht um die Rettung und Erlösung Israels – und zwar ebenfalls von den Vätern bis hin zum Kommen des Messias und zur Auferweckung der Toten.

Textausgaben von Midrasch Bereshit Rabba

Die bisher einzige kritische Ausgabe von BerR ist von J. Theodor/Ch. Albeck, Midrash Bereshit Rabba, Critical Edition with Notes and Commentary, 3 Bde., (Berlin 1912-1936 mit Korrekturen) Jerusalem ^{2}1965, Ndr. 1996. Diese Ausgabe bildet für die vorliegende Untersuchung die Textbasis. Prinzipiell folgen wir dem Haupttext von Theodor/Albeck, doch werden andere Lesarten für das bessere Verständnis herangezogen und der kritische Apparat rege benützt.

Als besonders hilfreich für die Interpretation der Texte erweist sich die Ausgabe von A. Mirqin, Midrash Rabbah, Bd. 1-11, Jerusalem ^{4}1986/87. Seinem Text liegt derjenige der Ausgabe Wilna, Midrasch Rabbah 1887 zugrunde. Zudem hat er den Text vokalisiert, Satzzeichen und Anführungszeichen eingefügt, welche die Bibelzitate markieren, und Abkürzungen weitgehend ausgeschrieben. Seine Ausgabe ist eine grosse Hilfe für Leser, die nicht perfekt Hebräisch oder nicht Aramäisch können, da er in seinem Kommentar alle aramäischen Passagen auf Hebräisch übersetzt. Dieser ist besonders erwähnenswert, da er sehr zur Erhellung der rabbinischen Gedankengänge beiträgt, indem er darauf hinweist, unter welchem Gesichtspunkt die Rabbinen den jeweiligen Bibeltext gelesen haben, was ihnen dabei aufgefallen ist, und welches biblische oder rabbinische Gedankengut bei ihrer Interpretation unausgesprochen auch noch eine Rolle gespielt hat.

Eine weitere Ausgabe, die derjenigen Mirqins verwandt ist, ist A. Steinberger (und andere), Midrash Rabba ham-mevo'ar, Bereshit Rabba, 4 Bde., Jerusalem 1980-1988. Auch diese Ausgabe ist vokalisiert, und auch ihr liegt der Text der Ausgabe Wilna zugrunde. Der Kommentar dieser Ausgabe bietet jedoch weit weniger Hintergrundinformationen zu den rabbinischen Gedankengängen und erhellt diese nicht im selben Masse wie derjenige Mirqins.

Übersetzungen von Midrasch Bereshit Rabba

Die einzige (vollständige) deutsche Übersetzung stammt von A. Wünsche aus dem Jahre 1880.[36] Leider ist diese Übersetzung unbrauchbar, da sie ungenau, irreführend und oft falsch ist. Von den Bibelzitaten führt Wünsche nur gerade diejenigen in ihrem Wortlaut an, die am Anfang eines Midrasch stehen. Auf alle anderen verweist er mit einer blossen Stellenangabe. *z^e^khut* übersetzt Wünsche in den meisten Fällen mit „Verdienst". Er versteht unter *z^e^khut* also eine „verdienstliche Tat" bzw. „verdienstliches Handeln".

Eine hervorragende englische Übersetzung hat H. Freedman 1939 vorgelegt.[37] Diese ist meist sehr präzise und bietet auch für das Verständnis der Texte hilfreiche Anmerkungen. Er übersetzt *z^e^khut* bzw. *biz^e^khut* fast gleich oft mit „merit" und mit „for .... sake". Was er unter „merit" versteht, geht aus den wenigen Stellen hervor, in denen er *z^e^khut* mit „reward" übersetzt (I,277; I,358; I,492f; II,562). Aus der Wiedergabe von *z^e^khut* mit „reward" (Lohn) folgt, dass er den Ausdruck als „verdienstliche Tat" bzw. als „verdienstliches Handeln" versteht.

Die Qualität von Freedmans Übersetzung wird von Neusner[38] vollständig anerkannt. In seiner eigenen Übersetzung von 1985 folgt er oft derjenigen Freedmans und verweist immer wieder auf sie. Neusners Übersetzung ist ebenfalls sehr präzise. Von Freedmans Übersetzung unterscheidet sie sich neben der moderneren englischen Ausdrucksweise dadurch, dass er den Text in seine einzelnen Sinneinheiten aufgegliedert hat. Für die Analyse komplexerer Texte erweist sich diese Gliederung als ausserordentlich hilfreich, doch kann man bei Texten, wo die Übergänge zwischen den einzelnen Aussagen beinahe nahtlos erfolgen, auch anders entscheiden als Neusner.

Neusner übersetzt *z^e^khut* in den meisten Fällen mit „merit". Oft ergänzt er den Ausdruck mit einer Verbform, die im hebräischen oder aramäischen Originaltext nicht vorkommt. Die verwendeten Verben sind folgende:

- to accrue (I,113; I,153; I,305; I,341; I,346; II,216; II,220; II,314; III,86).
- to accumulate (II,256).
- to achieve (III,87; III,111).

---

36) A. Wünsche, Bibliotheca Rabbinica, Bd. I, Der Midrasch Kohelet / Der Midrasch Bereschit Rabba, Das ist die haggadische Auslegung der Genesis, Leipzig 1880, Ndr. Hildesheim u.a. 1993.

37) H. Freedman / M. Simon, Midrash Rabbah, translated into English with Notes, Glossary and Indices, Bd. 1-2, Genesis, London 1939, ^{3}1961.

38) J. Neusner, Genesis Rabbah, The Judaic Commentary to the Book of Genesis, A New American Translation, 3 Bde., Atlanta 1985. Da in dieser Arbeit mit ganz wenigen Ausnahmen dieses Werk zitiert wird, wird dieses mit „Neusner" abgekürzt. Wenn aus einem anderen Werk von Neusner zitiert wird, werden zusätzliche Angaben gemacht.

– to attain (I,305; I,341; II,75; II,96; II,208f; II,216; II,280; II,357; III,32; III,106; III,364).
– to gain (II,75).

Alle diese Näherbestimmungen zeigen, dass Neusner „merit" als „Verdienst" versteht, das erlangt, erworben, gewonnen, angesammelt und angehäuft werden kann. Wie bei den anderen Autoren ist „merit" auch bei Neusner als „verdienstliche Tat" bzw. als „verdienstliches Handeln" zu verstehen und entspricht also der in Kapitel 1.3 gegebenen Definition von „Verdienst" bzw. „merit".

Nun hat Neusner in einem späteren Aufsatz[39] die Übersetzung von *z^{e}khut* mit „merit" radikal abgelehnt (s.o. S. 22). In dieser neueren Arbeit führt er allerdings nur gerade vier Texte aus BerR an, in denen der Ausdruck *z^{e}khut* vorkommt, und in denen er seine Bedeutung mit „the heritage of virtue and its consequent entitlements" umschreibt (ebd. 171). Da Neusner sich nicht dazu äussert, ob er *z^{e}khut* überall in BerR in der angegebenen neuen Weise umschreiben würde, wird in dieser Arbeit jeweils auch seine dreibändige Übersetzung von BerR angegeben.

Darstellung der Textbeispiele

Der Ausdruck *z^{e}khut* kommt in BerR in über sechzig Texten vor. Um möglichst grosse Übersichtlichkeit zu erreichen, Wiederholungen und Verweise auf Texte zu vermeiden, die erst später besprochen werden, werden sie hier in vier Themengruppen eingeteilt:

1. Erschaffung der Welt (Kapitel 4.)
2. Land und Nachkommen (Kapitel 5.)
3. Segen und Gebet (Kapitel 6.)
4. Rettung und Erlösung (Kapitel 7.)

Innerhalb dieser grossen Gruppierungen werden die Texte soweit wie möglich in Untergruppen eingeteilt. Es versteht sich von selbst, dass jede Einteilung etwas Künstliches ist. Bis auf ein paar wenige Ausnahmen können jedoch alle Texte, die in BerR vorkommen, in eine dieser vier Gruppen eingeteilt werden.

Da der Gang der Untersuchung nicht bloss neue Aspekte zur Bedeutung von *z^{e}khut* bringt, sondern auch viele Wiederholungen und damit Bestätigungen bereits erarbeiteter Ergebnisse, erscheint rund die Hälfte der Texte im Anhang. Diese Texte sind jedoch nicht weniger wichtig als diejenigen im Hauptteil, da sich die Schlussfolgerungen dieser Arbeit ebensosehr auf sie stützen. In den Zwischenergebnissen am Ende des jeweiligen Kapitels

39) J. Neusner, Systemic Integration and Theology, The Concept of Zekhut in formative Judaism, 170-180.

werden daher nicht nur die Ergebnisse des Hauptteils referiert, sondern auch die Ergebnisse der betreffenden Anhänge.
Der Leser hat die Möglichkeit, den Anhang nach eigenem Bedarf zu benützen. Wer auf die Lektüre des Anhangs ganz verzichtet, verpasst zwar keine neuen Aspekte zur Bedeutung von *z^e^khut*. Ihm entgehen aber viele interessante rabbinische Texte und viele exegetische Einzelheiten.
Obwohl auch sie in eine der vier Themengruppen eingeteilt werden könnten, erscheinen die Texte, aus denen die Bedeutung von *z^e^khut* nicht eindeutig abgeleitet werden kann, der besseren Übersichtlichkeit halber in einem eigenen Kapitel (Kapitel 8.). Ebenfalls in einem eigenen Kapitel erscheinen ergänzende Texte aus dem Talmud Yerushalmi (Kapitel 9.).

Hauptteil

4. *z^e^khut*: Erschaffung der Welt

4.1 Die *z^e^khut* der *torah*, die mit dem Buchstaben Alef eröffnet wird: BerR 1,10 zu 1,1 (I,8f)[40]

בראשית ברא אלהים (בראשית א א) .... ר' לעזר בר אבינה בשם ר' אחא כ"ו דור היה קורא א' תיגר לפני הקב"ה, אמר לפניו רבונו שלעולם אני ראשון שלאותיות ולא בראתה עולמך בי אתמהא, אמר לו הקב"ה העולם ומלואו לא נברא אלא בזכות תורה, למחר אני בא ליתן תורתי בסיני ואין אני פותח אלא בך אנכי י"י אלהיך (שמות כ ב).

> *Am Anfang* (בראשית *b^e^reshit*) *schuf Gott* [*den Himmel und die Erde*] (Gen 1,1). ....
> R. La^c^azar b. Avina (pA um 340) [sagte] im Namen R. A<u>h</u>as (pA um 320): 26 Geschlechter [lang] beschwerte sich [der Buchstabe] Alef vor dem Heiligen, gepriesen sei er. Er sprach vor ihm: Herr der Welt, ich bin der Erste der Buchstaben, und du hast deine Welt nicht mit mir geschaffen, ich staune darüber! Der Heilige, gepriesen sei er, sagte zu ihm: Die Welt und was sie füllt wurde nur aufgrund der *z^e^khut* der *torah* geschaffen. Einst werde ich kommen, um meine *torah* auf dem Sinai zu geben, und dann werde ich sie allein mit dir eröffnen: *Ich* (אנכי *'anokhi*) *bin der HERR, dein Gott,* [*der ich dich aus Ägypten aus dem Sklavenhause geführt habe*] (Ex 20,2).[41]

In BerR 1,10 geht R. A<u>h</u>a der Frage nach, weshalb die *torah* nicht mit dem ersten, sondern mit dem zweiten Buchstaben des hebräischen Alphabets beginnt.[42] Mit den 26 Geschlechtern sind die Geschlechter gemeint,

---

40) Parallelen: MHG Ber 1,1, PesK 12,24, PesR 21 (109b), ShirR 5,11, TanBShem yitro 16, YalqBer 2, YalqMPs 105,7. Eine Variante sowie die Parallelstelle PesR 21 (109b) lesen anstatt בזכות (*biz^e^khut*) בשביל (*bishvil*).

41) Freedman (I,10) und Marmorstein (125) übersetzen *z^e^khut* mit „for .... sake". Neusner (I,15) übersetzt den Ausdruck mit „merit", Urbach (II,814) mit „on account" und Wünsche (5) mit „Verdienst".

42) Mit dieser Frage beschäftigen sich in BerR 1,10 auch R. Levi, R. Y^e^hudah b. Pazzi und ein anonymer Ausleger.

die von der Erschaffung der Welt bis zur Gabe der *torah* auf dem Sinai lebten.[43]
Der vermeintlich zu kurz gekommene Buchstabe Alef wird von Gott mit der Versicherung beruhigt, dass die Welt nur aufgrund der *z^e^khut* der *torah* geschaffen wurde, und dass er die *torah* mit ihm auf dem Sinai eröffnen werde. In diesem Zusammenhang stellt sich nicht bloss die Frage, was *z^e^khut* bedeutet, sondern auch, was hier mit *torah* gemeint ist. Erst wenn die Bedeutung von *torah* geklärt ist, kann diejenige von *z^e^khut* angemessen erfragt werden.

Die torah als Selbstoffenbarung Gottes in der Auslegung R. Aḫas

Gemässs R. Aḫa ist nicht Gen 1,1, sondern Ex 20,2 der Anfang der *torah*. Die Frage, was in BerR 1,10 mit der *torah* gemeint ist, muss daher von Ex 20,2 her beantwortet werden.
Üblicherweise wird *torah* mit „Gesetz" wiedergegeben. Von dieser Übersetzungsgewohnheit her wäre zu erwarten, dass R. Aḫa für seinen Schriftbeweis eine Stelle heranzieht, in der von Gottes Geboten die Rede ist. Diese Erwartung wird aber nicht bestätigt. Wohl bildet Ex 20,2 sozusagen den Auftakt zu den zehn Geboten. Aber es handelt sich dabei nicht um irgendeine literarische Überleitung, die ebensogut anders lauten oder auch fehlen könnte. Die Mitteilung in Ex 20,2, dass Gott Israel aus Ägypten befreit hat, ist vielmehr *die Begründung* der zehn Gebote, das ist *die Begründung* des Bundes zwischen Gott und Israel.[44] Dass Gott Israel aus Ägypten befreit hat, ist der Kern des Bekenntnisses Israels, der Kern der Verkündigung der Hebräischen Bibel, und sozusagen der immer wiederkehrende Refrain.
In Ex 20,2 hat dieses Bekenntnis die Form einer Aussage Gottes über sich selbst. Rabbinisch ausgedrückt muss man jedoch sagen: In Ex 20,2 sagt der Heilige, gepriesen sei er: *„Ich bin der HERR, dein Gott...."* Für R. Aḫa beginnt die *torah* also nicht nur mit einem Satz, der *in die Form* einer Aussage Gottes über sich selbst gekleidet ist, sondern sie beginnt mit der Aussage Gottes über sich selbst. Bei dieser handelt es sich um *die* Aussage sowohl über das *Zentrum*, als auch über das *Ganze* der Gotteserfahrung Israels. Indem Gott auf dem Sinai sagt *„Ich bin der HERR, dein*

43) Von Adam bis Noah waren zehn Geschlechter, von Noah bis Abraham weitere zehn und von Abraham bis Mose sechs, insgesamt also 26 (MTeh 105,3). Vgl. auch das Stellenmaterial bei Billerbeck, II,354f.

44) Vgl. zur Bedeutung des „Bundes" bei den Rabbinen F. Avemarie, Semantische Überlegungen zu b^e^rît in der rabbinischen Literatur, in: Bund und Tora, 163-216. Avemarie zeigt, dass die Rabbinen von verschiedenen Bünden sprechen. Wenn nicht anders angegeben, ist mit „Bund" in dieser Arbeit immer das Verhältnis zwischen Gott und Israel bzw. Israels Repräsentanten und Exponenten *im ganz umfassenden Sinne* gemeint.

Gott....", gibt Gott *sich* als derjenige *zu erkennen*, der Israel aus Ägypten befreit hat, und es nun in Dienst nimmt. Oder anders gesagt: Gott teilt Israel mit, *wer* er für Israel ist. Man kann auch sagen, dass Gott sich gegenüber Israel *offenbart*.

Weil Ex 20,2 gemäss R. Aha die Eröffnung der *torah* ist, lässt sich folgern, dass die *torah* der Selbstoffenbarung Gottes *entspricht*.

Diese hochtheologische Aussage verlangt für ihr angemessenes Verständnis zwei Vorüberlegungen:

a) Klärung des Verhältnisses der *torah* als *Gotteswort* und als *Schriftwort* und d.h. als ein Gefüge von Buchstaben.

b) Klärung des Begriffs der *Offenbarung* bzw. *Selbst-Offenbarung Gottes*.

a. Zum Verhältnis von Gotteswort und Schriftwort

Die Rabbinen sprechen zwar oft davon, dass die *torah* von Gott gegeben sei, aber zur Frage, wie das Verhältnis zwischen *Gottes Reden* und *Schrift* beschaffen sei, scheinen sie sich nicht direkt geäussert zu haben. In DevR 3,17 liegt jedoch ein Text vor, dem eine Antwort auf diese Frage entnommen werden kann, obwohl er primär auf eine andere Frage Antwort gibt: Weshalb die ersten Gesetzestafeln ein Werk Gottes waren, die zweiten hingegen das Werk Mose. In DevR 3,17 zu 10,1 heisst es:

> Eine andere Auslegung: *Haue dir* [*zwei steinerne Tafeln, wie die ersten waren....*] (Dtn 10,1). Sie fragten den R. Yohanan b. Zakkai (pT1 gest. um 80): Weswegen [waren] die ersten Tafeln ein Werk des Himmels, die zweiten aber ein Werk eines Menschen? Er sagte zu ihnen: Wessen ist die Sache ähnlich?
>
> Einem König, der eine Frau heiratete, und er brachte das Papier und den Schreiber von dem Seinigen, schmückte sie von dem Seinigen und führte sie in sein Haus. Der König sah sie mit einem seiner Sklaven scherzen, er wurde zornig auf sie und entliess sie. Ihr Hochzeitsbeistand kam zu ihm und sprach zu ihm: Mein Herr, weisst du nicht, woher du sie aufgehoben hast? Ist sie nicht unter Sklaven gross geworden? Und weil sie unter Sklaven gross geworden ist, ist ihr Herz dreist gegen sie. Der König sprach zu ihm: Und worum bittest du? Dass ich mich mit ihr versöhne? Bringe das Papier und den Schreiber von dem Deinigen, und siehe die Schrift [ist] von meiner Hand.
>
> So sprach Mose zum Heiligen, gepriesen sei er. In dem Augenblick als sie (d.h. die Israeliten) in die Hände jener Tat gerieten, sprach er zu ihm: Weisst du nicht, aus welchem Ort du sie herausgeführt hast? Aus Ägypten, aus einem Ort des Götzendienstes. Der Heilige, gepriesen sei er, sprach zu ihm: Und worum bittest du? Dass ich mich mit ihnen versöhne? Bringe die Tafeln von dem Deinigen, und siehe

die Schrift [ist] von meiner Hand. *Und ich werde auf die Tafeln schreiben* (Ex 34,1).[45]

Im Gleichnis ist mit dem „König“ Gott,[46] mit der „Frau“ Israel[47] und mit dem „Hochzeitsbeistand“ Mose gemeint. Dass der „König“ die „Frau heiratete“, bedeutet, dass Gott mit Israel am Sinai seinen Bund schloss. Für die Frage nach dem Verhältnis von Gottes Reden und Schrift ist folgendes von Interesse:

1. Im Gleichnis wird die Ehe des Königs mit der Frau geschlossen, indem der König „das Papier und den Schreiber von dem Seinigen“ brachte. Damit sind die ersten Gesetzestafeln gemeint, von denen es heisst: *„Die Tafeln waren Gottes Werk, und die Schrift war Gottes Schrift, auf den Tafeln eingegraben“* (Ex 32,16; vgl. auch Ex 31,18 und Dtn 9,10). Wenn die ersten Tafeln in DevR 3,17 als „ein Werk des Himmels“ bezeichnet werden, ist damit also gemeint, dass sie ein Werk Gottes sind.[48]
2. Mit dem „Papier“, das der Hochzeitsbeistand im Gleichnis von dem Seinigen bringen muss, sind die beiden Tafeln gemeint, von denen es in Ex 34,1 heisst: *„Haue dir zwei steinerne Tafeln zurecht, wie die ersten waren. Und ich will auf die Tafeln die Worte schreiben, die auf den ersten Tafeln standen, welche du zerschmettert hast.“* Und in Ex 34,27f heisst es: *„Und der HERR sprach zu Mose: Schreibe dir diese Worte auf; denn auf Grund dieser Worte schliesse ich mit dir und mit Israel einen Bund. Und er blieb daselbst bei dem HERRN vierzig Tage und vierzig Nächte, ohne Brot zu essen und Wasser zu trinken. Und er schrieb auf die Tafeln die Worte des Bundes, die zehn Worte.“* Die zweiten Tafeln sind also kein „Werk des Himmels“, nicht vom Finger Gottes und nicht mit Gottesschrift beschrieben![49] Dies steht im Gegensatz zu Ex 34,1, wo gesagt wird, dass Gott darauf schreiben wolle.[50]

---

45) In ShemR 47,2 ist eine entfernte Parallele enthalten.

46) In der rabbinischen Literatur wird Gott oft mit einem König verglichen. Vgl. auch die Gleichnisse in BerR 1,1 (S. 54f), in BerR 63,2 (S. 212f) und in BerR 34,9 (S. 217f).

47) In der Bibel wird Israel oft als „Tochter“ oder als „Jungfrau“ und damit also als Frau bezeichnet. Vgl. zu diesem Thema die Ausführungen zu BerR 63,2, Kapitel 7.5.1, S. 214f.

48) Der Ausdruck „Himmel“ ist in der rabbinischen Sprechweise oft ein Ersatz für „Gott“. Vgl. Billerbeck, I,862, II,308f.

49) Dass es sich so verhält, wird ausdrücklich in der entfernten Parallele zu DevR 3,17, in ShemR 47,2 ausgesagt: „Eine andere Auslegung: *Schreibe dir....* (Ex 34,27): Der Heilige, gepriesen sei er, sprach zu Mose: Die ersten Tafeln habe ich geschrieben, wie denn geschrieben steht: [*Und der HERR gab mir die beiden steinernen Tafeln,*] *die mit dem Finger Gottes beschrieben waren....* (Dtn 9,10). Aber die zweiten sollst du schreiben....“

50) Der Widerspruch zwischen V.28 und V.1 liesse sich nur beseitigen, indem man den Satz *„Und er schrieb auf die Tafeln die Worte des Bundes, die zehn Worte“* nicht auf Mose, sondern auf Gott bezieht. Ein derartiges Verständnis würde einen unangekündigten Subjektwechsel in V.28 voraussetzen. Solche Subjektwechsel kommen in der Bibel zwar oft

Diesen Widerspruch beseitigt R. Yoh̲anan b. Zakkai, indem er im Gleichnis von der „Unterschrift" des Königs bzw. in dessen Erklärung von derjenigen Gottes spricht. Es wird noch danach zu fragen sein, wie das zu verstehen ist.

Die Auffassung, dass die zweiten Gesetzestafeln das Werk Mose waren, ist bei den Rabbinen allgemein anerkannt. Das geht nicht nur aus den einleitenden Sätzen von DevR 3,17 hervor: „Sie fragten den R. Yoh̲anan b. Zakkai: Weswegen [waren] die ersten Tafeln ein Werk des Himmels, die zweiten aber ein Werk eines Menschen?" Sondern das geht auch aus ShemR 47,1 und ShemR 47,2 hervor.

Die Gesetzestafeln sind *pars pro toto* für die *torah.*[51] Was für sie gilt, gilt daher auch für die (schriftliche) *torah.* D.h. nicht nur die zweiten Tafeln sind das „Werk eines Menschen", sondern auch die *torah.* Bei der *torah* und damit der Schrift handelt es sich nach rabbinischer Tradition also gerade nicht um Gotteswort, sondern um *Menschenwort.*

Der Grund, weshalb die zweiten Tafeln im Unterschied zu den ersten das „Werk eines Menschen" sind, ist gemäss R. Yoh̲anan b. Zakkai „jene Tat". D.h. der Grund ist die Herstellung und Verehrung des goldenen Kalbes. Diese Sünde ist der Abfall von Gott und damit *die Sünde par excellence.*[52]

Wegen der Sünde Israels wurden die ersten Tafeln zerbrochen und gibt es darum keine unmittelbare und direkte Verbindung zwischen Gottes Reden auf dem Sinai und somit seiner Offenbarung einerseits und der *torah* des Mose und damit der Schrift andererseits. Es gibt nur eine *indirekte* und *vermittelte* Verbindung. Diese besteht im *Hören* Mose bzw. im *Hören* Israels. Mose schreibt gemäss Ex 34,27f auf die beiden Tafeln, was er von Gott gehört hat. Und Israel überliefert, was es von Mose und dessen Nachfolgern gehört hat.[53] Es gibt das Gotteswort also nur durch das Medium des *Hörens.*

---

vor. Aber wenn man den Schluss von V.28 auf Gott bezieht, um die Spannung mit V.1 aufzulösen, gerät man in einen ebenso unauflösbaren Widerspruch zu V.27, wo Gott Mose befiehlt, auf die Tafeln zu schreiben. Da V.27 und V.28 eine semantische Einheit bilden, folgt, dass V.28 von V.27 her verstanden werden muss. Dass Mose es ist, der auf die zweiten Tafeln schreibt, geht ausser aus der entfernten Parallele SemR 47,2 zu DevR 3,17 auch aus ShemR 47,1 hervor.

51) Dass die Rabbinen die beiden Tafeln mit der schriftlichen *torah* gleichsetzen, geht z.B. aus ShemR 47,1, ShemR 47,3 und TanBer wayera 5 hervor.

52) In der Hebräischen Bibel wird diese als Sünde Jerobeams bezeichnet (vgl. 1Kön 14,16; 15,30; 15,34; 16,2; 16,19; 16,26; 16,31; 22,53; 2Kön 3,3; 10,29; 10,31; 13,2; 13,6; 13,11; 14,24; 15,18; 15,24; 15,28; 17,22). Zwischen dem goldenen Kalb in Ex 32 und den goldenen Kälbern, die Jerobeam in Bet-El und Dan aufstellen liess (1Kön 12,28f), besteht ein direkter Zusammenhang. Vgl. dazu M. Noth, Könige, 284.

53) In mAvot 1,1 heisst es: „Mose empfing die *torah* vom Sinai her und überlieferte sie dem Josua, und Josua den Ältesten, und die Ältesten den Profeten. Und die Profeten überlie-

Dem scheint zu widersprechen, dass es in R. Yoḫanan b. Zakkais Auslegung heisst: „Bringe die Tafeln von dem Deinigen, und siehe die Schrift [ist] von meiner Hand. *Und ich werde auf die Tafeln schreiben* (Ex 34,1)." Man könnte das so verstehen, dass die „Unterschrift" auf den Tafeln von Gott ist, dass also die zweiten Tafeln doch nicht ganz das „Werk eines Menschen" waren. Aber worin würde diese „Unterschrift" denn bestehen? Weder in Ex 34,1, noch sonst in irgendeiner anderen Bibelstelle ist von einer „Unterschrift" Gottes die Rede. Die „Unterschrift" hat ihren Grund in der Spannung zwischen Ex 34,1 und Ex 34,27f und ihren Ort im Ehevertrag des Gleichnisses. Durch seine Unterschrift beglaubigt der König die Gültigkeit des Ehevertrages und somit der Ehe mit der Frau. Dass Gott gemäss Ex 34,1 die Tafeln „unterschreibt", kann sinnvollerweise nur so verstanden werden, dass Gott selbst den „Ehevertrag" mit Israel beglaubigt. Dies wiederum bedeutet, dass die zweiten Tafeln zwar ganz das Werk und Wort Mose sind, dass es sich dabei jedoch um ein *durch Gott beglaubigtes und verbürgtes Wort* handelt.

b. Zum Begriff der Offenbarung bzw. Selbstoffenbarung

Da sich die Frage nach der Bedeutung der *Offenbarung* bzw. *Selbstoffenbarung* Gottes in Bezug auf die Auslegung R. Aḫas stellt, muss die Antwort hier gesucht werden, also im Zusammenhang mit Gen 1,1 und Ex 20,2. Gemäss R. Aḫa stellt Ex 20,2 den Anfang der *torah* und damit den Hauptvers in seiner Auslegung dar. Die Begriffsklärung ist somit von hier aus vorzunehmen: *„Ich bin der HERR, dein Gott, der ich dich aus Ägypten aus dem Sklavenhause geführt habe."* In Ex 20,2 – und in vielen anderen Stellen – ist also davon die Rede, dass *Gott* es ist, der Israel aus Ägypten befreit hat. Dadurch gab Gott sich Israel zu erkennen, offenbarte sich Gott seinem Volk. Die Befreiung Israels aus Ägypten ist also die Offenbarung Gottes.

Für den Offenbarungsbegriff hat dies folgende Konsequenzen: Die Offenbarung Gottes ist gemäss biblisch-rabbinischem Verständnis keine Lehre, schon gar nicht eine Lehre über Gott, kein philosophisches, naturwissenschaftliches, metaphysisches oder sonst irgendein anderes System, kein Katalog von bestimmten Gesetzen und Forderungen, sondern ein *Ereignis*. Dieses besteht darin, dass Gott sich selbst in der Geschichte Israels zu erkennen gibt. *Gottes Offenbarung ist die geschichtlich vermittelte Mitteilung seiner selbst, seine in der Geschichte sich ereignende Selbstoffenbarung.*

---

ferten sie den Männern der grossen Versammlung." D. Hoffmann (Mischnajot, IV,327) ist zuzustimmen, dass mit der *torah* hier vor allem die mündliche *torah* gemeint ist. Da mündliche und schriftliche *torah* untrennbar zusammenhängen, ist der Überlieferungsweg der mündlichen *torah* auch derjenige der schriftlichen.

Dass Gottes Selbstoffenbarung sich *ereignet*, bedeutet, dass es sie nur als Geschichte gibt. Geschichte ist *unumkehrbar*. Bedingt durch die Dimension der Zeit verläuft sie nur in eine Richtung, von der Vergangenheit über die Gegenwart in die Zukunft. Im Unterschied zu gewissen Naturereignissen, die sich *zyklisch* verhalten, handelt es sich bei der Befreiung Israels aus Ägypten um ein geschichtliches Ereignis, und zwar um eines, das für den Bund und die Gemeinschaft Gottes mit Israel *konstituierend* war. Zwar wird sich Gott im Verlauf der Geschichte Israels immer wieder als derselbe zu erkennen geben, als der er sich durch die Befreiung Israels aus Ägypten bereits zu erkennen gab und sich insofern weiterhin durch die Geschichte Israels offenbaren. Aber alle weiteren Offenbarungsereignisse werden in der Hebräischen Bibel auf dieses Offenbarungsereignis bezogen und mit ihm verbunden.

Bedingt durch die Unumkehrbarkeit der Geschichte gibt es kein unmittelbares Zurück zu ihren Ereignissen und darum auch kein unmittelbares Zurück zu Gottes Offenbarung in der Geschichte Israels, sondern nur einen indirekten und vermittelten Zugang. Dieses indirekte und vermittelte Zurück besteht in der *Erinnerung*. Das Judentum ist eine Religion des Erinnerns.[54] Es verhält sich hier ähnlich wie in der Erzählung von den Gesetzestafeln: Wie es nur einen durch das Hören vermittelten Zugang zu Gottes Wort gibt, gibt es nur einen durch das Erinnern vermittelten Zugang zu Gottes Selbstoffenbarung durch die Befreiung Israels aus Ägypten. Diese Erinnerung an das den Bund konstituierende Offenbarungsereignis sowie an die Offenbarungsereignisse, die diesem in der Geschichte Israels folgen, auf dieses bezogen sind und es bestätigen, hat in Israel eine ganz konkrete Form angenommen: Die *torah* – die Heilige Schrift.

Wenn unter a) bereits festgehalten wurde, dass die *torah* nicht selbst die Offenbarung Gottes ist, so tritt nun ein weiterer Gesichtspunkt hinzu: Die *torah* bzw. die Schrift ist *die Erinnerung an die Offenbarung*, sie ist also das *Offenbarungszeugnis*. Ihre haggadischen Komponenten sind das Zeugnis des den Bund Gottes mit Israel konstituierenden Offenbarungsereignisses (die Befreiung aus Ägypten) bzw. das Zeugnis der diesen Bund bestätigenden Ereignisse. Und ihre halakhischen Komponenten sind das Zeugnis des Anspruches Gottes an Israel, der sich aus diesem Bund ergibt. Und zwar ist die *torah* nicht ein Zeugnis von Gottes Offenbarung unter anderen, sondern das Offenbarungszeugnis schlechthin. Zwar gibt es im rabbinischen Judentum neben der schriftlichen *torah* auch eine mündliche, aber diese ist nicht unabhängig von der Schrift.

---

54) In der Hebräischen Bibel ist viel von „erinnern“ und „gedenken“ die Rede. Besonders sei hier an die Pesachliturgie erinnert: *„Wenn dich dann künftig dein Sohn fragt: «Was hat das zu bedeuten?» so sollst du ihm antworten: «Mit starker Hand hat uns der HERR aus Ägypten, aus dem Sklavenhause, herausgeführt»“* (Ex 13,14).

Da die Schrift das einzige Offenbarungszeugnis ist, ist sie der einzige – zwar indirekte aber dennoch allein verlässliche – Zugang zu dem, was Gott an Israel getan hat. Wegen dieser Einzigartigkeit hat sie ihren enorm hohen Stellenwert nicht nur für die Rabbinen, sondern für das Judentum überhaupt und auch für das Christentum. Deshalb wird sie, obwohl sie nicht die Offenbarung selbst, sondern das Zeugnis von Gottes Offenbarung ist, immer wieder mit dieser identifiziert. So wird die Bibel immer wieder als „Gottes Wort" bezeichnet und nicht, wie es korrekterweise heissen müsste, als „Zeugnis von Gottes Wort". Diese Differenzierung machen auch die Rabbinen meistens nicht.
Diese fehlende Differenzierung hat zur Konsequenz, dass überall, wo in den rabbinischen Schriften von der *torah* die Rede ist, gleichzeitig immer auch von Gottes Offenbarung die Rede ist, und dass diese also immer mitgemeint ist. Dass die *torah* und Gottes Selbstoffenbarung sich entsprechen, war ja auch die Schlussfolgerung, die sich aus der Auslegung R. Aẖas in BerR 1,10 ergab, und die zur Frage nach dem Verhältnis von *torah* und Selbstoffenbarung Gottes Anlass gab.

c. Die Bedeutung von z^ekhut

Mit diesen beiden Vorüberlegungen kann die Frage nach der Bedeutung von *z^ekhut* nun beantwortet werden.
Nach R. Aẖa wurde „die Welt und was sie füllt" nur aufgrund der *z^ekhut* der *torah* geschaffen. Das heisst: Die Selbstoffenbarung Gottes ist der Grund für die Erschaffung der Welt, weil Gott Israel einst am Sinai die *torah* geben will. Obwohl Gott Israel die *torah* erst nach 26 Geschlechtern, gerechnet von der Erschaffung der Welt, geben wird, steht *sein Entschluss*, Israel aus Ägypten zu befreien und ihm am Sinai die *torah* zu eröffnen, bereits bei der Erschaffung der Welt fest. D.h. sein Entschluss und Wille, Israel zu erwählen und mit ihm seinen Bund zu schliessen, ist bereits bei der Erschaffung der Welt *gültig* und *wirksam*. Die Bedeutung der *z^ekhut* der *torah* kann hier folglich als *Gültigkeit und Wirksamkeit der Selbstoffenbarung Gottes* umschrieben werden.

Die Erschaffung der Welt aufgrund der z^ekhut der torah

Dass die Welt aufgrund der *z^ekhut* der *torah* geschaffen wurde, bedeutet demnach, dass die primäre Grösse, das Eigentliche und Entscheidende die *torah* (Gottes Selbstoffenbarung gegenüber Israel und sein Bund mit diesem Volk) ist. Die Schöpfung dient der Offenbarung und dem Bund, indem sie sozusagen den Raum und die konkrete Möglichkeit für dieses Geschehen bietet. Aus diesem Grunde beginnt Gen 1,1 laut R. Aẖa nicht mit dem Buchstaben Alef, sondern mit einem Bet.

4.2 Die z^e*khut* der *torah*, des Mose und dreier Dinge: BerR 1,4 zu 1,1 (I,6f)[55]

בראשית ברא אלהים (בראשית א א) .... אמר ר' בניה
העולם ומלואו לא נברא אלא בזכות תורה י"י בחכמה
יסד ארץ (משלי ג יט), ר' ברכיה אומר בזכות משה וירא
ראשית לו וגו' (דברים לג כא), רב הונא בשם רב מתני
בזכות ג' דברים נברא העולם, בזכות חלה ומעשרות
וביכורים שנ' בראשית וגו', אין ראשית אלא חלה דכת'
ראשית עריסותיכם (במדבר טו כ), ואין ראשית אלא
מעשר דכת' ראשית דגנך (דברים יח ד), ואין ראשית
אלא בכורים דכת' ראשית ביכורי אדמתך (שמות כג יט).

Am Anfang (בראשית *b^{e}reshit*) *schuf Gott* [*den Himmel und die Erde*] (Gen 1,1). ....

[1] R. B^{e}naya[56] sagte: Die Welt und was sie füllt wurde nur durch die *z^{e}khut* der *torah* geschaffen: *Durch Weisheit* (חכמה *ḫokhmah*) *hat der HERR die Erde gegründet* (Spr 3,19).

[2] R. Berekhya (pA5 um 340) sagt: Aufgrund der *z^{e}khut* Mose: *Und er ersah sich den Erstling* (ראשית *reshit*)*;* [*denn daselbst war* [*für ihn*] *eines Anführers Teil aufbewahrt. Und es versammelten sich die Häupter des Volkes. Er vollzog die ts^{e}daqah des HERRN und seine Gerichte vereint mit Israel*] (Dtn 33,21).

[3] Rav Huna[57] [sagte] im Namen Rav Mattnas (bA2 um 270): Aufgrund der *z^{e}khut* dreier Dinge wurde die Welt erschaffen. Aufgrund der *z^{e}khut* des Kuchens, des Zehnten und der Erstlinge.
Denn es wird gesagt: *Am Anfang* (ראשית *reshit*) *usw*. Mit *reshit* (ראשית) ist nichts anderes als der Kuchen gemeint, wie geschrieben steht: *....als Erstling* (ראשית *reshit*) *von eurem Teig* [*sollt ihr einen Kuchen zum Hebeopfer abheben*] (Num 15,20).
Und mit *reshit* (ראשית) ist nichts anderes als der Zehnte gemeint, wie geschrieben steht: *Die Erstlinge* (ראשית *reshit*) *deines Korns* [*.... sollst du ihm geben*] (Dtn 18,4).
Und mit *reshit* (ראשית) ist nichts anderes als die Erstlinge gemeint, wie geschrieben steht: *Das Beste* (ראשית *reshit*)*, die Erst-*

---

55) Parallelen: MHG Ber 1,1, WaR 36,4, YalqBer 2. In YalqBer 2 finden sich zwar alle drei Auslegungen, aber nicht unmittelbar hintereinander wie in BerR 1,4. In MHG Ber 1,1 und WaR 36,4 ist nur die Auslegung R. Berekhyas enthalten.

56) Es ist nicht klar, welcher R. B^{e}naya gemeint ist.

57) Es ist nicht klar, welcher Rav Huna gemeint ist.

> *linge* (ביכורי *bikkurei*)[58] *von deinem Acker,* [*sollst du in das Haus des HERRN bringen*] (Ex 23,19).[59]

Obwohl die drei Auslegungen ursprünglich nicht zusammengehörten, bilden sie in BerR 1,4 eine Einheit. Um dies sichtbar zu machen, ist es nötig, sie einzeln zu besprechen und anschliessend nach dem Gesamtzusammenhang zu fragen.

a. Die Auslegung R. B^{e}*nayas: Die z*^{e}*khut der torah* [1]

R. B^{e}naya verbindet Gen 1,1 mit Spr 3,19 und interpretiert die *torah* als חכמה (*ḫokhmah*), als „Weisheit". Diese Verbindung stammt nicht von ihm selbst, sondern hat im rabbinischen Judentum zu seiner Zeit bereits eine jahrhundertelange Tradition hinter sich.[60] Für die Beantwortung der Frage, wie R. B^{e}nayas Aussage „Die Welt und was sie füllt wurde nur durch die *z*^{e}*khut* der *torah* geschaffen" zu verstehen ist, ist ein Midrasch erhellend, der sich im Umfeld seiner Auslegung findet: BerR 1,1 zu 1,1 (I,1f):

> *Am Anfang* (בראשית *b*^{e}*reshit*) *schuf Gott* [*den Himmel und die Erde*] (Gen 1,1). R. Osha^{c}ya (pA1 um 225) eröffnete [die Diskussion]: *....da war ich bei ihm als Pflegling* (אמון *'amon*)[61] *und ich war seine Wonne* [*Tag für Tag, war spielend tätig vor ihm zu jeder Zeit*] (Spr 8,30). ....
> Eine andere Auslegung: אמון [bedeutet] *Werkmeister* (אומן *'umman*). Die *torah* spricht: Ich war ein Gerät der Handwerkskunst des Heiligen, gepriesen sei er.
> In der Regel, wenn in der Welt ein König von Fleisch und Blut einen Palast baut, baut er ihn nicht aus eigener Erkenntnis, sondern aus dem Wissen eines Werkmeisters. Und der Werkmeister baut ihn nicht aus eigener Erkenntnis, sondern er hat Pergamente und Tafeln, um zu wissen, wie er Zimmer und wie er Durchgänge macht.
> So blickte der Heilige, gepriesen sei er, in die *torah* und erschuf die Welt. Und die *torah* sagt: *Am Anfang* (בראשית *b*^{e}*reshit*) *schuf*

---

58) Die BHS liest anstatt ביכורי בכורי.

59) Freedman (I,7) und Urbach (II,814) übersetzen *z*^{e}*khut* mit „for .... sake", Marmorstein (113) und Neusner (I,11) mit „merit", Billerbeck (III,580) und Wünsche (3) mit „wegen". Marmorstein führt nur die Auslegungen R. B^{e}nayas und R. Berekhyas an, und Billerbeck und Urbach nur gerade diejenige R. B^{e}nayas.

60) Einen guten Überblick über die Wurzeln der Verbindung von *torah* und *ḫokhmah* im Frühjudentum und in der Hebräischen Bibel bietet M. Küchler, Frühjüdische Weisheitstraditionen, Zum Fortgang weisheitlichen Denkens im Bereich des frühjüdischen Jahweglaubens, 33-61.

61) Die Bedeutung von אמון (*'amon*) ist unklar. Seit der Antike bestehen unterschiedliche Auffassungen darüber, ob dieser Ausdruck „Pflegling" oder „Werkmeister" bedeutet. Vgl. zu diesem Problem O. Plöger, Sprüche Salomos, 87.94ff.

> *Gott* [*den Himmel und die Erde*] (Gen 1,1). Und mit *Anfang* (ראשית *reshit*) ist nichts anderes als die *torah* [gemeint], so wie du sagst: *Der HERR hat mich hervorgebracht als Erstling* (ראשית *reshit*) *seiner Wege* (Spr 8,22).

Im Zusammenhang von BerR 1,1 und der Auslegung R. B^e^nayas in BerR 1,4 lassen sich folgende Beobachtungen festhalten:

1. Der „Palast", den „ein König von Fleisch und Blut" baut, bedeutet die Welt.[62] Der Vergleich der Welt mit einem Palast hat seinen Grund wohl darin, dass es sich bei einem Palast und dem Leben darin um eine Art Mikrokosmos und damit um eine Miniaturausgabe der Welt handelt. Der „Palast" in BerR 1,1 entspricht dem Passus „die Welt und was sie füllt" in der Auslegung R. B^e^nayas in BerR 1,4.
2. Das Instrument, mit dessen Hilfe der Werkmeister den Palast baut, sind die „Pergamente und Tafeln". Diese sind das „Gerät der Handwerkskunst". Ähnlich wie der Werkmeister die „Pergamente und Tafeln" benützte, blickte Gott bei der Erschaffung der Welt in die *torah*.
3. Mit dem *„ich"* in Spr 8,30 bzw. mit dem *„mich"* in V.22 ist die *hokhmah*, die Weisheit gemeint. Da der Ausdruck ראשית (*reshit*) in V.22 auf die *torah* bezogen wird, wird folglich die *torah* als *hokhmah*, als Weisheit gedeutet, wie dies in der Auslegung R. B^e^nayas in BerR 1,4 geschieht.
4. In der Erklärung des Gleichnisses wird Gen 1,1 mit Spr 8,22 verbunden. Als Bindeglied dient der Ausdruck ראשית (*reshit*). Dadurch versteht der Midrasch in BerR 1,1 בראשית (*b^e^reshit*) in Gen 1,1 nicht wie üblich als *„Am Anfang"*, sondern als *„Durch den Erstling"*. In Spr 8,22 ist mit ראשית (*reshit*), d.h. mit *„Erstling"*, die Weisheit gemeint. In Verbindung mit Spr 8,22 lautet Gen 1,1 demnach : *„Durch Weisheit schuf Gott den Himmel und die Erde."* Da die *torah* in BerR 1,1 als Weisheit gedeutet wird, lautet Gen 1,1: *„Durch die torah schuf Gott den Himmel und die Erde."* Dieser Aussage entspricht ganz die Aussage R. B^e^nayas: „Die Welt und was sie füllt wurde nur durch die *z^e^khut* der *torah* geschaffen."[63]
5. Im Zusammenhang der Auslegungen R. Berekhyas und Rav Mattnas in BerR 1,4 bildet der Ausdruck ראשית (*reshit*) die Brücke zwischen Gen 1,1 und den von ihnen angeführten Bibelversen. Nur bei R. B^e^na-

---

62) Vgl. auch das Gleichnis in BerR 34,9 (S. 217f).

63) Dem Ausdruck בחכמה (*b^e^hokhmah*) entspricht der Ausdruck בזכות (*biz^e^khut*). Aus diesem Grunde ist *biz^e^khut* analog zu *„Durch Weisheit"* zu verstehen, d.h. als „Durch die *z^e^khut*" und nicht als „aufgrund der *z^e^khut*". *biz^e^khut* ist an dieser Stelle also nicht mit *bishvil* austauschbar. Die Übersetzung von *biz^e^khut* mit „for .... sake" (Freedman, I,7 und Urbach, II,814) bzw. „wegen" (Billerbeck, III,580 und Wünsche, 3) ist daher allein schon aus diesem Grunde nicht möglich.

ya schien das anders zu sein. Aus den bisherigen Ausführungen wird jedoch deutlich, dass der Ausdruck ראשית (*reshit*) *unausgesprochen* auch für die Auslegung R. B^{e}nayas eine entscheidende Rolle spielt: Er bringt Gen 1,1 sehr wahrscheinlich nicht nur darum mit Spr 3,19 in Zusammenhang, weil die Verbindung von *torah* und *ḫokhmah* seit langem allgemein anerkanntes Traditionsgut ist, sondern weil die Weisheit von Spr 3,19 in Spr 8,22 als ראשית (*reshit*) bezeichnet wird.

Zusammenfassend kann man sagen: Indem die Welt mit einem „Palast" verglichen wird, von dem gesagt wird, dass der Werkmeister genau wissen müsse, „wie er Zimmer und wie er Durchgänge macht", wird die Welt als ein Ort beschrieben, der Struktur hat, dessen Einrichtungen einen Sinn ergeben, und an dem man sich zurechtfinden kann. Weil das so ist, ist die Welt ein Ort, an dem man leben kann. Dass sie ein solcher Ort ist, verdankt sie der *torah* bzw. der Weisheit, oder wie es das Gleichnis ausdrückt, ihrem „Bauplan".

Die Bedeutung von z^{e}khut in der Auslegung R. B^{e}nayas

Wenn die *torah* auch in BerR 1,4 als Weisheit zu verstehen ist, durch welche die Welt erschaffen wurde, scheidet das Verständnis von *torah* im engen Sinn als „Gesetz", das erfüllt werden muss, aus. Damit scheidet an dieser Stelle auch die Frage aus, ob dieses „Gesetz" nach rabbinischem Verständnis ein Instrument ist, um damit „Verdienste" vor Gott zu erlangen.[64] Aus diesem Grunde kann *z^{e}khut* in der Auslegung R. B^{e}nayas auch nicht „Verdienst" bedeuten.

Da die *torah* in der Auslegung R. B^{e}nayas als Weisheit gedeutet wird, ist die Weisheit *inhaltlich* von der *torah* her bestimmt. Bei der Weisheit handelt es sich also nicht um eine beliebige, sondern um diejenige der *torah*. Weil die *torah* von Gott kommt, handelt es sich bei der Weisheit folglich um diejenige Gottes. Wenn R. B^{e}naya sagt, dass „die Welt und was sie füllt" durch die *z^{e}khut* der *torah* geschaffen wurde, bedeutet dies zweierlei:

- Bei der Erschaffung der Welt war der „Bauplan" der *torah massgebend und bestimmend*.
- Der „Bauplan" der *torah* war deshalb *massgebend und bestimmend*, weil er der Weisheit Gottes entspricht, weil die *torah* der Inbegriff der Weisheit Gottes ist.

Aus der Auslegung R. B^{e}nayas allein wird nicht klar, auf welcher dieser beiden Aussagen der Akzent liegt. Will er sagen, *was* für die Erschaffung der Welt *massgebend und bestimmend* war? Oder will er etwas über die

64) Der grundsätzlichen Berechtigung dieser Frage wird weiter unten Rechnung getragen. Vgl. zur Frage, was die *torah* sei, besonders Kapitel 5.2.1 und Exkurs A.

Qualität der Schöpfung aussagen, nämlich dass diese die Qualität der Weisheit Gottes hat? Obwohl beide Aussagen untrennbar zusammengehören, ist eine Näherbestimmung nötig, um die Bedeutung von *z^e^khut* angeben zu können.
In BerR 1,1 zu 1,1 heisst es, dass die *torah* „ein Gerät der Handwerkskunst des Heiligen, gepriesen sei er" gewesen sei, und dass der „Werkmeister" den „Palast" „nicht aus eigener Erkenntnis" baut, sondern dass er „Pergamente und Tafeln" hat, „um zu wissen, wie er Zimmer und wie er Durchgänge macht". In allen diesen Aussagen geht es darum, *was* beim Akt der Erschaffung der Welt massgebend und bestimmend war. Obwohl der anonyme Ausleger von BerR 1,1 selbstverständlich davon ausgeht, dass die Schöpfung von der Qualität des „Bauplans" der *torah* und damit von der Weisheit Gottes durchdrungen ist, geht es ihm hier nicht darum, etwas über diese Qualität auszusagen.
Da die Auslegung R. B^e^nayas nur von der Auslegung von Gen 1,1 durch Spr 8,22 in BerR 1,1 her verstanden werden kann, ist folglich auch die Bedeutung von *z^e^khut* von hier aus zu verstehen. In BerR 1,4 ist demnach mit der *z^e^khut* der *torah* nicht die Qualität der *torah* als der Weisheit Gottes gemeint. Sondern die *z^e^khut* der *torah* ist *instrumental* zu verstehen, d.h. als das, *was bei der Erschaffung der Welt massgebend und bestimmend war*, als das, was bei der Erschaffung der Welt und für die Verwirklichung der Schöpfung *Geltung* hatte. Die *z^e^khut* der *torah* ist somit *der Geltungsanspruch des „Bauplans" der torah für die Erschaffung der Welt und damit der Geltungsanspruch der Weisheit Gottes.*

b. Die Auslegung R. Berekhyas: Die z^e^khut Mose [2]

Das Wort *torah* erinnert an das Sinaiereignis und damit auch an Mose. Aus diesem Grunde hat die Redaktion von BerR R. Berekhyas Auslegung an diejenige R. B^e^nayas angefügt. Die Brücke zwischen Gen 1,1 und Dtn 33,21 wird durch das Wort ראשית (*reshit*) gebildet. Nach heutigen Massstäben erscheint die Auslegung R. Berekhyas unbegründet, umso mehr, als sich Dtn 33,21 gar nicht auf Mose, sondern auf den Stamm Gad bezieht (vgl. Dtn 33,20). Bei den hervorragenden Bibelkenntnissen der Rabbinen ist es jedoch undenkbar, dass R. Berekhya das nicht gewusst haben sollte. Wenn er diese Stelle auf Mose anwendet, dann deshalb, weil sie seiner Meinung nach auch auf Mose *passt*.
Auf Mose angewendet ist Dtn 33,21 wie folgt zu verstehen:
Wenn man *„eines Anführers Teil"* auf Mose bezieht, wird man an seine Berufung und damit Erwählung als *„Anführer"* Israels in Ex 3f denken müssen. Im Satz *„Und er ersah sich den Erstling* (ראשית *reshit*)...." ist demnach Gott Subjekt. D.h. Gott *„ersah sich den Erstling"* Mose, indem er ihn *erwählte*. Gott bewahrte *„eines Anführers Teil" „daselbst"* auf.

Mit *„daselbst"* ist der Zeitpunkt der Erschaffung der Welt gemeint. Dies folgt aus der Aussage R. Berekhyas, Gott habe die Welt aufgrund der *z^{e}khut* Mose erschaffen. Somit reservierte Gott die Erwählung Mose bereits bei der Erschaffung der Welt für ihn.

Bereits bei seiner Berufung erhält Mose von Gott den Auftrag, die Ältesten Israels zu versammeln (Ex 3,16), um mit ihnen zum Pharao zu gehen (V.18). Aber auch später ruft Mose sie bei allen wichtigen Angelegenheiten zusammen.[65] Nun ist in Dtn 33,21 allerdings nicht von „Ältesten", sondern von „Häuptern" die Rede. Das ist jedoch keine Ungereimtheit. Überall, wo gesagt wird, Mose habe das Volk versammelt, und wo die Ältesten nicht *expressis verbis* erwähnt werden, sind diese selbstverständlich mit eingeschlossen. Mit den Häuptern wird es sich daher analog verhalten: Auch sie sind stillschweigend mit eingeschlossen, wenn von den Ältesten die Rede ist. Aus Dtn 29,9 und Jos 23,2 bzw. 24,1 geht hervor, dass die Häupter ebenfalls zu den Ältesten gehörten, indem sie diesen vorstanden.[66]

„Er vollzog die ts^{e}daqah des HERRN....": In Bezug auf Mose ist bei diesem Satz nicht an eine bestimmte Bibelstelle bzw. an ein bestimmtes Ereignis zu denken, sondern an die Realisierung seiner Berufung, Beauftragung und Inanspruchnahme durch Gott und deren Konsequenzen insgesamt, also an seine Rolle beim Auszug aus Ägypten, bei der Gabe der *torah* und der vierzigjährigen Wüstenwanderung. In all dem realisierte er die *ts^{e}daqah*, die Bundestreue. Bei *„und seine Gerichte"* besteht ein fast wörtlicher Bezug zu Ex 6,6 und 7,4. In beiden Stellen beziehen sich die Gerichte auf diejenigen an Ägypten. Und schliesslich findet *„vereint mit Israel"* seine Entsprechung darin, dass Israel bei allen Aktionen Mose nicht bloss passiv mitbetroffen, sondern vielmehr aktiv mitbeteiligt war.

Nachdem die Gründe genannt wurden, die unausgesprochen hinter der Meinung R. Berekhyas stehen, Dtn 33,21 passe auch auf Mose, ist es möglich, nach der Bedeutung von *z^{e}khut* zu fragen.

Da es in der Auslegung R. Berekhyas um die zukünftige Erwählung Mose durch Gott geht, ergibt die Übersetzung von *z^{e}khut* mit „Verdienst" an

---

65) Vgl. Ex 12,21; 17,5f; 19,7; 24,1; Lev 9,1; Num 11,16f; 11,24; Dtn 31,28.

66) In Dtn 29,9 heisst es: *„Ihr alle steht heute vor dem HERRN euerm Gott, die Häupter eurer Stämme, eure Ältesten, und eure Amtsleute, jeder Mann Israels."* Und in Jos 23,2 lesen wir: *„Da berief Josua ganz Israel, seine Ältesten und deren Häupter, seine Richter, und seine Amtsleute"* (s. auch Jos 24,1). Grammatikalisch ist es möglich, in Jos 23,2 und 24,1 anstatt *„seine Ältesten und deren Häupter" „seine Ältesten und seine Häupter"* zu übersetzen, wie die Zürcher Bibel und die Lutherbibel von 1984 dies tun. Dieses Verständnis wird jedoch durch Dtn 29,9 verunmöglicht. Dort besteht eine klare Hierarchie von den Häuptern über die Ältesten und den Amtsleuten bis hin zum geringsten Israelit. Die Häupter sind den Ältesten also übergeordnet.

dieser Stelle keinen Sinn. Bei der Suche nach einer geeigneten Umschreibung von *z^ekhut* ist folgenden Gesichtspunkten Rechnung zu tragen:

1. Die Erwählung Mose wird sowohl von Gott verwirklicht (indem Gott Mose wählt und beruft), als auch durch Mose (indem Mose seine Wahl annimmt und seine Rolle wahrnimmt). Die Verwirklichung der Erwählung durch Mose kann man auch als seine *Gott antwortende Glaubenspraxis* bezeichnen.
2. R. Berekhya sagt in Hinblick auf Gen 1,1, die Welt sei aufgrund der *z^ekhut* Mose erschaffen worden. Das bedeutet, dass die Erwählung Mose durch Gott *lange vor* ihrer Verwirklichung *bereits massgebend, gültig und wirksam war.*
3. Die Welt wurde *zum Ziele* der Verwirklichung der Erwählung Mose durch Gott in der Gott antwortenden Glaubenspraxis Mose erschaffen. Zum Zeitpunkt der Erschaffung der Welt, d.h. zum Zeitpunkt von Gen 1,1, steht diese Verwirklichung noch aus.

Unter Berücksichtigung dieser Gesichtspunkte ergibt sich für die Bedeutung der *z^ekhut* Mose folgende Umschreibung: *Gültigkeit und Wirksamkeit der Erwählung Mose, mit ihrer zukünftigen Verwirklichung durch Gott in der anwortenden Glaubenspraxis Mose als Ziel.* Da die Erwählung Mose zum Zeitpunkt der Erschaffung der Welt zwar noch aussteht, aber die Entscheidung Gottes, Mose zu erwählen, bereits feststeht, liegt der Akzent in der Bedeutung von *z^ekhut* ganz auf *der Gültigkeit und Wirksamkeit der Erwählung durch Gott.* Die noch ausstehende, zukünftige *Verwirklichung der Erwählung* durch Gott und durch Mose ist jedoch bereits als Ziel im Blick.
Da die Erwählung Mose in Hinblick auf diejenige Israels geschah, könnte man auch sagen, dass die Welt um der Gültigkeit, Wirksamkeit und zukünftigen Verwirklichung der Erwählung Israels willen geschaffen wurde.

Ergänzende Texte (T.1)

Gerade das wird in der Parallelstelle WaR 36,4 und in BerR 12,2 gesagt. In WaR 36,4 wird im Namen R. Berekhyas und gestützt auf Jer 2,3, wo Israel als ראשית (*reshit*) bezeichnet wird, überliefert, dass die Welt aufgrund der *z^ekhut* Israels geschaffen wurde.[67] Und in BerR 12,2 zu 2,4 wird gesagt, dass die Welt aufgrund der *z^ekhut* der *torah* und aufgrund der *z^ekhut* der Stämme Israels geschaffen wurde (s.u. Anhang, T.1).

---

67) In WaR 36,4 sind weitere Auslegungen zum Thema enthalten. So wird gesagt, dass die Tiere (R. Levi gestützt auf Hi 40,15), Himmel und Erde (R. Yitsḥaq gestützt auf Ps 78,5), und „das alles“ (R. Abbahu gestützt auf Jer 10,16) aufgrund der *z^ekhut* Jakobs geschaffen wurden. In allen Auslegungen meint „Jakob“ nicht in erster Linie den Stammvater, sondern das Volk Israel, und *z^ekhut* hat praktisch den selben Sinn wie in der Auslegung R. Berekhyas von Jer 2,3. Zudem ist dieser Befund überall eindeutig.

c. Die Auslegung Rav Mattnas: die *z*^{e}*khut dreier Dinge* [3]

In der Auslegung R. Berekhyas in b) bildete das Wort *reshit* (ראשית) die Brücke zwischen Gen 1,1 und einem weiteren Bibelvers. Rav Mattna verfährt ähnlich, doch bildet bei ihm *reshit* die Brücke zwischen Gen 1,1 und Num 15,20, Dtn 18,4 und Ex 23,19. Um diese erstaunliche Verbindung zu verstehen, ist zunächst anzugeben, was es mit dem Kuchen, dem Zehnten und den Erstlingen im rabbinischen Judentum auf sich hat.[68]

Beim *Kuchen* handelt es sich um eine Teigabgabe, die von Weizen, Gerste, Spelt, Hafer und Roggen (mH̲al 1,1) den Priestern zu entrichten war. Sie musste von diesen in ritueller Reinheit gegessen werden (mH̲al 1,9). Bei privaten Haushalten betrug sie 1/24 und beim Bäcker 1/48 der verarbeiteten Teigmenge (mH̲al 2,7). Die Teigabgabe ist eigentlich nur im Lande Israel zu entrichten, wurde tatsächlich aber auch in gewissen Gegenden des Auslandes beibehalten (mH̲al 4,8).

Der (*erste*) *Zehnte* stand den Leviten zu (Num 18,21.24; Neh 10,37), die ihrerseits den Zehnten davon den Priestern ablieferten (Num 18,26-29). In rabbinischer Zeit erhoben jedoch auch die Priester auf den Zehnten der Leviten Anspruch und erhielten ihn auch.[69] Als allgemeine Regel gilt, dass zehntpflichtig ist, was als Speise dient, was aufbewahrt wird und aus der Erde wächst (mMa'as 1,1). Daneben wurden auch die Herden verzehntet (Lev 27,32). In der Auslegung Rav Mattnas spielen diese jedoch keine Rolle.

Erstlinge waren nur von den in Dtn 8,8 erwähnten Fruchtarten darzubringen, d.h. von Weizen, Gerste, Weintrauben, Feigen, Granatäpfeln, Oliven und Dattelhonig, wobei minderwertige Sorten von der Erstlingsabgabe frei blieben (mBik 1,3). Die Höhe der Abgabe war nicht vorgeschrieben (mBik 2,3). Wenn jemand wollte, konnte er seinen ganzen Ertrag der genannten Früchte zu Erstlingsfrüchten erklären (mBik 2,4). Die Ablieferung hatte zwischen Pfingsten und Laubhüttenfest im Tempel in Jerusalem zu erfolgen (mBik 1,9f). Vom Ostjordanland wurden keine Erstlinge dargebracht, weil es kein Land ist, „wo Milch und Honig fliesst" (mBik 1,10). Mit der Zerstörung des Tempels hörte auch die Ablieferung der Erstlingsfrüchte auf (mBik 2,3).

In der Hebräischen Bibel finden sich zwar mehr oder weniger genaue Ausführungsbestimmungen zu den kultischen Vorschriften und Bräuchen. Aber nirgendwo wird eine Erklärung dafür gegeben, weshalb gerade diese Vorschriften und Bräuche gelten, weshalb sie gerade so und nicht anders auszuführen sind, und was sie ganz konkret bedeuten und repräsentieren.

---

68) Vgl. die Mischnahtraktate H̲alla, Ma'aserot und Bikkurim, sowie Billerbeck, IV/2,640-646, IV/2,650-664 und IV/2,665-668.

69) Vgl. Billerbeck, IV/2,653-664.

Das ist auch bei Kuchen, Zehnten und Erstlingen der Fall. Man kann darüber nur Vermutungen anstellen. Folgendes kann man jedoch mit Sicherheit sagen:

Bei Kuchen, Zehnten und Erstlingen handelt es sich nicht um Abgaben der Bodenerzeugnisse *irgendeines* Landes, sondern des *Landes Israel.* Das wird ganz besonders an den Erstlingen deutlich, die nur von dem Land dargebracht werden, wo Milch und Honig fliesst. Auch wenn diese Beschränkung für Kuchen und Zehnten nicht gilt, wurden auch sie ursprünglich von den *Bodenerzeugnissen des Landes Israel* dargebracht. In Num 15,18 heisst es *„Wenn ihr in das Land kommt, in das ich euch bringen werde....“* Und in Num 18,24 wird gesagt, dass die Leviten den Zehnten als Ersatz dafür erhalten, weil sie in Israel kein Erbe haben. Mit „Erbe“ aber ist nichts anderes als der Anteil am Lande Israel gemeint. Daraus folgt:

1. Bei Kuchen, Zehnten und Erstlingen handelt es sich um Gaben des Lobes und des Dankes. Das wird daran deutlich, dass sie den Besitz des Landes und die Ernte voraussetzen.
2. Bei Kuchen, Zehnten und Erstlingen handelt es sich um Abgaben der Bodenerzeugnisse desjenigen Landes, das Gott den Vätern *verheissen* hat. Sie sind darum eine Bestätigung und Anerkennung dafür, dass die Verheissung an die Väter in Erfüllung gegangen ist.
3. Empfänger von Kuchen, Zehnten und Erstlingen sind die Priester bzw. die Leviten und somit die Repräsentanten Gottes gegenüber Israel. Kuchen, Zehnte und Erstlinge sind darum auch eine Bestätigung und Anerkennung der Solidarität Gottes und seines Bundes mit Israel.
4. Weil Kuchen, Zehnte und Erstlinge Bestätigung und Anerkennung der Verheissung an die Väter und des Bundes mit Israel sind, sind sie auch eine Bestätigung und Anerkennung der Erwählung Israels. Auch das wird ganz besonders an den Erstlingen deutlich, die ausschliesslich im Tempel in Jerusalem und somit an dem Ort dargebracht werden, den Gott erwählt hat.

Dass die Welt „aufgrund der *z^{e}khut* dreier Dinge geschaffen wurde“, bedeutet daher: Sie wurde um der Verheissung und ihrer Erfüllung und somit um der Erwählung, des Bundes und der Gabe des Landes Israel willen geschaffen. Oder anders gesagt: Die Welt wurde *zum Ziele der Verwirklichung der Verheissung sowie deren Anerkennung in den Gaben des Lobes und des Dankes* geschaffen. Diese Verwirklichung steht zum Zeitpunkt der Erschaffung der Welt selbstverständlich noch aus. Sie ist jedoch bereits *gültig* und *wirksam*. Die Bedeutung der *„z^{e}khut* dreier Dinge“ ist daher wie folgt zu umschrieben: *Gültigkeit und Wirksamkeit der mit der Erwählung Israels gegebenen Landverheissung mit ihrer zukünftigen*

Verwirklichung und deren Anerkennung in den Gaben des Lobes und des Dankes als Ziel.

Zusammenfassung

Die Auslegungen R. B^{e}nayas, R. Berekhyas und Rav Mattnas geben alle eine Antwort auf die Frage, aufgrund von was die Welt erschaffen wurde. Die drei Antworten lauten:

1. Nach R. B^{e}naya ist der Grund *die torah als Inbegriff der Weisheit Gottes und somit als Bauplan.*
2. Nach R. Berekhya ist der Grund *die Erwählung Mose und somit Israels durch Gott, mit ihrer zukünftigen Verwirklichung durch Gott in der anwortenden Glaubenspraxis Mose und Israels als Ziel.*
3. Nach Rav Mattna ist der Grund *die mit der Erwählung Israels gegebene zukünftige Landverheissung, mit ihrer Verwirklichung und Anerkennung in den Gaben des Lobes und des Dankes als Ziel* (Kuchen, Zehnte, Erstlinge).

Allen drei Auslegungen ist gemeinsam, dass sie den Grund der Existenz der „Welt und was sie füllt" in der Erwählung Israels durch Gott und in seinem Bund mit ihm sehen. In allen drei Auslegungen ist somit der Gnaden- und Geschenkcharakter der Schöpfung ausgedrückt.

Eingangs wurde gesagt, dass die Auslegungen R. B^{e}nayas, R. Berekhyas und Rav Mattnas in BerR 1,4 eine Einheit bilden, obwohl sie ursprünglich nicht zusammengehörten. Die Analyse der drei Auslegungen hat die Richtigkeit dieser Aussage bestätigt. BerR 1,4 ist ein schönes Beispiel für die hohe Redaktionskunst in den Midraschim.

4.3 Die z^{e}*khut* Abrahams: BerR 12,9 zu 2,4 (I,107)[70]

בהבראם אמר ר' יהושע בן קרחה בהבראם באברהם, בזכות אברהם שהיה עתיד להעמיד, ר' עזריה על הדה דר' יהושע בן קרחה הה"ד אתה הוא י"י לבדך וכול' פרש' (נחמיה ט ו) כל האנקוס הזה בשביל מה, בשביל אתה הוא י"י האלהים אשר בחרת באברם וגו' (שם שם ז), אמר ר' יודן הרים הגבוהים (תהלים קד יח) היעלים אין כת' כאן אלא הרים הגבוהים ליעלים הרים גבוהים למה נבראו בשביל יעילים, ואיילה זו תשה והיא מתייראה מן החיה ובשעה שמבקשת לשתות הקב"ה מכניס בה רוח תזזית והיא מקרקשת בקרניה וחיה שומעת ובורחת, סלעים מחסה לשפנים (שם שם) הדין טפזא מגין תחות שקפה מפני העוף בשעה שהוא פורח שלא יאכלנו, ומה אם בשביל דבר טמא ברא הקב"ה את עולמו, בשביל זכות אברהם על אחת כמה וכמה אתמהא.

Als sie geschaffen wurden (בהבראם *B^{e}HiBaR'aM*) (Gen 2,4).
R. Y^{e}hoshua^{c} b. Qarha (pT3 um 150) sagte: *B^{e}HiBaR'aM* (בהבראם) [meint] *B^{e}'aBRaHaM* (באברהם), aufgrund der *z^{e}khut* Abrahams, den er künftig bestellen würde.
R. Azarya (pA5 um 380) [fügte] zu dem, was R. Y^{e}hoshua^{c} b. Qarha [sagte, bei]: Denn es steht geschrieben: *Du bist es, HERR, du allein. [Du hast den Himmel gemacht, die Himmel der Himmel und ihr Heer, die Erde, und alles, was darauf ist, die Meere und alles, was darinnen ist]* (Neh 9,6). Die ganze Masse, weswegen [ist sie da]? Wegen: *Du bist es, HERR, o Gott, der du Abram erwählt [und aus Ur in Chaldäa herausgeführt und ihn mit dem Namen Abraham benannt hast]* (V.7).
R. Yudan (pA4 um 350) sagte: *Die hohen Berge [sind für die Steinböcke da]* (Ps 104,18a). Es steht hier nicht geschrieben: *Die Steinböcke [sind auf den hohen Bergen]*. Sondern: *Die hohen Berge [sind] für die Steinböcke [da]*. Weshalb wurden die hohen Berge geschaffen? Wegen den Steinböcken. Diese Hindin ist schwach und

70) Parallelen: MHG Ber 2,4, PesK wezot haberakha (Buber, 200b; Mandelbaum, II,451), MTeh 104,15, TanBBer bereshit 16, TanBBer lekh-lekha 4, TanBBer haye sarah 6, YalqBer 2, YalqPs 862, YalqMPs 104,49. In MHG Ber 2,4 ist nur die Auslegung R. Yudans enthalten. Anstatt בזכות (*biz^{e}khut*) wird in dieser Parallele בשביל (*bishvil*) verwendet.

fürchtet sich vor dem [Raub]tier. Und wenn sie trinken will, schickt der Heilige, gepriesen sei er, einen Geist der Verwirrung in sie, sodass sie mit ihren Hörnern klappert, und das [Raub]tier es hört und flieht. ....*die Felsen eine Zuflucht für die Klippdachse* (V.18b). Dieser Klippdachs verbirgt sich vor dem Raubvogel unter dem Felsvorsprung, wenn dieser fliegt, damit er ihn nicht frisst. Wenn der Heilige, gepriesen sei er, seine Welt [schon] wegen eines unreinen Dinges schuf, um wieviel mehr dann wegen der *z^{e}khut* Abrahams – ich staune darüber.[71]

R. Y^{e}hoshua^{c} b. Qar<u>h</u>as These legt den Ausdruck בהבראם (*B^{e}HiBaR-'aM*) aus, indem er dessen Buchstaben umstellt. So wird aus בהבראם (*B^{e}HiBaR'aM*) באברהם (*B^{e}'aBRaHaM*), aus *„Als sie geschaffen wurden"* „Durch Abraham". R. Y^{e}hoshua^{c} b. Qar<u>h</u>a führt keine weitere Bibelstelle an, um seine Auslegung von Gen 2,4 zu rechtfertigen. Allein von seiner Auslegung her lässt sich daher nicht entscheiden, wie *z^{e}khut* an dieser Stelle zu verstehen ist. Diese Frage lässt sich nur von den Ergänzungen R. Azaryas und R. Yudans her entscheiden. Die Untersuchung setzt darum nicht bei der Besprechung des Wortspiels בהבראם – באברהם (*B^{e}HiBaR'aM – B^{e}'aBRaHaM*) ein, sondern bei der Ergänzung R. Azaryas.

Die Ergänzung R. Azaryas

R. Azarya interpretiert das Wortspiel R. Y^{e}hoshua^{c} b. Qar<u>h</u>as mit Hilfe von Neh 9,6f. In V.6 wird die Erschaffung alles Geschaffenen durch Gott ausgesagt. Und in V.7 ist von der Erwählung Abrams durch Gott die Rede, dem Gott infolge dieser Erwählung den Namen Abraham gab. V.6 und V.7 beginnen mit *demselben* Wortlaut: *„Du bist es, HERR.... "*. Nach rabbinischem Verständnis gehören die beiden Verse daher zusammen. Und zwar nicht nur deshalb, weil sie in der Bibel aufeinander folgen, sondern vielmehr darum, weil sie mit demselben Wortlaut beginnen. Diese Zusammengehörigkeit besteht darin, dass der eine Vers durch den anderen ausgelegt werden kann. R. Azarya tut dies, indem er V.7 als *Begründung* von V.6 versteht. D.h. er versteht *die Erwählung Abrahams* durch Gott in V.7 *als Begründung* für die Erschaffung der Welt in V.6.

---

71) Marmorstein (88, 100) und Neusner (I,129) übersetzen *z^{e}khut* mit „merit". Freedman (I,94f) übersetzt den Ausdruck mit „for .... sake", Wünsche (54f) mit „wegen" und Billerbeck (III,540) mit „um .... willen" und in der Parallelstelle TanBBer <u>h</u>aye sarah 6 mit „Verdienst". Die Wortkombination בשביל זכות (*bishvil z^{e}khut*) in der Auslegung R. Yudans zeigt, dass *biz^{e}khut* und *bishvil* nicht einfach austauschbar sind. Dies ist gerade auch im Hinblick auf die Auffassung Moores und anderer Autoren festzuhalten (s.o. Kapitel 1.2). Die Wiedergaben von *z^{e}khut* mit „for .... sake", „wegen" und „um .... willen" scheiden daher von vornherein aus.

Die Aussage, dass die Welt aufgrund der *z^ekhut* Abrahams erschaffen wurde, bedeutet demnach: Der Grund für die Erschaffung der Welt ist die Erwählung Abrahams durch Gott. Diese hat ihren Grund in Gottes freier Initiative, und ist somit ein Geschenk Gottes. *z^ekhut* kann daher nicht „Verdienst" bedeuten. Zur Bestimmung der Bedeutung dieses Ausdrucks ist folgendes zu bemerken:

- Obwohl die Erwählung Abrahams erst viel später *verwirklicht* wird, ist sie bereits bei der Erschaffung der Welt *gültig* und *wirksam*.
- Die Welt wurde geschaffen, damit die Erwählung Abrahams verwirklicht wird.
- Die Verwirklichung der Erwählung geschieht durch Gott, der Abraham erwählt, und durch Abraham, der die Erwählung in seiner Gott antwortenden Glaubenspraxis annimmt.

Bei Berücksichtigung dieser Sachverhalte lautet die Umschreibung der Bedeutung von *z^ekhut* Abrahams: *Gültigkeit und Wirksamkeit der Erwählung Abrahams, mit ihrer zukünftigen Verwirklichung durch Gott in der antwortenden Glaubenspraxis Abrahams als Ziel.*

Wenn R. Berekhya in BerR 1,4 als Grund für die Erschaffung der Welt die Erwählung nennt, R. Azarya hingegen diejenige Abrahams, besteht weder ein Widerspruch noch eine Konkurrenz zwischen diesen Aussagen. Denn sowohl die Erwählung Abrahams als auch diejenige Mose geschah um der Erwählung Israels willen. Die Erwählung Israels aber geschah für die Welt. Besonders deutlich geht dies aus Gen 12,2f hervor, wo gesagt wird, dass alle Geschlechter der Erde durch Abraham gesegnet würden.[72]

Die Ergänzung R. Yudans

Als Schriftgrund für die Auslegung R. Y^ehoshua^c b. Qarhas führt R. Yudan Ps 104,18 an. Bei seiner Interpretation von V.18a geht er von folgender Überlegung aus: Vom Zusammenhang von V.18a her wäre zu erwarten, dass es heisst: „*Die Steinböcke sind auf den hohen Bergen.*" Nun wird aber gesagt: „*Die hohen Berge sind für die Steinböcke* [*da*]." R. Yudan nimmt dieses „*für*" sehr ernst und folgert daraus, dass die Berge *für* die Steinböcke, und somit also *wegen ihnen* erschaffen wurden.[73]

---

72) Vgl. auch die Besprechung von BerR 39,11 (Kapitel 6.1), BerR 39,12 (= Text 11) und BerR 66,2 (= Text 12).

73) Die Bemerkung, dass Gott jedesmal, wenn die Hindin trinken will, einen Geist der Verwirrung in sie hineinschickt, mag auf den ersten Blick ein wenig merkwürdig und befremdlich erscheinen. Sie zeigt jedoch, dass die Rabbinen Gottes Erhaltungswillen und -werk nicht als etwas verstanden haben, das automatisch geschieht und wie das berühmte Uhrwerk abläuft. Die Rabbinen waren eben keine Deisten. Vielmehr verstanden sie den Erhaltungswillen Gottes als etwas Lebendiges, als etwas, das von Gott jeweils immer wieder von neuem getan wird. Dieses Verständnis kommt auch bei Jesus zum Ausdruck,

V.18b interpretiert R. Yudan analog zum ersten Teil des Verses. Der Passus *„....die Felsen eine Zuflucht für die Klippdachse“* bedeutet demnach, dass die Felsen *als eine Zuflucht für* den Klippdachs und damit *wegen ihm* erschaffen wurden. Die Berge und Felsen sind *pars pro toto* für die Welt.
Durch sein Verständnis von Ps 104,18 gelangt R. Yudan nun zu folgendem Schluss: „Wenn der Heilige, gepriesen sei er, seine Welt [schon] wegen eines unreinen Dinges schuf, um wieviel mehr dann wegen der *z^e^khut* Abrahams.“ Bei dieser Folgerung handelt es sich um einen Schluss vom Leichteren zum Schwereren.
Dabei stellt sich die Frage, worauf sich „wegen eines unreinen Dinges“ bezieht, ob auf den Steinbock und den Klippdachs oder nur auf eines der beiden Tiere. Der Klippdachs gehört nach Lev 11,5 und Dtn 14,7 zu den unreinen Tieren. Ob der Steinbock (יעל *ya^c^el*) rein oder unrein ist, lässt sich anhand der Hebräischen Bibel nicht entscheiden, da der Ausdruck dort nirgendwo in diesem Zusammenhang vorkommt. Eine eindeutige Auskunft ist jedoch mRH 3,3 zu entnehmen, wo gesagt wird, dass das *shofar*, das am Neujahrfest geblasen wurde, vom *ya^c^el* stammte.[74] Wenn der Steinbock zu den unreinen Tieren gehörte, wäre dies völlig undenkbar. Somit ist der *ya^c^el* nach rabbinischer Tradition rein. Folglich bezieht sich der Schluss R. Yudans vom Leichteren zum Schwereren nur auf den Klippdachs.
Obwohl der Klippdachs zu den unreinen Tieren gehört, geht aus Ps 104,18b hervor, dass Gott die Welt wegen ihm schuf. Wenn dem so ist, um wieviel mehr hat dann Gott die Welt wegen dem *erwählten* und damit „reinen“ Abraham erschaffen – oder wie R. Yudan sich ausdrückt – „aufgrund der *z^e^khut* Abrahams“. Die Übersetzung von *z^e^khut* mit „Verdienst“ ergibt somit auch hier keinen Sinn. Da es wie in der Auslegung R. Azaryas um die Erwählung Abrahams geht, kann man *z^e^khut* auch hier mit *„Gültigkeit und Wirksamkeit der Erwählung Abrahams, mit ihrer zukünftigen Verwirklichung durch Gott in der antwortenden Glaubenspraxis Abrahams als Ziel“* umschreiben. Bei den Reinheitsvorschriften geht es um das Leben im Bund und um den konkreten Vollzug der Bundespartnerschaft mit Gott. In der Auslegung R. Azaryas liegt der Akzent bei der *zukünftigen Berufung*, er in der Auslegung R. Yudans dagegen bei der *zukünftigen Annahme der Erwählung*, bei der *Konkretisierung* und beim *Bleiben* im Bunde mit Gott – d.h. also bei der *zukünftigen antwortenden Glaubenspraxis*. Die Auslegungen R. Azaryas und R. Yudans

---

wenn er sagt, dass kein Sperling von Gott vergessen sei (Lk 12,6) und ohne seinen Willen vom Himmel falle (Mt 10,29).

74) R. Yuda war allerdings der Meinung, dass man am Neujahr die Widderhörner blies, das Horn des *ya^c^el* jedoch nur zu Beginn eines Halljahres (mRH 3,5).

sind sozusagen die beiden Seiten derselben Münze. Sie gehören zusammen und ergänzen sich gegenseitig.

Die Bedeutung von b^e^Abraham

Bekanntlich kann man die Geschichte eines Menschen ganz verschieden darstellen und je nach Interesse ganz unterschiedliche Akzente setzen. Die Rabbinen sind in Bezug auf Abraham und überhaupt auf alle biblischen Gestalten nur daran interessiert, was mit ihnen und durch sie in der Erwählungs- und Bundesgeschichte Gottes mit Israel und der Welt geschieht. Abraham, Isaak, Jakob und andere biblische Gestalten sind darum in den Augen der Rabbinen nicht nur und nicht einmal in erster Linie Einzelpersonen, sondern vielmehr Repräsentanten Israels und seiner Geschichte mit Gott.

Die Bedeutung des Ausdruckes באברהם (*B^e^'aBRaHaM*) lässt sich somit wie folgt umschreiben: Aufgrund dessen, was in der Abrahamsgeschichte geschah, wurde die Welt erschaffen. Das gilt aber nicht nur für „diese Welt“, sondern auch für die „kommende Welt“. Dies geht aus der Parallele in TanBBer h̲aye sarah 6 hervor:

> R. H̲alafta b. Kahana sagte: Es steht geschrieben: *Dies ist die Geschichte des Himmels und der Erde als sie geschaffen wurden* (בהבראם *B^e^HiBaR'aM*). Siehe, das sind die Buchstaben, die in *B^e^'aBRaHaM* (באברהם) [enthalten sind]. Folglich wurden diese Welt und die kommende Welt aufgrund seiner *z^e^khut* erschaffen (נבראו *nivr^e^'u*), [nämlich] dessen, zu dem der Heilige, gepriesen sei er, sprach: *....und ich will dich zu einem grossen Volke machen* (Gen 12,2).[75]

In der Auslegung R. H̲alafta b. Kahanas steht das Verb נבראו (*nivr^e^'u*) im Perfekt und bezieht sich sowohl auf „diese Welt“ als auch auf „die kommende Welt“. Er sagt also nicht, dass „diese Welt“ und die „kommende Welt“ aufgrund der *z^e^khut* Abrahams geschaffen werden, sondern, dass sie *geschaffen wurden*. Folglich ist die „kommende Welt“ bereits vorhanden. Woraus R. H̲alafta b. Kahana das schliesst, geht freilich nicht aus seiner Auslegung hervor. Zumindest ein Schriftgrund für seine Aussage wird in BerR 1,13 zu 1,1 (I,12) genannt:

> R. Huna [sagte] im Namen R. Eli^c^ezers, des Sohnes R. Yoses des Galiläers (pT3 um 150): Sogar jene, von denen geschrieben steht *Denn siehe, ich schaffe einen neuen Himmel* [*und eine neue Erde....*] (Jes 65,17), sind bereits erschaffen seit den sechs Tagen

75) Moore (I,538) übersetzt *z^e^khut* mit „for .... sake“.

des Anfangs, denn es steht geschrieben: *Denn wie der neue Himmel* [*und die neue Erde....*] (Jes 66,22). *....einen neuen Himmel* [*und eine neue Erde*] steht hier nicht geschrieben, sondern *den neuen.*[76]

In Gen 1,1 heisst es: את השמים ואת הארץ (*'et ha-shamayim we 'et ha-'arets*) – *„den Himmel und die Erde"*. Der bestimmte Artikel wird auch in Jes 66,22 verwendet, wo vom neuen Himmel und von der neuen Erde die Rede ist. Da sich der bestimmte Artikel in Gen 1,1 auf den bereits erschaffenen Himmel und die bereits erschaffene Erde bezieht, schliesst R. Eliᶜezer, der Sohn R. Yoses des Galiläers, daraus, dass der neue Himmel und die neue Erde, von deren Erschaffung in Jes 65,17 die Rede ist, bereits zur Zeit der Erschaffung des ersten Himmels und der ersten Erde erschaffen wurden und somit bereits existieren.
Von dem neuen Himmel und der neuen Erde, die gemäss R. Eliᶜezer, der Sohn R. Yoses des Galiläers, bereits existieren, sagt R. Halafta b. Kahana, dass sie באברהם (*Be'aBRaHaM*) erschaffen wurden. Von Abraham heisst es in Gen 17,4, dass er ein Vater vieler Völker sein werde. Nach BerR 12,9 und den Parallelstellen ist Abraham nicht nur ein Vater vieler Völker, sondern überhaupt ein „Vater" der ganzen Welt, und zwar sowohl „dieser Welt" als auch der „kommenden Welt". Die Erwählung Abrahams, die ihr Ziel darin hat, dass er ein Segen sei (Gen 12,2), ist nicht nur der Grund der Schöpfung, sondern auch der Grund der Neuschöpfung und damit der Rettung und Erlösung nicht nur Israels, sondern der ganzen Welt.

76) Dasselbe wird in einer deutlich kürzeren und zugleich weniger verständlichen Fassung in TanBBer bereshit 9 gesagt.

4.4 Die z^e*khut* Abrahams, des grossen Menschen unter den Riesen: BerR 14,6 zu 2,7 (I,130)[77]

את האדם (בראשית ב ז) בזכותו של אברהם, אמר ר'
לוי כת' האדם הגדול בענקים (יהושע יד טו) אדם זה
אברהם, ולמה קורא אותו אדם גדול שהיה ראוי
להיבראות קודם אדם הראשון, אלא אמר הקב"ה שמא
יקלקל ואין מי שיתקן, הרי אני בורא את האדם תחילה
שאם יקלקל יבוא אברהם ויתקן תחתיו.

[*Da bildete Gott der HERR*] *den Menschen* [*aus Erde vom Ackerboden und hauchte ihm Lebensodem in die Nase; so wurde der Mensch ein lebendes Wesen*] (Gen 2,7). [D.h.] aufgrund der z^e*khut* Abrahams.[78]
R. Levi (pA3 um 300) sagte: Es steht geschrieben: [*Hebron aber hiess vor Zeiten Stadt des Arba,*] *des grossen Menschen unter den Riesen* (Jos 14,15). [Mit dem] Menschen ist Abraham [gemeint]. Und weshalb nennt man ihn einen grossen Menschen? Weil er ausersehen war, vor dem ersten Menschen geschaffen zu werden. Doch der Heilige, gepriesen sei er, sprach: Er könnte etwas verderben, und es ist niemand da, der es in Ordnung bringt. Siehe ich erschaffe den Adam zuerst, damit, wenn er etwas verdirbt, Abraham kommt, und es an seiner Stelle in Ordnung bringt.[79]

R. Levis Auslegung beginnt erst hinter dem Satz „[D.h.] aufgrund der z^e*khut* Abrahams". Seine Auslegung ist die Begründung dieses Satzes. Diese ist aber eine in sich vollständige Einheit. Das zeigen die Parallelen MTeh 34,1, QohR 3,11, QohZ 3,11 und YalqJos 23 zu 14,15, wo der Satz fehlt.
Es stellt sich hier ein ähnliches Problem wie in BerR 12,9, wo die Auslegung R. Y^ehoshua[c] b. Qarhas nur von den auf diese folgenden Auslegungen R. Azaryas und R. Yudans her verstanden werden konnte. Bevor die Frage nach der Bedeutung von z^e*khut* in BerR 14,6 beantwortet werden kann, ist es daher nötig, sich mit der Auslegung R. Levis zu befassen.

---

77) Parallelen: MTeh 34,1, QohR 3,11, QohZ 3,11, YalqBer 20, YalqJos 23 zu 14,15. In MTeh 34,1, QohR 3,11, QohZ 3,11 und YalqJos 23 fehlt der Satz „[D.h.] aufgrund der z^e*khut* Abrahams".

78) Die Genitivkonstruktion בזכותו של אברהם (*biz^{e}khuto shel avraham*) zeigt, dass der Ausdruck *biz^{e}khut* dieselbe Bedeutung hat wie z^e*khut* als selbständiges Nomen. Der Ausdruck kann daher nicht mit „wegen" übersetzt werden.

79) Marmorstein (88, 123, 136) und Neusner (I,153) übersetzen z^e*khut* mit „merit", Wünsche (64) und Billerbeck (III,478) mit „Verdienst". Freedman (I,114) übersetzt den Ausdruck mit „for .... sake".

Abraham ein „grosser Mensch unter den Riesen"

Bekanntlich hielt sich Abraham in Hebron auf (Gen 13,18; 23,2; 35,27). Von da her ist es verständlich, dass R. Levi beim Stichwort „Hebron" bzw. „Qiryat Arba", der Stadt Arbas, an Abraham denkt. Weit schwieriger ist es, R. Levis Gleichsetzung des *„grossen Menschen unter den Riesen"* mit Abraham zu begreifen. Zum besseren Verständnis hilft ein Blick auf BerR 12,6.

In BerR 12,6 (I,102f) wird gesagt, dass sechs Dinge wegen der Schuld des ersten Menschen verdarben: Sein Glanz, sein Leben, seine Statur, die Frucht der Erde, die Früchte der Bäume und die Lichter. Diese Dinge werden nach R. Sh^{e}mu'el b. Naḫman (pA3 um 260) erst durch den Sohn des Perez, d.h. durch den Messias wiedergebracht (BerR 12,6, I,104).[80] Nach R. Ayvu (pA4 um 320) wurde die Grösse des ersten Menschen wegen des Sündenfalles auf hundert Ellen *reduziert.* Zur Frage, wieviel die Rabbinen unter einer Elle verstanden haben, findet sich in BerR 12,6 ebenfalls ein Hinweis. R. Dosa (pA um 300) gibt die Länge eines Säuglings mit anderthalb Ellen an. Wenn die Statur des ersten Menschen *nach* dem Sündenfall noch hundert Ellen hoch war, folgt daraus, dass er vorher noch grösser war. Jedenfalls war er vorher und nachher ein Riese.

Interessanterweise wird in BerR 12,6 (I,104f) auch vom *Messias* gesagt, dass er ein Riese war. Dessen Grösse wird von R. Yudan (pA4 um 350) wie diejenige des ersten Menschen nach dem Sündenfall mit hundert Ellen angegeben. Nach R. Shim^{c}on[81] beträgt sie zweihundert, nach R. El^{c}azar b. R. Shim^{c}on (pT4 um 180) dreihundert und nach R. Abbahu (pA3 um 300) sogar neunhundert Ellen. Die rabbinische Exegese ist an dieser Stelle besonders undurchsichtig, sodass man die genauen Gründe für diese Grössenangaben zum Teil nur erahnen kann.[82] Für unseren Zusammenhang spielen die Grössenangaben nur insofern eine Rolle, als aus ihnen hervorgeht, dass es sich auch beim Messias wie beim ersten Menschen um einen Riesen handelt.

Obwohl die Rede vom ersten Menschen und vom Messias als einem „Riesen" und besonders die Grössenangaben für moderne Leser rätselhaft sind, lässt sich aus dem Zusammenhang von BerR 12,6 ersehen, was damit gemeint ist. Die hohe Statur des ersten Menschen ist ein Ausdruck für die Fülle, Vollkommenheit und Güte der von Gott erschaffenen Welt vor

---

80) Üblicherweise wird der Messias „Sohn Davids" genannt. Da Perez nach Rut 4,18-22 ein Urahn Davids ist, ist er auch derjenige des Messias. Somit ist der Messias auch sein Sohn, d.h. sein Nachkomme.

81) Es ist nicht klar, welcher R. Shim^{c}on gemeint ist.

82) Wertvolle Hinweise zu den Gründen, die zu den einzelnen Grössenangaben führten, bieten Freedman (I,93, Anm. 3), Neusner (I,126) und ganz besonders Theodor/Albeck (I,104f) und Mirqin (I,86f).

dem Sündenfall. Dementsprechend ist die hohe Statur des Messias ein Ausdruck für die Fülle, Vollkommenheit und Güte der wiederhergestellten Welt. In Bezug auf die Auslegung R. Levis lassen sich daher folgende Feststellungen machen:

1. Während in BerR 12,6 vom ersten Menschen und vom Messias als Riesen gesprochen wird, ist in der Auslegung R. Levis von Abraham sogar als von einem grossen Menschen unter den Riesen die Rede.
2. Während der erste Mensch und der Messias Riesen *sind* (vgl. die Grössenangaben in BerR 12,6), ist Abraham kein „richtiger" Riese, sondern wird bloss ein grosser Mensch unter den Riesen *genannt*. Dass geht aus R. Levis Frage hervor: „Und weshalb nennt man ihn einen grossen Menschen?"
3. Dass Abraham kein „richtiger" Riese ist, wird durch BerR 12,6 bestätigt, wo gesagt wird, dass die Statur des ersten Menschen erst im Zeitalter des Messias wiederhergestellt wird.
4. Der Grund, weshalb Abraham als grosser Mensch unter den Riesen genannt wird, ist, dass er „in Ordnung bringt", was der erste Mensch verdarb. Zwar ist Abraham nicht der Messias, aber er ist dessen Vater. In BerR 12,6 wird der Messias Sohn des Perez genannt. Indem Abraham der Urahn des Perez ist, ist er auch derjenige des Messias.

Abraham steht sozusagen in der Mitte zwischen dem ersten Menschen und dem Messias (vgl. das Gleichnis vom Balken, der das ganze Dach trägt im Anschluss an R. Levis Auslegung in BerR 14,6). Er ist der Anfang Israels und damit der wiederhergestellten und erneuerten Menschheit. Dieser Anfang besteht darin, dass Gott Abraham erwählt und ihm verheisst, dass er ein Segen für alle Geschlechter der Erde sein werde (Gen 12,1-3). Weil Abraham der Beginn der Wiederherstellung dessen ist, was der erste Mensch verdarb, ist Abraham grösser als jener. Wenn jener ein Riese war, war Abraham von seiner Bedeutung her ein noch grösserer „Riese". Zwar geschieht die volle Wiederherstellung und Erneuerung der Welt nicht durch Abraham, sondern erst durch den Messias. Aber Abraham ist dessen Vater. Folglich gibt es ohne ihn keinen Messias und somit keine Wiederherstellung und Erneuerung der Menschheit. Unter diesem Gesichtspunkt ist Abraham noch grösser als jener. Wenn der Messias ein Riese ist, ist Abraham noch der grössere „Riese" als jener. So ragt Abraham gemäss der Auslegung R. Levis über den ersten Menschen und über den Messias hinaus.

Die Bedeutung von z^e^khut Abrahams

Nachdem geklärt wurde, unter welchem Gesichtspunkt Abraham ein grosser Mensch unter den Riesen ist, ist es nun auch möglich, die Bedeutung des Satzes „[D.h.] aufgrund der *z^{e}khut* Abrahams" anzugeben.

Aus der Aussage R. Levis, dass der erste Mensch nicht selbst wieder in Ordnung bringen kann, was er verdarb, folgt, dass er nicht an „verdienstliche Taten" denkt. Die Möglichkeit, dass der erste Mensch selbst etwas wiedergutmachen könnte, wird weder in der Auslegung R. Levis, noch in ihren Parallelen, noch in BerR 12,6 in Erwägung gezogen. „In Ordnung bringen" kann gemäss R. Levi nur Abraham bzw. nach BerR 12,6 der Messias. *z^e^khut* kann daher nicht „Verdienst" bedeuten.

Aufgrund der bisherigen Ausführungen ist bei der Umschreibung der Bedeutung von *z^e^khut* folgenden Gesichtspunkten Rechnung zu tragen:

1. Obwohl Abrahams Erwählung erst viel später verwirklicht wird, berücksichtigt Gott diese bereits bei der Erschaffung des Menschen. D.h. die Erwählung Abrahams ist schon bei der Erschaffung des Menschen *gültig* und *wirksam*.
2. Durch die Aussage, dass Abraham „in Ordnung bringt", wird die menschliche Seite seiner Erwählung durch Gott angesprochen. D.h. es wird damit ausgesagt, dass er seine Erwählung durch Gott in der antwortenden Glaubenspraxis *verwirklicht* und *vollzieht*.
3. Das, was Abraham „in Ordnung bringt", ist nichts Geringeres als die Welt und die Menschheit. In Kapitel 4.3 war davon die Rede, dass nicht nur „diese Welt", sondern auch die „kommende Welt" aufgrund der *z^e^khut* Abrahams erschaffen wurden. Für sich allein genommen könnte man diese Aussage dahingehend missverstehen, Gott sei einzig und allein an Israel interessiert, Israel sei darum ein Selbstzweck und genüge sich selbst. Dass dies nicht gemeint sein kann, geht aus dem vorliegenden Midrasch hervor: Nicht nur von Israel ist hier die Rede, sondern *vom Menschen* und somit also von der gesamten Menschheit. Und nicht nur um Abrahams Bedeutung für Israel geht es hier, sondern um seine *universale Bedeutung für die gesamte Menschheit*. Diese besteht darin, dass durch ihn die Menschheit und die Welt wiederhergestellt werden.

Aufgrund der genannten Gesichtspunkte ergibt sich für die Bedeutung von *z^e^khut* folgende Umschreibung: *Gültigkeit und Wirksamkeit der universalen Erwählung Abrahams für die Geschichte Gottes mit der Menschheit und der damit gegebenen Verheissung, mit der Verwirklichung in seiner antwortenden Glaubenspraxis als Ziel*. Wobei hinzuzufügen ist, dass es sich bei der *z^e^khut* Abrahams um eine *soteriologische* und *eschatologische* Grösse handelt.

Nun ist Abraham nicht nur der Vater des Messias, sondern auch derjenige Israels. Richtiger gesagt: Abraham ist der Vater des Messias, *weil* und *indem* er der Vater Israels ist. Bei der Erwählung Abrahams geht es somit immer auch um Israel und um dessen Erwählung, um Gottes Bund mit seinem Volk und um die damit gegebenen Verheissungen. Die *z^e^khut* Abrahams ist demnach immer auch die *z^e^khut* der Erwählung Israels und des Bundes Gottes mit seinem Volk. Dies bedeutet, dass auch die Erwählung Israels universal ist, und somit für die ganze Menschheit geschah. Nicht nur die Erwählung Abrahams, sondern auch diejenige Israels ist kein Selbstzweck. Indem Gott Israel erwählt, nimmt er die ganze Menschheit an.[83]

Keine Verlegenheitslösung

Wenn die Rabbinen bereits im Zusammenhang der Erschaffung des Menschen und der Welt von deren Errettung und Wiederherstellung durch Abraham und somit durch Israel und den Messias sprechen, geben sie damit zu verstehen, dass diese keine Verlegenheitslösung Gottes darstellt. Gott schuf nicht den Menschen, und als er mit dessen Sünde konfrontiert war, musste er sich etwas einfallen lassen. Sondern: „Doch der Heilige, gepriesen sei er, sprach: Er könnte etwas verderben, und es ist niemand da, der es in Ordnung bringt. Siehe ich erschaffe den Adam zuerst, damit, wenn er etwas verdirbt, Abraham kommt, und es an seiner Stelle in Ordnung bringt." Obwohl Gott weiss, dass der Mensch tatsächlich „etwas verdirbt", schafft er ihn. Dies ist nur möglich, weil Gott durch die Erwählung Abrahams und durch alles, was damit verbunden ist, die Menschheit retten wird. Ohne Abrahams Erwählung könnte er die Menschheit nicht schaffen. Darum sagen die Rabbinen, dass der Mensch aufgrund der *z^{e}khut* Abrahams geschaffen wurde.

Ergänzende Texte (T.2)

In BerR 14,6 zu 2,7 werden die Worte *„den Menschen"* auf Abraham bezogen. Die Worte *„den Menschen"* finden sich auch in Gen 2,8. In BerR 15,4 zu 2,8 werden sie ebenfalls auf Abraham hin ausgelegt, und wie in BerR 14,6 wird auch in BerR 15,4 zu 2,8 gesagt, dass der Mensch aufgrund der *z^{e}khut* Abrahams geschaffen wurde (s.u. Anhang, T.2).

83) Davon, dass die Erwählung Abrahams und somit diejenige Israels für die Welt und somit für die Heidenvölker geschah, wird noch in Kapitel 6.1 ausführlich die Rede sein.

4.5 Zwischenergebnisse

In Bezug auf die Bedeutung von *z^ekhut* hat die Analyse der besprochenen Midraschim zunächst folgenden Befund ergeben:

1. In keinem der besprochenen Texte bedeutet *z^ekhut* „Verdienst". Dieser Befund ist überall eindeutig.
2. In allen Stellen, in denen *z^ekhut* mit der Präposition בְּ (*b^e*) konstruiert war, konnte die Bedeutung mit deutschen *Nomen* wiedergegeben werden. Es fand sich kein Hinweis, dass der Ausdruck *biz^{e}khut* (בזכות) lediglich den Sinn von „um .... willen" oder „wegen" habe, wie Moore und andere Autoren dies meinen (s.o. Kapitel 1.2).
3. In keinem der besprochenen Texte kann *z^ekhut* mit einem einzigen Wort übersetzt werden. In allen Fällen ist es lediglich möglich, den Sinn von *z^ekhut* zu umschreiben. Als Umschreibungen ergab die bisherige Textanalyse „Gültigkeit", „Geltungsanspruch", „Wirksamkeit" und „Verwirklichung".

Im Einzelnen ergab die Textanalyse folgende Ergebnisse:

Erschaffung der Welt aufgrund der z^ekhut der torah

In BerR 1,10 (Kapitel 4.1) und BerR 1,4 (Kapitel 4.2) ist davon die Rede, dass die Welt aufgrund der *z^ekhut* der *torah* erschaffen wurde. In beiden Stellen ist von der *torah* nicht unter dem Gesichtspunkt die Rede, dass sie *halakhah* ist, Gebote und Verbote enthält und getan werden soll. In BerR 1,10 ist von der *torah* unter dem Gesichtspunkt die Rede, dass sie der Selbstoffenbarung Gottes entspricht. In diesem Zusammenhang war es nötig, sich mit dem Verhältnis von Gottes Offenbarung und Schrift zu befassen und sich darüber Rechenschaft zu geben, was mit Offenbarung bzw. Selbstoffenbarung gemeint ist. Und in BerR 1,4 ist von der *torah* als *Weisheit* die Rede. Daraus ergab sich die Notwendigkeit, das Verhältnis von *torah* und *Weisheit* zu klären.

Als Bedeutung von *z^ekhut torah* ergab sich

- in BerR 1,10 *„Gültigkeit und Wirksamkeit der Selbstoffenbarung Gottes"*
- und in BerR 1,4 *„Geltungsanspruch des Bauplans der torah für die Erschaffung der Welt und damit Geltungsanspruch der Weisheit Gottes"*.

Beiden Umschreibungen von *z^ekhut torah* ist gemeinsam, dass der Akzent ganz auf dem Handeln Gottes liegt.

Erschaffung der Welt aufgrund der z^ekhut Abrahams, Mose und Israels

Da Israel und die *torah* nach rabbinischem Verständnis untrennbar zusammengehören, kommt bei der *z^ekhut* der *torah* unweigerlich auch Israel ins Blickfeld. Es erstaunt daher nicht, dass die Rabbinen nicht nur sagen, dass die Welt aufgrund bzw. durch die *z^e^khut* der *torah* geschaffen wurde, sondern aufgrund Israels bzw. seiner Repräsentanten und Exponenten. So wird gesagt, dass die Welt aufgrund *der Gültigkeit, Wirksamkeit und Verwirklichung*

- *der Erwählung* Abrahams (BerR 12,9, Kapitel 4.3) und Mose (BerR 1,4, Kapitel 4.2), *mit ihrer zukünftigen Verwirklichung durch Gott in ihrer antwortenden Glaubenspraxis als Ziel*
- *der Erwählung Israels* (Stämme), *mit ihrer zukünftigen Verwirklichung durch Gott in der antwortenden Glaubenspraxis Israels als Ziel* (BerR 12,2 = Text 1)
- *des Bundes zwischen Gott und Israel* (*torah*), *mit dessen zukünftiger Verwirklichung in der antwortenden Glaubenspraxis als Ziel* (BerR 12,2 = Text 1)
- *der mit der Erwählung Israels gegebenen Landverheissung, mit ihrer zukünftigen Verwirklichung und Anerkennung in den Gaben des Lobes und des Dankes als Ziel* (Kuchen, Zehnte, Erstlinge; BerR 1,4, Kapitel 4.2)

erschaffen wurde. Aber nicht nur „diese Welt" wurde aufgrund der *z^e^khut* Abrahams erschaffen, sondern auch die „kommende Welt" (TanBBer haye sarah 6, Kapitel 4.3).

Da zum Zeitpunkt der Erschaffung der Welt die Verwirklichung der Erwählung, des Bundes und der damit gegebenen Verheissung noch aussteht, lag der Akzent in den besprochenen Texten überall auf der Gültigkeit und Wirksamkeit von Gottes Erwählungs- und Heilswillen. Die zukünftige Verwirklichung der Erwählung war nur *als Ziel* im Blick, und zwar sowohl die Erwählung durch Gott, als auch die antwortende Glaubenspraxis Israels bzw. seiner Repräsentanten.

Erschaffung des Menschen aufgrund der z^e^khut Abrahams

Ausser von der Erschaffung der Welt ganz allgemein war in zwei Texten auch ganz speziell von derjenigen des Menschen die Rede. Nach BerR 14,6 (Kapitel 4.4) und BerR 15,4 (= Text 2) wurde der Mensch aufgrund der *z^e^khut* Abrahams geschaffen. In beiden Texten ist die Erwählung Abrahams eine *universale*, weil es um die Erschaffung *des Menschen* geht; und sie ist eine *soteriologische*, indem Abraham die Welt wieder in Ordnung bringt, die der erste Mensch verdarb. Da Abraham der Vater Israels ist, bedeutet dies, dass auch Israels Erwählung eine *universale* ist, und somit für die ganze Menschheit geschah.

5. *z^e^khut*: Land und Nachkommen

5.1 Die *z^e^khut* des Sühneopfers: BerR 44,14 zu 15,8 (I,435)[84]

ויאמר י"י אלהים במה אדע וגו' (בראשית טו ח) ר' חמא
בר חנינה אמר לא כקורא תיגר אלא אמר לו באי זה
זכות, אמר לו בכפרות שאתן לבניך.

Er aber sprach: O HERR, Gott, woran soll ich erkennen, [*dass ich es besitzen werde*] (Gen 15,8)? R. Hama b. Hanina (pA2 um 260) sagte: Nicht dass er sich beschwert, sondern er fragte ihn: Aufgrund welcher *z^e^khut*? Er antwortete ihm: Durch die Sühneopfer (כפרות *kapparot*),[85] die ich deinen Kindern geben werde.[86]

Im vorangehenden Vers heisst es: „*Ich bin der HERR, der dich aus Ur in Chaldäa herausgeführt hat, dass ich dir dieses Land zu eigen gebe*“ (Gen 15,7). Die Frage, die Abraham Gott in V.8 auf diese Verheissung hin stellt, ist grundsätzlich mehrdeutig. Sie könnte ihre Ursache auch im Zweifel oder gar Unglauben Abrahams an Gottes Verheissung haben. Diese Möglichkeit schliesst R. Hama b. Hanina ausdrücklich aus. Er versteht die Frage Abrahams als Bitte um ein bestätigendes Zeichen. Dieses besteht in den Sühneopfern, die Gott Abrahams Kindern einst am Sinai geben wird. Wie kommt R. Hama b. Hanina zu dieser Interpretation?
In den zwei darauf folgenden Versen heisst es: „*Und er gebot ihm: Bringe mir eine dreijährige Kuh, eine dreijährige Ziege und einen dreijährigen Widder, eine Turteltaube und eine junge Taube. Und er brachte ihm alle diese. Und er schnitt sie in der Mitte durch und legte je einen Teil dem andern gegenüber, die Vögel aber zerschnitt er nicht*“ (Gen 15,9f).
C. Westermann bemerkt zur Stelle, es sei mittlerweile allgemein anerkannt, dass es sich bei diesem Geschehen um eine Schwurhandlung hand-

---

84) Parallelen: LeqT Ber 15,8, MAgBer lekh-lekha 15,8, MHG Ber 15,8f, YalqBer 77.

85) Eine Variante sowie die Parallele in MAgBer lekh-lekha 15,8 lesen anstatt כפרות (*kapparot*) קרבנות (*qorbanot*). In der Sache ändert das aber nichts, da die Art der Opfer durch den Zusammenhang der Auslegung R. Hama b. Haninas definiert wird.

86) Freedman (I,369), Marmorstein (81) und Neusner (II,135) übersetzen *z^e^khut* mit „merit“. Wünsche übersetzt den Ausdruck mit „Verdienst“ (205).

le.[87] Es handelt sich also gerade nicht um ein Sühneopfer. Trotzdem sind die Parallelen zu diesen nicht zu übersehen:[88]

Alle in V.10 genannten Tiere kommen nach Lev 4-5 als Sühneopfer in Frage. Die dort erwähnten Opfer werden im Falle eines versehentlichen Verstosses gegen ein Verbot Gottes dargebracht (Lev 4,2). Im Falle eines Hohepriesters (4,3-12) oder der ganzen Gemeinde Israels (4,13-21) ist das ein junger Stier, im Falle eines Fürsten ein Ziegenbock (4,22-26) und im Falle eines gewöhnlichen Israeliten eine weibliche Ziege oder ein weibliches Lamm (4,27-35). Für diverse leichtere Vergehen (5,1-5) ist als Opfer ein weibliches Tier vom Kleinvieh, ein Schaf oder eine Ziege vorgesehen (5,6). Wenn der Betreffende arm ist und kein Schaf vermag, sind als Ersatz zwei Turteltauben oder zwei junge gewöhnliche Tauben vorgesehen (5,7). Und wenn er nicht einmal diese vermag, besteht das Opfer in einem Zehntel Epha Semmelmehl (5,11). Im Unterschied zum Ritus des Taubenopfers, wo zwei Turteltauben bzw. zwei junge gewöhnliche Tauben dargebracht werden (Lev 5,7), bringt Abraham anlässlich der Schwurhandlung in Gen 15,10 nur je eine Taube dar. Eine auffällige Parallele zwischen der Art und Weise der Darbringung der Tauben an beiden Stellen besteht darin, dass die Vögel im Unterschied zu den anderen Opfertieren nicht entzweigeschnitten werden (Gen 15,11). In Lev 5,8 wird ausdrücklich darauf hingewiesen, dass der Kopf der Turteltauben und der jungen gewöhnlichen Tauben nicht abgetrennt werden darf.

Zwar gibt es auch Unterschiede zwischen Gen 15,10f und Lev 4-5. Diese stehen hier aber nicht zur Diskussion, da R. H̱ama b. H̱anina nur die Parallelen im Blick hat. Aufgrund dieser Parallelen versteht R. H̱ama b. H̱anina Gen 15,10f wie folgt: Die Sühneopfer werden in der Schwurhandlung in Gen 15,10f sozusagen *vorweggenommen* und sind darum ein Hinweis und somit eine Verheissung auf die Sühneopfer. Diese Verheissung aber ist die Antwort Gottes auf die Frage Abrahams, woran er erkennen könne, dass er *„dieses Land“* besitzen werde. Da der Sinn der Schwurhandlung nach R. H̱ama b. H̱anina darin besteht, auf die Sühneopfer hin-

---

87) C. Westermann, Genesis, II,267f. U.a. schreibt er: „Zu einem Schwur gehören Wort und Handlung. Das kann das Erheben der Hand, es können andere Handlungen sein. Eine besonders ausgeprägte Form ist die der bedingten Selbstverfluchung, die hier dargestellt wird. Der durch die getrennten Teile des getöteten Tieres Schreitende wünscht sich den Tod an für den Fall, dass er das ihn im Schwur bindende Wort bricht“ (II,267).

88) Darauf weist auch C. Westermann hin: „Dieser Vers enthält nur den Auftrag an Abraham, verschiedene Tiere zu bringen: Je ein dreijähriges Rind, Ziege und Widder, dazu eine תור und eine גוזל, zwei Taubenarten. Wie V.10 ausdrücklich sagt, werden die beiden Tauben nicht zerschnitten, d.h. sie können ursprünglich nicht zu dem Ritus des Tierdurchschneidens gehört haben. Damit ist sicher erwiesen, dass die Reihe der Tiere in V.9 nachträglich aufgefüllt ist durch Nennung aller opferbaren Tiere (....). Das Tierdurchschneiden wurde damit als Opferdarbringung interpretiert. Auch das dreimal wiederholte «dreijährig» entspricht der Opferpraxis, nicht aber dem Schwurritus“ (II,267f).

zuweisen, ist das Zeichen dafür, dass Abraham das Land besitzen wird, nicht die Schwurhandlung selbst, sondern vielmehr sind es die Sühneopfer. Wobei anzumerken ist, dass nicht Abraham selbst das Land besitzen wird, sondern erst seine Nachkommen. Dasselbe gilt auch für die Sühneopfer. Auch sie werden erst seinen Kindern gegeben. Da die Sühneopfer in der Schwurhandlung in Gen 15,10f vorweggenommen werden, ist Abraham R. H̱ama b. H̱aninas Auslegung zufolge hier als Repräsentant Israels zu verstehen.[89]

R. H̱ama b. H̱aninas Aussage zufolge sind die Sühneopfer die z^{e}*khut*, aufgrund der Abraham bzw. seine Kinder das Land besitzen werden. Das Verständnis von z^{e}*khut* hängt folglich vom Verständnis der Sühneopfer ab. In diesem Zusammenhang stellen sich folgende Fragen:

1. Ist das Sühneopfer in der Hebräischen Bibel eine Leistung, die der Mensch Gott gegenüber erbringen muss, um damit seine Schuld zu kompensieren?
2. Versteht R. H̱ama b. H̱anina das Sühneopfer auf diese Weise?
3. Bedeutet z^{e}*khut* folglich eine Leistung, die der Mensch Gott gegenüber erbringt, um seine Schuld zu begleichen?

Die Bedeutung der Opfer in der Hebräischen Bibel

Die Meinung, dass es sich bei den Opfern und insbesondere bei den Sühneopfern in der Hebräischen Bibel tatsächlich um eine Art Leistung zur Wiedergutmachung handle, ist unter Christen häufig zu vernehmen. Demgegenüber bemerkt R. Rendtorff[90] zur Bedeutung des Sühneopfers in Lev 4-5:

> Die Sühne wirkt nicht Vergebung, wie dies manches Mal missverstanden oder fehlinterpretiert wird. JJStamm hat den Zusammenhang zwischen dem priesterlichen Handeln einerseits und »Jahwe als Urheber der Vergebung« andererseits deutlich herausgearbeitet (....).

Die Ausführungen J. J. Stamms,[91] die R. Rendtorff z.T. zitiert,[92] lauten wie folgt:

89) Dieses Verständnis Abrahams ist in der rabbinischen Literatur gängig. R. H̱ama b. H̱aninas Interpretation ist daher nicht aussergewöhnlich. Für den heutigen Leser ist es allerdings nicht selbstverständlich, Abraham als Repräsentant Israels zu verstehen. Daran scheint auch C. Westermann gedacht zu haben, als er ausdrücklich darauf hinwies, Abraham sei an dieser Stelle als Repräsentant Israels zu verstehen (ebd. II,267).

90) R. Rendtorff, Leviticus, III,223.

91) J. J. Stamm, Erlösen und Vergeben im Alten Testament, 128f.

92) R. Rendtorff, III,179f, III,223.

> Eine andere Form der Vergebungsgewissheit vermittelt der *Kult*, der Sühne und Vergebung zugleich verheisst. Er kennt die Vergebung als Zusicherung Jahwes, deren Ausdruck der Satz « und es wird ihm vergeben werden » (וְנִסְלַח לוֹ) ist. Gebunden ist die Vergebung im Kult an die vorher vom Priester durch ein Opfer vollzogene Sühne (....). Die Vergebung ist in einem sonst nicht nachweisbaren Masse in die Hand eines Mittlers zwischen Gott und Mensch gelegt. Dass dennoch Jahwe und nicht der die Mittlerfunktion ausübende Priester über die Vergebung bestimmt, deutet der alttestamentliche Wortlaut an. Dem an den betreffenden Stellen stets auftretenden וְכִפֶּר עָלָיו הַכֹּהֵן folgt nicht וְסָלַח לוֹ « und er (der Priester) wird ihm vergeben », sondern וְנִסְלַח לוֹ « und es wird ihm vergeben werden ». Damit ist zwischen Sühnung und Vergebung ein klarer Unterschied im Subjekt gemacht. In der Verfügung des Priesters steht nur die Sühne als Vorbedingung der Vergebung; deren Eintreten aber ist vom Tun des Priesters deutlich abgehoben. Das unbestimmt gelassene Subjekt soll zweifelsohne auf Jahwe als Urheber der Vergebung zurückweisen. Da jedoch die richtig vollzogene Sühne die Zusicherung der Vergebung hat, kann von einer durch den Opferkult vermittelten Gewissheit der Vergebung gesprochen werden.

Obwohl die Darbringung des Sühneopfers durch den Priester ungültig ist, wenn sie nicht auf die vorgeschriebene Weise erfolgt, wird die Vergebung also gerade nicht durch das menschliche Tun bewirkt. Da die Vergebung nach J. J. Stamm und R. Rendtorff von Gott selbst abhängt, handelt es sich bei der Vergebung, die Israel in den Sühneopfern erfährt, um einen *Gnadenakt Gottes*.
J. J. Stamm sagt im angeführten Zitat, dass die Vergebung „in die Hand eines Mittlers zwischen Gott und Mensch gelegt" sei. Der Priester handelt somit in doppeltem Auftrag: Im Auftrag einzelner Israeliten bzw. des ganzen Volkes, die bei Gott um Vergebung nachsuchen. Er tritt ja erst in Aktion, wenn jemand zu ihm kommt, und ihn ersucht, für ihn eine Sühnehandlung durchzuführen. Und er handelt im Auftrag Gottes, indem er die Sühnehandlung gemäss den von Gott gebotenen Vorschriften durchführt. In diesem Sinne repräsentiert er sowohl Gott, als auch den einzelnen Israeliten bzw. das ganze Volk.
Keiner der beiden genannten Autoren stellt die Frage, ob das Opfer ein „Verdienst" sei. Aus ihren Ausführungen geht hervor, dass die Frage in der Forschung eher dahingehend gestellt wird, ob dem Opfer „magische Wirkung" zukomme. Obwohl J. J. Stamm und R. Rendtorff andere Fragen

stellen, folgt aus ihren Antworten, dass es sich beim Sühneopfer um keine „verdienstliche Leistung“ vor Gott handelt.[93]

Das Verständnis der Sühneopfer bei R. Hama b. Hanina

Es stellt sich nun die Frage, wie R. Hama b. Hanina die Sühneopfer versteht.

Wenn R. Hama b. Hanina die Sühneopfer im Sinne einer „verdienstlichen Leistung“ verstünde, wäre zu erwarten, dass er die Frage „Aufgrund welcher *z^{e}khut*?“ wie folgt beantwortet hätte: „Durch die Sühneopfer, *die deine Kinder mir geben werden.*“ Statt dessen sagt R. Hama b. Hanina: „Durch die Sühneopfer, *die ich* deinen Kindern *geben werde.*“ Damit will R. Hama b. Hanina natürlich nicht bestreiten, dass es die Israeliten sind, welche die Opfer darbringen. Aber er sagt damit, dass die Sühneopfer zwar von den Israeliten dargebracht, aber nicht deren eigene Erfindung oder Einrichtung sind: Die Sühneopfer sind ihnen von Gott selbst gegeben, verordnet und erlaubt. R. Hama b. Hanina verwendet hier das Verb נתן (*natan*). Dieses Verb wird von den Rabbinen verwendet, um zu sagen, dass Gott Israel die *torah* gab. Die Sühneopfer sind ja tatsächlich Teil der *torah*.

Demnach hat auch R. Hama b. Hanina die Sühneopfer nicht als „verdienstliche Leistung“ verstanden. Man kann seine Aussage nur dahingehend interpretieren, dass er die Sühneopfer auf derselben Linie wie die Hebräische Bibel verstanden hat, nämlich als gnädiges Handeln Gottes an seinem Volk.

Der Sinn der Sühnehandlungen in Lev 4-5, aber auch an anderen Stellen in der Hebräischen Bibel ist die Heilung und Wiederherstellung des Bundesverhältnisses zwischen Gott und Israel bzw. zwischen Gott und dem

---

93) Wenn der Eindruck, dass beim Sühneopfer Gott der Empfänger einer Sühneleistung sei, sich trotzdem noch immer hartnäckig hält, wie R. Rendtorff (III,223) dies feststellt, dann liegt dies sicher auch an der Übersetzung des Verbes כפר (*kipper*) mit „sühnen“ bzw. mit „Sühne erwirken“ oder des Nomens כפרה (*kappara*) mit „Sühneopfer“. Und zwar liegt dies nicht nur am Wort „Sühne“ bzw. „sühnen“, sondern ebensosehr am Wort „Opfer“. Unter „Opfer“ versteht man in der Alltagssprache eine empfindliche Einschränkung und somit also etwas Negatives. Es stellt sich daher die Frage, ob es sprachpsychologisch möglich ist, ein in der Alltagssprache negativ besetztes Wort im Zusammenhang der Heiligen Schrift positiv zu gebrauchen und zu empfinden. Wird, ja muss sich da das negative alltagssprachliche Opferverständnis nicht auf unser Verständnis der Opfer in der Bibel übertragen? Möglicherweise wäre es besser, das Wort „Opfer“ im Zusammenhang mit biblischen Texten gar nicht mehr zu gebrauchen, um nicht von vornherein Missverständnisse zu produzieren. R. Rendtorff scheint in eine ähnliche Richtung zu tendieren, wenn er vorschlägt, anstatt von „Sühne“ von „Sühnehandlung“ zu sprechen (III,180). Allerdings ist es sehr fraglich, ob die genannten Missverständnisse durch den Ausdruck „Sühnehandlung“ oder durch einen anderen Ersatzausdruck vermieden werden können. Mir scheint, dass das Problem nicht gelöst werden kann. Man kann nur mit allem Nachdruck auf die Problematik von Wörtern wie „Opfer“ oder „Sühneopfer“ aufmerksam machen.

einzelnen Israeliten. Daher heisst es am Ende jeder Ausführungsbestimmung, dass den Betreffenden vergeben wird (Lev 4,20; 4,26; 4,31; 4,35; 5,10; 5,13). Dieses Bundesverhältnis wurde ja in allen Fällen, die Lev 4-5 vor Augen hat, gestört und verletzt. Diese Verletzungen geschehen zwar nicht durch böse Absicht, aber deswegen stellen sie für den Fortbestand des Bundesverhältnisses eine nicht weniger ernsthafte Gefährdung dar.[94] Diese wird von Gott abgewendet, indem er Israel und dem Einzelnen vergibt und das Bundesverhältnis wieder instand setzt.[95]

Das, was *Gott* beim Sühneopfergeschehen tut, ist darum das Eigentliche und Wesentliche, und nicht das, was der Mensch ihm darbringt. Trotzdem wird das, was Israel in dieser Sache tut, in der Bibel ausgesprochen ernst genommen. Das kann man an den ausführlichen und genauen Ausführungsbestimmungen der verschiedenartigen Opfer erkennen. Dies aber bedeutet, dass Israel nicht nur negativ am Bundesverhältnis mit Gott beteiligt ist, indem es den Bund mit Gott verletzt oder gar bricht, sondern erst recht auch, indem es an dessen Wiederinstandsetzung und Heilung mitbeteiligt wird. Bei dieser Mitbeteiligung wählt Israel seine Rolle nicht selbst. Sie ist ihm vielmehr von Gott gegeben (Lev 4,1f und viele ähnliche Stellen). Und auch was es dabei zu tun hat, hat Gott durch Mose angeordnet. Seine Mitwirkung bei den Opfern ist wie die Mitwirkung und Mitarbeit im Bundesverhältnis mit Gott überhaupt unverdiente Gnade.

Wiederherstellung des Bundes und Besitz des Landes

Der vielleicht konkreteste Ausdruck des Bundes Gottes mit Israel ist der Besitz des Abraham verheissenen Landes. Aus diesem Grunde hat eine Gefährdung des Bundesverhältnisses nach biblischem Verständnis unweigerlich auch eine Gefährdung des Besitzes des Landes zur Folge. Umgekehrt wird die Gefahr des Verlustes des verheissenen Landes durch die Wiederherstellung und Heilung des Bundesverhältnisses zwischen Gott und Israel abgewendet. Diese aber ereignet sich für Israel anschaulich ganz konkret durch das Sühneopfergeschehen. R. Ḫama b. Ḫanina folgert darum, dass Abraham bzw. dessen Kinder das Land aufgrund der *z^ekhut* der Sühneopfer besitzen werden.

Durch die bisherigen Ausführungen zur Auslegung R. Ḫama b. Ḫaninas ist klar geworden, dass *z^ekhut* auch hier nicht „Verdienst" bedeuten kann. Mit der *z^ekhut* der Sühneopfer ist vielmehr die *z^ekhut* der Wiederherstellung und Heilung des Bundes durch Gott gemeint. Man kann die Bedeu-

94) Auf diesen Sachverhalt macht auch G. v. Rad (Theologie des Alten Testaments, I,278ff) ausdrücklich aufmerksam.

95) Die Frage bleibt allerdings offen, ob und unter welchen Bedingungen eine Sünde „mit erhobener Hand" vergeben werden kann. Jedenfalls aber geschieht die Vergebung auch in einem solchen Falle nicht aufgrund irgendwelcher „Verdienste".

tung von *z^e khut* in BerR 44,14 demnach wie folgt umschreiben: *Gültigkeit, Wirksamkeit und Verwirklichung des den Bund wiederherstellenden und heilenden Willens und Handelns Gottes.* Damit ist gesagt, dass Gott selbst dafür sorgt, dass die Kinder Abrahams das Land besitzen werden. R. Hama b. Hanina hat dies durch die Formulierung „Durch die Sühneopfer, *die ich* deinen Kindern *geben werde.*“ ausgedrückt. Obwohl die Israeliten am Sühneopfergeschehen mitbeteiligt sind, und obwohl man davon ausgehen kann, dass R. Hama b. Hanina als Jude alles an dieser Mitbeteiligung liegt, hat er bei seiner Auslegung den Blick ganz auf den Willen und das Tun Gottes gerichtet. Um diesem Umstand Rechnung zu tragen, wurde die vorliegende Umschreibung von *z^e khut* gewählt.
Zur Zeit R. Hama b. Haninas lag der Tempel schon lange in Trümmern und die Ausführung der Sühneopfer hatte schon lange aufgehört. Auch das Land, das Abrahams Kinder aufgrund der *z^e khut* der Sühneopfer besitzen würden, war für die meisten Juden verloren. Diejenigen, die wie R. Hama b. Hanina noch darin wohnten, lebten unter einer Fremdherrschaft. Von dieser Voraussetzung her bekommt die Frage Abrahams „Aufgrund welcher *z^e khut*?“ eschatologische Bedeutung. Wie sich gezeigt hat, war die Antwort, dass die Kinder Abrahams das Land besitzen werden, weil Gott selbst den gebrochenen Bund wiederherstellt und heilt. Gottes Heilshandeln und somit also seine Vergebung aber ist eine eschatologische Grösse: Denn bei der Wiederherstellung geht es um Vollendung.

Ergänzende Texte (T.3-5)

In BerR 34,12, BerR 39,16 und BerR 56,5 geht es ebenfalls um Opfer. In BerR 34,12 zu 9,1 ist von den Opfern die Rede, die Noah nach der Sintflut darbrachte (s.u. Anhang, T.3), in BerR 39,16 zu 12,8 von einem Altar, den Abraham in der Nähe von Ai baute, und auf dem natürlich Opfer dargebracht wurden (s.u. Anhang, T.4), und in BerR 56,5 zu 22,9f von der Opferung Isaaks durch Abraham (s.u. Anhang, T.5).

5.2 Die z^{e}*khut* der *torah* und der Umkehr, die mit dem Wasser verglichen werden

5.2.1 Die z^{e}*khut* der *torah*, die mit dem Wasser verglichen wird: BerR 40[41],9 zu 13,16 (I,395f)[96]

ושמתי את זרעך כעפר הארץ (בראשית יג טז) מה עפר
הארץ מסוף העולם ועד סופו אף בניך מסוף העולם
ועד סופו, ומה עפר הארץ אינו מתברך אלא במים אף
בניך אין מתברכין אלא בזכות תורה שמשולה במים,
ומה עפר הארץ מבלה את כלי מתכות והוא קיים
לעולם כך ישראל קיימים ואומות העולם בטלים, ומה
עפר הארץ עשוי דייש כך בניך עשויים דייש למלכות
הה"ד ושמתיה ביד מוגיך (ישעיה נא כג).

Und deine Nachkommen will ich machen wie den Staub der Erde, [sodass, wenn man den Staub der Erde zählen kann, man auch deine Nachkommen wird zählen können] (Gen 13,16).

[1] Wie der Staub der Erde von einem Ende der Welt zum anderen [verstreut ist], so [sind] auch deine Kinder von einem Ende der Welt zum anderen [verstreut].

[2] Und wie der Staub der Erde allein durch das Wasser gesegnet wird, werden auch deine Kinder allein durch die z^{e}*khut* der *torah*[97] gesegnet, die mit dem Wasser verglichen wird.

[3] Und wie der Staub der Erde [alles] gegossene Gerät aufreibt, er selbst aber ewig besteht, so bestehen die Israeliten, die Nationen der Welt aber verschwinden.

[4] Und wie der Staub der Erde zum Treten gemacht ist, so sind deine Kinder für die Regierung zum Treten gemacht, wie denn geschrieben steht: [*So spricht dein Gebieter, der HERR, dein Gott, der die Sache seines Volkes führt: Siehe, ich nehme aus deiner Hand den Taumelbecher, den Kelch meines Grimms; nicht sollst du ihn fürder mehr trinken.*] *Ich gebe ihn in die Hand deiner Peiniger,* [*die zu deiner Seele sprachen: «Ducke dich, dass wir über dich weg-*

96) Parallelen: BerR 69,5 zu 28,14 (II,794), YalqBer 70, YalqMJes 51,23.

97) Der Passus „durch die z^{e}*khut* der *torah*" steht in Parallele zum Passus „durch das Wasser". Aus diesem Grunde kann *biz*^{e}*khut* hier nicht „for .... sake" oder „wegen" bedeuten. Der Ausdruck ist hier also nicht mit *bishvil* austauschbar.

schreiten!» sodass du deinen Rücken zum Fussboden machen musstest gleich einer Strasse für die Wanderer] (Jes 51,[22.]23).[98]

In der Parallelstelle in BerR 69,5 bezieht sich der Midrasch nicht auf Gen 13,16, sondern auf Gen 28,14. Obwohl die Akzente in Gen 28,14 anders liegen als in 13,16, handelt es sich dennoch um eine Parallelstelle. Der Midrasch in BerR 40[41],9 ist gegenüber BerR 69,5 etwas geraffter. Die Unterschiede sind jedoch weder für das Verständnis der beiden Stellen noch für unsere Frage von Bedeutung. Aus diesem Grunde genügt es, sich auf die Besprechung von BerR 40[41],9 zu beschränken.

Die verschiedenen Gesichtspunkte, unter denen vom Staub die Rede ist

In BerR 40[41],9 werden die Nachkommen Abrahams unter dem Gesichtspunkt mit dem Staub verglichen,
- dass er von einem Ende der Welt zum anderen verstreut ist,
- dass er allein durch das Wasser gesegnet wird,
- dass er alles gegossene Gerät aufreibt, er selbst aber ewig besteht,
- und dass er zum Treten gemacht ist.

Demgegenüber fällt auf, dass in Gen 13,16 vom Staub unter dem Gesichtspunkt der unermesslichen Menge die Rede ist. Gerade dieser aber fehlt im nachfolgenden Midrasch. Daraus folgt, dass sich der Midrasch nur auf die Worte ושמתי את זרעך כעפר הארץ (*w^{e}samti 'et zar^{c}akha ka^{c}afar ha'arets*) (V.16a) bezieht, die in BerR 40[41],9 zitiert und unabhängig von V.16b interpretiert werden.

Die verschiedenen Gesichtspunkte, unter denen Abrahams Kinder in [1], [3] und [4] mit dem Staub verglichen werden, sind weitgehend selbsterklärend. Anders steht es mit [2]. Dieser Vergleich bedarf einiger Erklärungen.

Die z^{e}khut der torah, die mit dem Wasser verglichen wird

Im Zusammenhang der Auslegung in [2] ist zunächst unklar, worauf sich der Passus „die mit dem Wasser verglichen wird" bezieht: ob auf *z^{e}khut torah* oder nur auf *torah*. Grammatikalisch ist beides möglich. Ein Blick in die rabbinische Literatur zeigt jedoch, dass damit eindeutig die *torah* gemeint ist.[99]

Auf welche Weise der Staub der Erde durch das Wasser gesegnet wird, wird z.B. eindrücklich sichtbar, wenn die Wüste nach einem Regenfall

98) Freedman (I,339) übersetzt בזכות תורה (*biz^{e}khut torah*) mit „for the sake of the Torah", Neusner (II,96) mit „trough the merit attained by study of the Torah", Wünsche (189) mit „wegen der Thora".

99) Eine ganze Sammlung von Vergleichen der *torah* mit dem Wasser ist in SifDev 48 zu Dtn 11,22 aufgeführt. Vgl. auch das Stellenmaterial bei Billerbeck, II,435f.

blüht. Wasser ist gleichbedeutend mit Leben. Es erstaunt deshalb nicht, dass es in der Bibel oft als Synonym oder Bild für das Leben gebraucht wird (vgl. z.B. Ps 1,3; 23,2; 42,2; 63,2; 65,10; Jes 12,3; 35,6; 44,3; 55,1f; 58,11; Jer 17,8).[100]

Demgegenüber steht der Staub in der Hebräischen Bibel oft für den Tod. Der Mensch ist nicht nur vom Staub genommen, sondern kehrt auch zum Staub zurück (Gen 3,19; Pred 3,20; Hi 10,9). Die Toten werden darum als diejenigen bezeichnet, *„die im Staube wohnen"* (Jes 26,19) oder *„die im Staubland schlafen"* (Dan 12,2). Und „sich in den Staub legen" (Hi 7,21; 20,11; 21,26) oder „zum Staub hinuntersteigen" (Ps 22,30) bedeutet sterben.

Die Bedeutung von z^ekhut

Aufgrund des bisher Gesagten ist der Satz „Und wie der Staub der Erde allein durch das Wasser gesegnet wird, werden auch deine Kinder allein durch die *z^ekhut* der *torah* gesegnet, die mit dem Wasser verglichen wird", wie folgt zu verstehen: Wie der tote Staub allein durch das Wasser zum Leben erwacht, werden die Kinder Abrahams allein durch die *z^ekhut* der *torah* zum Leben erweckt. Die *z^ekhut* ist demnach *die Leben schaffende, fördernde und erhaltende Wirksamkeit, Machtrealität und Kraft der torah.*

Theoretisch betrachtet wäre es auch möglich, die Quelle dieser Wirksamkeit und Kraft in einer „verdienstlichen" Befolgung der *torah* zu sehen. Aus folgenden Gründen ist ein derartiges Verständnis nicht möglich:

1. Die Aussage, dass die Kinder Abrahams durch die *z^ekhut* der *torah* gesegnet werden, ist eine Auslegung von Gen 13,16a: *„Und deine Nachkommen will ich machen wie den Staub der Erde."* In diesem Satz ist Gott Subjekt. Dies aber hat zur Konsequenz, dass er auch im Satz „....werden auch deine Kinder allein durch die *z^ekhut* der *torah* gesegnet...." der Handelnde ist.
2. Gott ist auch in den übrigen Auslegungen von Gen 13,16a in BerR 40[41],9 der Handelnde: Er ist es, der sein Volk von einem Ende zum anderen zerstreut hat. Sowohl die Bibel als auch das rabbinische Judentum lassen keinen Zweifel darüber bestehen, dass der Verlust des verheissenen Landes und das Exil ihren Grund nicht in irgendeinem

100) Es soll nicht verschwiegen werden, dass das Wasser in der Hebräischen Bibel nicht selten auch für das Gegenteil steht, also für die Bedrohung und Vernichtung des Lebens. Lebensbedrohend und -vernichtend ist das Wasser in allzugrossen Mengen. Das wohl berühmteste Beispiel dafür ist die Sintflut. Man denke auch an den Untergang von Pharaos Streitmacht im Schilfmeer (Ex 15,4f), oder an eine Stelle wie Ps 69,2, wo es heisst: *„Hilf mir Gott, denn das Wasser geht mir bis an die Kehle!"* Für weitere Beispiele vgl. den Artikel von THAT II,1026-1031 über תהום (*t^ehom*).

dunklen und unerfindlichen Schicksal haben, sondern in Gottes Gericht. Aber gerade darum, weil Gott es ist, ist er auch derjenige, welcher sein Volk inmitten der Völker am Leben erhält. Und er ist es auch, der die Israeliten einst wieder sammeln wird.

Weil Gott in Gen 13,16a der Handelnde ist, und weil er es auch in allen anderen Auslegungen dieser Stelle in BerR 40[41],9 ist, ist die *z^{e}khut* der *torah*, d.h. die Leben schaffende, fördernde und erhaltende Wirksamkeit, Machtrealität und Kraft der *torah* in der Sache mit der *Machtrealität und Kraft Gottes* identisch. Anstatt von der Leben fördernden Machtrealität und Kraft der *torah*, kann hier auch von derjenigen Gottes gesprochen werden.

Wenn in BerR 40[41],9 gesagt wird, dass Abrahams Kinder allein durch die *z^{e}khut* der *torah* gesegnet werden, dann bedeutet das: Abrahams Kinder leben nur von, durch und dank der Wirksamkeit und Kraft Gottes. Daraus folgt, dass die Kinder Abrahams ohne die *z^{e}khut* der *torah* nur Staub und somit tot sind (vgl. dazu Exkurs A).

Ergänzende Texte (T.6)

In BerR 40[41],9 wird die *torah* mit dem Wasser verglichen, weil sie wie dieses Leben spendet. In BerR 99,8 zu 49,12 (s.u. Anhang, T.6) wird sie mit Milch verglichen, welche die Zähne weiss macht.

Exkurs A: Die *torah* als Lebensraum Israels

In der Einleitung zu seiner Arbeit schreibt Marmorstein (20): „We learn, therefore, (1) God has given the Law to enable man to obtain merits....“ Marmorstein versteht die *torah* also als Instrument, das Gott den Israeliten gab, um damit „Verdienste“ zu erwerben. Mit ähnlichen Worten äussert sich Billerbeck (IV/1,490): „Damit tritt dem obigen Grundsatz: ‘Die Tora ist Israel nur gegeben worden, damit sie durch sie Verdienst erwerben’, der andre gleichbedeutende zur Seite: ‘Die Tora ist Israel nur gegeben worden, damit sie durch sie Lohn erwerben.’“ Bekanntlich sind Marmorstein und Billerbeck mit ihren Auffassungen nicht allein. Zwar lässt der Vergleich der *torah* mit dem Wasser in BerR 40[41],9 und anderswo in der rabbinischen Literatur (s.o. Kapitel 5.2.1) darauf schliessen, dass die *torah* kein Instrument ist, das Gott den Israeliten gab, um damit „Verdienste“ zu erwerben. Aber dieser Vergleich und die Ausführungen im Zusammenhang der Besprechung von BerR 40[41],9 dürften wohl kaum ausreichen, um behaupten zu können, die Meinung Marmorsteins, Billerbecks und vieler anderer sei bereits widerlegt.
Es ist daher nötig, sich darüber Rechenschaft zu geben, was die *torah* bei den Rabbinen ist. Genauer gesagt: Es geht um die Frage, was die *torah* als *halakha* sei, und also um den Gesichtspunkt, dass die *torah* Gebote und Verbote enthält und befolgt und getan werden soll.
Mit der Frage, was die *torah* sei, ist untrennbar auch die Frage verbunden, was der Mensch nach rabbinischem Verständnis sei. Dass diese Fragen nicht voneinander getrennt werden können, geht aus BerR 40[41],9 hervor. Gemäss dieser Stelle sind die Kinder Abrahams ohne die *z^e^khut* der *torah* toter Staub. Wenn die *torah* ein Instrument zum Erwerb von „Verdiensten“ ist, ist der Israelit folglich ein Mensch, der seine Existenzberechtigung und sein Lebensrecht allein darin hat, dass er sie durch entsprechendes Handeln *verdient*.
Ein zentraler Text zur Frage, was die *torah* sei – und zwar gerade auch in Bezug auf ihre halakhische Seite – und zur Frage, was der Israelit sei, findet sich in bBer 61b:[101]

> Unsere Rabbinen lehrten: Einst ordnete die gottlose [römische] Regierung an, dass Israel sich nicht [mehr] mit der *torah* beschäftigen dürfe. Da kam Pappos b. Y^e^hudah (pT2 um 110) und fand R. Aqiva (pT2 gest. 135), der öffentliche Versammlungen abhielt und sich mit der *torah* beschäftigte. Er sagte zu ihm: Aqiva, fürchtest du dich nicht vor der Regierung? Er sagte zu ihm: Ich will dir ein Gleichnis erzählen:

101) Parallele: TanDev ki-tavo 2.

> Wessen ist die Sache ähnlich? Einem Fuchs, der am Ufer des Flusses entlanggging und Fische sah, die sich von einem Ort zum anderen versammelten. Er sagte zu ihnen: Vor was flieht ihr? Sie sagten: Vor den Netzen, welche die Menschen für uns auswerfen. Er sagte zu ihnen: Wenn ihr wollt, dann steigt hinauf auf das Trockene, und ihr und ich werden zusammen wohnen, so wie meine Väter mit euren Vätern zusammen wohnten. Sie sagten zu ihm: Du bist es doch, von dem man sagt, dass du klüger seist als [alle anderen] Tiere? Du bist nicht klug, sondern dumm bist du! Wenn wir uns schon am Ort unseres Lebens (במקום חיותנו *bim^{e}qom h̲iyutenu*) fürchten, um wieviel mehr [dann erst] am Ort unseres Todes (במקום מיתתנו *bim^{e}qom mitatenu*)!
> So auch wir, die wir jetzt sitzen und uns mit der *torah* beschäftigen, von der geschrieben steht ....*denn das ist dein Leben und die Länge deiner Tage*.... (Dtn 30,20), um wieviel mehr [dann erst], wenn wir hingehen und damit aufhören.

Wie in BerR 40[41],9 wird die *torah* auch in bBer 61b mit dem Wasser verglichen. Während die *torah* in BerR 40[41],9 mit dem Wasser verglichen wird, das den toten Staub zum Leben erweckt, wird sie in bBer 61b mit dem Wasser verglichen, das den *Lebensraum* der Fische bildet. Mit den Fischen sind die Israeliten gemeint.

Die torah – Ort des Lebens Israels

Gemäss dem Gleichnis R. Aqivas ist die *torah* und die Beschäftigung mit ihr der „Ort unseres Lebens“. Zwar sind die *torah* und der Bund Gottes mit Israel nicht identisch. Aber der Bund und damit das Leben Israels in der Gemeinschaft mit Gott wird durch die *torah* und durch die Beschäftigung mit ihr eröffnet und verwirklicht. Die haggadischen Komponenten der *torah* sind das Zeugnis des den Bund Gottes mit Israel konstituierenden Ereignisses und das Zeugnis der Bundesgeschichte Israels mit Gott. Und ihre halakhischen Komponenten sind das Zeugnis des Anspruches Gottes an Israel und somit die Eröffnung der ganz konkret gelebten Gemeinschaft mit Gott (vgl. auch oben S. 51). Obwohl die *torah* und der Bund nicht dasselbe sind, muss man daher sagen, dass die *torah* der Sache nach dem Bund Gottes mit Israel und dem Leben Israels in diesem Bund *entspricht*. Weil sie dies tut, sagt R. Aqiva, dass die *torah* der „Ort unseres Lebens“ sei. Dabei kann er sich auf Dtn 30,20 berufen.
Dass die *torah* der „Ort unseres Lebens“ ist, hat zur Konsequenz, dass es ausserhalb von ihr für Israel kein Leben, sondern nur Tod gibt. Da die *torah* dem Bund entspricht, bedeutet dies, dass es für Israel ausserhalb der Gemeinschaft mit Gott kein Leben gibt. R. Aqiva bringt diesen Sachverhalt in seinem Gleichnis eindrücklich dadurch zum Ausdruck, dass er die

Israeliten mit den Fischen vergleicht, die ausserhalb des Wassers, ihres Lebenselementes, rettungslos verloren sind. Da R. Aqiva die Aussage, dass die *torah* das Lebenselement Israels sei, mit Dtn 30,20 belegt, hat er in Bezug auf die negative Kehrseite seiner Aussage möglicherweise ganz besonders Dtn 30,15-18 im Blick gehabt:

> *Siehe, ich habe dir heute vorgelegt Leben und Glück, Tod und Unglück. Wenn du hörst auf das Gesetz des HERRN, deines Gottes, das ich dir heute gebe, indem du den HERRN, deinen Gott, liebst und in seinen Wegen wandelst und seine Gebote, Satzungen und Rechte hältst, so wirst du am Leben bleiben und dich mehren, und der HERR, dein Gott, wird dich segnen in dem Lande, dahin du ziehst, es zu besetzen. Wenn aber dein Herz sich abwendet und du nicht hören willst, sondern dich verführen lässt, andre Götter anzubeten und ihnen zu dienen, so künde ich euch heute an, dass ihr zugrunde gehen und nicht lange leben werdet in dem Lande, dahin du über den Jordan ziehst, es zu besetzen.*

Wie im Gleichnis R. Aqivas geht es auch in Dtn 30,15-18 um die Frage von Leben oder Tod, um Sein oder Nicht-Sein Israels. Und zwar entscheidet sich dies daran, wie sich Israel Gott und seiner *torah* gegenüber verhält. D.h. es entscheidet sich daran, ob Israel Gott liebt und darum *„in seinen Wegen“* wandelt *„und seine Gebote, Satzungen und Rechte“* hält. Oder ob sich das Herz Israels von Gott und seiner *torah* abwendet, sodass es nicht hören will und sich zum Abfall verführen lässt. Von Abfall bzw. Verrat ist denn auch in bBer 61b die Rede. Pappos b. Y[e]hudah fragt R. Aqiva, ob er sich nicht vor der Regierung fürchte. Wie die Antwort R. Aqivas zeigt, wird diese Frage von ihm als Versuch gewertet, ihn dazu zu verleiten, Gott zu verraten und seine Erwählung als Israelit zu verleugnen. Und im Gleichnis will der Fuchs die Fische (d.h. die Israeliten) dazu verführen, ihr Lebenselement (d.h. das Leben in der Gemeinschaft mit Gott) zu verlassen.

Die Grenzen des Lebensraumes Israels

In der Stelle (Dtn 30,20), auf die sich R. Aqiva bei seiner Aussage beruft, dass die *torah* das Lebenselement der Israeliten sei, ist von der *torah* vor allem unter dem Gesichtspunkt die Rede, dass sie *halakha* ist. Besonders deutlich geht das z.B. aus V.16 hervor, wo von den Geboten, Satzungen und Rechten die Rede ist. Aus dem Gleichnis R. Aqivas lassen sich in Bezug auf diese folgende Schlüsse ziehen:

Die *torah* enthält 613 *mitswot* (מצוות). Davon sind 248 Gebote und 365 Verbote. Die Verbote überwiegen also ziemlich deutlich. Mit dem Wort „Gebot“ und erst recht mit dem Wort „Verbot“ wird in der Alltagssprache oft etwas verstanden, das einen einschränkt und in seiner Freiheit beschneidet. Unter diesem Gesichtspunkt sind „Gebote" und „Verbote" eine negative Grösse. Unter dieser Voraussetzung ist folglich auch die *torah*, zumindest was ihre halakhische Seite angeht, eine negative Grösse. Das Gleichnis R. Aqivas zeigt jedoch, dass dem nicht so ist. Die *torah* bzw. die *mitswot* sind der *Lebensraum* Israels. Wie jeder Lebensraum hat auch dieser seine Grenzen. Diese Grenzen werden von den *mitswot* abgesteckt. Und zwar nicht nur von den Geboten, sondern ganz besonders auch von den Verboten.

Werden diese Grenzen überschritten, droht tödliche Gefahr nicht nur dem Einzelnen, sondern der ganzen Gemeinschaft – gerade so, wie den Fischen im Gleichnis R. Aqivas tödliche Gefahr droht, wenn sie die Grenzen ihres Lebensraumes überschreiten. *Die mitswot ermöglichen und konkretisieren also erst die Gemeinschaft mit Gott und mit den Mitmenschen und schützen sie.* Aber gerade indem sie die Grenzen aufzeigen, beschreiben sie einen Lebensraum, innerhalb dessen eine geradezu unermessliche Vielfalt von Lebens- und Entfaltungsmöglichkeiten konstituiert wird. Ohne diese Grenzen ist die Freiheit nicht vom Chaos zu unterscheiden. Die Grenzen, die durch die *mitswot* konstituiert werden, sichern darum das Leben Israels in der Gemeinschaft mit Gott und dem Nächsten.

Der Vorschlag des Fuchses

R. Aqiva vergleicht die Israeliten in seinem Gleichnis mit Fischen. Dies hat nicht nur für das Verständnis der *torah*, sondern auch für das Verständnis des Menschseins Israels entscheidende Konsequenzen. Nach biblisch-rabbinischer Auffassung sind die Fische deshalb Fische, weil Gott sie dazu *erschuf*. Ihre Existenz als Fische ist durch ihre Geschöpflichkeit bedingt. Aus diesem Grunde können die Fische ihre ihnen eigene Existenzweise nicht aufgeben. Sie können nicht, wie der Fuchs ihnen vorschlägt, das Wasser verlassen und auf das Trockene steigen. Die Fische weisen den Vorschlag des Fuchses aus diesem Grunde zurück.

Interessanterweise formuliert der Fuchs seinen Vorschlag den Fischen gegenüber folgendermassen: „Wenn ihr wollt, dann steigt hinauf auf das Trockene, und ihr und ich werden zusammen wohnen, so wie meine Väter mit euren Vätern zusammen wohnten." Wenn man daran denkt, dass gemäss biblisch-rabbinischer Tradition die Füchse seit Erschaffung der Welt Füchse und die Fische seit jeher Fische waren, macht die Bemerkung des Fuchses, dass seine Väter und die Väter der Fische zusammen wohnten, keinen Sinn. Einen Sinn bekommt diese Bemerkung erst, wenn man sich überlegt, wer mit dem Fuchs gemeint sein könnte.

Es gibt dafür nur zwei Möglichkeiten, entweder Pappos b. Y^{e}hudah oder ein Heide. Pappos b. Y^{e}hudah kann aber darum nicht gemeint sein, weil

er ein Jude ist, zwar einer, der vor der römischen Regierung Angst hat und deshalb die Frage stellt, ob es nicht geraten sei, sich zu fügen, um sein Leben zu retten. Aber als Israelit ist er wie R. Aqiva und wie alle anderen Israeliten ein „Fisch“. Allerdings einer, der mit dem Gedanken spielt, dem Ratschlag des Fuchses zu folgen, und an Land zu gehen. Mit dem Fuchs kann also nur ein Heide gemeint sein.
Für die Beantwortung der Frage, wann die Väter der Fische mit seinen Vätern „zusammen wohnten“, und für das Verständnis dieser Aussage im Einzelnen, ist die Beschäftigung mit PesK 5,11[102] besonders ergiebig:

> *Oder hat* [*jemals*] *ein Gott versucht, herzukommen und sich ein* [*Heiden*]*volk* (גוי *goy*) *mitten aus einem* [*Heiden*]*volk* (גוי *goy*) *zu nehmen* [*durch Prüfungen, durch Zeichen und durch Wunder, mit Krieg, mit starker Hand und ausgestrecktem Arm, durch grosse und furchtbare Taten, wie das alles der HERR, euer Gott, vor deinen Augen in Ägypten für euch getan hat*] (Dtn 4,34)?
> R. Y^e^hoshua^c^ b. R. N^e^hemya (pA4 um 350) [sagte] im Namen R. Yoḫanan b. Pazis: ....*ein* [*Heiden*]*volk* (גוי *goy*) *mitten aus einem* [*Gottes*]*volk* (עם *^c^am*).... [oder] ....*ein* [*Gottes*]*volk* (עם *^c^am*) *mitten aus einem* [*Heiden*]*volk* (גוי *goy*).... steht hier nicht geschrieben, sondern ....*ein* [*Heiden*]*volk* (גוי *goy*) *mitten aus einem* [*Heiden*]*volk* (גוי *goy*).... Denn diese waren unbeschnitten, und jene waren unbeschnitten. Diese liessen die Locke (בלורית *blorit*) wachsen, und jene liessen die Locke (בלורית *blorit*) wachsen. Wenn dem so ist, hätte das Verhalten nach der Weise des Rechts (מידת הדין *middat hadin*)[103] es niemals zugelassen, dass Israel aus Ägypten erlöst werden wird.
> R. Sh^e^mu’el b. Naḫman (pA3 um 260) sagte: Wenn nicht der Heilige, gepriesen sei er, sich selbst durch einen Schwur gebunden hätte, wäre Israel niemals aus Ägypten erlöst worden. Was ist die Begründung? *Darum sage zu den Kindern Israels: Ich bin der HERR; ich will euch* [*aus der Fronarbeit Ägyptens*] *herausführen* [*und euch aus eurer Knechtschaft erretten und euch erlösen mit ausgestrecktem Arm und durch gewaltige Gerichte*] (Ex 6,6). Und mit *Darum....* ist nichts anderes als der Schwur [gemeint], wie du sagst: *Darum habe ich dem Hause Elis geschworen....* (1Sam 3,14).

Beim vorliegenden Midrasch handelt es sich um eine Auslegung von Dtn 4,34. Im Zusammenhang dieser Stelle stellt sich für R. Yoḫanan b. Pazi das Problem, dass sowohl die Ägypter als auch die Israeliten als גוי (*goy*)

102) Parallelen: PesR 15 (76a), WaR 23,2, YalqDev 828, YalqPs 816.
103) Üblicherweise wird *middat hadin* in den Wörterbüchern und Übersetzungen mit „Mass des Rechts“ oder „Eigenschaft des Rechts“ wiedergegeben. Zur Begründung für die vorliegende Übersetzung s.u. S. 204ff.

bezeichnet werden. Üblicherweise wird nämlich Israel als עם (*ᶜam*) bezeichnet und nur die Heidenvölker als גוי (*goy*) bzw. גוים (*goyim*). Der Ausdruck *ᶜam* ist daher im rabbinischen Sprachgebrauch gleichbedeutend mit *„Gottesvolk"* und *goy* gleichbedeutend mit *„Heidenvolk"*.[104] Im Zusammenhang von Dtn 4,34 fragt R. Yoḫanan b. Pazi, weshalb nicht nur die Ägypter, sondern auch die Israeliten als *„Heidenvolk"* bezeichnet werden. Er beantwortet diese Frage dahingehend, dass sowohl die Ägypter, als auch die Israeliten unbeschnitten waren und sich die „Locke" wachsen liessen. Was die Unbeschnittenheit bedeutet, bedarf keiner weiteren Erklärung. Hingegen bietet die Aussage Schwierigkeiten, dass Ägypter und Israeliten die „Locke" wachsen liessen.
In diesem Zusammenhang erweisen sich Mirqins (VIII,44) Hinweise als besonders hilfreich.[105] Er weist auf DevR 2,18 hin, wo das Wachsenlassen der Locke als Götzendienst bezeichnet wird. Dieser Götzendienst wiederum wird als grösstes der möglichen Verbrechen bezeichnet.[106]
Als Unbeschnittene und Götzendiener waren die Israeliten wie die Ägypter *vollkommene Heiden*. Insofern bestand also *kein Unterschied* zwischen diesen und jenen. Die Gleichheit der Israeliten und Ägypter in Bezug auf ihr Heidentum kommt in PesR 5,11 par. sprachlich auch dadurch zum Ausdruck, dass nicht auszumachen ist, wen R. Yoḫanan b. Pazi meint, wenn er „diese" bzw. „jene" sagt. Übrigens kommt dies im Hebräischen noch viel stärker zum Ausdruck als in der deutschen Übersetzung, da für „diese" und „jene" beide Male das Wort אילו (*'ellu*) verwendet wird.
Da die Israeliten Unbeschnittene und Götzendiener waren, hatten sie kein Anrecht auf die Befreiung aus Ägypten. R. Yoḫanan b. Pazi sagt deshalb:

104) Als *goy* wird bekanntlich auch ein einzelner Heide bezeichnet.

105) Mirqin äussert sich im Zusammenhang der Parallele in WaR 23,2 zu diesem Problem. An der Sache ändert sich dadurch nichts.

106) In DevR 2,18 heisst es: „Aber wer eine Locke (בלורית *blorit*) macht, lässt sie allein um des Götzendienstes willen wachsen. Und es gibt kein schwereres Verbrechen als Götzendienst, denn siehe, der Heilige, gepriesen sei er, ist allein eifersüchtig auf sie. Woher? Denn es wird gesagt: *Du sollst keine andern Götter neben mir haben.* [*Du sollst dir kein Gottesbild machen, keinerlei Abbild, weder dessen, was oben im Himmel, noch dessen, was unten auf Erden, noch dessen, was in den Wassern unter der Erde ist; du sollst sie nicht anbeten und ihnen nicht dienen; denn ich, der HERR, dein Gott, bin ein eifersüchtiger Gott, der die Schuld der Väter heimsucht bis ins dritte und vierte Geschlecht an den Kindern derer, die mich hassen....*] (Ex 20,3-5). Und es steht geschrieben: *Denn der HERR, dein Gott, ist ein verzehrend Feuer, ein eifersüchtiger Gott* (Dtn 4,24)." Es fällt auf, dass das Verb, das in DevR 2,18 für „wachsen lassen" verwendet wird, dasselbe ist wie in PesR 5,11 par., nämlich das Verb גדל (*gadal*) im Pi'el. Dies ist ein weiteres Indiz dafür, dass mit dem wachsen lassen der Locke in PesK 5,11 par. und in DevR 2,18 dasselbe gemeint ist, und dass darum Pes 5,11 par. von DevR 2,18 her interpretiert werden muss. Der Frage, welche religionsphänomenologische Bedeutung das wachsen lassen der Locke hat, soll hier nicht nachgegangen werden. Diese Frage hat in diesem Zusammenhang keine Bedeutung.

„Wenn dem so ist, hätte das Verhalten nach der Weise des Rechts (מידת הדין *middat hadin*) es niemals zugelassen, dass Israel aus Ägypten erlöst werden wird.“ D.h. wenn Gott sich Israel gegenüber nach der Weise des Rechts verhalten hätte, wenn er ihm also gegeben hätte, was ihm von Rechts wegen zusteht, wäre Israel nicht aus Ägypten befreit worden. Obwohl der Satz im Irrealis steht, muss doch die Frage gestellt werden, worin denn ein solches Anrecht bestanden hätte. Diese Frage kann von Gen 17,7-14 her beantwortet werden, wo folgende Aussagen gemacht werden:

1. Gott will der Gott Abrahams und dessen Nachkommen sein (V.7f).
2. Gott richtet einen ewigen Bund auf zwischen sich selbst und Abraham und dessen Nachkommen (V.7).
3. Mit diesem Bund ist *untrennbar* die Verheissung auf das Land verbunden, in dem Abraham noch als Fremdling weilt (V.8).
4. Abraham und seine Nachkommen sollen den Bund mit Gott Geschlecht für Geschlecht halten (V.9).
5. Der Bund besteht darin, dass Abraham und seine Nachkommen sich beschneiden lassen (V.10-13).
6. Die Missachtung des Beschneidungsgebotes wird mit dem Tode bestraft (V.14).

In Bezug auf die Frage, worin das Anrecht der Israeliten auf Befreiung aus Ägypten bestanden hätte, folgt aus Gen 17,7-14: Die Israeliten haben aufgrund der Erwählung Abrahams durch Gott, aufgrund des Bundes und der damit gegebenen Verheissung auf das Land Kanaan einen derartigen Anspruch. Aber: Die Verheissung und deren Anrecht auf Erfüllung ist an die Verwirklichung der Erwählung Gottes durch die Israeliten und an das Leben Israels im Bunde mit ihm gebunden. Gerade diese Voraussetzung ist bei den Israeliten in Ägypten nicht gegeben: Sie sind unbeschnitten und dienen nicht Gott, sondern den Göttern. Sie leben ausserhalb der Bundesgemeinschaft mit Gott. Daher können die Israeliten auch keinen Anspruch auf die Verwirklichung der Landverheissung geltend machen. Und da die Befreiung aus Ägypten die Voraussetzung für die Erfüllung der Landverheissung ist, kann Israel auch darauf keinen Anspruch erheben.

Für die Richtigkeit dieser Überlegungen spricht die Auslegung R. Shᵉmu'el b. Naẖmans: Als Grund für die Befreiung Israels aus Ägypten nennt er den Schwur Gottes sich selbst gegenüber. Um diese Auffassung zu begründen, benötigt er zwei Bibelstellen, Ex 6,6 und 1Sam 3,14. Weshalb wählt R. Shᵉmu'el b. Naẖman dieses umständliche Verfahren, wenn er die Möglichkeit hatte, sich auf eine der vielen Bibelstellen zu berufen, in denen von der Erwählung der Väter, vom Bund und der damit gegebenen Verheissung die Rede ist? Es macht ganz den Eindruck, dass er dies nicht

tat, weil er der Meinung war, *dass Israel angesichts der Tatsache, dass es in Ägypten ausserhalb der Erwählung und des Bundes und damit fern von Gott lebte, kein Anrecht hatte, sich auf die Väterverheissung zu berufen.*[107]
Es ist nicht klar, wie die Rabbinen, die in PesK 5,11 par. zu Worte kommen, dieses Leben Israels ausserhalb der Erwählung durch Gott und des Bundes mit ihm und somit also ausserhalb des Lebensraumes der *torah* verstanden haben. Haben sie die Unbeschnittenheit und den Götzendienst Israels als *noch nicht* verstanden, oder als *nicht mehr* – und damit als Abfall von Gott im Sinne der Profeten? Rabbinische Aussagen sind oft kontrovers und lassen sich nicht auf einen Nenner bringen. Es ist von da her denkbar, dass keine Einigkeit darüber bestand, ob das Heidentum Israels in Ägypten als *noch nicht* oder als *nicht mehr* zu bewerten ist. Immerhin spricht der Umstand, dass der Bundesschluss am Sinai und die Gabe der *torah* erst *nach der Befreiung aus Ägypten erfolgte*, dafür, dass sie das Heidentum Israels in Ägypten als *noch nicht* verstanden. Für das *noch nicht* spricht auch die Tatsache, dass die Aussage R. Yoḫanan b. Pazis, wonach das Verhalten Gottes nach dem Recht die Befreiung Israels aus Ägypten nicht zugelassen hätte, lediglich im Irrealis steht.
Mit Sicherheit kann man diese Frage jedoch im Falle des Gleichnisses R. Aqivas entscheiden. Für ihn ist das Heidentum der Israeliten in Ägypten ein *noch nicht*. Dies geht eindeutig aus der Mitteilung des Fuchses hervor, dass seine Väter und die Väter der Fische zusammengelebt haben. Dies ist nämlich nur dann möglich, wenn die Väter der Fische noch keine Fische waren, d.h. wenn sie noch nicht als Juden lebten.

Anthropologische Konsequenzen

Im Unterschied zur römischen Regierung handelt es sich beim Fuchs um einen Heiden, der es mit den Juden „gut meint". Er rät ihnen, an Land zu gehen und somit ihre Erwählung und ihr Leben im Bunde mit Gott auf-

---

107) In BerR 33,3 (s.u. Kapitel 7.4) begründet R. Sh^{e}mu'el b. Naḫman die Befreiung Israels aus Ägypten mit der Berufung auf Ex 2,24, wo gesagt wird, dass Gott seines Bundes mit den Vätern gedachte. D.h. auch wenn Israel den Bund nicht hält, steht es Gott selbstverständlich trotzdem frei, des Bundes mit den Vätern zu gedenken, den er ihnen geschworen hat. Israel kann nur keinen Rechtsanspruch geltend machen! Vom Bund, den Gott den Vätern geschworen hat, ist auch in Dtn 4,31 die Rede: *„Denn der HERR, dein Gott, ist ein barmherziger Gott: er wird dich nicht verlassen noch verderben, und er wird den Bund mit deinen Vätern nicht vergessen, den er ihnen geschworen hat."* Diese Stelle dient in yTa'an 1,1 63d-64a als Schriftgrund für die Aussage, dass die Befreiung aus Ägypten unter anderem aufgrund der *z^{e}khut* der Väter erfolgte. Die *z^{e}khut* der Väter ist im Zusammenhang mit Dtn 4,31 also gleichbedeutend mit dem Schwur Gottes in der Auslegung R. Sh^{e}mu'el b. Naḫmans in PesR 5,11. Dtn 4,31 dient auch in ySanh 10,1 27d,45-59 als Schriftgrund für eine Aussage, in der von der *z^{e}khut* der Väter die Rede ist (s.u. Kapitel 9.2). Das, was dort zur Bedeutung von *z^{e}khut avot* gesagt wird, gilt analog auch im Zusammenhang von yTa'an 1,1 63d-64a.

zugeben, um den tödlichen Gefahren, die damit verbunden sind, zu entgehen. Aber obwohl die Väter der Israeliten in Ägypten einst als Heiden leben, können die Israeliten nicht mehr zu dieser Lebensweise zurückkehren. Durch die Befreiung aus Ägypten, durch den Bundesschluss am Sinai und durch die Gabe der *torah* wurde ihre Erwählung, die ihnen bereits in Abraham galt, realisiert und verwirklicht. D.h. die Väter der Israeliten wurden zu Fischen. Dieses Geschehen ist laut dem Gleichnis R. Aqivas nicht mehr rückgängig zu machen. Die Fische können – auch wenn sie wollten – nicht an Land gehen. Und obwohl die heidnische Lebensweise der Väter in Ägypten eine Art „Lebensmöglichkeit" war – wenn auch keine gottgewollte – können die Israeliten nicht zu dieser Möglichkeit zurückkehren. Sobald die Erwählung einmal verwirklicht ist, kann sie nicht mehr aufgehoben, sondern nur noch verleugnet und verraten werden.
Die Existenz der Fische als Fische ist durch ihre Geschöpflichkeit bedingt. Sie können nicht anders als nur so leben. Ebenso besteht die Geschöpflichkeit Israels darin, im Raum der Erwählung und des Bundes als Gottes Mitarbeiter und Partner zu leben. Diese Existenzweise Israels ist aufgrund der Befreiung aus Ägypten, des Bundesschlusses am Sinai und der Gabe der *torah* zu seinem *Menschsein* geworden. Die Israeliten können gar nicht mehr anders als so Mensch sein. Und dies wird dadurch verwirklicht, dass sie in der Gemeinschaft mit Gott leben und sich als seine Mitarbeiter beteiligen. Wenn sie ihre Erwählung verleugnen und sich davon abwenden, wenden sie sich von ihrem Menschsein überhaupt ab. Dann aber ergeht es ihnen wie Fischen, die das Wasser verlassen und an Land gehen.
Das Gleichnis R. Aqivas und dessen Erklärung will die Frage beantworten, weshalb die Israeliten nicht aufhören können, als Juden zu leben. Sie können dies nicht, weil die Gemeinschaft mit Gott ganz wesentlich zu ihrem Menschsein gehört. Der Israelit ist also ein Mensch, dessen Menschsein darin besteht, vor Gott, mit ihm und als sein Gegenüber zu leben.

Das Menschsein der Heiden

Bei dieser Antwort stellt sich dann allerdings die Frage, wie es denn mit den anderen Menschen sei, also mit den Heiden. Leben und existieren diese ohne Gott?
Mit dieser Frage befasst sich das Gleichnis R. Aqivas nicht. Eine Antwort darauf lässt sich jedoch BerR 39,14 (II,378f) entnehmen:

> *Und Abram nahm seine Frau Sarai und Lot, den Sohn seines Bruders, und all ihre Habe,* [*die sie gewonnen,*] *und die Seele, die sie gemacht hatten* (Gen 12,5).

> R. La^{c}azar[108] [sagte] im Namen R. Yose b. Zimras (pA1 um 220): Wenn sich alle Nationen versammeln würden, um eine einzige Mücke zu erschaffen, könnten sie ihr keinen Lebensatem einflössen. Und [doch] sagst du: ....*und die Seele, die sie gemacht hatten.* Sondern: Das sind die Proselyten. Aber [dann] sollte er sagen: ....*die sie zu Proselyten gemacht hatten.* Weshalb [wird gesagt], dass sie [sie] gemacht hatten? Um dich zu lehren, dass jeder, der den Heiden [Gott] nahebringt, [ist], wie wenn er ihn erschaffen hätte.

Einen Heiden Gott nahezubringen, bedeutet, ihn zum Proselyten zu machen, d.h. ihn in den Lebensraum der *torah* und damit also in den Lebensraum der Erwählung Gottes, des Bundes und der Gemeinschaft mit ihm zu bringen. Wenn das geschieht, ist es so, wie wenn sie *erschaffen würden.* Daraus folgt, dass die Heiden, obwohl sie bereits existieren, wie Israel dazu erwählt und bestimmt sind, Menschen vor Gott, mit ihm und in Beziehung zu ihm zu sein. Auch das Menschsein der Heiden kommt nur dann zu seiner eigentlichen und wirklichen Bestimmung und zu seinem eigentlichen und wirklichen Ziel, wenn sie dem Gott Abrahams und Israels nahekommen und sich wie die Israeliten als Gottes Bundespartner und Mitarbeiter betätigen. Und schliesslich gibt es auch für die Heiden ausserhalb des Lebensraumes der Erwählung, des Bundes und der Gemeinschaft mit Gott kein Leben. Die Heiden, die Gott nahegebracht und in diesen Lebensraum hineingenommen werden, erfahren darin die Verwirklichung ihrer Erwählung in Abraham und der Verheissung, dass Abraham dazu bestimmt ist, zum Segen vieler zu werden (Gen 12,1-3).[109]

Obwohl die Erwählung Gottes allen Völkern und somit allem Menschen gilt, wird diese nur in Israel verwirklicht. Israel steht daher nicht nur für sich selbst, sondern an Stelle der Menschheit und darum für alle Menschen. Israel ist also Repräsentant der Menschheit gegenüber Gott. Indem Israel dem Anspruch Gottes nachkommt und entspricht, repräsentiert es Gottes Willen gegenüber den Völkern und erinnert sie durch seine Existenz daran, dass alle Menschen dazu berufen sind, im Lebensraum der Bundesgemeinschaft mit Gott zu leben.

---

108) Es ist nicht klar, welcher R. La^{c}azar gemeint ist.

109) Dementsprechend ist in der Hebräischen Bibel oft davon die Rede, dass die Heiden Gott anerkennen und ehren sollen, oder dass sie das einst tun werden (vgl. Ps 22,28; 67,3; 96,3; 96,10; 102,16; 117,1; 126,2; Jes 11,10; 25,7; 42,1; 42,6; 49,6f; 55,4ff; 60,1ff; 61,9; 62,1f; Jer 3,17; 4,2; 16,19; Ez 37,28; Mal 1,11; 1,14), oder dass die Heiden einst nach Jerusalem bzw. zu Gottes heiligem Berg ziehen werden (vgl. Ps 60,30; Jes 2,2f; 18,7; 66,19f; Mi 4,1f; Sach 8,22f; 14,16).

Ergebnisse

Der Anlass für die Untersuchung des Gleichnisses R. Aqivas und dessen Erklärung bildete die Frage, ob die *torah* ein Instrument sei, das dazu diene, „Verdienste" vor Gott zu erwerben. Die Untersuchung hat gezeigt, dass es bei der *torah* um etwas ganz anderes geht: um das *Lebenselement* und den *Lebensraum* Israels. Ebensowenig wie es ein „Verdienst" ist, wenn der Mensch atmet, damit er nicht erstickt, ist es ein „Verdienst", wenn Israel sich mit der *torah* beschäftigt. Dies ist vielmehr ein Geschenk Gottes und ein Ausdruck seiner Zuwendung zum Menschen und zu Israel. Der Grund dafür, weshalb Israel durch die *torah* und durch die Beschäftigung mit ihr lebt, ist also nicht, dass der Jude sein Lebens- und Existenzrecht vor Gott verdienen müsste. Sondern Israel lebt durch die *torah*, weil es kein Menschsein ohne Gott, gegen ihn und an ihm vorbei gibt. Und zwar gilt dies nicht nur für Israel, sondern für alle Menschen.

5.2.2 Die z^e*khut* der Umkehr, die mit dem Wasser verglichen wird: BerR 2,4 zu 1,2 (I,15ff)[110]

Sprachlich und sachlich hat der Passus „durch die z^e*khut* der *torah*, die mit dem Wasser verglichen wird“ in BerR 40[41],9 eine Parallele in den Worten „durch die z^e*khut* der Umkehr, die mit dem Wasser verglichen wird“ in BerR 2,4 zu 1,2. Dort ist vom Kommen des Messias die Rede. Dieser Midrasch würde daher auch gut ins Kapitel „Rettung und Erlösung“ passen. Da es beim Kommen des Messias ganz wesentlich um die Rückkehr in das verheissene Land und um die Erlösung der Nachkommen der Väter geht, passt BerR 2,4 ebensogut hierher. BerR 2,4 zu 1,2 (I,15ff) lautet:

והארץ היתה תהו וגו' (בראשית א ב) .... ר' שמעון בן לקיש פתר קרייה במלכיות, והארץ היתה תהו זו בבל ראיתי את הארץ והנה תהו (ירמיה ד כג), ובהו זה מדיי ויבהילו להביא את המן (אסתר ו יד), וחשך זו יוון שהחשיכה עיני ישראל בגזרותיה שהיתה אומרת לישראל כתבו בקרן שור שאין להם חלק באלהי ישראל, על פני תהום זו מלכות הרשעה הזו, מה תהום הזה אין לו חקר כך מלכות הרשעה אין לה חקר, ורוח אלהים מרחפת זה רוחו שלמשיח היך מה דאת אמר ונחה עליו רוח יי״י וגו' (ישעיה יא ב), באי זו זכות משמשת ובאה מרחפת על פני המים בזכות התשובה שנמשלה במים שפכי כמים לבך (איכה ב יט).

Und die Erde war Öde [*und Leere, und Finsternis lag auf der Urflut, und der Geist Gottes schwebt über den Wassern*] (Gen 1,2). .... R. Shim^{c}on b. Laqish (pA2 um 250) legte den Vers auf die [verschiedenen] Reiche aus:
....*und die Erde war Öde*....: das ist Babel: *Ich schaute auf die Erde – siehe da Öde* [*und Leere; schaute auf zum Himmel – dahin war sein Licht*] (Jer 4,23)!
....*und Leere*....: Das ist Medien: [*Während sie noch mit ihm redeten, erschienen die Kämmerer des Königs,*] *und sie beeilten sich, Haman* [*zu dem Mahle*] *zu bringen,* [*das Esther bereitet hatte*] (Est 6,14).

---

110) Parallele: YalqMJes 11,2. In dieser Parallele ist nur die Auslegung von Gen 1,2 mit Hilfe von Jes 11,2 enthalten.

> ....*und Finsternis*....: das ist Griechenland, das die Augen Israels durch Weihen verfinsterte, indem es zu Israel sagte: Schreibt auf das Horn des Rindes, dass sie keinen Anteil am Gott Israels haben.
> ....*auf der Urflut*....: Das ist dieses [gegenwärtige] gottlose Reich. Wie die Urflut unermesslich ist, ist dieses gottlose Reich unermesslich.
> ....*und der Geist Gottes schwebt*....: Das ist der Geist des Messias, entsprechend wie du sagst: *Auf ihm wird ruhen der Geist des HERRN, [der Geist der Weisheit und der Einsicht, der Geist des Rates und der Stärke, der Geist der Erkenntnis und der Furcht des HERRN]* (Jes 11,2). Durch welche *z^{e}khut* schreitet er (d.h. der Geist des Messias) daher und kommt? ....*schwebt über den Wassern.* Durch die *z^{e}khut*[111] der Umkehr (תשובה *tshuvah*), die mit Wasser verglichen wird: *Schütte dein Herz aus wie Wasser [vor dem Angesichte des HERRN]* (Klg 2,19)![112]

In die allegorische Auslegung R. Shim^{c}on b. Laqishs von Gen 1,2 ist eine ganze Menge rabbinisches Traditionsgut hineinverwoben.[113] Davon soll hier nur der Argumentation mit dem *„Geist Gottes"* nachgegangen werden, der mit dem „Geist des Messias" gleichgesetzt wird.

Ist das Kommen des Messias an die Umkehr Israels gebunden?

Die Meinung, dass der Messias erst kommt, wenn Israel umkehrt, ist in der rabbinischen Literatur weit verbreitet.[114] Zur Erläuterung der Aussage R. Shim^{c}on b. Laqishs in BerR 2,4 und zur Erleichterung für deren Verständnis, ist es nötig, sich kurz mit dieser Tradition zu befassen. Dies soll anhand von bSanh 97b geschehen:

> Rav (bA1 gest. 247) sagte: Alle endzeitlichen Termine haben aufgehört und die Sache (d.h. das Kommen des Messias) hängt nur noch von der Umkehr und von den guten Taten ab. Und Sh^{e}mu'el (bA1 gest. 254) sagte: Es genügt zu trauern, [und] dass es (Israel) in seiner Trauer verharrt. Wie gelehrt wurde: R. Eli^{c}ezer (pT2 um 90) sagt: Wenn Israel umkehrt (עושין תשובה *^{c}osin tshuvah*), werden sie erlöst, wenn nicht, werden sie nicht erlöst. R. Y^{e}hoshua^c (pT2

111) Der Passus „Durch die *z^{e}khut* der Umkehr...." gibt auf die Frage Antwort: „Durch welche *z^{e}khut*....?" Daraus folgt, dass *z^{e}khut* im Ausdruck *biz^{e}khut* seinen Wert als selbständiges Nomen behält. Es wäre daher nicht möglich, *biz^{e}khut* im Sinne von „um .... willen" oder „wegen" zu verstehen.

112) Freedman (I,17), Marmorstein (78), Neusner (I,24) und Urbach (I,684) übersetzen *z^{e}khut* mit „merit". Wünsche (10) und Billerbeck (II,350) übersetzen den Ausdruck mit „Verdienst".

113) Vgl. Billerbeck, II,349f und Mirqins (I,18f) Anmerkungen zur Stelle.

114) Vgl. Billerbeck, I,162-165, IV/2,860 sowie die Stellenangaben und Ausführungen in IV/2,992f, IV/2,1006f.

> um 90) sagte zu ihm: Wenn sie nicht umkehren, werden sie [also] nicht erlöst? Sondern, der Heilige, gepriesen sei er, wird über sie einen König setzen, dessen Dekrete [so] grausam sind wie [diejenigen] Hamans, und Israel kehrt um, und er führt sie zum Guten zurück.
> Eine andere Tradition: R. Eli^{c}ezer sagt: Wenn Israel umkehrt, werden sie erlöst, wie geschrieben steht: *Kehrt um, abtrünnige Kinder, ich will euren Abfall heilen* (Jer 3,22). R. Y^{e}hoshua^{c} sagte zu ihm: Aber ist nicht schon längst gesagt worden: *Umsonst seid ihr verkauft worden, so sollt ihr auch ohne Silber erlöst werden* (Jes 52,3). *Umsonst seid ihr verkauft worden*, [d.h.] durch Götzendienst, *so sollt ihr auch ohne Silber erlöst werden*, [d.h.] nicht durch Umkehr und gute Taten. R. Eli^{c}ezer sagte zu R. Y^{e}hoshua^{c}: Aber ist nicht schon längst gesagt worden: *Kehrt um zu mir, so will ich zu euch umkehren* (Mal 3,7). R. Y^{e}hoshua^{c} sagte zu ihm: Aber ist nicht schon längst gesagt worden: *Denn ich bin euer Herr, und ich will euch, je einen aus jeder Stadt und je zwei aus jedem Geschlecht, nehmen und euch nach Zion zurückbringen* (Jer 3,14). R. Eli^{c}ezer sagte zu ihm: Aber ist nicht schon längst gesagt worden: *Durch Umkehren und Ruhigbleiben werdet ihr gerettet* (Jes 30,15). R. Y^{e}hoshua^{c} sagte zu R. Eli^{c}ezer: Aber ist nicht schon längst gesagt worden: *So spricht der HERR, der Erlöser Israels, sein Heiliger, zu dem, der tief verachtet, den Völkern ein Abscheu ist, zu dem Knecht der Tyrannen: Fürsten und Könige werden es sehen und sich erheben, werden sich niederwerfen [um des HERRN willen, der getreu ist, um des Heiligen Israels willen, der dich erwählt hat]* (Jes 49,7). R. Eli^{c}ezer sagte zu ihm: Aber ist nicht schon längst gesagt worden: *Wenn du zu mir umkehrst, Israel, spricht der HERR, so darfst du zu mir zurückkehren* (Jer 4,1). R. Y^{e}hoshua^{c} sagte zu ihm: Aber ist nicht schon längst gesagt worden: *Da hörte ich, wie der Mann im Linnengewande, der über den Wassern des Stromes stand, die Rechte und die Linke zum Himmel erhoben, bei dem Ewiglebenden schwur: Nach einer Zeit, [zwei] Zeiten und einer halben Zeit; und wenn die Macht des Zerstörers des heiligen Volkes ein Ende hat, wird sich dies alles erfüllen* (Dan 12,7). Da schwieg R. Eli^{c}ezer.

Nach R. Eli^{c}ezer ist die Umkehr Israels und somit dessen Verhalten für das Kommen des Messias ausschlaggebend, für R. Y^{e}hoshua^{c} hingegen das Tun Gottes, d.h. seine erneute Zuwendung zu Israel. In yTa'an 1,1 63d wird die Kontroverse zwischen R. Eli^{c}ezer und R. Y^{e}hoshua^{c} entscheidend anders tradiert: Jedes Schriftzitat, das R. Y^{e}hoshua^{c} anführt, um seine Auffassung zu belegen, wird von R. Eli^{c}ezer zu seinen eigenen Gunsten uminterpretiert, bis die Diskussion schliesslich wie in bSanh 97b mit dem Schriftbeweis aus Dan 12,7 und mit R. Eli^{c}ezers Schweigen endet. Dieses Schweigen bedeutet allerdings nicht, dass R. Y^{e}hoshua^{c} recht und

R. Eli^{c}ezer unrecht hat. Rav und viele spätere Rabbinen haben sich der Auffassung R. Eli^{c}ezers angeschlossen. Umgekehrt kann aus der Übereinstimmung der Späteren mit R. Eli^{c}ezer auch nicht geschlossen werden, R. Y^{e}hoshua^{c} sei im Unrecht. Weder R. Eli^{c}ezer noch R. Y^{e}hoshua^{c} sind im Unrecht. *Beide sind voll im Recht.*

Formal wird das daraus ersichtlich, dass die Späteren, die sich R. Eli^{c}ezer anschlossen, die Argumentation R. Y^{e}hoshua^{c}s ebenfalls tradierten und in den Talmud aufnahmen. Damit anerkannten sie die Auffassung R. Y^{e}hoshua^{c}s ebenfalls als richtig. Nun kommen im Talmud nicht selten auch Einzelne zu Wort, deren Meinungen von denjenigen der Mehrheit abweichen. Die Aufnahme von R. Y^{e}hoshua^{c}s Auffassung in den Talmud muss an und für sich noch nicht heissen, dass ihm dasselbe Gewicht beigemessen wird wie R. Eli^{c}ezer. Dass R. Y^{e}hoshua^{c}s Tradition tatsächlich nicht weniger Gewicht hat, geht aus dem Aufbau von bSanh 97b hervor: Wie R. Eli^{c}ezer kann auch R. Y^{e}hoshua^{c} immer wieder einwenden: „Aber ist nicht schon längst gesagt worden...." Und wie R. Eli^{c}ezer kann er sich dabei auf mehrere Schriftstellen berufen. Obwohl die Späteren eher geneigt zu sein scheinen, R. Eli^{c}ezers Auffassung zu vertreten, behält R. Y^{e}hoshua^{c} in bSanh 97b zumindest literarisch gesehen das letzte Wort.

Aus den Bibelstellen, die R. Eli^{c}ezer und R. Y^{e}hoshua^{c} anführen, geht hervor, dass das Kommen des Messias die Wiederherstellung und Vollendung des Bundes zwischen Gott und Israel bedeutet. Dieser wurde seinerzeit nicht von Israel mit Gott, sondern von Gott mit Israel am Sinai geschlossen und ist somit schon von seinem Ursprung und von seinem Wesen her ganz Gottes Werk. Es liegt darum auch ganz auf dieser Linie, wenn R. Y^{e}hoshua^{c} die Wiederherstellung und Vollendung des Bundesverhältnisses als Gottes Angelegenheit versteht. Umso mehr als Israel durch seinen Abfall von Gott erst recht nicht dazu in der Lage ist. Dass die Wiederherstellung und Vollendung des Bundes ganz und gar Gottes Werk ist, geht klar aus den von ihm zitierten Bibelstellen hervor. Indem dies Gottes Werk ist, ist es auch Gnade; denn Gott schuldet Israel nichts, schon gar nicht, nachdem es von Gott abgefallen ist und den Bund gebrochen hat.

Nach biblisch-rabbinischer Auffassung ist der Mensch von Gott dazu erwählt, sein Gegenüber, sein Bundespartner und Mitarbeiter zu sein und sich als das zu betätigen.[115] Und zwar gilt dies ausdrücklich nicht nur für Israel, sondern für alle Menschen, für Israel aber in besonderem Masse. Weil es sich bei Gottes Bund mit Israel um ein gegenseitiges Verhältnis handelt, wird in der Bibel nicht nur erzählt, dass Gott Israel erwählte und mit ihm einen Bund schloss, sondern es wird auch ausdrücklich gesagt,

115) Vgl. Exkurs A.

dass Israel seine Erwählung und somit auch diesen Bund *angenommen* und *bejaht* hat.[116]

Dasselbe wie für den Bundesschluss und für das Leben Israels in der Bundesgemeinschaft mit Gott gilt auch für die Wiederherstellung dieses Verhältnisses. Das Bundesverhältnis Gottes mit Israel und Israels mit Gott wird nur dann wieder heil, wenn nicht nur Gott, sondern wenn auch Israel das will; d.h. wenn Israel seine Schuld einsieht und bereut, wenn es Gott sucht und ihm entgegengeht – wenn Israel also *umkehrt*.

Gottes Erwählung und sein Bund mit Israel waren keine göttliche Verfügung, kein göttliches Diktat und keine gnädige Vergewaltigung, sondern sie wurden durch die Freiheit Gottes und durch diejenige Israels konstituiert. Wobei hinzuzufügen ist, dass die Freiheit Gottes erst diejenige Israels ermöglichte und konstituierte. Das heisst: Weil Gott seine Freiheit dadurch erwies, dass er Israel erwählte, war Israel frei, Gottes Erwählung und den Bund anzunehmen und zu wollen und sich so als freier Bundespartner zu betätigen. Während jedoch Israel vor dem Bundesschluss am Sinai frei war, ob es als Gottesvolk leben oder wie bisher als Heidenvolk weiterleben wollte, ist dies nach der Annahme und Verwirklichung der Erwählung anders: Die Erwählung kann nicht mehr aufgehoben oder rückgängig gemacht werden. Wenn es leben will, bleibt für Israel *nach dem Bundesschluss* am Sinai nur noch die Möglichkeit der Existenz im Lebensraum des Bundes bzw. die Umkehr dorthin.[117]

Deshalb betont R. Eli^cezer und betonen die von ihm angeführten Bibelstellen die unverzichtbare Notwendigkeit der תשובה (*tshuvah*), der Umkehr Israels. Und aus diesem Grunde ist die *tshuvah* konstituierend für die Wiederherstellung und Vollendung des Bundes und somit auch für das Kommen des Messias. Dieses ist darum nicht nur von Gott abhängig, sondern auch von Israel. Und zwar ist es nicht sozusagen zur Hälfte von Gott und zur Hälfte von Israel abhängig, sondern ganz und gar von Gott und ganz und gar von Israel. Ganz von Gott, weil er der Initiant und Begründer des Bundes und dessen Wiederherstellung und Vollendung ist. Und ganz von Israel, weil zum Gnadenbund Gottes mit Israel eben untrennbar Israels freie Bejahung und Anerkennung gehören, und weil der Messias nicht kommen kann, solange diese ausbleiben. Dabei ist Gottes Handeln wohl das das Handeln Israels erst ermöglichende Tun. Aber Gottes Handeln kommt nur zu seinem von Gott gewollten Ziel, indem Israel dem damit verbundenen Anspruch entspricht.

Es ist daher irreführend und darum falsch, wenn *tshuvah* mit „Busse" übersetzt wird, wie dies z.B. Billerbeck tut. Das Wort „Busse" riecht all-

---

116) Vgl. Ex 24,3; vgl. auch die Ausführungen zu BerR 56,2, S. 164f.

117) Vgl. Exkurs A.

zusehr nach der mittelalterlichen christlichen Busspraxis und nach Werkgerechtigkeit. Als Entsprechung und Antwort Israels auf Gottes Anspruch ist die *tshuvah* das exakte Gegenteil eines „verdienstlichen Werkes", mit dem Israel seine Schulden gegenüber Gott kompensieren oder abzahlen wollte.

Die Bedeutung von zekhut in BerR 2,4

Aufgrund des bisher Gesagten kann nun auch der Schluss von BerR 2,4 verstanden werden:

> Durch welche *zekhut* schreitet er (d.h. der Geist des Messias) daher und kommt? ....*schwebt über den Wassern.* Durch die *zekhut* der Umkehr (תשובה *tshuvah*), die mit Wasser verglichen wird: *Schütte dein Herz aus wie Wasser* [*vor dem Angesichte des HERRN*] (Klg 2,19)!

Da es sich bei der *tshuvah* gerade um kein „verdienstliches Werk" handelt, sondern vielmehr um die Entsprechung und den Vollzug des Gnadenbundes von seiten Israels, kann *zekhut* auch hier nicht „Verdienst" bedeuten. Dies wird durch die Begründung mit Klg 2,19 bestätigt: Sein Herz in Trauer und Reue vor Gott auszuschütten vermögen nur jene, die erkennen, wieviel Israel von Gott mit, in und durch seinen Bund mit Israel gegeben war, und wie wenig Israel das Gegebene bejaht, gewollt, verwirklicht und gelebt hat.

Eingangs dieses Kapitels wurde auf die Parallelität des Passus „durch die *zekhut* der *torah*, die mit dem Wasser verglichen wird" in BerR 40[41],9 und „durch die *zekhut* der Umkehr, die mit dem Wasser verglichen wird" hingewiesen. In BerR 40[41],9 wird die *torah* mit dem Wasser verglichen, weil sie eine Leben schaffende, fördernde und erhaltende *Wirksamkeit* und *Kraft* darstellt. Ähnliches lässt sich auch von der *tshuvah* sagen, die mit dem Wasser verglichen wird, bzw. von ihrer *zekhut*. Auch die Umkehr hat eine Leben fördernde *Wirksamkeit* und *Kraft*: Sie bewirkt das Kommen des Messias bzw. seines Geistes, wie es in BerR 2,4 heisst. Sie bewirkt mit anderen Worten also das Heil und die Erlösung. Man kann die Bedeutung der *zekhut* der Umkehr daher mit *„heilsschaffende und die Erlösung fördernde Wirksamkeit und Kraft der Umkehr"* umschreiben.

Ergänzende Texte (T.7)

Um Umkehr und um die damit verbundene Rettung der Nachkommen Abrahams geht es auch in BerR 44,16 zu 15,11 (s.u. Anhang, T.7).

5.3 Die z^e*khut*, nach der Abraham auf der Suche war: BerR 39,15 zu 12,6 (I,379)[118]

ויעבר אברם בארץ עד מקום שכם וגו' והכנעני אז בארץ (בראשית יב ו) עד עכשיו נתבקש להם זכות בארץ.

Und Abram zog durch das Land bis zu der Stätte von Sichem, [*bis zur Orakel-Terebinthe.*] *Damals aber waren die Kanaaniter im Lande* (Gen 12,6). Bis dahin suchte er (נתבקש *nitbaqqesh*) für sie nach der z^e*khut* im Land.

Trotz seiner Kürze bietet der vorliegende Midrasch grosse Verständnisschwierigkeiten. Ausser der Frage, was z^e*khut* an dieser Stelle bedeutet, stellt sich nämlich auch noch die Frage, wer mit „für sie" gemeint ist. Sind es die Kanaaniter, von denen gesagt wird, dass sie noch im Lande lebten? Oder handelt es sich um jemanden anderes? Und wenn ja, um wen dann? Diese Frage muss unbedingt beantwortet werden, weil damit die Bedeutung von z^e*khut* unmittelbar zusammenhängt.
Marmorstein (8), Freedman (I,324), Neusner (II,74) und Mirqin (II,101) meinen, dass sich „für sie" auf die Kanaaniter bezieht. Aus Wünsches (180) Übersetzung ist keine Meinung zu dieser Frage ersichtlich. Als nächstes soll daher geprüft werden, ob die genannten Autoren mit ihren Auffassungen recht haben.

z^ekhut für die Kanaaniter?

BerR 39,15 gehört zu den wenigen Stellen, die Marmorstein sogar im hebräischen Wortlaut anführt, allerdings ohne den dazugehörigen Bibeltext. Zur Stelle bemerkt er (8):

> Abraham passed through the land of promise, for he could not yet settle down, because a merit had still to be sought for the inhabitants of the land. God tries to find merits even for the Gentiles.

Freedman (I,324):

> AND ABRAM PASSED THROUGH THE LAND UNTO THE PLACE OF SHECHEM ... AND THE CANAANITE WAS THEN IN THE LAND (XII, 6): so far they still had a right in the land.

---

118) Parallelen: BerR 40[41],5 zu 13,7 (I,392), LeqT Ber 12,7, MHG Ber 12,6, YalqBer 67.

Neusner (II,74):

> "Abram passed through the land to the place at Shechem, to the oak of Moreh. At that time the Canaanites were in the land" (Gen 12:6): Up to that point they still had the merit to retain the land.

Wünsche (180):

> *Abram durchzog das Land* d. i. er suchte bis jetzt noch nach etwas Günstigem für das Land.

Dazu ist folgendes zu bemerken:

1. Den vorliegenden Übersetzungen ist zu entnehmen, dass die Verbform נתבקש (*nitbaqqesh*) einige Mühe bereitet. Marmorstein übersetzt sie mit „to be sought". Da es sich bei נתבקש (*nitbaqqesh*) um ein Hitpa'el bzw. Nitpa'el von בקש (*biqqesh*) handelt, ist die Übersetzung mit „gesucht werden" und somit auch Marmorsteins Wiedergabe des Ausdrucks grammatikalisch gesehen an und für sich richtig. Dadurch entsteht nun allerdings ein anderes Problem. Der Ausdruck נתבקש (*nitbaqqesh*) kann sich, wenn er passiv verstanden wird, nur auf *z^e^khut* beziehen. Aber *z^e^khut* ist feminin. Anstatt נתבקש (*nitbaqqesh*) müsste daher נתבקשה (*nitbaqq^e^sha*) dastehen. Es gibt jedoch keine Textvariante und keine Parallele, die נתבקשה (*nitbaqq^e^sha*) liest. Ausser נתבקש (*nitbaqqesh*) ist nur מתבקש (*mitbaqqesh*) bezeugt. Aus diesem Grunde scheint es richtig, den Ausdruck im Sinne eines Pi'els zu verstehen und wie Wünsche „er suchte" zu übersetzen, wobei mit „er" dann Abraham gemeint ist.[119] Zu Freedmans und Neusners Übersetzung des Ausdrucks hingegen ist zu bemerken, dass נתבקש (*nitbaqqesh*) weder „they still had" noch „retain" (behalten) bedeutet. Ihre Übersetzungen von נתבקש (*nitbaqqesh*) sind durch ihr Verständnis von *z^e^khut* beeinflusst worden und von der Meinung, „für sie" beziehe sich auf die Kanaaniter.
2. Im Zusammenhang von Wünsches Übersetzung fällt auf, dass er den Text so liest, als ob לארץ (*la'arets*, für das Land) anstatt בארץ (*ba'arets*, im Land) dastünde. Tatsächlich aber gibt es keine einzige Textvariante, die לארץ (*la'arets*) liest.
3. Es ist nicht klar, worin das „Verdienst" (Marmorstein und Neusner), das „Recht" (Freedman) oder das „Günstige" (Wünsche) konkret bestehen soll, und auch nicht, worauf sich dieses „Verdienst" bzw. dieses „Recht" der Kanaaniter gründet. Mirqin (II,101) gibt als möglichen Schriftgrund Gen 15,16 an: *„Erst das vierte Geschlecht wird hierher*

---

119) Vgl. auch den Artikel von Even-Shoshan zu בקש, I,137.

zurückkehren; denn noch ist nicht voll die Schuld der Amoriter." Es ist sicher legitim, die Amoriter als *pars pro toto* für die Bewohner des Landes Kanaan zu verstehen. Aber – gesetzt der Fall, *z^e^khut* bedeutet tatsächlich „Verdienst" bzw. „Anrecht" und bezieht sich tatsächlich auf die Kanaaniter – weshalb muss die *z^e^khut* für sie dann *gesucht werden*? Wenn Gen 15,16 dahingehend zu verstehen ist, dass die Kanaaniter ihr „Recht" auf das Land noch nicht ganz verwirkt haben, weil ihr „Verdienst" ihre Schuld noch aufzuwiegen und zu kompensieren vermag, muss dieses „Verdienst" weder von Abraham, noch von sonst jemandem „für sie" gesucht, sondern lediglich geltend gemacht werden. Das ist jedoch etwas ganz anderes. Dass eine Suche nach der *z^e^khut* der Kanaaniter keinen rechten Sinn ergibt, haben Freedman und Neusner auch ganz richtig wahrgenommen und hatte ihre Fehlübersetzung von נתבקש (*nitbaqqesh*) zur Konsequenz.

Zusammenfassend ist festzuhalten: Da im Bibelvers, der im vorliegenden Midrasch ausgelegt wird, von den Kanaanitern die Rede ist, scheint es naheliegend, „für sie" und damit auch *z^e^khut* auf diese zu beziehen. Durch dieses Verständnis gerät man aber in die eben genannten Schwierigkeiten. Diese können nicht auf befriedigende Weise gelöst werden. Es ist daher nach einer anderen Verständnismöglichkeit von „für sie" zu fragen.

z^e^khut für die Nachkommen Abrahams

Die exegetischen Schwierigkeiten, in die man gerät, wenn man „für sie" auf die Kanaaniter bezieht, lassen sich leicht vermeiden, wenn man folgende Regeln beachtet:

1. Verzicht auf die Meinung, man wisse schon, was *z^e^khut* bedeutet.
2. Berücksichtigung des Textzusammenhangs, in dem Gen 12,6 steht.

Beide Forderungen wurden bereits in der Einleitung zu dieser Untersuchung gestellt und begründet.

In Gen 12,1-3 geht es um Gottes Verheissung an Abraham. In V.1 heisst es: *„Der HERR sprach zu Abram: Geh aus deinem Lande und aus deiner Verwandtschaft und aus dem Haus deines Vaters in das Land, das ich dir zeigen werde.*" In V.1 wird zwar gesagt, dass Gott Abraham ein Land zeigen wolle, aber es ist noch nicht klar, um welches es sich handelt. In V.5 erfährt man, dass Abraham mit seiner Sippe nach dem Land Kanaan aufbricht und auch dort ankommt. Dieses Land durchzieht er in V.6. Und in V.7 heisst es: *„Da erschien der HERR dem Abram und sprach zu ihm: Deinen Nachkommen will ich dieses Land geben. Und er baute daselbst dem HERRN, der ihm erschienen war, einen Altar.*" Erst jetzt also erfährt Abraham, dass das Land, das ihm in V.1 verheissen wurde, *„dieses Land*", nämlich das Land Kanaan ist.

Aus dem Zusammenhang von V.1-7 wird somit klar, wonach Abraham „bis dahin suchte“: Er suchte nach der Erfüllung der Verheissung, die ihm Gott in V.1 gab. Damit ist auch die konkrete Bedeutung von *z^e^khut* an dieser Stelle klar. Die *z^e^khut* ist *die Verwirklichung der Verheissung Gottes*. Die Übersetzung des Midrasch zu Gen 12,6 lautet demnach: „Bis dahin suchte er für sie nach der Verwirklichung der Verheissung im Land.“

Mit „für sie“ können nur die ebenfalls verheissenen Nachkommen Abrahams gemeint sein. Das geht klar aus V.7 hervor, wo es heisst: *„Deinen Nachkommen will ich dieses Land geben.“*

Die Verheissung, die in V.1 gegeben und die in V.7 bestätigt und konkretisiert wird, geht jedoch noch nicht in Erfüllung. Einerseits geht das aus dem Zusatz *„Damals aber waren die Kanaaniter im Lande“* hervor und andererseits aus dem Umstand, dass die verheissenen Nachkommen, denen das Land versprochen wird, noch gar nicht existieren.

Das eben dargelegte Verständnis des vorliegenden Midrasch hat gegenüber demjenigen Marmorsteins, Freedmans, Neusners, Wünsches und Mirqins folgende Stärken:

1. Das Verb נתבקש (*nitbaqqesh*) muss nicht „umgedeutet“ werden.
2. Wenn man „für sie“ auf Abrahams Nachkommen und damit auf Israel bezieht, ist verständlich, weshalb Abraham „suchte“.
3. Während die genannten Autoren keinen, oder wie Mirqin keinen befriedigenden Schriftgrund für das „Verdienst“ bzw. das „Recht“ der Kanaaniter angeben, kann sich das eben dargelegte Verständnis von *z^e^khut* auf den unmittelbaren Zusammenhang berufen, in dem Gen 12,6 steht.

Eine weitere Bestätigung für die Richtigkeit des dargelegten Verständnisses stellt die Parallele BerR 40[41],5 zu 13,7 (I,392)[120] dar:

> *Und es kam zum Streit zwischen den Hirten von Abrams Vieh und den Hirten von Lots Vieh* (Gen 13,7a).
> R. Berekhya (pA5 um 340) [sagte] im Namen R. Yudahs (pA4 um 320): Das Vieh Abrahams wurde mit angelegtem Maulkorb hinausgeführt, dasjenige von Lot aber wurde nicht mit angelegtem Maulkorb hinausgeführt. Da sagten die Hirten Abrahams zu ihnen: War es erlaubt zu rauben? Die Hirten Lots antworteten ihnen: So sprach der Heilige, gepriesen sei er, zu Abraham: *Deinen Nachkommen will ich dieses Land geben* (Gen 12,7). Aber er ist eine unfruchtbare Mauleselin. Er erzeugt nicht, und Lot wird ihn beerben, [folglich] fressen sie von ihrem Eigenen. Da sprach der Heilige, gepriesen sei

120) Parallelen: LeqT Ber 13,7, YalqBer 70. In der Parallele LeqT Ber 13,7 fehlt der Satz „Bis dahin sucht er (מתבקש *mitbaqqesh*) für sie nach der *z^e^khut* im Land“.

er, zu ihnen: Allerdings habe ich zu ihm gesagt: *Deinen Nachkommen gebe ich dieses Land* (Gen 15,18). Wann? Dann, wenn sieben Völker aus ihm entwurzelt sein werden. *Damals aber wohnten die Kanaaniter und Pheresiter im Lande* (Gen 13,7b). Bis dahin sucht er (מתבקש *mitbaqqesh*) für sie nach der *z^ekhut* im Land.[121]

Ausser der Nuance, dass in BerR 39,15 נתבקש (*nitbaqqesh*) und in BerR 40[41],5 מתבקש (*mitbaqqesh*) steht, ist der Schlusssatz von BerR 40[41],5 und der Midrasch in BerR 39,15 identisch. Der Gedankengang von BerR 40[41],5 läuft wie folgt: Die Hirten Lots wollen Abraham schon zu dessen Lebzeiten beerben, weil Gott Abraham zwar Nachkommen verhiess, seine Verheissung jedoch nicht erfüllte. Bei ihrer Argumentation berufen sie sich auf Gen 12,7. Gott antwortet ihnen darauf mit Gen 15,18. Bei dieser Stelle handelt es sich um eine Parallele von Gen 12,7. Damit bestätigt Gott die Verheissung von Gen 12,7. Diese wird allerdings noch nicht erfüllt, sondern erst dann „wenn sieben Völker aus ihm entwurzelt sein werden". Als Schriftgrund für diese Aussage wird Gen 13,7b angeführt, wo darauf verwiesen wird, dass damals die Kanaaniter und Pheresiter im Lande waren. Weil aber die in Gen 12,7 ausgesprochene und in Gen 15,18 nochmals bestätigte Verheissung noch nicht erfüllt wird, lautet der Schlusssatz des Midrasch: „Bis dahin sucht er für sie nach der *z^ekhut* im Land." Auch in BerR 40[41],5 zu 13,7 kann *z^ekhut* nur *die Verwirklichung der Verheissung Gottes* bedeuten.
Während in BerR 39,15 zu 12,6 die für das Verständnis des Midrasch erforderlichen Bibelstellen nicht genannt werden, werden diese in BerR 40[41],5 zu 13,7 angeführt. BerR 40[41],5 ist daher leichter zu interpretieren als BerR 39,15. Trotzdem können BerR 39,15 und BerR 40[41],5 ohne gegenseitige Kenntnis voneinander interpretiert werden. Man kann daher sagen, dass die Bedeutung von *z^ekhut* in beiden Stellen gesichert und das Resultat somit eindeutig ist.

Ergänzende Texte (T.8-10)

Wie eingangs vermerkt wurde, bietet der Midrasch in BerR 39,15 seiner Kürze wegen erhebliche Schwierigkeiten. Diese wurden offenbar bereits von den Verfassern späterer Midraschsammlungen empfunden. Die Parallelen in LeqT und MHG tragen diesem Umstand Rechnung, indem sie die Auslegung in BerR 39,15

---

121) Freedman (I,336) übersetzt den letzten Satz wie folgt: „...so far they still have a right in the land." Neusner (II,92) übersetzt ganz ähnlich: „Up to this time they still enjoy a right to the land." Mit „they" sind die Kanaaniter und Pheresiter gemeint. Zu diesen Übersetzungen ist dasselbe zu sagen wie zu BerR 39,15. Wünsche (187) übersetzt *z^ekhut* mit „etwas Gutes (ein Verdienst)".

zusätzlich kommentieren.[122] Diese werden im Anhang zu diesem Kapitel (T.8 und T.9) angeführt und kurz besprochen.
Im Zusammenhang von BerR 39,15 bemerkt Marmorstein (8): „God tries to find merits even for the Gentiles." Diese Aussage ist bei ihm nicht nur als *ad hoc* Dogmatik zu verstehen, sondern grundsätzlicher Art (s.o. S. 10f). Zwar hat sich im Zusammenhang von BerR 39,15 gezeigt, dass mit „für sie" gar nicht die Kanaaniter gemeint sind, und dass dort somit gar nicht von der *z^e^khut* der Heiden die Rede ist. BerR 39,15 ist jedoch nicht die einzige Stelle, auf die sich Marmorstein beruft. Als einen weiteren Beleg dafür, dass auch die Heiden und insbesondere die Kanaaniter „Verdienste" erwerben können, erachtet Marmorstein (82) BerR 100,6 zu 50,10f an (s.u. Anhang, T.10).

122) LeqT entstand am Ende des 11. bis Anfang des 12. Jh. und MHG im 13. Jh.. Vgl. Stemberger, 316.318f.

5.4 Die *z^ekhut* der Beschneidung: BerR 49,2 zu Ps 25,14 (II,498)[123]

In BerR 49,2 (II,498) ist im Zusammenhang eines Midrasch zu Ps 25,14 von der *z^ekhut* der Beschneidung die Rede. Diese Stelle fehlt im Haupttext der kritischen Ausgabe von Theodor/Albeck und wird nur von einigen Textvarianten geboten. Theodor/Albeck (II,499) vermutet ihren Ursprung in der Tanhuma.

Die Vielfalt der Varianten in BerR 49,2 ist derart gross, dass sich ernsthaft die Frage stellt, ob überhaupt ein einigermassen gesicherter Text eruiert werden kann. Neusner hat diese Frage negativ entschieden, indem er im Unterschied zu Billerbeck und Wünsche auf die Übersetzung des fraglichen Midrasch verzichtete. Freedman löste das Problem sehr elegant, indem er den Midrasch zwar übersetzte, ihn jedoch in einer Fussnote unterbrachte. Mirqin (II,195f) und Steinberger (II,401f), deren Ausgaben aus einem Mischtext bestehen, haben sich zur Beibehaltung entschieden. Der Grund dürfte darin bestehen, dass Mirqin und Steinberger dem Text der Ausgabe Wilna folgen. Trotz der gemachten Vorbehalte soll BerR 49,2 übersetzt und kurz besprochen werden. Als Textvorlage dient für einmal die Ausgabe Mirqins (II,195f):

כְּתִיב: (תהלים כה, יד) סוֹד ה' לִירֵאָיו וּבְרִיתוֹ לְהוֹדִיעָם – אֵיזֶהוּ סוֹד ה', זוֹ מִילָה, שֶׁלֹּא גִּלָּה אוֹתָהּ מֵאָדָם וְעַד עֶשְׂרִים הוֹר, עַד שֶׁעָמַד אַבְרָהָם, שֶׁנִּקְרָא יָרֵא, כְּמָה דְּאַתְּ אָמַר: (בראשית כב, יב) 'כִּי יְרֵא אֱלֹהִים אַתָּה', וּנְתָנָהּ לוֹ, שֶׁנֶּאֱמַר: (שם יז, ב) 'וְאֶתְּנָה בְרִיתִי בֵּינִי וּבֵינֶךָ', אָמַר לוֹ הַקָּדוֹשׁ בָּרוּךְ הוּא: אִם תָּמוֹל, תִּטֹּל 'סוֹד ה'', מַה 'סוֹד ה'': ס' – שִׁשִּׁים, ו' – שִׁשָּׁה, ד' – אַרְבָּעָה, הֲרֵי שִׁבְעִים, שִׁבְעִים אֲנִי מַעֲמִיד מִמְּךָ בִּזְכוּת הַמִּילָה, שֶׁנֶּאֱמַר: (דברים י, כב) 'בְּשִׁבְעִים נֶפֶשׁ יָרְדוּ אֲבֹתֶיךָ'; מַעֲמִיד אֲנִי מֵהֶם שִׁבְעִים זְקֵנִים, שֶׁנֶּאֱמַר: (במדבר יא, טז) 'אֶסְפָה לִּי שִׁבְעִים אִישׁ מִזִּקְנֵי יִשְׂרָאֵל'; וּמַעֲמִיד אֲנִי מֵהֶן מֹשֶׁה, שֶׁהוֹגֶה בַּתּוֹרָה בְּשִׁבְעִים לָשׁוֹן, שֶׁנֶּאֱמַר: (דברים א, ה) 'הוֹאִיל מֹשֶׁה בֵּאֵר אֶת הַתּוֹרָה הַזֹּאת'; בִּזְכוּת מִי, בִּזְכוּת הַמִּילָה, שֶׁנֶּאֱמַר: 'סוֹד ה' לִירֵאָיו'.

Es steht geschrieben: *Das Geheimnis* (סוד *sod*) *des HERRN* [*gelangt*] *zu denen, die ihn fürchten, und sein Bund* [*wird kund*], *sie zu unterweisen* (Ps 25,14). Welches Geheimnis (סוד *sod*) des

123) Parallelen: AgBer 16, TanBer lekh-lekha 19, TanBBer lekh-lekha 23, YalqPs 702.

> HERRN? Das ist die Beschneidung, die er von Adam an zwanzig Geschlechter lang nicht offenbarte, bis Abraham erstand, der *fürchtend* genannt wird, wie du sagst: *....dass du Gott fürchtest* (Gen 22,12). Und er gab sie ihm, wie gesagt wird: *Und ich will meinen Bund zwischen mir und dir geben....* (Gen 17,2). Der Heilige, gepriesen sei er, sprach zu ihm: Wenn du dich beschneiden lässt, trägst du *das Geheimnis* (סוד *sod*) *des HERRN*. Was ist *das Geheimnis* (סוד *sod*) *des HERRN*? ס – sechzig, ו – sechs, ד – vier, siehe das sind siebzig. Siebzig stelle ich aufgrund der *z^e^khut* der Beschneidung von dir auf, wie gesagt wird: *Ihrer siebzig Seelen zogen deine Väter hinab* [*nach Ägypten, und nun hat dich der HERR, dein Gott, so zahlreich gemacht wie die Sterne des Himmels*] (Dtn 10,22). Von ihnen stelle ich siebzig Älteste auf, wie gesagt wird: *Versammle mir siebzig Mann aus den Ältesten Israels....* (Num 11,16). Und von ihnen stelle ich Mose auf, der in siebzig Sprachen in der *torah* liest, wie gesagt wird: [*Jenseits des Jordan, im Lande Moab,*] *hob Mose an, diese torah darzulegen* (Dtn 1,5). Aufgrund der *z^e^khut* von wem? Aufgrund der *z^e^khut* der Beschneidung, wie gesagt wird: *Das Geheimnis* (סוד *sod*) *des HERRN* [*gelangt*] *zu denen, die ihn fürchten*.[124]

Beim vorliegenden Midrasch handelt es sich um eine Auslegung von Ps 25,14. Diese läuft darauf hinaus, dass Gott *„denen, die ihn fürchten"*, d.h. Abraham, sein *„Geheimnis"*, nämlich die Beschneidung, anvertraut und somit geoffenbart hat. Dass mit *„denen, die ihn fürchten,"* Abraham gemeint ist, wird mit Gen 22,12 begründet: Sowohl in Ps 25,14, als auch in Gen 22,12 wird das Partizip des Verbes ירא (*yara'*) gebraucht, allerdings in Ps 25,14 im Plural und in Gen 22,12 im Singular. Dass Abraham, der in der zwanzigsten Generation gerechnet von der Erschaffung der Welt lebt, von Gott die Beschneidung gegeben und somit geoffenbart wurde, wird mit Gen 17,2 belegt. Aus den Worten „Und er gab sie ihm, wie gesagt wird: *Und ich will meinen Bund zwischen mir und dir geben....*" geht hervor, dass die Gabe der Beschneidung und die Gabe des Bundes identisch sind. Oder anders gesagt: Die Beschneidung ist mit der Konstituierung des Bundes identisch. Diesen Zusammenhang muss man sich vor Augen halten, wenn man verstehen will, weshalb das *„Geheimnis"* in Ps 25,14 nach rabbinischer Auffassung die Beschneidung ist. Mit konstituierend ist das gemeint, was den Bund zu dem macht, was er ist.
Wenn man die Zahlenwerte der Buchstaben des Wortes סוד (*sod*) addiert, erhält man die Zahl 70. Diese Zahl ist für das Bundesverhältnis zwischen Gott und Abraham und damit zwischen Gott und Israel konstituie-

124) Freedman (I,420, Anm. 1) übersetzt *z^e^khut* mit „merit", Billerbeck (I,578) mit „Verdienst" und Wünsche (230) nacheinander mit „in Folge" und mit „zum Lohne für".

rend: Die *„siebzig Seelen“*, die nach Ägypten zogen, weil Gott sie so zahlreich wie die Sterne des Himmels gemacht hat (Dtn 10,22). Die *„siebzig Mann aus den Ältesten Israels“*, weil Israel nur mit dieser Führungsstruktur Gottes Volk sein und bleiben kann. Sie helfen Mose die *„Last des Volkes“*, d.h. die Verantwortung für dieses Volk zu tragen und den Auftrag zu erfüllen, der mit dessen Erwählung von Gott gegeben ist (Num 11,16f). Dieser besteht darin, Gott und seinen Willen gegenüber den Völkern zu bezeugen und konzentriert sich in Mose, der die *torah* auf dem Berge Sinai von Gott empfing und sie lehrte. Und zwar lehrte er sie nicht nur Israel, sondern in siebzig Sprachen allen Völkern der Welt.[125] Da Gott mit Israel einen Bund schloss, damit es ihn und seinen Willen gegenüber der Welt bezeugt, ist somit auch das Lehren Mose in den siebzig Sprachen der Völker für den Bund konstituierend.[126]
Weil alle diese Dinge für den Bund konstituierend sind, stehen sie in direktem Zusammenhang mit der Beschneidung, mit der es sich ebenso verhält. Nach Gen 17,2 handelt es sich bei der Konstituierung des Bundes und somit auch bei der Beschneidung um eine Gabe Gottes. Das gilt auch

---

125) Dass mit den siebzig Sprachen siebzig verschiedene Völker gemeint sind, und dass diese die Gesamtheit der Nationen der Welt bilden, geht z.B. auch aus ShemR 5,9 hervor: „Und er sagt: *Und das ganze Volk sah die Stimmen....* (Ex 20,18). *Die Stimme* steht hier nicht geschrieben, sondern *die Stimmen.* R. Yoḫanan (pA2 gest. 279) sagte: Die Stimme ging aus und teilte sich in siebzig Stimmen in siebzig Sprachen, damit alle Nationen hörten. Und jede Nation hörte eine Stimme in der Sprache der Nation und ihre Seelen gingen [ihnen] aus. Aber Israel hörte die Stimmen und sie nahmen keinen Schaden.“

126) Als Beleg dafür, dass Mose die siebzig Völker der Welt in ihren Sprachen lehrte, wird im vorliegenden Midrasch Dtn 1,5 angegeben. Mirqin (II,196) bemerkt dazu, dass die Rabbinen ihre Aussage auf den Ausdruck באר (*be'er*), *„darzulegen“* stützen. Weshalb sie dies tun, und worin der rabbinische Gedankengang im Einzelnen besteht, sagt Mirqin jedoch nicht. Er verweist lediglich auf bSota 36a. Dort wird Dtn 27,8 dahingehend ausgelegt, dass die Israeliten die Worte der *torah* in siebzig Sprachen auf die Steine geschrieben hätten, von denen Mose in Dtn 27,2-8 spricht. Dtn 27,2-8 lautet: *„Und dann, wenn ihr über den Jordan in das Land zieht, das der HERR, dein Gott, dir geben will, sollst du dir grosse Steine aufrichten und sie mit Kalk tünchen und sollst, wenn du hinüberziehst, alle Worte dieser torah darauf schreiben, ... Und du sollst alle Worte dieser torah recht deutlich auf die Steine schreiben* (באר היטב *ba'er heytev*)*.“* Es fällt auf, dass der Befehl, die Worte der *torah* auf die Steine zu schreiben, zweimal gegeben wird. Einmal in V.2 und das zweitemal in V.8. In V.8 wird zudem betont, dass dies deutlich zu geschehen habe. Gemessen am knappen Stil der Bibel, wirkt diese Ausdrucksweise überladen. Da die Schrift nach rabbinischer Überzeugung jedoch kein Wort zuviel enthält, haben diese Wiederholungen und Unterstreichungen etwas zu bedeuten. Sehr wahrscheinlich sind diese der Grund dafür, weshalb die Rabbinen in bSota 36a aus Dtn 27,8 schliessen, Israel habe die Worte der *torah* in den siebzig Sprachen der Völker geschrieben. Und offensichtlich haben die Rabbinen in BerR 49,2 das Verb באר im Zusammenhang von Dtn 1,5 gleich ausgelegt wie die Rabbinen in bSota 36a im Zusammenhang von Dtn 27,8. Das geht daraus hervor, dass in beiden Auslegungen von den siebzig Sprachen die Rede ist, in denen die *torah* durch Mose gelehrt (Dtn 1,5) bzw. auf die Steine geschrieben (Dtn 27,8) wurde.

für alles andere, das im vorliegenden Midrasch als konstituierend für den Bund aufgeführt wird. Von den „Siebzig" Nachkommen Abrahams, die nach Ägypten ziehen, und die zu einem grossen Volke werden, von den siebzig Ältesten und von Mose sagt Gott: אני מעמיד (*'ani maᶜamid*) – „Ich stelle auf...." *zᵉkhut* kann daher nicht „Verdienst" oder, wie Wünsche meint „zum Lohne für" bedeuten. Die *zᵉkhut* der Beschneidung ist vielmehr ihre *den Bund konstituierende Gültigkeit, Wirksamkeit, Wichtigkeit und Bedeutung.* Wobei mit konstituierend nicht nur das Initialereignis gemeint ist, das den Bund begründet, sondern alles, was zu dessen Entfaltung, Erhaltung und Vollendung unabdingbar notwendig ist. Darin ist also auch die Verwirklichung in der antwortenden Glaubenspraxis der von Gott erwählten Bundespartner mit eingeschlossen. Die vollständige Umschreibung der *zᵉkhut* der Beschneidung ist also ihre *den Bund konstituierende Gültigkeit, Wirksamkeit, Wichtigkeit und Bedeutung in der antwortenden Glaubenspraxis von Erwählten.*

5.5 Zwischenergebnisse

Um die in diesem Kapitel besprochenen Texte verstehen zu können, bedurfte es in einigen Fällen der Klärung wichtiger Begriffe. Diese waren die *Sühneopfer* (כפרות *kapparot*), die *torah* als *halakha* (d.h. also die *torah* unter dem Gesichtspunkt, dass sie getan werden soll und tatsächlich auch getan wird) und die *Umkehr* (תשובה *tshuvah*). Während für die *Sühneopfer* und die *Umkehr* die Bedeutung dieser beiden Begriffe im Rahmen der Besprechung der betreffenden Midraschim erhoben werden konnte, war für die Bedeutung der *torah* als *halakha* eine ausführlichere Untersuchung notwendig (Exkurse A).

Die Sühneopfer und deren z^e^khut (Kapitel 5.1)

Die Sühneopfer sind weder nach biblischem noch nach rabbinischem Verständnis ein Mittel, um seine Schuld Gott gegenüber wiedergutzumachen oder zu kompensieren. In den Sühneopfern erfährt der Mensch vielmehr das vergebende, den Bund wiederherstellende und heilende Gnadenhandeln Gottes. Trotz voller menschlicher Mitbeteiligung bei den Sühneopfern hängt die Vergebung und damit die Wiederherstellung und Heilung des Bundesverhältnisses ganz von Gott ab.

Nach BerR 44,14 (Kapitel 5.1) ist die *z^e^khut* der Sühneopfer die Garantie dafür, dass Abrahams Kinder das von Gott verheissene Land besitzen werden. Obwohl alles auf die Mitbeteiligung Israels ankommt, indem die Wiederherstellung und Heilung des Bundes und somit Gottes Vergebung nur unter dessen Mitbeteiligung geschieht, liegt der Akzent in BerR 44,14 ganz auf dem Willen und Tun Gottes.

Im Zusammenhang von BerR 34,12 (= Text 3) ging es ebenfalls um die *z^e^khut* der Sühneopfer. In BerR 34,12 geht es um die Nachkommen Noahs und somit also um die ganze Menschheit. Die Aussage dieses kurzen Midrasch geht dahin, dass die Menschheit von der Vergebung Gottes lebt und trotz aller Schuld überhaupt noch eine Zukunft hat.

Dementsprechend handelt es sich bei der *z^e^khut* der Sühneopfer um keine Leistung, die der Mensch Gott gegenüber zur Begleichung seiner Schuld erbringt. In BerR 44,14 und auch in BerR 34,12 hat die *z^e^khut* der Sühneopfer die Bedeutung von *„Gültigkeit, Wirksamkeit und Verwirklichung des den Bund wiederherstellenden und heilenden Willens und Handelns Gottes“*. Abgekürzt ausgedrückt ist die *z^e^khut* der Sühneopfer *die Gültigkeit, Wirksamkeit und Verwirklichung der Vergebung Gottes*.

Die torah und ihre z^ekhut (Kapitel 5.2.1, Exkurs A)

In Exkurs A ging es um die Frage, was die *torah* als *halakha* sei, und welche anthropologischen Konsequenzen sich daraus ergeben. Die *torah* ist kein Instrument, um „Verdienste“ vor Gott zu erwerben. Bei der *torah* geht es um etwas ganz anderes: Sie ist das *Lebenselement* und der *Lebensraum* Israels. Ebensowenig wie es ein „Verdienst“ ist, wenn der Mensch atmet, damit er nicht erstickt, ist es ein „Verdienst“, wenn Israel sich mit der *torah* beschäftigt. Dass der Mensch atmen bzw. Israel sich mit der *torah* beschäftigen kann, ist vielmehr ein Geschenk Gottes und Ausdruck seiner Zuwendung zum Menschen und zu Israel. Israel lebt durch die *torah*, weil es nicht ohne Gott, gegen ihn und an ihm vorbei Mensch sein kann. Und dies gilt nicht nur für Israel, sondern für alle Menschen.

Da es kein Menschsein ausserhalb des Lebenselementes der *torah* gibt, wird die *torah* in der rabbinischen Literatur oft mit dem Wasser verglichen, und deshalb heisst es in BerR 40[41],9 (Kapitel 5.2.1), dass die Nachkommen Abrahams allein durch die *z^ekhut* der *torah* gesegnet, belebt und am Leben erhalten werden, d.h. durch *die Leben schaffende, fördernde und erhaltende Wirksamkeit, Machtrealität und Kraft der torah.* Da Gott in allen Teilen dieses Midrasch der Handelnde ist, ist die *z^ekhut* der *torah* die Leben schaffende, fördernde und erhaltende *Wirksamkeit und Kraft Gottes*.

Ein weiterer Midrasch, in dem von der *z^ekhut* der *torah* die Rede ist, liegt in BerR 99,8 (= Text 6) vor. Dort wird von der *torah* gesagt, dass Israel durch sie von seiner Schuld gereinigt wird, indem es durch sie den Ruf zur Umkehr und zum Neubeginn und den Zuspruch der Vergebung Gottes hört, und indem auch deren konkrete Verwirklichung mit Hilfe der *torah* erfolgt. Im Zusammenhang von BerR 99,8 ist die *z^ekhut* der *torah* ihre *reinigende, versöhnende, heilende und erneuernde Wirksamkeit und Kraft*.

In die Kategorie der *torah* gehören auch die חסד (*ḫesed*) bzw. die גמילות חסדים (*g^emilut ḫasadim*). In BerR 100,6 (= Text 10) ist von der *z^ekhut* der *ḫesed* die Rede, welche die Kanaaniter dem Leichnam Jakobs erwiesen. Als Bedeutung von *z^ekhut* ergab die Besprechung von BerR 100,6 *„soteriologische Wirksamkeit und Kraft der Liebeserweisung, welche die Kanaaniter Jakob erwiesen“*. Diese Wirksamkeit hat ihren Grund und Ursprung in der segnenden und rettenden Kraft Gottes, und sie realisiert sich in der glaubenspraktischen Antwort der Kanaaniter.

Die Umkehr und ihre z^ekhut (Kapitel 5.2.2)

Bei der Umkehr geht es um die Wiederherstellung des Bundes zwischen Gott und Israel. Dieser wurde seinerzeit nicht von Israel mit Gott, sondern von Gott mit Israel am Sinai geschlossen. Er ist somit schon von seinem Ursprung und von seinem Wesen her ganz Gottes Werk. Obwohl Gott der Initiant war, kam der Bund nur zustande, weil Israel ihn annahm. Er ist darum auch ganz Israels Werk. Und zwar ist er nicht sozusagen zur einen Hälfte Gottes und zur anderen Hälfte Israels Werk; sondern er ist ganz Gottes Werk und ganz Israels Werk. Dasselbe gilt auch für dessen Wiederherstellung und Vollendung. Das Bundesverhältnis Gottes mit Israel und Israels mit Gott wird nur dann wieder heil, wenn nicht nur Gott, sondern wenn auch Israel das will, d.h. wenn Israel umkehrt.

Auch bei der *Umkehr* handelt es sich somit gerade um kein „verdienstliches Werk". Sie ist vielmehr die Rückkehr Israels bzw. des einzelnen Israeliten in den Lebensraum des Bundes und somit also die erneute Entsprechung und der erneute Vollzug des Gnadenbundes von seiten Israels. Aus diesem Grunde ist es irreführend, תשובה (*tshuvah*) mit „Busse" zu übersetzen.

Im Zusammenhang von BerR 2,4 (Kapitel 5.2.2) war davon die Rede, dass der Messias aufgrund der *z^ekhut* der Umkehr kommt. *z^ekhut* hat in diesem Zusammenhang die Bedeutung von *„heilsschaffende und die Erlösung fördernde Wirksamkeit und Kraft der Umkehr"*.

z^ekhut im Zusammenhang mit Abraham

Von der *z^ekhut* Abrahams bzw. von *z^ekhut* im Zusammenhang mit Abraham war verschiedentlich die Rede:

- In BerR 39,15 und BerR 40[41],5 (Kapitel 5.3) ist von der *z^ekhut* die Rede, nach der Abraham suchte. In diesem Zusammenhang bedeutet *z^ekhut „Verwirklichung der Verheissung Gottes"*.
- In BerR 56,5 (= Text 5) heisst es, dass im Falle der Opferung Isaaks für Abraham keine *z^ekhut* bestehen bleibt. Und in BerR 44,16 (= Text 7) wird gesagt, dass die *z^ekhut* Abrahams für seine Kinder selbst dann noch bestehen bleibt, wenn diese „zu Leichnamen ohne Sehnen und ohne Knochen gemacht werden", d.h. wenn alles verloren ist und Israel aufgehört hat zu bestehen. In beiden Fällen bedeutet *z^ekhut „Gültigkeit, Wirksamkeit und Verwirklichung der Erwählung Abrahams durch Gott, des Bundes mit ihm und der damit gegebenen Verheissung auf Land und Nachkommen mit ihrem Anspruch auf Erfüllung"*.
- In BerR 39,16 (= Text 4) ist davon die Rede, dass Josua und die Ältesten Gott an die *z^ekhut* Abrahams erinnerten, d.h. an *die Gültigkeit und*

Wirksamkeit der Erwählung durch Gott und der damit gegebenen Verheissung auf Land und Nachkommen.

Die z^{e}khut der Beschneidung

Wie bereits bei der Besprechung von BerR 49,2 hingewiesen wurde, geht es in diesem Midrasch um alles, worum es bei der Erwählung Israels durch Gott geht. Die Textanalyse ergab, dass die *z^{e}khut* der Beschneidung ihre *den Bund konstituierende Gültigkeit, Wirksamkeit, Wichtigkeit und Bedeutung in der antwortenden Glaubenspraxis von Erwählten* ist. Mit konstituierend ist nicht nur das Initialereignis gemeint, das den Bund begründet, sondern alles, was zu dessen Entfaltung, Erhaltung und Vollendung unabdingbar notwendig ist. Darin ist auch die Verwirklichung in der antwortenden Glaubenspraxis der von Gott erwählten Bundespartner mit eingeschlossen.

Übergreifende Gesichtspunkte

In keinem der zwölf besprochenen Textbeispiele bedeutet *z^{e}khut* „Verdienst". In elf Fällen bot der betreffende Midrasch bzw. das biblische Umfeld, auf das er sich bezieht, genügend Anhaltspunkte, um mit Sicherheit sagen zu können, dass *z^{e}khut* nicht „Verdienst" bedeutet. In einem einzigen Fall war die Bedeutung von *z^{e}khut* solange unsicher, als die Bedeutung der Sühneopfer bei den Rabbinen nicht geklärt war (BerR 34,12 = Text 3).

Wie in Kapitel 4. konnte die Bedeutung von *z^{e}khut* in allen Stellen mit deutschen *Nomen* wiedergegeben werden, in denen dieser Ausdruck mit der Präposition בְּ (*b^{e}*) konstruiert war. Auch in Kapitel 5. und dessen Anhang fand sich kein Hinweis darauf, dass der Ausdruck *biz^{e}khut* (בזכות) lediglich den Sinn von „um .... willen" oder „wegen" habe, wie Moore und andere Autoren dies meinen (s.o. Kapitel 1.2).

Die in Kapitel 4. erarbeiteten Umschreibungen von *z^{e}khut* (Gültigkeit, Wirksamkeit, Verwirklichung) haben sich auch in Kapitel 5. und dessen Anhang weiter bewährt. Als weitere Umschreibungen von *z^{e}khut* sind in diesem Kapitel *„Machtrealität"*, *„Kraft"* *„Wichtigkeit"* und *„Bedeutung"* hinzugekommen. Allen diesen Umschreibungen ist gemeinsam, dass sie je nach dem Kontext inhaltlich unterschiedlich gefüllt sind.

Im Zusammenhang der Land- und Nachkommenthematik lag der Akzent in vielen Texten auf der Verheissung Gottes und somit auf der Erwählung, in der diese Verheissung ja ihren Grund hat. Er lag sogar noch dort auf dem Wollen und Handeln Gottes, wo man dies nicht erwartete, nämlich bei den Sühneopfern. Aber auch dort, wo er ganz auf der Erwählung durch Gott und seinen Verheissungen lag, war die darauf antwortende

Glaubenspraxis stets impliziert und mitgemeint. Umgekehrt wurde überall dort, wo in den besprochenen Texten der Akzent mehr auf der antwortenden Glaubenspraxis lag, die Erwählung Gottes vorausgesetzt. Auch in den Texten, die in Kapitel 5. und dessen Anhang besprochen wurden, zog sich die Gegenseitigkeit des Bundesverhältnisses zwischen Gott und Israel bzw. seinen Repräsentanten hindurch.

Die meisten der besprochenen Textbeispiele hätte man mit gutem Grund auch im Zusammenhang der Texte zum Thema Rettung und Erlösung (Kapitel 7.) besprechen können. Dies bedeutet, dass es bei der Verheissung Gottes an die Väter, sie zu einem grossen Volk zu machen und ihnen das Land zu geben, gleichzeitig auch um Rettung und Erlösung geht. Dies hat seinen Grund wohl auch darin, dass die Rabbinen, die in den vorgelegten Midraschim zu Worte kommen, zwar wie die Väter im verheissenen Lande lebten, es jedoch nicht mehr als Volk besassen.

6. *z^e khut*: Segen und Gebet

6.1 Die *z^e khut* Abrahams, welche die Schiffe rettete: BerR 39,11 zu 12,2 (I,373.375f)[127]

ואעשך לגוי גדול (בראשית יב ב) .... אמר ר' לוי לא שם אדם פרה מאברהם עד שנתברך ולא השימה לו עד שנתברך, אברהם היה מתפלל לעקרות והן נפקדות, על החולים ומתרפאים, ר' הונא אמ' לא סוף דבר אברהם הולך אצל החולה אלא חולה רואהו ומרויח, אמר ר' חנינה אפילו ספינות שהיו מפרשות בים היו ניצולות בזכותו שלאברהם, ולא שליין נסך היו, אלא חלה מזיל חמרא, בכל מקום שיין גוים מצוי יין שלישראל נמכר בזול.

Und ich will dich zu einem grossen Volke machen. [.... *Und du wirst ein Segen sein*] (Gen 12,2ad). ....
R. Levi (pA3 um 300) sagte: Niemand machte Abraham für eine Kuh ein Angebot, ohne gesegnet zu werden, und niemand liess ihn ein Angebot machen, ohne gesegnet zu werden. Abraham betete für die Unfruchtbaren – und sie empfingen, für die Kranken – und sie wurden geheilt.
R. Huna sagte: Nicht nur, dass Abraham zum Kranken ging, sondern auch wenn der Kranke ihn [nur schon] sah, ging es ihm besser.
R. Hanina[128] sagte: Sogar die Schiffe, die auf dem Meer zerstreut wurden, wurden aufgrund der *z^e khut* Abrahams gerettet. Aber waren es nicht [Schiffe] mit Wein für [heidnische] Trankopfer? Sondern: Essig verbilligt Wein. Überall wo der Wein der Heiden vorhanden ist, wird der Wein Israels billig verkauft.[129]

---

127) Parallele: YalqBer 64.
128) Es gibt mehrere Rabbinen mit den Namen Huna und Hanina. Es ist nicht klar, welche hier gemeint sind.
129) Marmorstein (67) und Neusner (II,70) übersetzen *z^e khut* mit „merit", Billerbeck (III,541) und Wünsche (179) mit „Verdienst". Freedman (I,322) übersetzt den Ausdruck mit „for .... sake".

Der Zusammenhang zwischen den Auslegungen R. Levis, R. Hunas und R. Ḫaninas

Die Auslegungen R. Levis, R. Hunas und R. Ḫaninas beziehen sich nicht auf Gen 12,2a, sondern auf V.2d: „*Und du wirst ein Segen sein*". Inwiefern Abraham ein Segen war, wird von diesen Rabbinen legendenartig erzählt. Auf den ersten Blick scheinen die Aussagen R. Levis, R. Hunas und R. Ḫaninas nicht viel miteinander zu tun zu haben. Als erstes soll deshalb geklärt werden, wie sie miteinander zusammenhängen.

R. Levi führt nicht aus, in welcher Hinsicht diejenigen gesegnet wurden, welche mit Abraham um eine Kuh handelten, bzw. mit denen er um eine Kuh handelte. Man kann das nur vermuten. Von Abraham heisst es, er habe viel Vieh besessen (Gen 13,2). Trotzdem hat er gemäss R. Levi nicht nur Kühe verkauft, sondern auch solche hinzugekauft. Es ist anzunehmen, dass es sich bei diesen Käufen nicht um den Erwerb von Schlachtvieh handelte, von dem er selbst ja genug besass, sondern vielmehr um den Kauf bzw. Verkauf von Kühen zum Zwecke der Zucht. Wenn diese Annahme richtig ist, dann folgt daraus, dass der Segen, mit dem diejenigen bedacht wurden, die mit Abraham Viehhandel trieben, in der Fruchtbarkeit der Kühe und damit in der Vermehrung der Herden bestanden haben wird. Diese Annahme wird von der 2. Segenswirkung bestätigt, die R. Levi nennt. Diese besteht in der Fruchtbarwerdung von unfruchtbaren Frauen und somit also in der Vermehrung der Menschen.

Damit ist der Zusammenhang zwischen der 1. und der 2. Segenswirkung klar: Beide Segenswirkungen bestehen in der Fruchtbarkeit und Vermehrung. Dass R. Levi die Fruchtbarkeit der Frauen im gleichen Atemzug mit derjenigen der Herden nennt, muss nicht als Abwertung der Frauen verstanden werden. Die Fruchtbarkeit der Tiere ist für den Fortbestand der Menschheit ebenso wichtig wie diejenige des Menschen selbst.

Wie in den ersten beiden Segenswirkungen, die R. Levi nennt, geht es auch in der 3. um Leben, allerdings nicht um dessen Weitergabe, sondern um dessen Wiederherstellung und Erhaltung, nämlich um die Heilung der Kranken. Die Gedankenbrücke zwischen der 2. und 3. Segenswirkung ist das Fürbittegebet Abrahams.

Das Stichwort der Krankenheilung wird in der Folge von R. Hunas Mitteilung aufgenommen, dass manche Kranke bereits geheilt wurden, wenn sie Abraham nur schon von ferne sahen. Gegenüber dem, was R. Levi über Krankenheilungen zu berichten weiss, stellt die Aussage R. Hunas eine Steigerung dar. Diese besteht in der räumlichen Distanz zwischen Abraham und dem Kranken.

Mit dem Thema der räumlichen Distanz ist schliesslich das Stichwort zu R. Ḫaninas Aussage gegeben. Die Segenswirkung, die von Abraham ausging, reichte nicht nur bis zu einem Kranken, der Abraham gerade noch von ferne sehen konnte. Sie reichte sogar bis zu den Schiffen auf dem Mittelmeer, die auf die offene See hinausgetrieben wurden, und folglich von niemandem mehr ausgemacht werden konnten. Um die Aussage R. Ḫaninas zu verstehen, muss man sich die Verhältnisse der Schiffahrt im damaligen römischen Imperium vergegenwärtigen.[130]

Die Rettung der Schiffe

Während die Kriegsschiffe aus taktischen Erfordernissen gerudert wurden,[131] waren die Handelsschiffe Segelschiffe.[132] Bei den von R. Ḫanina erwähnten Schiffen handelt es sich eindeutig um solche. Das geht nicht nur aus der Auskunft über deren Ladung (Wein) hervor, sondern auch aus der Bemerkung, dass sie auf dem Meer „zerstreut" wurden. Im Unterschied zu den Kriegsschiffen, die sich in der Regel den Küsten entlang bewegten, wagten sich die Segelschiffe auf das offene Meer hinaus. Aber im Gegensatz zu den nordischen Völkern etwa, die zur gleichen Zeit den Atlantik befuhren, waren Schiffsbautechnik und Segelkunst der Seeleute des römischen Reiches eher bescheiden. Die römischen Segelschiffe waren auf günstige Winde angewiesen. Aus diesem Grunde beschränkte sich die Schiffahrt auf die günstigen Monate, d.h. auf die Zeit von Pfingsten bis Laubhüttenfest, also von Mai bis September. Einen Monat vorher und nachher galt sie als riskant. Von November bis April wurde sie in der Regel ganz eingestellt.[133]

Die Risiken der Handelsschiffahrt waren beträchtlich.[134] Trotzdem muss sie sich gelohnt haben. Aber gerade die Risiken machen die Grösse des Wunders deutlich, das R. Ḫanina mit dem Satz ausspricht: „Sogar die Schiffe, die auf dem Meer zerstreut wurden, wurden aufgrund der *z^{e}khut* Abrahams gerettet." Wie im Falle der Krankenheilungen, von denen R. Huna spricht, geht es hier um Rettung und Erhaltung von Leben. Und zwar in einem ganz pointierten Sinne: Während offen bleibt, wie lebensbedrohend die Krankheiten derer jeweils waren, denen durch Abrahams Fürbitte oder durch seine blosse Gegenwart geholfen wurde, schwebten die Besatzungen und Passagiere der Handelsschiffe, die durch Wind und Wellen auf dem Meer zerstreut wurden, in unmittelbarer Lebensgefahr.

130) Einen guten Überblick über die Schiffahrt auf dem Mittelmeer zur Zeit der Rabbinen bietet D. Sperber, Nautica Talmudica.

131) Ebd. 94.

132) Zu Konstruktion und Einzelteilen vgl. ebd. 17-76.

133) Einen lebendigen Einblick in die Seenot, in die ein Handelsschiff geraten konnte, bekommt man in Apg 27.

134) Vgl. D. Sperber, ebd. 99ff. Es sei auch daran erinnert, dass der Apostel Paulus dreimal Schiffbruch erlitt (2Kor 11,25). Zwar ist die Aussage R. Ḫaninas rund zweihundert Jahre jünger als der 2. Korintherbrief. Da die Entwicklung in der Schiffahrt praktisch stagnierte, waren die Risiken im 3. und 4. Jahrhundert jedoch noch immer dieselben.

Die Auslegung R. H̱aninas bildet somit sozusagen den Höhepunkt der Reihe der Segenswirkungen Abrahams.
Allen Segenswirkungen, die R. Levi, R. Huna und R. H̱anina Abraham zuschreiben, ist eines gemeinsam: Der Handelnde ist nicht Abraham, sondern Gott. Es ist Gott, der die Herden segnet, die Unfruchtbaren empfangen lässt, die Kranken heilt, und die bereits verloren geglaubten Schiffe vor dem Untergang bewahrt. Gewiss, Abraham bittet für die Unfruchtbaren und die Kranken. Insofern tut er selbst schon etwas. Aber gerade dieses Tun macht in aller Schärfe deutlich, dass nicht er selbst, sondern Gott es ist, der eigentlich und wirklich handelt. Erst recht wird das im Fall der in Seenot geratenen Schiffe deutlich: Abraham weiss ja gar nichts von ihren Schwierigkeiten. Wie könnte er da überhaupt für sie beten. Dass er für sie betet, sagt R. H̱anina auch gar nicht. Dies wird auch durch die Aussage R. Hunas vorausgesetzt, wonach es den Kranken auch ohne Abrahams Gebet und nur schon aufgrund seiner Anwesenheit besser ging.
Der Grund für die Rettung der Schiffe ist gemäss R. H̱anina Abrahams z^{e}*khut*. Aus folgenden Gründen kann z^{e}*khut* nicht „Verdienst" bedeuten:

1. Nicht Abraham ist der Handelnde, sondern Gott. Die Segenswirkungen Abrahams können daher kein menschliches Werk und somit auch kein „verdienstliches Werk" sein.
2. Die Berichte R. Levis, R. Hunas und R. H̱aninas über Abrahams Segenswirkungen sind Auslegungen von Gen 12,2d. Bei dieser Stelle handelt es sich um Gottes Verheissung an Abraham, und zwar nicht um irgendeine unter anderen, sondern um *die* Verheissung Gottes an ihn schlechthin. In Gen 12,2 liegt eine der grössten und wichtigsten Verheissungen der Bibel überhaupt vor.
3. Diese Verheissung hat ihren Grund in der Erwählung Abrahams durch Gott.
4. Da Gen 12,2d eine Verheissung ist, kann R. H̱aninas Aussage nur als Erfüllung dieser Verheissung verstanden werden.

Dass die Schiffe aufgrund der z^{e}*khut* Abrahams gerettet werden, bedeutet demnach: Dies geschah aufgrund *der Gültigkeit, Wirksamkeit und Verwirklichung der Erwählung Abrahams und der damit gegebenen Verheissung.*
Der Segen, von dem in den Auslegungen R. Levis, R. Hunas und R. H̱aninas zu Gen 12,2d die Rede ist, kommt nicht Abraham selbst, sondern allen anderen zugute. Besonders auffällig ist das im Falle der unfruchtbaren Frauen, für die Abraham bittet. Sie bekommen Kinder, während er selbst schon alt ist und noch immer keine Nachkommen hat. Die Geburt des verheissenen Nachkommen liegt in Gen 12,2 sozusagen noch in weiter Ferne. Der Segen Abrahams zeichnet sich aber nicht nur dadurch aus, dass er Segen für die anderen ist, sondern auch durch seine nahezu unum-

schränkten Grösse und Weite. Am deutlichsten sichtbar wird dies an den vor dem Untergang geretteten Schiffen.

Die Ladung der Schiffe

An der Rettung der Schiffe wird gleichzeitig auch die Problematik der Grösse und Weite dieses Segens sichtbar. Dass die Rettung der Schiffe problematisch ist, wird mit dem Satz ausgedrückt: „Aber waren es nicht [Schiffe] mit Wein für [heidnische] Trankopfer?" Das Problem der Weite des Segens Abrahams besteht konkret also darin, dass die aus Seenot geretteten Handelsschiffe u.a. Wein für heidnische Trankopfer transportieren. Weshalb ist das ein Problem?

Das erste der Zehn Gebote lautet bekanntlich: *„Du sollst keine andern Götter neben mir haben"* (Ex 20,3). Dieses Gebot steht nicht umsonst an erster Stelle. Denn es gibt nichts in der langen Geschichte Israels, das ihm sosehr zum Verhängnis wurde wie die fremden Götter. Und zwar von innen wie von aussen. Von innen, indem die fremden Kulte eine ständige Versuchung zum Abfall und zur Preisgabe seiner selbst als Bundespartner Gottes darstellten. Und von aussen, indem die heidnische Umwelt Israels Glauben an den Einen Gott nicht dulden wollte. Diese Unduldsamkeit, die latent ständig vorhanden war, konnte jederzeit in offene Feindschaft und blutige Verfolgung umschlagen.

Die heidnischen Kulte sind also alles andere als harmlos. Indem Israels Existenz in der geschilderten Weise durch sie bedroht wird, wird die Verwirklichung der Erwählung Abrahams und Gottes Verheissungen an ihn bedroht. Abrahams Erwählung und die Verheissungen an ihn aber sind Israels Erwählung und Verheissungen. Man kann sich sogar fragen, ob Gott dadurch, dass sein Erwählungswille und sein Bund mit Israel durch die Verehrung der Götter durch Israeliten und Heiden bedroht wird, selbst in Frage gestellt wird. Die Frage stellt sich darum zu Recht: Wieso rettet Gott Handelsschiffe, die Wein transportieren, der zum Götzendienst verwendet wird, und somit seinen Bund mit Israel bedroht? Und wieso rettet und erhält Gott etwas, das gegen ihn selbst gerichtet ist? – Diese brisanten Fragen sind es, die sich hinter dem Einwand verbergen: „Aber waren es nicht [Schiffe] mit Wein für [heidnische] Trankopfer?"

Essig verbilligt Wein

Auf den ersten Blick scheint die Antwort auf diese Frage nur von volkswirtschaftlichem Interesse geprägt zu sein und nicht so recht zum bisher Gesagten zu passen: „Sondern: Essig verbilligt Wein. Überall wo der Wein der Heiden vorhanden ist, wird der Wein Israels billig verkauft." – Was verbirgt sich hinter dieser Antwort?

Zunächst einmal ist nicht klar, wie die Worte zu verstehen sind: „Essig verbilligt Wein." Formal fällt auf, dass dieser Satz in aramäischer Sprache dasteht, und sich so gegenüber dem ganzen Abschnitt abhebt.[135] Da die Juden in Palästina damals noch immer aramäisch sprachen, stellt sich die Frage, ob es sich dabei um eine Redensart aus dem Volk, z.B. der Weinbauern oder Weinhändler gehandelt haben mag. Aber wenn das zuträfe, was wäre die Bedeutung dieser Redensart gewesen? Freedman (I,322, Anm. 2) meint zu diesem Problem: „An abundance of vinegar, which may also be drunk, reduces the demand for wine and thus cheapens it." Steinberger (II,189) sagt mit etwas anderen Worten dasselbe. Aber woher wollen Freedman und Steinberger wissen, dass der Konsum von Essig zunahm, wenn dieser reichlich vorhanden war, und dass diese Zunahme eine Abnahme des Weinkonsums zur Folge hatte und damit zu einer Preissenkung beim Wein führte? – Mehr als eine vage Vermutung sind Freedmans und Steinbergers Äusserungen nicht.

Sicher lässt sich der Sinn der Aussage „Essig verbilligt Wein" nur aus dem nachfolgenden Satz erschliessen. Bemerkenswerterweise ist in diesem nicht mehr von Essig die Rede, sondern nur noch von Wein, allerdings von zweierlei Wein, vom Wein der Heiden und vom Wein Israels. Es ist daher anzunehmen, dass mit „Essig" nicht Essig, sondern minderwertiger Wein gemeint ist. In diesem Falle bedeutet der Satz „Essig verbilligt Wein", dass der heidnische Wein den Wein Israels verbilligt – also das, was im nachfolgenden Satz ja auch explizit ausgesprochen wird. Im Munde eines jüdischen Weinbauern in Palästina könnte es die Klage sein, dass der Preis des eigenen Weines durch das Angebot aus dem Ausland gedrückt werde. Diese Tatsache wird in BerR 39,11 jedoch positiv gewertet. Das ist bereits aus dem „Sondern:" ersichtlich.

Wenn der Wein der Heiden als „Essig" bezeichnet wird, stellt sich natürlich die Frage, worin diese Minderwertigkeit in den Augen der Rabbinen bestand. Mirqin bemerkt zur Stelle, dass Frankreich und Spanien schon damals für ihre Weine berühmt waren.[136] Der Grund für die Minderwertig-

---

135) In den Übersetzungen Freedmans (I,322) und Neusners (II,70) stehen diese Worte darum in Anführungszeichen.

136) Vgl. Mirqin zur Stelle, II,99. Dass die Schiffe, von denen in BerR 39,11 die Rede ist, aus Frankreich und Spanien kamen, geht möglicherweise auch aus bYev 63a (par. YalqBer 65) hervor: „[*....und durch ihn werden gesegnet sein*] *alle Völker der Erde* (Gen 18,18). Sogar die Schiffe, die von Galia nach Aspamia kommen, werden allein um Israels willen gesegnet." Mit „durch ihn" ist in Gen 18,18 Abraham gemeint. Gen 18,18 ist eine Parallelstelle zu Gen 12,3. Diese wird in bYev 63a ein bisschen weiter oben zitiert. Die Ähnlichkeit mit der Auslegung R. H̲aninas in BerR 39,11 ist nicht zu übersehen. Allerdings gibt es auch Unterschiede: Anstatt בזכות (*bizᵉkhut*) heisst es in bYev 63a par. בשביל (*bishvil*) und anstatt „Abraham" „Israel". In bYev 63a ist auch keine Rede davon, dass die Schiffe in Seenot geraten, und dass sie Wein geladen haben. Wenn man die Auslegung R. H̲aninas in BerR 39,11 nicht kennt, fragt man sich, inwiefern die Schiffe denn

keit des ausländischen Weines gegenüber dem des Landes Israel wird demnach nicht in der mangelnden Qualität bestanden haben. Dem wirklichen Grund kommt man jedoch sofort auf die Spur, wenn man sich überlegt, bei welchen Gelegenheiten Wein getrunken wurde, und weshalb den Rabbinen daran lag, dass „der Wein Israels billig verkauft“ wurde. Eine solche Gelegenheit war der Sabbat.

Um zu verstehen, was günstige Weinpreise mit dem Sabbat zu tun haben, muss man folgendes wissen: Der Sabbat ist nicht nur ein Tag, an dem nicht gearbeitet wird, und an dem man sich auf Gott besinnt, sondern ein Tag, an dem gut gegessen und getrunken wird.[137] Dem guten Essen und Trinken kommt bei den Rabbinen eine ebenso grosse Bedeutung zu, wie der Beschäftigung mit den Worten der *torah*. Denn der Sabbat wird nicht nur durch das Studium der *torah* geheiligt, sondern auch durch Essen und Trinken. Deshalb soll man sich zur Hälfte dem guten Essen und Trinken und zur Hälfte der Beschäftigung mit den Worten der *torah* widmen (bPes 68b). In der rabbinischen Literatur gibt es sogar die Auffassung, dass der Sabbat und die Festtage nur zum Zwecke des guten Essens und Trinkens dienen. Da der Mensch davon jedoch üblen Mundgeruch bekomme, sei ihm von Gott erlaubt worden, sich auch noch mit den Worten der *torah* zu beschäftigen.[138] Zwar bleibt diese Auffassung nicht unwidersprochen und wird insofern relativiert. Aber sie zeigt, dass das gute Essen und Trinken der Beschäftigung mit den Worten der *torah* ebenbürtig war.

Da gutes Essen und Trinken ebenso wichtig waren, haben die Rabbinen auch darüber diskutiert, wieviele Mahlzeiten am Sabbat eingenommen werden sollen (vgl. bShab 117b). Und weil damit auch mehr oder weniger

---

„allein um Israels willen gesegnet“ werden. Zudem fragt man sich, weshalb sich R. El^{c}azar, dem diese Auslegung in bYev 63a zugeschrieben wird, für Schiffe interessiert, die von Galia nach Aspamia, d.h. von Frankreich nach Spanien fahren. Diese Merkwürdigkeit ist auch Steinsalz aufgefallen. Er bemerkt zur Stelle, dass die Schiffe gesegnet werden, obwohl sie keine Berührung mit dem Lande Israel haben (I,266). In ähnlichem Sinne äussert sich auch Steinberger (II,189), dessen Verständnis von BerR 39,11 eindeutig durch bYev 63a bestimmt ist. Wenn es aber nur um die Fernwirkung des Segens geht, was sollen dann die Ortsangaben? Es stellt sich daher die Frage, ob es in R. El^{c}azars Version der Auslegung R. Ḫaninas einmal geheissen hat, dass die Schiffe von Frankreich *und von* Spanien kamen – nämlich ins Land Israel. Oder ob es geheissen hat, sie seien von Frankreich *über* Spanien gekommen. Die Frage lässt sich nicht entscheiden. Das eine oder andere scheint jedoch möglich. In R. El^{c}azars Version fehlen wichtige Elemente, die zu ihrem Verständnis ganz entscheidend beitragen. Sie kann nur mit Hilfe von BerR 39,11 verstanden werden. Die Vermutung liegt daher nahe, dass die Redaktoren des babylonischen Talmud aus welchen Gründen auch immer den ursprünglichen Wortlaut der Auslegung R. Ḫaninas nicht gekannt, oder deren Sinn nicht mehr verstanden haben. Da Yalqut Shim'oni wesentlich jünger ist als der babylonische Talmud, muss man davon ausgehen, dass die Parallele in YalqBer 65 von bYev 63a abhängig ist.

137) Vgl. bBer 31b, bPes 68b, BemR 10,1, DevR 3,1, PesR 23 (121a), ShirR 5[6],16, SifDev 135, TanBer bereshit 2, TanBBer wayetse 22, yShab 15,3 15a.

138) Vgl. PesR 23 (121a) und yShab 15,3 15a.

grosse Kosten verbunden sind, werden auch diese thematisiert.[139] Ein Thema sind diese – wenn auch nur ganz indirekt – auch in BerR 39,11: Bei einem guten Sabbatessen darf natürlich auch der Wein nicht fehlen. Aber selbstverständlich kommt dafür nur Wein in Frage, der den jüdischen Reinheitsvorschriften entsprechend gewonnen und verarbeitet wurde. Und schliesslich ist ebenso klar, dass nur der Wein Israels und kein heidnischer „Essig“ in Frage kommt. Aus diesem Grunde sind in BerR 39,11 nicht nur die Weinpreise ganz allgemein von Interesse, sondern vor allem der Preis des Weines Israels. Dieser richtet sich nach Angebot und Nachfrage. Das Angebot aber hängt nicht nur von der jüdischen Weinproduktion ab, sondern ganz wesentlich von den auf den Handelsschiffen importierten Sorten. Je mehr heidnischer Wein vorhanden ist, desto günstiger ist auch der Wein Israels zu haben. So können die Juden zwar nicht direkt vom guten Weinangebot der Heiden profitieren. Da der heidnische Wein *nicht koscher* ist, ist er „Essig“. Aber dieser heidnische „Essig“ hat zur Folge, dass der Wein Israels auch für ärmere Juden erschwinglich ist, sodass auch sie sich am Sabbat freuen können.

Weiter oben wurde von der Bedrohung der Existenz Israels durch den Götzendienst gesprochen, und davon, dass Gott dieser durch die Rettung der Handelsschiffe noch Vorschub leistet. Dem ist nun hinzuzufügen, dass Gott durch die Rettung der Schiffe gleichzeitig dazu verhilft, dass nicht bloss einige wenige Israeliten, sondern *ganz Israel* den Sabbat würdig feiern kann. So wie der heidnische Wein für den Götzendienst und alles steht, was damit zusammenhängt, steht der Wein Israels für die Feier des Sabbats – und für alles, was damit zusammenhängt: Der Sabbat ist nicht nur die Erinnerung an die Schöpfung und das Bekenntnis zum Schöpfer (Ex 20,10f; 31,16f), sondern auch die Verheissung auf die Neuschöpfung, auf die „kommende Welt“ und auf den Messias. Nach R. Levi käme der Messias sofort, wenn Israel einen einzigen Sabbat so halten würde, wie es von Gott angeordnet wurde (yTa‘an 1,1 64a). Der Sabbat enthält somit die Verheissung, dass Israels Erwählung durch Gott und sein Bund doch noch so verwirklicht werden, wie es Gottes Willen entspricht. Die Rettung der Schiffe aufgrund der *z^ekhut* Abrahams hat von da her gesehen eschatologische Bedeutung.

Der Segen Abrahams

Der Midrasch beginnt mit der Aussage R. Levis, dass Menschen und Tiere, die sich in Abrahams Nähe befanden, gesegnet wurden. Dieser Segen bestand in der Fruchtbarkeit von Mensch und Tier und in der Heilung von

139) Gemäss BerR 11,3 zu 2,3 segnete Gott den Sabbat wegen der Ausgaben, die damit verbunden sind.

Kranken. R. Huna weitete den Segen Abrahams auf Menschen aus, die nur noch ganz am Rande mit ihm zu tun hatten. Ihm zufolge wurden auch Kranke geheilt, die ihn nur sahen. Noch mehr weitete R. H̱anina den Segen Abrahams aus: Auf die Handelsschiffe, die Wein für heidnische Trankopfer transportierten. Diese Ausweitung ist nicht nur geografischer Natur. Indem Gott die heidnischen Handelsschiffe rettet, reicht dieser Segen sogar bis zu den Feinden Israels und damit auch Gottes. Da die Trankopfer der Heiden in Spannung zum ersten Gebot stehen, wird zudem deutlich, dass Gott sogar etwas, das gegen ihn gerichtet ist, benützt, damit ganz Israel den Sabbat würdig feiern kann; nämlich, indem der „Essig" der Heiden den Wein Israels verbilligt.
Der Sabbat schliesslich weist auf die Wiederherstellung der Schöpfung und auf die kommende Welt hin. Auf die Wiederherstellung der Schöpfung weisen auch die beiden Segenswirkungen, die in BerR 39,11 zuerst genannt werden, die Fruchtbarkeit von Mensch und Tier und die Heilung der Kranken. Somit schliesst sich der Kreis, indem der Schluss des Midrasch (Sabbat) auf den Anfang zurückweist.

Die Universalität der Erwählung Abrahams und Israels

In BerR 39,11 kam die grenzüberschreitende Grösse von Abrahams Segenswirkung zum Ausdruck. Sogar die Feinde Gottes und Israels werden gesegnet. Da dieser Segen seinen Grund in der Erwählung Abrahams durch Gott hat, handelt es sich auch bei der Erwählung Abrahams um eine *grenzüberschreitende* und damit *universale* Grösse. Da die Erwählung Abrahams die Erwählung Israels ist, ist somit auch diese universal. Dies kam bereits bei der Besprechung von BerR 14,6 (Kapitel 4.4) und BerR 15,4 (= Text 2) zum Ausdruck. Dort war davon die Rede, dass der Mensch aufgrund der *z^e khut* Abrahams und damit aufgrund dessen Erwählung erschaffen wurde. In BerR 39,11 kommt die Universalität der Erwählung Abrahams und somit Israels unter einem weiteren Gesichtspunkt ins Blickfeld: unter demjenigen des Segens Abrahams, in den alle Völker eingeschlossen sind. Die Umschreibung der Bedeutung von *z^e khut* in BerR 39,11 ist deshalb wie folgt zu ergänzen: Gültigkeit, Wirksamkeit und Verwirklichung der *universalen Erwählung* durch Gott und der damit gegebenen Verheissung.
Selbstverständlich gibt es nicht zwei verschiedene Erwählungen Israels, eine partikulare und eine universale, sondern nur *eine einzige universale* Erwählung Israels durch Gott, die ihren Grund in der Partikularität hat, d.h. in der Unterscheidung Israels von den Völkern. Folglich geht es in allen rabbinischen Texten, in denen es um die Erwählung Israels geht, letztlich immer auch um dessen universale Erwählung. Und zwar gilt das auch für jene Texte, in denen der universale Gesichtspunkt nicht im Vor-

dergrund steht bzw. aus dem betreffenden Text allein nicht ersichtlich wird. Dass Israel kein Selbstzweck ist, sondern für die Menschheit und somit auch für die Heiden erwählt wurde, war den Rabbinen noch klar. Für den modernen Leser rabbinischer Texte ist dies jedoch nicht mehr selbstverständlich. Er muss sich immer wieder von neuem daran erinnern, dass die Erwählung Israels kein Selbstzweck, sondern vielmehr eine universale Grösse ist. Aus diesem Grunde wird im weiteren Verlauf dieser Untersuchung nicht nur wie bisher von „Erwählung“ gesprochen, sondern auch immer wieder von „universaler Erwählung“.

Ergänzende Texte (T.11-13)

Um die Universalität der Erwählung und die grenzüberschreitende Wirkung des damit gegebenen Segens geht es auch in BerR 39,12 zu 12,3 (Anhang, T.11), in BerR 66,2 zu 27,28 (Anhang, T.12) und in BerR 70,19 zu 29,22 (Anhang, T.13). Durch diese drei Texte werden die eben gemachten Aussagen zur Erwählung Israels bzw. seiner Repräsentanten nochmals bestätigt.

6.2 Die z^e*khut* des Gebetes des Kranken: BerR 53,14 zu 21,17 (II,572)[140]

ויקרא מלאך אלהים וגו' (בראשית כא יז) בזכות אברהם, באשר הוא שם בזכות עצמו, יפה תפילת החולה לעצמו יותר מכל.

Und der Engel Gottes rief [*der Hagar vom Himmel zu und sprach zu ihr: Was hast du Hagar? Fürchte dich nicht; denn Gott hat die Stimme des Knaben gehört, dort wo er ist*] (Gen 21,17). Aufgrund der z^e*khut* Abrahams. ....*dort, wo er ist*: Aufgrund seiner eigenen z^e*khut*, [denn] das Gebet eines Kranken für sich selbst ist wertvoller als alles.[141]

Biblischer Kontext und exegetischer Anlass

In Gen 21,14-16 heisst es: „*Am andern Morgen in der Frühe nahm Abraham Brot und einen Schlauch voll Wasser und gab es Hagar, den Knaben aber setzte er ihr auf die Schulter; so entliess er sie. Da ging sie hin und irrte in der Wüste von Beer-Sheva umher. Als nun das Wasser in dem Schlauche ausgegangen war, warf sie den Knaben unter einen Strauch, ging hin und setzte sich gegenüber, etwa einen Bogenschuss weit. Denn sie sprach: Ich kann den Tod des Knaben nicht mitansehen. So sass sie ihm gegenüber; der Knabe aber begann laut zu weinen.*“

Beim Knaben handelt es sich also um den verdurstenden Ismael. Dessen Weinen hat Gott gehört (V.17). Die Worte „*dort, wo er ist*“ tragen scheinbar nichts zum Verständnis dieses Verses bei. Es ist ja klar, dass Gott das Weinen Ismaels von „*dort, wo er ist,*“ hört. Da es nach rabbinischer Auffassung in der *torah* keine überflüssigen Worte gibt, wird auch hier scheinbar Überflüssiges zum Anlass einer Interpretation genommen. Gemäss dem anonymen Ausleger in BerR 53,14 hört Gott aus zwei Gründen auf das Weinen des Knaben:

- aufgrund der z^e*khut* Abrahams.
- aufgrund der z^e*khut* des Kranken.

Die z^e*khut Abrahams*

Zunächst stellt sich die Frage, was die Rettung Ismaels vor dem Verdursten mit Abraham zu tun hat. Aus dem zitierten und ausgelegten V.17

140) Parallelen: LeqT Ber 21,17, SekhT Ber 21,17, YalqBer 94.

141) Freedman (I,473) übersetzt *biz*^{e}*khut* mit „for .... sake“, Neusner (II,256) mit „on account of the merit accumulated by“ und Wünsche (256) mit „mit Rücksicht auf“ und mit „in seinem Verdienste“.

wird dies nicht klar. Der Schlüssel zur Beantwortung dieser Frage liegt im darauffolgenden V.18: *„Stehe auf, nimm den Knaben und halte ihn fest an der Hand; denn zu einem grossen Volke will ich ihn machen."* Diese Verheissung ist an Hagar gerichtet. Sie ist eine Wiederholung der Verheissung, die Gott Abraham bereits in V.13 gab: *„Doch auch den Sohn der Magd will ich zu einem Volke machen, weil er dein Nachkomme ist."* Mit dem *„Sohn der Magd"* ist Ismael gemeint. Die Verheissung von Gen 21,13 ist ebenfalls eine Wiederholung. In Gen 17,20 heisst es: *„Aber auch wegen Ismael erhöre ich dich: Siehe, ich segne ihn und mache ihn fruchtbar und überaus zahlreich; zwölf Fürsten wird er zeugen, und ich will ihn zu einem grossen Volke machen."* Und schliesslich wird Abraham in Gen 17,5f verheissen, dass er ein Vater vieler Völker werden solle. Deshalb soll er von nun an nicht mehr „Abram", sondern „Abraham" genannt werden. Gen 17,20 und 21,13 sind also Konkretisierungen und damit Bestätigungen der allgemeinen Verheissung von Gen 17,5f Eine nochmalige Bestätigung stellt auch die Hagar gegenüber ausgesprochene Verheissung in Gen 21,18 dar.

Da die Verheissung in V.18 nicht Abraham, sondern Hagar gegenüber ausgesprochen wird, und da Ismael in V.13 *„Sohn der Magd"* genannt wird, stellt sich die Frage, weshalb es im vorliegenden Midrasch nicht heisst, Ismael sei aufgrund der *z^e^khut* Hagars gerettet worden. Dafür gibt es zwei Gründe:

1. Bei der Verheissung in V.18 handelt es sich um eine Wiederholung der Verheissung *an Abraham* von Gen 17,20 und 21,13. Zudem ist in V.18 nur vom *„Knaben"* und nicht wie in V.13 vom *„Sohn der Magd"* die Rede.
2. In Gen 21,13 wird Ismael zwar *„Sohn der Magd"* genannt, aber Gott verheisst, ihn zu einem Volk zu machen, *„weil er dein Nachkomme ist"*. Mit *„dein"* ist nicht Hagar, sondern Abraham gemeint. Abraham ist es, dem die Verheissung gilt, nicht Hagar. Er ist erwählt, nicht sie.

Indem Gott in Gen 21,17 die Stimme des Knaben hört und ihn vor dem Verdursten rettet (V.19), geht die Verheissung von Gen 17,20 und 21,13 noch nicht in Erfüllung. Diese wird ja in Gen 21,18 nochmals wiederholt und bestätigt. Aber die Rettung des Knaben Ismael ist die Voraussetzung dafür, dass Gottes Verheissung an Abraham in Erfüllung gehen kann.

Durch die bisherigen Ausführungen wurde deutlich, welcher Zusammenhang zwischen der Rettung Ismaels vor dem Verdursten und Abraham besteht. Und nun ist es auch möglich, die Bedeutung der *z^{e}khut* Abrahams anzugeben. Da der Grund für die Rettung Ismaels Gottes Verheissung an Abraham ist, kann *z^{e}khut* auch hier nicht „Verdienst" bedeuten. Vielmehr kann *z^{e}khut* hier nur *„die Gültigkeit und Wirksamkeit der universalen*

Erwählung Abrahams durch Gott und der damit gegebenen Verheissung mit ihrem Anspruch auf Verwirklichung" bedeuten.
Man kann sicher nicht sagen, dass die Bibel Ismael als einen Heiden erachtet. Immerhin wurde er gemäss Gen 17,23-26 ebenfalls beschnitten, und zwar erst noch am selben Tag wie Abraham. Man gewinnt aus diesen Versen den Eindruck, dass der Bibel sehr an dieser Tatsache liegt. Durch seine Beschneidung wird Ismael auch in den Bund hineingenommen. Anders steht es mit seinen Nachkommen. Bei diesen handelt es sich um Unbeschnittene und damit also um Heiden. Nach rabbinischer Tradition sind sie sogar schlimme Feinde Israels und damit auch Gottes. Davon ist in der Fortsetzung des vorliegenden Midrasch die Rede.[142] Ismael steht insofern ausserhalb des Bundes. Man könnte daher sagen, dass er ein *Randsiedler* der Erwählung und des Bundes sei. Aber gerade als solcher ist er ein Verbindungsglied zwischen Abraham und der Völkerwelt, zwischen Israel und den Heiden.

Die z^ekhut des Kranken

Mit „aufgrund seiner eigenen *z^{e}khut*" ist diejenige Ismaels gemeint. Wie aus dem Satz „....[denn] das Gebet eines Kranken für sich selbst ist wertvoller als alles", hervorgeht, wird Ismael hier als „Kranker" verstanden. Seine *z^{e}khut* ist demnach diejenige des „Kranken".
Das Verb חלה (*ḥalah*) bedeutet in der Hebräischen Bibel nicht nur „krank sein" in einem engen medizinischen Sinne, sondern auch körperliches und seelisches schwach sein oder schwach werden.[143] Von körperlicher und damit verbundener seelischer Schwäche ist auch hier die Rede. Ismael ist ja nicht krank, sondern am Verdursten. An und für sich ist das Weinen Ismaels in V.16 mehrdeutig. Wenn es in BerR 53,14 als Bittgebet interpretiert wird, hat dies seinen Grund in der Antwort Gottes, die er in Gen 21,17 durch den Engel ausrichten lässt. Zwar wird dort nicht der weinende Ismael angesprochen, sondern dessen Mutter. Aber es heisst dort eben: *„Gott hat die Stimme des Knaben gehört, dort wo er ist."* Das Weinen Ismaels, das gemäss dem Midrasch von Gott als Bittgebet verstanden und akzeptiert wird, ist keine Leistung oder ein „Verdienst". Es ist vielmehr Ausdruck völliger menschlicher Hilflosigkeit und Schwachheit und des totalen Ausgeliefertseins. Der völlig hilflose und schwache Mensch, oder wie wir hier der Einfachheit halber übersetzt haben, der „Kranke", hat Gott gegenüber nichts vorzuweisen oder anzubieten. Er hat von sich selbst her keinen Anspruch, den er Gott gegenüber geltend machen könnte, kein Anrecht auf Erhörung seines Gebetes und auf Gottes Hilfe. Wenn

142) Vgl. die Ausführungen zu BerR 53,14 in Exkurs B, S. 197f.
143) Vgl. den Artikel zu חלה in THAT I,567-570.

Gott ihn trotzdem erhört und ihm hilft, dann nur deshalb, weil Gott selbst das so will und ihm seine Barmherzigkeit und Güte zuwendet.
In der Bibel sind Krankheiten oft ein Ausdruck von Gottes Fluch und seinem Zorn gegen diejenigen, welche sich an ihm versündigen.[144] Daneben gibt es in der Bibel auch die Tradition, nach der Gott sich gerade den Schwachen und Kranken zuwendet. So verheisst Gott, Israel zu segnen und vor Krankheit zu bewahren, wenn es seinen Bund hält (vgl. Ex 15,26; 23,25; Dtn 7,15). Oder so wird in Jes 33,24 verheissen: *„Und kein Einwohner wird sagen: Ich bin krank. Dem Volk, das darin wohnt, ist die Schuld vergeben."* Man denke auch an Verheissungen wie jene, dass Gott auf das Weinen hört (Ps 6,9), dass jene, die mit Tränen säen, mit Freuden ernten (Ps 126,5), oder dass Gott den Tod vernichten und die Tränen von jedem Antlitz abwischen wird (Jes 25,8). Das sind nur ein paar wenige Beispiele aus einer reichen Tradition. In dieser gründet auch die Auslegung in BerR 53,14: Gott hat das Weinen Ismaels gehört und seine Tränen getrocknet.
Dass die Aussage in BerR 53,14 in der Verheissungs- und Heilstradition der Bibel gründet, hat für den Sinn von *z^{e}khut* an dieser Stelle folgende Konsequenzen: Aufgrund der Heilszusagen Gottes gerade an die Kranken und Schwachen haben diese einen Anspruch und ein Anrecht auf Erfüllung dieser Verheissungen. Die *z^{e}khut* des Kranken ist also dieser Anspruch und dieses Anrecht. Die Heilsverheissung Gottes an die Schwachen und Kranken aber zeigt, dass Gott die Schwachen und Kranken *erwählt* hat. Man kann *z^{e}khut* darum hier mit *„Gültigkeit und Wirksamkeit der Erwählung der Schwachen und Kranken und der damit gegebenen Verheissung"* umschreiben. Diese Umschreibung hat den Vorteil, dass sie den Anspruch und das Anrecht auf die Erfüllung der Verheissung impliziert.

Das Gebet eines Kranken für sich selbst ist wertvoller als alles

Der Schlusssatz des Midrasch ist nicht leicht zu verstehen, da nicht klar ist, was mit „als alles" gemeint ist. Freedman (I,473) übersetzt den Satz wie folgt: „....for a sick person's prayers on his own behalf are more efficacious than those of anyone else." Neusners Übersetzung (II,256) hingegen lautet: „The prayer of a sick person .... is the best of all." Freedman versteht den Ausdruck יותר מכל (*voter mi-kol*) im Sinne eines Kompa-

144) Vgl. Dtn 7,15; 28,59; 28,61; Jes 1,5f; 53,3f; 53,10; Jer 12,13; 16,4; 2Chr 21,12-15; 21,18. Zwar ist nicht jedes Unglück und daher auch nicht jede Krankheit ein Ausdruck von Gottes Fluch. Dass man aus diesem Grunde nicht von der Krankheit eines Menschen auf dessen Schuld schliessen kann, wird im Hiobbuch auf das Feierlichste zum Ausdruck gebracht (vgl. besonders Hi 42,7). Aber auch das Hiobbuch rechnet grundsätzlich mit der Möglichkeit, dass Gottes Gericht sich in Form von Krankheiten ereignen kann.

rativs, Neusner jedoch im Sinne eines Superlativs. Grammatikalisch gesehen handelt es sich bei יותר מכל (*yoter mi-kol*) tatsächlich um einen Komparativ. Freedmans Übersetzung scheint daher die bessere zu sein, umso mehr, als sie von den Parallelen in LeqT Ber 21,17, SekhT Ber 21,17 und YalqBer 94 bestätigt wird.[145]
Im Zusammenhang von Freedmans Übersetzung und der Parallelen in LeqT Ber 21,17, SekhT Ber 21,17 und YalqBer 94 stellt sich nun allerdings folgende Frage: Weshalb soll das Gebet des Kranken für sich selbst besser sein als dasjenige anderer? – Aufgrund der bisherigen Ausführungen gibt es darauf nur eine mögliche Antwort: Das Gebet eines Kranken für sich selbst hat ganz besonders Aussicht auf Erhörung, weil der Kranke gemäss der Schrift von Gott eine grosse Verheissung hat. Wegen dieser Verheissung ist dieses Gebet „besser als alles". Obwohl die Parallelen zu BerR 53,14 Freedmans Übersetzung unterstützen, ist es treffender יותר מכל (*yoter mi-kol*) mit Neusner als Superlativ zu übersetzen: Das Gebet eines Kranken ist besser „als alles", weil Gottes Verheissung besser ist „als alles".

Ergänzende Texte (T.14-15)

Einer der beiden Gründe für die Rettung Ismaels in BerR 53,14 war die Verheissung Gottes an Abraham, Ismael zu einem grossen Volke zu machen (Gen 17,20; 21,13). Diese Verheissung ist eine Konkretion der Verheissung von Gen 17,5f, dass Abraham ein Vater vieler Völker sein werde. Die Verheissung von Gen 17,5f spielt auch in BerR 51,11 zu 19,37 eine Rolle (s.u. Anhang, T.14).
Der zweite Grund für die Rettung Ismaels in BerR 53,14 war, dass das Gebet des Kranken für sich selbst wertvoller als alles ist. Zu den Kranken und Schwachen gehören im weitesten Sinne auch die unfruchtbaren Frauen.[146] Von einer unfruchtbaren Frau, die schwanger wurde, ist in BerR 73,3 zu 30,22 die Rede, nämlich von Rahel (s.u. Anhang, T.15).

145) Die Parallelen lauten wie folgt: LeqT Ber 21,17: „...das Gebet eines Kranken für sich selbst ist wertvoller als dasjenige aller [anderen] Menschenkinder." SekhT Ber 21,17: „...das Gebet eines Kranken für sich selbst ist wertvoller als dasjenige aller [anderen] Menschen." YalqBer 94: „...das Gebet eines Kranken für sich selbst ist wertvoller als das Gebet anderer."

146) Vgl. die Besprechung von BerR 39,11 in Kapitel 6.1, wo die Fruchtbarkeit und die Krankenheilungen in einem Atemzug genannt werden.

6.3 Die *z^e^khut* des Knetens des Pesachteiges und die *z^e^khut* des Zehnten

Den beiden Midraschim BerR 48,12 zu 18,6 und BerR 43,8 zu 14,20, die in diesem Kapitel vorgelegt und besprochen werden, ist gemeinsam, dass es in ihnen um die Frage geht, wovon und wodurch Israel lebt.

6.3.1 Die *z^e^khut* des Knetens des Pesachteiges: BerR 48,12 zu 18,6 (II,490)[147]

לושי ועשי עוגות (בראשית יח ו) פרס הפסח היה, ר' יונה ור' לוי בשם ר' חמה בר' חנינה הוא מדבר סין הוא מדבר אלוש, מאי זה זכות זכו ישראל שניתן להם המן, בשביל לושי ועשי עוגות.

> [*Nun eilte Abraham ins Zelt zu Sara und sprach: Nimm schnell drei Scheffel Mehl!*] *Knete* (לושי *lushi*) *es und mache Kuchen* (עוגות *^c^ugot*)[148] (Gen 18,6)! [Es war] die zweite Hälfte des Tages vor Pesach.
> R. Yona (pA5 um 350) und R. Levi (pA3 um 300) [sagten] im Namen R. H̱ama b. R. H̱aninas (pA2 um 260): Die Wüste Sin ist die Wüste Alusch (אלוש). Aufgrund welcher *z^e^khut* war Israel würdig (זכו *zakhu*), dass ihnen das Manna gegeben wurde? Wegen (בשביל *bishvil*): *Knete* (לושי *lushi*) *es und mache Kuchen* (עוגות *^c^ugot*)![149]

Der Schriftvers Gen 18,6 steht im Zusammenhang der Erzählung von den drei Männern, die Abraham als seine Gäste aufnimmt und bewirtet. Er enthält Anweisungen Abrahams an Sara zur Bewirtung der Gäste. Wie der vorliegende Midrasch zeigt, geht es den rabbinischen Auslegern jedoch nicht um die Bewirtung der Gäste, sondern um die Tätigkeit des Knetens und Kuchenbackens. Diese bringen sie mit Pesach und mit der Gabe des Mannas in Verbindung.

---

147) Parallelen: MHG Ber 18,6, ShemR 25,5, TanBShem beshallah̠ 23, YalqBer 82. In der Parallele in MHG heisst es: „Aufgrund welcher *z^e^khut* war Israel würdig, dass ihnen die *torah* gegeben wurde? Aufgrund der *z^e^khut* Abrahams, der sprach: *Knete es und mache Kuchen!*" Den exegetischen Gründen für diese Interpretation soll hier nicht nachgegangen werden.

148) Die BHS liest nicht עוגות, sondern עגות. Am Sinn ändert sich dadurch natürlich nichts.

149) Freedman (I,414) und Neusner (II,188) übersetzen *z^e^khut* mit „merit". Marmorstein übersetzt den Ausdruck sowohl mit „merit" (81) als auch mit „for .... sake" und „reward" (145). Wünsche (227) übersetzt ihn mit „Verdienst".

Das Manna ist das „Brot“, von dem ganz Israel vierzig Jahre lang zehrte. Ohne die Gabe dieses Himmelsbrotes gäbe es Israel nicht. Aus diesem Grunde wird der vorliegende Midrasch an dieser Stelle besprochen, obwohl er ebensogut in die Reihe der Texte eingeordnet werden könnte, in denen es um Rettung und Erlösung geht.

Zum Zusammenhang zwischen Kuchen, Pesach und Manna

Der Ausdruck עוגות (*ᶜugot*) kommt in der Hebräischen Bibel u.a. auch in Ex 12,39 vor: *„Und sie buken aus dem Teige, den sie aus Ägypten mitgebracht, ungesäuerte Kuchen* (עגות *ᶜugot*)*; denn er war noch ungesäuert, weil sie aus Ägypten vertrieben worden waren und nicht länger hatten zögern können; auch hatten sie sich keine Wegzehrung bereitet.“* Bei diesen *„ungesäuerten Kuchen“* handelt es sich um diejenigen, welche anlässlich von Pesach sieben Tage lang gegessen werden (Ex 12,15-18). Der unbekannte Verfasser des Satzes „[Es war] die zweite Hälfte des Tages vor Pesach“ schliesst aus dem Vorkommen des Wortes *„Kuchen“* in Gen 18,6, dass es sich bei diesen wie bei jenen in Ex 12,39 um ungesäuerte gehandelt hat. Und daraus folgert er weiter, dass an jenem Tage, an dem die drei Männer zu Abraham kamen, „die zweite Hälfte des Tages vor Pesach“ war.
Was diese ungesäuerten *„Kuchen“* mit dem Manna zu tun haben, wird ebenfalls aus Ex 12,39 ersichtlich. Gemäss dieser Stelle sind die ungesäuerten *„Kuchen“* die Wegzehrung für das Volk Israel. Nachdem diese aufgebraucht waren, diente das Manna als Wegzehrung. Ein weiterer Zusammenhang zwischen Pesach und Manna besteht darin, dass Israel sowohl an Pesach als auch durch das Manna vom Tode bewahrt und somit am Leben erhalten wurde.[150]

Die Wüste Sin ist die Wüste Alusch

Vom Manna sagt R. H̠ama b. R. H̠anina, dass es Israel in der Wüste Sin gegeben wurde, welche dieselbe wie die Wüste Alusch sei. R. H̠ama b. R. H̠anina führt keinen Schriftgrund für seine Behauptung an. Mirqin

---

150) In Ex 12,26f heisst es: *„Wenn eure Kinder euch dann fragen: «Was bedeutet denn der heilige Brauch, den ihr da übt?» so sollt ihr sagen: «Das ist das Pesachopfer für den HERRN, weil er an den Häusern Israels vorüberschritt in Ägypten, als er die Ägypter schlug, und unsre Häuser verschonte.»“* Dass Israel durch das Manna ebenfalls vom Tode errettet wurde, wird explizit in Ex 16,3f gesagt: *„Die Israeliten sprachen zu ihnen: Wären wir doch durch die Hand des HERRN im Lande Ägypten gestorben, als wir bei den Fleischtöpfen sassen und Brot die Fülle zu essen hatten! Denn ihr habt uns in diese Wüste herausgeführt, um diese ganze Gemeinde Hungers sterben zu lassen. Da sprach der HERR zu Mose: Siehe, ich will euch Brot vom Himmel regnen lassen; dann mag das Volk hinausgehen und sich Tag für Tag seinen Bedarf sammeln.“*

(II,190) und Steinberger (II,388) verweisen in diesem Zusammenhang auf Ex 17,1 und Num 33,14:

> *Und die ganze Gemeinde der Kinder Israels brach nach dem Befehl des HERRN aus der Wüste Sin auf* [*und zog weiter,*] *von Station zu Station, und sie lagerten sich in Refidim; aber da war kein Wasser für das Volk zum Trinken* (Ex 17,1).

> *Und sie brachen von Alusch auf und lagerten sich in Refidim; daselbst hatte das Volk kein Wasser zum Trinken* (Num 33,14).

In beiden Stellen wird gesagt, dass das Volk aufbrach, sich in Refidim lagerte und kein Wasser zum Trinken hatte. Nach R. H̱ama b. R. H̱anina handelt es sich folglich um denselben Aufbruch. Er zieht diesen Schluss, obwohl die Israeliten nach Ex 17,1 aus der Wüste Sin aufbrechen, nach Num 33,14 jedoch aus Alusch. Diese Unstimmigkeit erklärt R. H̱ama b. R. H̱anina damit, dass mit „Alusch" die Wüste Sin gemeint sei. Vielleicht hat bei dieser Schlussfolgerung auch der Umstand eine Rolle gespielt, dass der Name „Alusch" ausser in Num 33,14 nur noch in V.13 vorkommt. Da Ex 17,1 an Ex 16 anschliesst, wo vom Manna und von den Erfahrungen erzählt wird, welche die Israeliten damit machten, wurde das Manna den Israeliten folglich in der Wüste Sin gegeben. Da die Wüste Alusch mit der Wüste Sin identisch ist, folgt daraus weiter, dass den Israeliten das Manna in der Wüste Alusch gegeben wurde. Und zwar geschah dies laut R. H̱ama b. R. H̱anina aufgrund der *z^e^khut* von לושי (*lushi*), *„Knete"*. D.h. R. H̱ama b. R. H̱anina legt Gen 18,6 aus, indem er ein Wortspiel zwischen לושי (*lushi*) und אלוש (*Alusch*) bildet.

Die Verheissung von „Knete und backe Kuchen"

Da die *„Kuchen"* in Gen 18,6 mit denjenigen identisch sind, die für Pesach gebacken werden, bezieht sich *„Knete"* auf das Kneten des ungesäuerten Teiges für Pesach. Wenn die Israeliten gemäss R. H̱ama b. R. H̱anina aufgrund der *z^e^khut* von *„Knete...."* würdig waren, das Manna zu empfangen, waren sie es folglich aufgrund der *z^e^khut* von Pesach. Nun ist zu beachten, dass es in der Bibel zur Zeit Abrahams Pesach noch gar nicht gab, da das erste Pesach erst beim Auszug aus Ägypten stattfand. Wenn es in BerR 48,12 heisst „[Es war] die zweite Hälfte des Tages vor Pesach", dann ist damit der Zeitpunkt gemeint, an dem einst einmal die zweite Hälfte des Tages vor Pesach sein würde. Ebenso sind die *„Kuchen"*, die Sara bäckt, zwar mit denjenigen identisch, die einst für Pesach gebacken werden, aber insofern gerade keine für Pesach, weil es dieses Fest zur Zeit der Väter noch nicht gibt. Die ungesäuerten Kuchen, deren

Teig Sara in Gen 18,6 kneten soll – und darum auch knetet – haben daher Verheissungscharakter, indem sie auf Pesach *vorausweisen*. Damit aber weisen sie auch auf die Gabe des Mannas voraus, das Gott den Israeliten einst in der Wüste Alusch geben wird.

Aus den bisherigen Ausführungen folgt, dass *z^e khut* aus zwei Gründen nicht „Verdienst" bedeuten kann:

1. Aus dem Blickwinkel der Auslegung von Gen 18,6 in BerR 48,12 ist von Pesach erst als Verheissung für die Zukunft die Rede.
2. Bei Pesach handelt es sich nicht um etwas, das Israel Gott gibt oder erbringt, sondern um eine Gabe Gottes an Israel. Gott ist es, der Pesach anordnet und stiftet (vgl. Ex 12,1-28).

Im Zusammenhang der Auslegung R. H̱ama b. R. H̱aninas ist mit *z^e khut die Gültigkeit und Wirksamkeit der Verheissung von „Knete...."* gemeint. Weil *„Knete...."* auf Pesach hinweist, bedeutet *z^e khut „Gültigkeit und Wirksamkeit der Verheissung, die Gott Israel mit Pesach gibt"*. An Pesach hat Gott Israel vor dem Tode bewahrt. Die Verheissung von Pesach ist demnach diejenige, dass Gott Israel auch in Zukunft vor dem Tode *bewahren* wird. Auch durch das Manna wurde Israel vor dem Tode bewahrt. Während bei Pesach der Gesichtspunkt der *Bewahrung vor dem Tode* im Vordergrund steht, steht beim Manna derjenige der *Erhaltung am Leben* im Vordergrund. Die Verheissung von Pesach ist daher auch diejenige des Mannas und damit diejenige, dass Gott Israel auch in Zukunft am Leben *erhalten* wird. Die Verheissung der Bewahrung vor dem Tode und diejenige der Erhaltung am Leben sind sozusagen die zwei Seiten derselben Münze. Aufgrund des bisher Gesagten ist *z^e khut* demnach *die Gültigkeit und Wirksamkeit von Gottes Verheissung, Israel vor dem Tode zu bewahren und es am Leben zu erhalten*.

Der Gedanke, dass das Kneten des (ungesäuerten) Teiges in Gen 18,6 Verheissungscharakter hat, ist modernem Denken fremd. Für die Rabbinen war dieser Gedanke jedoch nichts Aussergewöhnliches, da sie die Väter und Mütter Israels nicht nur als Einzelpersonen verstanden, sondern vielmehr als Repräsentanten Israels. Israel aber repräsentieren sie, indem sie durch das, was sie tun, erleben und erleiden, die Geschichte Israels *vorwegnehmen*. In der Auslegung R. H̱ama b. R. H̱aninas geschieht dies, indem Abraham durch seine Aufforderung an Sara Gottes Anordnung für das Backen der ungesäuerten Kuchen für Pesach, und indem Sara das zukünftige Kneten und Backen dieser Kuchen durch Israel vorwegnimmt. Gerade in dieser Vorwegnahme aber liegt der Verheissungscharakter des Tuns Abrahams und Saras und damit der Verheissungscharakter des Lebens der Väter und Mütter Israels überhaupt.

6.3.2 Die z^e*khut* des Zehnten: BerR 43,8 zu 14,20 (I,422)[151]

ויתן לו מעשר מכל (בראשית יד כ) ר' יהודה בשם ר'
נוהראי מכוח אותה הברכה אכלו שלש יתידות גדולות
בעולם, אברהם יצחק ויעקב, באברהם כת' וי"י ברך את
אברהם בכל (בראשית כד א) בזכות ויתן לו מעשר
מכל, ביצחק כת' ואוכל מכל (שם כז לג) בזכות ויתן לו
מעשר מכל, ביעקב כת' כי חנני אלהים וכי יש לי כל
(שם לג יא) בזכות ויתן לו מעשר מכל.

Und er gab ihm von allem (כל *kol*) *den Zehnten* (Gen 14,20b).
R. Y^{e}hudah[152] [sagte] im Namen R. N^{e}horais (pT3 um 150): Von der Kraft desselben Segens haben die drei grossen Pflöcke in der Welt gezehrt, [nämlich] Abraham, Isaak und Jakob.
Von Abraham steht geschrieben: *Und der HERR segnete Abraham in allem* (כל *kol*) (Gen 24,1). Aufgrund der z^e*khut* von *Und er gab ihm von allem* (כל *kol*) *den Zehnten.*
Von Isaak steht geschrieben: ....*und ich habe von allem* (כל *kol*) *gegessen* (Gen 27,33). Aufgrund der z^e*khut* von *Und er gab ihm von allem den Zehnten.*
Von Jakob steht geschrieben: ....*denn Gott hat es mir in Gnaden beschert, und ich habe alles* (כל *kol*) (Gen 33,11). Aufgrund der z^e*khut* von *Und er gab ihm von allem* (כל *kol*) *den Zehnten.*[153]

Das Zentrum der Auslegung R. N^{e}horais bildet das Wort כל (*kol*). Aus dem Vorkommen dieses Wortes in Gen 14,20b einerseits und Gen 24,1, 27,33 und 33,11 andererseits folgert R. N^{e}horai, dass Abraham, Isaak und Jakob von der Kraft desselben Segens gezehrt haben. Im Zusammenhang seiner Auslegung stellen sich folgende Fragen:

1. R. N^{e}horai spricht in seiner Auslegung vom Segen. Dabei beruft er sich auf Gen 14,20b. Dort ist aber nicht vom Segen, sondern vom Zehnten die Rede. Welcher Zusammenhang besteht zwischen Segen und Zehnten?
2. Was ist mit z^e*khut* gemeint?

---

151) Parallelen: LeqT Ber 14,20, YalqBer 74.
152) Es ist nicht klar, welcher R. Y^{e}hudah gemeint ist.
153) Marmorstein (92) übersetzt z^e*khut* mit „merit“, Freedman (I,358) mit „as a reward for“, und Wünsche (200) mit „weil“. Neusner (II,122) übersetzt den Ausdruck in seiner Übersetzung von BerR mit „on account of the merit accumulated by“. In seinem späteren Aufsatz (Systemic Integration and Theology, The Concept of Zekhut in formative Judaism, 177) belässt er ihn unübersetzt und in Umschrift. In diesem Zusammenhang versteht Neusner unter z^e*khut* „the heritage of virtue and its consequent entitlements“ (ebd. 171).

Die drei grossen Pflöcke

Menschen, die eine wichtige und tragende Funktion haben, werden im rabbinischen Judentum oft als „Säulen“ bezeichnet.[154] Nun ist in BerR 43,8 nicht von „Säulen“ (עמודים *ᶜamudim*), sondern von „Pflöcken“ (יתדות *yᵉtedot*) die Rede. Theodor/Albeck macht jedoch mit Verweis auf yBer 4,1 7d geltend, dass die beiden Ausdrücke in diesem Zusammenhang austauschbar sind.[155]

Zusammenhang zwischen Segen und Zehnten

Auch hier liegt der Schlüssel für die Interpretation der rabbinischen Auslegung im Bibeltext, der dem zitierten und interpretierten Vers vorausgeht. Der Zusammenhang zwischen dem Zehnten in Gen 14,20b und dem Segen in der Auslegung R. Nᵉhorais wird aus Gen 14,18-20a ersichtlich. Als Abraham vom Sieg über Kedor-Laomer und die mit ihm verbündeten Könige zurückkommt, findet die berühmte Begegnung mit Melchisedek statt (Gen 14,18-20):

> *Melchisedek aber, der König von Salem, brachte Brot und Wein heraus; er war ein Priester des höchsten Gottes. Und er segnete ihn und sprach: Gesegnet ist Abram vom höchsten Gott, dem Schöpfer des Himmels und der Erde, und gepriesen der höchste Gott, der deine Feinde in deine Hand gegeben hat! Und er gab ihm von allem den Zehnten.*

Für das Verständnis dieser Stelle ist die Reihenfolge von entscheidender Bedeutung, in der hier vom Segen und vom Zehnten die Rede ist. Der Segen Melchisedeks ist das Erste, die Abgabe des Zehnten durch Abraham das Zweite. Die Abgabe des Zehnten ist also die *Antwort* Abrahams *auf*

---

154) Vgl. die Stellen bei Billerbeck, III,537. Diese rabbinische Ausdrucksweise findet sich auch in Gal 2,9, wo Jakobus, Petrus und Johannes als Säulen bezeichnet werden.

155) Freedman (I,357), Neusner (II,121), Wünsche (200), Theodor/Albeck (I,422) und Mirqin (II,136) verstehen den Passus „die drei grossen Pflöcke in der Welt“ im Sinne von „die drei grossen Pflöcke der Welt“. Für dieses Verständnis spricht, dass Abraham, Isaak und Jakob in MTeh 1,15 und ShirR 7,8 als Säulen der Welt bezeichnet werden. Man fragt sich dann allerdings, weshalb in BerR 43,8 „in der Welt“ (בעולם *baᶜolam*) und nicht „der Welt“ (העולם *haᶜolam*) dasteht, was eindeutiger wäre. Da keine Textvariante und auch keine Parallele von BerR 43,8 העולם (*haᶜolam*) liest, muss „in der Welt“ als Ortsangabe des Zehrens der „Pflöcke“ verstanden werden wie in der Auslegung R. Ḥaninas in BerR 56,3 (s.u. Kapitel 8.1). Weil die Väter gemäss MTeh 1,15 und ShirR 7,8 die „Säulen“ bzw. die „Pflöcke“ sind, auf denen die Welt steht, ist der fragliche Satz wie folgt zu verstehen: „Von der Kraft desselben Segens haben die drei grossen Pflöcke, d.h. die Säulen der Welt, in der Welt gezehrt, nämlich Abraham, Isaak und Jakob.“ Dieses Verständnis unterscheidet sich nicht wesentlich von demjenigen der genannten Autoren. Der Akzent liegt jedoch auf der Aussage, *wovon* die Väter in der Welt gezehrt haben.

den Segen, den er durch Melchisedek empfängt. Von diesem heisst es, dass er ein Priester des höchsten Gottes sei. Melchisedek segnet Abraham folglich nicht in eigenem Ermessen, sondern im Auftrag Gottes bzw. im Einklang mit dessen Willen. Der Segen Melchisedeks ist eine Bestätigung der Verheissung Gottes an Abraham von Gen 12,2f. Indem Abraham Melchisedek den Zehnten gibt, anerkennt er ihn als Priester Gottes. D.h. Abraham anerkennt, dass er durch Melchisedek von Gott selbst gesegnet wird. *Indem er den Zehnten gibt, nimmt Abraham diesen Segen als einen Segen Gottes entgegen.* Die Gabe des Zehnten kann daher nur als die dankbare glaubenspraktische Antwort und somit als Gabe des Lobes und Dankes verstanden werden.

Damit scheidet die Möglichkeit aus, dass R. N^{e}horai die Gabe des Zehnten als „verdienstliches Werk“ zwecks Gewinnung des Segens verstanden haben könnte. Diese Auffassung wird dadurch verunmöglicht, dass Abraham *zuerst* gesegnet wird und erst *danach* den Zehnten von allem gibt. Da der Zehnte die dankbare Antwort auf einen Segen und damit auf eine Verheissung ist – auf eine Verheissung deshalb, weil der Segen seine Kraft ja erst in Zukunft entfalten wird – kann *z^{e}khut* hier nur als *Gültigkeit und Wirksamkeit der mit dem Segen Melchisedeks gegebenen Verheissung* verstanden werden, wobei die Verheissung auch hier ihren Grund in der Erwählung Abrahams durch Gott hat.

Nun gilt es allerdings zu beachten, dass R. N^{e}horai in seiner Auslegung auf die Gabe des Zehnten und damit auf das antwortende Tun Abrahams allergrössten Wert legt. Dreimal sagt er: „Aufgrund der *z^{e}khut* von *Und er gab ihm von allem den Zehnten.*“ Dies bedeutet, dass sich die Kraft des Segens, von dem die Väter lebten, *nur deshalb überhaupt verwirklichen und entfalten konnte, weil Abraham von allem den Zehnten gab, d.h. weil er den Segen durch sein Gott antwortendes und ihm glaubendes Tun entgegennahm.* Die angegebene Bedeutung von *z^{e}khut* ist daher wie folgt zu ergänzen: *Gültigkeit und Wirksamkeit der mit dem Segen Melchisedeks gegebenen Verheissung in der Verwirklichung antwortender Glaubenspraxis.*

Zur Bedeutung des Zehnten

In BerR 43,6 (I,420f) stellen die Rabbinen einen Zusammenhang zwischen der Gabe des Zehnten durch Abraham an Melchisedek und der Darbringung des Zehnten durch Israel im Tempel in Jerusalem her: Gemäss dieser Stelle identifizieren die Rabbinen Salem mit Jerusalem. Somit ist Melchisedek nach rabbinischer Tradition Priester von Jerusalem. Nach R. Yitshaq dem Babylonier (bA) wurde er beschnitten geboren. Das Hinausbringen von Brot und Wein durch Melchisedek in Gen 14,18 wird in BerR 43,6 von R. Sh^{e}mu’el b. Nahman (pA3 um 260) dahingehend inter-

pretiert, dass Melchisedek Abraham die Bräuche und Vorschriften für das Priestertum überlieferte. Dabei steht das Brot in Gen 14,18 für die Schaubrote und der Wein für die Trankopfer im Tempel. Nach Auffassung der Rabbinen hingegen bedeutet das Hinausbringen des Brotes und des Weines, dass Melchisedek Abraham die *torah* offenbarte (BerR 43,6).
Gemäss BerR 43,6 wird somit in der Begegnung Abrahams mit Melchisedek die Geschichte Israels *vorweggenommen*. Es verhält sich in BerR 43,6 also ähnlich wie in BerR 48,12 mit Pesach in Gen 18,6 (s.o. Kapitel 6.3.1). Man kann daher davon ausgehen, dass R. N^{e}horai die Gabe des Zehnten durch Abraham an Melchisedek ebenfalls in diesem Sinne verstanden hat. Da in Melchisedek das Priestertum Israels, und da in seinem Priesterdienst der Tempelkult vorweggenommen wird, wird in der Gabe des Zehnten durch Abraham die Entrichtung des Zehnten an den Tempel von Jerusalem durch Israel vorweggenommen.
Das Heiligtum in Jerusalem ist das sichtbare geografische Zentrum des Lebens Israels im Bunde mit Gott und damit der Erwählung. Zu diesem begab sich Israel an den grossen Festen. Da der Zehnte, den Abraham Melchisedek gab, auf den Zehnten weist, der durch Israel der Priesterschaft in Jerusalem entrichtet wurde, geht es beim Zehnten Abrahams um das Zentrum der Erwählung und des Bundes. Und da es sich beim Zehnten um Gaben des Lobes und Dankes handelt, geht es dabei um die dankbare Anerkennung und Bejahung der Erwählung und des Bundes in der Gott antwortenden Glaubenspraxis.

Bedeutung der Auslegung R. N^{e}horais

Bei der Gabe des Zehnten durch Abraham an Melchisedek geht es folglich um das Zentrum der Erwählung und des Bundes und somit um alles, worum es in der Geschichte Gottes mit den Vätern, mit Israel und mit der Welt überhaupt gehen kann. Dass es sich so verhält, kommt im immer wiederkehrenden כל (*kol*) zum Ausdruck.
R. N^{e}horais Auslegung gibt auf die Frage Antwort, wovon die Väter gelebt haben. Die Väter sind nicht nur die Säulen Israels, sondern „die drei grossen Pflöcke" auf denen die Welt steht. Sie sind dies darum, weil Israel und dessen Erwählung kein Selbstzweck ist, sondern für die Welt da ist. Wenn – so müsste man weiter folgern – jene, auf denen die Welt steht, von und durch Gottes Segen leben, dann leben auch alle anderen Menschen allein von und durch Gottes Segen. Das sagt R. N^{e}horai allerdings nicht. Dies liegt aber auf der Linie seiner Auslegung.

Verdienstlichkeit der Antwort Abrahams?

In den bisher besprochenen Texten war in der Bedeutung von *z^e^khut* die Verwirklichung in der Gott antwortenden Glaubenspraxis zwar auch schon enthalten. Aber nirgendwo lag der Akzent derart stark darauf wie in BerR 43,8. In diesem Zusammenhang stellt sich daher zum ersten Mal die Frage, ob die Gott antwortende Glaubenspraxis und somit also die Gabe des Zehnten durch Abraham nicht in einem ganz anderen Sinne als *Verdienst* bezeichnet werden kann: Bei der Gabe des Zehnten durch Abraham handelt es sich um ein von Gott gewolltes und seinem Willen entsprechendes Verhalten. Es lässt sich daher nicht bestreiten, dass die glaubende Antwort Abrahams auf Gottes Erwählung und Segen durch die Gabe des Zehnten die Beachtung und Anerkennung von seiten Gottes *wert* und *würdig* ist und insofern also *verdient*.[156] Ebensowenig lässt sich bestreiten, dass durch die Gabe des Zehnten nicht nur Abraham selbst, sondern auch Isaak und Jakob gesegnet wurden und von der Kraft des Segens Melchisedeks zehren konnten; dass die Gott antwortende Glaubenspraxis Abrahams also nicht nur ihm selbst, sondern auch anderen zu Gute kam. Eine Tat zum Wohle anderer aber kann man als *Verdienst* bezeichnen.[157]

Nun ist allerdings zu bedenken, dass Synonyme nie deckungsgleich und somit also nicht ohne weiteres austauschbar sind. Ausser dem eben Genannten bedeutet *verdienen* und *Verdienst* noch vieles andere mehr. Wenn man die Gott antwortende Glaubenspraxis Abrahams als *Verdienst* bzw. als *verdienstvoll* bezeichnen wollte, müsste man *äusserst umsichtig und präzise angeben*, in welchem Sinne dies zu verstehen ist, und in welchem Sinne eben gerade nicht. Zudem bestünde trotz aller sprachlicher Anstrengungen die enorme Gefahr einer Neuauflage und erneuten Bestätigung des weitverbreiteten Missverständnisses, es gehe bei den Rabbinen eben um „Verdienste". Wenn man hingegen anstatt von *Verdienst* von *anerkennenswerter antwortender Glaubenspraxis* spricht, hat dies den nicht zu unterschätzenden Vorteil, dass durch diese Ausdrucksweise diese Art von *Verdienst* unter dem Vorzeichen der Erwählung durch Gott steht und daher kein selbständiges von Gott unabhängiges „Verdienst" ist, sondern ein in Gottes Erwählung begründetes und auf Gott und seine Erwählung antwortendes. Im Ausdruck *Verdienst* ist der Bezug zur Erwählung nicht enthalten. Aus diesem Grunde wird in dieser Arbeit weiterhin auf die Verwendung des Verbes *verdienen* und dessen Derivaten verzichtet.

---

156) Vgl. dazu die deutschen Wörterbücher oben auf S. 30f.

157) Siehe a.a.O.

Ergänzende Texte (T.16, Kapitel 8.1)

Um den Zehnten und um die Frage, wovon und wodurch Israel lebt, geht es auch in BerR 11,4 zu 2,3 (s.u. Anhang, T.16) und in BerR 56,3 zu 22,6 (s.u. Kapitel 8.1). Obwohl BerR 56,3 thematisch hierher gehört, wird dieser Midrasch dort besprochen, weil sich die Bedeutung von *z^e^khut* nicht allein aus seinem Zusammenhang eruieren lässt, sondern nur mit Hilfe anderer Texte.

6.4 Die z^{e}*khut* der Hände Esaus und Jakobs Amulette als Träger der z^{e}*khut*

6.4.1 Die z^{e}*khut* der Hände Esaus: BerR 66,7 zu 27,31 (II,751)[158]

ויעש גם הוא מטעמים (בראשית כז לא) הה"ד סממית
בידים תתפש וגו' (משלי ל כח), אמר ר' חמא בר' חנינה
באי זו זכות הסממית מתפסת, בזכות אותן הידים ויעש
גם הוא מטעמים וגו'.

> *Und auch er bereitete ein gutes Gericht* [*und brachte es seinem Vater herein*] (Gen 27,31).
> Wie denn geschrieben steht: *Den Gecko* (סממית *smamit*)[159] *kann man mit der Hand ergreifen,* [*er aber ist in Königspalästen zu finden*] (Spr 30,28). R. H̱ama b. R. H̱anina (pA2 um 260) sagte: Aufgrund welcher z^{e}*khut* ergreift der Gecko (סממית *smamit*)? Aufgrund der z^{e}*khut* ebendieser Hände: *Und auch er bereitete ein gutes Gericht* [*und brachte es seinem Vater herein.*][160]

Im Unterschied zu BerR 66,7 fehlt das erste Zitat von Gen 27,31 in der Parallele in YalqProv 963. Dort beginnt der Midrasch also mit dem Zitat von Spr 30,28. Dies lässt darauf schliessen, dass es sich beim vorliegenden Midrasch um eine Auslegung von Spr 30,28 mit Hilfe von Gen 27,31 handelt. In BerR 66,7 hat das erste Zitat von Gen 27,31 seinen Grund darin, dass BerR eine fast durchgehende Vers für Vers Auslegung des Buches Genesis bietet.

Welches Tier ist gemeint?

In Freedmans (II,605) Übersetzung heisst es: „*The spider thou canst take with the hands* (Prov. XXX, 28). R. H̱ama b. R. H̱anina explained it: In virtue of what merit does the spider grasp?“ Und in Anm. 2 bemerkt er zur Stelle: „The spider symbolises Esau – Rome, which has grasped dominion as a reward for the respect shown by Esau to his father in preparing the savoury food for him with his own hands. – R. Hama takes the verb actively: The spider seizes with its hands.“ Neusner steht ganz offensichtlich unter Freedmans Einfluss. In seinen Erläuterungen zur Stelle

---

158) Parallelen: YalqBer 115, YalqProv 963 zu 30,28.
159) Die BHS liest anstatt סממית שממית. Laut Gesenius, 788, שְׂמָמִית und Even-Shoshan, III,1386, שְׂמָמִית schwankt die Schreibweise, am Sinn ändert sich jedoch nichts.
160) Freedman (II,605), Marmorstein (19, 81) und Neusner (II,407) übersetzen z^{e}*khut* mit „merit“. Wünsche (320) übersetzt den Ausdruck mit „mittels“.

verweist er ausdrücklich auf diesen (II,408). Auch er übersetzt *„smamit"* mit „spider" (II,407). Und zur Stelle bemerkt er (II,408): „Esau is represented here by the spider. Its grasp of its imperial web is on account of that merit that Esau attained in serving his father." Im Unterschied zu Freedman und Neusner äussert sich Wünsche (320) nicht zur Bedeutung der Stelle. Er übersetzt sie jedoch im selben Sinne: „Wodurch kannst du die Spinne fassen?"

Nach O. Plöger handelt es sich beim Ausdruck *smamit* um ein *hapax legomenon*, dessen Wiedergabe zwischen „Eidechse" und „Spinne" schwankt.[161] Er selbst spricht sich bei der Frage der Übersetzung von *smamit* für „Gecko" aus.[162] Das Wörterbuch von Gesenius gibt die Bedeutung von *smamit* ebenfalls mit „Eidechse" an, weist jedoch darauf hin, dass dieser Ausdruck von einigen auch als „Spinne" verstanden wird.[163] Demgegenüber äussert sich Even-Shoshan eindeutig. Ihm zufolge bedeutet *smamit* „Gecko" (lat. *Geckotidae*).[164]

Dass *smamit* nicht „Spinne" sondern „Gecko" bedeutet, wird durch den vorliegenden Midrasch bestätigt: Die Hände, von denen in Spr 30,28 und in der Auslegung R. Ḫama b. R. Ḫaninas die Rede ist, passen nicht zur Spinne, sondern zum Gecko. Die Spinne hat keine „Hände", und sie ergreift ihre Opfer auch nicht mit ihren Beinen. Ihr Hilfsmittel ist, wie Freedman und Neusner richtig bemerken, ihr Netz. Nur ist in BerR 66,7 weder von einer Spinne, noch von einem Netz die Rede. Im Unterschied zur Spinne kann man beim Gecko schon von „Händen" sprechen. Er hat wie der Mensch fünf „Finger" und hält sich mit diesen an Wänden und Decken von Häusern und nun eben auch von Palästen fest. Wie Freedman all dies übersehen konnte, bleibt unverständlich. Noch unbegreiflicher ist es, dass Neusner Freedmans Ansichten vollständig übernimmt, obwohl sich seine Übersetzungen sonst durch bemerkenswerte Präzision auszeichnen.

Die Bedeutung des Geckos und ebendieser Hände

In einem Punkt haben Freedman und Neusner allerdings recht: Die vorliegende Auslegung bezieht sich tatsächlich auf das römische Reich.[165] Dies geht aus MMish 30,28 und YalqProv 864 zu 30,29 hervor, wo der Gecko in Spr 30,28 mit dem römischen Reich identifiziert wird. In Yalq-

161) O. Plöger, Sprüche Salomos, Proverbia, 355.
162) Ebd. 366.
163) Gesenius, 788, שְׂמָמִית.
164) Even-Shoshan, III,1386, שְׂמָמִית.
165) Dieser Auffassung sind auch Marmorstein (19, 81), Mirqin (III,59), Steinberger (III,96), und Theodor/Albeck (II,751).

Prov 864 zu 30,29 wird zudem der Grund für diese Identifizierung genannt:

> [*Dreie sind es, die stattlich schreiten, ja*] *viere,* [*die stattlich einhergehen:*] (Spr 30,29). .... *Den Gecko kann man mit der Hand ergreifen,* [*und doch ist er in Königspalästen zu finden*] (Spr 30,28). Das ist das vierte Reich, denn niemand ist von allen Reptilien sosehr verhasst wie der Gecko. Und es steht geschrieben: ....*den Esau aber habe ich gehasst* (Mal 1,3). Er aber ist *in Königspalästen zu finden*, er, der den Tempel des Königs der Könige der Könige zerstörte.[166]

Aus dem Zusammenhang, in dem dieser Abschnitt steht, geht hervor, dass mit dem vierten Reich Rom gemeint ist. Das römische Reich wird mit dem Gecko gleichgesetzt, weil es wie dieses Tier verhasst ist. Wie der Gecko sogar die Königspaläste in Beschlag nimmt, nahm Rom die Königspaläste vieler Länder und Völker in Besitz. Der Gecko tut dies durch seine „Hände“, mit denen er sich an Wänden und Decken festhält. Aber auch Rom tat dies durch seine „Hände“, nämlich durch die Hände Esaus. In Gen 27,31 ist zwar nicht *expressis verbis*, aber *der Sache nach* von den Händen Esaus die Rede: Das Gericht, das Esau seinem Vater Isaak brachte, bereitete er mit seinen Händen. Weil Esau mit dem Gecko identifiziert wird, der Rom bedeutet, sind Esaus Hände in Gen 27,31 mit denjenigen des Geckos in Spr 30,28 und somit mit denjenigen Roms identisch.
In BerR 66,7 liegt ein Wortspiel vor: Der Gecko, den man mit der Hand ergreifen kann, ergreift selbst mit ebendiesen Händen. Obwohl in BerR 66,7 im Satz „Durch welche *z^{e}khut* ergreift der Gecko?“ das Objekt fehlt, ist klar, was der Gecko ergreift: Der Gecko bzw. Rom ergreift die Königspaläste und damit die Macht. Dies vermag Rom aufgrund „der *z^{e}khut* ebendieser Hände“, die für Isaak ein gutes Gericht bereiteten.
In Gen 27,3f sagt Isaak zu Esau: *„So nimm nun dein Jagdgerät, Köcher und Bogen, geh aufs Feld und jage mir ein Wildbret; dann bereite mir ein gutes Gericht, wie ich es gerne habe, und bring es mir herein zum Essen, auf dass dich meine Seele segne, ehe ich sterbe.“* Das *„gute Gericht“*, das Esau Isaak gemäss V.31 bereitete, wird also in V.4 angeordnet. Esau soll es zubereiten, damit Isaak ihn segne. Zwar kann Isaak Esau nicht so segnen, wie er es eigentlich vorhatte. Aber obwohl der Segen, den Esau schliesslich empfängt, gegenüber demjenigen Jakobs minderwertig ist, wird auch er gesegnet: *„Da antwortete sein Vater Isaak und sprach zu ihm: Sieh, fern vom Fett der Erde soll deine Wohnung sein und fern vom*

166) Das Wort היכל (*hekhal*) bedeutet sowohl „Palast“ als auch „Tempel“. Es handelt sich hier also um ein Wortspiel: Esau bzw. Rom, welches das „Haus des Heiligtums“ (בית המקדש *bet hamiqdash*), d.h. den היכל (*hekhal*) des Königs der Könige der Könige zerstörte, wohnt selbst in den היכלי מלך (*hekh^{e}le melekh*), in den Königspalästen.

Tau des Himmels droben. Von deinem Schwerte musst du leben, und deinem Bruder sollst du dienen. Doch wird's geschehen: wenn du dich mühst, wirst du sein Joch von deinem Halse reissen" (Gen 27,39f). Rom hat sein Reich tatsächlich durch Kriege errichtet und erhalten. Seine Macht basierte auf den Legionen und auf deren Schwertern.
Da Esau und Rom in BerR 66,7 miteinander identifiziert werden, gilt der Segen, den Esau empfängt, Rom. Dieser Segen begründet also Roms Macht. Da Esau diesen Segen erhielt, weil Isaaks Wunsch entsprach und ihm ein gutes Gericht bereitete, entspricht die *z^e^khut* der Hände dem Segen Isaaks. Die *z^e^khut* der Hände ist also *die Gültigkeit, Wirksamkeit und Verwirklichung des Segens Isaaks*. Die Übersetzung von *z^e^khut* mit „Verdienst" bzw. „merit" macht auch hier keinen Sinn, weil es nicht um ein „verdienstliches Werk" Esaus geht, sondern darum, dass auch Esau wie Jakob ein gutes Gericht bereitet und wie jener einen Segen empfängt, wenn auch einen völlig anderen. Da *z^e^khut* in BerR 66,7 nicht „Verdienst" bzw. „merit" bedeutet, trifft auch Marmorsteins (19) Ansicht nicht zu, dass nicht einmal die Gottlosen ohne „Verdienste" seien.

Die Macht Roms und die Ohnmacht Israels

Obwohl Jakob von Gott erwählt wurde und nicht Esau, und obwohl Jakob den grösseren Segen erhielt als Esau, war Rom in dieser Welt mächtig, Israel aber schwach. Weshalb ist das so? Bedeutet es, dass Rom Israel ganz überwinden und zerstören wird? Hat Gott Israel verworfen, wie seine Feinde dies oft behaupten? Hat Israel aus diesem Grunde keinen Anspruch mehr auf die Einlösung des Segens? – Wie gerade auch der Zusammenhang zeigt, in dem BerR 66,7 steht, haben die Rabbinen über diese beklemmenden Fragen intensiv nachgedacht. Eine mögliche Antwort wird im vorliegenden Midrasch gegeben. Allerdings ist auch diese Antwort keine wirkliche Erklärung des Problems. Es wird ja nicht erklärt, weshalb Esau und damit Rom gerade diesen Segen erhielt.
Obwohl Rom in dieser Welt mächtig, Israel hingegen ohnmächtig ist, kann Rom Israel nicht ganz überwältigen. Dass Rom dies nicht kann, geht aus dem Midrasch im nächsten Kapitel hervor.

6.4.2 Jakobs Amulette als Träger der *z^{e}khut*: BerR 77,3 zu 32,26 (II,913)[167]

וירא כי לא יכול לו (בראשית לב כו) אמר ר' חננא בר
יצחק הוא בא אליך וחמשה קמיעים תלויים בו, זכותו
זכות אביו ואמו וזקינו וזקינתו, מדוד עצמך אם אתה
יכול לעמוד אפילו בזכותו.

Als er sah, dass er ihn nicht überwältigen konnte, [*schlug er ihn auf das Hüftgelenk*] (Gen 32,26). R. H̱anina b. Yitsẖaq (pA4 um 325) sagte: Er (d.h. Jakob) kommt zu dir, und fünf Amulette hängen an ihm: seine eigene *z^{e}khut*, die *z^{e}khut* seines Vaters, seiner Mutter, seines Grossvaters und seiner Grossmutter. Miss dich selbst, ob du auch nur seiner eigenen *z^{e}khut* standhalten kannst![168]

Mit *„er"* ist in Gen 32,26 die Gestalt gemeint, die mit Jakob am Übergang des Jabbok rang (V.24). Wer ist das? Nach R. H̱ama b. R. H̱anina (pA2 um 260) handelt es sich dabei um den Engelfürst Esaus (vgl. den Anfang von BerR 77,3). Wie aus dem Zusammenhang des vorliegenden Midrasch hervorgeht, versteht auch R. H̱anina b. Yitsẖaq diese Gestalt als Repräsentant Esaus. Dieser Repräsentant Esaus und damit auch Roms wird in der Auslegung R. H̱anina b. Yitsẖaqs in direkter Rede angesprochen. Von wem, wird aus dem Haupttext Theodor/Albecks nicht klar. Einige Varianten sowie die Parallelen in LeqT Ber 32,26, ShirR 3,5 und YalqBer 132 lesen an dieser Stelle: „Der Heilige, gepriesen sei er, sprach...."[169]

Der Repräsentant Esaus wird aufgefordert, sich mit Jakob zu messen. Gleichzeitig wird ihm zu bedenken gegeben, dass fünf Amulette an Jakob hängen: seine eigene *z^{e}khut*, diejenige seines Vaters (Isaak), seiner Mutter (Rebekka), seines Grossvaters (Abraham) und seiner Grossmutter (Sara). Um zu verstehen, was mit *z^{e}khut* gemeint ist, muss man sich vergegenwärtigen, was ein Amulett ist: Es ist etwas, das seinem Träger Schutz ver-

167) Parallelen: LeqT Ber 32,26, MHG Ber 32,26, SekhT Ber 32,26, ShirR 3,5, YalqBer 132.

168) Freedman (II,712) und Marmorstein (104) übersetzen *z^{e}khut* mit „merit". Neusner (III,120) übersetzt den Ausdruck in seiner Übersetzung von BerR ebenfalls mit „merit". In seinem späteren Aufsatz (Systemic Integration and Theology, The Concept of Zekhut in formative Judaism, 177) belässt er ihn unübersetzt und in Umschrift. In diesem Zusammenhang versteht Neusner unter *z^{e}khut* „the heritage of virtue and its consequent entitlements" (ebd. 171). Billerbeck (IV/1,12) und Wünsche (377) übersetzen den Ausdruck mit „Verdienst".

169) Die Parallele in SekhT Ber 32,26 liest: „Das Wort des Heiligen sprach...." Da das „Wort des Heiligen" keine von Gott unabhängige Grösse ist, ist damit dasselbe gemeint wie mit dem Satz: „Der Heilige, gepriesen sei er, sprach...."

leiht. Und zwar tut es dies, weil mit ihm eine Kraft verbunden ist. Die Wirkungsweise eines Amulettes ist grundsätzlich anderer Art als diejenige eines „Verdienstes“. Ein „Verdienst“ muss gegenüber einem Dritten geltend gemacht werden, in diesem Falle also gegenüber Gott. Ein Amulett hingegen wirkt durch die damit verbundene Kraft. Im Zusammenhang der Auslegung R. H̲anina b. Yitsh̲aqs wird deshalb noch danach zu fragen sein, was das für eine Kraft ist.
Amulette werden nicht selten von jemandem als Geschenk erhalten oder von jemandem ererbt. Bei der Frage, worum es sich bei den Amuletten handelt, die an Jakob hängen, ist gerade dieser Gesichtspunkt von Bedeutung. Es gibt nämlich tatsächlich etwas, das Jakob von seinen Eltern und Grosseltern erbt, nämlich den Segen und damit auch die damit verbundene Erwählung durch Gott. Zwar gelangte Jakob aufgrund eines Betruges in den Besitz des Segens seines Vaters. Aber nachdem der Segen einmal verliehen war, konnte er nicht mehr zurückgenommen werden (vgl. Gen 27,35-37). Bevor Jakob nach Haran aufbrach, wurde er von seinem Vater nochmals gesegnet (Gen 28,3f). In Gen 28,4 sagt Isaak, dass Gott Jakob den Segen Abrahams geben solle. Und schliesslich wurde er auch von Gott selbst erwählt und gesegnet (Gen 28,13-15).
Die Amulette, die Jakob geerbt hat, sind also die Erwählung Abrahams, Saras, Isaaks und Rebekkas und der damit gegebene Segen. Und das Amulett, das ihm geschenkt wurde, ist seine Erwählung durch Gott mit dem damit gegebenen Segen. Mit *z^e^khut* kann daher nur *die Gültigkeit und Wirksamkeit der Erwählung durch Gott und die Kraft des damit gegebenen Segens* gemeint sein. Die Kraft der fünf Amulette ist also die Kraft des Segens.[170]
In der Auslegung R. H̲anina b. Yitsh̲aqs wird der Repräsentant Esaus aufgefordert, zu testen, ob er auch nur schon der *z^e^khut* Jakobs standhalten könne. Das bedeutet, dass bereits die *z^e^khut* Jakobs allein ausreicht, um ihn vor dem Repräsentanten Esaus zu schützen. Warum ist das so? – Das Ziel der Erwählung Isaaks, Rebekkas, Abrahams und Saras ist die Erwählung Israels. Israels Repräsentant *par exellence* aber ist Jakob, der seit dem Kampf am Jabbok Israel heisst (Gen 32,28). Weil Jakobs Erwählung auch und gerade auch diejenige des Volkes Israel ist, genügt seine eigene *z^e^khut* im Kampf gegen den Repräsentanten Esaus bzw. Edoms.

---

170) Auch Neusner (Systemic Integration and Theology, The Concept of Zekhut in formative Judaism, 171) spricht in seiner Umschreibung von *z^e^khut* von einem Erbe (heritage). Nach Neusner besteht dieses in der „virtue“ und somit also im gottgewollten Tun Jakobs bzw. seiner Eltern und Grosseltern. Daraus ergeben sich dann die „entitlements“, d.h. die Ansprüche und Berechtigungen. Gegen dieses Verständnis ist einzuwenden, dass die Wirkungsweise eines Amulettes ganz anderer Art ist, als diejenige von Ansprüchen und Berechtigungen, und dass es nicht um das Erbe der „virtue“ geht, sondern um das Erbe des Segens.

Da die Rabbinen Edom mit Rom gleichzusetzen pflegen, ist die Auslegung R. Hanina b. Yitshaqs ein Ausdruck der Hoffnung, dass Rom Israel nicht überwältigen wird. Diese Hoffnung wird nicht duldsam vorgetragen, sondern in Form einer Aufforderung zum Kampf: „Miss dich selbst, ob du auch nur seiner eigenen *z^{e}khut* standhalten kannst!" – Wir wollen sehen, wer der Stärkere ist! R. Hanina b. Yitshaq formulierte seine Aufforderung zum Messen der Kräfte im Glauben daran, dass Jakob und damit Israel im Unterschied zu Rom Bestand haben würde.

6.5 Die Erhörung des Gebetes Jakobs aufgrund seiner *z^e^khut*: BerR 75,13 zu 32,17 (II,895f)[171]

ויתן ביד עבדיו עדר עדר לבדו (בראשית לב יז) מהו ורוח תשימו (שם שם) אמר יעקב לפני הקב"ה רבון כל העולמים אם תבואנה צרות בבניי לא יהו זו אחר זו אלא יהא רוח להם מצרותיהם, אותה שעה נשא עיניו וראה את עשו ותלה עיניו למרום ובכה וביקש רחמים על עצמו לפני הקב"ה ושמע תפילתו והבטיחו שמושיען מכל צרותיהן בזכותו שנ' יענך י"י ביום צרה ישגבך שם אלהי יעקב (תהלים כ ב).

Und er übergab sie seinen Knechten, jede Herde besonders, [und sprach zu seinen Knechten: Ziehet vor mir her und lasset Raum zwischen den einzelnen Herden] (Gen 32,17). Was [bedeutet] *und lasset Raum*? Jakob sprach vor dem Heiligen, gepriesen sei er: Herr aller Welten, wenn Drangsale auf meine Kinder kommen, [dann] seien diese nicht eine nach der anderen, sondern es sei für sie Raum von ihren Drangsalen. Zu derselben Stunde erhob er seine Augen und sah Esau. Und er richtete seine Augen in die Höhe, weinte und bat vor dem Heiligen, gepriesen sei er, für sich um Erbarmen. Und er erhörte sein Gebet und versprach ihm, dass er sie aufgrund seiner *z^e^khut* aus allen ihren Drangsalen retten werde, denn es wird gesagt: *Der HERR wird dich erhören am Tage der Drangsal, der Name des Gottes Jakobs wird dich beschützen* (Ps 20,2).[172]

Der Raum, den Jakob zwischen den Herden lässt, ist von einem Gebet begleitet: Die Drangsale, denen die Kinder Israels künftig ausgesetzt sein werden, sollen nicht eine nach der anderen über sie kommen. Sondern es soll „Raum" zwischen ihnen sein, damit die Kinder Jakobs eine Pause haben, in der sie wieder aufatmen und sich erholen können. Wird ihnen dieses Aufatmen nämlich nicht gewährt, werden sie ganz untergehen. Die Erhörung dieses Gebetes wird Jakob von Gott zugesichert und zwar aufgrund von Jakobs *z^e^khut*. Der Schriftgrund dafür ist Ps 20,2. Dort wird Gott als *„der Name des Gottes Jakobs"* bezeichnet. Mit dem „Namen" ist Gott selbst gemeint. Mirqin (III,176) bemerkt zur Stelle, dass zu erwarten wäre, dass es in Ps 20,2b entweder *„der Name deines Gottes wird dich beschützen"* heisst, oder dann *„....der Name Gottes wird dich beschüt-*

171) Parallele: YalqMPs 20,4.

172) Freedman (II,700) übersetzt *z^e^khut* mit „for .... sake", Neusner (III,106) mit „merit" und Wünsche (372) mit „aus Rücksicht (im Verdienste) auf".

zen". Wie dem auch sei, jedenfalls fiel die Formulierung *„der Name des Gottes Jakobs"* auch dem anonymen Verfasser des vorliegenden Midrasch auf und lieferte ihm den Anlass für seine Auslegung von Gen 32,17.

Da Ps 20,2 die Begründung dafür ist, dass Gott die Israeliten aufgrund von Jakobs *z^e^khut* „aus allen ihren Drangsalen retten werde", entspricht der Ausdruck *„der Name des Gottes Jakobs"* der *z^e^khut* Jakobs. *z^e^khut* kann daher aus zwei Gründen nicht „Verdienst" bedeuten. Erstens handelt es sich bei Ps 20,2 um eine *Verheissung* Gottes. Zweitens ist Gott dadurch der Gott Jakobs, dass er ihn *erwählt* hat. Die *z^e^khut* Jakobs kann daher nur als *Gültigkeit und Wirksamkeit von Gottes Verheissung auf Rettung mitsamt dem damit verbundenen Anspruch auf Erfüllung* verstanden werden. Wobei auch hier hinzuzufügen ist, dass diese ihren Grund in *der Gültigkeit, Wirksamkeit und Verwirklichung der Erwählung* Jakobs durch Gott hat.

Ergänzende Texte zu Kapitel 6. (T.17-20)

In BerR 76,7 zu 32,13 (Anhang, T.17), BerR 98,15 zu 49,19 (Anhang, T.18), BerR 98,13 zu 49,16 (Anhang, T.19) und BerR 99,2 zu 49,27 (Anhang, T.20) geht es unter anderem ebenfalls um die Thematik des Segens. Diese Texte sind Ergänzungen zum ganzen Kapitel 6. Ihre Analysen bestätigen nochmals die in diesem Kapitel erarbeiteten Ergebnisse zur Bedeutung von *z^e^khut*.

6.6 Zwischenergebnisse

Die Universalität der Erwählung

In einigen der in Kapitel 6. besprochenen Texte bedeutet z^e*khut* „*Gültigkeit, Wirksamkeit und Verwirklichung der universalen Erwählung Israels bzw. dessen Repräsentanten durch Gott und der damit gegebenen Verheissung*“. Die Zusammenhänge, in denen z^e*khut* diese Bedeutung hat, sind folgende:

- Die Schiffe, die auf dem Mittelmeer zerstreut wurden, und die Wein für heidnische Trankopfer transportierten, wurden aufgrund der z^e*khut* Abrahams gerettet (BerR 39,11, Kapitel 6.1).
- Gott gibt den Regen und den Tau ohne Einschränkung für alle Menschen aufgrund der z^e*khut* Abrahams (BerR 39,12 = Text 11).
- Alles Gute, das in die Welt kommt, kommt allein aufgrund der z^e*khut* Israels (BerR 66,2 = Text 12).
- Die Bewohner Harans, die nach rabbinischem Verständnis Heiden waren, wurden aufgrund der z^e*khut* Jakobs mit Wasser gesegnet (BerR 70,19 = Text 13).

In zwei weiteren Stellen hat z^e*khut* die Bedeutung von „*Gültigkeit und Wirksamkeit der universalen Erwählung Abrahams durch Gott und der damit gegebenen Verheissung mit ihrem Anspruch auf Verwirklichung*“:

- Ismael wurde aufgrund der z^e*khut* Abrahams vor dem Verdursten gerettet und infolge dieser Rettung zu einem grossen Volk (BerR 53,14, Kapitel 6.2).
- Die Völker Moab und Ammon verdanken ihre Existenz der z^e*khut* Abrahams (BerR 51,11 = Text 14).

Die Unterschiede zwischen den beiden Umschreibungen von z^e*khut* sind minim. Bei der ersten liegt das Gewicht mehr auf der *Verwirklichung* der Erwählung und Verheissung und bei der zweiten mehr auf deren *Wirksamkeit*. D.h. bei der ersten Umschreibung liegt der Akzent mehr darauf, dass die Erwählung und Verheissung bereits verwirklicht wird, bei der zweiten mehr darauf, dass die Erwählung und Verheissung zwar gültig und wirksam ist, dass aber die Erfüllung der Verheissung noch aussteht.

In allen sechs Textbeispielen kommt die *grenzüberschreitende und universale Grösse und Weite der Erwählung Israels bzw. seiner Repräsentanten* zum Ausdruck. In allen Beispielen wird eindrücklich sichtbar, dass die Erwählung der Väter und Israels kein Selbstzweck ist. Sie ist kein Privileg, das den Erwählten allen anderen Menschen gegenüber Vorteile verschafft, vielmehr geschieht sie zum Wohle anderer. Das wird z.B. an Abraham deutlich, der selbst keinen Sohn hat, durch dessen Gebet die unfruchtbaren Frauen schwanger wurden (BerR 39,11, Kapitel 6.1). Der Segen, den Abraham bzw. Israel von Gott empfängt, besteht nicht nur darin,

dass Abraham und Israel gesegnet werden, sondern vielmehr darin, dass *alle Völker* gesegnet werden – *sogar die Feinde Israels und die Feinde Gottes*.
Die universale Grösse und Weite der Erwählung kommt auch darin zum Ausdruck, dass in BerR 53,14 (Kapitel 6.2) von der *z^e^khut* des Kranken die Rede ist, d.h. von *der Gültigkeit und Wirksamkeit der Erwählung der Schwachen und Kranken und der damit gegebenen Verheissung*. Zu den Kranken bzw. Schwachen gehören auch die unfruchtbaren Frauen. Unfruchtbar war auch Rahel. Nach BerR 73,3 (= Text 15) wurde sie durch viele Gebete schwanger bzw. aufgrund ihrer eigenen *z^e^khut*, derjenigen ihrer Schwester, derjenigen Jakobs und derjenigen der Mütter.

Die z^ekhut des Segens

In folgenden Zusammenhängen ist von der *z^ekhut* des Segens die Rede:
- In BerR 66,7 (Kapitel 6.4.1) entspricht die *z^ekhut* der Hände Esaus der Sache nach der *z^ekhut* des Segens Isaaks. Der *z^ekhut* dieses Segens verdankt Rom seine Macht.
- In BerR 77,3 (Kapitel 6.4.2) kann Edom bzw. Rom Jakobs aufgrund dessen *z^ekhut* nicht überwältigen (Amulette).
- Aufgrund der *z^ekhut* des Segens Jakobs (Meinung der Rabbinen) bzw. aufgrund der *z^ekhut* des Segens Josuas (Meinung R. Levis) konnten die Gaditer nach vierzehn Jahren Krieg endlich nach Hause zurückkehren (BerR 98,15 = Text 18). Aufgrund der *z^ekhut* des Segens Mose schuf Gott Simson eine Quelle zwischen seinen Zähnen und rettete er ihn auf diese Weise vor dem Verdursten (BerR 98,13 = Text 19). Und aufgrund der *z^ekhut* des Segens Mose fiel das griechische Reich durch die Hand der Söhne der Hasmonäer (BerR 99,2 = Text 20).

Obwohl die einzelnen Umschreibungen der *z^ekhut* des Segens in diesen Textbeispielen viele Nuancen aufweisen, liegt bei allen der Akzent auf der Gültigkeit und Wirksamkeit des Segens bzw. seiner Kraft. Zwar ist die Erwählung nicht in allen Umschreibungen *expressis verbis* enthalten, aber es ist trotzdem klar, dass es den Segen und seine Kraft nur aufgrund der Erwählung durch Gott und des Bundes mit ihm gibt. Das gilt übrigens auch für den Segen Isaaks an Esau. Zwar ist Jakob und nicht Esau bzw. Edom erwählt, aber der Esau segnende Isaak ist es.

Verheissung und deren Anspruch auf Verwirklichung und Erfüllung

Die Bedeutung von *z^ekhut* weist auch in BerR 75,13 (Kapitel 6.5), BerR 11,4 (= Text 16) und BerR 76,7 (= Text 17) viele Nuancen auf. Allen Umschreibungen ist gemeinsam, dass in ihnen *die Gültigkeit, Wirksam-*

keit und Verwirklichung der Verheissung bzw. deren Anspruch auf Verwirklichung und Erfüllung enthalten ist.

Vorwegnahme der Geschichte Israels durch die Väter und Mütter

Nach rabbinischem Verständnis sind die Väter und Mütter Israels dessen Repräsentanten. Dies bedeutet, dass sie durch das, was sie erleben, erleiden und tun, die Geschichte Israels vorausnehmen. Ihr Leben und Tun hat darum Verheissungscharakter.

So ist in BerR 48,12 (Kapitel 6.3.1) davon die Rede, dass durch das Kneten des Teiges und durch das Kuchenbacken Saras Pesach vorweggenommen wird. Die *z^ekhut* dieses Tuns ist *die Gültigkeit und Wirksamkeit der Verheissung, die Gott Israel mit Pesach gibt; d.h. der Verheissung, Israel vor dem Tode zu bewahren und es am Leben zu erhalten.* Oder so wird in BerR 43,8 (Kapitel 6.3.2) durch den Zehnten, den Abraham Melchisedek gab, der Zehnte vorweggenommen, den Israel einst der Priesterschaft in Jerusalem entrichten würde. Da man Jerusalem als das sichtbare geografische Zentrum des Lebens im Bunde mit Gott bezeichnen kann, geht es wie bei Pesach auch beim Zehnten um das Zentrum der Erwählung und des Bundes. Im Zusammenhang von BerR 43,8 bedeutet *z^ekhut* „*Gültigkeit und Wirksamkeit der mit dem Segen Melchisedeks gegebenen Verheissung in der Verwirklichung der antwortenden Glaubenspraxis Abrahams*“.

Verdienstlichkeit der antwortenden Glaubenspraxis?

In keinem der siebzehn besprochenen Midraschim bedeutet *z^ekhut* „Verdienst“. Dieser Befund ist überall eindeutig. Wie in den Kapiteln 4. und 5. sowie deren Anhang konnte die Bedeutung von *z^ekhut* in allen Stellen mit deutschen *Nomen* wiedergegeben werden, in denen dieser Ausdruck mit der Präposition בְּ (*b^e*) konstruiert war. Auch in Kapitel 6. und dessen Anhang fand sich kein Hinweis darauf, dass der Ausdruck *biz^ekhut* (בזכות) lediglich den Sinn von „um .... willen“ oder „wegen“ habe, wie Moore und andere Autoren dies meinen (s.o. Kapitel 1.2).

In BerR 43,8 (Kapitel 6.3.2) und in BerR 11,4 (= Text 16) liegt der Akzent bei der Bedeutung von *z^ekhut* auf *der Verwirklichung in der Gott antwortenden Glaubenspraxis.* Im Zusammenhang dieser beiden Stellen stellt sich daher die Frage, ob die antwortende Glaubenspraxis von Erwählten nicht doch, wenn auch in einem ganz anderen Sinne als *Verdienst* bezeichnet werden kann. Zwar könnte man im Zusammenhang von BerR 43,8 und BerR 11,4 die Gott antwortende Glaubenspraxis als *Verdienst, verdienstvoll* o.ä. zu bezeichnen – vorausgesetzt, man gibt *äusserst umsichtig und präzise* an, was damit gemeint ist, und was gerade nicht.

Gleichzeitig aber ist zu bedenken, dass bei der Verwendung des Verbes *verdienen* bzw. dessen Derivaten die enorme Gefahr einer Neuauflage und erneuten Bestätigung des weitverbreiteten Missverständnisses besteht, es gehe bei den Rabbinen um „Verdienste“, und dass alle sprachlichen Anstrengungen dieses Missverständnis nicht verhindern könnten. Demgegenüber hat die Rede von der *anerkennenswerten antwortenden Glaubenspraxis* den enormen Vorteil, dass dadurch diese Art von *Verdienst* unter dem Vorzeichen der Erwählung durch Gott steht und daher kein selbständiges von Gott unabhängiges „Verdienst“ ist, sondern ein in Gottes Erwählung begründetes und auf Gott und seine Erwählung antwortendes. Aus diesem Grunde wird in dieser Arbeit auf die Verwendung des Verbes *verdienen* und dessen Derivaten verzichtet.

Soteriologische Bedeutung von Segen und Gebet

Die in Kapitel 6. und dessen Anhang besprochenen Texte lassen sich inhaltlich ebensowenig auf einen Nenner bringen oder zusammenfassen, wie die Texte in Kapitel 4. und 5. und deren Anhang. Soviel lässt sich immerhin sagen: In den meisten Texten stand der Segen bzw. das Gebet im Zusammenhang der Rettung, und zwar sowohl der Rettung Israels bzw. dessen Repräsentanten, als auch der Rettung von Heiden.

7. *z^{e}khut*: Rettung und Erlösung

7.1 Die *z^{e}khut* der Anbetung, die *z^{e}khut* des dritten Tages und die *z^{e}khut* des Laubhüttenfestes

Das Gemeinsame der Auslegungen der folgenden drei Texte besteht darin, dass es in jedem von ihnen einen Schlüsselbegriff gibt. In BerR 56,2 ist es die „Anbetung“, in BerR 56,1 der „dritte Tag“ und in BerR 63,8 der „Erste“. Bei diesen Schlüsselbegriffen handelt es sich um konstituierende Elemente der Erwählungsgeschichte Israels, mit denen eschatologische Hoffnungen verbunden sind:

- In BerR 56,2: Die Rückkehr aus dem Exil, der Wiederaufbau des Tempels und die Auferstehung der Toten.
- In BerR 56,1: Die Auferstehung der Toten.
- In BerR 63,8: Der Wiederaufbau des Tempels und das Kommen des Messias.

Trotz der vielen Unterschiede zwischen BerR 56,2, BerR 56,1 und BerR 63,8 werden diese Midraschim als zusammengehörig erachtet und im selben Kapitel vorgestellt und besprochen.

7.1.1 Die *z^e^khut* der Anbetung: BerR 56,2 zu 22,5 (II,597)[173]

ואני והנער נלכה עד כה (בראשית כב ה) .... אמר ר'
יצחק והכל בזכות השתחוויה, אברהם לא חזר מהר
המוריה בשלום אלא בזכות השתחוויה ונשתחוה ונשובה
אליכם, ישראל לא נגאלו אלא בזכות השתחוויה ויאמן
העם וישמעו כי פקד וגו' ויקדו וישתחוו (שמות ד לא),
התורה לא נתנה אלא בזכות השתחויה והשתחויתם
מרחוק (שם כד א), חנה לא נפקדה אלא בזכות
השתחויה וישתחו שם וגו' (ש"א א כח), והגליות אינן
מתכנסות אלא בזכות השתחוויה והיה ביום ההוא יתקע
בשופר וגו' והשתחוו לי"י בהר הקדש בירושלם (ישעיה
כז יג), בית המקדש לא נבנה אלא בזכות השתחויה
רוממו י"י אלהינו והשתחוו וגו' (תהלים צט ט), המתים
אינם חיים אלא בזכות השתחוויה בואו ונשתחוה ונכרעה
וגו' (שם צה ו).

[*Da sprach Abraham zu seinen Knechten: Bleibet ihr hier mit dem Esel,*] *ich aber und der Knabe wollen dorthin gehen,* [*und wenn wir angebetet haben, werden wir zu euch zurückkehren*] (Gen 22,5). ....

R. Yitsẖaq (pA4 um 300)[174] sagte: Alles [geschieht] aufgrund der *z^e^khut* der Anbetung:

[1] Abraham kehrte allein aufgrund der *z^e^khut* der Anbetung in Frieden vom Berg Moria zurück: ....*und wenn wir angebetet haben, werden wir zu euch zurückkehren* (Gen 22,5).

[2] Israel wurde allein aufgrund der *z^e^khut* der Anbetung erlöst: *Da glaubte das Volk, und als sie hörten, dass* [*der HERR sich der Kinder Israels*] *angenommen* [*und dass er ihr Elend angesehen*] *habe, verneigten sie sich und beteten an* (Ex 4,31).

[3] Die *torah* wurde allein aufgrund der *z^e^khut* der Anbetung gegeben: [*Und zu Mose sprach er: Steiget herauf zum HERRN, du und Aaron, Nadab und Abihu und siebzig von den Ältesten Israels,*] *und betet an aus der Ferne* (Ex 24,1).

---

173) Parallelen: MShem 3,7, YalqBer 100, YalqSam 80. MHG Ber 22,5 enthält lediglich eine Parallele zu [2].

174) Es ist nicht sicher, welcher R. Yitsẖaq gemeint ist, ob derjenige um 150, oder derjenige um 300. Da die meisten Rabbinen, die in BerR zu Worte kommen, im 3. und 4. Jh. gelebt haben, ist die Wahrscheinlichkeit gross, dass es sich hier um den späteren R. Yitsẖaq handelt. Davon, dass es sich um den späteren R. Yitsẖaq handelt, wird auch in allen anderen Stellen ausgegangen, die in dieser Untersuchung besprochen werden.

[4] Hanna wurde allein aufgrund der *z^ekhut* der Anbetung bedacht: *Und sie betete dort den HERRN an* (1Sam 1,28).

[5] Auch die Hinweggeführten werden sich allein aufgrund der *z^ekhut* der Anbetung versammeln: *An jenem Tage, da wird die* [*grosse*] *Posaune erschallen,* [*und sie werden heimkommen, die Verlornen im Lande Assur und die Versprengten im Lande Ägypten,*] *und werden den HERRN anbeten auf dem heiligen Berge zu Jerusalem* (Jes 27,13).

[6] Der Tempel wird allein aufgrund der *z^ekhut* der Anbetung gebaut werden: *Erhebet den HERRN, unsern Gott, und betet an* [*vor seinem heiligen Berge; denn heilig ist der HERR, unser Gott*] (Ps 99,9).

[7] Die Toten werden nur aufgrund der *z^ekhut* der Anbetung belebt werden: *Kommt, lasst uns anbeten und uns beugen,* [*niederknien vor dem HERRN, der uns macht*] (Ps 95,6).[175]

Obwohl die Auslegung R. Yitshaqs mit dem Zitat von Gen 22,5 beginnt, ist sie weit mehr als eine Interpretation dieser Stelle. Mit *„dorthin"* ist in Gen 22,5 der Ort gemeint, an dem Abraham Isaak opfern soll. Abraham nennt den Knechten gegenüber, die er zu warten auffordert, jedoch einen anderen Grund: Er und der Knabe wollen anbeten. Wie die Auslegung R. Yitshaqs zeigt, verstand er diese Aussage nicht als Ausflucht Abrahams, um den Knechten gegenüber den wahren Grund zu verheimlichen. Dass Abraham und Isaak anbeten wollen, ist für R. Yitshaq *tatsächlich* der eigentliche und wirkliche Grund dafür, weshalb Abraham auf den Berg Moria ging und auch in Frieden von dort zurückkehrte.

Die Anbetung spielt nach R. Yitshaq aber nicht nur in der Abrahamsgeschichte eine entscheidende Rolle, sondern in der Erwählungsgeschichte Israels überhaupt, von ihren Anfängen bis zu ihrer eschatologischen Vollendung. R. Yitshaq sagt daher, dass „alles" aufgrund der *z^ekhut* der Anbetung geschieht. Diese Aussage belegt er mit sieben Beispielen.

Der zentrale Begriff: hishtahawayah, „Anbetung"

Das Zentrum der Auslegung R. Yitshaqs bildet das Nomen השתחויה (*hishtahawayah*). In den Stellen, die R. Yitshaq anführt, kommt dieses Nomen allerdings nicht vor, sondern nur das Verb השתחוה (*hishtahawah*). Der Ausdruck השתחויה (*hishtahawayah*) ist in der Hebräi-

175) Marmorstein (87) übersetzt *z^ekhut* mit „merit", Freedman (I,492f) mit „as a reward for" und Wünsche (265f) mit „in Folge". Neusner (II,279) übersetzt den Ausdruck in seiner Übersetzung von BerR ebenfalls mit „merit". In seinem späteren Aufsatz (Systemic Integration and Theology, The Concept of Zekhut in formative Judaism, 178) belässt er ihn unübersetzt und in Umschrift. In diesem Zusammenhang versteht Neusner unter *z^ekhut* „the heritage of virtue and its consequent entitlements" (ebd. 171).

schen Bibel nicht belegt. Das Verb השתחוה (*hishtaḥawah*) hat die Bedeutung von „sich niederwerfen, um jemandem Ehrfurcht zu erweisen." Das kann höhergestellten Personen oder Gott gegenüber geschehen.[176] Wenn es Gott gegenüber geschieht, hat das Verb den Sinn von „anbeten". Dementsprechend kann man das Nomen השתחויה (*hishtaḥawayah*) mit „Anbetung" übersetzen. Die Rabbinen verstanden unter der *hishtaḥawayah*, dass der Betreffende sich mit ausgebreiteten Armen und Füssen auf den Boden hinstreckte.[177] Schon von ihrer äusseren Form her ist die *hishtaḥawayah* ein Akt der Unterwerfung und Demut. Erst recht ist dies der Fall, wenn sie Gott gegenüber geschieht. Die „Anbetung" besteht also in der Selbsterniedrigung und Unterwerfung Gott gegenüber und in der Anerkennung und Ehrung Gottes.

Für das Verständnis der *hishtaḥawayah* in der Auslegung R. Yitsḥaqs ist das Zitat von Ex 4,31 besonders aufschlussreich:

> *Da glaubte das Volk, und als sie hörten, dass der HERR sich der Kinder Israels angenommen und dass er ihr Elend angesehen habe, verneigten sie sich und beteten an.*

Dass Gott Israel angenommen und ihr Elend gesehen hat, ist der konkrete Ausdruck der *Erwählung* Israels durch Gott. Da die Erwählung keine höhere göttliche Verfügung ist, für die man sich nicht entscheiden müsste und gegen die man sich nicht wehren könnte, führt sie entweder zum Glauben und somit zu ihrer Annahme und Verwirklichung oder zum Unglauben und damit zu ihrer Ablehnung. Das ist auch in Ex 4,31 der Fall. Israel hört, dass Gott es erwählt hat und reagiert darauf. Diese Reaktion besteht im Glauben. Konkret wird dieser Glaube und damit die Annahme der Erwählung dadurch ausgedrückt und vollzogen, indem sich das Volk verneigt und Gott anbetet. Somit aber ist klar, dass die *hishtaḥawayah* ein Ausdruck des Glaubens Israels ist. Bei der *z^ekhut* der *hishtaḥawayah* kann es sich daher um kein „Verdienst" handeln, mit dessen Hilfe sich Israel die Befreiung aus Ägypten erkauft hätte.

Damit aber lässt sich die Bedeutung der *hishtaḥawayah* nun noch weiter präzisieren: Sie hat ihren Grund, ihre Ursache und ihren Anlass im *Handeln Gottes*. Im Zusammenhang von Ex 4,31 ist dies der Befreiungs- und Rettungswille Gottes aufgrund der Erwählung Israels und die Ankündigung der geplanten Ausführung seines Willens. *Dennoch ist* die *hishtaḥawayah ein ganz und gar menschliches Tun. Sie ist die menschliche Einwilligung in das Handeln und Wollen Gottes, die Gott antwortende und seinem Wollen und Handeln entsprechende Glaubenspraxis.* In Ex 4,31

176) Vgl. den Artikel zu שחה bei Gesenius, 817f.

177) Vgl. Billerbeck, I,78 und besonders auch bBer 34b.

kommt dies dadurch zum Ausdruck, dass gesagt wird: *„Da glaubte das Volk, ... verneigten sie sich und beteten an."*
Obwohl die Erwählung Gottes, sein Rettungswille und dessen Ankündigung die Verwirklichung der Befreiung aus Ägypten erst ermöglicht und in Gang bringt, wird diese Befreiung *nur dann tatsächlich auch verwirklicht, wenn auch Israel dies will*; *wenn es in seine Erwählung und Befreiung einwilligt*. Diese Einwilligung kommt in Ex 4,31 durch die *hishtaẖawayah* zum Ausdruck. D.h. Gottes Wollen und Handeln ist das Erste; dieses kommt aber nur zum Ziel, wenn das Zweite, das Gott antwortende und ihm entsprechende Wollen und Handeln des Menschen stattfindet. Dies wiederum hebt nicht auf, dass dieses menschliche Wollen und Handeln seine Ermöglichung allein im Wollen und Handeln Gottes hat.
Man wird der Bedeutung der *hishtaẖawayah* nur gerecht, wenn man sowohl auf die göttliche als auch auf die menschliche Seite dieses Geschehens hinweist. In der *hishtaẖawayah* hängt das Handeln und Wollen Gottes und das ihm antwortende und entsprechende Wollen und Handeln des Menschen untrennbar miteinander zusammen und bedingt sich in der angegebenen Weise gegenseitig. Und zwar sind nicht Gott und Mensch in der *hishtaẖawayah* sozusagen zu je fünfzig Prozent beteiligt. Sondern sowohl Gott als auch der Mensch sind darin je ganz beteiligt.[178]

Alles aufgrund der z^{e}khut der hishtaẖawayah

Gemäss der Auslegung R. Yitsẖaqs geschieht alles aufgrund der *z^{e}khut* der Anbetung. Dieser Satz hat nur dann einen Sinn, wenn die *hishtaẖawayah* an allen Stellen in der Auslegung R. Yitsẖaqs auf derselben Linie verstanden werden kann. D.h. die *hishtaẖawayah* muss auch im Zusammenhang mit allen anderen Aussagen R. Yitsẖaqs in der dargelegten Weise verstanden werden können. Als nächstes soll daher geprüft werden, ob dies möglich ist. Erst danach kann nach der Bedeutung von *z^{e}khut* gefragt werden, die bedingt durch die These R. Yitsẖaqs ebenfalls überall dieselbe ist.

Abraham [1]

In Gen 22,2 wird Abraham von Gott geboten, ihm seinen einzigen Sohn als Brandopfer darzubringen. Indem Abraham in V.3 aufbricht, entscheidet er sich dafür, Gottes Ruf anzunehmen. Damit aber entscheidet er sich, an seiner Erwählung durch Gott, die in Gen 12,1-3 ihren Anfang nahm, festzuhalten.

---

178) Es verhält sich hier also gleich wie bei der תשובה (*tshuvah*), der Umkehr. Vgl. Kapitel 5.2.2.

Wie im Falle von Ex 4,31 ist Gott auch hier der Initiant. Das Wollen und Handeln Gottes kommt auch hier zuerst. Indem Abraham Gottes Ruf gehorcht, willigt er in das Wollen und Handeln Gottes ein. Und wie im Falle von Ex 4,31 kommt Gottes Wollen und Handeln *nur zum Ziel, weil Abraham Gottes Ruf folgt*. Wenn Abraham dies nicht täte, wäre die Geschichte Gottes mit Israel zu Ende, bevor sie überhaupt begonnen hätte. R. Yitsẖaq sagt darum, dass Abraham nur aufgrund der *z^{e}khut* der *hishtaẖawayah* „in Frieden" vom Berg Moria zurückkehrte. Anstatt mit „in Frieden" kann man auch mit „unversehrt" übersetzen. Dass Abraham „unversehrt" zurückkehrte, bedeutet, dass seine Erwählung „unversehrt", d.h. aufrechterhalten blieb, sodass Gottes Geschichte mit ihm und somit mit Israel weitergehen konnte. Die *hishtaẖawayah* ist hier also gleich zu verstehen wie im Falle von Ex 4,31.

Befreiung aus Ägypten [2]

Wie die *hishtaẖawayah* im Zusammenhang von Ex 4,31 zu verstehen ist, wurde bereits bei der Klärung der Bedeutung dieses Begriffes gezeigt.

Gabe der torah [3]

In Ex 24,1-3 heisst es: *„Und zu Mose sprach er: Steiget herauf zum HERRN, du und Aaron, Nadab und Abihu und siebzig von den Ältesten Israels, und betet an aus der Ferne. Mose allein nahe sich dem HERRN, sie aber sollen sich nicht nahen, und das Volk soll nicht mit ihm heraufkommen. Darnach kam Mose und berichtete dem Volke alle Gebote des HERRN und alle Rechtssatzungen. Da antwortete das ganze Volk einmütig und sprach: Alle Gebote, die der HERR gegeben hat, wollen wir halten."* Indem Israel die *torah* annimmt, nimmt es das an, was es von allen anderen Völkern unterscheidet und auszeichnet – also seine Erwählung. Damit sagt es ja zur Bundespartnerschaft und Gemeinschaft mit Gott und zum konkreten Leben darin. Weil es bei der Gabe der *torah* um das konkrete Leben in der Bundespartnerschaft und Gemeinschaft mit Gott geht, geschieht diese Gabe in einem Verhältnis der Gegenseitigkeit. D.h. Israel muss sich entscheiden, ob es das will. Es tut dies, indem es ja sagt. Die *hishtaẖawayah* kann darum nur als ein Ausdruck dieser Annahme verstanden werden.

Auch hier ist Gottes Wollen und Handeln (die Gabe der *torah*) das Erste, Israels Einwilligung und Einverständnis (die Annahme der *torah*) und damit auch die *hishtaẖawayah* das Zweite.[179] Israel kann die *torah* nur an-

179) Dass die *hishtaẖawayah* die in das Wollen und Tun Gottes einwilligende Antwort Israels ist, will Freedman (I,493, Anm. 1) nicht gelten lassen: „Though this comes after Revelation, the whole incident recorded in that passage is assumed to have taken place before

nehmen, weil Gott ihm diese Möglichkeit eröffnet. Aber ohne Israels Annahme käme Gottes Wollen und Handeln nicht zum Ziel. Wenn Israel die *torah* nicht will, wird die von Gott angebotene Möglichkeit und damit seine Erwählung nicht verwirklicht. Somit liegt die *hishtahawayah* auch hier auf der Linie von Ex 4,31.

Hanna [4]

In 1Sam 1,27f heisst es: *„Um diesen Knaben habe ich gebetet; nun hat der HERR mir gewährt, was ich von ihm erflehte. Darum leihe auch ich ihn dem HERRN; für sein ganzes Leben ist er dem HERRN geliehen. Und sie betete dort den HERRN an."* Der Knabe, um den Hanna gebetet und nun von Gott erhalten hat, ist Samuel, der in der Geschichte Gottes mit Israel eine entscheidende Rolle spielt. Diesen „leiht" bzw. weiht sie Gott, nachdem sie ihn von ihm erhalten hat. Das gnädige Handeln Gottes kommt also auch hier zuerst. Aber indem Hanna Gott ihren Sohn weiht, gibt sie den Weg zur Verwirklichung von Erwählung frei. Dass bereits in 1Sam 1,27f an Samuels Erwählung gedacht wird, geht aus folgender Aussage Hannas hervor: *„....für sein ganzes Leben ist er dem HERRN geliehen."* Die Erwählung Samuels besteht in der entscheidenden Rolle, die er in einem der kritischsten Momente der Geschichte Israels spielt. Indem Hanna Gott ihren Sohn „leiht", trägt sie wesentlich zum Fortgang und Gelingen dieser Geschichte bei.
Geburt und Erwählung Samuels sind ganz unbestreitbar Wollen und Handeln Gottes. Samuels Erwählung kann aber nur darum verwirklicht werden, und Samuel kann seine gottgewollte Rolle in der Geschichte Gottes mit seinem Volk nur wahrnehmen, weil Hanna den Weg dazu freigibt. Somit liegt auch ihre *hishtahawayah* auf der Linie von Ex 4,31.

Vorbemerkung zur Besprechung von [5] – [7]

Bei der *hishtahawayah* in [5] – [7] gibt es grosse Gemeinsamkeiten. Die Klärung ihrer Bedeutung kann daher gemeinsam geschehen. Allerdings bieten die Auslegungen in [6] und [7] grosse Verständnisschwierigkeiten, da der Zusammenhang zwischen R. Yitshaqs Aussagen und den von ihm angeführten Bibelzitaten nicht ohne weiteres klar wird. Bevor mit der Klärung der Bedeutung der *hishtahawayah* in [5] – [7] fortgefahren wird,

Revelation." Freedman gibt also zu, dass der Textbefund, laut dem die *hishtahawayah* auf die Offenbarung folgt, eindeutig ist. Da er jedoch davon ausgeht, *biz^{e}khut* bedeute „as a reward for", zwingt ihn diese Voraussetzung zur exegetisch nicht haltbaren Behauptung, die Bibel erzähle zwar, die *hishtahawayah* sei auf die Offenbarung Gottes erfolgt, aber gerade das Gegenteil sei der Fall gewesen: die Offenbarung Gottes und somit die Gabe der *torah* sei als Lohn für die *hishtahawayah* erfolgt.

soll der Zusammenhang zwischen den Aussagen R. Yitshaqs und den von ihm verwendeten Bibelversen geklärt werden.

Rückkehr aus dem Exil [5]

Weshalb R. Yitshaq Jes 27,13 auf die Rückkehr aus der Zerstreuung bezieht, erklärt sich aus dem Wortlaut des Verses und braucht nicht weiter ausgeführt zu werden.

Wiederaufbau des Tempels [6]

Freedman (I,493) übersetzt den Passus בית המקדש לא נבנה אלא (*bet ha-miqdash lo' nivnah 'ella'*) mit „The Temple was built only....“. Er versteht den Ausdruck נבנה (*nivnah*) also als Perfekt und nicht als Partizip. Grammatikalisch gesehen hat er damit recht. Da vom Tempelbau jedoch erst nach der Rückkehr der Kinder Israels aus der Zerstreuung die Rede ist, kann נבנה (*nivnah*) nicht als Perfekt, sondern nur als Präsenspartizip verstanden werden.[180] Auf Deutsch ist נבנה (*nivnah*) darum mit „wird .... gebaut werden“ wiederzugeben.[181]
Die Frage, weshalb R. Yitshaq als Schriftgrund für seine Aussage Ps 99,9 nennt, ist nicht leicht zu beantworten. Die einzige Erklärung dafür, weshalb er in dieser Stelle eine Verheissung auf den Wiederaufbau des Tempels findet, scheint zu sein, dass die Aufforderung *„Erhebet den HERRN unsern Gott, und betet an vor seinem heiligen Berge“* den Wiederaufbau des Tempels voraussetzt.

Auferstehung der Toten [7]

In der Hebräischen Bibel werden die Auferstehung der Toten und die kommende Welt nicht thematisiert. Zwar gibt es Stellen, die man in

---

180) Die Anordnung der einzelnen Aussagen R. Yitshaqs ist in den Parallelen unterschiedlich. In YalqBer 100 ist sie gleich wie in BerR 56,2. In MShem 3,7 und YalqSam 80 ist die Reihenfolge: Bau des Tempels, Auferstehung der Toten und Rückkehr aus dem Exil. Während aus YalqBer 100 ebenfalls eindeutig hervorgeht, dass mit dem Tempelbau der Wiederaufbau in der messianischen Zeit gemeint ist, wird dies aus MShem 3,7 und YalqSam 80 allein nicht ersichtlich. Aus ihnen geht nicht hervor, welcher Tempelbau gemeint ist, ob derjenige der Vergangenheit oder der Zukunft. Allerdings fällt auf, dass in MShem 3,7 und YalqSam 80 die Rückkehr aus dem Exil nach der Auferstehung der Toten genannt wird. Dieser Umstand lässt vermuten, dass es sich beim Tempelbau auch in MShem 3,7 und YalqSam 80 um ein eschatologisches Geschehen handelt. Dass dies tatsächlich der Fall ist, geht aus BerR 56,2 hervor, da diese Stelle wesentlich älter ist als ihre Parallelen.

181) Neusner (Genesis Rabbah, II,279; Systemic Integration and Theology, The Concept of Zekhut in formative Judaism, 178), der Freedman oft zu zitieren pflegt, steht offensichtlich unter dessen Einfluss und übersetzt den fraglichen Passus gleich wie dieser. Demgegenüber versteht Steinberger (II,546) unter dem Tempelbau ebenfalls denjenigen der eschatologischen Zukunft.

dieser Richtung verstehen kann, aber zwingend ist dieses Verständnis nicht.[182] Die Rabbinen und somit auch R. Yitsh̲aq waren daher gezwungen, die Auferstehung und die kommende Welt mit Schriftstellen zu belegen, die nach unserem Empfinden nicht davon sprechen.

Obwohl es sich um eine Partizipialkonstruktion handelt, wird der Ausdruck עֹשֵׂנוּ (*ᶜosenu*) in Ps 95,6 üblicherweise mit *„der uns gemacht hat"* übersetzt. Um dem Partizip gerecht zu werden, wäre die beste Übersetzung wohl *„unser Schöpfer"*. Zur Zeit R. Yitsh̲aqs war der Text noch unvokalisiert. Er hätte den Ausdruck עשנו anstatt als *ᶜosenu* (*„der uns macht"*) auch als *ᶜasanu* (*„der uns gemacht hat"*) lesen können. Dass er es nicht getan hat – obwohl der Textzusammenhang von V.6 diese Lesart sogar nahelegt – muss wohl daran liegen, dass die Tradition schon damals *ᶜosenu* las. Dieser sind die Masoreten ja ebenfalls gefolgt.

Weil nicht *ᶜasanu*, sondern *ᶜosenu* zu lesen ist, schliesst R. Yitsh̲aq daraus, dass sich dieser Ausdruck nicht nur auf die Schöpfung des Menschen durch Gott bezieht, sondern auch auf dessen Neuschöpfung, d.h. also auf die Auferstehung der Toten. Nach Mirqin (II,268) gibt es einen weiteren Grund, weshalb R. Yitsh̲aq das Partizip in Ps 95,6 auf die Auferstehung der Toten bezieht, indem er einen Zusammenhang zwischen dem *„niederknien"* in Ps 95,6 und Ps 22,30 geltend macht, wo es heisst: *„Vor ihm nur werden niederfallen alle, die in der Erde schlafen, vor ihm niederknien alle, die in den Staub hinabfuhren."* Laut Mirqin hat R. Yitsh̲aq das *„niederknien"* in Ps 95,6 durch das *„niederknien"* in Ps 22,30 interpretiert, das sich dort auf die Toten bezieht. Ob er das tatsächlich getan hat, lässt sich nicht mit letzter Sicherheit entscheiden, da R. Yitsh̲aq Ps 22,30 nicht zitiert. Mirqins Annahme trägt jedoch wesentlich zur Klärung der Frage bei, weshalb R. Yitsh̲aq Ps 95,6 auf die Auferstehung der Toten bezieht, und leuchtet daher ein.

---

182) Das bekannteste Beispiel ist wohl Ez 37. Die Totenauferweckung bezieht sich dort auf diejenige des Volkes Israel. Meistens wird diese als Auferstehung „in dieser Welt" verstanden und gerade nicht als Auferstehung in der „kommenden Welt". Trotzdem ist die Möglichkeit nicht auszuschliessen, dass die Auferstehung in der „kommenden Welt" mindestens mitgemeint ist. Oder so weist beispielsweise die Rede vom „Totenreich" (שאול *sheʼol*) darauf hin, dass man in der Hebräischen Bibel nicht der Meinung war, dass die Toten keine Rolle mehr spielen. Dass es nicht gleichgültig ist, was mit einem geschieht, wenn man einmal tot ist, geht auch aus der Tatsache hervor, dass es gemäss der Hebräischen Bibel eminent wichtig ist, richtig begraben zu werden. Nicht begraben und von den „Vögeln des Himmels", von den „Tieren des Feldes" oder von den Hunden gefressen zu werden, gilt als furchtbare Strafe (vgl. Dtn 28,26; 1Sam 17,46; 1Kön 14,11; 16,4; 21,24; Jer 7,33; 15,3; 16,4; 19,7; 34,20; Ez 29,5). Eine Strafe ist das nur dann, wenn die Hebräische Bibel gerade nicht davon ausgeht, dass es sowieso keine Rolle mehr spiele, was mit einem geschieht, sobald man erst einmal tot ist.

Die hishtaḇawayah liegt in der Zukunft

Nachdem der Zusammenhang zwischen den Aussagen R. Yitsḇaqs und den von ihm zitierten Bibelstellen in [5] – [7] geklärt wurde, kann nun der Frage nach der Bedeutung der *hishtaḇawayah* in diesen Stellen nachgegangen werden.

Die *hishtaḇawayah* ist in allen drei Fällen gleich zu verstehen. Es fällt nämlich auf, dass im Falle der Rückkehr aus der Zerstreuung (Jes 27,13), des Wiederaufbaus des Tempels (Ps 99,9) und der Auferweckung der Toten (Ps 95,6) die *hishtaḇawayah* in der Zukunft liegt. Die *hishtaḇawayah* geschieht gemäss R. Yitsḇaqs Verständnis dieser Stellen ja erst, *nachdem* die Israeliten aus der Zerstreuung zurückgekehrt sind, *nachdem* der Tempel wieder gebaut ist, und *nachdem* die Toten auferstanden sind. Die *hishtaḇawayah* kann darum auch hier kein „verdienstliches Werk" sein, aufgrund dessen all das geschieht. Vielmehr ist sie eine Folge all dessen: Wenn die Israeliten aus der Zerstreuung zurückgekehrt sind, der Tempel gebaut ist, und die Toten auferweckt worden sind, wird Gott erhöht und geehrt, indem man vor ihm niederfällt und ihn anbetet.

Das bedeutet, dass es auch da nicht ohne Antwort auf Gottes Handeln geht, wo man alles nur noch von ihm erwartet:

Die Rückkehr aus dem Exil, der Wiederaufbau des Tempels und die Auferstehung der Toten werden von den Rabbinen als Gottes Rettungstaten erwartet und erhofft. Diese aber geschehen nicht ohne Annahme und Bejahung durch jene, denen sie gelten, und somit nicht ohne Glauben. Bei diesem handelt es sich auch hier noch einmal um die Anerkennung der Erwählung: Um die Anerkennung der Erwählung Israels, die sich darin äussert, dass Israel nicht unter den Heidenvölkern aufgeht; um die Anerkennung der Erwählung des „heiligen Berges" als den Ort, den Gott zur Anbetung und zum Gottesdienst bestimmt hat; und um die Anerkennung der Erwählung zur Auferstehung und Teilnahme an der kommenden Welt.

Die Bedeutung der z^e^khut der hishtaḇawayah

Oben wurde die Frage gestellt, ob die *hishtaḇawayah* in allen Schriftstellen in der Auslegung R. Yitsḇaqs auf derselben Linie verstanden werden kann. Es hat sich nicht bloss gezeigt, dass das möglich ist, sondern vielmehr, dass nur das Eingangs beschriebene Verständnis der *hishtaḇawayah* für das Verständnis der von R. Yitsḇaq angeführten Fälle sinnvoll ist: In allen ist die *hishtaḇawayah* die *menschliche Einwilligung in das Handeln und Wollen Gottes, die Gott antwortende und seinem Handeln und Wollen entsprechende Glaubenspraxis*. Und in allen kommt Gottes Erwählung, sein Bund, seine Verheissung, sein Heils- und Rettungswille – also sein Wollen und Handeln – nur zum Ziel, wenn auch die von R. Yits-

ẖaq genannten Repräsentanten und Exponenten Israels bzw. „ganz Israel" das wollen. Das gilt von Abraham bis Hanna, aber das wird auch in der eschatologischen Zukunft gelten, bei der Rückkehr aus dem Exil, beim Wiederaufbau des Tempels und sogar bei der Auferstehung der Toten.
Nach R. Yitsẖaq gibt es keine Erwählung, keinen Bund, keine Verheissung und somit kein Heils- und Rettungshandeln Gottes an Israel ohne Israels aktive Mitbeteiligung bzw. dessen Repräsentanten und Exponenten. Gerade auf dieses Gott antwortende und ihm entsprechende Wollen und Handeln – also auf die *hishtaẖawayah* – legt R. Yitsẖaq allergrösstes Gewicht, indem er sagt, dass alles aufgrund der z^{e}*khut* der Anbetung geschieht. Obwohl dieses Wollen und Handeln ein antwortendes ist, ist es ein ganz und gar *eigenständiges*. Es liegt ganz in der Entscheidung Israels und seiner Repräsentanten, ob sie Gott antworten oder sich ihm verweigern wollen. Gleichzeitig aber ist ihr Wollen und Handeln kein eigenmächtiges. Auch wenn Israel und seine Exponenten noch so frei entscheiden, ist ihre Freiheit in der Erwählung durch Gott und damit in Gottes Freiheit begründet.
Zum Schluss bleibt noch die Frage zu beantworten, was z^{e}*khut* in der Auslegung R. Yitsẖaqs bedeutet. Bedingt durch seine Aussage, dass alles aufgrund der z^{e}*khut* der Anbetung geschehe, muss nicht nur die *hishtaẖawayah*, sondern auch deren z^{e}*khut* überall auf derselben Linie verstanden werden. Aus den bisherigen Ausführungen folgt, dass die z^{e}*khut* der *hishtaẖawayah „die Gültigkeit, Wirksamkeit und Verwirklichung der Erwählung, des Bundes und den damit gegebenen Verheissungen in der Gott antwortenden und seinem Wollen und Handeln entsprechenden Glaubenspraxis Israels und seiner Repräsentanten"*. In der Auslegung R. Yitsẖaqs liegt der Akzent ganz klar auf der antwortenden Glaubenspraxis und damit auf dem *menschlichen Wollen und Handeln*. Trotzdem muss auch das Erste gesagt werden. Obwohl das Erste nicht ohne das Zweite stattfindet, hat dieses Zweite seinen Grund und seine Ermöglichung im Ersten.

Nach R. Yitsẖaq liegt ein ganz besonderer Glanz auf der *hishtaẖawayah*. Nachdem sich gezeigt hat, dass die z^{e}*khut* der *hishtaẖawayah* kein „Verdienst", „merit" oder „reward" ist, aufgrund dessen Gott all das gibt,[183] wovon in R. Yits-

183) Dieser Negativbefund richtet sich auch gegen Neusners Verständnis von z^{e}*khut* als „the heritage of virtue and its consequent entitlements" (Systemic Integration and Theology, The Concept of Zekhut in formative Judaism, 171) und gegen sein Verständnis der Auslegung R. Yitsẖaqs (ebd. 178): „The entire history of Israel flows from its acts of worship ("prostration") beginning with that performed by Abraham at the binding of Isaac. Every sort of advantage Israel has ever gained came about through the act of worship done by Abraham and imitated thereafter. Israel constitutes a family and inherits the *zekhut* laid up as a treasure for the descendants by the ancestors." D.h. jeder Vorteil, den Israel je gewann, gewann es aufgrund der Anbetung Abrahams und anderer. Nach Neus-

ḫaqs Auslegung die Rede ist, stellt sich hier dieselbe Frage wie im Zusammenhang von BerR 43,8, nämlich ob das Gott antwortende Wollen und Tun Israels und seiner Repräsentanten nicht – wenn auch in einem anderen Sinne – als *Verdienst* oder *verdienstvoll* bezeichnet werden kann. Es lässt sich ja nicht bestreiten, dass Abraham und Hanna in der Geschichte Israels Grosses und Bedeutendes getan haben, und dass sie sich insofern also um die Geschichte Israels *verdient gemacht haben*. Dasselbe könnte man auch im Falle des Volkes Israel sagen, das auf Gottes Zusage hin Ägypten verliess und die *torah* annahm. Dazu ist dasselbe zu sagen wie im Zusammenhang von BerR 43,8 (s.o. S. 144).

ner ist das darum so, weil mit jedem Akt der Anbetung eine *z^ekhut* verbunden ist, die in den *z^ekhut*-Schatz (treasure) fliesst, den die Nachkommen von den Vorfahren erben.

7.1.2 Die *z*^{e}*khut* des dritten Tages: BerR 56,1 zu 22,4 (II,595)[184]

בים השלישי וגו' (בראשית כב ד) יחיינו מיומים בים השלישי יקימנו ונחיה לפניו (הושע ו ב) בים השלישי שלשבטים ויאמר יוסף אליהם בים השלישי (בראשית מב יח), בים שלישי שלמתן תורה ויהי בים השלישי בהיות הבקר (שמות יט טז), בים שלישי שלמרגלים ונחבאתם שמה שלשת ימים (יהושע ב טז), בים שלישי שליונה ויהי יונה במעי הדג שלשה ימים (יונה ב א), ביום שלישי של עולי גולה ונחנה שם ימים שלשה (עזרא ח טו), ביום שלישי שלתחיית המתים יחיינו מיומים ביום השלישי יקימנו ונחיה לפניו, ביום שלישי שלאסתר ויהי ביום השלישי ותלבש אסתר מלכות (אסתר ה א) לבשה מלכות בית אביה, באי זו זכות, רבנין אמ' בזכות יום שלישי שלמתן תורה, ר' לוי אמר בזכות יום שלישי שלאברהם ביום השלישי וגו'.

Am dritten Tage [erhob Abraham seine Augen und erblickte den Ort von ferne] (Gen 22,4).
Nach zwei Tagen wird er uns neu beleben, am dritten Tage uns wieder aufrichten, dass wir leben vor ihm (Hos 6,2).

[1] Am dritten Tage der Stämme: *Am dritten Tage aber sprach Josef zu ihnen: [Wollt ihr am Leben bleiben so tut dies, denn ich bin gottesfürchtig....]* (Gen 42,18).

[2] Am dritten Tage des Gebens der *torah*: *Am dritten Tage, als es Morgen wurde [erhob sich ein Donnern und Blitzen, und eine schwere Wolke lag auf dem Berge, und mächtiger Posaunenschall ertönte, sodass das ganze Volk im Lager erschrak]* (Ex 19,16).

[3] Am dritten Tage der Kundschafter: *[Und sie sprach zu ihnen: Gehet ins Gebirge, dass die Verfolger euch nicht treffen,] und verbergt euch daselbst drei Tage lang, [bis die Verfolger zurück sind; darnach mögt ihr eures Weges gehen]* (Jos 2,16).

[4] Am dritten Tage Jonas: *Und Jona war im Bauche des Fisches drei Tage [und drei Nächte]* (Jona 2,1).

[5] Am dritten Tage der aus der Verbannung Zurückkehrenden: *[Und ich versammelte sie an dem Fluss, der nach Ahawa fliesst,] und wir lagerten dort drei Tage lang* (Esra 8,15).

---

184) Parallelen: YalqBer 99, YalqJos 12.

[6] Am dritten Tage der Auferstehung der Toten: *Nach zwei Tagen wird er uns neu beleben, am dritten Tage uns wieder aufrichten, dass wir leben vor ihm* (Hos 6,2).

[7] Am dritten Tage Esthers: *Am dritten Tage zog Esther königliches Gewand an* [*und stellte sich in den innern Hof des Königspalastes, dem Palast gegenüber, während der König im Königspalast, dem Palasttor gegenüber, auf seinem königlichen Throne sass*] (Est 5,1). Sie zog das Königtum des Hauses ihres Vaters an.

[8] Aufgrund welcher *z^e^khut*? Die Rabbinen sagten: Aufgrund der *z^e^khut* des Gebens der *torah* am dritten Tage. R. Levi (pA3 um 300) sagte: Aufgrund der *z^e^khut* des dritten Tages Abrahams: *Am dritten Tage* [*erhob Abraham seine Augen und erblickte den Ort von ferne*] (Gen 22,4).[185]

Im Zentrum des vorliegenden Midrasch steht der dritte Tag. Er ist das gemeinsame und somit das verbindende Element zwischen allen angeführten Schriftversen.
Es fällt auf, dass Hos 6,2 zweimal zitiert wird. Zwar bildet nicht diese Stelle den Rahmen des Midrasch, sondern Gen 22,4, was sicher daher kommt, dass wir uns in BerR befinden.[186] Aber der Schlüssel für das Verständnis der Bedeutung des dritten Tages ist trotzdem in Hos 6,2 zu suchen. In dieser Stelle ist von der Auferstehung der Toten die Rede, oder präziser gesagt, *von der Errettung aus der Gewalt des Todes durch Gott.* Es stellt sich also die Frage, ob die anderen Schriftstellen in BerR 56,1 ebenfalls unter diesem Gesichtspunkt verstanden werden können.[187]

Am dritten Tage der Stämme [1]

Im Falle von Gen 42,18 ist diese Frage leicht zu beantworten, da es dort heisst: *„Wollt ihr am Leben bleiben so tut dies, denn ich bin gottesfürchtig....“* Gemeint ist, dass die Brüder Josefs und damit die Väter der Stämme Israels nur dann am Leben bleiben, wenn sie Josefs Bedingungen erfüllen. Indem Josefs Brüder vom Tode bedroht sind, ist ganz Israel bedroht. Dementsprechend wird durch ihre Rettung ganz Israel gerettet.

---

185) Freedman (I,491) übersetzt *z^e^khut* mit „for .... sake“ und „merit“, Marmorstein (89) mit „merit“ und Neusner (II,277) mit „on account of“ und „merit“. Billerbeck (I,760) und Wünsche (265) übersetzen den Ausdruck mit „Verdienst“.

186) In der Parallelstelle YalqJos 12 wird Gen 22,4 nur einmal und erst am Schluss zitiert.

187) Die Reihenfolge der angeführten Schriftzitate ist allerdings rätselhaft. Sie folgt weder der Chronologie der Geschichte Israels, noch der Reihenfolge der biblischen Bücher. Da der anonyme Verfasser Hos 6,2 als Beleg für die Auferstehung der Toten versteht, und da es sich dabei um ein eschatologisches Geschehen handelt, hätte man erwartet, dass Hos 6,2 erst nach Est 5,1 zitiert wird.

Am dritten Tage des Gebens der torah [2]

Zur Erklärung der Bedeutung des dritten Tages der Gabe der *torah* verweist Mirqin (II,266) auf Dtn 30,11-15: *„Denn dieses Gesetz, das ich dir heute gebe, ist für dich nicht zu schwer und nicht zu ferne. .... Sondern ganz nahe ist dir das Wort, in deinem Munde und in deinem Herzen, dass du darnach tun kannst. Siehe, ich habe dir heute vorgelegt Leben und Glück, Tod und Unglück."* Die *torah* ist also Leben und damit Bewahrung vor dem Tode.[188]

Weiter weist Mirqin darauf hin, dass es in Ex 19,12f heisst: *„Und ziehe eine Grenze rings um den Berg und sprich zu ihnen: Hütet euch, auf den Berg zu steigen oder auch nur seinen Saum zu berühren; denn wer den Berg berührt, der ist des Todes. Keine Hand soll ihn berühren; er soll gesteinigt oder erschossen werden; es sei Tier oder Mensch, er soll nicht am Leben bleiben! Wenn das Widderhorn ertönt, sollen sie den Berg hinansteigen."* Diese Todesdrohung wird in Ex 19,16 aufgehoben, indem ein *„mächtiger Posaunenschall ertönte"*. Ex 19,16 und somit der dritte Tag „des Gebens der *torah*" liegt also ebenfalls auf der Linie von Hos 6,2.

Am dritten Tage der Kundschafter [3]

Die Verfolger hätten die Kundschafter Josuas umgebracht, wenn sie diese gefangengenommen hätten. Aber nicht nur die Kundschafter wurden vom Tode errettet, sondern auch Rahab. Indem Rahab die Kundschafter rettete, rettete sie auch ihr eigenes Leben (Jos 6,17; 6,23-25). Ihre Rettung aber war die Voraussetzung dafür, dass von ihr Menschen abstammten, die für die Rettung Israels eine entscheidende Rolle spielten. Nach rabbinischer Tradition stammten von ihr Jeremia und Ezechiel, die Profetin Hulda sowie andere Profeten und Priester ab.[189] In Jos 2,16 geht es also nicht allein um die Rettung der Kundschafter, sondern um diejenige ganz Israels. Folglich liegt auch Jos 2,16 auf der Linie von Hos 6,2.

Am dritten Tage Jonas [4]

Wenn Jona nicht nach Ninive gehen kann, können die Bewohner dieser Stadt nicht umkehren und werden folglich nicht vor dem Untergang bewahrt. Indem Jona durch den Fisch vor dem Ertrinken gerettet wurde, wurden auch die Bewohner Ninives gerettet. Somit liegt nach rabbinischem Verständnis auch Jona 2,16 auf der Linie von Hos 6,2.

---

188) Dies sie das ist, wurde auch im Zusammenhang von BerR 40[41],9 (s.o. Kapitel 5.2.1) und in Exkurs A festgestellt.

189) Vgl. das Stellenmaterial in Billerbeck, I,22.

Am dritten Tage der aus der Verbannung Zurückkehrenden [5]

Um Rettung vor dem Tode geht es auch in Esra 8,15. In V.21-23 heisst es nämlich: *„Dann liess ich daselbst am Ahawaflusse ein Fasten ausrufen, damit wir uns vor unserm Gott demütigten, um von ihm eine glückliche Reise für uns und unsere Familien und alle unsere Habe zu erbitten. Denn ich hatte mich geschämt, den König um bewaffnete Leute und Reiter zu ersuchen, die uns auf dem Wege vor Feinden schützen würden; wir hatten vielmehr zum König gesagt: Die Hand unsres Gottes ist über allen, die ihn suchen, zu ihrem Besten, aber seine Macht und sein Zorn kommt über alle, die ihn verlassen. Also fasteten wir und erflehten uns die Hilfe unsres Gottes in dieser Sache, und er liess sich erbitten."* Diese Verse bedürfen keiner weiteren Erklärung. Es ist klar, dass es auch hier um Bewahrung vor dem Tode geht. Somit liegen auch sie nach rabbinischem Verständnis auf der Linie von Hos 6,2.

Am dritten Tage der Auferstehung der Toten [6]

Im Zusammenhang von Hos 6,2 erübrigt sich natürlich die Frage, ob diese Stelle auf der Linie von Hos 6,2 liege.

Am dritten Tage Esthers [7]

Nicht so einfach ist es, die Auslegung von Est 5,1 zu verstehen. Mirqin (II,266) bringt jedoch Licht in die Angelegenheit, indem er auf folgendes hinweist: In Est 5,1 wäre zu erwarten, dass es heisst: ותלבש אסתר בגדי מלכות (*watilbash 'ester bigde malkhut*) – *„Da zog Esther königliche Kleider an."* Tatsächlich aber wird lediglich gesagt: ותלבש אסתר מלכות (*watilbash 'ester malkhut*) – *„Da zog Esther das Königtum an."*[190] Das bedeutet, dass Esther zu diesem Zeitpunkt zum Königtum gelangte. Mordechai liess ihr nämlich zuvor ausrichten: *„Denke nicht, dass du allein von allen Juden Rettung finden werdest, weil du am Königshofe bist. Denn wenn du auch wirklich in solcher Zeit stilleschweigen solltest, so wird den Juden Befreiung und Errettung von einer andern Seite her erstehen; du aber und deine Familie werden umkommen. Und wer weiss, ob du nicht gerade um einer solchen Gelegenheit willen zum Königtum gelangt bist"* (Est 4,13f).

Unter dem Königtum, zu dem Esther gelangte, wird in BerR 56,1 nicht das persische verstanden, sondern dasjenige „des Hauses ihres Vaters". Was ist das für ein Königtum? Esther ist laut Est 2,7 die Tochter eines Onkels Mordechais. Und Mordechai ist ein Benjaminit. Als seine Vorfah-

190) Auf diesen Umstand macht auch Steinberger (II,543) aufmerksam.

ren werden Schimei und Kisch genannt (Est 2,5).[191] Ein Mann Namens Schimei aus dem Hause Sauls wird in Sam 16,5 erwähnt. Und der Vater Sauls hiess bekanntlich Kisch.[192] Mit dem Königtum „des Hauses ihres Vaters" kann also nur dasjenige Sauls gemeint sein. Mirqin führt weiter aus, dass Esther mit diesem betraut wurde, weil mit dem Königtum Sauls der Auftrag verbunden war, gegen die Amalekiter Krieg zu führen (1Sam 15,1ff). Saul führte diesen Auftrag nicht aus und wurde daraufhin von Gott verworfen (1Sam 15,10-29).

Von Haman heisst es, er sei der Sohn Hammedates, des Agagiters (Est 3,1). Mirqin folgert daraus, dass Haman ein Amalekiter war, nämlich ein Nachkomme des Amalekiterkönigs Agag, der von Saul verschont (1Sam 15,8) und von Samuel aber doch noch getötet wurde (V.33). Indem Esther am dritten Tage das „Königtum des Hauses ihres Vaters" anzog, vollendete sie den Krieg Sauls gegen die Amalekiter. Mirqin nennt für seine Ausführungen keine Belegstellen aus der rabbinischen Literatur. Aber die Wahrscheinlichkeit ist sehr gross, dass der Verfasser von BerR 56,1 sich diese oder ähnliche Überlegungen gemacht hat.

Der dritte Tag in Est 5,1 ist der erste Schritt zur Rettung Israels vor der Vernichtung. Somit kann auch diese Stelle in der Linie von Hos 6,2 verstanden werden.

Aufgrund welcher z^ekhut? [8]

Es hat sich gezeigt, dass es in allen Stellen, in denen vom dritten Tag die Rede ist, um die Errettung vor der Gewalt des Todes geht, und dass somit alle Stellen auf der Linie von Hos 6,2 verstanden werden können. In Hos 6,2 geschieht diese Rettung durch Gott. Das ist auch in allen anderen Stellen so: Die Stämme werden gerettet, weil Josef Gott fürchtet. Die *torah* ist für Israel Leben und errettet vom Tode, weil Gott Israel durch seinen Bund segnet und es immer wieder neu belebt. Dass von Rahab Profeten und Priester abstammen, steht auch nicht in ihrer Macht, sondern in derjenigen Gottes. Und die Rettung Jonas und Ninives liegt auch nicht an Jona, sondern an Gottes Güte und Barmherzigkeit. Im Falle der aus der Verbannung Zurückkehrenden kommt die Rettung ebenfalls eindeutig durch Gott. Das ist auch im Falle Esthers so. Dass nicht sie die Juden vor der Vernichtung rettet, sondern letztlich Gott, kommt in der erwähnten Aussage Mordechais in Est 4,14 zum Ausdruck. Und schliesslich besteht auch kein Zweifel darüber, dass Gott es ist, der Isaak und damit ganz Israel vor dem Tode bewahrt (Gen 22,11).

---

191) Vgl. zu Mordechais und damit auch Esthers Stammbaum in der jüdischen Literatur auch Ginzberg, IV,381ff und VI,458, Anm. 56-59.

192) Vgl. 1Sam 9,1-3; 10,11; 10,21; 14,51; 2Sam 21,14; 1Chr 8,33; 9,39; 12,1; 26,28.

Aus diesen Gründen kann die *z^e^khut* des dritten Tages kein „Verdienst“ sein. Da es in allen Stellen um Rettung vor dem Tode geht, ist die *z^e^khut* des dritten Tages seine *soteriologische Wirksamkeit, Wichtigkeit und Bedeutung*. Wobei mit „soteriologisch“ die Rettung durch Gott gemeint ist. Diese ist eine eschatologische Grösse: Es geht um ganz Israel, es geht um die Heiden (Rahab, Ninive) und es geht um die Auferstehung der Toten (Hos 6,2). Ebenso wie Gott in der Vergangenheit Israeliten und Heiden vor dem Tode errettete, wird er einst die Toten vor dem Tode erretten, und sie zu neuem Leben erwecken.
Nach Auffassung der Rabbinen haben alle Rettungsereignisse des dritten Tages ihren Grund im Rettungsereignis des Gebens der *torah* und somit also in demjenigen des Bundesschlusses Gottes mit Israel. Nach R. Levi haben sie ihren Grund im „dritten Tage Abrahams“. Dieser ist der Tag, an dem Abraham *„den Ort von ferne“* erblickt, und somit der Tag der Errettung Isaaks vor dem Tode. Da Isaak ein Erzvater Israels ist, steht auch mit ihm ganz Israel auf dem Spiel, und wird mit ihm ganz Israel vor dem Tode gerettet.
Die Differenz zwischen den Rabbinen und R. Levi bildet keinen Gegensatz. Während R. Levi den Grund für alle genannten Rettungsereignisse, die Israel und die Heiden betreffen, und den Grund für die Auferstehungshoffnung im Ursprung Israels, nämlich bei den Vätern, sieht, sehen die Rabbinen den Grund im Zweck und Ziel Israels, nämlich im Bundesschluss Gottes mit Israel und – da Israel die ganze Menschheit repräsentiert – letztlich im Bundesschluss Gottes mit der Welt.

7.1.3 Die *z^e^khut* des Laubhüttenfestes: BerR 63,8 zu 25,25 (II,687)[193]

ויצא הראשון אדמוני (בראשית כה כה) ר' חגאי בשם ר' יצחק בזכות ולקחתם לכם ביום הראשון (ויקרא כג מ) אני נגלה לכם ראשון ופורע לכם מן הראשון ובונה לכם ראשון ומביא לכם ראשון, אני נגלה לכם ראשון אני י"י ראשון (ישעיה מא ד), ופורע לכם מן הראשון זה עשו הרשע דכת' ביה ויצא הראשון אדמוני, ובונה לכם ראשון זה בית המקדש דכת' ביה כסא כבוד מרום מראשון מקום מקדשנו (ירמיה יז יב), ומביא לכם ראשון זה מלך המשיח שנ' ראשון לציון הנה הנם ולירושלם וגו' (ישעיה מא כז).

Und der Erste (ראשון *rishon*) *kam heraus, rötlich,* [*ganz und gar wie ein behaarter Mantel, und man nannte ihn Esau*] (Gen 25,25).
R. H̲aggai (pA4 um 330) [sagte] im Namen R. Yitsh̲aqs (pA4 um 300): Aufgrund der *z^e^khut* von: *Und ihr sollt euch nehmen am ersten* (ראשון *rishon*) *Tage* [*Früchte von schönen Bäumen, Palmzweige und Äste von dichtbelaubten Bäumen und von Bachweiden und sieben Tage lang fröhlich sein vor dem HERRN, eurem Gott....*] (Lev 23,40), offenbare ich mich euch als der Erste (ראשון *rishon*), und fordere ich für euch ein vom Ersten (ראשון *rishon*), und baue ich für euch den Ersten (ראשון *rishon*), und bringe ich euch den Ersten (ראשון *rishon*).
– Ich offenbare mich euch als der Erste (ראשון *rishon*): [*Wer hat es gewirkt und getan? Der die Geschlechter ruft seit Anfang* (ראשון *rishon*)*!*] *Ich, der HERR, bin der Erste* (ראשון *rishon*) [*und bei den Letzten bin's noch ich*] (Jes 41,4).
– und fordere für euch ein vom Ersten (ראשון *rishon*): Das ist Esau, der Gottlose, wie geschrieben steht: *Und der Erste* (ראשון *rishon*) *kam heraus, rötlich....* (Gen 25,25).
– und baue für euch den Ersten (ראשון *rishon*): Das ist der Tempel, wie geschrieben steht: *Ein Thron der Herrlichkeit, erhaben vom Ersten* (ראשון *rishon*), *ist unseres Heiligtums Stätte* (Jer 17,12).
– und bringe euch den Ersten (ראשון *rishon*): Das ist der Messiaskönig, denn es wird gesagt: *Einen Ersten* (ראשון *rishon*) *für Zion*

193) Parallelen: PesK 27,10, ShemR 15,1, WaR 30,16, YalqBer 110, YalqJes 450 zu 41,27, YalqJer 298 zu 17,12, YalqMJes 41,27.

siehe, siehe da, und für Jerusalem [*werde ich einen Frohbotschafter geben*] (Jes 41,27).[194]

Beim vorliegenden Midrasch handelt es sich um eine Auslegung von Lev 23,40. In Lev 23,34-44 geht es um das *Laubhüttenfest*. Lev 23,40 enthält Anweisungen zu dessen Durchführung.

Der Gedankengang des Midrasch verläuft wie folgt: Aufgrund der *z^ekhut* von Lev 23,40 „offenbare ich mich euch als der Erste, und fordere ich für euch ein vom Ersten, und baue ich für euch den Ersten, und bringe ich euch den Ersten". Diese aus vier Einzelaussagen bestehende These belegt R. Yitsẖaq im Anschluss daran mit vier Schriftversen. Aus diesen geht hervor, was mit den „Ersten" jeweils gemeint ist.

Obwohl der vorliegende Midrasch eine Auslegung von Lev 23,40 ist, beginnt er mit dem Zitat von Gen 25,25. Dies hat seinen Grund darin, dass wir uns in BerR befinden. Wenn das Zitat von Gen 25,25 fehlte, würde die Struktur der Auslegung R. Yitsẖaqs wesentlich an Klarheit gewinnen.

Den vier Aussagen der zusammenfassenden These R. Yitsẖaqs, den vier darauf folgenden Einzelaussagen, und den Bibelzitaten, mit denen diese begründet werden, ist gemeinsam, dass in ihnen der Ausdruck ראשון (*rishon*) vorkommt. Dieser Ausdruck ist auch in Lev 23,40 enthalten und bildet die Brücke zwischen diesem Vers, der zusammenfassenden These und den Elementen, mit denen diese entfaltet wird.

Zum Inhalt der Auslegung R. Yitsẖaqs ist folgendes zu bemerken: Dass Gott für Israel von Esau bzw. Rom „einfordert", d.h. Rom seine Taten an Israel vergilt und Israel von dessen Herrschaft befreit, dass Gott den Tempel wiederaufbauen lässt und den Messias sendet, gehört zu den ganz grossen Hoffnungen des rabbinischen Judentums. Gemäss R. Yitsẖaq wird all dies aufgrund der *z^ekhut* von Lev 23,40 von Gott gegeben. Neusner (II,357) versteht diese Aussage wie folgt: „On account of the merit attained by obeying the commandment, 'You will take for yourself on the first day...,' (Lev. 23:40)...." Im gleichen Sinne äussert sich auch Freedman (II,562): „As a reward for [obedience to My command], *And ye shall take you on the first day*, etc. (Lev. XXIII, 40)...." Und Steinberger (III,13) schliesslich spricht von der *z^ekhut* des *Gebotes* von Lev 23,40.

Bei Lev 23,40 handelt es sich ohne jeden Zweifel um ein *Gebot*. Es stellen sich daher folgende Fragen:

1. Steht im vorliegenden Midrasch die *Gebotserfüllung* im Vordergrund? Oder liegt der Akzent auf etwas anderem?

194) Marmorstein (88, 182) und Neusner (II,357) übersetzen *z^ekhut* mit „merit", Billerbeck (I,65) und Wünsche (299) mit „Verdienst". Freedman (II,562) übersetzt den Ausdruck mit „as a reward for".

2. Wenn der Akzent auf der Gebotserfüllung liegt: Bedeutet *z^ekhut* tatsächlich „merit“ oder „reward“?

Ich offenbare mich euch als der Erste

Dass in der Auslegung R. Yitsh̲aqs im Zusammenhang von Lev 23,40 nicht die Gebotserfüllung im Vordergrund steht, ergibt sich aus folgendem:
Gemäss R. Yitsh̲aq offenbart Gott sich aufgrund der *z^ekhut* von Lev 23,40 „als der Erste“. Als Schriftgrund für diese Aussage nennt er Jes 41,4. Dort ist in einer kaum zu überbietenden Art und Weise davon die Rede, dass Gott sich in jeder Beziehung Israel und den Völkern gegenüber als „der Erste“ (ראשון *rishon*) erweist und somit offenbart. Weil der Ausdruck *rishon* (ראשון) die Brücke zwischen Jes 41,4 und Lev 23,40 bildet, ist danach zu fragen, ob und inwiefern sich Gott im Zusammenhang von Lev 23,40 als *rishon* (ראשון) und somit des Laubhüttenfestes offenbarte. In Lev 23,42f wird der Grund für dieses Fest wie folgt angegeben:

> *Sieben Tage lang sollt ihr in Laubhütten wohnen, jeder, der einheimisch ist in Israel, soll in Laubhütten wohnen, damit eure Nachkommen erfahren, dass ich die Israeliten in Hütten habe wohnen lassen, als ich sie aus dem Lande Ägypten herausführte, ich, der HERR, euer Gott.*

Das Laubhüttenfest soll also nicht nur an die Wüstenzeit Israels erinnern, sondern auch – und gerade auch – an die Befreiung aus Ägypten. Bei dieser handelt es sich *das Ereignis* der Geschichte Israels schlechthin. In diesem Ereignis offenbarte sich Gott Israel gegenüber, und erwies er sich ihm gegenüber als *rishon* (ראשון).

Und fordere für euch ein vom Ersten

Mirqin (III,15f) macht darauf aufmerksam, dass in Sach 14,16-19 der endgültige Sieg über Israels Feinde und somit also auch über Rom im Zusammenhang mit dem Laubhüttenfest genannt wird:

> *Und alle, die übrigbleiben aus all den Völkern, die wider Jerusalem gezogen, die werden Jahr um Jahr heraufkommen, um den König, den HERRN der Heerscharen, anzubeten und das Laubhüttenfest zu feiern. Die aber nicht heraufziehen nach Jerusalem von den Geschlechtern der Erde, um den König, den HERRN der Heerscharen anzubeten, über diese wird kein Regen kommen. Und wenn das Geschlecht Ägyptens nicht heraufzieht und sich einstellt, kommt auch über sie der Schlag, mit dem der HERR die Völker schlägt, die nicht heraufziehen, das Laubhüttenfest zu feiern. Das*

> *wird die Strafe der Ägypter sein und die Strafe aller Völker, die nicht heraufziehen, das Laubhüttenfest zu feiern.*

Zu *„den Völkern, die wider Jerusalem gezogen,"* gehört natürlich auch Rom. Es bereitet daher keine Schwierigkeiten, die Drohungen gegen die Völker auch als gegen Rom gerichtet zu sehen, umso mehr als es sich bei Rom um ein Vielvölkerreich handelt. Da Esau bzw. Edom bei den Rabbinen oft mit Rom identifiziert wird, sind diese Drohungen somit gegen den „Ersten" gerichtet.

Und baue für euch den Ersten

Auch der Tempelbau hat in der Bibel einen direkten Bezug zum Laubhüttenfest. In 2Chr 7,8 wird erzählt, dass Salomo in Anschluss an die Einweihung des ersten Tempels mit ganz Israel *„das Fest"* beging, und dass dieses sieben Tage dauerte. Zwar wird der Name dieses Festes nicht genannt. In V.10 wird jedoch gesagt, dass Salomo das Volk unmittelbar danach entliess und zwar am 23. Tag des siebten Monats. Da das Laubhüttenfest nach Lev 23,34 am 15. Tag des siebten Monats beginnt, kann es sich nur um dieses gehandelt haben. Aber nicht nur der erste Tempelbau hat einen direkten Bezug zum Laubhüttenfest, sondern auch der Beginn des Baus des zweiten Tempels. Dies wird aus Esra 3,1-6 ersichtlich:

> *Als nun der siebente Monat herangekommen war .... kam das Volk einmütig in Jerusalem zusammen. .... Und sie errichteten den Altar an seiner [frühern] Stätte .... und brachten darauf dem HERRN Brandopfer dar, Brandopfer am Morgen und am Abend. Und sie begingen das Laubhüttenfest, wie es vorgeschrieben ist, und brachten Tag für Tag Brandopfer dar in der gesetzlich vorgeschriebenen Zahl.... Am ersten Tage des siebenten Monats fingen sie an, dem HERRN Brandopfer darzubringen, obwohl der Grund zum Tempel des HERRN noch nicht gelegt war.*

Da sowohl der erste als auch der zweite Tempelbau im Zusammenhang des Laubhüttenfestes steht, lag für R. Yits<u>h</u>aq der Gedanke nahe, dass auch dessen künftiger Wiederaufbau in dessen Zusammenhang erfolgen wird. Und nachdem auf den direkten Zusammenhang hingewiesen wurde, in dem das Laubhüttenfest mit der Befreiung aus Ägypten und somit mit demjenigen Ereignis steht, das für die Bundesgeschichte Gottes mit Israel derart konstituierend ist, erstaunt es nicht, dass R. Yits<u>h</u>aq auf diesen Gedanken kam.

Und bringe euch den Ersten

Während es verhältnismässig leicht ist, das Laubhüttenfest mit Gottes Sieg über Israels Feinde und dem Wiederaufbau des Tempels in Verbindung zu bringen, ist dies im Falle des Messiaskönigs schwieriger, da es keinen direkten biblischen Bezug zwischen dem Laubhüttenfest und dem Messias gibt, ausser Jes 41,27, wo wie in Lev 23,40 das Wort *rishon* (ראשון) vorkommt. Bei Jes 41,27 handelt es sich allerdings nur dann um einen Bezug, wenn man die Interpretation R. Yits<u>h</u>aqs akzeptiert, dass in Jes 41,27 mit *rishon* (ראשון) der Messiaskönig gemeint sei. Da dies jedoch nicht auf der Hand liegt, stellt sich die Frage, weshalb R. Yits<u>h</u>aq meint, in Jes 41,27 sei vom Messiaskönig die Rede.
In V.25 heisst es: *„Ich habe erweckt aus dem Norden – und er kam – aus Sonnenaufgang bei seinem Namen gerufen, der Regenten zertritt wie Lehm, wie der Töpfer, der den Schlamm stampft.“* K. Elliger macht geltend, dass Deuterojesaja damit nur Kyros gemeint haben konnte.[195] Dieser trägt bei Deuterojesaja messianische Züge. Und in Jes 45,1 wird er sogar *expressis verbis* als משיח (*mashia<u>h</u>*), also als Messias bezeichnet. Sicher haben auch die Rabbinen gewusst, dass in Jes 41,25 und 45,1 Kyros gemeint ist. Aber das ist für die rabbinische Exegese noch lange kein Hinderungsgrund, diese Stellen eschatologisch zu verstehen, und somit also Jes 41,25 gerade auch in Hinblick auf den eschatologischen „Messiaskönig“ zu lesen. Dass die Rabbinen dies auch tatsächlich taten, wird durch YalqMJes 41,25 bestätigt. Dort wird Jes 41,25 u.a. auch auf den Messiaskönig ausgelegt, der von Norden kommen soll.

Die z^ekhut des Laubhüttenfestes

Aus den bisherigen Erörterungen ergibt sich für das Verständnis von BerR 63,8 folgendes: Der vorliegende Midrasch versteht Lev 23,40 nicht unter dem Gesichtspunkt der Gebotserfüllung und somit der Teilnahme am Laubhüttenfest. Selbstverständlich ist diese mit eingeschlossen. In BerR 63,8 ist aus einer viel umfassenderen Sicht vom Laubhüttenfest die Rede. Das Laubhüttenfest erinnert an die Befreiung aus Ägypten und an den Aufenthalt in der Wüste und damit an Gottes Offenbarung gegenüber Israel. Es erinnert an dessen Erwählung durch Gott und an den Bundesschluss Gottes mit Israel. Und es erinnert an den Bau des ersten und des zweiten Tempels. Gleichzeitig ist das Laubhüttenfest eine Verheissung, dass Gott Israel einst endgültig von dessen Feinden befreien wird. Es ist die Verheissung auf den Wiederaufbau des Tempels und auf das Kommen des Messiaskönigs. Das Laubhüttenfest repräsentiert die ganze Spannweite der Bundesgeschichte Gottes von ihrem Beginn bis zu ihrer eschato-

195) K. Elliger, Deuterojesaja, I,188f.

logischen Vollendung. Die *z^ekhut* von Lev 23,40, aufgrund der Gott sich als *rishon* (ראשון), als „der Erste“ offenbart, er Israels Feinde zur Rechenschaft ziehen, den Tempel bauen und den Messiaskönig senden wird, ist *die Gültigkeit, Wirksamkeit und Verwirklichung der universalen Erwählung Israels durch Gott und der Bundesgeschichte Gottes mit Israel mit der damit gegebenen Verheissung auf Vollendung.*

Ergänzende Texte (T.21)

In bPes 5a findet sich eine etwas entferntere Parallele zu BerR 63,8, in der es ebenfalls um das Laubhüttenfest geht. Diese ist von besonderem Interesse, da in ihr anstatt der Ausdruck בזכות (*biz^{e}khut*) בשכר (*bis^{e}khar*) verwendet wird (s.u. Anhang, T.21).

7.2 Die z^{e}*khut* der *tsadiqim*: BerR 50,1 zu 19,1 (II,515f)[196]

ויבאו שני המלאכים סדמה בערב וגו' (בראשית יט א)
והחיות רצוא ושוב כמראה הבזק (יחזקאל א יד) ....
נפטרים מאברהם בשש שעות ובאין סדמה בערב, אלא
מלאכי רחמים היו והיו ממתינים סבורים שמא אברהם
מוצא להם זכות, וכיון שלא מצא להם זכות ויבואו שני
המלאכים וגו'.

Da kamen die zwei Engel am Abend nach Sodom, [*als Lot gerade im Tor von Sodom sass*] (Gen 19,1). *Und die lebenden Wesen liefen hin und her, dass es aussah wie Blitze* (Ez 1,14). ....
Sie verliessen Abraham in der sechsten Stunde und kamen [erst] am Abend nach Sodom? Aber es waren Engel der Barmherzigkeit, und sie warteten [und] hofften, dass Abraham für sie vielleicht eine z^{e}*khut* fände. Und nachdem er keine z^{e}*khut* für sie gefunden hatte, *da kamen die zwei Engel* [*am Abend nach Sodom....*].[197]

Im vorliegenden Midrasch wird Gen 19,1 mit Hilfe von Ez 1,14 ausgelegt. Die *„lebenden Wesen"* in Ez 1,14 werden vom anonymen Verfasser offensichtlich als Engel gedeutet. Da sie hin und her liefen, *„dass es aussah wie Blitze"*, hatten sie folglich die Schnelligkeit von Blitzen. Wenn die Engel Abraham „in der sechsten Stunde" verliessen, d.h. also zwischen zwölf und ein Uhr mittags, stellt sich die Frage, weshalb sie erst am Abend in Sodom ankamen.[198] Der anonyme Ausleger beantwortet sie da-

196) Parallelen: SekhT Ber 19,1, TanBBer wayera 21, YalqBer 84. Während der Wortlaut von YalqBer 84 mit demjenigen von BerR 50,1 praktisch identisch ist, weicht derjenige von SekhT Ber 19,1 und TanBBer wayera 21 recht stark ab. Der Sinn ist freilich derselbe.

197) Marmorstein (10) und Neusner (II,211) übersetzen z^{e}*khut* mit „merit". Freedman (I,434) übersetzt den Ausdruck mit „in .... favour" und Wünsche (237) mit „etwas Gutes".

198) Interessanterweise stellt die Mitteilung in Gen 19,1, die Engel seien am Abend nach Sodom gekommen, auch für moderne Forscher ein exegetisches Problem dar. C. Westermann (Genesis, II,366) bemerkt dazu folgendes: „»Am Abend« ist die erste der Zeitangaben, die diese Erzählung durchziehen; vgl. V.15a und 23a. Sie haben ihre Funktion allein für diese Erzählung; der Erzähler und die Hörer bedenken dabei nicht, dass der Abstand von Hebron bis zum Südende des Toten Meeres etwa 70 km beträgt (etwa zwei Tagesreisen) und dazu der Höhenunterschied 1300 m. Daran zeigt sich, dass die Erzählungen Kap. 18 und 19 nicht zusammengehören. Keinesfalls ist an eine übernatürliche Überwindung der Entfernung gedacht". Während für den anonymen Verfasser des Midrasch das Problem darin besteht, dass die Engel „erst" am Abend ankamen, besteht dieses für Westermann darin, dass sie „bereits" am Abend ankamen. Auch würde der anonyme rabbinische Verfasser Westermann möglicherweise zustimmen, dass an keine „übernatürliche Überwindung der Entfernung gedacht" wird. Denn gemäss Ez 1,14 gehört es zum Wesen der Engel, dass sie so schnell sind wie der Blitz. Es ist nicht nötig, sich zwischen dem rabbinischen Verständnis und demjenigen Westermanns zu entscheiden, da beide auf

hingehend, dass es sich bei ihnen um Engel der Barmherzigkeit gehandelt habe, die abgewartet hätten, ob Abraham in der Zwischenzeit eine *z^e^khut* „für sie" fände. Mit „für sie" sind die Bewohner von Sodom gemeint. Obwohl nicht ausdrücklich gesagt wird, worin diese *z^e^khut* besteht, ist das nicht schwer zu erraten. Das wird aus dem Abschnitt klar, der Gen 19,1 unmittelbar vorangeht, aus Gen 18,22-33. In V.23-26 heisst es:

> *Und die Männer wandten sich von dannen und gingen Sodom zu; Abraham aber blieb noch vor dem HERRN stehen. Und Abraham trat herzu und sprach: Willst du mit dem Gottlosen auch den tsadiq* (צדיק) *wegraffen? Vielleicht sind fünfzig tsadiqim* (צדיקם) *in der Stadt; willst du die auch wegraffen und nicht lieber dem Ort vergeben wegen der fünfzig tsadiqim darin? Ferne sei es von dir, solches zu tun, den tsadiq mit dem Gottlosen zu töten, dass es dem tsadiq erginge wie dem Gottlosen! Das sei ferne von dir! Der aller Welt Richter ist, sollte der nicht Recht üben? Der HERR sprach: Finde ich in Sodom fünfzig tsadiqim in der Stadt, so will ich um ihretwillen dem ganzen Ort vergeben.*

Bekanntlich bleibt es nicht bei den fünfzig *tsadiqim*. Im weiteren Verlauf des Gesprächs zwischen Abraham und Gott, reduziert Gott Schritt für Schritt die Anzahl der *tsadiqim*, die in Sodom gefunden werden müssen, damit der Stadt vergeben werden kann, bis sich Abraham schliesslich mit zehn zufriedengibt (V.27-33).
Die *z^e^khut*, die Abraham für die Bewohner Sodoms sucht, ist also die *z^e^khut* der zehn *tsadiqim*, um deretwillen Gott die Stadt verschonen will. Die Bedeutung von *z^e^khut* hängt folglich davon ab, wie man die *tsadiqim* versteht. Bevor die Bedeutung von *z^e^khut* angegeben werden kann, muss also diejenige von *tsadiq* geklärt werden.

Zur Bedeutung von tsadiq im rabbinischen Judentum

Einen ausgezeichneten Überblick über die Verwendung von *tsadiq* in der rabbinischen Literatur gibt R. Mach mit reichem Stellenmaterial.[199] Besonders aufschlussreich für die Beantwortung der Frage, was ein *tsadiq* sei, sind folgende Ausführungen Machs:[200]

---

ihre Weise recht haben. Westermann fragt nach der literarischen Entstehung des Textes und von da her nach seiner Bedeutung. Der rabbinische Ausleger erkennt wohl, dass in Gen 19,1 ein Problem enthalten ist, er versteht es aber nicht als ein literarisches, da ihm eine derartige Fragestellung unbekannt ist. Die Beschäftigung mit diesem Problem veranlasst ihn dazu, etwas über die Barmherzigkeit Gottes auszusagen.

199) R. Mach, Der Zaddik in Talmud und Midrasch.

200) Ebd. 15. Die Nummern der Fussnoten Machs werden hier beibehalten. Hingegen werden für die Stellenangaben in der rabbinischen Literatur nicht Machs Abkürzungen übernommen, sondern die in dieser Untersuchung gebräuchlichen verwendet.

Der göttliche Wille manifestiert sich in den Geboten und Verboten der Tora; sie ist es, die den Menschen lehrt, wie er den göttlichen Willen tun soll[2]). Somit ist ein Gerechter, wer die Tora auf sich nimmt[3]), ihrer Vorschriften achtet[4]), sie ausübt[5]) und erfüllt[6]), sich mit der Tora und den Geboten abmüht[7]) und über Schriftgelehrsamkeit und gute Werke verfügt[8]). Von diesem Gesichtspunkt aus wird der Gerechte häufig mit dem Schriftgelehrten identifiziert[9]). Es ist jedoch nicht die Schriftgelehrsamkeit allein, auf die es ankommt, sondern es müssen Gottesfurcht und frommer Lebenswandel dazutreten: ein Schriftgelehrter, dessen Äusseres nicht seinem Innern gleicht, ist kein wahrer Schriftgelehrter[10]). Wehe denjenigen unter den Gelehrten, welche sich mit der Lehre beschäftigen und keine Gottesfurcht in sich haben[11]). Wer sich bloss mit der Tora beschäftigt, der gleicht einem Gottlosen[12]); wer nicht lernt, um danach zu handeln, dem wäre besser, wenn er nicht erschaffen worden wäre[13]). Doch ist es wiederum die Tora, die den Menschen mit Demut und Gottesfurcht bekleidet und ihn befähigt, gerecht und fromm zu werden[14]).

[2]) BemR 14,10: שהתורה מלמדת את האדם כיצד יעשה רצון המקום
[3]) BerR 33,1 (I,298): צדיקים שקיבלו את התורה .... רשעים שלא קיבלו את התורה
[4]) TanBer wayera 19: צדיקים שמשמרין מצותיו של הקב"ה
[5]) הצדיקים שהם עשים את התורה: PesK 9,1, TanWa emor 5 u.ö. [צדיק]: אדם שהוא עושה את התורה ועושה רצון אביו שבשמים: MTan 20,20 (123).
[6]) אלו הצדיקים שמקיימין התורה: MTeh 1,20.
[7]) צדיקים שעמלו בתורה ועוסקין במצות: MTeh 12,1; TanBDev berakha 5 (add. ובמעשים טובים); TanDev ha-berakha 6 (om. במצות).
[8]) אלו הצדיקים שיש להם תורה ומעשים טוטים: TanWa emor 17.
[9]) Dies ist besonders häufig in SER der Fall, vgl. z.B. p. 91.
[10]) bYoma 72b.
[11]) bAZ 17b.
[12]) ibid.
[13]) WaR 35,7.
[14]) R. Meir, mAvot 6,1 (qinyan torah).

Der *tsadiq* ist also ein Mensch, der gemäss der *torah*, in ihr und mit ihr lebt, der sie studiert und tut. Bei der *torah* handelt es sich sowohl um das *Zentrum* als auch um *das Ganze* des rabbinischen Judentums. Was die *torah* ist, und wozu sie dient, wurde in Exkurs A ausführlich dargelegt: Sie ist das *Lebenselement* und der *Lebensraum* Israels. Sie ist es darum, weil sie der Sache nach dem Bund und somit der Gemeinschaft Israels mit Gott entspricht. Wie das Wasser das Lebenselement und der Lebensraum der Fische ist, ist die Bundesgemeinschaft Gottes mit seinem Volk das Lebenselement und der Lebensraum Israels und jedes seiner Glieder. Da die *torah* der Sache nach der Bundespartnerschaft Gottes mit Israel entspricht, ist ein *tsadiq* demnach ein Mensch, der in der Bundespartnerschaft mit Gott lebt und sich als sein Mitarbeiter betätigt. Israel verdankt sich nicht selbst, sondern der Erwählung Gottes. Ein *tsadiq* ist daher auch immer jemand, *der von Gott erwählt wurde bzw. Anteil an der Erwählung Israels durch Gott hat.* Da die Erwählung Israels kein Selbstzweck ist, sondern für die ganze Menschheit geschah, lebt auch ein *tsadiq* nicht für sich selbst, sondern für Gott und für die Menschen. Ein *tsadiq* ist jemand, der seine Erwählung in der Gott antwortenden, ihm und seinem Willen entsprechenden Glaubenspraxis verwirklicht.

Die Bedeutung von z^ekhut

Nachdem die Bedeutung von *tsadiq* geklärt wurde, lässt sich die Bedeutung der *z^ekhut* der *tsadiqim*, die Abraham zur Rettung Sodoms finden muss, wie folgt angeben: *Gültigkeit, Wirksamkeit und Verwirklichung ihrer Erwählung durch Gott, des Lebens im Bunde und ihrer Gott antwortenden und seiner Erwählung entsprechenden Glaubenspraxis.*

Für das richtige Verständnis dessen, was ein *tsadiq* ist, und somit auch für das richtige Verständnis der Bedeutung der *z^ekhut* der *tsadiqim* kann nicht genug betont werden, dass alles, was es dazu zu sagen gibt, unter dem Vorzeichen der Erwählung durch Gott gesagt und verstanden werden muss. Trotzdem liegt der Akzent bei der Bedeutung der *z^ekhut* der *tsadiqim* auf der Gott *antwortenden Glaubenspraxis* und somit auf dem *Wollen* und *Handeln* der *tsadiqim.* Das ist kein Widerspruch zum eben Gesagten. Zur Erwählung gehört untrennbar deren Verwirklichung. Erwählung, die nicht verwirklicht – und zwar durch die Erwählten verwirklicht wird – kommt nicht zum Ziel. Um den Umstand zu betonen, dass das menschliche Wollen und Handeln der *tsadiqim* Gottes Wollen und Handeln nicht konkurrenziert, sondern ihm vielmehr entspricht, wurde die genannte Umschreibung von *z^ekhut* gewählt.[201]

Die Bewohner Sodoms würden vor dem drohenden Gericht verschont, wenn sich zehn *tsadiqim* unter ihnen fänden. Die *z^ekhut* der *tsadiqim* hat also soteriologischen Charakter. Dies bedeutet, dass *das Leben der tsa-*

---

201) In diesem Zusammenhang stellt sich ebenfalls die Frage, ob man die antwortende Glaubenspraxis der *tsadiqim* nicht auch, allerdings in einem anderen als dem üblichen Sinne als *Verdienst, verdienstvoll* o.ä. bezeichnen könnte, nämlich im Sinne von *„anerkennenswert“* und *„Anerkennung verdienend“*. Zu diesem Problem ist analog dasselbe zu sagen wie im Zusammenhang von BerR 43,8 (s.o. S. 144) und BerR 56,2 (s.o. S. 169f).

diqim im Bunde mit Gott, ihr Tun seines Willens und somit also ihre Gott antwortende Glaubenspraxis soteriologischen Charakter hat.[202]
Gemäss dem anonymen Verfasser des Midrasch handelte es sich bei den beiden Engeln, die nach Sodom kamen, um Engel der Barmherzigkeit. Engel handeln nach rabbinischem Verständnis im Auftrag Gottes und im Einklang mit seinem Willen. Wenn der anonyme Verfasser sagt, „sie warteten [und] hofften, dass Abraham für sie vielleicht eine *z^e^khut* fände", dann meint er damit, dass Gott wartete und hoffte, dass Abraham einen Grund fände, damit er an den Bewohnern Sodoms Barmherzigkeit üben könnte. Dieses Verständnis geht auch aus Gen 18,22-33 hervor.

Ergänzende Texte (T.22-23)

Von der *z^e^khut* der *tsadiqim* ist auch in BerR 49,13 und BerR 68,6 die Rede. In BerR 49,13 zu 18,32 liegt eine gedanklich parallele Ausführung zu BerR 50,1 vor (s.u. Anhang, T.22). In BerR 68,6 zu 28,10 ist unter einem ganz umfassenden Gesichtspunkt von den *tsadiqim* die Rede. Obwohl der soteriologische Gesichtspunkt nicht eigens erwähnt wird, ist er mit eingeschlossen (s.u. Anhang, T.23).

202) Die Funktion der *tsadiqim* entspricht hier derjenigen in der Auslegung R. Sh^e^mu'el b. Naḫmans in BerR 33,3 (Kapitel 7.4). Bei den Bewohnern Sodoms handelt es sich um Heiden. Die Rabbinen rechnen also damit, dass es auch unter den Heiden *tsadiqim* gibt, also Menschen, die Gott antworten, die sich ihm zuwenden und ihm entsprechen, und die somit im Bunde mit ihm und als seine Bundespartner und Mitarbeiter leben. Vgl. auch die Besprechung der Auslegung R. Ḫanans in BerR 28,5 (= Text 24), wo gesagt wird, dass die Städte am Meer aufgrund der *z^e^khut* eines einzigen Heiden bestehen bleiben, der Gott fürchtet. Zu den „heidnischen" *tsadiqim* ist dasselbe zu sagen wie zu den israelitischen. Denn indem ein Heide ein *tsadiq* wird, hört er auf, ein Heide zu sein und wird er statt dessen ein *erwählter* Bundespartner Gottes.

7.3 Die z^e*khut* der Geschlechterfolge Noahs: BerR 29,5 zu 6,8 (I,269f)[203]

ונח מצא חן וגו' (בראשית ו ח) .... אמר ר' אבהו מצינו שהקב"ה עושה חסד עם האחרונים בזכות הראשונים, ומנין שהקב"ה עושה חסד עם הראשונים בזכות האחרונים שנ' ונח מצא חן בזכות תולדותיו אלה תולדות נח.

> *Noah aber fand Gnade* [*in den Augen des HERRN*] (Gen 6,8). .... R. Abbahu (pA3 um 300) sagte: Wir haben gefunden, dass der Heilige, gepriesen sei er, den Späteren aufgrund der z^e*khut* der Früheren (ראשונים *rishonim*) Gnade (חסד *ḫesed*) erweist. Woraus aber [folgt], dass der Heilige, gepriesen sei er, den Früheren aufgrund der z^e*khut* der Späteren Gnade erweist? Weil gesagt wird: *Noah aber fand Gnade....* Aufgrund der z^e*khut* seiner Geschlechterfolge: *Dies ist die Geschlechterfolge Noahs* (V.9).[204]

Die Auslegung R. Abbahus gibt auf die Frage eine Antwort, weshalb Noah in Gen 6,8 in den Augen Gottes Gnade fand. Den Schlüssel für diese Antwort findet R. Abbahu im nächsten Vers (V.9), d.h. in der Geschlechterfolge Noahs.

Die „Früheren"

Die Worte „Wir haben gefunden...." bedeuten, dass die Rabbinen in der Bibel gefunden haben, „dass der Heilige, gepriesen sei er, den Späteren aufgrund der z^e*khut* der Früheren Gnade erweist." An welche Bibelstellen R. Abbahu dabei denkt, sagt er nicht. Mirqin (I,211) hat zweifellos recht, wenn er in diesem Zusammenhang auf Lev 26,42 hinweist: *„Und ich will meines Bundes mit Jakob gedenken, und auch meines Bundes mit Isaak und meines Bundes mit Abraham will ich gedenken, und des Landes will ich gedenken."* Ebenfalls recht hat Steinberger (I,444), der auf V.45 verweist: *„Ich will für sie meines Bundes mit den Früheren* (ראשונים *rishonim*) *gedenken."*

Es kommen aber noch weitere Stellen in Frage: In Ex 2,24 heisst es: *„Und Gott hörte ihr Wehklagen und gedachte seines Bundes mit Abra-*

203) Parallelen: TanBer noaḫ 2, YalqBer 47.

204) Marmorstein (86) und Neusner (I,305) übersetzen z^e*khut* mit „merit". Freedman (I,231f) übersetzt den Ausdruck mit „for .... sake" und Wünsche (127) mit „Verdienst". Schechter spricht im Zusammenhang dieser Stelle von „for the sake of the Zachuth of the latter ones" (196). Was er unter „Zachuth" versteht, sagt er zu Beginn des Kapitels (170): nämlich „merit".

ham, Isaak und Jakob.“ In Ex 32,13 bittet Mose Gott: „*Gedenke deiner Knechte Abraham, Isaak und Israel, denen du bei dir selbst geschworen und verheissen hast: Ich will eure Nachkommen so zahlreich machen wie die Sterne am Himmel, und dieses ganze Land, von dem ich gesprochen habe, will ich euren Nachkommen geben, und sie sollen es für immer besitzen.“* In 2Kön 13,23 heisst es vom Nordreich Israel: „*Aber der HERR erwies ihnen Gnade, und er erbarmte sich ihrer, und er wandte sich ihnen zu wegen seines Bundes mit Abraham, Isaak und Jakob. Und er wollte sie nicht verderben und verwarf sie nicht von seinem Angesicht bis dahin.“* Und in Ez 16,60 wird gesagt: „*Dann aber will ich meines Bundes gedenken, den ich mit dir in den Tagen deiner Jugend geschlossen habe, und ich will einen ewigen Bund mit dir aufrichten.“* Man wird aber auch an Stellen denken müssen wie 1Kön 11,12, wo Salomo von Gott gesagt wird, dass die Reichsteilung um Davids willen erst zur Zeit seines Sohnes Rehabeam geschehen werde, und dass Rehabeam um Davids und um Jerusalems willen, das Gott erwählt hat, die Herrschaft über den Stamm Juda verbleiben werde (V.13; vgl. auch V.32 und V.34). Um Davids willen erhielt Gott das davidische Königtum und Jerusalem weiterhin (1Kön 15,4f; 2Kön 8,19). Ähnliches wird auch in 2Kön 19,34, 20,6, 2Chr 21,7, Ps 132,11-13, V.17 und in Jes 37,35 gesagt.

Der Grund dafür, weshalb Gott den Späteren um der Väter und um Davids willen und somit also um der Früheren willen Gnade erweist, liegt in Gottes Erwählung: d.h. in seinem Bund mit den Vätern und mit David (Lev 26,42; 26,45; 2Kön 13,23; 2Chr 21,7; Ez 16,60), in Gottes Schwur sich selbst (Ex 32,13) und David (Ps 132,11) gegenüber und in seiner Verheissung an die Väter (Ex 32,13) bzw. an David (2Kön 8,19). Da Erwählung, Bund und Verheissungen eine gegenseitige Angelegenheit ist, gehört dazu untrennbar deren Verwirklichung in der antwortenden Glaubenspraxis. Wenn die Väter und David nicht Gott geantwortet, ihm geglaubt und gedient hätten, wären Gottes Erwählung, Bund und Verheissungen für sie gar nicht wirksam, gültig und wichtig gewesen und also nicht verwirklicht worden.[205]

Aus diesem Grunde ist es kein Widerspruch zum eben Gesagten, sondern vielmehr eine Bestätigung dafür, wenn es z.B. heisst: „*Doch nicht ihm will ich das Reich wegnehmen, sondern ich will ihn als Fürsten belassen, solange er lebt, um meines Knechtes David willen, den ich erwählt habe, der meine Gebote und Satzungen gehalten hat“* (1Kön 11,34; vgl. auch 1Kön 15,4f). Die Erwählung Davids und sein Halten von Gottes Geboten und Satzungen werden in einem Atemzug genannt. Die Erwählung Da-

205) Es ist hier analog dasselbe zu sagen wie im Falle der Auslegung R. Yitshaqs in BerR 56,2 (s.o. Kapitel 7.1.1).

vids aber hat ihren Grund in der Erwählung Jerusalems als denjenigen Ort, wo Gott seinen Namen wohnen lässt (1Kön 11,36). Dass David seine Erwählung geglaubt und damit vollzogen und gelebt, und dass er Gottes Gebote und Satzungen gehalten hat, wird in einigen der bereits angeführten Stellen ausgedrückt, indem David als Gottes Knecht bezeichnet wird (vgl. 1Kön 11,13; 11,32; 11,34; 2Kön 8,19; 19,34; 20,6; Jes 37,35). Dasselbe gilt für die Väter, die in Ex 32,13 als Knechte bezeichnet werden. Wenn in diesen Stellen also ausgesagt wird, Gott habe den „Späteren" um seiner Knechte Abraham, Isaak, Jakob und David willen Gnade erwiesen, oder er habe dies getan, *„weil David getan hatte, was dem HERRN wohlgefiel, und sein Leben lang nicht abgewichen war von allem, was er ihm geboten, ausser in der Sache des Hethiters Uria"* (1Kön 15,5), dann geht es dabei gerade nicht um „Verdienste", mit deren Hilfe man Gott gegenüber Ansprüche erheben oder Forderungen stellen könnte. Vielmehr sind solche Aussagen ein Ausdruck der Annahme und des Vollzuges der Erwählung und somit Ausdruck der antwortenden Glaubenspraxis.

Die z^{e}khut der „Früheren"

Aus all dem folgt, dass *z^{e}khut* auch hier nicht „Verdienst" bedeuten kann. Wenn R. Abbahu sagt, dass „der Heilige, gepriesen sei er, den Späteren aufgrund der *z^{e}khut* der Früheren Gnade erweist", bedeutet das vielmehr, dass Gott dies aufgrund *der Gültigkeit, Wirksamkeit und Verwirklichung der Erwählung der „Früheren", des Bundes mit ihnen und der Verheissungen an sie* tut. Da Erwählung, Bund und Verheissung sich nach dem Modell der Gegenseitigkeit verhalten, gehört das der Erwählung, dem Bund und der Verheissung entsprechende *Wollen und Tun* der „Früheren" und somit also auch *die antwortende Glaubenspraxis* der „Früheren" mit dazu. Aus diesem Grunde schliesst die *z^{e}khut* der „Früheren" *die Gültigkeit, Wirksamkeit und Verwirklichung ihrer antwortenden Glaubenspraxis* mit ein. Aufgrund des vorgelegten biblischen Stellenmaterials, das R. Abbahu zwar nicht anführt, aber zweifellos im Blick hat, lässt sich nicht entscheiden, ob der Akzent bei der Bedeutung von *z^{e}khut* mehr auf dem Wollen und Tun Gottes, oder mehr auf dem ihm antwortenden und ihm entsprechenden Wollen und Tun der „Früheren" liegt. Gestützt auf die genannten Stellen muss man davon ausgehen, dass das Gewicht auf beidem liegt.[206]

---

206) Auch hier könnte man wie im Zusammenhang von BerR 43,8 und BerR 56,2 die Frage stellen, ob die antwortende Glaubenspraxis der „Früheren" nicht doch als *verdienstvoll* bezeichnet werden könnte, wenn auch in einem ganz anderen als im üblichen Sinn. Dazu ist auf das hinzuweisen, was bereits bei der Besprechung von BerR 43,8 (s.o. S. 144) und BerR 56,2 (s.o. S. 169f) gesagt wurde.

Die „Späteren"

Bei den „Früheren" und „Späteren" handelt es sich um *relative* Grössen. Zur Zeit von Davids Nachfolgern, zur Zeit der Profeten Jesaja oder Ezechiel, oder gar zur Zeit der Abfassung der betreffenden biblischen Bücher, waren die Väter und David die „Früheren". Zur Zeit Noahs gehörten die Väter, David und andere zu den „Späteren". In R. Abbahus Auslegung handelt es sich bei den „Früheren" und „Späteren" um *dieselben* biblischen Personen. Wenn sie zuerst „Frühere" und danach „Spätere" genannt werden, geschieht dies deshalb, weil R. Abbahu sie zuerst aus der Perspektive der Verfasser der Bibel betrachtet und danach aus derjenigen Noahs.

Dies geht aus dem Schriftgrund hervor, den R. Abbahu dafür nennt, „dass der Heilige, gepriesen sei er, den Früheren aufgrund der *z^e^khut* der Späteren Gnade erweist". Der Schriftgrund für diese Aussage ist Gen 6,9: *„Dies ist die Geschlechterfolge Noahs."* Noah findet nicht darum Gnade vor Gott (Gen 6,8), weil seine Nachkommen „es einmal besser machen" als seine Generation. Der Optimismus, dass es die Jungen einmal besser machen, den man bei uns etwa antrifft, ist der Bibel vollkommen fremd. Die Bibel rechnet nicht mit einer allmählichen Entwicklung der Menschheit zum Guten hin, sondern vielmehr mit dem rettenden Eingreifen Gottes und damit mit eschatologischen Kategorien. Dass es die Geschlechterfolge nach der Sintflut nicht besser machen wird als diejenige vor der Flut, wird schon daraus ersichtlich, dass unmittelbar darauf die Erzählung vom Turmbau von Babel folgt (Gen 11). Die Geschlechterfolge Noahs bietet nur darum Grund zur Hoffnung, weil aus ihr Abraham, Isaak und Jakob, und weil aus diesen Mose, David und viele andere hervorgehen werden. Auf den Turmbau folgt bekanntlich die Erwählung Abrahams und damit die Erwählung Israels. Diese aber geschieht für die ganze Menschheit und somit für alle Nachkommen Noahs.

Die z^ekhut der „Späteren"

Da die „Späteren" die „Früheren" aus der Perspektive Noahs sind, nämlich *die Erwählten und somit die Verheissungsträger* der Hebräischen Bibel, liegt auch die *z^ekhut* der „Späteren" auf der Linie derjenigen der „Früheren". Wie die *z^ekhut* der „Früheren" ist auch die *z^ekhut* der „Späteren" *die Gültigkeit, Wirksamkeit und Verwirklichung ihrer Erwählung, des Bundes Gottes mit ihnen und seiner Verheissungen an sie*. Ein wesentlicher Unterschied besteht allerdings zwischen der *z^ekhut* der „Früheren" und derjenigen der „Späteren". Während in der *z^ekhut* der „Früheren" *die Gültigkeit, Wirksamkeit und Verwirklichung ihrer antwortenden Glaubenspraxis* mit eingeschlossen ist, trifft dies auf die *z^ekhut* der „Späteren“ nicht zu. Weshalb dies so ist, hängt mit der Frage zusammen, ob Gott die antwortende Glaubenspraxis der „Späteren“ bereits in der Vergangenheit beachtet und anrechnet. Ihr wird im nun folgenden Exkurs B nachgegangen.

Ergänzende Texte (T.24-25)

Wie in BerR 29,5 geht es auch in BerR 28,5 zu 6,7 (s.u. Anhang, T.24) und in BerR 29,3 zu 6,8 (s.u. Anhang, T.25) um das Thema der Sintflut. Und auch in diesen beiden Auslegungen ist davon die Rede, dass die „Früheren“ aufgrund der *z^e^khut* von „Späteren“ durch Gott gerettet wurden. Die Besprechung dieser beiden Texte setzt die Kenntnis von Exkurs B voraus.

Exkurs B: Imputierte Verdienste und imputierte Sünde

Üblicherweise wird unter „Verdienst" eine Leistung verstanden, die bereits erbracht wurde und nicht etwas, das in Zukunft einmal getan werden wird. Wird unter „Verdienst" bzw. „merit" etwas verstanden, das erst in der Zukunft getan wird, jedoch bereits in der Gegenwart oder sogar in der Vergangenheit angerechnet wird, sprengt dieses Verständnis die übliche Auffassung dieses Begriffs. Eine derartige grundlegende Begriffserweiterung nehmen Marmorstein, Neusner und Schechter vor.
Neusner (I,305) übersetzt den Passus in BerR 29,5, der von der *z^{e}khut* der „Früheren" handelt, wie folgt:

> But how do we know that the Holy One, blessed be he, does an act of kindness with earlier Generation on account of the merit to be attained by later Generation?

Neusners Übersetzung geht also davon aus, dass es „Verdienste" gibt, von denen die „Früheren" profitieren können, obwohl diese zum Zeitpunkt, an dem sie davon profitieren, noch gar nicht erworben wurden.
Marmorstein (86) sagt in Bezug auf BerR 29,5 mit anderen Worten dasselbe wie Neusner, geht jedoch noch einen entscheidenden Schritt weiter:

> He[207] taught also about the merits of the children, for whose sake Noah was rescued. Just as the merits of the children benefit the fathers, so the fathers die for the sins of the children. Thus the wickedness of Esau shortened the days of Abraham.

Marmorstein zufolge gibt es nicht nur „Verdienste", die erst in der Zukunft erworben, aber bereits in der Vergangenheit angerechnet werden, sondern sterben die Väter und damit die „Früheren" wegen der Sünden ihrer Kinder. Für Marmorstein (4, 25f, 28) handelt es sich dabei um eine allgemeingültige rabbinische Lehre:

> Judaism further teaches, as a supplement to the doctrine of imputed merits, the law of imputed sin. The sin and evil-doing of the wicked react upon the life and fortunes of their children, their contemporaries, and others who ought to be spared and saved (ebd. 4).

Dieses Zitat aus der Einleitung von Marmorsteins Monografie zeigt, dass es sich bei seiner Aussage im Zusammenhang von BerR 29,5 nicht um eine *ad hoc* Dogmatik handelt. Er will seine Aussage in allgemeingülti-

---

207) Mit „He" ist R. Abbahu gemeint.

gem Sinn verstanden wissen. Auch Schechter (170, 195f) spricht davon, dass das (rabbinische) Judentum sowohl die „imputed righteousness" als auch die „imputed sin" kenne (170). Und wie Marmorstein sieht auch er in der Auslegung R. Abbahus in BerR 29,5 das Gegenstück zur „imputierten Sünde" (196).
Die Untersuchung hat ergeben, dass *z^e^khut* in BerR 29,5 nicht „Verdienst" bedeutet, und dass somit auch von keinen „imputierten Verdiensten" die Rede ist. Die Frage, ob es „imputierte Sünden" gibt, ist jedoch noch offen. Um die Beantwortung dieser Frage geht es im folgenden.

a. Was ist „imputierte Sünde"?

Was Marmorstein und Schechter mit der „imputierten Sünde" meinen, geht daraus hervor, dass sie diese als Gegenstück zu den „imputierten Verdiensten" verstehen. Entsprechend wie Noah von den „Verdiensten" seiner Nachkommen profitierte, obwohl diese noch gar nicht erworben worden waren, wurde Abraham für die Sünden Esaus bestraft, obwohl diese noch gar nicht begangen worden waren. Die „imputierte Sünde" ist also eine *fremde Sünde*, mit der man eigentlich nichts zu tun hat, die einem aber trotzdem zur Last gelegt wird, und für die man bestraft wird, obwohl man sie nicht selbst begangen hat. Und zwar wird man auch dann bestraft, wenn diese Sünde noch in der Zukunft liegt, und somit zum Zeitpunkt der Bestrafung noch gar nicht verübt wurde. Charakteristisch für die „imputierte Sünde" ist also nicht nur, dass einem die Sünden anderer zur Last gelegt werden, sondern auch, dass man *im voraus* bestraft wird. Der da belangt und straft, ist selbstverständlich Gott. Es wäre deshalb von hier aus weiter zu fragen, was für ein Verständnis von Gott Marmorstein und Schechter dem rabbinischen Judentum zugetraut haben.
Der Gedanke, dass es Fälle gibt, in denen die Kinder unter der Schuld der Väter leiden, ist der Bibel nicht fremd.[208] Das hängt damit zusammen, dass der Mensch kein isoliertes Individuum ist, sondern im Guten wie im Bösen in der Gemeinschaft mit Gott und den Mitmenschen lebt. Bedingt durch diese Gemeinschaft hat das Tun des Menschen nicht nur für ihn selbst, sondern auch für seine Mitmenschen und nicht selten auch für seine Nachkommen Folgen. So kann es geschehen, dass seine Nachkommen *unter den Folgen seiner Schuld leiden*. Und dies, obwohl sie selbstver-

---

208) Das wohl bekannteste Beispiel ist Ex 20,4-6: *„Du sollst dir kein Gottesbild machen, keinerlei Abbild dessen, was oben im Himmel, noch dessen, was unten auf Erden, noch dessen, was in den Wassern unter der Erde ist; du sollst sie nicht anbeten und ihnen nicht dienen; denn ich, der HERR, dein Gott, bin ein eifersüchtiger Gott, der die Schuld der Väter heimsucht bis ins dritte und vierte Geschlecht an den Kindern derer, die mich hassen, der aber Gnade übt bis ins tausendste Geschlecht an den Kindern derer, die mich lieben und meine Gebote halten."*

ständlich nichts dafür können. Dieser Sachverhalt, der in der Bibel an manchen Stellen zur Sprache kommt, ist jedoch etwas ganz anderes als „imputierte Sünde“. Den Gedanken hingegen, dass die *Vorfahren* für die Sünden ihrer *Nachkommen* büssen müssen, findet man nirgendwo in der Bibel.

Wurde Abraham für die Sünde Esaus bestraft?

Im Zusammenhang seiner Erklärung von BerR 29,5 verweist Marmorstein (86) darauf hin, dass die Gottlosigkeit Esaus das Leben Abrahams verkürzt habe. Als Belegstelle für diese Aussage gibt er PesR 12 (47b) bzw. BerR 63,12 (II,694f) an. Kann aus dieser Stelle tatsächlich das Vorhandensein einer rabbinischen Lehre der „imputierten Sünde“ nachgewiesen werden? – In BerR 63,12 zu 25,29 (II,694f)[209] heisst es:

> *Da kam Esau vom Felde, und er war müde* (Gen 25,29). R. Pinḫas (pA5 um 360) [sagte] im Namen R. Levis (pA3 um 300) und die Rabbinen [sagten] im Namen R. Simons (pA3 um 280): Du findest, dass Abraham 175 Jahre lebte, aber Isaak 180? Sondern, die fünf Jahre, die der Heilige, gepriesen sei er, von seinem Leben zurückhielt, [hielt er zurück,] weil Esau über ein verlobtes Mädchen kam und jemanden (נפש *nefesh*) tötete. Denn es steht geschrieben: *Da kam Esau vom Felde....* [D.h.] dass er über ein verlobtes Mädchen kam, wie gesagt wird: *Wenn aber der Mann das verlobte Mädchen auf dem Felde trifft* [*und ihm Gewalt antut und bei ihm liegt, so soll der Mann, der bei ihm gelegen, allein sterben*] (Dtn 22,25). ....*und er war müde.* [D.h.] dass er jemanden (נפש *nefesh*) tötete, so wie du sagst: [*Wehe mir*] *es erliegt mein Leben* (נפשי *nafshi*) *den Mördern* (Jer 4,31). R. Berekhya (pA5 um 340) und R. Zakkai der ältere (b/pA um 250) [sagten]: Er stahl auch, so wie du sagst: *Wenn Diebe über dich kommen, oder nächtliche Räuber* [*wie sollst du dann zunichte werden*] (Ob 1,5).[210] Der Heilige, gepriesen sei er, sagte: So

209) Parallelen: LeqT Ber 25,29, MHG Ber 25,29, PesK 3,1, PesR 12 (47b), TanDev ki-tetse 4, TanBBer toledot 3, TanBDev tetse 4, YalqBer 110, YalqPs 786 zu 63,4, YalqMPs 63,5. In PesK 3,1, PesR 12 (47b), TanDev ki-tetse 4 und TanBDev tetse 4 wird der Midrasch dazu benützt, um Ps 109,14 auszulegen. Diese Auslegung wiederum dient derjenigen von Dtn 25,17.

210) Das Thema des Buches Obadja ist das Gericht über Edom bzw. Esau. Theodor/Albeck (II,695) vermutet, dass Ob 1,5 wegen der Ähnlichkeit des Konsonantenbildes von שדה (Feld) und שודדי (Räuber) zitiert wird. Mirqin (III,21) und Neusner (II,362) schliessen sich dieser Auffassung an. Mirqin vermutet zudem, dass Ob 1,5 darum als Beleg für die Aussage dafür dient, dass Esau stahl, weil es heisst: איך נדמיתה („....*wie sollst du dann zunichte werden!*“). Das Verb דמה hat die Bedeutung von „gleichen“ und „vernichten“ (Gesenius, 164). Mirqin zufolge hätten die Rabbinen aus נדמיתה geschlossen, dass Esau den Räubern geglichen habe (דמה). Auch diese Vermutung hat viel für

> habe ich Abraham versprochen, und ich sprach zu ihm: *Du aber sollst in Frieden zu deinen Vätern eingehen und in gutem Alter begraben werden* (Gen 15,15). Ist das ein gutes Alter, wenn er sehen muss, wie der Sohn seines Sohnes Götzendienst verrichtet, Unzucht treibt und Blut vergiesst? Es ist besser für ihn, dass er in Frieden verscheidet, wie gesagt wird: *Denn deine Gnade* (חסד *ḥesed*) *ist besser als das Leben* (Ps 63,4).

In der vorliegenden Auslegung und in ihren Parallelen wird die Frage beantwortet, weshalb Isaak 180 Jahre alt wurde, Abraham hingegen nur 175. Als Grund dafür wird die Gottlosigkeit Esaus angegeben. Damit steht allerdings noch nicht fest, inwiefern Esaus Gottlosigkeit der Grund für die Verkürzung von Abrahams Leben um fünf Jahre war. Für Marmorstein ist klar, dass die Ursache die „imputierte Sünde" ist. Zwar wird in den Parallelstellen PesK 3,1, PesR 12 (47b), TanDev ki-tetse 4, und TanBDev tetse 4 gesagt, dass Esau sich gegen Abraham versündigte. Das Verb, das hier gebraucht wird, und das man mit „versündigen" zu übersetzen pflegt, ist das Verb חטא (*ḥata'*). חטא (*ḥata'*) bedeutet „sich gegen jemanden vergehen", „an jemandem schuldig werden". Meistens ist mit diesem Jemand Gott gemeint. Niemals aber bedeutet חטא (*ḥata'*) „jemandem Sünden imputieren". Wie die Verkürzung von Abrahams Leben zu verstehen ist, hängt jedoch nicht nur davon ab, wie man חטא (*ḥata'*) versteht. Der Zusatz, dass sich Esau an Abraham verging und an ihm schuldig wurde, fehlt ja in der vorliegenden Version (BerR 63,12), auf die Marmorstein ebenfalls verweist. Dieser Zusatz fehlt auch in den Parallelen LeqT Ber 25,29, MHG Ber 25,29, TanBBer toledot 3, YalqBer 110, YalqPs 786 zu 63,4 und YalqMPs 63,5.
Wie die Verkürzung von Abrahams Leben zu verstehen ist, geht eindeutig aus Gen 15,15 und dem Midrasch zu diesem Vers hervor: Gott hat Abraham versprochen, er werde ihn in einem *„guten Alter"* sterben lassen. Die Zürcher Bibel übersetzt hier mit *„in hohem Alter"*. Das ist sicher auch gemeint. 175 Jahre sind ein hohes Alter. Aber die Rabbinen haben in der Erkenntnis, dass ein hohes Alter allein noch kein Segen ist, den Ausdruck in einem viel umfassenderen Sinne verstanden. Dies sicher auch darum, weil Gott Abraham in Gen 15,15 ja auch versprochen hat, dass er *„in Frieden"* zu seinen *„Vätern eingehen"* werde. Dass Abraham ein gutes Alter hat und einmal in Frieden sterben kann, hängt allerdings nicht nur von Gott allein ab, sondern auch von Abrahams Umwelt und damit auch von Esau. Da Gott voraussieht, dass Esau Abraham durch sein gottloses Tun nur Kummer bereiten und ihm die letzten Jahre seines Le-

---

sich, da es in V.15 heisst: *„Wie du getan hast, wird dir geschehen; deine Tat fällt zurück auf dein Haupt."*

bens verdunkeln würde, sieht er sich veranlasst, Abraham fünf Jahre früher als geplant abzuberufen. Diese Massnahme ist darum notwendig, damit Gott sein Versprechen halten kann.
Die Verkürzung von Abrahams Leben ist also gerade keine Strafe für eine fremde Sünde, die Abraham angelastet wird. In der Verkürzung seines Lebens erfährt Abraham vielmehr Gottes Gnade. Die Auslegung von Gen 15,15 wird denn auch mit Ps 63,4 begründet: *„Denn deine Gnade ist besser als das Leben."*[211] Die Gnade Gottes Abraham gegenüber ändert jedoch nichts daran, dass es sich bei der Verkürzung von Abrahams Leben um eine *Notmassnahme* Gottes handelt, die sich wegen der Gottlosigkeit Esaus als notwendig erwies. Aus diesem Grunde wird in den Parallelstellen PesK 3,1, PesR 12 (47b), TanDev ki-tetse 4, und TanBDev tetse 4 gesagt, dass Esau sich an Abraham versündigte.
Es hat sich gezeigt, dass in BerR 63,12 par. nicht die geringste Spur einer „imputierten Sünde" zu finden ist. Marmorstein ist den Beweis für die Existenz einer rabbinischen Lehre der „imputierten Sünde" schuldig geblieben.

b. Die rabbinische Ablehnung der „imputierten Sünde"

Man kann jedoch noch einen Schritt weiter gehen: Die Idee der „imputierten Sünde" wird in BerR 53,14 (II,572f)[212] sogar ausdrücklich abgelehnt:[213]

> *Und der Engel Gottes rief* [*der Hagar vom Himmel zu und sprach zu ihr: Was hast du Hagar? Fürchte dich nicht; denn Gott hat die Stimme des Knaben gehört, dort wo er ist*] (Gen 21,17). ....
> ....*dort wo er ist.* R. Simon (pA3 um 280) sagte: Die Dienstengel sprangen, um ihn anzuklagen. Sie sprachen vor ihm: Herr aller Welten, für einen Menschen, der künftig deine Kinder durch Durst töten wird, lässest du den Brunnen aufsteigen? Er sagte zu ihnen: Was ist er jetzt? Sie sagten zu ihm: Ein *tsadiq*. Er sagte zu ihnen: Ich richte den Menschen allein in seiner [gegenwärtigen] Stunde. *Steh auf, nimm den Knaben* [*und halte ihn fest; denn zu einem grossen Volke will ich ihn machen*] (Gen 21,18).

R. Simon sagt nicht, worauf sich seine Aussage bezieht, dass Ismael „künftig deine Kinder durch Durst töten wird". In der Bibel findet sich

211) In LeqT Ber 25,29 und PesR 12 (47b) fehlt das Zitat von Ps 63,4. An der Eindeutigkeit der Auslegung ändert sich dadurch jedoch nichts.
212) Parallelen: LeqT Ber 21,17, MAgBer wayera 21,17, MTeh 5,8, SekhT Ber 21,17, ShemR 3,2, TanBer wayetse 5, YalqBer 94.
213) Die Auslegung R. Simons findet sich in Anschluss an die Auslegung in BerR 53,14, die bereits besprochen wurde, s.o. Kapitel 6.2.

kein Hinweis auf ein derartiges Ereignis, aber in EkhaRbti 2,117 wird die Geschichte erzählt, auf die sich R. Simons Aussage bezieht. Weitere Parallelen finden sich in LeqT Ber 21,17, MAgBer wayera 21,17, MTeh 5,8, TanShem yitro 5, und yTa'an 4,5 69b.[214] EkhaRbti 2,117 und yTa'an 4,5 69b unterscheiden sich nur unwesentlich voneinander. Gegenüber den anderen Parallelen sind sie etwas präziser in ihrer Ausdrucksweise. Hier soll EkhaRbti 2,117 angeführt werden:[215]

> R. Yohanan (pA2 gest. 279) sagte: Achzigtausend priesterliche Sprösslinge, in deren Händen achzigtausend goldene Schilde waren, durchbrachen die Heere Nebukadnezars und gingen zu den Ismaeliten. Sie sagten zu ihnen: Gebt uns Wasser zu trinken. Sie sagten zu ihnen: Esst zuerst, und danach könnt ihr trinken. Was taten sie? Sie brachten ihnen allerlei Salziges heraus. Als sie gegessen hatten, brachten sie ihnen kleine aufgeblasene Schläuche heraus und gaben jedem von ihnen einen in den Mund. Da drang die Luft in seine Eingeweide. Da wälzte er sich hin und her und starb.

Die Erzählung R. Yohanans bestätigt, was man schon aus der Auslegung R. Simons in BerR 53,14 schliessen kann: Derjenige Ismael, der künftig einmal „deine Kinder" durch Durst umbringen wird, ist nicht mit dem weinenden Knaben identisch, der am verdursten ist. Mit dem Mörder Ismael ist das Volk der Ismaeliten gemeint. Mit Ismael geschieht hier dasselbe wie mit Abraham, Isaak und Jakob, von denen die Rabbinen nicht nur als von Einzelpersonen, sondern gleichzeitig auch immer als vom Volk Israel sprechen, weil sie als dessen Väter dessen Repräsentanten sind. Das ist auch in der Auslegung R. Simons so. Ismael ist der weinende Knabe, aus dem einmal ein grosses Volk wird. Und als Vater dieses Volkes repräsentiert er es gleichzeitig auch.

Der Grund für das Begehren der Dienstengel

Die Dienstengel in BerR 53,14 möchten verhindern, dass aus Ismael einmal ein Volk wird, das Gelegenheit haben wird, „deine Kinder" umzubringen, und das diese auch tatsächlich benützen wird. Der Grund für die-

---

214) In MTeh 5,8 wird die Geschichte nicht von allen Textzeugen überliefert. Und bei LeqT Ber 21,17 und MAgBer wayera 21,17 muss man die späte Abfassung im Auge behalten. Zudem erzählt LeqT Ber 21,17 lediglich Bruchstücke der Legende und etwa so, wie man auf etwas hinweist, das allgemein bekannt ist. Es scheint daher, dass die Geschichte zwar für das Verständnis der Auslegung R. Simons vorausgesetzt, aber ursprünglich nicht zusammen mit seiner Auslegung tradiert wurde.

215) Auch Ginzberg scheint diese Variante für die interessanteste gehalten zu haben. In seiner Legendensammlung erzählt er nur diese (IV,315f) und verweist auf die anderen Stellen (VI,406, Anm. 53).

ses Anliegen ist nicht bloss Schadenbegrenzung, etwa in dem Sinne, dass es besser sei, den Tod eines Einzelnen in Kauf zu nehmen, damit einmal möglichst viele gerettet würden. Es geht hier vielmehr um Sein oder Nichtsein Israels, des Bundes und der Erwählung. Dass es sich so verhält, wird sofort klar, wenn man sich überlegt, wen die Ismaeliten ermordet haben. „Priesterliche Sprösslinge" heisst es in EkhaRbti 2,117 (par. yTa'an 4,5 69b) bzw. „deine Kinder" in BerR 53,14. Die Priester sind in einem ganz pointierten Sinne Gottes Repräsentanten auf Erden, seiner Erwählung und seines Bundes. Sie sind in einem ganz pointierten Sinne das, was für alle Israeliten gilt. Ganz Israel soll gemäss Ex 19,6 ein Volk von Priestern sein (vgl. auch Jes 61,6). Durch die Katastrophe im Jahre 586 v.Chr. stand die Verwirklichung der Erwählung Israels, des Bundes und der Verheissungen vollständig auf dem Spiel. Wenn diejenigen nicht überlebten, denen Erwählung, Bund und Verheissungen anvertraut waren, würde Israel nicht weiterbestehen können. Das aber würden in erster Linie die Priester, oder wie es in R. Yoḫanans Erzählung heisst, die „priesterlichen Sprösslinge" sein. Wie der weitere Verlauf der Geschichte Israels zeigte, waren es tatsächlich die Priester, die im Exil in Babylon die Tradition bewahrt und entscheidend neu formten. Dies stand jedoch noch aus, als Nebukadnezars Heere Jerusalem belagerten und schliesslich einnahmen. Aus dem Blickwinkel der Erzählung vom Verrat der Ismaeliten drohen deshalb diese mit der Ermordung der Priester ganz Israel auszulöschen.

Aber wenn ganz Israel auf dem Spiel steht, stellt sich hier die Frage, ob nicht auch Gott selbst auf dem Spiel steht. Wenn die Erwählung Israels und der Bund mit seinem Volk scheitern, und die Verheissung an die Väter nicht mehr eingelöst werden kann, scheitert damit nicht auch Gott selbst? Gemäss dem Zeugnis der Bibel will Gott nicht nur für sich selbst, sondern für Israel und für die ganze Welt Gott sein. Im Bund mit Israel ist die ganze Menschheit eingeschlossen. Wenn Gott den Knaben Ismael vor dem Verdursten rettet und ihn zu einem Volk werden lässt, gefährdet Gott dann nicht auch sich selbst? – Es geht hier in letzter Konsequenz um dasselbe Problem wie im Falle der Rettung der Schiffe in BerR 39,11, die Wein für heidnische Trankopfer transportieren (vgl. S. 125).

Der Grund für die Ablehnung des Begehrens der Dienstengel durch Gott

Wenn die Dienstengel Gott davon abhalten wollen, den Knaben Ismael zu retten, vertreten sie also Gottes eigenstes Interesse. Trotzdem lehnt Gott ihren Antrag ab. Warum tut er dies? – Wenn Gott Ismael in der Wüste umkommen liesse, würde er damit zwar wohl verhindern, dass dessen Nachkommen einst ganz Israel gefährden. Aber erstens würde Gott damit Ismael für etwas bestrafen, das gar nicht er selbst tun wird, sondern seine

Nachkommen, zweitens für etwas, das noch gar nicht getan wurde, und drittens für etwas, das bedingt durch die Strafe gar nicht getan werden kann. Die Strafe für die zukünftige Sünde bestünde ja darin, dass Ismael verdurstet. Aber dann wird aus ihm kein Volk, und dann können die Ismaeliten Gottes Kinder gar nicht durch Durst töten.

Wenn Gott dem Antrag der Dienstengel entspräche, wäre das eine Bestätigung für eine rabbinische Lehre der „imputierten Sünde“. Indem Gott sich jedoch weigert, Ismael für die Sünden seiner Nachkommen zu bestrafen, kommt eine derartige Lehre grundsätzlich gar nicht erst in Betracht. Zwar liegt in BerR 53,14 zunächst einfach ein weiterer Text vor, der gegen die Existenz einer Lehre der „imputierten Sünde“ spricht. Trotzdem ist die Ablehnung einer derartigen Lehre grundsätzlicher Art, da BerR 53,14 weit mehr als ein weiterer Einzelfall ist. Es geht in der Auslegung R. Simons um ein fundamentales Problem: nämlich um dasjenige der Freiheit und des Vorherwissens Gottes. Dass Gott alles vorherweiss – und dass er das tut, kommt in den rabbinischen Auslegungen immer wieder zum Ausdruck – könnte ja zur Folge haben, dass der Mensch gar nicht mehr frei, sondern determiniert ist. Wenn der Mensch frei ist, kann er seine Freiheit dazu missbrauchen, das Böse zu wählen, und faktisch kann er das nicht nur, sondern tut er das auch. Wenn das Vorherwissen Gottes die Unfreiheit des Menschen zur Folge hätte, wäre damit auch das Problem der Sünde in dem Sinne erledigt, dass der Mensch dank Gottes frühzeitiger Intervention gar nicht mehr dazu käme, das Böse zu tun. Die Ismaeliten kämen dann nicht mehr dazu, Gottes Kinder umzubringen.

Aber Gottes frühzeitige Intervention gegen die Sünde beträfe natürlich nicht nur die Feinde Israels, sondern auch Israel selbst. Israel ist ja auch nicht ohne Sünde. Bekanntlich ist der Sünde Israels in der Bibel viel mehr Raum gewidmet als derjenigen der Heiden und Feinde Israels. Dass auch Israel sündigt und daher ebenfalls von einer frühzeitigen Intervention Gottes gegen das Böse betroffen wäre, wussten selbstverständlich auch die Rabbinen. Gott könnte darum nicht einmal gestatten, dass es Israel gibt, hätte er es nicht erwählt. Aber wenn es Israel nicht gibt, gibt es auch keine Erwählung und keine Bundespartnerschaft Gottes mit den Menschen. Und wenn es keine Erwählung und keinen Bund gibt, kann Gott nicht Gott für andere sein. Gott gäbe deshalb nicht nur Israel und die Menschheit überhaupt auf, sondern auch sich selbst als einen Gott, der sich dazu entschlossen hat, für andere Gott zu sein.

Nach R. Simon – und nicht nur nach ihm, sondern auch nach dem Zeugnis der Bibel – ist es aber nicht so. Weil Gott die Erwählung und den Bund will, lehnt er den Antrag der Dienstengel ab, der darum gestellt wurde, um seine Interessen zu wahren. Obwohl Gott die tödliche Bedrohung Israels durch Ismaels Nachkommen voraussieht, erhält er Ismael am

Leben und lässt ihn zu einem grossen Volke werden (Gen 17,20; 21,13; 21,18). Und er lässt Isaak zu einem grossen Volke werden, obwohl er weiss, dass auch Israel künftig oft Gottes Feind und damit auch sein eigener Feind sein wird. Das letztere sagt R. Simon in seiner Auslegung zwar nicht. Es liegt aber auf der Linie dessen, was er sagt. Und es liegt auch auf der Linie seiner Auslegung, dass Gott, indem er den Menschen als sein freies Gegenüber und als seinen Bundespartner will, an diesem unsagbar leiden wird.[216] Indem Gott es ablehnt, Ismael verdursten zu lassen, sagt Gott ja zu seinem Leiden an der Welt.

Konsequenzen für die Bedeutung von z^e^khut

Weiter oben wurde die Frage des Verständnisses von Gott berührt, das sich aus einer Lehre der „imputierten Sünde" für das rabbinische Judentum zwangsläufig ergeben muss. Diese Frage ist nun beantwortet. Im Zusammenhang der Angabe der Bedeutung von *z^e^khut* in BerR 29,5 wurde gesagt, dass die *z^e^khut* der „Späteren" in der Auslegung R. Abbahus nur *die Gültigkeit, Wirksamkeit und Verwirklichung ihrer Erwählung, des Bundes Gottes mit ihnen und seiner Verheissungen an sie* meint, und dass im Unterschied zur *z^e^khut* der „Früheren" *die Gültigkeit, Wirksamkeit und Verwirklichung ihrer antwortenden Glaubenspraxis* nicht mitgemeint ist (s.o. S. 191f). Aufgrund der Auslegung R. Simons ist jetzt auch klar weshalb: Gemäss R. Simon richtet Gott den Menschen „in seiner [gegenwärtigen] Stunde". Aus diesem Grunde lastet Gott Ismael nicht schon in der Vergangenheit die Sünde seiner Nachkommen an. Weil es hier um das Problem der Freiheit geht, gilt der Satz, wonach Gott den Menschen nur zu seiner Zeit richtet und damit behaftet und ernst nimmt, nicht nur im Bösen, sondern auch im Guten. Dies geht aus dem Hinweis in BerR 53,14 hervor, dass Gott den verdurstenden Ismael rettet, weil dieser im Moment ein *tsadiq* ist. In Bezug auf die „Späteren" bedeutet dies, dass Gott ihre antwortende Glaubenspraxis nicht schon in der Vergangenheit beachtet und anrechnet, sondern erst zu seiner Zeit, das heisst, *von dem Moment an, wo diese tatsächlich verwirklicht wird,* indem die Betreffenden Gottes Erwählung bejahen und ihr entsprechen, seinen Bund halten und auf seine Verheissungen hoffen. Zwar ist die (zukünftige) Verwirklichung der Erwählung der „Späteren" in der antwortenden Glaubenspraxis das *Ziel* ihrer Erwählung. Aber dieses Ziel ist *gerade nicht die Ursache* ihrer Er-

216) Der Gedanke, dass Gott an der Welt leidet, mag zunächst als eine moderne Überinterpretation der vorliegenden Stelle erscheinen. Tatsächlich aber ist dieser Gedanke tief im rabbinischen Denken und Glauben verankert. Vgl. dazu P. Kuhn, Gottes Trauer und Klage in der rabbinischen Überlieferung (Talmud und Midrasch). Vgl. besonders die vielen Textbeispiele (ebd. 31-345) und von den Folgerungen, die sich daraus ergeben, besonders ebd. 392f, 442-456.

wählung und deshalb *gerade nicht der Grund* für die Rettung der Früheren.[217]

Anders verhält es sich freilich mit Gottes eigener Freiheit. Diese besteht konkret darin, dass Gott Abraham, Isaak, Jakob, Mose, Israel, David usw. erwählt. Zwar wird die Erwählung nur dann auch tatsächlich wirksam und verwirklicht, wenn sie von den Betreffenden angenommen wird. Trotzdem aber ist Gott es, der die Initiative ergreift. Weil die Erwählung der Väter und Israels auf Gottes Initiative hin geschieht, erweist Gott Noah aufgrund der *z^{e}khut* der „Späteren" Gnade. Nämlich aufgrund der Gültigkeit, Wirksamkeit und Verwirklichung dessen, dass Gott schon lange vorher beschlossen hat, die Väter und damit Israel zu erwählen.

217) Es verhält sich hier wie in den Texten in Kapitel 4. Zum Zeitpunkt der Erschaffung der Welt und des Menschen war die (zukünftige) antwortende Glaubenspraxis Abrahams, Mose, Israels usw. ebenfalls zwar als *Ziel* der Erwählung Gottes im Blick, aber gerade nicht deren Ursache. Diesem Umstand wurde denn auch in der Umschreibung von *z^{e}khut* Rechnung getragen.

7.4 Die z^e*khut* der reinen Tiere: BerR 33,3 zu 8,1 (I,308)[218]

ויזכר אלהים את נח (בראשית ח א) אמר ר' שמואל בר נחמן אוי להם לרשעים שהופכין מידת רחמים למידת הדין, בכל מקום שנ' יי"י מידת רחמים יי"י יי"י אל רחום וחנון (שמות לד ו) וכת' וירא יי"י כי רבה רעת וגו' (בראשית ו ה) וינחם יי"י כי עשה וגו' (שם שם ו) ויאמר יי"י אמחה את האדם (שם שם ז), אשריהם הצדיקים שהופכין מידת הדין למידת רחמים, בכל מקום שנ' אלהים מידת הדין אלהים לא תקלל (שמות כב כז) עד האלהים יבא דבר שניהם (שם שם ח) וכת' וישמע אלהים את נאקתם ויזכר אלהים את בריתו (שם ב כד) ויזכר אלהים את רחל (בראשית ל כב) ויזכר אלהים את נח: מה זכרון נזכר לו שפירנס כל י"ב חדש בתיבה ויזכר אלהים את נח והדין נותן בזכות טהורים שהיו עמו בתיבה.

Und Gott (אלהים *Elohim*) *gedachte des Noah* [*und all des Wildes und des Viehs, das bei ihm in der Arche war*] (Gen 8,1).

[1] R. Sh^e^mu'el b. Nahman (pA3 um 260) sagte:
Wehe ihnen, den Gottlosen, die das Verhalten nach der Weise der Barmherzigkeit (מידת רחמים *middat rahamim*) zum Verhalten nach der Weise des Rechts (מידת הדין *middat hadin*) wenden. In allen Stellen, wo *Jahwe* gesagt wird, ist das Verhalten nach der Weise der Barmherzigkeit [gemeint]: *Jahwe, Jahwe, ein barmherziger und gnädiger Gott* (Ex 34,6)! Und es steht geschrieben: *Und Jahwe sah, dass die Bosheit der Menschen gross war* [*auf Erden*] (Gen 6,5). *Und es reute Jahwe, dass er* [*den Menschen*] *gemacht hatte* (V.6). *Und Jahwe sprach: Ich will den Menschen wegwischen....* (V.7).
Heil ihnen, den *tsadiqim*, die das Verhalten nach der Weise des Rechts zum Verhalten nach der Weise der Barmherzigkeit wenden. In allen Stellen, wo *Elohim* gesagt wird, ist das Verhalten nach der Weise des Rechts [gemeint]: *Elohim sollst du nicht fluchen* (Ex 22,27). *Zu Elohim soll die Sache der beiden kommen* (V.8). Und es steht geschrieben: *Da hörte Elohim auf ihre Klage, und Elohim gedachte seines Bundes* [*mit Abraham, Isaak und Jakob*]

---

218) Parallele: YalqBer 57. Die Auslegung R. Sh^e^mu'el b. Nahmans findet sich zudem noch einmal fast wörtlich in BerR 73,3. Diese Parallelstelle trägt jedoch zum Verständnis von BerR 33,3 nicht weiter bei.

(Ex 2,24). *Und Elohim gedachte der Rahel....* (Gen 30,22). *Und Elohim gedachte des Noah....* (Gen 8,1).

[2] Was war der Grund, weshalb er seiner gedachte? Dass er [sie] ganze zwölf Monate lang in der Arche versorgt hatte. *Und Gott* (אלהים *Elohim*) *gedachte des Noah* [*und all des Wildes und des Viehs, das bei ihm in der Arche war.*]

[3] Aber [auch] das Recht liess das zu, [nämlich] aufgrund der *z^e^khut* der reinen [Tiere], die bei Noah in der Arche waren.[219]

Der vorliegende Text enthält zwei Auslegungen zu Gen 8,1. Wie aus [2] hervorgeht, wird nach dem Grund gefragt, weshalb Gott Noahs und der Tiere gedachte, die bei ihm in der Arche waren. Es ist unklar, ob die Frage in [2] noch zum Midrasch in [1] oder bereits zu demjenigen in [3] gehört, da [2] gleich gut zu [1] und [3] passt und die Brücke zwischen [1] und [3] bildet. Zudem kann der Satz „Aber [auch] das Recht liess das zu...." in [3] nur auf dem Hintergrund von [1] verstanden werden. Obwohl der Ausdruck *z^e^khut* erst in [3] vorkommt, ist es nötig, auch die Auslegung in [1] zu besprechen.

Im Zusammenhang der Auslegung R. Sh^e^mu'el b. Nahmans fällt auf, dass bei ihm zwei Schlüsselbegriffe vorkommen: מידת רחמים (*middat rahamim*) und מידת הדין (*middat hadin*). Ohne das rechte Verständnis dieser beiden Begriffe ist es weder möglich, die Auslegung in [1] zu verstehen, noch den Midrasch in [3]. Zunächst ist daher die Bedeutung dieses Begriffspaares zu klären, um danach die Auslegungen in [1] bis [3] zu besprechen und schliesslich die Bedeutung von *z^e^khut* anzugeben.

In Bezug auf [3] soll schon an dieser Stelle auf folgendes hingewiesen werden: Nachdem *z^e^khut* in den bisher besprochenen Midraschim meist eng mit den Repräsentanten des Bundes Gottes verbunden war, wäre zu erwarten, dass die *z^e^khut* sich hier auf Noah bezieht. Dem ist aber nicht so. Es geht in [3] nicht um die *z^e^khut* Noahs, sondern ausschliesslich um die *z^e^khut* der reinen Tiere.

a. Die rabbinische Lehre von middat hadin und middat rahamim[220]

Zur Eigenart rabbinischer Auslegung gehört, dass den einzelnen Wörtern besonders viel Aufmerksamkeit geschenkt wird. Es erstaunt daher kaum, dass die Rabbinen sich auch Gedanken über die Verwendung der verschiedenen Gottesbezeichnungen in der Hebräischen Bibel gemacht haben. Nach rabbinischer Überzeugung hat in der *torah* jedes Wort seinen

---

219) Freedman (I,263) übersetzt *z^e^khut* mit „for .... sake", Neusner (I,346) mit „merit" und Wünsche (146) mit „wegen".

220) Vgl. für das Folgende P. Egger, Von den Middot des Rechts und der Barmherzigkeit, (maschinenschriftliche Akzessarbeit), Bern 1983.

ganz bestimmten Ort, an dem es seinen ganz bestimmten Sinn erfüllt. Ein Wort kann daher nicht durch ein Synonym ausgetauscht werden, ohne den ganzen Text zu verändern. Als Synonyme kann man auch die Gottesbezeichnungen der Hebräischen Bibel bezeichnen. Auch diese können nicht ausgetauscht werden, ohne den Sinn zu verändern. Zwar kannten die Rabbinen noch keine Quellenscheidungstheorie wie wir, aber sie stellten sich dieselbe Frage, die zur Entwicklung dieser Theorie den Anlass gab: Weshalb wird Gott manchmal mit *„Jahwe"* bezeichnet und manchmal mit *„Elohim"*? Die Antwort, welche die Rabbinen darauf gaben, lautet: *„Jahwe"* meint Gott unter dem Gesichtspunkt, dass er sich erbarmt, und *„Elohim"* unter dem Gesichtspunkt, dass er richtet. Oder wie es die Rabbinen auszudrücken pflegen: *„Jahwe"* meint *middat raḇamim* und *„Elohim" middat hadin*. Diese Antwort hat bei den Rabbinen den Rang einer allgemein anerkannten Lehre. Diese ist in SifDev 26 und in ShemR 3,6 formuliert.

SifDev 26 zu 3,24:
[*Herr*] *Jahwe,* [*du hast begonnen, deinem Knecht deine Grösse und deine starke Hand zu zeigen*] (Dtn 3,24). An jeder Stelle, wo *Jahwe* gesagt wird, ist [das Verhalten nach] der Weise der Barmherzigkeit (מדת רחמים *middat raḇamim*) [gemeint], denn es wird gesagt: *Jahwe, Jahwe, ein barmherziger und gnädiger Gott* (Ex 34,6)! An jeder Stelle, wo *Elohim* gesagt wird, ist [das Verhalten nach] der Weise des Rechts (מדת הדין *middat hadin*) [gemeint], denn es steht geschrieben: *Zu Elohim soll die Sache der beiden kommen* (Ex 22,8). Und er sagt: *Elohim sollst du nicht fluchen* (V.27).

ShemR 3,6 zu 3,14:
Und Gott sprach zu Mose.... (Ex 3,14). R. Abba b. Memel (pA3 um 300) sagte: Der Heilige, gepriesen sei er, sprach zu Mose: Meinen Namen willst du wissen? Gemäss meinen Handlungsweisen (מעשי *ma^{c}asai*) werde ich genannt. Manchmal werde ich *El Shadai* genannt, [manchmal] *Ts^{e}va'ot*, [manchmal] *Elohim* [und manchmal] *Jahwe*. Wenn ich die Schöpfung richte, werde ich *Elohim* genannt. Und wenn ich über die Sünden der Menschen [Strafen] verhänge, werde ich *El Shadai* genannt. Und wenn ich gegen die Gottlosen Krieg führe, werde ich *Ts^{e}va'ot* genannt. Und wenn ich mich über meine Welt erbarme, werde ich *Jahwe* genannt. Denn *Jahwe* bedeutet nichts anderes als [das Verhalten nach] der Weise der Barmherzigkeit (מדת רחמים *middat raḇamim*). Denn es steht geschrieben: *Jahwe, Jahwe, ein barmherziger und gnädiger Gott* (Ex 34,6)! Das meint: *Ich bin, der ich bin* (Ex 3,14). Ich werde gemäss meinen Handlungsweisen (מעשי *ma^{c}asai*) genannt.

Die Stelle in SifDev 26 ist ohne Verfasserangabe. Daraus folgt, dass die Interpretation von *„Jahwe"* mit *middat rahamim* und *„Elohim"* mit *middat hadin* bereits in tannaitischer Zeit allgemein anerkannt war. Dies wird durch verschiedene Stellen aus der rabbinischen Literatur bestätigt. So z.B. in der Auslegung von R. Me'ir (pT3 um 150) in PesK 24,11 zu Jes 26,11 und in PesK 24,13 zu Hos 14,2, oder von R. Shim^c^on b. Yohai (pT3 um 150) in TanBBer noah 8 zu Ps 36,7. Diese Stellen setzen die Lehre über die Interpretation der Gottesnamen in SifDev 26 bzw. in ShemR 3,6 voraus.

Üblicherweise werden *middat hadin* und *middat rahamim* mit „Mass" oder „Eigenschaft" des Rechts und der Barmherzigkeit wiedergegeben, bzw. in der englischsprachigen Literatur mit „attribute of justice" und „attribute of mercy".[221] Ich bin anderswo der Frage nachgegangen, ob diese Übersetzungsgewohnheit sachgemäss ist.[222] Hier nur soviel: R. Abba b. Memel sagt in ShemR 3,6, dass Gott לפי מעשי (*lefi ma^c^asai*) genannt werde. Mit מעשה (*ma^c^aseh*) ist hier nicht die einzelne Tat, sondern vielmehr die Handlungsweise gemeint. Es ist in ShemR 3,6 ja nicht von einzelnen Taten Gottes die Rede, sondern vielmehr von bestimmten *Tätigkeiten*, die immer wieder geschehen. Nämlich davon, dass Gott die Schöpfung *richtet*, dass er *Krieg führt*, dass er *Strafen verhängt*, oder dass er *sich erbarmt*. Es ist daher treffender לפי מעשי (*lefi ma^c^asai*) nicht mit „gemäss meinen Taten", sondern mit „gemäss meinen Handlungsweisen" zu übersetzen. Der Wendung לפי מעשי (*lefi ma^c^asai*) entspricht der Ausdruck מדת רחמים (*middat rahamim*). Bei *middat rahamim* handelt es sich also um eine *Handlungsweise*, nämlich um Gottes *Verhalten nach der Art und Weise der Barmherzigkeit*. Bei מדת הדין (*middat hadin*) verhält es sich analog. In SifDev 26 wird das richterliche Handeln Gottes mit *middat hadin* bezeichnet. Demnach bedeutet *middat hadin* das *Verhalten nach der Art und Weise des Rechts*.

„Jahwe" und die middat rahamim

Dass *„Jahwe"* Gott unter dem Gesichtspunkt meint, dass er nach der Art und Weise der Barmherzigkeit (*middat rahamim*) verfährt, wird in BerR 33,3, ShemR 3,6 und SifDev 26 aus Ex 34,6 abgeleitet. Wenn man Ex 34,6 im Sinne einer Definition liest und versteht, sagt diese Stelle tatsächlich das aus, was die Rabbinen aus ihr ableiten: *„Jahwe"* meint den sich erbarmenden und Gnade übenden Gott. Dabei ist zu beachten,

---

221) Vgl. z.B. die Wörterbücher von Dalman (225), Jastrow (II,732) und Levy (I,398, III,25ff, IV,440) und Wünsches Übersetzungen der einschlägigen Stellen. Vgl. auch die grösseren Darstellungen über das rabbinische Judentum von A. Nissen (Gott und der Nächste im antiken Judentum, 99-118), Moore (I,386-394) und Urbach (I,451-461).

222) Vgl. Egger, 41-45.

dass die Passivpartizipien רחום (*rahum*) und חנון (*hanun*) nicht als attributive Adjektive, sondern als Partizipien zu verstehen sind. Das geht aus ShemR 3,6 hervor. R. Abba b. Memel sagt, Gott werde nach seinen Handlungsweisen genannt. Das könnte er nicht sagen, wenn er die beiden Passivpartizipien in Ex 34,6 als Adjektive verstehen würde, welche die Eigenschaften Gottes näher bestimmen. Wenn er sie als attributive Adjektive verstünde, müsste er sagen, Gott werde nach seinen Eigenschaften genannt.

„Elohim" und die middat hadin

Dass *„Elohim"* Gott unter dem Gesichtspunkt meint, dass er richtet, wird in BerR 33,3 und SifDev 26 aus Ex 22,8 und Ex 22,27 abgeleitet. In Ex 22,8 ist von Gott (*Elohim*) als Richter die Rede. Das gilt auch für Ex 22,27. Wenn jemand Gott flucht, dann deshalb, weil er meint, Gott habe ihm nicht zu seinem Recht verholfen oder ihm gar ein Unrecht angetan. Das heisst, er flucht Gott als Richter. Niemand jedoch flucht Gott, weil er sich seiner erbarmt. Es ist daher unmöglich *Jahwe* zu fluchen. Man kann nur *Elohim* fluchen. Man kann also nur Gott unter dem Gesichtspunkt fluchen, dass er nach der Art und Weise des Rechts handelt.

b. Die Auslegung R. Sh^{e}mu'el b. Nahmans [1]

Nun ist es möglich, die Auslegung R. Sh^{e}mu'el b. Nahmans zu verstehen. Angesichts von Gen 8,1 stellt sich für ihn folgendes Problem: Mit der Aussage *„Und Elohim gedachte des Noah...."* ist ein Akt der Barmherzigkeit Gottes gemeint. Warum heisst es dann nicht *„Und Jahwe gedachte des Noah...."*, wie das gemäss der rabbinischen Lehre über die Bedeutung der Gottesnamen zu erwarten wäre? Dass diese Lehre falsch sein könnte, fällt für R. Sh^{e}mu'el b. Nahman ausser Betracht. Er wiederholt sie vielmehr, indem er sich auf dieselben Bibelstellen beruft, wie SifDev 26 und ShemR 3,6. Die Frage, weshalb in Gen 8,1 anstatt *„Jahwe"* *„Elohim"* steht, muss daher anders beantwortet werden.

Wehe ihnen, den Gottlosen....

Seine Auslegung beginnt R. Sh^{e}mu'el b. Nahman mit einem „Wehe ihnen" gegen die Gottlosen. Darauf folgt die Herleitung aus Ex 34,6, wonach *„Jahwe"* Gott unter dem Gesichtspunkt meint, dass er sich erbarmt. Anhand von Gen 6,5-7 zeigt R. Sh^{e}mu'el b. Nahman sodann, wie der sich erbarmende Gott für die Gottlosen zum richtenden Gott wird: Weil *Jahwe*, der barmherzige und gnädige Gott (Ex 34,6) sieht, dass die Bosheit der Menschen gross ist (Gen 6,5), reut es ihn, sie geschaffen zu haben (V.6). Daher beschliesst *Jahwe*, sie wegzuwischen (V.7), d.h. an ihnen sein Gericht zu vollziehen. In V.7 ist also von einer Handlungsweise die Rede, die derjenigen *Elohims* entspricht. Man würde daher erwarten, dass in V.7 nicht *„Jahwe"*, sondern *„Elohim"* dasteht. Aus dem Umstand, dass entgegen dieser Erwartung nun trotzdem *„Jahwe"* dasteht, schliesst R. Sh^{e}mu'el b. Naẖman, dass *Jahwe* wegen den Gottlosen zu *Elohim* wird, und somit die Gottlosen das Verhalten Gottes nach der Weise der Barmherzigkeit zum Verhalten nach der Weise des Rechts wenden.

Heil ihnen, den tsadiqim....

Im zweiten Teil seiner Auslegung verfährt R. Sh^{e}mu'el b. Naẖman analog aber umgekehrt zum bisherigen Gedankengang. So wie das „Wehe ihnen, den Gottlosen" den Gedankengang des ersten Teils seiner Auslegung eröffnet, wird der zweite Teil durch das „Heil ihnen, den *tsadiqim*" eingeleitet. Wie das „Wehe ihnen...." wird auch das „Heil ihnen...." durch die nachfolgenden Schriftverse begründet.

Analog zur Auslegung von Ex 34,6 im ersten Teil folgt auf das „Heil ihnen...." zunächst der Schriftbeweis aus Ex 22,27 und Ex 22,8 dafür, wonach *„Elohim"* Gott unter dem Gesichtspunkt meint, dass er richtet. Wie im ersten Teil folgen auf diesen Schriftbeweis drei weitere Bibelstellen. Während Gen 6,5, V.6, und V.7 zeigen, wie *Jahwe* zum *Elohim* wird, wird der umgekehrte Vorgang durch Ex 2,24, Gen 30,22 und Gen 8,1 aufgezeigt. Allerdings mit einem wesentlichen Unterschied: Gen 6,5, V.6 und V.7 bilden eine Einheit und beinhalten von der Feststellung Gottes, dass die Bosheit der Menschen gross war, über die Reue Gottes, sie geschaffen zu haben, bis zum Plan, die Menschen wegzuwischen, eine Steigerung. Das ist bei Ex 2,24, Gen 30,22 und Gen 8,1 nicht der Fall. Dennoch haben diese Stellen eines gemeinsam, nämlich die Worte *„und Elohim gedachte"*. Nach dem Empfinden rabbinischer Auslegungsgewohnheiten gehören sie daher zusammen, obwohl sie keinen literarischen Zusammenhang bilden.

Die Gegenseitigkeit des Handelns Gottes und der Menschen

In R. Sh^{e}mu'el b. Naẖmans Auslegung kommt das konsequent bundespartnerschaftliche Denken der Rabbinen zum Tragen: Gemäss dem rabbinischen Judentum ist Gott keine transzendente Grösse, die unbeeindruckt und unbewegt über der Welt thront und – ganz gleich, was die Menschen tun – kraft ihrer Souveränität und Machtfülle über diese verfügt. Vielmehr reagiert Gott auf das Handeln der Menschen. Dass Gottes Handeln mit demjenigen der Menschen korrespondiert, hat zur Konsequenz, dass die *tsadiqim* das Verhalten Gottes nach der Weise des Rechts zu demjenigen nach der Weise der Barmherzigkeit wenden. Ebenso wie in Gen 6,5 nicht

näher ausgeführt wird, worin die Bosheit der Menschen im einzelnen bestand, wird auch nicht gesagt, worin die *ts^e^daqah* Abrahams, Isaaks und Jakobs (Ex 2,24),[223] Rahels (Gen 30,22) und Noahs (Gen 8,1) konkret bestand. Da R. Sh^e^mu'el b. Nahman sich nicht zu dieser Frage äussert, ist es sinnlos, allzuweit zu suchen: Den Vätern, Rahel und Noah ist gemeinsam, dass sie von Gott erwählt sind. Als Erwählte sind sie je auf ihre Weise seine Bundespartner, die sich auch als solche betätigten, indem sie ihre Erwählung in ihrer je eigenen antwortenden Glaubenspraxis verwirklichten. Und als solche sind sie *tsadiqim*.
Weil der Mensch berufen ist, Gottes Gegenüber und Mitarbeiter zu sein, gilt nicht nur, dass die *tsadiqim* – also diejenigen, welche dieser Bestimmung entsprechen – Gott dazu bewegen, nach der Weise der Barmherzigkeit zu verfahren, sondern auch das Gegenteil gilt: Die Gottlosen veranlassen den barmherzigen und gnädigen Gott dazu, nach der Weise des Rechts zu verfahren. Als Beleg dafür zitiert R. Sh^e^mu'el b. Nahman Gen 6,5. Da es in dieser Stelle um die Bosheit der gesamten Menschheit geht, handelt es sich dabei nicht nur um ein konkretes Beispiel, sondern um eine grundsätzliche Aussage. R. Sh^e^mu'el b. Nahman braucht daher keine weiteren Beispiele anzuführen.

c. Der Grund dafür, weshalb Gott Noahs gedachte [2]

Im Anschluss an die Auslegung R. Sh^e^mu'el b. Nahmans wird die Frage nach dem Grund gestellt, weshalb Gott Noahs gedachte. Die darauf gegebene Antwort lautet, dass Noah die Tiere in der Arche zwölf Monate lang versorgt habe. In Gen 6,18f heisst es: *„Aber mit dir will ich einen Bund aufrichten: du sollst in die Arche gehen, du und deine Söhne und deine Frau und deine Schwiegertöchter mit dir. Und von allen Tieren, von allem Fleisch, sollst du je ein Paar in die Arche führen, um sie bei dir am Leben zu erhalten; ein Männchen und ein Weibchen sollen es sein."*
Indem Noah tut, wie ihm geheissen wird, bejaht er seine Erwählung durch Gott und betätigt sich als sein Bundespartner.
Durch sein Handeln wendet Noah Gottes Verhalten nach der Weise des Rechts zu demjenigen nach der Weise der Barmherzigkeit. Die Aussage, der Grund von Gottes Gedenken habe darin bestanden, dass Noah die

---

223) Obwohl Gott auf die Klage Israels hört, meint R. Sh^e^mu'el b. Nahman mit den *tsadiqim* nicht die klagenden Israeliten, sondern die Väter. Dies geht daraus hervor, dass es in Ex 2,24 heisst, Gott habe seines Bundes mit Abraham, Isaak und Jakob gedacht. Davon, dass Gott gedenkt, ist auch in den beiden anderen angeführten Stellen die Rede, in Gen 30,22 und Gen 8,1. Dass mit den *tsadiqim* nicht die Israeliten in Ägypten gemeint sind, wird zudem durch PesK 5,11 bestätigt, wo davon die Rede ist, dass diese unbeschnittene Götzendiener waren, und wo R. Sh^e^mu'el b. Nahman die Befreiung aus Ägypten mit dem Schwur Gottes sich selbst gegenüber begründet (s.o. S. 92).

Tiere in der Arche zwölf Monate lang versorgte, entspricht somit ganz der Auslegung in [1]. Davon, dass Noah sich als *tsadiq* erwies, geht auch der Verfasser des nachfolgenden Midrasch in [3] aus.

d. Aber auch das Recht liess das zu.... [3]

Die Worte „Aber [auch] das Recht liess das zu" markieren einen Gegensatz zur Auslegung R. Sh^{e}mu'el b. Na<u>h</u>mans. Dem unbekannten Ausleger bereitete es im Unterschied zu R. Sh^{e}mu'el b. Na<u>h</u>man keine Schwierigkeit, dass in Gen 8,1 Gott nicht mit *„Jahwe"*, sondern mit *„Elohim"* bezeichnet wird. Zwar wird durch seine Auslegung nicht die Richtigkeit der Interpretation R. Sh^{e}mu'el b. Na<u>h</u>mans bestritten, und somit auch nicht, dass das Gedenken Gottes ein Akt der Barmherzigkeit ist. Aber gleichzeitig ist das Gedenken Gottes auch ein Rechtsakt. Und deshalb wird Gott in Gen 8,1 korrekterweise *„Elohim"* genannt. Gemäss dem anonymen Verfasser hat dieser Rechtsakt seinen Grund in der *z^{e}khut* der reinen Tiere.

Die reinen Tiere

Die Einteilung in reine und unreine Tiere und in rein und unrein überhaupt wird in der Bibel als Äusserung des Willens Gottes, als seine göttliche Anordnung verstanden. Rein sind gewisse Tiere deshalb, weil Gott sagt, dass sie rein sind und daher gegessen werden dürfen, d.h. weil sie von Gott dazu *erwählt* sind. Durch die Beachtung der durch Gott festgesetzten Reinheit und Unreinheit unterscheidet sich Israel von den Heiden. Die reinen Tiere gehören somit zur Kategorie von Erwählung und Bund.
Daraus folgt, dass nicht nur die Menschen, sondern auch die Tiere in den Bund Gottes mit hineingenommen sind. Dies geht aus Gen 9,9-11 hervor: *„Ich aber, siehe, ich richte einen Bund auf mit euch und euren Nachkommen und mit allen lebenden Wesen, die bei euch sind, Vögeln, Vieh und allem Wild des Feldes bei euch, mit allen, die aus der Arche gekommen sind. Ich will einen Bund mit euch aufrichten, dass niemals wieder alles Fleisch von den Wassern der Sintflut soll ausgerottet werden und niemals wieder eine Sintflut kommen soll, die Erde zu verderben."*
In Gen 9,9-11 ist von *allen* Tieren die Rede. Gott schliesst seinen Bund also ausdrücklich auch mit den *unreinen Tieren.* In BerR 33,3 heisst es hingegen, Gott habe des Noah aufgrund der *z^{e}khut* der reinen Tiere gedacht. Die Möglichkeit, der unbekannte Verfasser dieses Midrasch habe nicht gewusst, dass auch die unreinen Tiere in Gottes Bund miteingeschlossen sind, scheidet von vornherein aus. Der Grund, weshalb in BerR 33,3 gesagt wird, Gott habe des Noah aufgrund der *z^{e}khut* der reinen Tiere gedacht, ist vielmehr darin zu suchen, dass die reinen Tiere die Tierwelt gegenüber Gott repräsentieren. Es verhält sich hier ähnlich wie mit

Israel und den Heiden. Wie durch die Erwählung Israels demonstriert wird, dass Gottes Zuwendung und Liebe allen Menschen gilt, wird die Zuwendung und Liebe Gottes gegenüber den Tieren an den reinen Tieren sichtbar gemacht. Und wie Israel die Menschheit Gott gegenüber repräsentiert, repräsentieren die reinen Tiere die ganze Tierwelt Gott gegenüber.
Aufgrund ihrer Erwählung und des Bundes Gottes mit ihnen haben die Tiere ein Anrecht darauf, gerettet zu werden. Aus diesem Grunde sagt der unbekannte Verfasser, auch das Recht habe das Gedenken Gottes in Gen 8,1 zugelassen.

Die z^{e}khut der reinen Tiere

Da es bei den reinen Tieren um Erwählung und Bund geht, kann die *z^{e}khut* der reinen Tiere nur als *Gültigkeit, Wirksamkeit und Bedeutung ihrer universalem Erwählung und die Gültigkeit und Verwirklichung des universalen Bundes Gottes mit seiner Schöpfung* verstanden werden. An den reinen Tieren wird besonders eindrücklich deutlich, wie *universal und weit Gottes Erwählung und Bund* sind.
Da Gott Noah aufgrund der *z^{e}khut* der reinen Tiere rettete, haben die reinen Tiere soteriologische Bedeutung. Und weil Noah die Menschheit repräsentiert, haben die reinen Tiere somit soteriologische Bedeutung für die Menschheit. Um der Tiere willen gedenkt Gott der Menschheit in Barmherzigkeit und Gnade, weil er seinen Bund nicht nur mit Noah und seinen Nachkommen, sondern auch – und gerade auch! – mit den Tieren schloss (Gen 9,9-11). Wenn keine Sintflut mehr kommen wird, welche die Erde verdirbt, dann gerade auch darum, weil Gott um der Tiere willen davon Abstand nimmt.

Ergänzende Texte (T.26)

In BerR 33,1 zu 8,1 (s.u. Anhang, T.26) liegt ein Midrasch vor, dessen Hauptaussage in dieselbe Richtung weist wie diejenige von BerR 33,3. In BerR 33,1 geht es um die *z^{e}khut* des Viehs bzw. des Kleinviehs.

7.5 Die z^{e}*khut* der Tochter, die mit dem König vermählt wird, und die z^{e}*khut* der Märtyrer

Den in diesem Kapitel besprochenen Auslegungen ist gemeinsam, dass in allen die Legende von Abraham im Feuerofen eine Rolle spielt. Diese wird in 7.5.1 vorgestellt und für die Besprechung der weiteren Textbeispiele als bekannt vorausgesetzt.

7.5.1 Die z^{e}*khut* der Tochter, die mit dem König vermählt wird: BerR 63,2 zu 25,19 (II,678f)[224]

ואלה תולדות יצחק וגו' (בראשית כה יט) .... עטרת
זקנים בני בנים וגו' (משלי יז ו) .... ר' הונא ור' ירמיה
בשם ר' שמואל בר רב יצחק אברהם לא נוצל מכבשן
האש אלא בזכות יעקב אבינו, משל לאחד שהיה לו דין
לפני שלטון ויצא דינו מלפני השלטון לישרף וצפה אותו
השילטון באיסטרולוגיאה שלו שהוא עתיד להוליד בת
והיא נישאת למלך, אמר כדיי הוא להינצל בזכות בתו,
כן אמר הקב"ה כדיי הוא אברהם להנצל בזכותו
שליעקב הה"ד לכן כה אמר י"י אל בית יעקב אשר פדה
את אברהם (ישעיה כט כב) יעקב פדה את אברהם.

Dies ist die Geschlechterfolge Isaaks, [*des Sohnes Abrahams: Abraham zeugte den Isaak*] (Gen 25,19). ....
Die Krone der Alten sind die Kinder der Kinder, [*und der Stolz der Kinder sind ihre Väter*] (Spr 17,6). ....
R. Huna (pA4 um 350) und R. Yirmyah (pA4 um 320) [sagten] im Namen R. Sh^{e}mu'el bar R. Yitsẖaqs (pA3 um 320): Abraham wurde nur aufgrund der z^{e}*khut* unseres Vaters Jakob vor dem Feuerofen gerettet.[225]

---

224) Parallelen: WaR 36,4, YalqBer 110, YalqJes 436 zu 29,22. Vgl. auch AgBer 64/65,4 und TanBer toledot 4.

225) Im Unterschied zu vielen anderen Stellen wird Abraham in BerR 63,2 nicht in den Feuerofen geworfen. Er ist zwar vom Machthaber bereits dazu verurteilt. Aber das Urteil wird nicht vollstreckt. Es ist daher nicht korrekt מכבשן האש (*mikkivshan ha'esh*) mit „aus dem Glutofen" (Wünsche, 296) bzw. „aus dem Feuerofen" (Thoma/Lauer, 319) zu übersetzen. Sondern richtigerweise muss es „vor dem Feuerofen" heissen, oder wie Freedman (II,557) und Neusner (II,350) übersetzen, „from the fiery furnace". Die Übersetzung der Präposition מן (*min*) an dieser Stelle mit „aus" wird durch diejenigen Varianten der Legende verursacht, die erzählen, dass Abraham tatsächlich in den Ofen geworfen wurde. Davon aber steht in BerR 63,2 nichts.

Gleich einem, der vor einem Machthaber einen Prozess hatte. Und sein Prozess vor dem Machthaber endete damit, dass er verbrannt werden sollte. Da sah derselbe Machthaber durch seine Sterndeutung, dass jener künftig eine Tochter zeugen werde, und diese werde mit dem König vermählt werden. [Und] er sprach: Er ist es wert, aufgrund der z^e*khut* seiner Tochter gerettet zu werden.
Ebenso sprach der Heilige, gepriesen sei er: Er, Abraham, ist es wert, aufgrund der z^e*khut* Jakobs gerettet zu werden. Wie denn geschrieben steht: *Darum also spricht der HERR, der Gott des Hauses Jakobs, der Abraham erlöst hat....* (Jes 29,22). Jakob erlöste Abraham.[226]

Im vorliegenden Midrasch dient die Auslegung von Jes 29,22 derjenigen von Spr 17,6. Und diese wiederum ist eine Interpretation von Gen 25,19. Ursprünglich war der vorliegende Midrasch wohl nur eine Auslegung von Jes 29,22. Das geht aus der Parallelstelle YalqJes 436 zu 29,22 hervor, wo der Hinweis auf Spr 17,6 und auf Gen 25,19 fehlt. Der Relativsatz *„der Abraham erlöst hat“* kann auf zwei verschiedene Arten verstanden werden. Man kann ihn wie die LXX auf Gott, oder ihn wie die Rabbinen auf Jakob beziehen. Da der Ausdruck אשׁר (*'asher*) normalerweise an das letzte Wort zusammenhängender Satzglieder anschliesst, bedeutet dies nach rabbinischer Lesart, dass Jakob Abraham erlöste. Damit stellt sich die Frage, inwiefern ihm das möglich war. Die LXX wusste auf diese Frage keine Antwort zu geben. Die Rabbinen hingegen schon. Im vorliegenden Midrasch wird auf diese Frage eine mögliche Antwort gegeben.[227]

a. Die Legende von Abraham im Feuerofen

In der jüdischen Literatur sind die Legende bzw. Anspielungen darauf, dass Abraham zum Tode im Feuerofen verurteilt wurde, recht weit verbreitet.[228]
Allen Varianten ist gemeinsam, dass Abraham wegen seines Glaubens an den einen, wahren Gott zum Tod im Feuerofen verurteilt wurde. Im Unterschied zur späteren jüdischen Literatur weiss die biblische Überliefe-

---

226) Marmorstein (140), Neusner (II,350) und Urbach (I,511) übersetzen z^e*khut* mit „merit“. Freedman (II,557) übersetzt den Ausdruck mit „for .... sake“ und mit „merit“, Wünsche (296) mit „Verdienst“ und „wegen“ und Thoma/Lauer (318) mit „um .... willen“. Aus den Ausführungen Thoma/Lauers (319) geht hervor, dass damit „um des Verdienstes willen“ gemeint ist.

227) In bSanh 19b wird Jes 29,22 dahingehend interpretiert, dass Jakob Abraham vom Grossziehen von Söhnen, d.h. der zwölf Stämme, erlöst habe.

228) Vgl. z.B. bPes 118a, BerR 34,9, 38,13, 44,1, 43,7, 44,4, 44,13, 48,1, 49,11, DevR 2,29, MTeh 117,3, ShirR 1,13, TanShem tetsawe 12, TanBShem tetsawe 8; vgl. auch Ginzberg I,198-203 und Billerbeck, III,34-36. Vgl. auch die sehr ausführliche Variante in LibAnt 6 (Ch. Dietzfelbinger, Pseudo Philo, Antiquitates Biblicae, JSHRZ II/2, 114-117) geboten.

rung nichts davon, dass Abraham von Nimrod zum Tode verurteilt worden wäre. Sie weiss nicht einmal etwas von einer Begegnung zwischen diesen beiden, geschweige denn von einem Konflikt.
Nimrod wird in der Bibel als erster Gewaltherrscher bezeichnet (Gen 10,8 par. 1Chr 1,10). Wie Nebukadnezar herrschte er in Babel. Es ist von da her recht naheliegend, zwischen Nimrod und Nebukadnezar Parallelen zu sehen. Die Beziehung zwischen Abraham und dem Feuerofen geht aus Gen 15,6 hervor: *„Und er sprach zu ihm: Ich bin der HERR, der ich dich aus Ur in Chaldäa herausgeführt habe, dass ich dir dieses Land zu eigen gebe.“* Üblicherweise versteht man das Wort אור (*'ur*) in dieser Stelle als Ortsbezeichnung. אור (*'ur*) bedeutet aber auch „Feuer“. Wenn man den Ausdruck in Gen 15,6 so versteht, lautet der Vers: *„Ich bin der HERR, der ich dich aus dem Feuer in Chaldäa herausgeführt habe....“*
In Gen 15,6 ist also der Schriftgrund für die Legende enthalten, dass Nimrod Abraham zum Tode im Feuerofen verurteilte. Ob diese Stelle allein zur Legendenbildung ausgereicht haben sollte, ist jedoch fraglich, und auch, ob diese durch Umbildung der Legende von den drei Männern im Feuerofen in Dan 3 zustande kam. Mindestens ebenso wahrscheinlich ist wohl, dass die Legende in Dan 3 und diejenige in BerR 63,2 dieselben Wurzeln in der israelitischen Tradition haben.

b. Die Bedeutung des Gleichnisses R. Sh^{e}mu'el bar R. Yitshaqs

Im Gleichnis „sah derselbe Machthaber durch seine Sterndeutung, dass jener künftig eine Tochter zeugen werde, und diese werde mit dem König vermählt werden.“ Da das Gleichnis und dessen Interpretation erklären will, auf welche Weise Jakob Abraham erlöste (Jes 29,22), ist mit der „Tochter“ Jakob und mit „Jakob“ das Volk Israel gemeint. In der Hebräischen Bibel wird Israel öfter als *„Tochter“* oder als *„Jungfrau“* bezeichnet. Zwar fehlen dort die Ausdrücke *„Tochter Jakob“* oder *„Tochter Israel“*. Aber es finden sich Bezeichnungen wie *„Tochter meines Volkes“*, *„Tochter Juda“*, *„Tochter Zion“*, *„Tochter Jerusalem“*, oder *„Jungfrau Israel“*.[229] Der jeweilige Zusammenhang macht klar, dass mit *„Tochter meines Volkes“* und mit *„Jungfrau Israel“* das Volk Israel bzw. das gemeint ist, was davon noch übriggeblieben ist. Dementsprechend ist mit *„Tochter Juda“*, *„Tochter Zion“* oder *„Tochter Jerusalem“* die Bevölkerung von Juda oder Jerusalem gemeint, und zwar als *pars pro toto* für

---

229) *„Tochter meines Volkes“*: Jer 4,11; 6,26; 8,11; 8,19; 8,21f; 14,17; Klg 2,11; 4,3. *„Tochter Juda“*: Klg 1,15; 2,2; 2,5. *„Tochter Zion“*: 2Kön 19,21; Ps 9,15; Jes 1,8; 4,4; 10,32; 37,22; 62,11; Jer 4,31; Klg 1,6; 2,1; 2,4; 2,8; 2,10; 2,13; 2,18; 4,22; Mi 1,13; 4,8; 4,10; 4,13; Zef 3,14; Sach 2,10; 9,9. *„Tochter Jerusalem“*: 2Kön 19,21; Jes 37,22; Klg 2,13; 2,15; Sach 9,9. *„Jungfrau Israel“*: Jer 18,13; 31,4; 31,21; Am 5,2.

ganz Israel.[230] Es trägt daher nichts zum Verständnis von BerR 63,2 bei, wenn Thoma/Lauer (319) zur Stelle bemerken: „Er werde eine Tochter zeugen, die zur Königin emporsteigen werde." Nicht davon ist die Rede, dass Israel „Königin" wird, sondern dass es mit Gott „vermählt" wird. Das ist etwas ganz anderes.
Bei den Profeten ist verschiedentlich von *Israels Ehebruch Gott gegenüber* die Rede.[231] Diese Ausdrucksweise, die Bezeichnung Israels als einer Dirne bzw. der Vergleich Israels mit einer solchen setzt voraus, dass eine rechtmässige Ehe besteht, und Gott sich mit Israel *vermählt hat*.[232] Die allegorische rabbinische Redeweise von der künftigen Vermählung der Tochter Israel mit Gott hat ihre Wurzeln somit in der profetischen Tradition.[233]
Die einstige Vermählung der Tochter mit dem König, erkennt der Machthaber im Gleichnis durch seine Sterndeutung. Der Satz „Ebenso sprach der Heilige, gepriesen sei er: Er, Abraham, ist es wert, aufgrund der *z^{e}khut* Jakobs gerettet zu werden", macht klar, dass es gemäss der rabbinischen Auslegung des Gleichnisses nicht Nimrod, sondern Gott ist, der die Erwählung der „Tochter" Israel voraussieht. D.h. Gott sieht voraus, was er selbst einmal tun wird. Die Sterndeutung des Machthabers im Gleichnis deutet allegorisch auf das Vorausschauen und damit auf die Vorsehung Gottes.

Die Bedeutung von z^{e}khut

Aufgrund dieser Beobachtungen lassen sich folgende Schlüsse ziehen: Zwar ist von „der *z^{e}khut* unseres Vaters Jakob" die Rede. Aber Jakob wird auch hier nicht als Einzelperson, sondern als Repräsentant Israels verstanden. Dieses Verständnis entspricht ganz Jes 29,22. Indem in dieser Stelle vom Haus Jakobs die Rede ist, ist von ganz Israel die Rede. Die *z^{e}khut* „unseres Vaters Jakob" ist die *z^{e}khut „des Hauses Jakobs"* und somit diejenige der Tochter Israel. Die *z^{e}khut* Jakobs bzw. diejenige der Tochter Israel besteht darin, dass sie mit dem König vermählt wird. Die *z^{e}khut* Jakobs ist also die *z^{e}khut* des Bundesverhältnisses Gottes mit Israel. Dabei gibt es zweierlei zu beachten:
1. In BerR 63,2 heisst es, dass die Tochter mit dem König *vermählt wird.* D.h. die Initiative liegt nicht bei ihr, sondern beim König. Zwar wird

230) Diese Redeweise ist nicht auf Israel bzw. auf Teile davon beschränkt, die das Ganze repräsentieren. Auch andere Völker werden in der Bibel mit *„Jungfrau"* oder *„Tochter"* bezeichnet, so z.B. Babel (Ps 137,8; Jes 47,1; Jer 50,42; 51,33).
231) Vgl. Jer 3,9; 5,7; 9,2; 13,27; 23,10; 23,14; Ez 23,37; Hos 2,2; 7,4.
232) Vgl. Jes 1,21; Jer 2,20; 3,3; Ez 16,30f; 16,35; Hos 1,2; 2,5.
233) Vgl. auch das Gleichnis R. Yohanan b. Zakkais in DevR 3,17 zu 10,1, wo der Bundesschluss Gottes mit Israel mit einem Eheschluss verglichen wird (s.o. S. 47f).

damit etwas ausgesagt, das für die Welt dieses Midrasch üblich ist. Aber gerade durch dieses Übliche wird klar, dass sie vom König *erwählt wird.*

2. Die Heirat des Königs mit der Tochter und somit der Bundesschluss Gottes mit Israel liegt zum Zeitpunkt, in dem Abraham vor dem Feuertod bewahrt wird, noch in der Zukunft. Damit liegt auch die *z^ekhut* Jakobs in der Zukunft.

Dies hat folgende Konsequenzen: Der Bundesschluss Gottes mit Jakob bzw. mit der Tochter Israel hat seinen Grund in der Erwählung durch Gott. Damit wird natürlich nicht bestritten, dass auch Israel gewählt hat, indem es die Erwählung Gottes verwirklichte. In BerR 63,2 liegt der Akzent jedoch ausschliesslich bei Gottes Entscheidung, Israel zu erwählen, und bei seiner Initiative zum Bundesschluss. Dies geht in BerR 63,2 daraus hervor, dass die Tochter *vermählt wird.* Sachlich hat dies seinen Grund darin, dass Gott bei seinen gegenwärtigen Entscheidungen seine eigenen zukünftigen Pläne und Entscheide mitberücksichtigt, nicht aber die zukünftigen Entscheidungen und Taten der Menschen.[234] D.h. Gott berücksichtigt zwar bei der Frage, ob er Abraham vor dem Feuerofen retten soll, dass er Israel künftig erwählen und den Bund mit ihm schliessen wird, nicht aber die zukünftige antwortende Glaubenspraxis Israels. Mit der *z^ekhut* in BerR 63,2 ist folglich *die Gültigkeit, Wirksamkeit und Verwirklichung der universalen Erwählung Israels durch Gott und seines Bundes mit ihm* gemeint.

Ergänzende Texte (T.27-28)

In seinen Anmerkungen zur Stelle weist Theodor/Albeck (II,678f) u.a. auch auf AgBer 64/65,4 (s.u. Anhang, T.27) hin.[235] Bei diesem Midrasch handelt es sich um eine etwas entferntere Parallele zu BerR 63,2, die jedoch von besonderem Interesse ist, da sie dem Ergebnis zur Bedeutung von *z^ekhut* in BerR 63,2 zu widersprechen scheint. Eine weitere interessante Parallelstelle liegt in TanBer toledot 4 (s.u. Anhang, T.28) vor. Dieser Midrasch gibt auf die Frage eine Antwort, weshalb Gott Abraham nicht aufgrund seiner eigenen *z^ekhut* rettet, wie das in AgBer 64/65,4 (s.u. Anhang, T.27) als theoretische Möglichkeit in Betracht gezogen wird.

234) Vgl. Exkurs B, S. 197-202.

235) Da Theodor/Albeck Hebräisch schreibt, ist nicht klar, wie er *z^ekhut* verstanden hat.

7.5.2 Die *z^e^khut* der Märtyrer: BerR 34,9 zu 8,21 (I,319)[236]

וירח יי' את הריח הניחח (בראשית ח כא) הריח ריחו של אברהם אבינו עולה מן כבשן האש, הריח ריח שלחנניה מישאל ועזריה עולין מכבשן האש, לאוהבו שלמלך שכיבדו דורון נאה, ביזייה דיסקוס נאה, עמד בנו ולא כיבדו, עמד בן בנו וכיבדו, אמר לו דמי דורון דידך לדורון דסבך, הריח ריח דורו שלשמד, רב שילום בשם ר' מנחמא בר רב זעירא למלך שהיה מבקש לבנות פלטין על הים ולא היה יודע איכן לבנותה, מצא צלוחית שלפילייטון והלך לריחה ובנה אתה עליה ה"ה כי הוא על ימים יסדה וגו' (תהלים כד ב), מאי זה זכות, בזכות זה דור דורשיו מבקשי פניך יעקב סלה (שם שם ו).

Und der HERR roch den lieblichen Duft [*und sprach bei sich selbst: Ich will hinfort nicht mehr die Erde um der Menschen willen verfluchen; ist doch das Trachten des menschlichen Herzens böse von Jugend auf. Und ich will hinfort nicht mehr schlagen, was da lebt, wie ich getan habe*] (Gen 8,21).

[1] Er roch den Duft Abrahams, unseres Vaters, als er aus dem Feuerofen emporstieg. Er roch den Duft Hananjas, Mischaels und Asarjas, als sie aus dem Feuerofen emporstiegen.

Gleich dem Freund eines Königs, der ihn mit einem angenehmen Geschenk ehrte, mit einer schönen Schüssel. Es folgte sein Sohn, und er ehrte ihn nicht. Es folgte der Sohn seines Sohnes, und er ehrte ihn. Da sprach er zu ihm: Dein Geschenk ist dem Geschenk deines Grossvaters gleich.

Er roch den Duft des Geschlechts der Religionsverfolgung.

[2] R. Shalom (pA) [sagte] im Namen R. M^e^nahem b. Rav Ze^c^eiras (pA):

Gleich einem König, der am (על *^c^al*) Meer einen Palast bauen wollte, aber nicht wusste, wo er ihn bauen sollte. [Da] fand er ein Fläschchen mit Nardenöl, und er ging dem Duft nach und baute ihn auf (על *^c^al*) ihm. Wie denn geschrieben steht: *Denn er hat sie auf* (על *^c^al*) *Meere gegründet,* [*und auf Strömen sie festgestellt*] (Ps 24,2).

236) Parallelen: YalqBer 60, YalqPs 697 zu 24,2, YalqMPs 24,12. In YalqBer 60 ist nur das erste der beiden Gleichnisse enthalten.

> Aufgrund welcher *z^{e}khut*? Aufgrund der *z^{e}khut* von: *Das ist das Geschlecht, das nach ihm fragt, das dein Angesicht sucht, Jakob. Sela* (V.6).[237]

Der vorliegende Midrasch enthält zwei Auslegungen zu Gen 8,21. Beide arbeiten mit einem Gleichnis. Während die erste Auslegung allein mit Gen 8,21 auskommt, zieht die zweite zur Interpretation Ps 24,2.6 heran. In Gen 8,20 heisst es: *„Noah aber baute dem HERRN einen Altar; dann nahm er von allen reinen Tieren und von allen reinen Vögeln und brachte Brandopfer dar auf dem Altar.“* Gen 8,21 bezieht sich also auf dieses Geschehen. In [1] wird Gen 8,21 auf das Martyrium Abrahams, Hananjas, Mischaels, Asarjas und des Geschlechts der Religionsverfolgung gedeutet. In [2] wird diese Deutung vorausgesetzt. Thoma/Lauer (234) machen darauf aufmerksam, dass die Auslegung in [2] nicht ohne diejenige in [1] verstanden werden kann. Dies wird durch YalqBer 60 bestätigt, wo nur [1] enthalten ist. Möglicherweise stellt [2] einen späteren Zusatz dar.

a. Die Märtyrer [1]

Freedman (I,274, Anm. 3) Marmorstein (105) und Billerbeck (I,225) sind der Meinung, mit dem „Geschlecht der Religionsverfolgung“ sei die hadrianische Verfolgungszeit gemeint. Im Unterschied dazu verstehen Thoma/Lauer (236) den Begriff umfassend. D.h. zum „Geschlecht der Religionsverfolgung“ gehören alle Juden, die je wegen ihres Glaubens verbrannt oder auf andere Weise getötet wurden. In ähnlichem Sinne äussert sich auch Neusner (II,9). Da das „Geschlecht der Religionsverfolgung“ nicht näher bestimmt wird, haben Thoma/Lauer und Neusner mit ihrem Verständnis recht.

Da das „Geschlecht der Religionsverfolgung“ im ganz umfassenden Sinne zu verstehen ist, sind auch Abraham, Hananja, Mischael und Asarja dazu zu rechnen. Diese wurden wegen ihres Glaubens an Gott und wegen ihrer Treue zu ihm in den Feuerofen geworfen.[238] Zwar verbrannten sie im Unterschied zu vielen anderen Juden nicht, sondern wurden gerettet. Aber das lag weder an ihnen, noch an jenen, die sie verbrennen wollten, sondern ganz allein an Gott, der sie aus dem Feuerofen rettete. Abraham, Hananja, Mischael und Asarja sind daher ebenfalls Märtyrer. Gemäss dem anonymen Verfasser von [1] steigt auch von ihnen der Brandgeruch des Martyriums auf. Dieser Brandgeruch, oder wie es im Midrasch heisst,

---

237) Freedman (I,274) übersetz *z^{e}khut* mit „for .... sake“, Marmorstein (105) mit „merit“ und Neusner (II,8) mit „on account of“. Billerbeck (I,225), der nur auf die Auslegung R. M^{e}naẖem b. Rav Ze^{c}eiras Bezug nimmt, Thoma/Lauer (233) und Wünsche (152) übersetzen den Ausdruck mit „Verdienst“.

238) Vgl. Kapitel 7.5.1 und Dan 3.

dieser „Duft“, ist der Geruch des Brandopfers, von dem in Gen 8,21 die Rede ist.

Das Gleichnis vom Geschenk

Der Brandgeruch des Martyriums entspricht im Gleichnis dem angenehmen Geschenk bzw. der schönen Schüssel, mit welcher der Freund den König ehrte. Mit dem „Freund“ ist Abraham gemeint, der schon in Jes 41,8 und 2Chr 20,7 als Gottes Freund bezeichnet wird, mit dem „König“ wie in vielen anderen rabbinischen Gleichnissen Gott und mit dem Sohn des Sohnes Hananja, Mischael und Asarja.
Etwas schwieriger ist die Frage zu beantworten, wie der „Sohn“ zu deuten ist, der den König nicht „ehrte“. Zudem stellt sich die Frage, wie diese Aussage zu verstehen ist. Thoma/Lauer (235) sind der Ansicht, dass mit dem „Sohn“ die Israeliten zwischen Abraham und der Verfolgung unter Nebukadnezar gemeint seien, ohne dieses Verständnis zu begründen. Wie noch zu zeigen sein wird, lässt sich die Frage präzise beantworten.

Das Problem der Tempelzerstörung

Thoma/Lauer (235) erklären die Deutung von Gen 8,21 auf Abraham und auf Hananja, Mischael und Asarja damit, dass der anonyme Verfasser ein Gegner der Tieropfer gewesen sei. Diese Erklärung entspricht wohl kaum rabbinischem Denken. Die Deutung von Gen 8,21 auf die jüdischen Märtyrer hat ihren Grund ganz im Gegenteil gerade darin, dass der anonyme Verfasser die Tieropfer bejaht, weil sie von Gott geboten sind, und weil ihre Darbringung Erfüllung der *torah* und somit Leben im Bunde mit Gott bedeutet. Nun stellt sich jedoch das Problem, dass die Tieropfer *nicht mehr dargebracht werden können*, da der Tempel in Jerusalem zerstört ist. Auch wenn nicht auszumachen ist, wann der anonyme Verfasser gelebt hat, muss man davon ausgehen, dass er *nach* der Tempelzerstörung gelebt hat.
Im Zusammenhang der Tempelzerstörung wird oft darauf hingewiesen, das Judentum habe überlebt, weil es sich schon lange zuvor in der Diaspora in und um die Synagogen neu organisiert habe. Der Tempel und der damit verbundene Kult erscheint vielen als etwas, dessen Verlust zu verschmerzen war. Das wird besonders von jenen so gesehen, welche die Religionsgeschichte als Geschichte einer Entwicklung verstehen.
Für die Rabbinen ist das jedoch völlig anders. Sie verstehen ihr Judentum nicht nach dem Modell der fortlaufenden Entwicklung, sondern nach demjenigen von *Verheissung und Erfüllung*. Nicht nur der Verlust des den Vätern verheissenen Landes und Jerusalems, sondern auch die Tempelzerstörung sind noch Jahrhunderte danach nicht vergessen und ver-

wunden. Vielmehr bleibt die sehnsüchtige Erwartung und die brennende Hoffnung bestehen, dass Gott sein Volk einst zurückführen und der Tempel wieder aufgebaut werde. Das Judentum überlebte die Katastrophe des Jahres 70 n.Chr. sowie alle Verfolgungen nur darum, weil es aus dieser Erwartung und Hoffnung immer wieder neuen Mut und neue Lebenskraft schöpfte.
Weil die Hoffnung auf den Wiederaufbau des Tempels bestehen bleibt, gehören die Opfer trotz ihrer gegenwärtigen Undurchführbarkeit nicht einfach der Vergangenheit an. Aber selbst wenn diese Hoffnung bei den Rabbinen nicht derart lebendig geblieben wäre, könnte es sich bei den Opfern oder besser gesagt bei der Sache, um die es dabei geht, nicht um eine erledigte Angelegenheit handeln. Und zwar darum nicht, weil es dabei um die Versöhnung Gottes mit Israel und die Wiederherstellung des Bundesverhältnisses geht (s.o. S. 79-82). Israel repräsentiert die Menschheit gegenüber Gott und Gottes Wille gegenüber der Menschheit. Israel ist ein Volk von Priestern (s.o. S. 199). Diese Funktion aber kann es nur ausüben, wenn das Bundesverhältnis zwischen ihm und Gott immer wieder neu wiederhergestellt und geheilt wird. Wie dies konkret zu geschehen hat, war zur Zeit des Tempels in Jerusalem klar. Nach dessen Zerstörung bleibt die Notwendigkeit der Wiederherstellung und Heilung des Bundesverhältnisses selbstverständlich bestehen.
Damit aber stellt sich die Frage, auf welche Weise dies geschieht. Die Rabbinen haben darauf verschiedene Antworten gegeben. Eine liegt in BerR 34,9 vor und lautet dahingehend, dass die Wiederherstellung und Heilung des Bundes durch das Opfer der jüdischen Märtyrer geschehe.

Die wohl berühmteste Antwort auf diese Frage hat R. Yoḥanan b. Zakkai (pT1 gest. um 80) gegeben. Als sein Schüler R. Y^{e}hoshua^{c} die Zerstörung des Tempels als denjenigen Ort beklagte, an dem die Sühneopfer dargebracht wurden, antwortete ihm R. Yoḥanan b. Zakkai mit dem Hinweis auf Hos 6,6, dass die Taten der Liebe und Barmherzigkeit den Sühneopfern glichen (ARN A 4, ARN B 8).[239] Hier kann nicht der Frage nach der Bedeutung der Antwort R. Yoḥanan b. Zakkais nachgegangen werden. Hier nur soviel: Man kann auch diese Antwort im Sinne der „Verdienstlichkeit" vor Gott missverstehen. Aber erstens sind die Opfer keine Leistungen zur Wiedergutmachung und somit keine „Verdienste" mit deren Hilfe man seine „Schulden abzahlen könnte".[240] Zweitens ist die *torah* und sind folglich auch die Taten der Liebe und Barmherzigkeit keine Instrumente zum Erwerb von „Verdiensten".[241]

---

239) Die Auffassung R. Yoḥanan b. Zakkais ist bei den Rabbinen auf grosse Zustimmung gestossen. Im selben Sinne äussern sich auch andere Rabbinen. Vgl. die Stellen bei Billerbeck, I,500.

240) Vgl. die Ausführungen zu BerR 44,14 (Kapitel 5.1).

241) Vgl. Exkurs A.

Aufgrund der bisherigen Ausführungen ist es nun auch möglich, die noch immer offene Frage zu beantworten, wer im Gleichnis mit dem „Sohn“ gemeint ist, der den König nicht „ehrte“, und wie dies zu verstehen ist. Diese Aussage bedeutet nicht, dass Israel Gott nicht ehrte. Israel erwies Gott die Ehre, indem es im Tempel in Jerusalem opferte. Abraham, Hananja, Mischael und Asarja sowie das „Geschlecht der Religionsverfolgung“ hingegen taten dies, indem sie sich selbst opferten. Ohne die Sühneopfer abzuwerten, muss man sagen, dass das Opfer des Martyriums von unendlich höherer Qualität ist als das Tieropfer. Dieses Verständnis wird durch den Schlusssatz des Gleichnisses bestätigt: „Dein Geschenk ist dem Geschenk deines Grossvaters gleich.“ Das Gewicht liegt auf der Gleichheit der Opfer Abrahams und demjenigen Hananjas, Mischaels und Asarjas. Mit diesen konnte sich das Geschenk des „Sohnes“ nicht messen; und zwar sosehr, dass es von ihm allegorisch heisst, dass er den König „nicht ehrte“ bzw. nicht im Sinne des Martyriums opferte. Der allegorische Kontext will damit freilich nicht sagen, dass die üblichen Tempelopfer Gott nicht geehrt haben. Beim „Sohn“ handelt es sich also nicht, wie Thoma/Lauer meinen, um die Israeliten, die zwischen Abraham und der Verfolgung durch Nebukadnezar lebten, sondern um diejenigen, welche im Heiligtum von Jerusalem opferten. Im Unterschied zu Abraham, Hananja, Mischael und Asarja ehrten diese Gott nicht durch Martyrium, sondern „nur“ durch Tieropfer.

b. Die Auslegung R. M^{e}nah̲em b. Rav Ze^{c}eiras [2]

Wie der anonyme Verfasser in [1] deutet auch R. M^{e}nah̲em b. Rav Ze^{c}eira Gen 8,21 auf das Martyrium. Und auch seine Auslegung enthält ein Gleichnis. Zur Interpretation von Gen 8,21 zieht er Ps 24,2 und 24,6 heran. Wie Gen 8,21 stehen auch Ps 24,2 und 24,6 im Kontext des Opfers: Der Zusammenhang, in dem Ps 24,6 steht, macht deutlich, dass sich *„ihm“* und *„dein Angesicht“* nicht auf Jakob, sondern auf Gott beziehen. Aus V.3 geht zudem hervor, dass Ps 24,6 sich auf den Tempel in Jerusalem bezieht: *„Wer darf hinaufziehen zum Berge des HERRN, wer treten an seine heilige Stätte“* (V.3)? Da im Unterschied zur Synagoge im Tempel geopfert wird, ist folglich das *„Geschlecht, das nach ihm fragt, das dein Angesicht sucht,“* ein Geschlecht von Opfernden. Mit diesem ist nach R. M^{e}nah̲em b. Rav Ze^{c}eira das „Geschlecht der Religionsverfolgung“ gemeint. Wie das *„Geschlecht, das nach ihm sucht,“* ist auch dieses eines, das opfert – nämlich sich selbst, indem es wegen seines Glaubens und seiner Treue zu Gott getötet wird.

Das Gleichnis vom Palast am und auf dem Meer

Das Martyrium, das im ersten Gleichnis mit dem „Geschenk" gemeint ist, entspricht im Gleichnis R. Mᵉnaẖem b. Rav Zeᶜeiras dem Fläschchen Nardenöl, dessen wohlriechendem Duft der König nachgeht, der den Palast bauen will. Mit dem Duft des Nardenöls ist der Bezug zum Duft des Opfers geschaffen, den Gott in Gen 8,21 riecht. Mit dem „Palast" ist die Erde gemeint.[242] Dass dieser „Palast" am Meer gebaut werden soll, entnimmt R. Mᵉnaẖem b. Rav Zeᶜeira Ps 24,2: *„Denn er hat sie auf* (על *ᶜal*) *Meere gegründet...."* על (*ᶜal*) bedeutet sowohl „an", als auch „auf" bzw. „über". Die Aussage in R. Mᵉnaẖem b. Rav Zeᶜeiras Gleichnis, wonach der Palast „am Meer" gebaut werden sollte, meint also gleichzeitig, dass er „auf dem Meer" gebaut werden sollte.

Das „Meer" ist hier Sinnbild für die Bedrohtheit der Welt. Einerseits geht das aus seiner Nähe zur Sintflut hervor, die in Gen 8,21 eben zu Ende gegangen ist. Andererseits geht das aus Gen 8,21 hervor: *„....ist doch das Trachten des menschlichen Herzens böse von Jugend auf."* Gott stellt in Gen 8,21 dasselbe fest, wie bereits in Gen 6,5f: *„Als aber der HERR sah, dass der Menschen Bosheit gross war auf Erden, und dass alles Dichten und Trachten ihres Herzens die ganze Zeit nur böse war, da reute es den HERRN, dass er den Menschen geschaffen hatte auf Erden, und es bekümmerte ihn tief."* Die Menschheit *nach der Sintflut* ist also nicht besser als diejenige, *die zuvor* gelebt hat. Sie ist daher nicht weniger von Untergang und Vernichtung bedroht. Da sie von Gottes Gericht bedroht ist, befindet sich die Welt laut dem Gleichnis R. Mᵉnaẖem b. Rav Zeᶜeiras am Rande des „Meeres", und ist sie laut Ps 24,2 *„auf Meere"* gegründet.

Die soteriologische Bedeutung des Martyriums

Wenn Gott die Erde gemäss Gen 8,21 nicht mehr um der Menschen willen verflucht, obwohl in Bezug auf deren Bosheit alles beim Alten geblieben ist, muss das einen Grund haben. Die Möglichkeit, dass Gott angesichts des Bösen resignieren und kapitulieren könnte, kommt für rabbinisches Denken nicht in Frage. Es würde ja bedeuten, dass Gott nicht nur die Welt, sondern auch sich selbst aufgibt. Den Grund, weshalb Gott die Erde nicht verdirbt, sieht R. Mᵉnaẖem b. Rav Zeᶜeira im Opferduft von Gen 8,21. Da er Gen 8,21 mit Hilfe von Ps 24,6 auslegt, ist der Grund die *zᵉkhut* von *„Das ist das Geschlecht, das nach ihm fragt, das dein Angesicht sucht, Jakob. Sela"*.

---

242) Thoma/Lauer (236) weisen darauf hin, dass es sich beim „Palast" um ein häufiges Schöpfungsmotiv in rabbinischen Gleichnissen handelt. Vgl. auch das Gleichnis in BerR 1,1 (S. 54f).

Da R. M^{e}nahem b. Rav Ze^{c}eira darunter die Märtyrer versteht, ist die *z^{e}khut* von Ps 24,6 die *z^{e}khut* der jüdischen Märtyrer. Das Martyrium Abrahams, Hananjas, Mischaels, Asarjas und des „Geschlechts der Religionsverfolgung" ist nichts Eigenmächtiges. Es ist die letzte Konsequenz ihrer Glaubens- und Bundestreue Gott gegenüber, die letzte Konsequenz des Festhaltens an der Gemeinschaft mit Gott und an dessen *torah*.[243] Die *z^{e}khut* der Märtyrer ist demnach *die soteriologische Gültigkeit, Wirksamkeit und Verwirklichung ihrer universalen Erwählung durch Gott in ihrer Gott antwortenden Glaubens- und Bundestreue bis in den Tod.* Dazu ist folgendes zu bemerken:

1. Bei der Selbsthingabe der jüdischen Märtyrer geht es um einen „Ersatz" für die Sühneopfer. Obwohl das Martyrium mehr ist als diese, ist es deshalb von den Sühneopfern her zu verstehen. Bei diesen geht es um Gottes gnädiges, den Bund heilendes und wieder herstellendes Vergebungshandeln. Trotz menschlicher Mitbeteiligung bei den Sühneopfern geschieht die Wiederherstellung und Vergebung durch Gott (s.o. S. 79-82).
2. Das Martyrium ist ein ganz und gar menschliches Tun, dem jedoch jede Eigenmächtigkeit fehlt. Die jüdischen Märtyrer machen sich nicht selbst dazu. Vielmehr werden sie dazu berufen. Dass sie ihrer Berufung folgen und ihr Leben für Gott und seinen Bund mit der Menschheit hingeben, ist etwas, dessen Wert gar nicht hoch genug eingeschätzt werden kann. Aus diesem Grunde wird in den beiden Gleichnissen vom Martyrium als von einem „angenehmen Geschenk", von „einer schönen Schüssel" und von einem „Fläschchen mit Nardenöl" gesprochen. Es stellt sich daher auch hier die Frage, ob man die Glaubens- und Bundestreue der Märtyrer nicht in einem ganz anderen Sinne als *verdienstvoll* bezeichnen kann, da diese vor Gott sosehr *anerkennenswert* ist, dass Gott die Welt ihretwegen weiterhin erhält. Dazu ist dasselbe zu sagen, wie bei der Besprechung von BerR 43,8 (s.o. S. 144). Zudem ist das Martyrium nicht darum anerkennenswert, weil die Märtyrer viel geleistet haben. Ihre Selbsthingabe für Gott fällt nicht in die Kategorie anerkennenswerter Leistungen bzw. *Verdienste*, sondern in die der Sühneopfer. Es wäre daher irreführend, das Martyrium als *verdienstvoll* zu bezeichnen.

Daraus folgt, dass im Martyrium ganz und gar Gott handelt und dass ganz und gar die jüdischen Märtyrer handeln.[244] Um beides zu betonen, wurde die obenstehende Umschreibung von *z^{e}khut* gewählt. Die soteriologische Gültigkeit, Wirksamkeit und Verwirklichung der universalen Erwählung

---

243) Vgl. das Gleichnis R. Aqivas vom Fuchs und den Fischen (Exkurs A, S. 88f).

244) Es verhält sich hier wie bei der Umkehr in Kapitel 5.2.2 und wie bei der *hishtahawayah* in Kapitel 7.1.1.

der Märtyrer Israels durch Gott in ihrer Gott antwortenden Glaubens- und Bundestreue bis in den Tod ist der Grund, weshalb Gott die Erde trotz der Bosheit der Menschen nicht verflucht. Die Glaubens- und Bundestreue der Wenigen und ihr Festhalten an der Gemeinschaft mit Gott rettet die Vielen und lässt die Welt weiterhin bestehen.[245]

Ergänzende Texte (T.29)

Um das Martyrium Abrahams durch Verbrennen und um das Opfer geht es auch in BerR 49,11 zu 18,27 (s.u. Anhang, T.29).

245) Für moderne Leser, die in diesem Zusammenhang an den Holocaust denken, sind sowohl der Wortlaut von BerR 34,9, als auch die Erörterungen dazu höchst problematisch. Können und dürfen rabbinische Texte mit derartigen Aussagen nach dem Holocaust überhaupt noch zur Sprache gebracht und in dieser Weise interpretiert werden? – Dazu ist zu bemerken: Die gemachten Äusserungen sind *keine Interpretation* der Opfer des Holocaust, sondern *ausschliesslich Erklärungen zu BerR 34,9* und somit zu einem antiken Text. Weder dessen Existenz, noch seine Aussage kann verschwiegen werden. Nicht nur angesichts dieses Midrasch, sondern aller antiken Texte stellt sich die Frage, ob und wie ihre Aussagen für unsere heutigen Verhältnisse aussagekräftig und von Bedeutung sind. Im Zusammenhang von BerR 34,9 und anderer rabbinischer Texte, deren Aussagen in eine ähnliche Richtung weisen, empfinden wir diese Problematik nur stärker und als besonders beklemmend, da unsere Sensibilität gegenüber dem Leid des jüdischen Volkes nach dem Holocaust gestiegen ist. Aber nicht erst seit dem Holocaust stellt sich die Frage: Wie konnten die Rabbinen eine derart abgründige Aussage wagen, dass die Welt vom Opfer der jüdischen Märtyrer lebe? – Diese Frage muss offen bleiben! Soviel ist jedoch sicher: Ihre Aussagen sind keine Rechtfertigung der Täter. Und sie wagten diese nicht deshalb, weil sie die Opfer der verbrannten Juden der Antike nicht ernst nahmen. Wenn wir selbst erst durch den Holocaust sensibler für die Abgründigkeit dieser Welt geworden sind, darf daraus nicht geschlossen werden, die Rabbinen hätten keine Augen und kein Herz dafür gehabt.

7.6 Die *z^e^khut* Josefs: BerR 84,5 zu 37,2 (II,1005f)[246]

אלא תולדות יעקב יוסף (בראשית לז ב) התולדות הללו לא באו אלא בזכותו שליוסף, כלום הלך יעקב אצל לבן אלא בשביל רחל, התולדות הללו היו ממתינות עד שנולד יוסף הה"ד ויהי כאשר ילדה רחל את יוסף ויאמר יעקב אל לבן שלחני (בראשית ל כה), מי מורידן למצרים יוסף, מי מכלכלן במצרים יוסף, הים לא נקרע אלא בזכות יוסף הה"ד ראוך מים אלהים וגו' (תהלים עז יז) גאלת בזרוע עמך בני יעקב ויוסף (שם שם טז), אמר ר' יודן אף הירדן לא נקרע אלא בזכות יוסף.

Dies ist die Geschlechterfolge (תולדות *tol^e^dot*) *Jakobs: Josef....* (Gen 37,2).
Diese Geschlechterfolge kam nur aufgrund der *z^e^khut* Josefs. Ging etwa Jakob zu Laban ausser wegen Rahel? Diese Geschlechterfolge wartete, bis Josef geboren wurde, wie denn geschrieben steht: *Und es geschah, als Rahel den Josef geboren hatte, sprach Jakob zu Laban: Entlasse mich,* [*ich möchte an meinen Ort und in mein Land ziehen*] (Gen 30,25).
Wer liess sie nach Ägypten hinunterziehen? – Josef.
Wer versorgte sie in Ägypten? – Josef.
[Auch] das Meer wurde nur aufgrund der *z^e^khut* Josefs gespalten. Wie denn geschrieben steht: *Die Wasser sahen dich, Gott,* [*die Wasser sahen dich und erbebten, die Meerestiefen erzitterten*] (Ps 77,17). *Du hast dein Volk mit starkem Arm erlöst, die Kinder Jakobs und Josefs* (V.16).
R. Yudan (pA4 um 350) sagte: Auch der Jordan wurde nur aufgrund der *z^e^khut* Josefs gespalten.[247]

Der Ausdruck תולדות (*tol^e^dot*) wird üblicherweise mit „Geschichte" übersetzt. Diese Übersetzung ist hier irreführend, da es nicht um die Geschichte Jakobs, sondern um diejenige seiner Nachkommen geht. Es ist daher treffender, תולדות (*tol^e^dot*) mit „Geschlechterfolge" wiederzugeben. In Gen 37-50 spielt Jakob eine eher passive Rolle. In erster Linie

246) Parallelen: LeqT Ber 37,2, MHG Ber 37,2, YalqBer 140, YalqPs 817 zu 77,16, YalqMPs 77,14. Die Aussage, dass auch der Jordan aufgrund der *z^e^khut* Josefs gespalten wurde, fehlt in allen Parallelen ausser in YalqBer 140 und YalqMPs 77,14.

247) Freedman (II,772f) und Marmorstein (93) übersetzen *z^e^khut* mit „for .... sake". Aus dem Zusammenhang ist jedoch klar, dass Marmorstein dieses im Sinne von „merit" versteht. Da Freedman *z^e^khut* ebenfalls oft mit „merit" wiedergibt, gilt für ihn dasselbe. Neusner (III,186) übersetzt *z^e^khut* mit „merit" und Wünsche (409) mit „Verdienst".

beherrschen Josef und seine Brüder die Szene. In BerR 84,5 geht es um die Schlüsselstellung Josefs in der Geschichte der Familie Jakobs und damit in der Erwählungsgeschichte Israels.

Ging etwa Jakob zu Laban ausser wegen Rahel?

Nach Gen 28,1f ging Jakob zu Laban, um eine Frau zu holen. Darauf bezieht sich der Satz in BerR 84,5: „Ging etwa Jakob zu Laban ausser wegen Rahel?“ Zwar wird Rahel in Gen 28,1f nicht erwähnt. Dass Jakob Rahel zur Frau haben will, wird erst in Gen 29,18 gesagt. Bekanntlich lag es nicht in seiner Absicht, auch Lea zur Frau zu nehmen (Gen 29,23-26), denn Jakob liebte Rahel und nicht Lea (Gen 29,30f). Obwohl Rahel in Gen 28,1f nicht erwähnt wird, ging Jakob also faktisch wegen ihr zu Laban, wie das in BerR 84,5 gesagt wird.
Selbstverständlich wusste auch der unbekannte Ausleger in BerR 84,5, dass Rahel die Frau war, die Jakob liebte. Aber nicht Jakobs Liebe zu Rahel ist in seinen Augen der entscheidende Grund. Aus dem Satz „Diese Geschlechterfolge wartete, bis Josef geboren wurde“ lässt sich folgern, dass Jakob ging, um die zukünftige Mutter Josefs zur Frau zu nehmen, damit Josef geboren werden konnte. Sobald dies geschehen war, konnte er nach Hause zurückkehren. Der Schriftgrund dafür ist Gen 30,25: *„Und es geschah, als Rahel den Josef geboren hatte, sprach Jakob zu Laban: Entlasse mich, ich möchte an meinen Ort und in mein Land ziehen.“* Wenn es der Bibel nur darum gegangen wäre, Jakobs Rückkehr ins Land Kanaan zu erzählen, hätte es gereicht zu sagen: *„Da sprach Jakob zu Laban: Entlasse mich, ich möchte an meinen Ort und in mein Land ziehen.“* Die Worte *„Und es geschah, als Rahel den Josef geboren hatte,“* stellen darum nicht eine Zeitangabe dar, die ebenso gut fehlen könnte. Vielmehr ist gemäss BerR 84,5 darin die Begründung für Jakobs Reise zu Laban enthalten.

Das Meer wurde nur aufgrund der zᵉkhut Josefs gespalten

Indem Josef der Grund dafür ist, weshalb Jakob zu Laban ging, wird seine ausserordentliche Bedeutung für die Erwählungsgeschichte der Familie Jakobs und damit für Israel behauptet. Diese Behauptung wird begründet, indem der unbekannte Ausleger in BerR 84,5 darauf hinweist, dass Josef es war, der Jakob und seine Söhne nach Ägypten hinunterziehen liess, sie dort versorgte und so vor dem Verhungern rettete, und dass das Meer aufgrund der *zᵉkhut* Josefs gespalten wurde. Dass Josef Jakobs Familie nach Ägypten ziehen liess und sie dort versorgte, ist derart gut bekannt, dass es keines besonderen Schriftbeweises bedarf. Anders verhält es sich mit der

Aussage, das Schilfmeer sei aufgrund der *z^e^khut* Josefs gespalten worden. Als Schriftbeweis dafür wird Ps 77,17 und V.16 angeführt.
Die Standardbezeichnung für „Israeliten" ist in der Hebräischen Bibel בני ישראל (*b^e^ne yisra'el*) – „*Kinder Israels*". Nur ganz selten werden die Israeliten „*Kinder Jakobs*" genannt (2Kön 17,34; 1Chr 16,13; Mal 3,6; Ps 77,16; 105,6). Aber nirgendwo ausser in Ps 77,16 werden sie als „*Kinder Josefs*" bezeichnet. Dass Ps 77,16 die einzige Stelle ist, ist daher besonders beachtenswert. Der unbekannte Verfasser von BerR 84,5 schliesst aus dieser Bezeichnung, dass Gott die Israeliten aufgrund der *z^e^khut* Josefs erlöste, indem er für sie das Schilfmeer spaltete und sie vor dem Tode durch die Ägypter rettete. Einen Hinweis auf den möglichen Grund, weshalb er gerade diesen Schluss aus der Stelle zieht, findet man in den Sätzen: „Wer liess sie nach Ägypten hinunterziehen? – Josef. Wer versorgte sie in Ägypten? – Josef." Indem Josef dies tat, übernahm er die Rolle des Familienoberhauptes bzw. eine Vaterrolle. Dies wird durch Gen 45,5-11 ausdrücklich bestätigt:

> *Doch nun grämt euch nicht und lasst es euch nicht leid sein, dass ihr mich hierher verkauft habt; denn um* [*viele*] *am Leben zu erhalten, hat mich Gott vor euch her gesandt. Zwei Jahre ist ja nun schon die Hungersnot im Lande, und noch fünf Jahre lang wird kein Pflügen und Ernten sein. Darum hat mich Gott vor euch her gesandt, um euch Nachkommenschaft zu sichern und von euch viele zu retten und am Leben zu erhalten. So habt nicht ihr mich hierher gesandt, sondern Gott; er hat mich dem Pharao zum Vater gesetzt und zum Herrn über sein ganzes Haus und zum Herrscher über das ganze Land Ägypten. Nun eilt und zieht hinauf zu meinem Vater und sagt ihm: Das lässt dir dein Sohn Josef sagen: «Gott hat mich zum Herrn über ganz Ägypten gemacht. Komm herab zu mir und säume nicht! Du sollst im Lande Gosen wohnen und nahe bei mir sein, du und deine Kinder und deine Kindeskinder samt deinen Schafen und Rindern und allem, was dein ist. Ich will daselbst für dich sorgen – denn noch fünf Jahre dauert die Hungersnot – dass du nicht in Armut gerätst, du und dein Haus samt allem, was dein ist.»*

Zu diesen Versen ist folgendes zu bemerken:

1. Zwar ist hier *expressis verbis* nur davon die Rede, dass Josef zum „Vater" über Ägypten gesetzt ist. Aber indem seine Brüder und deren Familien nach Ägypten kommen, wird er auch ihr „Vater". Unter diesem Gesichtspunkt kann man daher seine Brüder und deren Nachkommen als Josefs Kinder bzw. als „Kinder Jakobs und Josefs" bezeichnen, wie dies in Ps 77,16 geschieht. Im Unterschied zu demjenigen Jakobs ist

das Vater-Sein Josefs nicht genealogischer, sondern soteriologischer Art, womit allerdings nicht bestritten werden soll, dass auch Jakobs Rolle soteriologische Qualität hat.[248]

2. Das soteriologische Vater-Sein Josefs hat seinen Grund darin, dass Gott ihn dazu *erwählt, eingesetzt* und *gemacht* hat. Dreimal wird gesagt, Gott habe Josef nach Ägypten gesandt, und zweimal, Gott habe ihn in seine Stellung eingesetzt. Wenn man bedenkt, wie sparsam die Bibel mit Worten umgeht, muss man feststellen, dass also auf das Ausdrücklichste und Feierlichste betont wird, dass Gott hier ganz der Handelnde ist.
3. Gleichzeitig aber sind auch Josef und seine Brüder ganz die Handelnden. Es ist nicht die Meinung der Bibel bzw. der Rabbinen, Josefs Brüder hätten ihn nach Ägypten verkauft, weil Gott sie wie Marionetten steuerte und sie dazu veranlasste. Für rabbinisches Verständnis sind die Menschen keine Marionetten, sondern vielmehr Gottes Bundespartner und Mitarbeiter. Die Brüder hatten daher tatsächlich allen Grund zu erschrecken, als Josef sich ihnen zu erkennen gab (Gen 45,3). Und wenn Josef ihnen sagt, dass sie sich nicht grämen sollen, dann gerade darum, weil sie allen Grund dazu haben. Als sie Josef nach Ägypten verkauften, dachten sie nicht daran, Gottes Willen zu tun, sondern sie hatten ganz im Gegenteil Böses und damit Gottwidriges im Sinn (Gen 50,20). Wenn Gott das Böse zum Guten wendete, lag das jedenfalls nicht an ihnen. Und trotzdem benutzte Gott ihr böses Tun, um seinen Heilswillen ihnen gegenüber durchzusetzen und an ihnen zu verwirklichen. Keine Marionette, sondern vielmehr Gottes Bundespartner und Mitarbeiter ist auch Josef, indem er seine eigene Erwählung und diejenige seiner Brüder anerkannte und annahm.

Daraus folgt, dass die *z^ekhut* Josefs *die Gültigkeit, Wirksamkeit, Wichtigkeit und Verwirklichung seiner soteriologischen Erwählung und Bestimmung für Israel in seiner antwortenden Glaubenspraxis* ist. Dabei liegt ein starker Akzent auf dem Handeln Gottes, also auf *der Erwählung durch Gott* (vgl. Gen 50,20). Dies wird durch Ps 77,17 und V.16 bestätigt, wo er ebenfalls ganz auf Gottes Handeln liegt.

Die Rettung Israels am Schilfmeer gehört zu den wichtigsten Traditionen der Bibel. Dort geht es um Sein oder Nicht-Sein Israels. Dort entscheidet es sich, ob die Verheissungen Gottes an die Väter in Erfüllung gehen können, ob Josef recht hatte, wenn er in Gen 45,7 sagt: *„Darum hat mich Gott vor euch her gesandt, um euch Nachkommenschaft zu sichern und von euch viele zu retten und am Leben zu erhalten“*; oder ob Ägypten für

248) Vgl. die Besprechung von BerR 63,2 (Kapitel 7.5.1). Vgl. auch die Besprechung von BerR 51,11 (= Text 14), wo es sich mit dem Vater-Sein Abrahams in Bezug auf Moab und Ammon ähnlich verhält.

Israel tatsächlich zum Grab wird, wie die Israeliten dies Mose gegenüber befürchten (Ex 14,11). Nicht nur Israel, sondern auch die Erwählung und Bestimmung Josefs stehen damit auf dem Spiel. Es hat daher nicht nur in Hinblick auf Ps 77,16, sondern auch in Hinblick auf die Josefserzählungen überhaupt einen Sinn zu sagen, dass das Schilfmeer aufgrund der *z^e^khut* Josefs gespalten wurde, oder wie es in BerR 87,8 heisst, aufgrund der *z^e^khut* von Josefs Gebeinen, welche die Israeliten gemäss Ex 13,19 mit sich führten (s.u. Anhang, T.31).

Auch der Jordan wurde aufgrund der z^e^khut Josefs gespalten

Das zweite „grosse Wasser“, das Israel überwinden muss, um in das Land zu kommen, das Gott den Vätern verheissen hat, ist der Jordan. Immerhin ist dieses Gewässer so gross, dass es wie beim Schilfmeer zu dessen Überquerung eines Wunders bedarf (Jos 3). Auf dieses Ereignis nimmt die Auslegung R. Yudans in BerR 84,5 Bezug. Nun ist in Ps 77,17 nicht explizit vom Schilfmeer die Rede, sondern es heisst lediglich: *„Die Wasser sahen dich, Gott, die Wasser sahen dich und erbebten, die Meerestiefen erzitterten.“* Zwar passen die Meerestiefen nicht zum Jordan, wohl aber die Wasser, die *„erbebten“*. In Jos 3,13.16 ist davon die Rede, dass das Wasser des Jordans abriss bzw. wie ein Damm stehenblieb. Die Aussage, der Jordan sei aufgrund der *z^e^khut* Josefs gespalten worden, ist im selben Sinne zu verstehen, wie diejenige, das Schilfmeer sei aufgrund dieser gespalten worden.

Ergänzende Texte (T.30-32)

In BerR 84,5 hiess es, dass die Geschlechterfolge Jakobs nur aufgrund der *z^e^khut* Josefs zustande kam. In BerR 73,4 zu 30,22 (s.u. Anhang, T.30) ist eine Aussage enthalten, die in eine ähnliche Richtung geht. Dort ist davon die Rede, dass Josef und Benjamin nur aufgrund der *z^e^khut* Dans geboren wurden.
Wie in BerR 84,5 geht es auch in BerR 87,8 um den Durchzug Israels durch das Schilfmeer und in BerR 76,5 um die Überquerung des Jordans. In BerR 87,8 zu 39,12 (s.u. Anhang, T.31) wird unter anderem gesagt, dass das Schilfmeer aufgrund der *z^e^khut* der Gebeine Josefs gespalten wurde. Und in BerR 76,5 zu 32,11 (s.u. Anhang, T.32) ist davon die Rede, dass Israel den Jordan aufgrund der *z^e^khut* Jakobs überquerte.

7.7 Die *z^ekhut* der Väter

7.7.1 Die *zᵉkhut* der Väter, der Heiligung des Namens, des Glaubens und der *torah*: BerR 74,12 zu 31,42 (II,869f)[249]

לולי אלהי אבי וגו' (בראשית לא מב) זבדיי בן לוי ור' יושע בן לוי זבדיי א' כל מקום שנ' לולי בא בזכות אבות, והא כת' כי לולי התמהמהנו (בראשית מג י), אמר ליה כל עצמן לא עלו אלא בזכות אבות שאילולי זכות אבות לא היו עולים משם בשלום, אמר ר' תנחומ' אית דמפקין לישנא דר' יהושע וזבדי בן לוי ר' יהושע א' כל מקום שנ' לולי בא בזכות אבות חוץ מזה, אמר ליה אף זה בזכות אבות, ר' יוחנן אמר בזכות קדושת השם, ר' לוי אמר בזכות אמנה ובזכות תורה, בזכות אמנה לולי האמנתי וגו' (תהלים כז יג), בזכות תורה לולי תורתך שעשועי (שם קיט צב).

ואת יגיע כפי וגו' (בראשית לא מב) אמר ר' ירמיה בן אלעזר חביבה היא המלאכה מזכות אבות שזכות אבות הצילה ממון ומלאכה הצילה נפשות, זכות אבות הצילה ממון לולי אלהי אבי וגו' כי עתה ריקם שלחתני, ומלאכה הצילה נפשות את עניי ואת יגיע כפי וגו'.

Wenn nicht (לולי *lule*) *der Gott meines Vaters,* [*der Gott Abrahams und der Gefürchtete Isaaks, für mich gewesen wäre, du hättest mich jetzt mit leeren Händen ziehen lassen*] (Gen 31,42a).

[1] Zavdai b. Levi (pA1 um 240) und R. Yᵉhoshuaᶜ b. Levi (pA1 um 250): Zavdai sagte: An jeder Stelle wo *wenn nicht* (לולי *lule*) steht, bezieht sich das auf die *zᵉkhut* der Väter. – Aber siehe, es steht [doch] geschrieben: *Fürwahr, wenn wir nicht* (לולי *lule*) *gezögert hätten,* [*so wären wir jetzt schon zweimal wieder zurück*] (Gen 43,10). Er sagte zu ihm: Sie zogen nicht völlig selbständig hinauf, sondern aufgrund der *zᵉkhut* der Väter. Denn wenn die *zᵉkhut* der Väter nicht [gewesen wäre], wären sie von dort nicht [wieder] heil hinaufgekommen.

R. Tanhuma (pA5 um 380) sagte: Es gibt [solche], die den Ausspruch von R. Yᵉhoshuaᶜ und Zavdai b. Levi [wie folgt] verbreiten:

---

249) Parallelen: MHG Ber 31,42, MTeh 27,7 zu 27,13, MTeh 94,5 zu 94,17, SekhT Ber 31,42, YalqBer 130, YalqPs 707 zu 27,13. Die Auslegung R. Yirmyah b. Elᶜazars zu Gen 31,42b ist nur in YalqBer 130 enthalten. In allen anderen Parallelen fehlt sie.

R. Y^e^hoshua^c^ sagte: An jeder Stelle wo *wenn nicht* (לולי *lule*) steht, bezieht sich das auf die *z^e^khut* der Väter, ausser in dieser. Er sagte zu ihm: Auch in dieser [bezieht sich das] auf die *z^e^khut* der Väter.

[2] R. Yoḫanan (pA2 gest. 279) sagte: [Es bezieht sich] auf die *z^e^khut* der Heiligung des Namens.

[3] R. Levi (pA3 um 300) sagte: [Es bezieht sich] auf die *z^e^khut* des Glaubens und die *z^e^khut* der *torah*. Auf die *z^e^khut* des Glaubens: *Ach, wenn ich nicht* (לולי *lule*) *glaubte,* [*die Güte des HERRN zu schauen im Lande der Lebenden*] (Ps 27,13)! Auf die *z^e^khut* der *torah*: *Wenn nicht* (לולי *lule*) *deine torah mein Verlangen wäre,* [*wäre ich verkommen in meinem Elend*] (Ps 119,92).

[4] [*Mein Elend*] *und die Arbeit meiner Hände* [*hat Gott gesehen, und er hat heute nacht Recht gesprochen*] (Gen 31,42b). R. Yirmyah b. El^c^azar (pA um 270) sagte: Die Arbeit ist liebenswerter als die *z^e^khut* der Väter. Denn die *z^e^khut* der Väter rettete [bloss] das Vermögen, aber die Arbeit rettete Leben. Die *z^e^khut* der Väter rettete das Vermögen: *Wenn nicht* (לולי *lule*) *der Gott meines Vaters,* [*der Gott Abrahams und der Gefürchtete Isaaks, für mich gewesen wäre,*] *du hättest mich jetzt mit leeren Händen ziehen lassen* (Gen 31,42a). Aber die Arbeit rettete Leben: *Mein Elend und die Arbeit meiner Hände* [*hat Gott gesehen, und er hat heute nacht Recht gesprochen.*][250]

Der vorliegende Midrasch besteht aus zwei Teilen: Der Auslegung von Gen 31,42a und derjenigen von Gen 31,42b. In BerR folgen sie aufeinander, weil BerR eine weitgehend fortlaufende Erklärung des Buches Genesis in der Reihenfolge seiner Verse bietet. Obwohl diejenige von V.42b ebenfalls auf Gen 31,42a Bezug nimmt, sind die Auslegungen in [1] – [3] und in [4] voneinander unabhängig. Dies geht auch aus den Parallelen hervor, wo [4] bis auf eine Ausnahme fehlt.

Während sich [4] auf die Interpretation von Gen 31,42 beschränkt, geht [1] – [3] weit über die Erklärung von Gen 31,42 hinaus. In [1] – [3] geht es um eine Auslegung des Ausdrucks לולי (*lule*). Und es geht um die Frage, worauf sich dieser Ausdruck bezieht, ob [1] auf die *z^e^khut* der Väter, ob [2] auf die *z^e^khut* der Heiligung des Namens, oder ob [3] auf die *z^e^khut* des Glaubens und der *torah*. Wobei die Rabbinen der Meinung sind, dass das entsprechende Verständnis auf alle Stellen in der Hebräischen Bibel anwendbar sei. Hier kann es nun allerdings nicht darum gehen, zu überprüfen, ob die Stellen, in denen der Ausdruck לולי (*lule*)

250) Freedman (II,684f), Marmorstein (77, 90, 92) und Neusner (III,86f) übersetzen *z^e^khut* mit „merit“. Billerbeck (III,199), bei dem sich nur [3] findet, übersetzt den Ausdruck mit „Verdienst“ und Wünsche (364) mit „Verdienst“ und mit „wegen“.

verwendet wird, tatsächlich so verstanden werden können, dass in ihnen von der *z^e^khut* der Väter die Rede ist bzw. von der *z^e^khut* der Heiligung des Namens, oder der *z^e^khut* des Glaubens und der *torah*. Unsere Aufgabe besteht lediglich darin, die Bedeutung dieser Ausdrücke zu klären.

Die z^e^khut der Väter [1]

Gemäss Gen 31,42a hat Laban Jakob nicht mit leeren Händen ziehen lassen, weil *„der Gott meines Vaters, der Gott Abrahams und der Gefürchtete Isaaks“* ihn daran gehindert hat. In Gen 31,42 ist also der Gott Abrahams und Isaaks, d.h. der Gott der Väter, der Handelnde. Gott ist der Gott Abrahams und Isaaks, indem er Abraham und Isaak erwählt, mit ihnen seinen Bund geschlossen und ihnen seine Verheissung gegeben hat (vgl. z.B. Gen 12,1-3 und 17,2). Wenn im vorliegenden Midrasch gesagt wird, dass mit *„Wenn nicht....“* die *z^e^khut* der Väter gemeint sei, kann damit also kein „Verdienst“ der Väter gemeint sein. Die *z^e^khut* der Väter ist vielmehr *die Gültigkeit, Wirksamkeit und Verwirklichung der Erwählung durch Gott, des Bundes mit ihm und der damit gegebenen Verheissung.* Diese sind der Grund dafür, dass Gott dafür sorgt, dass Laban Jakob nicht mit leeren Händen ziehen lässt.[251]

Die z^e^khut der Heiligung des Namens [2]

Mit dem Ausdruck „Heiligung des Namens“ ist in BerR 74,12 die „Heiligung Gottes“ gemeint. Einmal entspricht es rabbinischer Gewohnheit, vom „Namen“ zu sprechen, wenn das Tetragramm gemeint ist. Dass in BerR 74,12 mit dem „Namen“ Gott gemeint ist, geht insbesondere auch aus den Parallelstellen MHG Ber 31,42, MTeh 27,7, MTeh 94,5 und YalqPs 707 hervor. Anstatt von der *„z^e^khut* der Heiligung des Namens“ ist in MTeh 27,7 von der *„z^e^khut* des Heiligen, gepriesen sei er,“ die Rede und in MHG Ber 31,42, in MTeh 94,5 sowie in YalqPs 707 von der *„z^e^khut* des Namens“.
In MHG Ber 31,42, MTeh 27,7, MTeh 94,5 und YalqPs 707 finden sich denn auch die Schriftbeweise, die man in der Auslegung R. Yo̱hanans in BerR 74,12 vermisst. In MHG Ber 31,42, MTeh 27,7 und YalqPs 707 wird als Schriftbeweis Jes 1,9 angegeben: *„Wenn nicht* (לולי *lule*) *der HERR der Heerscharen von uns einen Rest gelassen, fast wären wir wie Sodom geworden und gleich wie Gomorrha.“* Und in MTeh 94,5 ist der Schriftgrund sowohl Ps 124,2, *„Wenn nicht* (לולי *lule*) *der HERR für uns gewesen wäre, als Menschen wider uns aufstanden....“*, als auch Ps 94,17, *„Wenn nicht* (לולי *lule*) *der HERR meine Hilfe gewesen wäre, beinahe*

251) Gen 31,42a wird auch in TanBer toledot 4 (= Text 27) ausgelegt.

hätte meine Seele im [Lande des] Schweigens gelegen." In allen drei Bibelstellen ist von der Rettung Israels durch Gott die Rede. Die „Heiligung des Namens" besteht also in der Rettung Israels. Indem Gott Israel barmherzig ist und es vor der völligen Vernichtung rettet, erweist er sich als derjenige Gott, der Israel erwählt hat und an der Erwählung festhält.
Die *z^e^khut* „der Heiligung des Namens" (BerR 74,12, SekhT Ber 31,42, YalqBer 130), „des Heiligen, gepriesen sei er," (MTeh 27,7) und „des Namens" (MHG Ber 31,42, MTeh 94,5 und YalqPs 707) ist demnach *die Gültigkeit, Wirksamkeit und Verwirklichung der Erwählung Israels durch Gott, von Gottes Festhalten an dieser Erwählung und von Gottes Zuwendung gegenüber Israel und seinem Rettungswillen.* Dabei ist zu bedenken, dass Jakob bei den Rabbinen immer Repräsentant Israels ist, und darum auch in Gen 31,42.

Die z^e^khut des Glaubens und der torah [3]
Dass לולי (*lule*) sich auf die *z^e^khut* des Glaubens bezieht, belegt R. Levi mit Ps 27,13. Ps 27,1 beginnt mit dem vertrauensvollen Bekenntnis: *„Der HERR ist mein Licht und mein Heil, vor wem sollte ich mich fürchten? Der HERR ist meines Lebens Schutzburg, vor wem sollte mir bangen?"*
Im weiteren Verlauf des Psalms werden allerlei Nöte aufgezählt, aus denen Gott den Beter errettet bzw. erretten möchte. Und in V.14 heisst es schliesslich: *„Hoffe auf den HERRN! Fest und stark sei dein Herz, und hoffe auf den HERRN!"* Folglich besteht der Glaube in Ps 27,13 in der unerschütterlichen Hoffnung und der Gott ganz und gar vertrauenden Gewissheit, dass er dem in Not geratenen Beter beistehen und ihn aus allen Nöten befreien werde. Diese Hoffnung und Gewissheit und somit also dieser Glaube haben ihren Grund in der Erwählung Israels durch Gott, im Bund und in den damit gegebenen Verheissungen. Der Zusammenhang zwischen Glauben und Erwählung geht indirekt aus V.4f hervor, wo auf den Tempel bzw. auf das Bundeszelt angespielt wird.
Somit ist der Glaube das vollständige Ernstnehmen Gottes, seiner Erwählung, seines Bundes, seiner Verheissungen und damit seines Heils- und Rettungswillens gegenüber Israel und darum auch gegenüber seinen einzelnen Gliedern, zu denen auch der Beter des Psalms gehört. Weil der Beter des Psalms Gott vollständig ernst nimmt, wird ihm geholfen werden. Die *z^e^khut* des Glaubens ist demnach *die soteriologische Wirksamkeit, Verwirklichung und Wichtigkeit der Glaubensgewissheit und Glaubenshoffnung.*
Es wäre ein schweres Missverständnis dessen, was in Ps 27 oder in der Hebräischen Bibel überhaupt mit „Glaube" gemeint ist, wenn man meinte, man könne auf Gott und seine Verheissungen hoffen und vertrauen, ohne in der Bundesgemeinschaft mit ihm zu leben. Glauben gibt es nur

als Gott und seiner Erwählung antwortende *Glaubenspraxis*. Es liegt daher auf der Linie dessen, was Glaube ist, dass R. Levi die *z^{e}khut* der *torah* in einem Atemzug mit der *z^{e}khut* des Glaubens nennt. Die *torah* ist das, was Israel aufgrund seiner Erwählung durch Gott *tun soll und darf*. Das Tun der *torah* ist die Verwirklichung und der konkrete Vollzug des Glaubens. Sie ist der Lebensraum und die lebenspendende Kraft Israels und wird darum mit dem Wasser verglichen.[252] Deshalb verkommt Israel in seinem Elend, wenn es nicht nach der *torah* verlangt (Ps 119,92). Man könnte *z^{e}khut* der *torah* gleich wie in BerR 40[41],9 umschreiben (s.o. S. 86). Da in Ps 119,92 der soteriologische Gesichtspunkt im Vordergrund steht, ist es jedoch treffender, *z^{e}khut* der *torah* mit *„Leben rettende Wirksamkeit und Kraft der torah"* wiederzugeben.

Die Arbeit ist liebenswerter als die z^{e}khut der Väter [4]

Zur Bedeutung von *z^{e}khut* in der Auslegung R. Yirmyah b. El^{c}azars ist dasselbe zu sagen wie in [1] (s.o. S. 232).

Man würde R. Yirmyah b. El^{c}azar missverstehen, wenn man seine Aussage, die Arbeit sei liebenswerter als die *z^{e}khut* der Väter, verallgemeinern wollte und den Schluss daraus zöge, was der Mensch tue, sei besser, als das, was Gott tue. Eine solche Verallgemeinerung ist schon darum nicht erlaubt, weil sich R. Yirmyah b. El^{c}azar auf einen konkreten Fall, nämlich auf Gen 31,42 bezieht. Und immerhin heisst es da: *„....mein Elend und die Arbeit meiner Hände hat Gott gesehen, und er hat heute nacht Recht gesprochen."* Wenn im Zusammenhang dieser Stelle die Arbeit, also das, was der Mensch zur Erhaltung und zum Gelingen seines Lebens tut, liebenswerter ist als die *z^{e}khut* der Väter, bedeutet dies, dass Erwählung, Bund und Verheissung nur dann verwirklicht werden und an ihr Ziel kommen, wenn Jakob bzw. Israel sich als Gottes *Mitarbeiter* daran beteiligt. R. Yirmyah b. El^{c}azars Auslegung zufolge leben Jakob bzw. Israel nicht, indem sie die Hände in den Schoss legen und sich in einer passiven Weise auf die *z^{e}khut* der Väter verlassen, sondern indem sie die Erwählung, den Bund und die Verheissung als einen Auftrag zur Bundespartnerschaft und Mitarbeit mit Gott verstehen und dementsprechend von ihnen her und auf sie hin handeln.

---

252) Vgl. die Besprechung von BerR 40[41],9 in Kapitel 5.2.1 und Exkurs A.

7.7.2 Die z^e*khut* der Väter in ihrer Verbindung mit Hoffnung: BerR 98,14 zu 49,18 (III,1265)[253]

לישועתך קויתי י"י (בראשית מט יח) אמר רבי יצחק הכל בקווי, יסורין בקווי, קדושת השם בקווי, זכות אבות בקווי, תאותו של עולם הבא בקווי, הה"ד אף אורח משפטיך י"י קוינוך (ישעיה כו ח), אילו יסורים, לשמך (שם שם) זו קדושת השם, ולזכרך (שם שם) זו זכות אבות, תאות נפש (שם שם) זו תאותו של עולם הבא, חנינה בקווי, י"י חננו לך קוינו (שם לג ב), סליחה בקווי, כי עמך הסליחה (תהלים קל ד), מה כתיב בתריה קויתי י"י (שם שם ה).

> *Auf deine Hilfe hoffe ich, HERR* (Gen 49,18)! R. Yits<u>h</u>aq (pA4 um 300) sagte: Alles [ist] mit Hoffnung [verbunden]:
> Die Leiden, [sind] mit Hoffnung [verbunden], die Heiligung des Namens[254] [ist] mit Hoffnung [verbunden], die z^e*khut* der Väter [ist] mit Hoffnung [verbunden], das Verlangen nach der kommenden Welt [ist] mit Hoffnung [verbunden], wie denn geschrieben steht: *Auch auf dem Pfad deiner Gerichte, HERR, hoffen wir auf dich* (Jes 26,8a) – das sind die Leiden – *nach deinem Namen* (V.8b) – das ist die Heiligung des Namens – *und nach deinem Gedenken* (V.8c) – das ist die z^e*khut* der Väter – *steht das Verlangen der Seele* (V.8d) – das ist das Verlangen nach der kommenden Welt. Die Gnade [ist] mit Hoffnung [verbunden]: *HERR sei uns gnädig; auf dich hoffen wir* (Jes 33,2). Die Vergebung [ist] mit Hoffnung [verbunden]: *Denn bei dir ist Vergebung....* (Ps 130,4), [und] wie darauf geschrieben steht: *Ich hoffe auf den HERRN* (V.5).[255]

R. Yitshaq legt Gen 49,18 mit Hilfe von Jes 26,8, Jes 33,2 und Ps 130,4f aus. Der Sprecher in Gen 49,18 ist Jakob. Die Hoffnungen, die R. Yitshaq nennt, sind aber nicht nur die Hoffnungen Jakobs, sondern diejenigen Israels. Jakob wird hier einmal mehr als Repräsentant Israels verstanden.
In Jes 26,8 heisst es: „*Auch auf dem Pfad deiner Gerichte, HERR, hoffen wir auf dich; nach deinem Namen und nach deinem Gedenken steht das Verlangen der Seele.*“ Dabei bezieht R. Yitshaq den Passus „*und nach*

253) Parallele: MHG Ber 49,18.
254) Die „Heiligung des Namens“ ist hier in einem ähnlichen Sinne zu verstehen wie in BerR 74,12 (s.o. S. 232f).
255) Freedman (II,964), Marmorstein (88) und Neusner (III,364) übersetzen z^e*khut* mit „merit“. Wünsche (489) übersetzt den Ausdruck mit „Verdienst“.

deinem Gedenken" auf die *z^{e}khut* der Väter. Und von dieser sagt er, dass sie mit Hoffnung verbunden sei. Der Hoffnungsbegriff ist hier also ganz allein auf Gottes Treue, Gnade und Barmherzigkeit bezogen. Das *„Gedenken"*, von dem in Jes 26,8c die Rede ist, hat seinen Grund somit in der Erwählung der Väter und Israels durch Gott und den damit gegebenen Verheissungen. Die *z^{e}khut* der Väter ist daher auch hier gleich zu verstehen wie in BerR 74,12 (s.o. S. 232).

7.7.3 Die z^e*khut* der Väter und der Brüder Josefs: BerR 92,4 zu 43,23 (III,1141)[256]

ויאמר שלום לכם אל תיראו אלהיכם ואלהי אביכם (בראשית מג כג) בין בזכותכם בין בזכות אבותיכם נתן לכם מטמון וגו' מכל מקום, כספכם בא אלי.

Und er sprach: Friede mit euch! Fürchtet euch nicht! Euer Gott und der Gott eures Vaters [gab euch einen Schatz in die Säcke; euer Geld ist mir zugekommen] (Gen 43,23). Ob aufgrund eurer eigenen z^e*khut*, oder aufgrund der z^e*khut* eurer Väter – [*er*] *gab euch einen Schatz* [*in die Säcke*]. Von beiden Orten *ist euer Geld mir zugekommen.*[257]

Der Sprecher in Gen 43,23 ist der Verwalter Josefs. Beim *„Schatz"*, den Gott *„in die Säcke"* gab, handelt es sich um das Geld, das die Brüder Josefs für das Korn bezahlt hatten, das sie bei ihrem ersten Aufenthalt in Ägypten gekauft hatten. Dieses Geld liess Josef ihnen heimlich oben in die Säcke legen (Gen 42,25). Bei einem Zwischenhalt wurde es entdeckt (V.27), worauf die Brüder erschraken und sagten: *„Was hat uns Gott da angetan* (V.28)!*"*

Wenn der Verwalter Josefs in Gen 43,23 sagt, *„Euer Gott und der Gott eures Vaters gab euch einen Schatz in die Säcke"*, bestätigt er damit, was die Brüder in Gen 42,28 bereits selbst ausgesprochen hatten, nämlich dass Gott der Urheber des Geldes in den Säcken sei. Diese Urheberschaft bringt der Verwalter mit den Worten *„Euer Gott und der Gott eures Vaters.... "* gleich in doppelter Weise zum Ausdruck. Nun handelt es sich ja nicht um zwei verschiedene Götter, sondern um ein und denselben Gott. Es hätte daher gereicht, entweder *„euer Gott"* zu sagen oder *„der Gott eures Vaters"*.

Der Pleonasmus in Gen 43,23 wird vom anonymen Verfasser zum Anlass für seine Auslegung genommen. Dabei wird der Ausdruck *„euer Gott"* mit „aufgrund eurer eigenen z^e*khut*" erklärt und der Ausdruck *„der Gott eures Vaters"* mit „aufgrund der z^e*khut* eurer Väter". Der Gott Jakobs und seiner Söhne ist ihr Gott, indem er Jakob und seine Söhne *erwählte*. Die Erwählung Jakobs und seiner Söhne ist somit der Grund dafür, dass Gott den Brüdern Josefs *„einen Schatz in die Säcke"* gab. Bei diesem handelt es sich um Geld, mit dem die Söhne Jakobs Korn kaufen können, damit sie und ihre Familien vor dem Hungertod gerettet werden. Dieser

---

256) Parallelen: LeqT Ber 43,23, YalqBer 149.

257) Freedman (II,851) übersetzt z^e*khut* mit „for .... sake", Neusner (III,287) mit „merit", und Wünsche (454) mit „Verdienst".

„Schatz“ trägt also mit zur Erhaltung der Basis dafür bei, dass sie zu einem grossen Volke werden können, wie Gott dies verheissen hat.
Da der Schatz wegen der Erwählung Israels, Gottes Bund und Verheissung gegeben wurde, macht es letztlich keinen Unterschied, ob dies wegen der *z^{e}khut* Jakobs oder der *z^{e}khut* der Brüder Josefs geschah. Es heisst daher im Midrasch: „Ob aufgrund eurer eigenen *z^{e}khut*, oder aufgrund der *z^{e}khut* eurer Väter – [*er*] *gab euch einen Schatz* [*in die Säcke*]. Von beiden Orten *ist euer Geld mir zugekommen.*“ Weil der Grund für Gottes Gabe die Erwählung und die damit gegebene Verheissung ist, hat *z^{e}khut* auch hier dieselbe Bedeutung wie in BerR 74,12 (s.o. S. 232).

Ergänzende Texte zu Kapitel 7.7 (T.33) und zu Kapitel 7. (T.34-35)

Um die *z^{e}khut* der Väter geht es auch in BerR 60,2 zu 24,12 (Anhang, T.33). Thematisch gehört dieser Midrasch zur Textgruppe „Land und Nachkommen“. Da es sich beim Ausdruck *z^{e}khut avot* um eine feste Wendung handelt, wird BerR 60,2 im Anhang zu diesem Kapitel angeführt.[258]

In BerR 50,6 und BerR 97,3 geht es ebenfalls um Rettung: In BerR 50,6 zu 19,8 (Anhang, T.34) wird gesagt, dass Lot aufgrund der *z^{e}khut* Abrahams gerettet wurde. Und in BerR 97,3 zu 48,16 (Anhang, T.35) heisst es, dass 600'000 israelitische Säuglinge aufgrund der *z^{e}khut* Mose gerettet wurden.

---

258) Der Ausdruck *z^{e}khut avot* kommt auch in BerR 70,8 zu 29,2f (Anhang, T.37) und BerR 71,9 zu 30,11 (Anhang, T.38) vor. Da die Bedeutung von *z^{e}khut avot* nicht aus dem jeweiligen Textzusammenhang dieser beiden Midraschim eruiert werden kann, werden diese im Anhang zu Kapitel 8. besprochen.

7.8 Zwischenergebnisse

Die z^ekhut der tsadiqim

Um jene Stellen verstehen zu können, in denen von der *z^ekhut* eines *tsadiq* bzw. der *tsadiqim* die Rede ist (BerR 50,1, Kapitel 7.2; BerR 49,13 = Text 22; BerR 68,6 = Text 23; BerR 28,5 = Text 24), bedurfte es zuerst der Klärung dieses zentralen rabbinischen Begriffes. Diese ergab, dass ein *tsadiq* jemand ist, der sein Denken, Wollen und Handeln und also sein ganzes Leben auf die *torah* und somit auf Gott ausrichtet. Dies bedeutet, dass das Verständnis von *tsadiq* grundlegend von demjenigen der *torah* abhängt. Da diese der Sache nach der Bundespartnerschaft Gottes mit Israel entspricht, ist ein *tsadiq* ein Mensch, der in der Bundespartnerschaft mit Gott lebt und sich als sein Mitarbeiter betätigt. Diese hat ihren Grund in Gottes Erwählung. Daher ist ein *tsadiq* auch immer jemand, der von Gott erwählt ist bzw. Anteil an der Erwählung Israels durch Gott hat. Da die Erwählung Israels kein Selbstzweck ist, sondern für die ganze Menschheit geschah, lebt ein *tsadiq* nicht für sich selbst, sondern für Gott und für die Menschen, indem er seine Erwählung durch Gott in der Gott antwortenden und ihm und seinem Willen entsprechenden Glaubenspraxis verwirklicht.

Die *z^ekhut* der *tsadiqim* ist *die Gültigkeit, Wirksamkeit und Verwirklichung ihrer Erwählung durch Gott, des Lebens im Bunde und ihrer Gott antwortenden und seiner Erwählung entsprechenden Glaubenspraxis.* Obwohl die *tsadiqim* und ihre *z^ekhut* nur unter dem Vorzeichen der Erwählung richtig verstanden werden können, liegt der Akzent bei der Bedeutung der *z^ekhut* der *tsadiqim* auf der Gott *antwortenden Glaubenspraxis* und damit auf *dem Wollen und Handeln der tsadiqim.* In BerR 28,5, BerR 49,13 und BerR 50,1 hat die *z^ekhut* der *tsadiqim* zudem *soteriologische* Bedeutung. In BerR 68,6 hat der Ausdruck zwar nicht diesen Akzent, der soteriologische Gesichtspunkt ist in der Bedeutung aber mit eingeschlossen.

Die z^ekhut liegt in der Zukunft

In einigen Texten liegt die *z^ekhut* in der Zukunft:

- Noah fand aufgrund der *z^ekhut* der Späteren Gnade vor Gott, d.h. aufgrund *der Gültigkeit, Wirksamkeit und Verwirklichung ihrer Erwählung durch Gott, des Bundes Gottes mit ihnen und seiner Verheissungen an sie* (BerR 29,5, Kapitel 7.3).
- Noah fand aufgrund der *z^ekhut* des Geschlechts der Wüste Gnade vor Gott, weil diesem von Gott die *torah* gegeben wurde, d.h. aufgrund *der soteriologischen Gültigkeit, Wirksamkeit und Bedeutung der universa-*

len Erwählung Israels durch Gott und seines Bundes mit ihm und damit auch mit der ganzen Menschheit und für sie (BerR 29,3 = Text 25).
- Die zehn Stämme wurden aufgrund der *z^e^khut* der *tsadiqim* und *tsadiqot*, die künftig von ihnen abstammen würden, vor der vollständigen Vernichtung bewahrt, d.h. aufgrund *der Gültigkeit, Wirksamkeit und Verwirklichung ihrer Erwählung durch Gott und der damit gegebenen Verheissung* (BerR 28,5 = Text 24).
- Abraham wurde aufgrund der *z^e^khut* Jakobs vor dem Feuerofen gerettet, d.h. aufgrund *der Gültigkeit, Wirksamkeit und Verwirklichung der universalen Erwählung Israels durch Gott und seines Bundes mit ihm* (BerR 63,2, Kapitel 7.5.1).

Obwohl das Ziel der Erwählung deren Verwirklichung in der antwortenden Glaubenspraxis ist, und die Rabbinen davon ausgehen, dass die genannten Erwählten ihre Erwählung auch tatsächlich verwirklicht haben, ist in allen Fällen, wo die Erwählung und damit die *z^e^khut* in der Zukunft liegt, die *z^e^khut* der Gott antwortenden Glaubenspraxis *nicht miteingeschlossen*, sondern nur *als zukünftiges Ziel* im Blick. Der Grund dafür besteht darin, dass Gott „den Menschen allein in seiner [gegenwärtigen] Stunde“ beurteilt (BerR 53,14). Weder wird das zukünftige Gott wohlgefällige Wollen und Handeln eines Menschen von Gott bereits in der Vergangenheit bzw. Gegenwart beachtet und angerechnet, noch dessen Verfehlungen und Schuld. Es gibt daher nach rabbinischer Auffassung weder „imputierte Verdienste“ noch „imputierte Sünde“ (Exkurs B).

Die z^e^khut avot

Der Ausdruck *z^e^khut avot* ist eine feste Wendung. Sie bedeutet *„Gültigkeit, Wirksamkeit und Verwirklichung der Erwählung durch Gott, des Bundes mit ihm und der damit gegebenen Verheissung“*. Der Akzent liegt in BerR 74,12 (Kapitel 7.7.1), BerR 98,14 (Kapitel 7.7.2), BerR 92,4 (Kapitel 7.7.3), BerR 87,8 (= Text 31) und BerR 60,2 (= Text 33) ganz auf dem Wollen und Handeln Gottes. Obwohl sich gezeigt hat, dass der Akzent bei der Bedeutung der *z^e^khut* Abrahams auch ganz auf seiner Gott antwortenden Glaubenspraxis liegen kann (vgl. BerR 43,8, Kapitel 6.3.2; BerR 56,2, Kapitel 7.1.1; BerR 34,9, Kapitel 7.5.2), und die Ausdrücke „*z^e^khut* Abrahams“ und „*z^e^khut* der Väter“ in BerR 87,8 und BerR 60,2 austauschbar sind, scheint es, dass der Akzent beim Ausdruck *z^e^khut avot* immer auf dem Wollen und Handeln Gottes liegt. Um mehr als eine Vermutung aussprechen zu können, reichen die besprochenen Stellen nicht aus. Für ein sicheres Urteil ist die Analyse weiterer Texte ausserhalb von BerR notwendig.[259]

z^ekhut, die sich nicht auf Menschen bezieht

In den meisten Fällen bezieht sich die *z^ekhut* auf Israel und dessen Repräsentanten und Exponenten. In folgenden Stellen bezieht sie sich auf nichtmenschliche Grössen:

- Aufgrund der *z^ekhut* des dritten Tages, d.h. aufgrund *der soteriologischen Wirksamkeit, Wichtigkeit und Bedeutung des dritten Tages* errettete Gott Israeliten und Heiden vor dem Tode und wird er einst die Toten vom Tode erretten und sie zu neuem Leben erwecken (BerR 56,1, Kapitel 7.1.2).
- Aufgrund der *z^ekhut* von Lev 23,40, d.h. der *z^ekhut* des Laubhüttenfestes, offenbart sich Gott als „der Erste", wird Gott Israels Feinde zur Rechenschaft ziehen, den Tempel bauen und den Messiaskönig senden. D.h. all dies tut Gott aufgrund *der Gültigkeit, Wirksamkeit und Verwirklichung der universalen Erwählung Israels durch Gott und der Bundesgeschichte Gottes mit Israel mit der damit gegebenen Verheissung auf Vollendung* (BerR 63,8, Kapitel 7.1.3).
- Aufgrund der *z^ekhut* der reinen Tiere gedachte Gott Noahs, d.h. aufgrund *der Gültigkeit, Wirksamkeit und Bedeutung ihrer universalem Erwählung und der Gültigkeit und Verwirklichung des universalen Bundes Gottes mit seiner Schöpfung*. Da Noah die Menschheit repräsentiert, ist der Grund für die Rettung der Menschheit die Erwählung der reinen Tiere und sein Bund mit ihnen (BerR 33,3, Kapitel 7.4).
- Aufgrund der *z^ekhut* des Kleinviehs bzw. des Viehs, bei dem es sich ebenfalls um reine Tiere handelt, wird Alexanders Volk trotz seiner Gottlosigkeit von Gott weiterhin erhalten, scheint auch ihnen die Sonne und fällt auch bei ihnen der Regen, d.h. aufgrund *der Gültigkeit, Wirksamkeit und Bedeutung ihrer universalen Erwählung und des universalen Bundes, den er mit ihnen schloss* (BerR 33,1 = Text 26).

In allen diesen Stellen liegt der Akzent bei der Bedeutung von *z^ekhut* ganz auf der Erwählung durch Gott und somit auf Gottes Wollen und Handeln.

Weitere Stellen mit dem Akzent auf Gottes Wollen und Handeln

Wie in den Stellen, in denen die *z^ekhut* in der Zukunft liegt, in denen der Ausdruck *z^ekhut avot* vorkommt, und in den eben genannten, in denen sich *z^ekhut* nicht auf Personen bezieht, liegt der Akzent auch in den folgenden Fällen ganz auf dem Wollen und Handeln Gottes:

---

259) Weitere Texte, in denen der Ausdruck *z^ekhut avot* vorkommt, und die das eben Gesagte bestätigen, sind ySanh 10,1 27d,45-59 und WaR 36,6. Vgl. Kapitel 9.2.

- Aufgrund der *z^{e}khut* Josefs kam die Geschlechterfolge Jakobs und wurden das Meer und der Jordan von Gott gespalten, d.h. aufgrund *der Gültigkeit, Wirksamkeit, Wichtigkeit und Verwirklichung seiner soteriologischen Erwählung durch Gott* (BerR 84,5, Kapitel 7.6).
- Nach R. Yohanan bezieht sich der Ausdruck „*Wenn nicht....* (לולי *lule*)“ auf die *z^{e}khut* der Heiligung des Namens, d.h. auf *die Gültigkeit, Wirksamkeit und Verwirklichung der Erwählung Israels durch Gott, seines Festhaltens an dieser Erwählung, seiner Zuwendung und seines Rettungswillens gegenüber Israel* (BerR 74,12, Kapitel 7.7.1).
- Indem Israel Asche auf die Lade mit den Torahrollen streut, erinnert es an die *z^{e}khut* Abrahams bzw. Isaaks, d.h. an *die soteriologische Gültigkeit, Wirksamkeit und Verwirklichung der Erwählung durch Gott.* Israel erinnert somit daran, dass es vom rettenden Eingreifen Gottes lebt (BerR 49,11 = Text 29).
- Josef und Benjamin wurden aufgrund der *z^{e}khut* Dans geboren, d.h. aufgrund *der Gültigkeit, Wirksamkeit, Wichtigkeit und Verwirklichung seiner Erwählung als Stammvater bzw. als Stamm Israels* (BerR 73,4 = Text 30).
- Der Jordan wurde aufgrund der *z^{e}khut* Jakobs gespalten, d.h. aufgrund *der Gültigkeit, Wirksamkeit und Verwirklichung von Jakobs Erwählung durch Gott und der damit gegebenen Verheissung* (BerR 76,5 = Text 32).
- Aufgrund der *z^{e}khut* Mose wurden 600’000 Säuglinge gerettet, die in den Nil geworfen wurden, d.h. aufgrund *der Gültigkeit, Wirksamkeit und Verwirklichung seiner soteriologischen Erwählung durch Gott* (BerR 97,3 = Text 35).

z^{e}khut mit dem Akzent auf dem Wollen und Handeln der Erwählten

Ausser in den Texten, in denen von der *z^{e}khut* des *tsadiq* bzw. der *tsadiqim* die Rede ist, liegt der Akzent auch in folgenden Stellen auf der Verwirklichung der Erwählung in der Gott antwortenden Glaubenspraxis von Erwählten:

- Aufgrund der *z^{e}khut* der *hishtahawayah* (Anbetung) kehrte Abraham in Frieden vom Berg Moria zurück, wurde Israel aus Ägypten befreit, wurde Israel die *torah* gegeben, wurde Hanna bedacht, werden sich einst die Hinweggeführten versammeln, wird der Tempel einst wieder gebaut werden, und werden einst die Toten auferstehen, d.h. aufgrund *der Gültigkeit, Wirksamkeit und Verwirklichung der Erwählung, des Bundes und den damit gegebenen Verheissungen in der Gott antwortenden und seinem Wollen und Handeln entsprechenden Glaubenspraxis Israels und seiner Repräsentanten* (BerR 56,2, Kapitel 7.1.1).

– Nach R. Levi bezieht sich der Ausdruck „*Wenn nicht....* (לולי *lule*)“ auf die *z^e^khut* des Glaubens und der *torah*, d.h. auf *die soteriologische Wirksamkeit, Verwirklichung und Wichtigkeit der Glaubensgewissheit und Glaubenshoffnung* und auf *die Leben rettende Wirksamkeit und Kraft der torah* (BerR 74,12, Kapitel 7.7.1).
– Das Meer wurde aufgrund der *z^e^khut* der Gebeine Josefs gespalten, d.h. aufgrund *der Gültigkeit, Wirksamkeit und Verwirklichung der Erwählung Josefs durch Gott, des Bundes mit ihm und der damit gegebenen Verheissung in der Gott antwortenden und ihm die Treue haltenden Glaubenspraxis* (BerR 87,8 = Text 31).
– Lot wurde aufgrund der *z^e^khut* Abrahams gerettet, d.h. aufgrund *der Gültigkeit, Wirksamkeit und Verwirklichung der soteriologischen Erwählung durch Gott und des Bundes mit ihm in der segensreichen Zuwendung Abrahams zu Gott* (BerR 50,6 = Text 34).

Dass das Wollen und Handeln Gottes einerseits, und das ihm antwortende Wollen und Handeln von Erwählten andererseits untrennbar zusammengehören, kommt besonders deutlich auch in jenen Stellen zum Ausdruck, wo sich nicht entscheiden lässt, welcher Akzent stärker ist. Ein besonders eindrückliches Beispiel dafür liegt bei der *z^e^khut* der Märtyrer in BerR 34,9 vor. Sie ist *die soteriologische Gültigkeit, Wirksamkeit und Verwirklichung ihrer universalen Erwählung durch Gott in ihrer Gott antwortenden Glaubens- und Bundestreue bis in den Tod.* Da das Martyrium ein Ersatz für die Sühneopfer ist, ist die *z^e^khut* der Märtyrer die *z^e^khut* des Sühneopfers, d.h. die *z^e^khut* von Gottes gnädigem, den Bund heilenden und wieder herstellenden Vergebungshandeln. Und da das Martyrium gleichzeitig ganz menschliches Wollen und Handeln ist, das allerdings ganz auf Gott und auf sein Wollen und Handeln bezogen ist, liegt der Akzent bei der Bedeutung von *z^e^khut* ebenfalls ganz auf der Gott antwortenden Glaubens- und Bundestreue der Märtyrer.

Verdienstlichkeit der antwortenden Glaubenspraxis?

In keinem der vierundzwanzig besprochenen Midraschim hatte *z^e^khut* die Bedeutung von „Verdienst“. Dieser Befund ist in allen Stellen eindeutig. Wie in den Kapiteln 4., 5. und 6. sowie deren Anhängen konnte die Bedeutung von *z^e^khut* in sämtlichen Stellen mit deutschen *Nomen* wiedergegeben werden, in denen dieser Ausdruck mit der Präposition בְּ (*b^e^*) konstruiert war. Auch in Kapitel 7. und dessen Anhang fand sich kein Hinweis darauf, dass der Ausdruck *biz^e^khut* (בזכות) lediglich den Sinn von „um .... willen“ oder „wegen“ habe, wie Moore und andere Autoren dies meinen (s.o. Kapitel 1.2).

Auch in Kapitel 7. und dem dazugehörigen Anhang stellte sich im Zusammenhang derjenigen Texte, in denen der Akzent bei der Bedeutung von *z^e^khut* auf der Gott antwortenden Glaubenspraxis lag, die Frage, ob man diese nicht doch, wenn auch in einem ganz anderen Sinne als *Verdienst, verdienstvoll* o.ä. bezeichnet könnte. Dazu ist dasselbe zu bemerken wie bereits in Kapitel 6.6 (s.o. S. 157f).

Die Universalität der Erwählung

Wie bei früherer Gelegenheit kam auch in einigen der in Kapitel 7. besprochenen Texten die Universalität und grenzüberschreitende Grösse und Weite der Erwählung ganz besonders stark zum Ausdruck:

- Dass Noah aufgrund der *z^e^khut* der „Späteren" gerettet wurde (BerR 29,5, Kapitel 7.3), oder dass Noah aufgrund des Geschlechts der Wüste Gnade fand, d.h. weil er Gnade fand, weil das Geschlecht der Wüste Gnade fand (BerR 29,3 = Text 25), bedeutet, dass die Menschheit aufgrund der soteriologischen Bedeutung der Erwählung Israels gerettet wurde.
- Nach BerR 34,9 (Kapitel 7.5.2) ist die *z^e^khut* der Märtyrer Israels der Grund dafür, weshalb Gott die Erde trotz der Bosheit der Menschen nicht verflucht.
- In BerR 33,3 (Kapitel 7.4) wird gesagt, dass Gott der Menschheit um der Erwählung der reinen Tiere willen in Barmherzigkeit und Gnade gedenkt. Und in BerR 33,1 (= Text 26) heisst es, dass Gott Alexanders Volk, bei dem es sich um ein Heidenvolk handelt, das sein Lebensrecht verwirkt hat, um der Erwählung des Kleinviehs bzw. des Viehs willen weiterhin am Leben erhält.

8. Texte, aus denen die Bedeutung von z^e*khut* nicht eindeutig abgeleitet werden kann

In den Texten, die in diesem Kapitel besprochen werden, geht es um ganz verschiedene Themen. Allen Texten ist jedoch gemeinsam, dass die Bedeutung von z^e*khut* nicht eindeutig aus dem jeweiligen Textzusammenhang abgeleitet werden kann. Sie kann nur mit Hilfe weiterer Texte angegeben werden, in denen dieser Ausdruck ebenfalls vorkommt.

8.1 Die z^e*khut* des Messers: BerR 56,3 zu 22,6 (II,598)[260]

ויקח בידו את האש ואת המאכלת (בראשית כב ו) אמר ר' חנינה למה נקרא שמה מאכלת, שמכשרת האוכלים, ורבנין אמ' כל אכילות שישראל אוכלין בעולם הזה בזכות אותה המאכלת.

Und er nahm das Feuer und das Messer (מאכלת *ma'akhelet*) *in seine Hand,* [*und sie gingen miteinander*] (Gen 22,6). R. Hanina[261] sagte: Weshalb wird es *ma'akhelet* genannt? Weil es die Speisen (האוכלים *ha'okhlim*) tauglich macht.[262]
Und die Rabbinen sagten: Alle Speisen (אכילות *'akhilot*), welche die Israeliten in dieser Welt essen (אוכלין *'okhlin*), [essen sie] aufgrund der z^e*khut* jenes Messers (מאכלת *ma'akhelet*).[263]

In Gen 22,2 wird Abraham von Gott geboten, seinen einzigen Sohn Isaak als Brandopfer darzubringen. Indem Abraham diesem Aufruf folgt, geht er konsequent jenen Weg weiter, der mit seiner Erwählung und dem Ruf, seine Heimat zu verlassen, begonnen hat. Land und Nachkommen gehören in den Vätergeschichten zusammen. Sie sind für das Überleben einer

260) Parallelen: MHG Ber 22,6, YalqBer 101. In TanBer wayera 23 und TanBBer wayera 46 ist nur die Auslegung R. Haninas enthalten.

261) Es ist nicht klar, um welchen R. Hanina es sich handelt.

262) Freedman (I,493, Anm. 5) erinnert daran, dass Tiere nur gegessen werden können, wenn sie durch das Messer rituell geschlachtet werden.

263) Freedman (I,493) und Neusner (II,280) übersetzen z^e*khut* mit „merit“. Wünsche (266) übersetzt den Ausdruck mit „infolge“.

Sippe oder eines Volkes in gleicher Weise notwendig. In Gen 12,4f gibt Abraham seine Heimat auf und zieht in ein Land, das erst seine Nachkommen besitzen werden, und in dem er selbst sein Leben lang ein Fremdling bleiben wird. Und in Gen 22,6 gibt Abraham seinen einzigen Sohn und damit seine ganze Nachkommenschaft hin. Indem Abraham das Messer ergreift, hält er an seiner Erwählung durch Gott, an seinem Bund mit ihm und an seinen Verheissungen fest. Die *z^e^khut* des Messers ist also seine *Wichtigkeit und Bedeutung für die Erwählung Israels durch Gott und seinem Bund mit ihm mitsamt den damit gegebenen Verheissungen.* Wie in der Auslegung R. N^e^horais in BerR 43,8 (Kapitel 6.3.2) bedeutet „essen“ auch in diesem Zusammenhang soviel wie leben. D.h. die Israeliten leben aufgrund der Wichtigkeit und Bedeutung, welche die Erwählung, der Bund und die Verheissungen für sie haben.

Ohne Kenntnis der bisher besprochenen Auslegungen und ohne Berücksichtigung des biblischen Umfeldes, in dem Gen 22,6 steht, ergäbe die Übersetzung von *z^e^khut* mit „Verdienst“ schon auch einen Sinn. Der Sinn wäre dann, dass Israel vom Guthaben lebt, das Abraham durch seine „verdienstliche Tat“, nämlich das Messer zu ergreifen, erworben hat. So etwa, wie man von den von den Vorfahren erworbenen Gütern lebt, die man von ihnen geerbt hat. Ohne Berücksichtigung des rabbinischen und biblischen Umfeldes würde man nicht einmal merken, dass dieses Verständnis am wirklichen Sinn von BerR 56,3 vorbeigeht.

8.2 Wer für seine z^{e}*khut* spricht....: BerR 68,12 zu 28,12 (II,784.788)

ויחלם (בראשית כח יב) .... למעלן כל מי שהוא אומר זכותו עולה חובתו יורד, למטה כל מי שאומר זכותו יורד חובתו עולה.

Da träumte ihm, [*eine Leiter sei auf die Erde gestellt, die mit der Spitze an den Himmel rührte, und die Engel Gottes stiegen daran auf und nieder*] (Gen 28,12). ....
Oben (למעלן *l*^e^*ma*^c^*lan*) steigt jeder auf, der [für] seine z^{e}*khut* spricht; [jeder, der für] seine Schuld [spricht], steigt ab. Unten (למטה *l*^e^*matah*) steigt jeder ab, der [für] seine z^{e}*khut* spricht; [jeder, der für] seine Schuld [spricht], steigt auf.[264]

Der vorliegende Midrasch bietet wegen seiner Wortspiele grosse Verstehens- und damit auch Übersetzungsprobleme. Zum besseren Verständnis sei daher für einmal die Hauptaussage des Midrasch vorweggenommen. Sie lautet: Wer auf Erden für die Juden ist und für sie Partei ergreift, kommt zwar bei den Menschen schlecht an, wird aber bei Gott erhöht. Wer jedoch gegen die Juden ist und gegen sie Partei ergreift, kommt zwar bei den Menschen gut an, wird aber von Gott erniedrigt.
Gemäss Freedman (II,626) und Mirqin (III,88) ist mit „Oben" „im Himmel", d.h. bei Gott, und dementsprechend mit „Unten" „auf Erden", d.h. bei den Menschen gemeint. Mit „seine" ist Jakob bzw. das Volk Israel gemeint, und mit „jeder" jeder Mensch, der entweder für Israels z^{e}*khut* oder für dessen „Schuld" spricht. Die Parteinahme eines Menschen für oder gegen Israel führt zu gegenteiligen Reaktionen bei Gott und den Menschen.
Freedman (II,626) und Neusner (III,13) übersetzen z^{e}*khut* mit „in .... favour", d.h. „zu .... Gunsten". Der Sinn, den der Midrasch durch dieses Verständnis erhält, kommt in der Übersetzung Freedmans besonders deutlich zum Ausdruck:

> In heaven, who speaks in his [Israel's] favour is exalted; in his disfavour, is debased; but on earth, he who speaks in his favour is debased; in his disfavour, is promoted.

Dieses Verständnis macht nicht nur einen guten Sinn, sondern scheint zudem auch das einzig mögliche zu sein. Die Übersetzung der Wendung אומר זכותו (*'omer* z^{e}*khuto*) mit „zu seinen Gunsten sprechen" scheint

264) Freedman (II,626) und Neusner (III,13) übersetzen z^{e}*khut* mit „in .... favour" bzw. „in .... favor". Wünsche (333) übersetzt den Ausdruck mit „Verdienst".

zuzutreffen. Es stellt sich freilich die Frage, in welchem Sinne dies zu verstehen ist. Wenn man zu jemandes Gunsten spricht, muss man dafür einen Grund haben. Wenn jemand zu Israels Gunsten spricht, könnte dies seine Ursache darin haben, dass Israel vor Gott irgendein „Verdienst" vorzuweisen hat. In diesem Falle hätte *z^e^khut* im vorliegenden Midrasch die Bedeutung von „Verdienst". Die Ursache könnte jedoch auch darin bestehen, dass er die *Erwählung* Israels durch Gott anerkennt und bejaht. In diesem Falle bedeutet *z^e^khut „Gültigkeit, Wirksamkeit und Verwirklichung der Erwählung Israels durch Gott"*. Da nichts darüber gesagt wird, weshalb jemand zu Israels Gunsten spricht, ist allein aufgrund des vorliegenden Midrasch nicht auszumachen, welches Verständnis von *z^e^khut* richtig ist. Diese Frage kann jedoch von all denjenigen Stellen her klar beantwortet werden, in denen *z^e^khut* ebenfalls die Bedeutung von *„Gültigkeit, Wirksamkeit und Verwirklichung der Erwählung"* hat.
Wenn man *z^e^khut* als „Verdienst" versteht, wird nicht recht klar, weshalb jemand „unten" und somit also bei den Menschen absteigt, der zu Israels Gunsten spricht. Das wird jedoch sofort deutlich, sobald man *z^e^khut* als Gültigkeit, Wirksamkeit und Verwirklichung der Erwählung Israels versteht. Bekanntlich nahmen bereits in der Antike viele an der Andersartigkeit der Juden und an der Fremdartigkeit ihrer Bräuche Anstoss. Diese war direkt durch den Glauben Israels an seine Erwählung durch Gott bedingt. Wer an den Juden und an deren Befürwortern oder Freunden Anstoss nahm, tat es darum, weil er die Erwählung Israels entweder als Negativum empfand, oder diese bestritt, indem er die Juden als verworfen erachtete.
Der Grund dafür, weshalb im Himmel und damit vor Gott aufsteigt, wer zu Israels Gunsten spricht, besteht darin, dass der Betreffende damit die Erwählung Israels durch Gott bejaht und somit Gott selbst anerkennt und ihm recht gibt. Umgekehrt steigt er ab, wenn er zu Ungunsten Israels spricht, d.h. wenn er Israels Schuld zur Sprache bringt. Mit „Schuld" ist hier das Gegenteil von *z^e^khut* gemeint. Indem er dies tut, spricht er sich für Israels Verurteilung durch Gott aus. Damit aber spricht er sich für das aus, was Israels Erwählung in Frage stellt und gefährdet. Die Verurteilung Israels und die Infragestellung der Erwählung jedoch widerspricht dem Heilswillen Gottes für Israel.

8.3 Die z^e*khut* von *„In Rama hört man klagen....“*: BerR 70,10 zu 29,4ff (II,809f)[265]

ויאמר להם יעקב אחי מאין אתם ויאמרו מחרן אנחנו (בראשית כט ד-ו) ר' יוסי בר' חנינה פתר קרייה בגלות ויאמר להם יעקב וגו' ויאמרו מחרן אנחנו מחרונו שלהקב"ה אנו בורחים, ויאמר להם הידעתם את לבן בן נחור הידעתם את מי שעתיד ללבן עוונותיכם כשלג, ויאמר להם השלום לו ויאמרו שלום, באי זו זכות והנה רחל בתו באה עם הצאן הה"ד כה אמר יי' קול ברמה נשמע נהי בכי תמרורים רחל מבכה על בניה וגו' מנעי קולך מבכי וגו' כי יש שכר לפעולתך וגו' (ירמיה לא טו-טז).

Jakob sprach zu ihnen: Meine Brüder, wo seid ihr her? Sie antworteten: Von Haran sind wir (Gen 29,4).

R. Yose b. R. Hanina (pA2 um 270) deutete den Vers auf das Exil:

[1] *Jakob sprach zu ihnen: usw. Sie antworteten: Von Haran* (מחרן *me-haran*) *sind wir* (V.4): Vor dem Zorn (מחרונו *me-harono*) des Heiligen, gepriesen sei er, fliehen wir.

[2] *Er sprach zu ihnen: Kennt ihr Laban* (לבן)*, den Sohn Nahors?* (V.5a): Kennt ihr denjenigen, welcher künftig eure Sünden so weiss machen (ללבן l^e*laben*) wird wie Schnee? *Er sprach zu ihnen: Steht es wohl um ihn? Sie antworteten: Ja, es steht wohl um ihn* (V.6a).

[3] Aufgrund welcher z^e*khut*? *Siehe, Rahel, seine Tochter kommt mit dem Kleinvieh* (V.6b): Wie denn geschrieben steht: *So spricht der HERR: In Rama hört man klagen, bitterlich weinen. Rahel weint um ihre Kinder,* [*will sich nicht trösten lassen, weil sie nicht mehr sind. So spricht der HERR:*] *Wehre deiner Stimme das Weinen* [*und deinen Augen die Tränen,*] *denn es gibt einen Lohn* (שכר *sakhar*) *für deine Mühe* (לפעולתך *lip*^{ec}*ullatekh*),[266] [*spricht der HERR; sie kehren heim aus dem Lande des Feindes*] (Jer 31,15f).[267]

Der vorliegende Midrasch ist eine zusammenhängende Auslegung von Gen 29,4-6. Darin ist von drei Dingen die Rede: In [1] vom „Zorn des

265) Parallele: YalqBer 123.

266) Die BHS liest nicht לפעולתך, sondern לפעלתך.

267) Freedman (II,644) übersetzt z^e*khut* mit „for .... sake“, Neusner (III,34) mit „merit“ und Wünsche (342) mit „Verdienst“.

Heiligen, gepriesen sei er", in [2] von der Tilgung der Sünden und in [3] von der Rückkehr *„aus dem Lande des Feindes"*. Alle drei Dinge beziehen sich auf das Exil. Die Reihenfolge, in der sie genannt werden, ist nicht zufällig, sondern entspricht biblischer und rabbinischer Auffassung. Gemäss dieser Auffassung wurde Israel aufgrund von Gottes Zorn über seine Sünden ins *„Land des Feindes"* und somit ins Exil geführt. Israel kann daher nur aus dem Exil zurückkehren, wenn die Ursache für das Exil beseitigt wird, d.h. wenn also seine Schuld getilgt wird. Sobald dies jedoch der Fall ist, wird Israel heimkehren.

Vor dem Zorn des Heiligen, gepriesen sei er, fliehen wir [1]

Bei der Auslegung von Gen 29,4 verfährt R. Yose b. R. Hanina, indem er mit den Ausdrücken מחרן – מחרון (*me-haran – me-haron*) ein Wortspiel bildet. Anstatt *„aus Haran"* liest er *„vor dem Zorn"*. D.h. die von Jakob Angesprochenen geben auf seine Frage zur Antwort, dass sie vor Gottes Zorn auf der Flucht sind. Bei diesen handelt es sich also nicht mehr um die Bewohner Harans, sondern um die Israeliten im Exil.

Die Tilgung der Sünden [2]

Gen 19,5 interpretiert R. Yose b. R. Hanina ebenfalls mit Hilfe eines Wortspiels, nämlich mit לבן – ללבן (*laban – lelabben*). So wird aus *„Laban"* „weiss machen" und aus der Frage *„Kennt ihr Laban"* „Kennt ihr denjenigen, welcher künftig eure Sünden so weiss machen wird wie Schnee?" Bei demjenigen, der die Sünden tilgt, kann es sich nur um Gott handeln. Die Frage *„Steht es wohl um ihn?"* in V.6a ist demnach dahingehend zu verstehen, ob es um die Tilgung der Sünden und um die Erlösung wohl stehe. Diese Frage wird mit Ja beantwortet.

Die Rückkehr aus dem Lande des Feindes [3]

Bei der Auslegung von Gen 29,6b erfolgt die Interpretation nicht mehr mit Hilfe eines Wortspiels, sondern dadurch, dass sowohl in Gen 29,6b als auch in Jer 31,15 Rahels Name genannt wird. Dass Rahel *„mit dem Kleinvieh"* kommt, wird von R. Yose b. R. Hanina dahingehend verstanden, dass sie mit den Kindern Israels „kommt", d.h. aus dem Exil zurückkehrt. Israel wird in der Bibel öfters als „Kleinvieh" (צאן *tson*) bezeichnet bzw. mit solchem verglichen.[268] Besonders erhellend für das Verständnis der Auslegung R. Yose b. R. Haninas ist Ps 80,2-5:

268) Vgl. 1Kön 22,17; Jes 53,6; Jer 23,1f; Ez 34,2f; V.6; V.8; V.10; V.12; V.15; V.17; V.19; V.22; V.31; Mi 2,12; Ps 44,12; 74,1; 78,52; 79,13; 80,2; 95,7; 100,3. Die gängigen Bibelausgaben übersetzen צאן (*tson*) anstatt mit „Kleinvieh" meistens mit „Schafe".

Du Hirte Israels, schenke Gehör, der du Josef leitest wie Kleinvieh! Der du auf den Cheruben thronst, erstrahle vor Efraim und Benjamin und Manasse! Lass aufwachen deine Heldenkraft und komm uns zu Hilfe! HERR der Heerscharen, stelle uns wieder her! Lass dein Angesicht leuchten, so wird uns geholfen. HERR der Heerscharen, wie lange zürnst du noch beim Gebet deines Volkes?

Ob R. Yose b. R. H̱anina bei seiner Interpretation von Gen 29,4-6 an Ps 80,2-5 gedacht hat, oder ob der Inhalt dieser Verse ganz unbewusst in seine Auslegung einfloss, ist nicht auszumachen. Dass ein Zusammenhang besteht, ist jedoch nicht zu übersehen. Die Beziehungen zwischen R. Yose b. R. H̱aninas Auslegung in BerR 70,10 und Ps 80,2-5 sind folgende:

- In Ps 80,2-5 ist nicht nur von Israel ganz allgemein die Rede, sondern auch von Josef, Efraim, Benjamin und Manasse. Bei allen diesen Namen handelt es sich um Söhne und Enkel Rahels, d.h. um deren Kinder. Bekanntlich ist der Begriff „Kinder" in der Bibel weiter gefasst als bei uns. In den „Kindern" sind sämtliche Nachkommen mit eingeschlossen.
- Wie in der Auslegung R. Yose b. R. H̱aninas werden die Kinder Rahels (Josef) bzw. Israel auch in Ps 80,2-5 mit Kleinvieh verglichen.
- Wie in der Auslegung R. Yose b. R. H̱aninas ist auch in Ps 80,2-5 vom Zorn Gottes die Rede.
- Der Passus *„HERR der Heerscharen, stelle uns wieder her!"* lässt sich gut auf das Exil beziehen und deuten, umso mehr, als man den Ausdruck השיבנו (*hashivenu*) auch mit *„führe uns wieder zurück"* übersetzen kann.

Von Ps 80,2-5 her wird R. Yose b. R. H̱aninas Auslegung von Gen 29,4-6 um vieles verständlicher. Auch wird deutlich, dass sie nach rabbinischem Denken durchaus ihren Schriftgrund hat.

Der Grund dafür, dass Rahels Kinder *„aus dem Lande des Feindes"* heimkehren werden, ist die Zusage Gottes in Jer 31,15f, dass es für die *„Mühe"* Rahels einen *„Lohn"* gibt. Diese Zusage ist die *z^e^khut*, die der Grund dafür ist, weshalb es gut um die Tilgung der Sünden steht. Da die Rückkehr aus der Verbannung nur in Frage kommt, wenn zuvor die Sünden getilgt sind, ist diese Zusage eine Bestätigung dafür, dass Gott die Sünden der Verbannten tilgen wird.

Die Bedeutung von z^ekhut

Die Bedeutung von *z^ekhut* ist von Jer 31,15f abhängig. Da in dieser Stelle u.a. von *„Lohn"* (שכר *sakhar*) die Rede ist, den Gott Rahel zusagt, stellt sich die Frage, ob damit ein Entgelt für die „Verdienste" Rahels gemeint ist. Mit שכר (*sakhar*) ist oft das Entgelt für eine Arbeitsleistung gemeint.[269] Von einer Arbeitsleistung ist auch in Jer 31,16 die Rede: von der *„Mühe"* (פעולה *p*^{ec}*ullah*) Rahels. A. Weiser[270] hat wohl recht, dass mit dieser *„Mühe"* die Mühe und Sorge gemeint ist, die eine Mutter für ihre Kinder verwendet.

Es stellen sich daher folgende Fragen: Ist mit dieser *„Mühe"* eine Leistung im Sinne der „Verdienstlichkeit" vor Gott gemeint? Ist mit dem *„Lohn"* ein Entgelt für ein „verdienstliches Tun" gemeint? Und bedeutet *z*^{e}*khut* folglich „Verdienst"?

Man kann diese Fragen nicht allein von BerR 70,10 her entscheiden. Im Zusammenhang von BerR 70,10 ergibt die Übersetzung von *z*^{e}*khut* mit „Verdienst" durchaus einen Sinn. Die Aussage des Midrasch lautet dann, dass Gott die Kinder Rahels aufgrund des „Verdienstes" Rahels aus dem Exil zurückkehren lässt, das sie durch ihre Mühe und ihre Arbeit als Mutter erwarb.

Ein derartiges Verständnis ist allerdings nur möglich, wenn man BerR 70,10 isoliert und d.h. unter Nichtberücksichtigung der bisherigen Resultate zur Bedeutung von *z*^{e}*khut* betrachtet. Aufgrund dieser Ergebnisse kommt das Verständnis von *z*^{e}*khut* als „Verdienst" auch hier nicht in Frage. In allen bisher vorgelegten Texten war die Erwählung durch Gott der Schlüssel für das Verständnis von *z*^{e}*khut*. Es ist daher naheliegend, den Grund für die Zusage Gottes, dass die Kinder Rahels aus dem Exil zurückkehren werden, in der Erwählung Israels durch Gott zu sehen. Nämlich darin, dass Gott trotz Israels Schuld an Erwählung und Bund festhält. Die *z*^{e}*khut* der Rahel von Jer 31,15f ist demnach die *Gültigkeit und Wirksamkeit der Erwählung durch Gott, des Bundes und der damit gegebenen Zusage, dass die Kinder Rahels aus dem Exil zurückkehren werden.*

Ergänzende Texte (T.36-39)

Die übrigen Texte, aus denen sich die Bedeutung von *z*^{e}*khut* ebenfalls nicht eruieren lässt, sind BerR 50,11 zu 19,16f (Anhang, T.36), BerR 70,8 zu 29,2f (Anhang, T.37), BerR 71,9 zu 30,11 (Anhang, T.38) und BerR 78,7 zu 33,1 (Anhang, T.39).

---

269) Vgl. den Artikel zu שכר in TWAT, VII,795-801.
270) A. Weiser, Das Buch Jeremia, 280.

8.4 Zwischenergebnisse

In den in diesem Kapitel und seinem Anhang besprochenen Texten geht es um ganz verschiedene Themen. Allen sieben Texten ist jedoch folgendes gemeinsam:

1. Die Übersetzung von *z^e^khut* mit „Verdienst" ergibt zunächst durchaus einen Sinn.
2. Das Verständnis von *z^e^khut* als „Verdienst" ist nicht das einzig mögliche. Jeder der besprochenen Texte kann problemlos im „nicht verdienstlichen" Sinne von der Erwählung her verstanden werden.
3. Letztgenanntes Verständnis ist nicht nur möglich, sondern vielmehr geboten: Die Übersetzung von *z^e^khut* mit „Verdienst" ist nämlich nur möglich, wenn man die betreffenden Texte *isoliert und unabhängig* von ihrem rabbinischen Umfeld versteht, wie sich dieses in einer sorgfältigen Analyse von *z^e^khut* erheben lässt.
4. Dass man die Möglichkeit, *z^e^khut* als „Verdienst" zu verstehen, nur mit Hilfe der anderen besprochenen Stellen ausschliessen kann, ist nicht weiter verwunderlich. Es ist für die Interpretation rabbinischer Texte nichts Aussergewöhnliches, dass man für deren Verständnis auf andere Texte ausgreifen muss. Man sollte daher nicht sagen, diese Stellen seien „zweideutig". Gestützt auf die vielen anderen besprochenen Stellen sind die Ergebnisse in diesen Stellen nicht weniger gesichert.

Entsprechend der verschiedenen Themen der besprochen Texte weist auch die jeweilige Bedeutung von *z^e^khut* viele Nuancen auf. Es wird jedoch darauf verzichtet, diese hier aufzulisten. Es sei lediglich auf die entsprechenden Kapitel und Texte im Anhang verwiesen.

9. Ergänzende Texte aus dem Talmud Yerushalmi

In Kapitel 3. wurden die Gründe genannt, weshalb sich die vorliegende Untersuchung auf Texte aus BerR beschränkt. Trotz dieser Beschränkung sind zahlreiche Gesichtspunkte der Bedeutung von *z^e^khut* im rabbinischen Schrifttum zu Tage getreten. Die vielen Wiederholungen, die sich dabei gezeigt haben, weisen darauf hin, dass die Bedeutung von *z^e^khut* zwar keineswegs abschliessend, jedoch zu einem wesentlichen Teil erfasst wurde. Bei der Interpretation weiterer rabbinischer Texte kommt man daher an den anhand von BerR erarbeiteten Ergebnissen nicht mehr vorbei.
Bei Marmorstein, Moore, Schechter und Urbach ist von drei weiteren Gesichtspunkten die Rede, die in BerR keine Rolle spielen: 1. die *z^e^khut* des Lohnes, und 2. die Frage, ob und wann die *z^e^khut* der Väter aufgehört habe zu bestehen. Zudem gibt es 3. in BerR keinen einzigen Text, in dem *z^e^khut* im Plural vorkommt, so dass man zur irrtümlichen Ansicht gelangen könnte, dieser Ausdruck werde in der rabbinischen Literatur nur im Singular verwendet.
Um diesen drei wichtigen Gesichtspunkten Rechnung zu tragen, werden in diesem Kapitel und in dessen Anhang vier weitere Texte vorgestellt und besprochen.

Alle vier Texte haben mindestens eine Parallele. Hier werden die Fassungen vorgelegt, die sich in ySanh 10,1 27c und 27d finden. Selbstverständlich werden die entsprechenden Parallelstellen ebenfalls angegeben und insoweit besprochen, als sich aus ihren Varianten wichtige Hinweise für das Verständnis der Texte ergeben. Um dem Leser die Orientierung in ySanh 10,1 27c und 27d zu erleichtern, werden zusätzlich auch die Zeilennummern der Ausgabe Krotoshin angegeben.

9.1 Die *z^e^khut* des Lohnes: ySanh 10,1 27d,40-45[271]

דבר אחר יד ליד לא ינקה רע (משלי יא כא). א"ר פינחס זה שהוא עושה צדקה ומבקש ליטול שכרה מיד. א"ר סימון כאינש דאמר הא שקא והא סלעא והא סאתא קום כול. תדע לך שהוא כן שהרי אבות העולם אילו ביקשו ליטול שכר מצות שעשו בעולם הזה מאיכן הית' הזכו' קיימת לבניהם אחריהם הוא שמשה אמר לישראל וזכרתי את בריתי יעקב וגו (ויקרא כו מב).

Eine andere Auslegung: *Hand auf Hand – nicht bleibt ungestraft der Bösewicht,* [*aber die Nachkommenschaft der tsadiqim wird gerettet*] (Spr 11,21).
R. Pinhas (pA5 um 360) sagte: Das ist einer, der die *ts^e^daqah* tut und sofort ihren Lohn (שכר *sakhar*) wegzutragen verlangt.
R. Simon (pA3 um 280) sagte: Wie ein Mensch, der spricht: Hier ist der Sack, und hier ist das Geld, und hier ist das Mass! Steh auf und miss ab! Du sollst wissen, dass es so ist: Denn siehe, wenn die Väter der Welt den Lohn (שכר *sakhar*) für die Gebote, die sie in dieser Welt taten, wegzutragen verlangt hätten, von wo wäre die *z^e^khut* für ihre Kinder bestehen geblieben, [die] nach ihnen [kommen würden]? Das ist es, was Mose zu Israel sagte: *....so will ich meines Bundes mit Jakob gedenken,* [*und auch meines Bundes mit Isaak und meines Bundes mit Abraham will ich gedenken, und des Landes will ich gedenken*] (Lev 26,42).[272]

Beim vorliegenden Midrasch handelt es sich um eine Auslegung von Spr 11,21. Zunächst ist nicht bloss unklar, worin der Zusammenhang dieser Stelle mit den Ausführungen von R. Pinhas und R. Simon besteht, sondern auch, wie Spr 11,21 zu verstehen ist. Diese Schwierigkeit hat ihren Grund darin, dass die Bedeutung der Wendung *„Hand auf Hand"* rätselhaft ist. O. Plöger hat wohl recht, wenn er *„Hand auf Hand"* als bekräftigenden Handschlag versteht und den Ausdruck im Sinne von „Hand aufs Herz" umschreiben möchte.[273] Der Vers lautet dann: *„Hand aufs Herz – nicht bleibt ungestraft der Bösewicht, aber die Nachkommenschaft der tsadiqim wird gerettet."*

271) Parallelen: ShemR 44,3, WaR 36,3.
272) Marmorstein (90f, 102), Neusner (The Talmud of the Land of Israel, XXXI,316) und Urbach (I,501) übersetzen *z^e^khut* mit „merit". Wewers (IV/4,257) übersetzt den Ausdruck mit „Verdienst".
273) O. Plöger, Sprüche Salomos, 140.

Nun kann man freilich nicht davon ausgehen, dass die Rabbinen die Bibel gleich verstehen wie wir. In welchem Sinne R. Pinhas und R. Simon den Passus *„Hand auf Hand“* in Spr 11,21 verstanden haben, wird klar, wenn man die Parallele in ShemR 44,3 hinzuzieht, wo es heisst:

> .... *Hand auf Hand – nicht bleibt ungestraft der Bösewicht....* (Spr 11,21). R. Pinhas der Priester b. Hama sagte: Wenn du ein Gebot (מצוה *mitswah*) getan hast, dann verlange nicht die Gabe seines Lohnes sofort auf die Hand....

Auf Hebräisch heisst „sofort auf die Hand“ מיד ליד (*miyyad l^eyad*). R. Pinhas hat Spr 11,21 interpretiert, wie wenn nicht יד ליד (*yad l^eyad*) – *„Hand auf Hand“*, sondern מיד ליד (*miyyad l^eyad*) – *„sofort auf die Hand“* dastünde. Seine Interpretation erfolgt also, indem er den Vers mit einem vorangestellten מ ergänzt. Er lautet dann wie folgt:

> *Sofort auf die Hand – nicht bleibt ungestraft der Bösewicht, aber die Nachkommenschaft der tsadiqim wird gerettet.*

Wenn man Spr 11,21 so liest, wird der Zusammenhang zwischen diesem Vers und der Auslegung R. Pinhas’ und R. Simons deutlich: Wer die *ts^edaqah* tut und den Lohn dafür *„sofort auf die Hand“* verlangt, ist ein *„Bösewicht“*. Ein solcher *„bleibt nicht ungestraft“*. Wer das tut, ist nach R. Simon wie jemand, der zu Gott spricht: „Hier ist der Sack, und hier ist das Geld, und hier ist das Mass! Steh auf und miss ab!“ Im Falle der „Väter der Welt“, d.h. im Falle Abrahams, Isaaks und Jakobs, hätte ein derartiges Ansinnen dazu geführt, dass „die *z^ekhut* für ihre Kinder“ nicht bestehen geblieben wäre. Als Schriftbeleg und konkretes Beispiel dafür, wie der „Lohn für die Gebote“, welche die Väter „in dieser Welt taten“, ihren Nachkommen zugute kam, führt R. Simon Lev 26,42 an.

Kann z^ekhut doch „Verdienst“ bedeuten?

Im vorliegenden Midrasch ist davon die Rede, dass die Väter den Lohn für ihr Tun der *ts^edaqah* bzw. der *mitswot* nicht empfingen. Weil dies nicht der Fall war, blieb die *z^ekhut* für ihre Nachkommen bestehen, kam der Lohn der Väter also ihnen zugute. Der Midrasch scheint somit ein Textbeispiel dafür zu sein, dass a) *z^ekhut* auch „Verdienst“ bedeuten kann, und dass b) gewisse Rabbinen der Meinung waren, die Väter hätten „Verdienste“ erworben, die ihren Nachkommen zugute kamen.

Der Schluss, *z^ekhut* bedeute im vorliegenden Midrasch ausnahmsweise doch „Verdienst“, scheint sich geradezu aufzudrängen. Eine genauere

Textanalyse weist jedoch in eine andere Richtung. Wobei auf bereits erarbeitete Ergebnisse zurückgegriffen werden muss.
Im vorliegenden Midrasch hängt die Bedeutung von *z^ekhut* von den Begriffen *ts^edaqah*, *mitswot* und *sakhar* ab. Zu diesen ist folgendes festzuhalten:

1. Das Tun der *ts^edaqah* bzw. der *mitswot* ist mit dem Tun der *torah* identisch. Die *torah* ist kein Instrument zum Erwerb von „Verdiensten", mit deren Hilfe man Gott gegenüber Forderungen stellen, oder ihn sozusagen zu seinem Schuldner machen könnte. Dasselbe gilt für das Tun der *ts^edaqah* bzw. der *mitswot*. Das Tun der *torah*, der *ts^edaqah* bzw. der *mitswot* ist der konkrete Lebensvollzug im Lebensraum der Bundesgemeinschaft mit Gott (s.o. Exkurs A).
2. Das Leben in der Bundesgemeinschaft mit Gott hat seinen Grund in der *Erwählung* (s.o. Exkurs A). Erwählung aber verhält sich nicht nach dem Modell von „Verdienst", sondern nach demjenigen der unverdienten Gnade.
3. Da Gott den שכר (*sakhar*) für das Tun der *torah*, der *ts^edaqah* und der *mitswot* gibt, muss es sich dabei um etwas handeln, das *ihrem Wesen und ihrer Eigenart entspricht*. Beim *sakhar* kann es sich demnach nur um *die Anerkennung und Vergeltung Gottes für die Annahme, Bejahung und Verwirklichung der Erwählung durch die Erwählten* handeln, d.h. also um *die Anerkennung und Vergeltung Gottes für ihre Gott antwortende Glaubenspraxis, für ihre Bundestreue und für ihr Tun seiner Gebote*. Ebenso wie es Konsequenzen hat, wenn der von Gott erwählte Mensch seine Erwählung missachtet oder gar verleugnet, sich aus dem Lebensraum der Bundesgemeinschaft hinausbegibt und gegen Gottes Willen handelt, hat es weitreichende Folgen, wenn er seine Erwählung anerkennt, in der Bundesgemeinschaft mit Gott lebt und seinen Willen sucht und tut.

....nicht bleibt ungestraft der Bösewicht

Aus dem vorliegenden Midrasch geht hervor, dass diese *Anerkennung und Vergeltung Gottes für die Verwirklichung der Erwählung in der Bundestreue und im Tun des Willens Gottes* nicht vom Menschen eingefordert werden kann. Sie kann nur von Gott gewährt werden. Zunächst scheint dies allerdings nicht so: Aus dem Satz „wenn die Väter der Welt den Lohn (שכר *sakhar*) für die Gebote, die sie in dieser Welt taten, wegzutragen verlangt hätten, von wo wäre die *z^ekhut* für ihre Kinder bestehen geblieben, [die] nach ihnen [kommen würden]?" scheint lediglich hervorzugehen, dass man nicht den ganzen Lohn für sich selbst beanspruchen, sondern seinen Nachkommen auch noch etwas übriglassen solle. Etwa so,

wie ein wohlhabender Mensch nicht sein ganzes Vermögen verbrauchen, sondern seinen Erben etwas zurücklassen soll.
Dass dies nicht gemeint ist, geht daraus hervor, dass ein Mensch, der seinen Lohn verlangt, ein *„Bösewicht"* ist, der nicht ungestraft bleibt. In Spr 11,21 wird der *„Bösewicht"* den *tsadiqim* gegenübergestellt. Ein *„Bösewicht"* ist also das Gegenteil eines *tsadiq*. Dies wird auch von den Parallelen in ShemR 44,3 und WaR 36,3 bestätigt. In ShemR 44,3 wird gesagt, einer, der seinen Lohn verlange, werde רשע (*rasha*ᶜ), d.h. gottlos genannt. Dabei ist die Meinung, dass solch ein Mensch vor Gott als gottlos gilt. Dies wird durch WaR 36,3 bestätigt, wo es heisst, wer seinen Lohn verlange, sei ein רשע (*rasha*ᶜ), ein Gottloser.
Weshalb ist jemand, der seinen Lohn verlangt, ein *„Bösewicht"*, ein Gottloser? Das hängt damit zusammen, dass die Erwählung Israels bzw. die Erwählung des Einzelnen *kein Selbstzweck* ist. Sehr schön wird dies an der Erwählung Abrahams sichtbar: Abraham wird erwählt, damit er ein Vater der Vielen und ein Segen für sie sei (vgl. Gen 12,2f; Kapitel 6.1). Nur indem Abraham für andere ein Segen ist, wird er selbst gesegnet. Wer die *tsᵉdaqah* bzw. die *mitswot* tut und von Gott seinen Lohn verlangt, verkennt somit Sinn und Ziel der Erwählung. Ein solcher Mensch erachtet seine Erwählung als Privileg, das er für seine eigenen Zwecke einsetzen kann, um sich für sich selbst Vorteile zu verschaffen. Er macht aus dem Bund und der *torah* das, wozu sie von Gott niemals bestimmt waren: zu einem Instrument, um sich „Verdienste" zu erwerben, mit deren Hilfe er Gott die Rechnung präsentieren kann, um von ihm dieses oder jenes einzufordern.
Obwohl ein solcher Mensch die *tsᵉdaqah* und die *mitswot* tut, verneint er mit seiner Lohnforderung nicht nur das Ziel seiner eigenen Erwählung, sondern auch derjenigen Israels. Damit aber verlässt er den Lebensraum der Bundesgemeinschaft mit Gott. Das Problem ist darum nicht, dass er seinen Lohn „sofort" verlangt, sondern dass er ihn *überhaupt* verlangt. Weil ein Mensch, der solches tut, an seiner Erwählung und an derjenigen Israels vorbeigeht, und weil er die Bundesgemeinschaft mit Gott verlässt, wird er von Gott ein *„Bösewicht"* und ein Gottloser genannt – und auch als solcher behandelt: *„....nicht bleibt ungestraft der Bösewicht."*

....aber die Nachkommenschaft der tsadiqim wird gerettet

Wenn die Väter von Gott ihren Lohn verlangt hätten, wäre für ihre Nachkommen nichts mehr übriggeblieben, da sie mit ihrer Forderung zu Bösewichten und zu Gottlosen geworden und dadurch aus Erwählung und Bund herausgefallen wären. Mit Erwählung und Bund ist untrennbar die Verheissung auf Land und Nachkommen verbunden. Hätte Abraham sei-

nen Lohn verlangt, wäre Gottes Verheissung von Gen 12,1-3 par. nicht in Erfüllung gegangen. Dasselbe gilt für Isaak und Jakob.
Der Bund zwischen Gott und den Vätern bzw. zwischen Gott und Israel ist eine gegenseitige Angelegenheit. Gottes Verheissungen gehen darum nicht unabhängig vom Verhalten und Tun der Väter bzw. Israels in Erfüllung. Weil die Väter Erwählung und Bund treu blieben und taten, was Gottes Willen und der Gemeinschaft mit ihm entspricht, behielt Gottes Verheissung ihre Gültigkeit, und konnte Gott ihre Treue anerkennen und vergelten. Worin bestand diese Anerkennung und Vergeltung, d.h. also dieser *„Lohn"*?
In der Genesis ist nur gerade an einer Stelle *expressis verbis* von *sakhar* die Rede. In Gen 15,1 heisst es: *„Darnach erging an Abram in einem Gesichte das Wort des HERRN: Fürchte dich nicht, Abram, ich bin dein Schild; dein wartet reicher Lohn."* Und in V.5 wird gesagt: *„Und er führte ihn hinaus und sprach: Schaue gen Himmel und zähle die Sterne – ob du sie zählen kannst? Und er verhiess ihm: So sollen deine Nachkommen sein."* Aus dem Zusammenhang von Gen 15,1-5 wird somit klar, dass der Lohn, den Abraham zu erwarten hat, die Erfüllung der Verheissung auf Land und Nachkommen ist. Dieser Lohn kommt nicht ihm selbst zugute, sondern erst seinen Nachfahren. Er selbst erlebt die Erfüllung der Verheissung nicht. Diese kann aber nur dann in Erfüllung gehen, wenn Abraham Gott die Treue hält und die *ts^{e}daqah* bzw. die *mitswot* tut. Isaak und Jakob sind die Erben Abrahams. Für sie gilt dasselbe.
Zwar findet sich in ySanh 10,1 27d,40-45 kein Hinweis auf Gen 15,1-5. Dass R. Pin<u>h</u>as und R. Simon der Zusammenhang mit Gen 15,1-5 dennoch bewusst war, geht aus dem Umstand hervor, dass R. Simon Lev 26,42 zitiert. In Lev 26,3-13 ist davon die Rede, auf wievielerlei Art und Weise Gott Israel segnen und beschenken wird, wenn die Israeliten seine Gebote halten. In V.14-39 werden die Gerichte angedroht, die Israel treffen werden, wenn es Gott und seinen Willen missachtet. Und in V.40-42 heisst es:

> *Wenn sie dann ihre und ihrer Väter Schuld bekennen, den Treuebruch, den sie an mir begangen haben, und auch dass sie mir widerstrebt haben – weshalb auch ich ihnen widerstrebt und sie ins Land ihrer Feinde gebracht habe – wenn sich alsdann ihr unbeschnittenes Herz demütigt und sie alsdann ihre Schuld abtragen, so will ich meines Bundes mit Jakob gedenken, und auch meines Bundes mit Isaak und meines Bundes mit Abraham will ich gedenken, und des Landes will ich gedenken.*

Diese Verse sind ein Beispiel dafür, dass die Nachkommen der *tsadiqim* gerettet werden. Lev 26,40-42 passt daher gut zu Spr 11,21. Gemäss Lev

26,42 wird Israel gerettet, weil Gott seines Bundes mit den Vätern gedenkt. D.h. weil Gott seiner Verheissungen an die Väter gedenkt und daran, dass die Väter ihm antworteten, indem sie ihm glaubten, ihm die Treue hielten und seinen Willen taten. Als Anerkennung und Vergeltung für diesen Glauben, diese Treue und diesen Dienst wird Gott Israel retten.

Die Bedeutung von z^ekhut

Im Zusammenhang einiger Texte bedeutet *z^ekhut Anspruch auf Erfüllung und Verwirklichung der Verheissung*. Im Zusammenhang von ySanh 10,1 27d,40-45 ergibt die Übersetzung von *z^ekhut* mit „*Anspruch*" am meisten Sinn. Allerdings ist hier nicht der Anspruch auf die Erfüllung der Verheissung gemeint, sondern der *Anspruch* auf den *sakhar*. Die *z^ekhut* des Lohnes ist *der Anspruch auf die Anerkennung und Vergeltung Gottes für die Bundestreue der Väter, für ihr Tun seines Willens und somit also für ihre Gott antwortende Glaubenspraxis*. Der betreffende Passus in der Auslegung R. Simons lautet dann:

> Denn siehe, wenn die Väter der Welt den Lohn (שכר *sakhar*) für die Gebote, die sie in dieser Welt taten, wegzutragen verlangt hätten, von wo wäre der *Anspruch* [auf die Anerkennung und Vergeltung Gottes für ihre Bundestreue Gott gegenüber und für das Tun seines Willens und somit also für ihre Gott antwortende Glaubenspraxis] für ihre Kinder bestehen geblieben, [die] nach ihnen [kommen würden]?

Wie in allen Stellen, die bisher besprochen wurden, ist auch die *z^ekhut* des Lohnes in der *Erwählung der Väter durch Gott* begründet. Die Erwählung ist auch hier der Schlüssel für das rechte Verständnis von *z^ekhut*. Der *Anspruch auf Lohn* ist also gerade kein Anspruch, der auf einer von Gott, Erwählung und Bund unabhängigen „Verdienstlichkeit" beruht. Vielmehr hat dieser Anspruch seinen Grund in der Zusage und Treue Gottes.

Der Grund für ein grosses Missverständnis

Im Zusammenhang der meisten Texte, die in dieser Arbeit besprochen wurden, käme man wohl kaum auf die Idee, *z^ekhut* mit „Verdienst" zu übersetzen, wenn dieses Verständnis nicht allgemein verbreitet wäre. Es stellt sich daher die Frage, was der Grund für die Meinung ist, *z^ekhut* bedeute „Verdienst". Von den bisher vorgelegten Texten her konnte diese Frage nicht beantwortet werden. Das gilt auch für jene Texte, wo der Akzent bei der Bedeutung von *z^ekhut* auf der Gott antwortenden Glaubenspraxis liegt. Die Frage lässt sich erst von ySanh 10,1 27d,40-45 her beantworten:

Als Bedeutung von *z^e^khut* ergab sich kurz gesagt *„Anspruch auf Lohn"*. „Lohn" und „Verdienst" sind verwandte Begriffe.[274] Zudem ist auch ein „Verdienst" mit einem Anspruch verbunden.[275] Wer sich um etwas verdient macht, kann gewisse Ansprüche erheben, bzw. dem billigt man gewisse Ansprüche zu. Man könnte darum in diesem Zusammenhang „Verdienst" auch als „Leistung, die zu gewissen Ansprüchen berechtigt" umschreiben.

Bei dem, was die Wörterbücher als Bedeutung des Verbes *verdienen* bzw. als Bedeutung von dessen Derivaten angeben, spielt die Erwählung durch Gott keine Rolle. Dies ist darum so, weil es sich bei *verdienen*, *Verdienst* und ähnlichen Ausdrücken um keine spezifisch religiösen Begriffe handelt, und schon gar nicht um rabbinische. Das gilt auch für das Wort *z^e^khut*. Dieser Ausdruck kommt nicht nur in den rabbinischen Schriften vor, sondern in allen möglichen Zusammenhängen.

Was für die Wörterbuchartikel gilt, trifft auch auf Marmorsteins Monografie zu: Marmorsteins Verdienstbegriff steht nicht unter dem Vorzeichen der Erwählung und wird nicht von ihr her definiert. Dass Marmorsteins „merit" unabhängig von der Erwählung durch Gott ist, geht ganz besonders deutlich aus folgenden Sätzen hervor:

> These sages taught, with few exceptions, that one is able to acquire merits before God (3).
> The Jews, however, were taught how one can obtain positive merits (3).
> Our chief concern will be to describe how men or women can obtain merits, according to the teachings of the scribes.... (4).
> Man has got the ability to acquire merits before his Heavenly Father. However weak and frail man might be physically or morally, he is in a position to gather merits in the eyes of God (11).
> Jews and Gentiles are alike in acquiring merits for good deeds (20).

Zu diesen Sätzen ist folgendes zu bemerken:

1. Zwar ist es nach Marmorstein das Judentum, das lehrt, wie man „Verdienste" erwerben kann, aber mit diesem „man" ist nicht nur der Jude, sondern der Mensch ganz allgemein gemeint.
2. Dass alle Menschen „merits" bzw. „Verdienste" erwerben können, kommt bei Marmorstein ganz besonders stark durch die Aussage zum Ausdruck, Gott habe dem Menschen – und zwar ohne Unterschied Juden und Heiden! – *die Fähigkeit gegeben*, „Verdienste" zu erwerben.

---

274) Vgl. Brockhaus/Wahrig, VI,482, Artikel *Verdienst*; Duden, VIII,3640, Artikel *verdienen*; H. Paul, 959, Artikel *verdienen*; G. Wahrig, 1658, Artikel *Verdienst*.

275) Vgl. Brockhaus/Wahrig, VI,482, Artikel *verdienen*; J. und W. Grimm, XII/1,230, Artikel *Verdienst*; G. Wahrig, 1658, Artikel *verdienen*.

Dass auch die Heiden „Verdienste“ erwerben können, betont Marmorstein auch an anderer Stelle (vgl. 8, 19, 81f, 99).
Die *Erwählung* spielt hier nicht nur keine Rolle, sondern Marmorsteins Verdienstdenken hat für die Erwählung gar keinen Platz. Dies geht auch aus der einzigen Stelle hervor, in der Marmorstein (5) über das Verhältnis von „merit“ und seinem eigenen Erwählungsverständnis nachdenkt:

> It was not an accident, it was not blind chance that God had chosen the fathers, had selected Israel among the nations, had redeemed the children of Abraham from Egypt, had divided the sea, given them manna and quails in the wilderness, made them cross the Jordan, inherit the Holy Land, and so on. They must have had merits; what were they? The third chapter deals with the various answers to these questions (5).

Dazu ist folgendes zu bemerken:

1. Marmorstein hat zweifellos recht, dass die Erwählung der Väter und damit Israels durch Gott kein blinder Zufall und keine Willkür war. Nach biblisch-rabbinischem Verständnis ist sie vielmehr in Gottes freiem und gnädigem Wollen und Handeln begründet.
2. Dafür, dass Gott die Väter und Israel erwählte, wird er schon seine Gründe gehabt haben. Diese werden in der Bibel aber gerade nicht genannt. So beginnt die Abrahamserzählung in Gen 12,1 lediglich mit dem Satz: *„Und der HERR sprach zu Abram:....“* Aber *weshalb* Gott *gerade* zu Abraham sprach und ihn erwählte, wird nirgendwo gesagt. Ebenso verhält es sich mit allen anderen Erwählungen in der Bibel.
3. Aus der Erwählung der Väter und Israels zieht Marmorstein den Schluss: „They must have had merits....“ Er versteht die Erwählung demnach *als Folge* der „Verdienste“.
4. Da nach Marmorstein alle Menschen inklusive der Heiden „Verdienste“ erwerben können, gerät sein Erwählungsverständnis in Abhängigkeit zu seinem Verdienstverständnis. Die „Verdienste“ sind das Erste und die Erwählung das Zweite. Die Erwählung wird zum Lohn für die „Verdienste“. Damit aber ist sie nicht mehr vom freien und gnädigen Wollen und Handeln Gottes abhängig, sondern von Menschen, die „Verdienste“ erworben haben.
5. In allen Texten, die in dieser Arbeit untersucht wurden, war die Erwählung durch Gott der Schlüssel für das Verständnis von *z^{e}khut*. Weder aus den darin angeführten Bibelstellen noch deren rabbinischen Erklärungen ergab sich ein Erwählungsbegriff im Sinne Marmorsteins. An keiner einzigen Stelle war die Erwählung die Folge der guten Taten der Menschen und somit die Folge von „Verdienst“.

6. Marmorstein kündigt an, im dritten Kapitel seiner Darstellung auch zu zeigen, worin die „merits“ bestanden, die dazu führten, „that God had chosen the fathers“. Entgegen dieser Ankündigung nennt Marmorstein in seinen Ausführungen jedoch kein einziges „Verdienst“, aufgrund dessen Gott die Väter erwählte.

Angesichts der Ausführungen Marmorsteins, stellt sich die Frage, wie ernst er seine Aussagen wirklich gemeint hat. Wie konnte er als jüdischer Forscher und grosser Kenner der rabbinischen Literatur solche Sätze schreiben? Müssten diese, da er sie nun einmal schrieb, nicht ganz anders verstanden werden? Aber wie? – Es gibt auf diese Fragen keine Antworten. Jedenfalls zeigen Marmorsteins Sätze nur zu deutlich, welche schwerwiegenden Missverständnisse entstehen, wenn man den Ausdruck *z^e^khut* ohne Berücksichtigung der Erwählung durch Gott versteht.

Auch in den Erörterungen Schechters und Urbachs zur Bedeutung von *z^e^khut* spielt die Erwählung keine Rolle. Dies hat zur Folge, dass ihre Ausführungen gerade auch dort höchst missverständlich sind, wo *z^e^khut* wie in ySanh 10,1 27d,40-45 *Anspruch auf Lohn* bedeutet. Ohne ausdrückliche Nennung das Vorzeichens der Erwählung wird der *Anspruch* und der *Lohn* bzw. eben dieses *Verdienst* von modernen Lesern, die im Unterschied zu den Rabbinen nicht mehr selbstverständlich alles von ihr her verstehen, beinahe zwangsläufig *völlig unabhängig und losgelöst von der Erwählung durch Gott* verstanden. Sobald man von einem *Anspruch auf Lohn* oder eben einem „Verdienst“ nicht mehr unter diesem Vorzeichen spricht, wird alles, was man dazu sagt, zu einer allgemeinen Aussage und somit falsch.

9.2 Bis wann blieb die *z^e^khut* der Väter bestehen? ySanh 10,1 27d,45-59[276]

עד איכן היתה זכות אבות קיימת. רבי תנחומא אמר לה בשם רבי חייה, רבה בר נחמן אמר לה בשם רבי ברכיה, ר' חלבו בשם ר' בא בר זבדא עד יואחז ויתן יי' אותם וירחמם וגו' עד עתה (מ"ב יג כג). עד אותה השעה זכות אבות קיימת. שמואל אמר עד הושע ועתה אגלה את נבלותה לעיני מאהביה ואיש לא יצילינה מידי (הושע ב יב). ואין איש אלא אברהם כמה דת מר ועתה השב אשת האיש כי נביא הוא (בראשית כ ז). ואין איש אלא יצחק כמה דת מר מי האיו הלזה ההולך בשדה לקראתינו (שם כד סה). ואין איש אלא יעקב כמה דת מר יעקב איש תם (שם כה כז). ר' יהושע בן לוי אמר עד אליהו ויהי בעלות המנחה ויגש אליהו הנביא ויאמר ה' אלהי אברהם יצחק וישראל היום יודע כי אתה אלהים בישראל ואני עבדך וגו' (מ"א יח לו). רבי יודן אמר עד חזקיהו למרבה המשרה ולשלום אין קץ (ישעיה ט ו). א"ר אחא זכות אבות לעולם קיימת כי אל רחום ה' אלהיך וגו' ע"ד ולא ישכח את ברית אבותיך (דברים ד לא). מלמד שהברית כרותה לשבטי'.

Bis wann blieb die *z^e^khut* der Väter bestehen?

[1] R. Tanhuma (pA5 um 380) sagte es im Namen R. Hiyyas (pA3 um 280), Rabba bar Nahman (bA3 gest. 330) sagte es im Namen R. Berekhyas (pA5 um 340) [und] R. Helbo (pA4 um 300) im Namen R. Ba bar Zavdas (pA2 um 270): Bis Joahas: *Aber der HERR erwies ihnen Gnade,*[277] *und er erbarmte sich ihrer,* [*und er wandte sich ihnen zu wegen seines Bundes mit Abraham, Isaak und Jakob. Und er wollte sie nicht verderben und verwarf sie nicht von seinem Angesicht*] *bis dahin* (2Kön 13,23). Bis zu diesem Augenblick blieb die *z^e^khut* der Väter bestehen.

[2] Sh^e^mu'el (bA1 gest. 254) sagte: Bis Hosea: *Nun aber will ich ihre Scham aufdecken vor den Augen ihrer Liebhaber, und kein Mann wird sie aus meiner Hand retten* (Hos 2,12). Und mit *Mann* ist niemand anderes als Abraham [gemeint], wie du sagst: *Und nun gib die Frau des Mannes* (Abraham) *zurück, denn er ist ein Profet*

276) Parallelen: bShab 55a, WaR 36,6.

277) Anstatt ויתן ist hier mit der BHS ויחן zu lesen. Vgl. auch Wewers, IV/4,257, Anm. 29.

(Gen 20,7). Und mit *Mann* ist niemand anderes als Isaak [gemeint], wie du sagst: *Wer ist der Mann* (Isaak) *dort, der uns auf dem Felde entgegenkommt* (Gen 24,65)? Und mit *Mann* ist niemand anderes als Jakob [gemeint], wie du sagst: *Jakob war ein untadeliger Mann* (Gen 25,27).

[3] R. Y^{e}hoshua^{c} b. Levi (pA1 um 250) sagte: Bis Elia: *Um die Zeit aber, wo man das Speisopfer darzubringen pflegt, trat der Profet Elia herzu und sprach: O HERR, Gott Abrahams, Isaaks und Israels, lass heute kundwerden, dass du Gott bist in Israel und ich dein Knecht* [*und dass ich auf dein Geheiss dies alles getan habe*] (1Kön 18,36).

[4] R. Yudan (pA4 um 350) sagte: Bis Hiskia: *Gross ist die Herrschaft, und der Friede hat kein Ende* [*auf dem Throne Davids und über seinem Königreiche, da er es festigt und stützt durch Recht und ts^{e}daqah von nun an bis in Ewigkeit. Das wird der Eifer des HERRN der Heerscharen tun*] (Jes 9,6).

[5] R. Aẖa (pA um 320) sagte: Die *z^{e}khut* der Väter bleibt für immer bestehen: *Denn der HERR, dein Gott, ist ein barmherziger Gott:* [*er wird dich nicht verlassen noch verderben,*] *und er wird den Bund mit deinen Vätern nicht vergessen,* [*den er ihnen geschworen hat*] (Dtn 4,31). Dies lehrt, dass der Bund für die Stämme geschlossen wurde.[278]

Der vorliegende Midrasch beginnt mit der Frage: „Bis wann blieb die *z^{e}khut* der Väter bestehen?“ Darauf werden fünf widersprüchliche Antworten gegeben. Unter der Voraussetzung, *z^{e}khut* bedeute „Verdienst“, stellt sich allerdings die Frage, ob denn die „Verdienste der Väter“ nicht auch irgendeinmal aufgebraucht worden seien. Aus diesem Grunde scheint die Übersetzung von *z^{e}khut* mit „Verdienst“ bzw. „merit“ im vorliegenden Midrasch einen guten Sinn zu ergeben.
Der vorliegende Midrasch wurde von Marmorstein, Moore, Schechter und Urbach als zentraler Text zum Thema *z^{e}khut avot* erachtet. Vor der Textanalyse sollen daher ihre Erörterungen zu ySanh 10,1 27d,40-45 par. vorgestellt und kurz besprochen werden:

> Marmorstein, 71f:
> There must have been a special reason for Joshua ben Levi and his contemporaries to introduce a discussion on the question, 'whether the merits of the fathers ceased to operate, and to influence the fate of the Jewish people or not'. And if it ceased, when did it do so?

278) Marmorstein (71, 100), Neusner (The Talmud of the Land of Israel, XXXI,316f) und Urbach (I,505) übersetzen *z^{e}khut* mit „merit“. Schechter (177) spricht von der „*Zachuth* of the Fathers“. Unter „*Zachuth*“ versteht er „merit“ (170). Moore (I,543) übersetzt den Ausdruck mit „good desert“ und Wewers (IV/4,257f) mit „Verdienst“.

We have three reports of this controversy, and in all of them R. Joshua ben Levi expresses the view that the merit of the fathers was effective till the time of Elijah, and not later. It is not clear whether we have a purely academic dispute to deal with, or whether it originated in the apologetical tendency of the time, perhaps as a reply to curious inquirers. Why does the merit of the fathers not help you? Why could they not prevent the destruction of your Temple? The devastation of your land? Your exile and national catastrophe?

Moore, I,543:
It is further to be observed that, in accordance with the Scripture precedents, the good desert of the fathers is generally thought of as a ground of God's favor to their posterity collectively, rather than individually. It is in the national aspect that the question is raised among the rabbis of the first half of the third century at what point in the history this desert ceased to influence God's dealings with the people. Various limits are set, ranging from the days of Elijah to those of Hezekiah. The texts adduced for the diverse opinions are not to the point; the significant thing is the common assumption implied in the question and the attempt to answer it.

Schechter, 177.178f:
All these statements, however, with their exaggerating importance of the *Zachuth* of a righteous ancestry, are greatly qualified by another series of Rabbinic statements, reducing the *Zachuth* to small proportions. With regard to the *Zachuth* of the Fathers (or patriarchs), we have the astonishing assertion by the Rabbis that this *Zachuth* was discontinued long ago. The passage in question begins with the words, "When did the *Zachuth* of the Fathers cease?" In a parallel passage, it runs, "How long did the *Zachuth* of the Fathers last?" Various dates are fixed by various Rabbis, but none of them is later than the age of the King Hezekiah. The Scriptural proofs adduced by these Rabbis are not very cogent. The way, however, in which the question is put impresses one with the conviction that this cessation of the *Zachuth* of the Fathers was a generally acceptet fact and that the only point in doubt was the exact date when this cessation took place (177).
There is however one Rabbi who objects to all the dates given, maintaining that the *Zachuth* of the Fathers lasts forever, and that Israel can always appeal to it, as it is said, "For the Lord thy God is a merciful God; he will not forsake thee, neither destroy thee, nor forget the covenant of thy fathers which he sware unto them" (Deut. 4. 31). This, however, is more of an appeal to the covenant with the Fathers than to the *Zachuth*, the covenant being unconditional and everlasting, independent of Israel's actions (178f).

> Urbach, I,505:
> There were indeed Amoraim who attempted to fix a date: 'How long did the merit of the fathers avail?' Some ascribed to R. H̱iyya the view that (the benefits of) ancestral merit ceased in the days of Joahaz; Samuel said that it continued till the time of Hosea. R. Joshua b. Levi said 'until the time of Elijah', and R. Judah said 'until the age of Hezekiah'. Actually the view of R. Aẖa was accepted, namely that 'The merit of the fathers endures for ever; "for the Lord thy God is a merciful God... and will not forget the covenant of thy fathers" (Deuteronomy iv 31), only the demand for Torah study and the observance of the precepts was added thereto.

Dazu ist folgendes zu bemerken:

1. Alle genannten Autoren verstehen unter *z*^{e}*khut* „merit". Das gilt auch für Moore und Schechter. Moore spricht hier zwar von „good desert" und Schechter von *Zachuth*. Der Ausdruck „good desert", den man mit „guter, verdienter Lohn" wiedergeben kann, ist ein Synonym für „merit" bzw. „Verdienst".
2. Alle Autoren beziehen die Frage „Bis wann blieb die *z*^{e}*khut* der Väter bestehen?" und die Antworten darauf auf ganz Israel bzw. auf das jüdische Volk.
3. Die angeführten Schriftverse zur Bestimmung des Zeitpunktes, bis zu dem die *z*^{e}*khut* der Väter bestehenblieb, werden von Moore und Schechter als nicht stichhaltig und nicht überzeugend bewertet.
4. Das Ergebnis der Diskussion in ySanh 10,1 27d,45-59 par. wird von den genannten Autoren unterschiedlich interpretiert. Urbach kommt zum Schluss, R. Aẖas Aussage, die *z*^{e}*khut* der Väter bleibe für immer bestehen, sei als abschliessendes Resultat der Diskussion zu werten. Schechter kommt genau zum gegenteiligen Schluss: Zwar ist nicht klar wann, aber die *z*^{e}*khut* der Väter hat tatsächlich aufgehört zu bestehen; daran ändert auch die Auffassung des einzigen Rabbis nichts, der anderer Meinung ist. Wenn Schechter genau das Gegenteil von Urbach vertritt, hat dies seinen Grund darin, dass Schechter meint, R. Aẖas Begründung, dass die *z*^{e}*khut* der Väter für immer bestehen bleibe, mit Dtn 4,31 sei unpassend, da der Bund ungeachtet der Taten Israels bestehenbleibe.

Die Textanalyse hat daher folgende Fragen zu beantwortet:

- Was bedeutet hier *z*^{e}*khut avot*?
- Worauf bezieht sich das Bestehenbleiben der *z*^{e}*khut avot*? Auf ganz Israel, oder nur auf einen Teil davon?
- Welchen Sinn haben die angeführten Schriftzitate in Bezug auf die Eingangsfrage des Midrasch?
- Wer hat recht, Urbach oder Schechter?

Bis Joahas.... [1]

In 2Kön 13,22f heisst es: *„Hasael aber, der König von Syrien, bedrängte Israel, solange Joahas lebte. Aber der HERR erwies ihnen Gnade, und er erbarmte sich ihrer, und er wandte sich ihnen zu wegen seines Bundes mit Abraham, Isaak und Jakob. Und er wollte sie nicht verderben und verwarf sie nicht von seinem Angesicht bis dahin.“* Mit *„Israel“* ist also nicht „ganz Israel“ und nicht das jüdische Volk gemeint, sondern das Königreich Israel, das 722 v.Chr. von den Assyrern endgültig zerstört wurde. Zur Zeit des Königs Joahas wurde Israel durch Gott vor dem Untergang bewahrt, obwohl von Joahas in 2Kön 13,2f gesagt wird, er habe getan, *„was dem HERRN missfiel“*, er habe nicht von der Sünde Jerobeams I. gelassen, und Gottes Zorn sei deswegen gegen Israel entbrannt. Wenn Gott sich Israel trotz dessen Schuld noch einmal zuwandte und es vor Gericht und Untergang bewahrte, dann geschah dies gemäss V.23 *„wegen seines Bundes mit Abraham, Isaak und Jakob“*.

Nun heisst es in V.23 *„bis dahin“*. Die Rabbinen folgerten daraus, dass die *z^e^khut* der Väter bis zu diesem Zeitpunkt bestanden habe. Der Schriftgrund für die *z^e^khut* der Väter ist der Passus *„wegen seines Bundes mit Abraham, Isaak und Jakob“*. Der Grund für diesen Bund ist die Erwählung der Väter durch Gott. Damit ist die Verheissung verbunden, die Väter zu einem grossen Volke zu machen, und diesem das Land Kanaan zu geben. Solange Israel *besteht* und das von Gott verheissene Land *besitzt*, *besteht* auch die *z^e^khut* der Väter. Das, was sich in Kapitel 7.7 als Bedeutung von *z^e^khut avot* ergeben hat, ist auch hier der einzig mögliche Sinn (s.o. S. 232). Von der Gültigkeit, Wirksamkeit und Verwirklichung der Erwählung, des Bundes und der damit gegebenen Verheissung, sagen die Rabbinen, die in [1] zu Worte kommen, sie habe für das Königreich Israel nur bis zur Zeit Joahas' bestanden. Weshalb die *z^e^khut* für Israel aufhören konnte zu bestehen, davon wird weiter unten noch die Rede sein.

Bis Hosea.... [2]

Wie aus dem Zusammenhang von Hos 1f klar wird, geht es in Hos 2,12 ebenfalls nicht um „ganz Israel“, sondern um das Königreich Israel. Diesem wird in Hos 2,12 angedroht, dass *„kein Mann“* es aus Gottes richtender und strafender Hand retten werde. Den Ausdruck *„kein Mann“* bezieht Sh^e^mu'el auf die Väter, da jeder je in einem Schriftvers als *„Mann“* bezeichnet wird. Abraham in Gen 20,7, Isaak in Gen 24,65 und Jakob in Gen 25,27. Dass kein *„Mann“* das Königreich Israel retten werde, bedeutet gemäss Sh^e^mu'el, dass die Väter bzw. eben deren *z^e^khut* Israel nicht mehr retten wird. Und daraus folgert er weiter, die *z^e^khut* der Väter habe von diesem Augenblick an für die zehn Stämme Israels keinen Bestand mehr gehabt. Wie die *z^e khut* der Väter zu verstehen ist, darüber gibt die Auslegung Sh^emu'els keinen Aufschluss. Das spielt jedoch keine Rolle, da dies aus [1] hervorgeht.

Bis Elia.... [3]

In 1Kön 18,19 fordert Elia Ahab auf, *„ganz Israel"* zu ihm auf den Karmel zu senden. Damit ist nicht das ganze jüdische Volk gemeint, sondern nur das Israel der zehn Stämme, über das Ahab als König gebietet. In 1Kön 18,36 bittet Elia Gott: *„....lass heute kundwerden, dass du Gott bist in Israel...."* Obwohl der Gott der Gott des ganzen jüdischen Volkes ist, bedeutet die Bitte Elias, Gott möchte sich *den versammelten zehn Stämmen* gegenüber *als ihr Gott* und somit also als *„Gott in Israel"* erweisen und bekunden. Gemäss V.38 besteht diese Selbstkundgebung Gottes darin, dass Gott Feuer vom Himmel fallen lässt, welches das von Elia vorbereitete Brandopfer, den Holzstoss, die Steine, den Erdboden und das Wasser im Graben verzehrte. Nach V.39 hatte diese Selbstkundgebung Gottes zur Folge, dass das Volk rief: *„Der HERR ist Gott! Der HERR ist Gott!"* D.h. die Folge war, dass sich das Israel der zehn Stämme Gott wieder zuwandte und so seinem Gericht entging.
In 1Kön 18,36 ruft Elia Gott wie folgt an: *„O HERR, Gott Abrahams, Isaaks und Israels, lass heute kundwerden...."* Nach rabbinischer Auffassung hätte es genügt zu sagen: *„O HERR, lass heute kundwerden...."* Aus dem Umstand, dass Elia den *„Gott Abrahams, Isaaks und Israels"* anrief, schliesst R. Y^ehoshua^c b. Levi, dass Elia die *z^e khut* der Väter vor Gott ins Spiel brachte. Mit *„Gott .... Israels"* ist also nicht der Gott des *Volkes* Israel gemeint, sondern der Gott des *Vaters Jakobs, der Israel genannt wird.* Daraus, dass Elias Bitte erhört wird und dass die Erhörung dieser Bitte zur Umkehr Israels führte und dadurch zu dessen weiterem Bestehen, schliesst R. Y^ehoshua^c b. Levi, dass dies aufgrund der *z^e khut* der Väter geschah. Somit hatte die *z^e khut* der Väter bis Elia Bestand.
Da Gott der Gott Abrahams, Isaaks und Jakobs ist, weil er diese erwählte, seinen Bund mit ihnen schloss und ihnen seine Verheissungen gab, ist zur *z^e khut avot* dasselbe zu sagen wie in [1].

Bis Hiskia.... [4]

Wenn im vorliegenden Midrasch tatsächlich die Frage diskutiert würde, bis wann die *z^e khut* der Väter für das jüdische Volk bestehenblieb, ergäbe das Zitat von Jes 9,6 keinen Sinn. R. Yudan hat Jes 9,6 offensichtlich dahingehend verstanden, dass die Herrschaft *ausschliesslich und allein* auf dem Throne Davids gross ist, und dass nur für das Volk des Königreiches Juda der Friede kein Ende hat, *nicht aber* für das Volk des Königreiches

Israel. Da Hiskia die Katastrophe von 722 v.Chr. zwar aus der Ferne miterlebte (vgl. 2Kön 18,9-11), da er und sein Volk aber verschont blieben, macht diese Deutung der Stelle durchaus Sinn. R. Yudans Aussage bedeutet demnach, dass die *z^e^khut* der Väter für das Königreich Israel und somit für die zehn Stämme bis zur Zerstörung Samarias im Jahre 722 v.Chr. bestehenblieb.
Im Unterschied zu den Belegstellen in [1] – [3] enthält Jes 9,6 keinen Hinweis darauf, weshalb R. Yudan diese Stelle mit der *z^e^khut avot* in Verbindung bringt. Man kann sich seine Aussage daher nur innerhalb einer bereits laufenden Diskussion über den Zeitpunkt des Endes des Bestehens der *z^e^khut avot* für das Königreich Israel bzw. die zehn Stämme denken.

Die z^e^khut der Väter bleibt für immer bestehen.... [5]

In Dtn 4,30f heisst es: *„Wenn du in Not bist und dich all dies trifft in den letzten Tagen, so wirst du zu dem HERRN, deinem Gott, umkehren und auf seine Stimme hören. Denn der HERR, dein Gott, ist ein barmherziger Gott: er wird dich nicht verlassen noch verderben, und er wird den Bund mit deinen Vätern nicht vergessen, den er ihnen geschworen hat."* Der Sprecher dieser Sätze ist Mose und der Adressat ist das Volk Israel (vgl. Dtn 1,1). Im Unterschied zu den Auslegungen in [1] – [4] ist in Dtn 4,31 ganz Israel gemeint. Folglich ist auch den zehn Stämmen, die das Königreich Israel bilden, die Verheissung gegeben, dass Gott sie *„nicht verlassen noch verderben"* und *„den Bund mit deinen Vätern nicht vergessen"* werde, *„den er ihnen geschworen hat"*. R. A<u>h</u>a sagt deshalb: „Dies lehrt, dass der Bund für die Stämme geschlossen wurde." Mit „für die Stämme" meint er „für *alle* Stämme". Somit *bleibt* der Bund auch für alle Stämme *bestehen*. Und daraus folgert R. A<u>h</u>a, dass die *z^e^khut avot* auch für die zehn Stämme für immer bestehen bleibt.
Der Bezug der *z^e^khut* der Väter zu Dtn 4,31 ist der Passus *„und er wird des Bundes nicht vergessen, den er deinen Vätern geschworen hat"*. Das Zitat von Dtn 4,31 ist daher eine weitere Bestätigung für die Richtigkeit dessen was in [1] zur Bedeutung von *z^e^khut avot* gesagt wurde.

Hört die z^e^khut der Väter auf zu bestehen?

Die Analyse hat gezeigt, dass Marmorsteins, Moores, Schechters und Urbachs mit ihrer Auffassung nicht recht haben: Es geht nicht um die Frage nach dem Aufhören der *z^e^khut* der Väter für das jüdische Volk insgesamt, sondern um die Frage, ob und wann die *z^e^khut* der Väter für das Königreich Israel bzw. die zehn Stämme aufgehört habe zu bestehen. Die Schriftverse, die von den Rabbinen für die Beantwortung dieser Frage angeführt werden, sind keineswegs unpassend und nicht zur Sache gehö-

rend, wie Moore und Schechter dies meinen. Die Interpretation der angeführten Bibelzitate liegt ganz im Rahmen rabbinischer Auslegungsgewohnheiten.
Weiter hat die Untersuchung von ySanh 10,1 27d,45-59 par. ergeben, dass *z^ekhut avot* auch hier gleich zu verstehen ist wie in Kapitel 7.7 (s.o S. 232). Im vorliegenden Midrasch diskutieren die Rabbinen also die Frage, ob die Gültigkeit und Wirksamkeit von Erwählung, Bund und Verheissung im Falle der zehn Stämme aufgehört hat zu bestehen, und falls ja, zu welchem Zeitpunkt. Zum Schluss soll der Bedeutung dieser Frage sowie deren gegensätzlichen Antworten nachgegangen werden.
In dieser Arbeit wurde immer wieder darauf hingewiesen, dass der Bund Gottes mit Israel zwar von Gott initiiert wurde, jedoch unabdingbar *Gegenseitigkeit* impliziert. Aus diesem Grunde verzichtet Gott nicht auf den Part, den Israel dabei spielen soll. Dies hat zur Folge, dass nicht nur Israels Leben und Bleiben im Bund und das Tun der *torah* Konsequenzen hat, sondern auch seine Verweigerung, seine Treulosigkeit, seine Übertretungen und seine Schuld. Wenn Israel Gott und der Gemeinschaft mit ihm ständig untreu wird und sie verlässt und ständig tut, was Gottes Willen widerspricht – dann wird auch Gott Israel auf die Dauer nicht halten. Es mag lange, vielleicht sogar Jahrhunderte dauern – aber schliesslich wird Gott Israels Unwillen, Treulosigkeit, Übertretungen und Schuld ernst nehmen. D.h. Gott wird anerkennen, dass Israel den Bund *endgültig gebrochen*, und dass es selbst seine Erwählung *endgültig verworfen und verspielt hat*. Gott kommt gar nicht darum herum, dies zu anerkennen, und Israel nun auch seinerseits zu verwerfen, wenn er sich selbst und Israel ernst nehmen will. Gerade *weil* Gott Israel als seinen Bundespartner und als sein Gegenüber will, sieht er nicht über dessen Fehlverhalten hinweg und erfüllt er seine Verheissungen nicht ungeachtet von dessen Verhalten. Es ist daher kein Widerspruch zu den Verheissungen an die Väter, sondern entspricht vielmehr der Bedeutung der Erwählung, dass die Möglichkeit besteht, dass Israel aus Erwählung und Bund herausfallen kann, und die damit gegebenen Verheissungen dahinfallen können. Es kann also sein, dass diese *Gültigkeit und diese Wirksamkeit*, d.h. diese *z^ekhut* zu bestehen aufhört.
Die Rabbinen kommen im vorliegenden Midrasch mit einer Ausnahme alle zum Schluss, dass ebendies im Falle der zehn Stämme Israels geschah. Diese fielen aus dem Bundesverhältnis mit Gott heraus, ihre Erwählung wurde zunichte, und die Verheissungen der Väter verloren für sie ihre Gültigkeit. Man kann sagen, dass die Rabbinen mit dieser Sichtweise auf der Linie der Königsbücher und Profeten liegen.
Nun steht die Kritik, die in den Königsbüchern und den Profeten an das Königreich Juda und dessen Bewohner gerichtet wird, derjenigen gegen

die zehn Stämme in nichts nach. Wenn die *z^e^khut* der Väter im Falle Judas für immer besteht, obwohl dessen Bewohner „nicht besser" waren, ist da nicht zu erwarten, dass die *z^e^khut* der Väter auch für die zehn Stämme für immer besteht, dass Gottes Bund mit ihnen seine Gültigkeit auch über die Katastrophe von 722 v.Chr. hinaus behält? R. Aḫa ist dieser Ansicht. und mit Dtn 4,31 hat er einen ernstzunehmenden Schriftbeweis in der Hand.

Im vorliegenden Midrasch geht es um die Frage, ob die *z^e^khut* der Väter für die zehn Stämme aufgehört hat zu bestehen. Man kann die angeführten Bibelstellen nur verstehen, wenn man diesem Umstand Rechnung trägt. Trotzdem geht es indirekt auch um das jüdische Volk und damit um „ganz Israel". Wie die zehn Stämme sind auch die Nachkommen der Bewohner Judas unter die Völker zerstreut. Wie im Falle der zehn Stämme stellt sich auch in ihrem Falle die ernste Frage, ob die Verheissungen Gottes an die Väter noch Gültigkeit haben und noch in Erfüllung gehen können. Die Antwort R. Aḫas auf die Frage nach dem Bestehenbleiben der *z^e^khut* der Väter für die zehn Stämme gibt darum auch dem jüdischen Volk Hoffnung: Wenn jene, von denen viele Rabbinen sagen, sie seien endgültig verworfen, doch nicht verloren sind, dann haben auch die Kinder Judas und Benjamins noch eine Zukunft.

Ein mittelalterliches Missverständnis

Moore (III,163, Anm. 247) und Schechter (179) machen im Zusammenhang ihrer Erörterungen zum vorliegenden Midrasch auf einen mittelalterlichen Kommentar zur Parallele in bShab 55a aufmerksam. Moore (III,163, Anm. 247) schreibt:

> See also Tosafot on Shabbat 55a (lemma ושמואל). Rabbenu Tam said: The זכות אבות came to an end, but the covenant of the Fathers did not come to an end (Lev. 26, 42) even after the exile; therefore we now do not make mention (in the liturgy) of the good desert of the Fathers, but of the covenant.

Schechter (179) äussert sich in ähnlichem Sinne. Auf Deutsch lauten die fraglichen Sätze aus den *tosafot* zu bShab 55a wie folgt:

> Unser Rabbi Tam sagt: Die *z^e^khut* der Väter ging zu Ende, aber der Bund der Väter ging nicht zu Ende. Wie geschrieben steht: ....*so will ich meines Bundes mit Jakob gedenken,* [*und auch meines Bundes mit Isaak und meines Bundes mit Abraham will ich gedenken, und des Landes will ich gedenken*] (Lev 26,42). Auch nach dem Exil. Aber wir, wir erinnern nicht an die *z^e^khut* der Väter, sondern an den Bund.

Mit „Unser Rabbi Tam“ ist R. Ya^{c}aqov b. Me’ir Tam gemeint. Er wurde um ca. 1100 geboren, und starb im Jahre 1171. Er war ein Enkel Rashis und einer der bedeutendsten Tosafisten.[279] R. Ya^{c}aqov b. Me’ir Tam bezieht das Aufhören der *z^{e}khut* der Väter nicht auf die zehn Stämme, sondern auf das jüdische Volk. Entscheidender ist jedoch, dass er die *z^{e}khut* der Väter in einen Gegensatz zum Bund setzt: Der Bund bleibt bestehen, die *z^{e}khut* der Väter hingegen nicht. Mit dem Bund sind untrennbar Erwählung und Verheissungen verbunden. Als Bedeutung von *z^{e}khut avot* haben wir *„Gültigkeit, Wirksamkeit und Verwirklichung der Erwählung durch Gott, des Bundes mit ihm und der damit gegebenen Verheissung“* angegeben. Wie kann R. Ya^{c}aqov b. Me’ir Tam sagen, die *z^{e}khut avot* habe aufgehört, der Bund hingegen – und somit auch die Erwählung mit den damit gegebenen Verheissungen – bestehe weiter?

Die Unstimmigkeit zwischen R. Ya^{c}aqov b. Me’ir Tams Aussage und dem in dieser Untersuchung erarbeiteten Verständnis von *z^{e}khut avot* lässt nur den Schluss zu, dass R. Ya^{c}aqov b. Me’ir Tam unter *z^{e}khut* etwas anderes versteht als wir. Da *z^{e}khut* heute ganz allgemein als „Verdienst“ verstanden wird, stellt sich die Frage, ob dieses Verständnis bereits von R. Ya^{c}aqov b. Me’ir Tam geteilt wurde. Aber auch in die umgekehrte Richtung muss gefragt werden: Wenn sogar einer der bedeutendsten jüdischen Ausleger des Mittelalters *z^{e}khut avot* in einer Weise versteht, die mit dem in dieser Untersuchung erarbeiteten Verständnis *unvereinbar* ist, liegt da der Irrtum nicht beim Verfasser dieser Untersuchung?

Die Antwort auf die Frage, wer nun recht hat, lässt sich von der Auslegung R. Ahas her beantworten. An und für sich würde schon der Rückgriff auf die bereits vorgestellte Variante in ySanh 10,1 27d,45-59 genügen. Da die Variante in WaR 36,6 in Bezug auf unsere Frage besonders ergiebig ist, soll diese hier vorgestellt und mit der Aussage R. Ya^{c}aqov b. Me’ir Tams konfrontiert werden. In WaR 36,6 heisst es:

> .... R. Aha (pA um 320) sagte: Für immer bleibt die *z^{e}khut* der Väter bestehen. Für immer erinnert man [an sie] und spricht: *Denn der HERR, dein Gott, ist ein barmherziger Gott. Er wird dich nicht verlassen noch verderben, und er wird den Bund mit deinen Vätern nicht vergessen,* [*den er ihnen geschworen hat*] (Dtn 4,31).

Bei der Gegenüberstellung der Auslegung R. Ahas mit dem Kommentar R. Ya^{c}aqov b. Me’ir Tams zu bShab 55a fällt folgendes auf:

1. R. Ya^{c}aqov b. Me’ir Tam sagt, die *z^{e}khut* der Väter habe aufgehört zu bestehen, nicht aber der Bund. R. Aha hingegen sagt, dass die *z^{e}khut*

279) Vgl. Jüdisches Lexikon, III,145f, IV/1,999.

der Väter für immer bestehen bleibe.[280] Er begründet seine Aussage mit dem ewigen Bestehenbleiben des Bundes. Während R. Ya^{c}aqov b. Me'ir Tam zwischen der *z^{e}khut avot* und dem Bund einen Gegensatz bildet, sind für R. Aẖa *z^{e}khut avot* und Bund *in der Sache* dasselbe.

2. R. Ya^{c}aqov b. Me'ir Tam sagt, dass man wegen des Aufhörens der *z^{e}khut* der Väter in der Liturgie nicht an diese erinnere, sondern an den Bund. R. Aẖa sagt, dass man gerade darum an die *z^{e}khut* der Väter erinnere, weil der Bund ewig bestehenbleibe. Und zwar geschehe die Erinnerung an die *z^{e}khut* der Väter *durch die Erinnerung an den Bund.*
3. R. Ya^{c}aqov b. Me'ir Tam beruft sich bei seiner Aussage auf Lev 26,42. R. Aẖa stützt sich auf Dtn 4,31. Diese Stelle kann man als Parallele zu Lev 26,42 bezeichnen. Zudem steht die Auslegung R. Aẖas in WaR im Zusammenhang der Auslegung von Lev 26,42.

Das Verhältnis der Auslegung R. Aẖas zum Kommentar R. Ya^{c}aqov b. Me'ir Tams ist dasjenige von Primär- zu Sekundärliteratur. Somit ist klar, wem hier der Vorzug zu geben ist: R. Aẖa. Dies aber bedeutet, dass unser bisheriges Ergebnis der Bedeutung von *z^{e}khut avot* noch einmal bestätigt wird. Demzufolge befindet sich R. Ya^{c}aqov b. Me'ir Tam zumindest an dieser Stelle hinsichtlich der Bedeutung von *z^{e}khut avot* im Irrtum. Es stellt sich daher die Frage, weshalb das so ist und in welchem Sinne R. Ya^{c}aqov b. Me'ir Tam den Ausdruck *z^{e}khut avot* verstanden hat. Bei der Besprechung von ySanh 10,1 27d,40-45 hat sich gezeigt, dass *z^{e}khut* auch *„Anspruch auf die Anerkennung und Vergeltung Gottes für die Bundestreue, für das Tun seines Willens und somit also für die Gott antwortende Glaubenspraxis"*, d.h. also *„Anspruch auf Lohn"* bedeuten kann. Selbstverständlich ist ySanh 10,1 27d,40-45 nicht die einzige Stelle, in der *z^{e}khut* diesen Sinn hat. In Kapitel 9.3 wird eine weitere Stelle folgen. Es macht ganz den Eindruck, dass R. Ya^{c}aqov b. Me'ir Tam nicht mehr um das weite Bedeutungsspektrum von *z^{e}khut* gewusst hat. In Bezug auf die Frage, wie er *z^{e}khut avot* verstanden hat, gibt es zwei Möglichkeiten. Eine Möglichkeit besteht darin, dass er den Ausdruck in bShab 55a von denjenigen Stellen her verstanden hat, in denen er *„Anspruch auf Anerkennung der Bundesnachfolge durch Gott"* und somit also *„Anspruch auf Lohn"* bedeutet. Seine Ausführungen hätten dann folgenden Sinn: Der Grund, weshalb Gott Israel nicht verlässt und verwirft, ist nicht die Anerkennung der Bundestreue der Väter und ihres Gott wohlgefälliges Tuns (so bedeutend ist dieses nicht), sondern dass Gott trotz Israels Untreue am

---

280) Im Unterschied zu ySanh 10,1 27d,45-59 folgt die Auslegung R. Aẖas in WaR 36,6 nicht auf diejenige R. Yudans (Bis Hiskia....), sondern auf diejenige R. Berekhyas, die dem Midrasch in ySanh 10,1 27d,59-65 (= Text 40) entspricht. Für die Auslegung R. Aẖas hat dies eine leichte Bedeutungsverschiebung zur Folge. Das Bestehenbleiben der *z^{e}khut avot* hat nun nicht mehr die zehn Stämme im Blick, sondern das gesamte jüdische Volk.

Bund mit den Vätern festhält. – Die andere Möglichkeit besteht darin, dass R. Ya^caqov b. Me'ir Tam *z^ekhut* bereits im Sinne von „Verdienst" bzw. „merit" missverstanden hat.
Obwohl man aufgrund dieser einen Stelle nicht entscheiden kann, in welchem Sinne R. Ya^caqov b. Me'ir Tam *z^ekhut* verstanden hat, ist mit der Möglichkeit zu rechnen, dass die zweite Möglichkeit zutrifft, d.h. dass R. Ya^caqov b. Me'ir Tam *z^ekhut* bereits im Sinne von „Verdienst" verstanden hat. Dies darum, weil der Verdienstbegriff im Mittelalter möglicherweise nicht bloss für Christen, sondern auch für Juden im Vordergrund stand. Dies würde bedeuten, dass die Auffassung R. Ya^caqov b. Me'ir Tams über die Bedeutung von *z^ekhut* nicht singulär gewesen wäre, sondern derjenigen der Auffassung der Rabbinen im Mittelalter ganz allgemein entsprach.
Eine Untersuchung zum mittelalterlichen Verständnis von *z^ekhut* wäre gefragt. Denn sicher lässt sich nur mit einer entsprechenden Untersuchung beurteilen, wie R. Ya^caqov b. Me'ir Tam aber auch alle anderen Rabbinen des Mittelalters *z^ekhut* verstanden haben, ob im Sinne der Rabbinen, die in den Midraschim und Talmudim zu Worte kommen, oder im Sinne der modernen Autoren. Eine derartige Untersuchung aber gehört nicht mehr zu den Aufgaben dieser Arbeit. Trotzdem ist der Kommentar R. Ya^caqov b. Me'ir Tams auch für unsere Arbeit von Interesse, da er ein Hinweis darauf ist, dass das Missverständnis von *z^ekhut* seine Wurzeln bereits im Mittelalter hat.

Ergänzende Texte (T.40)

Um eine ähnliche Frage wie in ySanh 10,1 27d,45-59 geht es auch in ySanh 10,1 27d,59-65 (Anhang, T.40). Dort ist vom Wanken der *z^ekhut* der Väter und vom Sinken der *z^ekhut* der Mütter die Rede.

9.3 Die Beurteilung gemäss den *z^e^khuyot* und den Übertretungen: ySanh 10,1 27c,29-38[281]

רובו זכיות ומיעוטו עבירות נפרעין ממנו מיעוט עבירו' קלות שיש בידו בעולם הזה כדי ליתן לו שכרו משלם לעתיד לבוא. רובו עבירות ומיעוטו זכיו' נותנין לו שכר מצות קלות שיש בידו בעולם הזה כדי ליפרע ממנו משלם לעתיד לבוא. רובו זכיות יורש גן עדן. רובו עבירות יורש גיהנם. היה מעויין אמר ר' יוסי בן חנינה נושא עוונות אין כתיב כאן אלא נושא עון (שמות לד ו, מיכה ז יח). הק"בה חוטף שטר אחד מן העבירות והזכיו' מכריעות.

[1] Sind die Mehrzahl [der Taten] *z^e^khuyot* und die Minderzahl Übertretungen, fordert man in dieser Welt von ihm ein für die Minderzahl der leichten Übertretungen, die sich in seiner Hand befinden, um ihm in der Zukunft, die kommen wird (לעתיד לבוא *le^c^atid lavo'*),[282] den vollständigen Lohn (שכר *sakhar*) zu geben. Sind die Mehrzahl [der Taten] Übertretungen und die Minderzahl *z^e^khuyot*, gibt man ihm in dieser Welt den Lohn (שכר *sakhar*) für die leichten Gebote, die in seiner Hand sind, um von ihm in der Zukunft, die kommen wird (לעתיד לבוא *le^c^atid lavo'*) [für seine Übertretungen] vollständig einzufordern.

[2] Sind die Mehrzahl [der Taten] *z^e^khuyot*, wird er den Garten Eden erben. Sind die Mehrzahl [der Taten] Übertretungen, wird er den Gehinnam erben. [Und wenn] es ausgewogen ist? R. Yose b. Hanina[283] sagte: *....der Schulden wegnimmt....* steht hier nicht geschrieben, sondern *....der eine Schuld wegnimmt....* (Ex 34,6; Mi 7,18). Der Heilige, gepriesen sei er, nimmt ein Schriftstück von den Übertretungen fort, und die *z^e^khuyot* lassen [die Waagschale] sinken.[284]

---

281) Parallelen: MTeh 30,4, MTeh 86,2, PesK 25,2, yPea 1,1 16b, yQid 1,10 61d. Ausser in yPea 1,1 16b fehlt [1] in sämtlichen Parallelen.

282) Mit dem Ausdruck לעתיד לבוא (*le^c^atid lavo'*) ist die messianische Zeit gemeint. Vgl. Dalman, 326.

283) Es gibt zwei Rabbinen mit diesem Namen, einen Tannaiten, der im zweiten Jh. gelebt hat, und einen Amoräer der 2. Generation um 270. Wer hier gemeint ist, lässt sich nicht entscheiden.

284) Marmorstein (80) bemerkt zur Stelle: „....that God always diminishes the balance of debt, and increases that of merit." Neusner (The Talmud of the Land of Israel, XXXI,309f) übersetzt *z^e^khuyot* mit „honorable deeds". Billerbeck (III,78f, IV/1,11), der die Parallele yPea 1,1 16b bzw. yQid 1,10 61d anführt, und Wewers (IV/4,252) übersetzten *z^e^khuyot* mit „Verdienste".

z^ekhut im Plural

Von den rabbinischen Texten, die im Laufe dieser Untersuchung besprochen wurden, unterscheiden sich die beiden vorliegenden Midraschim dadurch, dass in ihnen nicht von *z^ekhut* die Rede ist, sondern von *z^ekhuyot* (זכיות). Aufgrund des Stellenmaterials von BerR und vieler Stellen der rabbinischen Literatur, in denen dieser Ausdruck vorkommt, könnte man den Eindruck gewinnen, die Rabbinen hätten *z^ekhut* nur im Singular benützt. Dass dies nicht der Fall ist, beweisen der vorliegende Text und auch andere Stellen. Zum Verhältnis von Singular und Plural von *z^ekhut* in der rabbinischen Literatur ist folgendes zu bemerken:

1. Der Plural kommt nur selten vor.[285]
2. Der Plural kommt bereits in der tannaitischen Literatur vor.[286] Man kann also nicht behaupten, dass die Verwendung des Plurals jüngeren Datums sei. Für ein solches Urteil müssten weitere Anhaltspunkte existieren.

In den beiden vorliegenden Texten geht es beide Male um die Bewertung durch Gott, also um Gottes Gericht. In [1] geht es um die Beurteilung in „dieser Welt“ und in [2] um die „Endabrechnung“ im Endgericht. Dies geht aus den Ausdrücken „Garten Eden“ und „Gehinnam“ hervor. Zudem wird in der Parallele yQid 1,10 61d ausdrücklich gesagt, dass sich die Auslegung in [2] auf die kommende Welt bezieht. Zunächst ist nicht klar, wer in „dieser Welt“ bzw. im Endgericht beurteilt wird. Wewers (IV/4,252) ergänzt in seiner Übersetzung jeweils mit „....(der Taten) eines (Menschen)....“ Er ist also der Meinung, es gehe um die Berurteilung *des Menschen im Allgemeinen* durch Gott. Diese Auffassung ist jedoch mit Sicherheit falsch: Die beiden vorliegenden Texte stehen nämlich im Zusammenhang der Ausführungen darüber, wer an der kommenden Welt Anteil habe und wer nicht. Diese werden in ySanh 10,1 27b (par. mSanh 10,1, bSanh 90a) mit dem Satz eröffnet: „Ganz Israel hat Anteil an der kommenden Welt.“ Darauf folgt eine Liste von Ausnahmen, d.h. von Fällen in denen der betreffende Israelit keinen Anteil an der kommenden Welt hat. Es geht in den beiden vorliegenden Texten also gerade nicht um die Beurteilung des Menschen global, sondern vielmehr um die Beurteilung der Israeliten. Es wird sich zeigen, dass dieser Umstand von entscheidender Bedeutung ist.

---

285) Es soll hier keine genaue Statistik über das Vorkommen des Plurals von *z^ekhut* in der rabbinischen Literatur geboten werden, sondern nur ein paar wenige Anhaltspunkte. In der Mischnah und in Sifra ist der Plural von *z^ekhut* nicht belegt. In MekhY und Sifre Bemidbar kommt er je einmal vor. Im Talmud Yerushalmi ist der Plural 13mal belegt und im babylonischen Talmud nur gerade 10mal. Vgl. dazu die Konkordanzen von C. J. Kasovski und dessen Söhnen zu den genannten rabbinischen Werken im Literaturverzeichnis.

286) Dies geht aus dem Vorkommen in MekhY und Sifre Bemidbar hervor.

Beurteilt wird der Israelit von Gott sowohl in dieser Welt wie auch im Endgericht gemäss der Mehrzahl seiner Taten. Je nachdem ob sie *z^ekhuyot* oder Übertretungen sind, entscheidet sich, was dem Israeliten durch Gott geschieht. Die *z^ekhuyot* sind hier also als Gegenteil der Übertretungen zu verstehen.
Bei der Besprechung von ySanh 10,1 27d,40-45 hat sich gezeigt, dass *z^ekhut* auch *„Anspruch auf den sakhar* (שכר)*"*, d.h. also *„Anspruch auf die Anerkennung und Vergeltung Gottes für die Bundestreue, für das Tun seines Willens und somit also für die Gott antwortende Glaubenspraxis"* bedeuten kann. Im vorliegenden Midrasch ist auch vom *sakhar* die Rede. Nur geht es hier nicht um die Väter, sondern um alle Israeliten. Dasselbe Verständnis von *z^ekhut* passt auch hier. Allerdings ist im vorliegenden Midrasch nicht vom globalen Anspruch und Anrecht auf Anerkennung der Bundestreue und Glaubenspraxis die Rede, sondern von *den Ansprüche auf Anerkennung der einzelnen Taten*. Ob jemand als Jude und damit als Bundespartner Gottes lebt, zeigt und entscheidet sich ja bei vielen Gelegenheiten und in vielen verschiedenen Situationen. Die Bundestreue und Glaubenspraxis ist ein Weg, auf dem sich viele einzelne Taten und Erweise der Treue gegenüber Gott und des Lebens in der Gemeinschaft mit ihm aneinanderreihen. Diese einzelnen Taten sind in den beiden vorliegenden Midraschim im Blick. Die *z^ekhuyot* sind demnach *die Ansprüche der einzelnen Gott wohlgefälligen Taten eines Israeliten auf die Anerkennung und Vergeltung Gottes*. Damit ist gemeint, dass Gott nun seinerseits *durch sein Handeln* einem Israeliten auf dessen Bundestreue entsprechend *antwortet* (vgl. Kapitel 9.1).

a. Gottes Vergeltung in dieser Welt [1]

Eine grosse Schwierigkeit im Zusammenhang des Midrasch in [1] besteht darin, dass er kein Bibelzitat enthält. Es ist daher nicht klar, weshalb die Rabbinen der Meinung sind, dass Gott in dieser Welt für die Minderzahl der leichten Übertretungen einfordert, bzw. im Falle der Minderzahl der *z^ekhuyot* den Lohn für die Erfüllung der leichten Gebote gibt. Zudem stellt sich die Frage, weshalb nur die leichten Gebote bzw. Übertretungen vergolten werden. Wenn die Rabbinen ihre Aussagen mit Bibelstellen begründet hätten, würde dadurch nicht nur ersichtlich, auf welchem Wege sie zu ihrer Ansicht gelangten. Sondern man könnte auch präziser sagen, wohin die Aussage des Midrasch genau zielt.
Trotz dieser Schwierigkeiten ist es möglich, den Sinn des Midrasch mit Hilfe der Ausdrücke „leichte Gebote" und „leichte Übertretungen" aufzuzeigen.
Laut Billerbeck teilte man die ganze *torah* in „leichte" und „schwere" Gebote ein. Zu den „leichten Geboten" zählten z.B. solche, die an den

Menschen oder an dessen Besitz nur geringe Anforderungen stellen. Dementsprechend sind „schwere Gebote" solche, die an jemanden hohe Anforderungen stellten, die z.B. viel Geld kosteten oder sogar mit Lebensgefahr verbunden waren.[287] Aus den rabbinischen Texten geht allerdings hervor, dass die Einteilung in „leichte" und „schwere" Gebote und dementsprechend in „leichte" und „schwere" Übertretungen keineswegs scharf war.[288] So vertrat – um nur gerade ein Beispiel zu nennen – R. Yona (pA5 um 350) die Meinung, Götzendienst falle unter die leichten Übertretungen, R. Yose (pA5 um 350) jedoch vertrat den Standpunkt, es handle sich um eine schwere Übertretung (ySanh 10,1 27c,26-29 par. yPea 1,1 16b,29-32).

Obwohl es also keine eindeutige Einteilung der Gebote und Übertretungen in „leichte" und „schwere" gab, enthält gerade das genannte Beispiel einen Hinweis für das Verständnis des vorliegenden Midrasch. Die Frage, ob Götzendienst eine leichte oder eine schwere Übertretung sei, steht nämlich im Zusammenhang mit der Frage, wer an der zukünftigen Welt keinen Anteil hat, und geht dem vorliegenden Midrasch in ySanh 10,1 unmittelbar voraus. Der Grund, weshalb R. Yona den Götzendienst als „leichte Übertretung" bezeichnet, ist nicht, dass er diese Sünde nicht ernst nimmt. Der Grund ist vielmehr, dass es sich seiner Meinung nach um eine Übertretung handelt, die durch Umkehr gesühnt und vergeben werden kann. Und deshalb führt sie nicht zum Ausschluss von der kommenden Welt. R. Yose hingegen ist der Meinung, Götzendienst führe auf jeden Fall zum Ausschluss von der kommenden Welt. Darum bezeichnet er diese Sünde als „schwere Übertretung".

Der unmittelbare Zusammenhang, in dem der Midrasch steht, versteht unter einer „schweren Übertretung" also eine Sünde, die mit dem Ausschluss von der kommenden Welt bzw. mit dem „Gehinnam" bestraft wird. Wenn die Strafen für die „schweren Übertretungen" erst im Endgericht verhängt werden, ist zu erwarten, dass Gott im Falle der „schweren Gebote" analog verfährt. D.h. der Lohn für die „schweren Gebote" werden ebenfalls bis zum Endgericht und somit für die kommende Welt aufbewahrt. Das erklärt dann auch, weshalb Gott in dieser Welt nur die „leichten Gebote" belohnt bzw. die „leichten Übertretungen" bestraft.

Der Gedankengang des Midrasch läuft somit etwa wie folgt: Diejenigen Israeliten, deren Taten mehrheitlich *z^e^khuyot* sind, haben gemäss dem Midrasch in [2] Anteil an der kommenden Welt. Da „schwere Übertretungen" von vornherein von der kommenden Welt ausschliessen, kann es sich bei ihren Übertretungen nur um „leichte" handeln. Da Gott jedoch

287) Billerbeck, I,901f.

288) Vgl. das Stellenmaterial bei Billerbeck, I,902-907.

nicht einfach über diese hinwegsieht, werden sie für diese bestraft. Und zwar geschieht dies in dieser Welt. Umgekehrt haben diejenigen Israeliten, deren Taten mehrheitlich Übertretungen sind, laut dem Midrasch in [2] keinen Anteil an der kommenden Welt. Da Gott jedoch gerecht ist, anerkennt er auch das Gute, das sie taten und belohnt sie dafür. D.h. er belohnt sie für ihr Tun der „leichten Gebote".
Es ist sehr unwahrscheinlich, dass der vorliegende Midrasch dazu dienen soll, dass ein Jude sich selbst beurteilen und feststellen kann, wie er vor Gott steht, ob er noch Anteil an der kommenden Welt hat, oder ob er seinen Anteil bereits verwirkt hat. Da, wie das Beispiel des Götzendienstes zeigt, auch die „leichten Gebote" bzw. „leichten Übertretungen" eine äusserst ernste Angelegenheit sind, sind die vorliegenden Erwägungen eher dazu angetan, als Aufruf und Ermahnung aufgefasst zu werden, im Tun von Gottes Geboten nicht nachzulassen. Denkbar ist auch, dass der Midrasch trösten will. Bekanntlich wird schon in der Bibel die Klage laut, dass es dem Gottlosen oft gut, dem *tsadiq* jedoch schlecht gehe.

b. Gottes Handeln im Endgericht [2]

Das Verständnis des Midrasch, der vom Endgericht Gottes handelt, ist mit weit weniger Schwierigkeiten verbunden. Zwar wird auch hier kein Schriftgrund dafür genannt, weshalb diejenigen, deren Taten mehrheitlich *z^ekhuyot* sind, den Garten Eden erben, diejenigen hingegen, deren Taten mehrheitlich Übertretungen sind, jedoch den Gehinnam. Aber diese Auffassung bedurfte wohl auch gar keiner besonderen Begründung durch eine Schriftstelle, da sie längst zum anerkannten Glaubensgut des rabbinischen Judentums gehörte. Hingegen bedurfte die Aussage eines Schriftgrundes, dass Gott im Falle derer „ein Schriftstück von den Übertretungen" fortnimmt, bei denen *z^ekhuyot* und Übertretungen ausgewogen sind. Dieser wird ja tatsächlich auch gegeben.
Im Midrasch über das Endgericht wird mit Hilfe von zwei Bildern gesprochen. Es ist von einer Waage die Rede, auf deren eine Schale die *z^ekhuyot* und auf deren andere Schale die Übertretungen gelegt werden. Zwar kommt in ySanh 10,1 27c,29-38 der Ausdruck „Waagschale" (כף מאזנים *kaf mo'znaim*) nicht vor. Dass an eine Waage mit zwei Schalen gedacht wird, geht jedoch aus dem Partizip מכריעות (*makhri^cot*) – „lassen sinken" hervor. Zudem ist in den Parallelen MTeh 30,4, MTeh 86,2 und PesK 25,2 *expressis verbis* von Waagschalen (כף מאזנים *kaf mo'znaim*) die Rede.
Mit dem „Schriftstück von den Übertretungen" ist wohl an eine Art Schuldschein gedacht. Dass auf der einen Waagschale „Schuldscheine" sind, lässt darauf schliessen, dass es sich auf der anderen Seite, also bei den *z^ekhuyot*, um „Gutschriften" handelt. Da *z^ekhuyot* hier die Bedeutung

von *„Ansprüche“* hat, ist das Bild von den „Gutschriften“ passend. Nun legt man Schuldscheine und Gutschriften allerdings nicht auf eine Waage, sondern verrechnet sie miteinander. Das Bild von den Scheinen und das Bild von der Waage passen daher nicht zusammen. An der Klarheit der Aussage ändert dies jedoch nichts. Dadurch wird nur umso klarer, dass es sich um Bilder handelt, die einen Sachverhalt verdeutlichen wollen.
Durch das Bild der beiden Waagschalen kommt es fast unweigerlich zur Frage: „[Und wenn] es ausgewogen ist?“ R. Yose b. Ḫanina antwortet darauf, dass Gott in diesem Falle dem Betreffenden Barmherzigkeit erweise, indem er einen „Schuldschein“ wegnehme, sodass die *z^e^khuyot* das Übergewicht erlangen. Dabei beruft er sich auf Ex 34,6 bzw. Mi 7,18. Dort heisst es beide Male נושא עון (*nose' ^c^avon*) *„der Schuld wegnimmt“*. Man könnte dies im Sinne von *„der Schulden wegnimmt“* verstehen. R. Yose b. Ḫanina macht jedoch geltend, dass für ein solches Verständnis נושא עונות (*nose' ^c^avonot*) dastehen müsste. Da dies jedoch nicht der Fall sei, sei nicht *„der Schulden wegnimmt“* gemeint, sondern *„der eine Schuld wegnimmt“*.

Sind z^e^khuyot „Verdienste“?

Nach Billerbeck (IV/1,4f) stellt der vorliegende Midrasch einen Beleg dafür dar, dass Gott Israel die *torah* gegeben habe, um damit „Verdienste“ zu erwerben. Da der Jude daneben auch „Schulden“ mache, führe Gott über „Verdienste“ und Schulden Buch. Die Rechnung werde dem Juden spätestens im Endgericht präsentiert. Die Juden seien daher bemüht, möglichst viele „Verdienste“ zu erwerben. In den beiden vorliegenden Midraschim lässt sich *z^e^khuyot* mit *„Ansprüche auf Anerkennung der einzelnen Taten“* übersetzen. Sind damit also doch „Verdienste“ im Sinne Billerbecks bzw. anderer Autoren gemeint? Zu dieser Frage ist folgendes zu bemerken:

1. Die beiden vorliegenden Midraschim stehen im Zusammenhang der Diskussion, wer Anteil an der kommenden Welt hat. Diese wird mit dem Satz eröffnet: „Ganz Israel hat Anteil an der kommenden Welt.“ Die Rabbinen fragen also nicht, was die Israeliten tun müssen, um sich ihren Anteil zu *verdienen*. Dass die Israeliten sich etwas „verdienen“ müssten, kommt gar nicht in Betracht. Der Grund dafür wird in den Parallelen mSanh 10,1 und bSanh 90a genannt: „Ganz Israel hat Anteil an der kommenden Welt, denn es wird gesagt: *Und dein Volk – sie sind alle tsadiqim und auf ewig werden sie das Land besitzen, als Spross meiner Pflanzung, als Werk meiner Hände, mir zur Verherrlichung* (Jes 60,21).“ Bei den *tsadiqim* handelt es sich um *erwählte Bundespartner Gottes* (s.o. Kapitel 7.2). Ganz Israel hat also Anteil an der kommenden Welt, weil es ein Volk von *Erwählten* ist. Dass Erwählung,

und Verheissung der Grund dafür ist, dass ganz Israel Anteil an der kommenden Welt hat, wäre auch klar, wenn das Zitat von Jes 60,21 fehlte. Dies geht schon allein aus dem Ausdruck „Israel“ hervor. Aus der Erwählung Israels folgt nun allerdings nicht, dass ein Israelit ungeachtet dessen, wie er lebt und was er tut, seinen Anteil an der kommenden Welt behält. Erwählung ist die Möglichkeit, sich als Gottes Bundespartner und Mitarbeiter zu betätigen, und so für Gott und die Menschen da zu sein. Da die Rabbinen sehr wohl wissen, dass nicht alle Israeliten von dieser Möglichkeit Gebrauch machen, oder zumindest oft nicht, stellt sich für sie die Frage, ob und in welchen Fällen ein Israelit seinen Anteil an der Bundesgemeinschaft mit Gott und seinem Volk und somit seinen Anteil an der kommenden Welt verwirkt. Dass ein Israelit seinen Anteil und damit seine Erwählung tatsächlich verwirken kann, davon sind die Rabbinen überzeugt, und davon ist auch in den beiden vorliegenden Midraschim die Rede.

2. Gemäss der allgemein verbreiteten Meinung, *z^e^khut* bedeute „Verdienst“, würde man erwarten, das Vorkommen dieses Ausdrucks im Plural bei den Rabbinen sei nicht die Ausnahme, sondern die Regel. Dass *z^e^khut* nun doch noch im Plural auftaucht, und dieser die Bedeutung von *„Ansprüche auf Anerkennung der einzelnen Taten“* hat, könnte den Anschein erwecken, es gehe bei den *z^e^khuyot* eben doch um „Verdienste“. Dieser mag dadurch noch verstärkt werden, dass Gott *z^e^khuyot* und Übertretungen gegeneinander abwägt. Das Vorkommen von *z^e^khut* im Plural berechtigt jedoch nicht dazu, alles zu vergessen, was sich aufgrund sorgfältiger Analyse in BerR als Bedeutung dieses Ausdrucks ergeben hat. Zudem hat die Analyse von ySanh 10,1 27d,40-45 klar ergeben, in welchem Sinne *z^e^khut* als „Anspruch auf Lohn“ zu verstehen ist (s.o. Kapitel 9.1). Gerade dieser Midrasch ist ein eindrückliches Zeugnis dafür, wiesehr die Rabbinen ein „Verdienstdenken“ im Sinne Billerbecks abgelehnt haben, da es in ihren Augen zutiefst gottlos ist.
3. Im Unterschied zu ySanh 10,1 27d,40-45 ist in den beiden vorliegenden Texten nicht vom „Lohn“ für das gottgewollte Wollen und Tun eines Israeliten als Ganzem die Rede, sondern von den Ansprüchen der einzelnen *mitswot* auf die Anerkennung und Vergeltung Gottes. Der Grund dafür liegt im rabbinischen Verständnis des Willens Gottes: Bekanntlich sprechen die Rabbinen nicht nur ganz allgemein davon, dass Gottes Wille getan werden solle. Vielmehr werden sie dabei sehr konkret und ausführlich, indem sie nicht nur sagen, welches die *mitswot* sind, sondern auch, auf welche Weise sie ausgeführt werden sollen. Angesichts der rabbinischen Gewohnheit, mehr von ganz konkreten Dingen und Einzelheiten zu sprechen, als von allgemeinen, ist es kaum

erstaunlich, dass sie nicht nur global von der Anerkennung und Vergeltung der antwortenden Glaubenspraxis von Erwählten durch Gott sprechen, sondern von der Anerkennung und Vergeltung Gottes für die einzelnen *mitswot*. Umso mehr, als es die Gott antwortende Glaubenspraxis nur als eine Summe von Gott antwortenden, glaubenspraktischen Schritten und Taten gibt, und somit als Summe von vielen wahrgenommenen Gelegenheiten und gelebten Möglichkeiten in der Gemeinschaft mit Gott und den Menschen. Wobei nicht bestritten werden soll, dass diese Summe ein Ganzes ergibt.

All das lässt nur einen Schluss zu: Bei den *z^{e}khuyot* handelt es sich um keine „Verdienste" im Sinne einer von der Erwählung unabhängigen Verdienstlichkeit. Allerdings bemerkt man dies nur, wenn man vieles von dem mitberücksichtigt, was in dieser Untersuchung im Zusammenhang anderer Texte erarbeitet wurde. Obwohl man das Tun der *mitswot* und somit also das tätige Ergreifen der Möglichkeiten, welche die *mitswot* im Leben der Israeliten in der Gemeinschaft mit Gott und seinem Volk darstellen, unter dem Vorzeichen der Erwählung sogar als *verdienstvoll* im Sinne von *anerkennenswert* bezeichnen könnte, wird in dieser Arbeit wegen der genannten Missverständnisse auf eine derartige Terminologie konsequent verzichtet.

9.4 Zwischenergebnisse

Die z^ekhut des Lohnes

Zu den Stellen, in denen der Akzent von *z^ekhut* ganz auf der Gott antwortenden Glaubenspraxis liegt, gehören auch die beiden Stellen aus dem Talmud Yerushalmi, in denen von der *z^ekhut* des Lohnes die Rede ist:

- In ySanh 10,1 27d,40-45 (Kapitel 9.1) ist die *z^ekhut* des Lohnes *der Anspruch auf die Anerkennung und Vergeltung Gottes für die Bundestreue der Väter, für ihr Tun seines Willens und somit also für ihre Gott antwortende Glaubenspraxis*. Wobei dieser Anspruch und dieses Anrecht nicht bedeutet, dass die Betreffenden – in ySanh 10,1 27d,40-45 sind es die Väter – von sich aus etwas von Gott einfordern können. Der Anspruch und das Anrecht wird ihnen vielmehr aufgrund der Erwählung, des Bundes und der Verheissung von Gott *gewährt*.
- In ySanh 10,1 27c,29-38 (Kapitel 9.3) ist nicht der Lohn für die Gott antwortende Glaubenspraxis als Ganzes im Blick, sondern *die Ansprüche auf Anerkennung der einzelnen Taten*, d.h. die *z^ekhuyot*. Auch die *z^ekhuyot* haben ihren Grund allein in der Erwählung. Die Aussage in ySanh 10,1 27c,29-38, dass Gott im Endgericht die *z^ekhuyot* und Übertretungen der Israeliten gegeneinander abwägt, kann nur unter dem Vorzeichen der Erwählung und dessen, was die *torah* ist, richtig verstanden werden. Was es dabei alles zu beachten und zu bedenken gibt, wurde in Kapitel 9.3 breit ausgeführt und soll hier nicht verkürzt und missverständlich wiedergegeben werden.

Das Bestehenbleiben der z^ekhut der Väter

In ySanh 27d,45-59 (Kapitel 9.2) wird die Frage nach dem Bestehenbleiben der *z^ekhut* der Väter gestellt. Obwohl diese Frage dort in Hinblick auf das Israel der zehn Stämme gestellt wird, stellt sich die Frage auch für „ganz Israel": Bleibt *die Gültigkeit, Wirksamkeit und Verwirklichung der Erwählung durch Gott, des Bundes mit ihm und der damit gegebenen Verheissung* bestehen? In ySanh 10,1 27d,59-65 (= Text 40) geht es um denselben Zusammenhang. Dort ist vom „Wanken" der *z^ekhut* der Väter und vom „Sinken" der *z^ekhut* der Mütter die Rede. In beiden Stellen geht es um die Frage, ob Gott Israel trotz dessen Untreue die Treue hält, oder ob Erwählung, Bund und Verheissung durch die Schuld Israels zunichte gemacht werden.

SCHLUSS

10. Ergebnisse und Schlussfolgerungen

10.1 Die methodische Beschränkung

In Kapitel 2. wurden die methodischen Gründe genannt, weshalb sich die vorliegende Untersuchung auf einen Ausschnitt aus der rabbinischen Literatur beschränkt. In Kapitel 3. wurde die Wahl von Midrasch Bereshit Rabba sowie vier weiterer Texte aus dem Talmud Yerushalmi begründet. Dabei wurde darauf hingewiesen, dass für eine gelungene Untersuchung nicht bloss die Quantität der Stellen massgebend ist, in denen der Ausdruck *z^e^khut* vorkommt, sondern auch die Qualität. Die Untersuchung hat gezeigt, dass das ausgewählte Stellenmaterial beide Kriterien voll erfüllt hat:

1. In 61 Fällen konnte die Bedeutung von *z^e^khut* aufgrund des betreffenden Midrasch sowie des biblischen und rabbinischen Umfeldes *eindeutig* angegeben werden.
2. Nur in 8 Fällen bedurfte es des Rückgriffes auf die Ergebnisse der eindeutigen Stellen. Man könnte diese 8 Stellen nicht „auch noch" im Sinne von „Verdienst" verstehen, da dies nur möglich wäre, wenn man die Ergebnisse aller anderen 61 Stellen nicht zur Kenntnis nimmt. Umgekehrt werden die Ergebnisse der 61 Stellen durch die 8 Fälle nochmals bestätigt, da die Bedeutung von *z^e^khut*, die im Zusammenhang der 61 Fälle erarbeitet wurde, auch in den 8 Fällen passt.
3. Die Einzelanalyse der Texte aus BerR ergab einen grossen Reichtum an *Bedeutungsnuancen* von *z^e^khut*, gleichzeitig aber auch viele Wiederholungen. Gerade die feinen und allerfeinsten Nuancen unterstreichen den Eindruck, dass sich das Resultat im Grossen und Ganzen ständig wiederholt.
4. Durch die Texte aus Talmud Yerushalmi kamen wesentliche Gesichtspunkte zur Bedeutung von *z^e^khut* hinzu, die im Textmaterial aus BerR keine Rolle spielten. Gleichzeitig aber brachten diese Texte nicht nur Neues, sondern auch Wiederholungen. Zudem lag das Neue auf der Linie dessen, was anhand der Texte aus BerR bereits erarbeitet wurde. So stellte die Frage, ob die *z^e^khut* der Väter aufhört, lediglich eine weitere Variante der Texte dar, in denen der Ausdruck *z^e^khut avot* vorkommt. Oder so war in BerR zwar weder von der *z^e^khut* des Lohnes noch von den *z^e^khuyot* der Israeliten die Rede, wohl aber von der Gott antwortenden Glaubenspraxis und davon, dass diese *anerkennenswert* sei. Die

Rede von der z^{e}*khut* des Lohnes bzw. von den z^{e}*khuyot* stellte lediglich einen weiteren Schritt in diese Richtung dar. Und schliesslich zeigte sich im Zusammenhang der zusätzlichen Texte aus Talmud Yerushalmi, was die Analyse der Texte aus BerR noch offen liess: Wie und ungefähr wann es zum Missverständnis kam, z^{e}*khut* bedeute „Verdienst“.

5. In den vorgelegten Texten, in denen der Ausdruck z^{e}*khut* vorkommt, ging es um zentrale Themen des rabbinischen Judentums. Nicht nur fand sich der Begriff z^{e}*khut* in wichtigen theologischen Aussagen, sondern er bildete zudem im semantischen Beziehungsgeflecht jeweils einen wichtigen Knotenpunkt.
6. Die theologische Bedeutung und Tragweite der Texte, in denen der Ausdruck z^{e}*khut* vorkommt, wurde oft erst deutlich, wenn diese im Horizont weiterer rabbinischer Texte bzw. bedeutender rabbinischer Themen verstanden wurden. Die vielfältigen Beziehungen der untersuchten Texte zur gesamten rabbinischen Literatur zeigen, dass der Midrasch Bereshit Rabba und die vier Texte aus Talmud Yerushalmi für rabbinisches Denken von grosser Tragweite sind.

10.2 Der Begriff z^e*khut* in seiner Bedeutungsvielfalt

Linguistische Vorbemerkungen

Bereits Neusner wies darauf hin, dass die Bedeutung von z^e*khut* nicht mit einem einzigen Wort wiedergegeben, sondern lediglich umschrieben werden kann.[289] Die Analyse der vorgelegten Texte aus BerR und dem Talmud Yerushalmi hat die Richtigkeit von Neusners Beobachtung bestätigt. Als umschreibende Elemente ergab die Untersuchung: *„Gültigkeit"*, *„Wirksamkeit"*, *„Machtrealität"*, *„Kraft"*, *„Verwirklichung"*, *„Wichtigkeit"*, *„Bedeutung"*, *„Anspruch"*.

Die klassische rabbinische Literatur stellt nur einen Ausschnitt aus der gesamten hebräischen Literatur und damit nur eine begrenzte sprachgeschichtliche Epoche dar. Zudem wurde in dieser Arbeit nicht einmal die gesamte rabbinische Literatur untersucht, sondern nur ein Ausschnitt daraus. Eine *umfassende allgemeine Bedeutung* von z^e*khut* kann daher noch nicht angegeben werden. Immerhin lässt sich zur *allgemeinen Bedeutung* von z^e*khut* bereits sagen:

- Mit z^e*khut* ist *immer etwas Positives* gemeint. Negative Zusammenhänge lassen sich mit dem Wort z^e*khut* nicht ausdrücken.
- Die *allgemeine Bedeutung* von z^e*khut* ist so beschaffen, dass der Ausdruck verwendet werden kann, um damit ganz verschiedene Dinge zu bezeichnen, wie z.B. die Aktiva in der Buchhaltung, die Urheberrechte eines Autors oder Erfinders (Even-Shoshan, I,343), die Menschenrechte (Ben Yehuda, I,1335), oder die Gültigkeit, Wirksamkeit und Verwirklichung der universalen Erwählung durch Gott. z^e*khut* kann sowohl gebraucht werden, um den Anspruch zu bezeichnen, der seinen Grund in der Erwählung durch Gott hat, als auch, um damit einen Anspruch im Sinne eines „Verdienstes" zu bezeichnen, das unabhängig von der Erwählung durch Gott besteht.[290]

Obwohl die Verwendungsmöglichkeiten von z^e*khut* sehr weit sind, wird der Ausdruck in den untersuchten Texten in einem ganz speziellen und damit auch eingeschränkten Sinne verwendet. Im folgenden wird die Ebene der *allgemeinen Bedeutung* von z^e*khut* darum wieder verlassen. Wie in den Textanalysen und Zwischenergebnissen wird weiterhin nur noch von

289) J. Neusner, Systemic Integration and Theology, The Concept of Zekhut in formative Judaism, 171.

290) Bei den bisherigen Bemerkungen zur *allgemeinen Bedeutung* von z^e*khut* wurde die Frage ausser acht gelassen, ob der Ausdruck z^e*khut* im Laufe der hebräischen Sprachgeschichte eine *Bedeutungswandlung* durchmachte. Zu dieser Frage kann lediglich bemerkt werden, dass die Grundlagen, die durch diese Untersuchung erarbeitet wurden, nicht einmal für eine ganz vage Vermutung ausreichen. Die Frage bleibt offen, bis genügend Texte aus der gesamten hebräischen Sprachgeschichte untersucht worden sind.

der rabbinischen Verwendung dieses Begriffs in den untersuchten Texten die Rede sein. Der Einfachheit halber wird von der „Bedeutung“ von *z^e^khut* gesprochen, obwohl damit ausschliesslich der Gebrauch dieses Ausdrucks in den untersuchten Texten gemeint ist.

Die Generalformel der Bedeutung von z^e^khut

In den Zwischenergebnissen wurde jeweils eine detaillierte Übersicht über das weite Spektrum der Bedeutungsnuancen von *z^e^khut* in den untersuchten Texten geboten. Abschliessend soll hier eine Übersicht über das *ganze* Bedeutungsspektrum dieses Ausdrucks gegeben werden.
Für die meisten Texte lässt sich die Bedeutung von *z^e^khut* wie folgt umschreiben:

> *Gültigkeit, Wirksamkeit und Verwirklichung der universalen Erwählung durch Gott, des Bundes mit ihm und der damit gegebenen Verheissung in der Gott antwortenden Glaubenspraxis von Erwählten*

In dieser Formel sind die meisten Elemente, Gesichtspunkte, Akzente und Nuancen der Bedeutung von *z^e^khut* enthalten, die sich aus der Analyse der besprochenen Texte ergeben haben.

Hauptakzente

Folgende Hauptakzente konnten herausgearbeitet werden: *z^e^khut* bedeutet die

A. Gültigkeit, Wirksamkeit und Verwirklichung
   a) der universalen Erwählung durch Gott, des Bundes und der Verheissung mitsamt ihrem Anspruch auf Erfüllung und Verwirklichung
   b) der Gott antwortenden, seiner Erwählung entsprechenden und ihm die Treue haltenden Glaubenspraxis von Erwählten, im Extremfall bis in den Tod

B. Anspruch auf Anerkennung und Vergeltung Gottes für die Bundestreue von Erwählten, für ihr Tun seines Willens und somit also für ihre Gott antwortende Glaubenspraxis bzw. die Ansprüche auf Anerkennung und Vergeltung der einzelnen Taten

Zu diesen Hauptakzenten ist folgendes zu bemerken:

1. Der Akzent der Bedeutung von *z^e^khut* kann auf einem oder auf mehreren der aufgelisteten Elemente liegen.
2. In vielen Texten liegt der Akzent ganz auf der Erwählung durch Gott und damit auf dem Wollen und Handeln Gottes. In diesen Stellen ist die Verwirklichung der Erwählung in der Gott antwortenden Glaubenspraxis ebenfalls impliziert, da Erwählung nur zum Ziel kommt, wenn

sie in der antwortenden Glaubenspraxis verwirklicht wird. In vielen Texten liegt die *z^ekhut* in der Zukunft. In diesen liegt der Akzent ausschliesslich auf der Erwählung durch Gott und damit auf seinem Wollen und Handeln. Obwohl das Ziel der Erwählung deren Verwirklichung in der antwortenden Glaubenspraxis ist, und obwohl die Rabbinen davon ausgehen, dass die zukünftig Erwählten ihre Erwählung einst verwirklichen werden, ist die antwortende Glaubenspraxis in der *z^ekhut* der Zukunft *nicht miteingeschlossen*, sondern nur *als zukünftiges Ziel* der Erwählung im Blick.

3. In vielen Texten liegt der Akzent auf der Gott antwortenden Glaubenspraxis. In diesen Texten ist die Erwählung durch Gott nicht nur eingeschlossen, sondern vielmehr vorausgesetzt. Die antwortende Glaubenspraxis kann nur von dieser Voraussetzung und diesem Vorzeichen her richtig verstanden werden.
4. Dasselbe gilt auch für *den Anspruch auf die Anerkennung und Vergeltung der Glaubenspraxis von Erwählten bzw. für die einzelnen Ansprüche auf Anerkennung und Vergeltung der einzelnen Taten*. Dieser *Anspruch* bzw. *diese einzelnen Ansprüche* haben ihren Grund allein in der Erwählung durch Gott. Sie werden den Erwählten von Gott allein aufgrund von Erwählung, Bund und Verheissung *gewährt*.
5. Die Erwählung und deren Verwirklichung, der Bund und die Verheissungen ereignen sich nicht nur durch das Wollen und Handeln Gottes, sondern ebensosehr in der Gott antwortenden Glaubenspraxis von Erwählten.

Weitere wichtige Aspekte der Bedeutung von z^ekhut

Auf den genannten Akzenten und Akzentkombinationen liegt oft ein *soteriologischer* Akzent. D.h. es geht bei Erwählung, Bund und Verheissung um Rettung und damit um Erhaltung bzw. Erneuerung des Lebens und der Existenz der Menschen. Der Gesichtspunkt der Förderung, Erhaltung und Rettung von Leben ist auch in den folgenden Bedeutungen von *z^ekhut* enthalten:

- Die *z^ekhut* des *Segens* ist die Gültigkeit, Wirksamkeit, Kraft und Verwirklichung des Segens.
- Die *z^ekhut* der *torah* ist die Leben schaffende, fördernde, erhaltende, und rettende, reinigende, versöhnende, heilende und erneuernde Wirksamkeit, Machtrealität und Kraft Gottes.
- Die *z^ekhut* der *Umkehr* ist die Gültigkeit, Wirksamkeit und Verwirklichung des den Bund wiederherstellenden und heilenden Willens und Handelns Gottes, d.h. der Vergebung Gottes.

– Die z^e*khut* des *Glaubens* ist die soteriologische Wirksamkeit, Verwirklichung und Wichtigkeit der Glaubensgewissheit und Glaubenshoffnung.

Ausser im Zusammenhang von erwählten Menschen wird z^e*khut* auch auf nichtmenschliche Grössen bezogen, die für die Erwählungs- und Bundesgeschichte Gottes mit Israel *konstituierende bzw. soteriologische Gültigkeit, Wichtigkeit und Bedeutung* haben. D.h. z^e*khut* kann auch die Bedeutung von *„Wichtigkeit und Bedeutung“* haben. Aus dem Umstand, dass z^e*khut „Gültigkeit, Wirksamkeit und Verwirklichung“* bedeutet, folgt fast zwangsläufig, dass damit auch die *Wichtigkeit und Bedeutung* der Erwählung und des Bundes bzw. dessen, was Erwählung und Bund repräsentiert, gemeint ist.

Und schliesslich kann sich z^e*khut* auch auf Gottes Selbstoffenbarung, auf Gottes Weisheit und auf die Heiligung seines Namens beziehen:

– Die z^e*khut* der *torah* entspricht in BerR 1,10 (Kapitel 4.1) der z^e*khut* der *Selbstoffenbarung Gottes*, d.h. der Gültigkeit und Wirksamkeit der Selbstoffenbarung Gottes.
– In BerR 1,4 (Kapitel 4.2) ist die z^e*khut* der *torah* als *Weisheit* der Geltungsanspruch des „Bauplans“ der *torah* für die Erschaffung der Welt und damit der Geltungsanspruch der Weisheit Gottes.
– Die z^e*khut* der *Heiligung des Namens* ist in BerR 74,12 (Kapitel 7.7.1) die Gültigkeit, Wirksamkeit und Verwirklichung der Erwählung Israels durch Gott, seines Festhaltens an dieser Erwählung, seiner Zuwendung und seines Rettungswillens gegenüber Israel.

Zum Verhältnis von z^e*khut und biz*^{e}*khut*

Nach Moore und anderen Autoren hat *biz*^{e}*khut* sehr oft nicht dieselbe Bedeutung wie als Nomen ohne Präposition (s.o. Kapitel 1.2). Moore zufolge ist *biz*^{e}*khut* mit anderen hebräischen Ausdrücken für „um .... willen“ bzw. „wegen“ austauschbar. Die vorliegende Untersuchung hat gezeigt, dass Moores Auffassung nicht richtig ist: In allen Stellen, in denen z^e*khut* mit der Präposition בְּ (*b*^{e}) konstruiert war, konnte die Bedeutung von z^e*khut* mit denselben deutschen *Nomen* wiedergegeben werden wie z^e*khut* ohne Präposition. Daraus folgt, dass der Begriff z^e*khut* seine volle Bedeutung wie als selbständiges Nomen behält, wenn er mit der Präposition בְּ (*b*^{e}) konstruiert wird.

Zum Verhältnis von *biz*^{e}*khut* und *bishvil* ist zudem folgendes zu sagen:

1. *bishvil* kann auch gebraucht werden, um *negative* Begründungen herzustellen. Mit *biz*^{e}*khut* ist dies nicht möglich. Man kann *biz*^{e}*khut* nicht gebrauchen, um zu sagen „um der Sünde willen“ bzw. „aufgrund der z^e*khut* der Sünde“. *biz*^{e}*khut* kann nur gebraucht werden, um *positive Begründungen* herzustellen.

2. *bishvil* kann mehr oder weniger viel Gewicht haben – je nachdem worauf es sich bezieht. In den untersuchten Texten handelte es sich beim Ausdruck *biz^{e}khut jedoch immer um eine denkbar schwerwiegende und denkbar ernstzunehmende positive Begründung*. Das „um .... willen" bzw. „wegen", das durch *biz^{e}khut* ausgedrückt wurde, hat seinen letzten Grund in der Erwählung durch Gott.

Damit soll nicht bestritten werden, dass es Fälle gibt, in denen *bishvil* im Sinne von *biz^{e}khut* verwendet wird. Einige Textvarianten der besprochenen Textbeispiele machen von dieser Möglichkeit ja auch Gebrauch. Aber grundsätzlich sind die Begriffe nicht ohne weiteres austauschbar.

10.3 Wichtige Ergebnisse zu Bedeutung und Stellenwert von *z^e^khut*

a. z^e^khut – ein zentraler Begriff

In Kapitel 10.1 wurde auf den zentralen Stellenwert von Midrasch Bereshit Rabba und die Verflochtenheit dieses rabbinischen Werkes mit der rabbinischen Literatur insgesamt hingewiesen. Ist es angesichts dieser Verflochtenheit denkbar, dass *z^e^khut* in BerR in einem grundlegend anderen Sinne verwendet wird als in allen anderen rabbinischen Schriften? Folgt daraus nicht fast zwangsläufig, dass die gewonnenen Ergebnisse zur Bedeutung von *z^e^khut* auch für andere rabbinische Texte von Bedeutung sind? – Man möchte vermuten, dass dem so ist. Inwiefern und wie weit die erarbeiteten Ergebnisse für andere rabbinische Texte gelten, können jedoch nur weitere Untersuchungen zeigen. Diese sind zwar nicht mehr Aufgabe dieser Arbeit. Aber angesichts der hier erarbeiteten Ergebnisse kann ihre sachliche Notwendigkeit wohl kaum bestritten werden.

Die folgenden Ausführungen beschränken sich ausdrücklich auf die untersuchten Texte.

Der Kern in jeder Bedeutungsnuance und in jedem Gesichtspunkt von *z^e^khut* in den untersuchten Texten ist *die Erwählung durch Gott*. Dies wurde gerade auch im Zusammenhang jener Texte deutlich, bei denen es zunächst schien, dass *z^e^khut* doch „Verdienst" bedeuten könnte.

Da *z^e^khut* in den untersuchten Texten nicht „Verdienst" bedeutet, erübrigt sich die Frage, ob ihnen eine rabbinische „Verdienstlehre" zugrunde liegt. An die Stelle dieser Frage tritt die Frage, ob es eine rabbinische *z^e^khut*-Lehre gibt. Zudem stellt sich die Frage nach Wichtigkeit und Stellenwert dieses Ausdrucks. Dazu ist folgendes zu bemerken:

Es gibt zwar keine rabbinische Theorie über die Verwendung des Ausdrucks *z^e^khut*. Aber es gibt einen so kohärenten Gebrauch dieses Begriffs, dass man von einem *wichtigen rabbinischen Theologumenon* sprechen muss.

Obwohl Marmorstein und Neusner wie alle anderen Autoren der grundlegenden Bedeutung von *z^e^khut* nicht gerecht geworden sind, haben beide vollständig richtig erkannt, dass es sich bei *z^e^khut* um einen zentralen und schwergewichtigen Begriff handelt. Dieses Gewicht hat *z^e^khut* nicht aus sich selbst, sondern allein aus dem, worauf sich dieser Begriff bezieht: aus Erwählung, Bund und Verheissung. Dies kommt auch in den Umschreibungen von *z^e^khut* zum Ausdruck. Ausdrücke wie *„Gültigkeit"*, *„Wirksamkeit"*, *„Verwirklichung"*, *„Wichtigkeit"*, *„Bedeutung"* und *„Anspruch"*, mit denen man die Bedeutung von *z^e^khut* umschreiben kann, haben ihr Gewicht ebenfalls nur aus dem, worauf sie sich beziehen.

Nach Neusner ist der Begriff *z^e^khut* im Rahmen des rabbinischen Systems so einzigartig und gewichtig wie das „mythologoumenon" von der Auferstehung Jesu Christi, des einzigen Sohnes Gottes, für das christliche.[291] Ob der Ausdruck *z^ekhut* wirklich diesen einzigartigen Stellenwert hat, bleibt fraglich. Aber sicher könnte man das in Bezug auf die Erwählung Israels und seiner Repräsentanten durch Gott, den Bund und die damit gegebene Verheissung sagen, die in der Gott antwortenden Glaubenspraxis verwirklicht werden.

Aufgrund dessen, was sich in den untersuchten Texten als Bedeutung von *z^ekhut* ergeben hat, kann man Neusner auch nicht zustimmen, wenn er von der *z^ekhut* als von einer „supernatural" (übernatürlichen) Grösse spricht. Die Trennung in „natürlich" und „übernatürlich" ist rabbinischem Denken völlig fremd. Aus diesem Grunde ist es nicht angemessen, Erwählung, Bund und Verheissung sowie alles, was damit verbunden und impliziert ist, als „übernatürlich" zu bezeichnen. Dementsprechend handelt es sich auch bei der *z^ekhut* nicht um etwas Übernatürliches.

Im Zusammenhang von Texten, in denen der Akzent bei der Bedeutung von *z^ekhut* auf der Gott antwortenden Glaubenspraxis lag, wurde gelegentlich die Frage gestellt, ob man diese nicht als *anerkennenswert* bezeichnen müsse und in diesem Sinne als *verdienstvoll* bezeichnen könnte. Aber auch nach der Möglichkeit der Verwendung des Verbes *verdienen* und dessen Derivaten wurde gefragt. In einigen Fällen wurde diese Frage nicht grundsätzlich verneint. Es wurde jedoch jedesmal darauf hingewiesen, dass es grosser sprachlicher Anstrengungen bedarf, um zu sagen, was mit *verdienen* und ähnlichen Ausdrücken im betreffenden Zusammenhang gemeint ist, und was gerade nicht. Alle sprachlichen Anstrengungen dürften jedoch nicht verhindern, dass die gängigen, weit verbreiteten und allgemein anerkannten Missverständnisse der Bedeutung von *z^ekhut* durch die Verwendung des Verbes *verdienen* und dessen Derivaten von neuem bestätigt und verstärkt würden. Wenn man hingegen anstatt von *Verdienst* von *anerkennenswerter antwortender Glaubenspraxis* spricht, hat dies den Vorteil, dass damit ausgesagt wird, dass diese Art von *Verdienst* unter dem Vorzeichen der Erwählung durch Gott steht und daher kein selbständiges von Gott unabhängiges „Verdienst" ist, sondern ein in Gottes Erwählung begründetes und auf Gott und seine Erwählung antwortendes. Aus diesem Grunde wurde in dieser Arbeit auf die Verwendung des Verbes *verdienen* und dessen Derivaten verzichtet.

Da *z^ekhut* in den untersuchten Texten nicht „Verdienst" bedeutet, erübrigte sich auch die Frage, welche Bedeutung und welcher Stellenwert diesen „Verdiensten" bei den Rabbinen zukommt. Ebenso erübrigte sich die Frage, ob alle Menschen und somit auch die Heiden „Verdienste" erwer-

291) J. Neusner, Systemic Integration and Theology, The Concept of Zekhut in formative Judaism, 171.

ben können, wie Marmorstein dies meint. Zwar rechnen die Rabbinen mit der Möglichkeit, dass es auch unter den Heiden *tsadiqim* gibt. Aber indem sie *tsadiqim* werden, hören sie auf, Heiden zu sein. Als *tsadiqim* befinden sie sich innerhalb des Lebensraumes der Erwählung durch Gott und des Bundes mit ihm. Die *z^ekhut* solcher Menschen aus den Heidenvölkern ist also gerade keine von der Erwählung unabhängige.
Als nicht richtig hat sich auch die Auffassung Marmorsteins und Schechters erwiesen, dass frühere Generationen von den „Verdiensten" ihrer Nachkommen leben. Einmal deshalb, weil *z^ekhut* nicht „Verdienst" bzw. „merit" bedeutet. Und zum anderen darum, weil Gott nach rabbinischer Auffassung weder die zukünftige Sünde noch die zukünftige antwortende Glaubenspraxis bereits in der Vergangenheit bzw. Gegenwart beachtet und angerechnet. Es gibt daher weder „imputierte Verdienste", noch „imputierte Sünde" (vgl. Exkurs B).

c. Die Bedeutung weiterer zentraler rabbinischer Begriffe

Um die Bedeutung von *z^ekhut* klären zu können, war es nötig, sich über andere zentrale rabbinische Begriffe Klarheit zu verschaffen. Die Bedeutung,

- der *torah*, als *Verhältnis von Gottes Selbstoffenbarung und Schrift* (Kapitel 4.1), als *Weisheit* (Kapitel 4.2) und als *halakha* (Kapitel 5.2.1, Exkurs A),
- der *tshuvah* (תשובה), der *Umkehr* (Kapitel 5.2.2),
- der *Sühneopfer* (כפרות *kapparot*) (Kapitel 5.1),
- und der *tsadiqim* (Kapitel 7.2).

Diese rabbinischen Begriffe sind Knoten im theologischen Beziehungsnetz, das die richtige Bedeutung von *z^ekhut* ergibt. Ihr rechtes Verständnis ist auch für andere als in dieser Untersuchung besprochenen Texte wichtig.

d. Das Spannungsfeld zwischen den Ergebnissen dieser Untersuchung und der Auffassung anderer Autoren

Diese Untersuchung ist für die Bedeutung von *z^ekhut* und in vielen Einzelfragen zu anderen Ergebnissen gekommen als alle anderen Autoren. Deshalb ist auf die Diskrepanz zwischen den Auffassungen anderer Autoren und den Ergebnissen dieser Untersuchung einzugehen. Es gibt vier Hauptgründe:

a) *Die Voraussetzungen in Bezug auf die Bedeutung von z^ekhut*:
Im Unterschied zu dieser Untersuchung gehen sämtliche Autoren bei der Frage nach der Bedeutung von *z^ekhut von etwas Bestehendem* aus: Davon, dass *z^ekhut* – wenn auch nicht ausschliesslich – „Verdienst"

bedeute, oder davon, dass *biz^{e}khut* nicht „um des Verdienstes willen“ bedeute, sondern „wegen“ oder „um .... willen“ bedeute. Auch Neusner, der als einziger die Übersetzung von *z^{e}khut* mit „merit“ radikal ablehnt, geht von etwas Bestehendem aus, vom Wörterbuch von Jastrow. Neusners Position ist insofern von besonderem Interesse, als er als erster erkannt hat, dass die Bedeutung von *z^{e}khut* lediglich umschrieben werden kann. Weil sein Ausgangspunkt bei Jastrow liegt, hat er die entscheidenden Elemente von *z^{e}khut* jedoch nicht erkannt.
Im Unterschied zu allen anderen Autoren ging diese Untersuchung bei der Frage nach der Bedeutung von *z^{e}khut* als *von einer Unbekannten* aus. Wie sehr diese Voraussetzung im Zusammenhang der untersuchten Texte gerechtfertigt war, haben die vorgelegten Textanalysen bewiesen.

b) *Die Arbeitsmethode*:
Die zweite Voraussetzung, welche die Grundlage dieser Untersuchung bildet, ist die Auffassung, dass *die einzige Möglichkeit* zur Klärung der Bedeutung von *z^{e}khut* darin besteht, eine genügende Anzahl von kohärenten Texten zu analysieren und *auf diesem Wege die Bedeutung zu eruieren*. Wegen dieser Voraussetzung wurde die Textanalyse zur unausweichlichen Aufgabe. Für die anderen Autoren ist das völlig anders: Weil sie voraussetzen, zu wissen, was *z^{e}khut* bedeutet, sind sie nicht gezwungen, deren Bedeutung mit Hilfe vieler Textanalysen zu eruieren. Da man ohne sorgfältige Textanalyse den genauen Sinn eines Midrasch jedoch nicht versteht, bemerkten sie nicht, dass die gängigen Übersetzungen von *z^{e}khut* dem Textsinn nicht entsprechen.

c) *Das Vorzeichen der Erwählung*:
Bei der Textanalyse hat sich gezeigt, dass die Erwählung durch Gott der Schlüssel für das Verständnis von *z^{e}khut* ist. Demgegenüber beschreiben fast alle Autoren, die in dieser Arbeit zur Sprache kamen, die Bedeutung von *z^{e}khut ohne Bezugnahme* auf die Erwählung. Ohne diese Bezugnahme aber wird alles, was es zur Bedeutung von *z^{e}khut* zu sagen gibt, missverständlich oder sogar falsch. Einzig Moore weist darauf hin, man müsse alles von der Voraussetzung der Erwählung her verstehen, ohne allerdings praktische Konsequenzen aus dieser berechtigten Forderung zu ziehen. Moores Ausführungen unterscheiden sich daher nicht grundsätzlich von denen anderer Autoren, sondern sind ebenso missverständlich. Ähnliches gilt für Sanders, der sich Moore in dieser Sache anschliesst.

d) *z^{e}khut als Wollen und Handeln Gottes*:
Keiner der genannten Autoren hat bemerkt, dass sich *z^{e}khut* nicht bloss auf das gottgewollte Handeln des Menschen bezieht, sondern vielmehr auf Gottes Handeln, auf seine Erwählung, seinen Bund und seine Ver-

heissung. Im Gegensatz zur Auffassung der genannten Autoren lag der Akzent in weitaus den meisten Fällen der hier untersuchten Texte auf *Gottes Wollen und Handeln.* Da alle Autoren unter „Verdienst“ ein menschliches Tun verstehen, ist der Bezug von *z^e^khut* auf das Wollen und Handeln Gottes einer der Hauptgründe, weshalb die Übersetzung von *z^e^khut* mit „Verdienst“ ungeeignet und falsch ist.

10.4 Der rabbinische Erwählungsglaube als Schlüssel für die Bedeutung von *z^e^khut*

Die Untersuchung hat ergeben, dass die Erwählung durch Gott der Schlüssel für das Verständnis von *z^e^khut* ist: Der Begriff *z^e^khut* kann nur im Lichte der Erwählung Israels verstanden werden.
Bei der Erwählung und ihrer Verwirklichung handelt es sich um einen *unauflöslichen Ereigniskomplex*. Sie hat ihren Grund im Wollen und Handeln Gottes und entspringt somit Gottes Initiative. Sie kommt jedoch nur zum Ziel, wenn sie in der Gott antwortenden Glaubenspraxis verwirklicht wird und so ihre menschliche Entsprechung findet. Da die Erwählung keine höhere göttliche Verfügung und keine gnädige Vergewaltigung ist, ist es den Erwählten überlassen, ob sie ihre Erwählung durch Gott annehmen, sie leben und verwirklichen, d.h. ob sie also glauben, oder ob sie sich Gott verweigern. Die Erwählung ist darum ganz Gottes Werk und ganz das Werk der Erwählten.
In den meisten der untersuchten Texte liegt der Akzent mehr auf dem Wollen und Handeln Gottes. Dies ist insofern entscheidend, als sich die angegebene Bedeutung von *z^e^khut* dadurch immer wieder bestätigen und erhärten liess. Aber es wäre falsch, daraus den Schluss zu ziehen, das Wollen und Handeln Gottes sei wichtiger als dasjenige der Erwählten. Gottes Wollen und Handeln ist insofern wichtiger, als die Glaubenspraxis der Erwählten die Reaktion darauf und so seine Verwirklichung ist. Die Erwählung ist das Erste, die Annahme das Zweite. Doch kommt dieses Erste nur ans Ziel und wird nur dann verwirklicht, wenn dieses Zweite folgt. D.h. es kommt nur ans Ziel, wenn es das in dieses einwilligende und ihm entsprechende menschliche Wollen und Handeln gibt. Das wiederum hebt nicht auf, dass dieses seine Ermöglichung ausschliesslich und allein im Wollen und Handeln Gottes hat. Man kann daher nicht sagen, das menschliche Wollen und Handeln sei weniger wichtig. Aus diesen Gründen wäre es verfehlt, eine Statistik darüber zu führen, in wievielen Stellen in BerR der Akzent mehr auf dem Wollen und Handeln Gottes liegt und in wievielen mehr auf dem antwortenden Wollen und Handeln von Erwählten.
Bei den Erwählten handelt es sich um Israel bzw. um dessen Väter, Repräsentanten und Exponenten. Aber auch unter den Heidenvölkern finden sich nach rabbinischem Verständnis Erwählte, also Menschen, die in den Bund hineingenommen werden. Der Grund dafür besteht darin, dass die Erwählung der Väter und Israels kein Selbstzweck ist, sondern für die ganze Menschheit geschah.
Die Erwählung Israels hat nach biblisch-rabbinischer Auffassung ihren Grund einzig und allein im freien Gnadenhandeln Gottes an diesem Volk.

Israel ist nicht deshalb erwählt, weil es „besser“ wäre als andere Völker, oder weil es vor Gott „Verdienste“ hätte. Sondern Israel ist vielmehr von Gott erwählt, weil er sich diesem Volk in seiner Freiheit gnädig zugewandt hat. Die Erwählung Israels besteht ganz wesentlich und entscheidend darin, dass es sich von allen anderen Völkern unterscheidet. Dieser Partikularismus hat gemäss biblisch-rabbinischer Überlieferung seinen Grund darin, dass Abraham sein Land und seine Sippe verliess, damit durch ihn alle Völker gesegnet werden. Die Erwählung Abrahams und somit auch diejenige Israels ist also gerade kein Selbstzweck. Dass Abraham und dass Israel erwählt ist, bedeutet nicht, dass Gott sich nur ihnen zuwenden, sich nur um sie kümmern, nur sie segnen und nur ihnen Gutes erweisen will. Vielmehr sind Abraham und Israel ein Segen für die Welt. Gesegnet sind sie nur, indem sie selbst ein Segen sind.

Die Erwählung Abrahams und damit auch Israels ist nach rabbinischer Auffassung gerade durch ihre Partikularität eine universale Erwählung für die Welt. Die Rabbinen, die in BerR zu Worte kommen, haben ihr Wissen um diese universale Grösse, Weite und Tiefe der Erwählung Abrahams und Israels und ihren tiefen Glauben daran in ihren Auslegungen eindrücklich bezeugt: Abraham ist der Prototyp des erneuerten Menschen. Aufgrund seiner Erwählung – oder wie die Rabbinen sich ausdrücken – aufgrund seiner *z^e^khut* wurden diese Welt und der Mensch geschaffen, und wird Gott einst die Welt und die Menschheit erneuern und vollenden. Aufgrund der *z^e^khut* Abrahams und der *z^e^khut* Israels kommt schon jetzt alles Gute in die Welt, was an Gutem überhaupt in die Welt kommt.

Midrasch Bereshit Rabba entstand in einer Zeit, in der das rabbinische Judentum in Palästina zunehmend unter Druck geriet. Trotzdem haben die Redaktoren dieses Midrasch wie viele andere Juden vor ihnen an ihrer Erwählung durch Gott in Abraham und am universalen Heilsangebot dieser Erwählung festgehalten. Midrasch Bereshit Rabba ist ein Ausdruck dieses Festhaltens am Glauben der Väter und seiner universalen Bedeutung. Aus dem Inhalt der Texte, die in dieser Arbeit zur Sprache kamen, erahnt man, was ihnen den Mut und die Kraft dazu gegeben hat: Es ist der Glaube, dass Israel dazu erwählt, berufen und bestimmt ist, Gottes Bundespartner und Mitarbeiter zu sein, und dadurch ein Licht für die Völker und ein Segen für die Welt. Oder rabbinisch ausgedrückt: Das ist Israels *z^e^khut*.

ANHANG

Ergänzende Texte

Zu Kapitel 4.2

T.1 Die z^e*khut* der *torah* und der Stämme: BerR 12,2 zu 2,4 (I,97.99f)[292]

אלה תולדות השמים והארץ בהבראם (בראשית ב ד) ....
ואת כל אלה ידי עשתה וגו' (ישעיה סו ב) .... ר' ידן
אמר בזכות התורה אלה החקים והמשפטים והתורות
(ויקרא כו מו), ר' יהושע בר' נחמיה אומר בזכות
השבטים ואלה שמות השבטים (יחזקאל מח א), ויהיו כל
אלה נאם יי"י (ישעיה שם שם), אלה תולדות השמים.

Dies (אלה *'elle*) *ist die Geschichte des Himmels und der Erde, als sie geschaffen wurden* (Gen 2,4). .... *Dies* (אלה *'elle*) *alles hat meine Hand gemacht,* [*und so sind diese* (אלה *'elle*) *alle geworden, spricht der HERR*] (Jes 66,2). ....
R. Yudan (pA4 um 350) sagte: Aufgrund der z^e*khut* der *torah*: *Dies* (אלה *'elle*) *sind die Satzungen, Rechte und Weisungen* (תורות *torot*), [*die der HERR durch Mose auf dem Berg Sinai zwischen sich und den Kindern Israels gegeben hat*] (Lev 26,46).
R. Y^{e}hoshua^c b. R. N^{e}hemya (pA4 um 350) sagt: Aufgrund der z^e*khut* der Stämme: *Und dies* (אלה *'elle*) *sind die Namen der Stämme* (Ez 48,1); ....*und so sind diese alle geworden, spricht der HERR*] (Jes 66,2b): *Dies* (אלה *'elle*) *ist die Geschichte des Himmels....* (Gen 2,4).[293]

Das verbindende Element zwischen allen Bibelstellen, die in den beiden Auslegungen vorkommen, ist der Ausdruck אלה (*'elle*). In Lev 26,46 ist von der *torah* als Bundesverhältnis und Bundesvertrag die Rede. Gestützt auf die in Kapitel 4.2 gewonnenen Ergebnisse bedeutet „aufgrund der z^e*khut* der *torah*" aufgrund *der Gültigkeit und Wirksamkeit des Bundes zwischen Gott und Israel, mit dessen zukünftiger Verwirklichung durch Gott in der antwortenden Glaubenspraxis als Ziel.*[294]
In BerR 1,4 (s.o. Kapitel 4.2) ist die z^e*khut* Mose und diejenige Israels der Sache nach dieselbe. Die z^e*khut* der Stämme (Israels) ist demnach analog zu verstehen: als *Gültigkeit und Wirksamkeit der Erwählung Israels, mit ihrer zukünftigen Verwirklichung durch Gott in der antwortenden Glaubenspraxis Israels als Ziel.*

---

292) Parallelen: YalqBer 17. Eine, wenn auch etwas entfernte Parallelstelle, ist auch in PesR 4 (14a) enthalten. Anstatt בזכות (*biz^{e}khut*) wird dort בשביל (*bishvil*) gebraucht.
293) Freedman (I,88f) und Marmorstein (100) übersetzen z^e*khut* mit „for .... sake". Neusner (I,121) übersetzt den Ausdruck mit „merit" und Wünsche (51) mit „um .... willen".
294) Vgl. zur Bedeutung der *torah* auch Exkurs A.

Zu Kapitel 4.4

T.2 Die z^e*khut* Abrahams, des Freundes aus der Ferne: BerR 15,4 zu 2,8 (I,137f)[295]

את האדם (בראשית ב ח) בזכותו של אברהם, הה"ד אתה ידעתה שבתי וקומי בנתה לריעי מרחוק (תהלים קלט ב) שבתי בתוך גן עדן, וקומי טירופי מתוכה, בנתה לרעי מרחוק באי זו זכות יעצתה לבראותי, בזכות אותו שבא מרחוק הה"ד קורא ממזרח עיט מארץ מרחק איש עצתי (ישעיה מו יא).

[*Dann pflanzte Gott der HERR einen Garten in Eden gegen Osten, und setzte*] *den Menschen* [*darein, den er gebildet hatte*] (Gen 2,8). [D.h.] aufgrund der z^e*khut* Abrahams, wie denn geschrieben steht: *Mein Sitzen oder Aufstehen, du weisst es. Du bemerktest meinen Freund aus der Ferne* (Ps 139,2).
Mein Sitzen [bedeutet mein Sitzen] im Garten Eden.
Mein Aufstehen [bedeutet] mein daraus weggerissen werden.
Du bemerktest meinen Freund aus der Ferne: Aufgrund welcher z^e*khut* beschlossest du, mich zu erschaffen? Aufgrund der z^e*khut* dessen, der aus der Ferne kam, wie denn geschrieben steht: ....*der ich vom Aufgang den Raubvogel rief, aus fernem Lande den Mann meines Ratschlusses* (Jes 46,11a).[296]

Im vorliegenden Midrasch wird Gen 2,8 durch Ps 139,2 interpretiert, wobei Ps 139,2b mit Hilfe von Jes 46,11a erklärt wird.
Mirqin (I,110f) macht darauf aufmerksam, dass der unbekannte Ausleger im vorliegenden Midrasch Ps 139,2b ganz anders versteht, als dies gewöhnlich der Fall ist. Üblicherweise werden die Worte בנתה לרעי מרחוק (*bantah* $l^e re^c i$ *merahoq*) wie folgt übersetzt: „*Du verstehst meine Gedanken von ferne.*“ Der springende Punkt ist nun, dass der unbekannte Ausleger in BerR 15,4 רעי ($re^c i$) nicht als „*meine Gedanken*“, sondern als „*meinen Freund*“ versteht. Grammatikalisch gesehen ist er damit vollkommen im Recht: רֵעַ (rea^c) bedeutet „Freund“ und demzufolge רֵעִי ($re^c i$) „mein Freund“. Mirqin weist nun darauf hin, dass Abraham in ShemR 27,1 gestützt auf Jes 41,8 als Freund Gottes bezeichnet wird. In Jes 41,8 steht für „mein Freund“ אהבי (*'ohavi*). Dieser Ausdruck wird in ShemR 27,1 mit רעי ($re^c i$) wiedergegeben.

295) Parallelen: YalqPs 887, YalqMJes 46,11, YalqMPs 139,1.
296) Marmorstein (135) und Neusner (I,164) übersetzen z^e*khut* mit „merit“. Freedman (I,121) übersetzt den Ausdruck mit „for .... sake“ und Wünsche (68) mit „Verdienst“.

Wie in ShemR 27,1 ist auch in BerR 15,4 mit רעי (*re^c^i*) Abraham gemeint. In BerR 15,4 wird dieses Verständnis mit Jes 46,11a begründet. Der Gedankengang dieser Begründung läuft dann etwa wie folgt: Mit *„mein Freund"* ist in Ps 139,2b Gottes Freund Abraham gemeint, weil es in dieser Stelle von ihm heisst, dass er *„aus der Ferne"* ist, und weil es in Jes 46,11a heisst, dass Gott *„aus fernem Lande den Mann meines Ratschlusses"* rief. Der Ausdruck *„aus der Ferne"* in Ps 139,2b bezieht sich also auf *„meinen Freund"* und nicht auf die Worte *„Du bemerktest"*. Dass Gott Abraham rief bzw. berief, geht aus Gen 12,1-3 hervor. Bekanntlich berief Gott Abraham aus Ur in Chaldäa, also aus Babylon. Nach Mirqin wird in Jes 39,3 *„aus fernem Lande"* mit Babylon identifiziert: *„Aus fernem Lande sind sie zu mir gekommen, aus Babel."* Man darf davon ausgehen, dass der Verfasser von BerR 15,4 sich dieser Stelle bewusst war. Andernfalls wäre nämlich nicht einzusehen, weshalb er *„aus der Ferne"* (Ps 139,2b) bzw. *„aus fernem Lande"* (Jes 46,11a) ausgerechnet auf Abraham bezieht und darum in Jes 46,11a einen Beweis für seine Auslegung von Ps 139,2 findet.

Jes 46,11a kann in BerR 15,4 nur deshalb als Beweis dafür dienen, dass mit den Worten *„meinen Freund aus der Ferne"* Abraham gemeint ist, weil vorausgesetzt wird, dass auch in dieser Stelle von Abraham die Rede ist, d.h. dass mit *„Mann meines Ratschlusses"* Abraham gemeint ist.

In diesen Worten ist übrigens auch der Hinweis darauf enthalten, wie *z^e^khut* im vorliegenden Midrasch zu verstehen ist. In BerR 15,4 wird gesagt, die *z^e^khut* Abrahams sei die „*z^e^khut* dessen, der aus der Ferne kam". Die *z^e^khut* Abrahams ist demnach die *z^e^khut* des *„Mannes meines Ratschlusses"*. Daraus folgt, dass *z^e^khut* unmöglich „Verdienst" bedeuten kann. Abraham ist der *„Mann meines Ratschlusses"*, weil Gott ihn berufen und ihn aus Ur in Chaldäa herausgeführt hat. Die Berufung und Erwählung Abrahams aber ist ganz allein Gottes Sache und steht ganz in seiner eigenen Freiheit und in seinem eigenen Ermessen: Das geht denn auch aus Jes 46,11b hervor: *„Ich habe es geredet, ich lasse es kommen; ich habe es entworfen, ich führe es aus."* Aus diesem Grunde hat die *z^e^khut* Abrahams hier dieselbe Bedeutung wie in BerR 14,6, und auch der Akzent liegt wie dort ganz auf der Erwählung durch Gott. Da es wie in BerR 14,6 zu 2,7 um *„den Menschen"* und somit also um die ganze Menschheit geht, handelt es sich bei der Erwählung Abrahams auch hier um eine universale. Zu dieser ist dasselbe zu sagen wie im Zusammenhang von BerR 14,6 (s.o. Kapitel 4.4).

Zu Kapitel 5.1

T.3 Die z^e*khut* der Opfer Noahs für die Menschheit: BerR 34,12 zu 9,1 (I,323)[297]

ויברך אלהים את נח ואת בניו ויאמר להם פרו ורבו (בראשית ט א) זה שיכן בזכות הקורבנות.

> *Und Gott segnete Noah und seine Söhne und sprach zu ihnen: Seid fruchtbar und mehret euch* [*und füllet die Erde*] (Gen 9,1). Dies [geschieht] hier aufgrund der z^e*khut* der Opfer.[298]

Theodor/Albeck (I,323), Mirqin (II,55), Steinberger (II,96), Freedman (I,277, Anm. 7) und Neusner (II,13) weisen darauf hin, dass Gott Noah, dessen Frau, dessen Söhne und Schwiegertöchter sowie alle Tiere, die bei ihm in der Arche waren, bereits in Gen 8,17 segnete, indem er zu ihnen sprach, dass sie fruchtbar seien und sich auf Erden mehren sollten. Für den anonymen Verfasser des vorliegenden Midrasch hat sich daher die Frage gestellt, weshalb Gott Noah und dessen Söhne in Gen 9,1 nochmals segnet, und worin die Besonderheit dieses Segens gegenüber demjenigen in Gen 8,17 besteht. Die Antwort, die er auf diese Frage gibt, lautet, dass Gott Noah und dessen Söhne aufgrund der z^e*khut* der Opfer segnete. Zu dieser Antwort gelangt der unbekannte Verfasser darum, weil es in den drei vorangehenden Versen heisst:

> *Noah aber baute dem HERRN einen Altar; dann nahm er von allen reinen Tieren und von allen reinen Vögeln und brachte Brandopfer dar auf dem Altar. Und der HERR roch den lieblichen Duft und sprach bei sich selbst: Ich will hinfort nicht mehr die Erde um der Menschen willen verfluchen; ist doch das Trachten des menschlichen Herzens böse von Jugend auf. Und ich will hinfort nicht mehr schlagen, was da lebt, wie ich getan habe. Solange die Erde steht, soll nicht aufhören Saat und Ernte, Frost und Hitze, Sommer und Winter, Tag und Nacht* (Gen 8,20-22).

Nachdem Noah Gott einen Altar gebaut und auf diesem Brandopfer dargebracht hatte, wurde er in Gen 9,1 von Gott gesegnet. Der anonyme Verfasser des Midrasch sagt daher, dass dies aufgrund der z^e*khut* der Opfer geschah. Ebenso wie in BerR 44,14 das Verständnis von z^e*khut* von demjenigen der Sühneopfer abhängt (s.o. Kapitel 5.1), ist das Verständnis von z^e*khut* an dieser Stelle von demjenigen der Opfer abhängig.

---

297) Parallele: LeqT Ber 9,1.

298) Freedman (I,277) übersetzt z^e*khut* mit „reward“, Neusner (II,13) mit „on account of“ und Wünsche (154) mit „wegen“.

Für die Rabbinen war das Opfer Noahs ein Sühneopfer. Das geht auch eindeutig aus BerR 34,9 zu 8,21 hervor (Kapitel 7.5.2).[299] Zur Bedeutung von Noahs Opfer und dessen *z^ekhut* ist darum dasselbe zu sagen wie in BerR 44,14 (s.o. Kapitel 5.1).

Der Segen von Gen 9,1

In Gen 8,21 wird gesagt, dass *„das Trachten des menschlichen Herzens böse von Jugend auf"* sei. Diese Feststellung wird mit ganz ähnlichen Worten bereits in Gen 6,5f gemacht. Dort hatte diese Feststellung die Sintflut zur Folge. Es gibt daher nur zwei Möglichkeiten: Entweder lässt Gott wieder eine Sintflut kommen, oder er sorgt für die Wiederherstellung und Heilung des Bundes. Dass Gott sich mit dem Bösen einfach abfindet und sich daran gewöhnt, kommt weder für die Schrift noch für rabbinisches Denken in Betracht.

Um diese Wiederherstellung und Heilung des Bundesverhältnisses durch Gott und damit um Gottes Vergebung geht es bei den Opfern, die Noah Gott darbringt. Und zwar geht es um die Wiederherstellung und Heilung des Bundesverhältnisses Gottes mit der Menschheit. Noah und seine Söhne sind ja Repräsentanten der Menschheit. Repräsentant der Menschheit ist auch Israel. Israel ist kein Selbstzweck, sondern repräsentiert die Menschheit gegenüber Gott und – indem es Gottes Volk ist – Gott gegenüber den Heidenvölkern (vgl. auch S. 97). Die Opfer, die Israel darbringt, sind von daher gesehen die Weiterführung der Opfer Noahs und geschehen nicht nur zur Wiederherstellung und Heilung des Bundesverhältnisses Gottes mit Israel, sondern für die ganze Menschheit.

In Gen 9,1 wird mit praktisch denselben Worten der Segen Gottes von Gen 1,28 an die Menschheit wiederholt. Diese Wiederholung geschieht gemäss dem anonymen Verfasser des vorliegenden Midrasch aufgrund der *z^ekhut* der Opfer, die Noah darbrachte. Dies bedeutet, dass die Menschheit von *der Gültigkeit, Wirksamkeit und Verwirklichung des den Bund wiederherstellenden und heilenden Willens und Handelns Gottes* lebt und trotz aller Schuld überhaupt noch eine Zukunft hat. D.h. die Menschheit lebt von *der Gültigkeit, Wirksamkeit und Verwirklichung der Vergebung Gottes*.

---

299) C. Westermann (Genesis, I,607) bemerkt zur Stelle, beim Opfer Noahs handle es sich um ein Dankopfer, das die Geretteten Gott darbringen. Zudem kommt in diesem Opfer zum Ausdruck, dass die Geretteten den Neubeginn ihres Lebens dem Retter anvertrauen. Es ist sicher richtig, dass dieser Akzent auf dem Opfer Noahs liegt. G. v. Rad weist nun darauf hin, dass die Priesterschrift allen Brandopfern eine sühnende Funktion zuerkennt (Theologie des Alten Testaments, I,269). Nun wird das Noahopfer allerdings vom Jahwist erzählt (vgl. G. v. Rad, ebd. I,268; C. Westermann, ebd. I,609). Wenn aber schon die Priesterschrift alle Brandopfer als Sühneopfer verstand, dann erstaunt es nicht, dass die Rabbinen, denen die Überlegungen der modernen Forschung ja völlig fremd waren, dieses Verständnis ebenfalls teilten.

T.4 Die z^{e}*khut* Abrahams, die Josua und die Ältesten in Erinnerung riefen: BerR 39,16 zu 12,8 (I,380f)[300]

ויבן שם מזבח לי"י (בראשית יב ח) אמר ר' לעזר ג'
מזבחות בנה אחד לבשורת ארץ ישראל ואחד לקיניינה
ואחד שלא יפלו בניו בעי הה"ד ויקרע יהושע שמלותיו
ויפול על פניו ארצה לפני ארון י"י עד הערב הוא וזקני
ישראל ויעלו עפר על ראשם (יהושע ז ו), אמר ר' לעזר
בן שמוע התחילו מזכירים זכות אברהם אבינו, אמר
אנכי עפר ואפר (בראשית יח כז), כלום בנה לך אביהם
מזבח בעי אלא שלא יפלו בניו שם אתמהא.

> [*Darnach brach er von da auf nach dem Gebirge östlich von Bet-El und schlug sein Zelt auf, Bet-El im Westen und Ai im Osten;*] *und er baute dort einen Altar für den HERRN,* [*und er rief den Namen des HERRN an*] (Gen 12,8).
> R. La^cazar[301] sagte: Er baute drei Altäre, einen für die gute Nachricht über das Land Israel, einen für dessen Besitzergreifung und einen, damit seine Kinder in Ai nicht fallen möchten, wie denn geschrieben steht: *Josua aber zerriss seine Kleider und fiel auf sein Angesicht zur Erde vor der Lade des HERRN bis zum Abend, er und die Ältesten Israels, und sie streuten Staub auf ihr Haupt* (Jos 7,6).
> R. La^cazar b. Shammua^c (T3 um 150) sagte: Sie begannen die z^{e}*khut* unseres Vaters Abraham in Erinnerung zu rufen. Er sagte [nämlich]: [*Ach, ich habe mich unterfangen, mit meinem Herrn zu reden, wiewohl*] *ich Staub und Asche bin* (Gen 18,27). Baute etwa ihr Vater für dich nur einen Altar bei Ai, damit seine Kinder dort nicht fallen möchten? Ich staune darüber![302]

Der vorliegende Midrasch hat seinen Ausgangspunkt in der Frage, weshalb Abraham ausgerechnet in der Nähe von Ai einen Altar baute. Gemäss R. La^cazar baute Abraham insgesamt drei Altäre, einen davon in Ai.

Die drei Altäre

Der Altar „für die gute Nachricht über das Land Israel" hat seinen Schriftgrund im Vers, der Gen 12,8 vorangeht. In V.7 heisst es:

---

300) Parallelen: MHG Ber 12,8, YalqBer 67, YalqJos 17.

301) Anstatt „R. La^cazar" lesen die meisten Textvarianten „R. El^cazar" oder „R. Eli^cezer". Es ist nicht klar, welcher gemeint ist.

302) Freedman (I,325), Marmorstein (56, 84) und Neusner (II,75) übersetzen z^{e}*khut* mit „merit". Wünsche (181) übersetzt den Ausdruck mit „Tugend".

Da erschien der HERR dem Abram und sprach zu ihm: Deinen Nachkommen will ich dieses Land geben. Und er baute daselbst dem HERRN, der ihm erschienen war, einen Altar.

Mirqin (II,102) hat sicher recht, dass der Schriftgrund für den Altar für die „Besitzergreifung" des Landes in Gen 13,14-18 zu suchen ist, wo es heisst:

Als sich nun Lot von Abram getrennt hatte, sprach der HERR zu Abram: Hebe deine Augen auf und schaue von der Stätte, da du stehst, gegen Mitternacht und gegen Mittag, gegen Morgen und gegen Abend. Denn das ganze Land, das du siehst – dir will ich es geben und deinen Nachkommen für ewige Zeiten. Und deine Nachkommen will ich machen wie den Staub der Erde, so dass, wenn man den Staub der Erde zählen kann, man auch deine Nachkommen wird zählen können. Auf, durchziehe das Land in die Länge und in die Breite; denn dir will ich es geben. Da brach Abram mit seinen Zelten auf, zog hin und liess sich nieder bei der Terebinthe Mamres zu Hebron und baute daselbst dem HERRN einen Altar.

Zwar besitzt Abraham das Land Kanaan noch nicht. Ihm ist verheissen, dass erst seine Kinder es besitzen werden. Aber indem Abraham das Land durchzieht, nimmt er die „Besitzergreifung" und damit die Landnahme unter Josua voraus.
Diese droht jedoch in Ai zu scheitern. In Jos 7,2-5 wird vom vergeblichen Versuch Israels erzählt, Ai einzunehmen. Nun ist Ai nicht irgendein unbedeutender Ort, auf dessen Eroberung Israel notfalls verzichten kann. Sondern mit der Einnahme Ais steht und fällt die Einnahme des Landes Kanaan (V.9) und damit desjenigen Landes, das Gott Abraham verheissen hat. In Ai steht also die Verheissung an Abraham von Gen 12,7 par. auf dem Spiel. Die Ereignisse in Jos 7,1-8.29 haben somit einen inneren sachlichen Bezug zu dem Altar, den Abraham nach Gen 12,8 in der Nähe von Ai baute.
Ein Altar dient der Darbringung von Opfern. Die Israeliten scheiterten in Ai, weil Achan sich am Gebannten vergriffen und sich so gegen Gott und sein Volk versündigt hatte (V.1.10-26). Da Abraham den Altar baute, „damit seine Kinder dort nicht fallen möchten", handelt es sich demnach um einen Altar, auf dem Sühneopfer dargebracht werden. Wie in BerR 44,14 ist also auch im vorliegenden Midrasch der Besitz des Landes an die Sühneopfer und damit also an die Heilung und Wiederherstellung des Bundesverhältnisses Gottes mit Israel gebunden.[303]

Die z^{e}khut Abrahams

Die Brücke zwischen Jos 7,6 und Gen 18,27 bildet das Wort *„Staub"*. Indem Josua und die Ältesten Staub auf ihr Haupt streuten, erinnerten sie an Abraham, der gesagt hatte, er sei nur Staub und Asche. Diese Aussage Abrahams über sich selbst ist ein Akt der Anerkennung der Souveränität Gottes und der Unterwerfung

303) Zur Bedeutung der Sühneopfer s.o. S. 79-82.

unter seinen Willen. Dasselbe gilt für Jos 7,6. Gleichzeitig kommen durch den Zusammenhang, in dem Gen 18,27 steht, noch weitere Gesichtspunkte ins Blickfeld. Diese Stelle steht im Zusammenhang der Bitte Abrahams für die Bewohner Sodoms. In Gen 18,17f heisst es:

> *Der HERR aber dachte: Soll ich vor Abraham geheimhalten, was ich tun will? Abraham soll doch ein grosses und starkes Volk werden, und alle Völker der Erde sollen durch ihn gesegnet werden.*

Wenn Abraham sich für die Bewohner von Sodom einsetzt, stellt diese Intervention nicht eine unbefugte Einmischung in Gottes Angelegenheiten dar. Gott teilt Abraham mit, was er vorhat, damit Abraham für die Bewohner von Sodom bitten kann. Gott gibt ihm dazu Gelegenheit, damit die Verheissung verwirklicht wird, dass alle Völker der Erde durch Abraham gesegnet werden (V.18). Gott ist nicht nur Abrahams Gott, indem er zu Abraham spricht, sondern auch und gerade auch dadurch, indem Gott *mit sich reden lässt*. Zur Erwählung Abrahams gehört daher, *dass er mit Gott spricht, obwohl er nur „Staub und Asche" ist.*

In Gen 18,18 wird nicht nur gesagt, dass durch Abraham alle Völker der Erde gesegnet werden, sondern auch, dass Abraham zu einem grossen Volke werden soll. Mit dieser Verheissung ist natürlich auch die Landverheissung verknüpft, auch wenn das hier nicht ausdrücklich gesagt wird.

Der rabbinische Gedankengang, der zwischen Gen 18,27 und Jos 7,6 einen Zusammenhang sieht, läuft demnach etwa wie folgt:

1. In Gen 18,27 bezeichnet Abraham sich als *„Staub"*.
2. Obwohl Abraham nur *„Staub"* ist, bittet er Gott für die Bewohner Sodoms, weil Gott dies gemäss Gen 18,17f so will.
3. In Gen 18,18 ist auch davon die Rede, dass Abraham zu einem grossen Volk wird. Mit dieser Verheissung ist die Landverheissung verbunden.
4. Diese Verheissung geht in Erfüllung, indem die Israeliten unter dem Befehl Josuas das Land besetzen. Dazu aber ist die Einnahme von Ai eine unabdingbare Voraussetzung.

Wenn Josua und die Ältesten Staub auf ihre Häupter streuen, um damit Gott an die *z^{e}khut* Abrahams zu erinnern, dann erinnern sie ihn also an seine Verheissung auf Land und Nachkommen. Die *z^{e}khut* Abrahams ist demnach *die Gültigkeit und Wirksamkeit der Verheissung Gottes an Abraham*. Diese hat ihren Grund in der Erwählung Abrahams durch Gott. Die *z^{e}khut* Abrahams ist also *die Gültigkeit und Wirksamkeit der Erwählung durch Gott und der damit gegebenen Verheissung auf Land und Nachkommen*.

T.5 Das Isaakopfer als Gefährdung der z^e*khut* Abrahams: BerR 56,5 zu 22,9f (II,600f)[304]

ויעקד את יצחק בנו וגו' (בראשית כב ט) .... ובשעה ששלח אבינו אברהם את ידו ליקח את המאכלת לשחוט את בנו בכו מלאכי שרת הה"ד הן אראלם צעקו חוצה וגו' (ישעיה לג ז) מהו חוצה, ר' עזריה אמר חיצה, חיצה היא בידיה למיכס ית בריה, ומה היו א' נשמו מסילות (שם שם ח) אין אברהם מקבל את העוברים ואת השבים, שבת עובר אורח (שם שם) היך דאת אמר חדל להיות לשרה ארח כנשים (בראשית יח יא), היפר ברית (ישעיה שם) ואת בריתי אקים את יצחק (בראשית יז כא), מאס ערים (ישעיה שם) וישב בין קדש ובין שור (בראשית כ א), לא חשב אנוש (ישעיה שם) לא עמדה זכות לאברהם אתמהא, ומי יאמר לך שאינו מדבר אלא במלאכי שרת, נאמר כאן ממעל לעצים ונאמר להלן שרפים עומדים ממעל לו (ישעיה ו ב).

Dann band er seinen Sohn Isaak [*und legte ihn auf den Altar, oben auf das Holz. Und Abraham streckte seine Hand aus und ergriff das Messer, um seinen Sohn zu schlachten*] (Gen 22,9f). ....
In dem Augenblick als unser Vater Abraham seine Hand ausstreckte, um das Messer zu ergreifen und seinen Sohn zu schlachten, weinten die Dienstengel, wie denn geschrieben steht: *Siehe, die Helden klagen draussen* (חוצה *hutsah*), [*die Friedensboten weinen bitterlich*] (Jes 33,7).[305] Was [bedeutet] חוצה (*hutsah*)? R. Azarya (pA5 um 380) sagte: חיצה (*hitsah*, etwas Unnatürliches).[306] Es ist etwas Unnatürliches, seinen Sohn mit seinen eigenen Händen zu schlachten.
Und was sagten sie (d.h. die Dienstengel) [noch]?

---

304) Parallele: YalqBer 101.

305) Wir folgen hier der Zürcher Übersetzung, die אראלם als „*Helden*" versteht. Tatsächlich aber handelt es sich bei diesem Ausdruck um ein *hapax legomenon*, das unverständlich ist. Vgl. zu den verschiedenen Erklärungsversuchen H. Wildberger, Jesaja, III,1294. Die Rabbinen haben den Ausdruck offensichtlich in Parallele zu מלאכי שלום (*mal'akhe shalom*) im Sinne von „Engel" verstanden. D.h. sie verstanden den Ausdruck מלאכי שלום (*mal'akhe shalom*) nicht als „Friedensboten" sondern als „Friedensengel". Das wird daraus ersichtlich, dass im vorliegenden Midrasch אראלם zitiert wird und nicht מלאכי שלום, und dass von den weinenden Dienstengeln die Rede ist.

306) Das Verfahren, ein ו mit einem י auszutauschen, um den Bibeltext zu interpretieren, wendet auch R. Yohanan in BerR 51,11 (= Text 14) an. Infolge dieses Austausches lautet Jes 33,7: „*Siehe, die Helden klagen:* [*Es ist*] *etwas Unnatürliches!*"

Die Landstrassen sind verwüstet.... (Jes 33,8a): Abraham nimmt die hin und her Ziehenden nicht mehr auf.
....der Reisende (עובר אורח *ᶜover 'orah̲*) *ruht* (Jes 33,8b), wie du sagst: [*Nun waren Abraham und Sara alt und hochbetagt, sodass*] *es Sara nicht mehr nach der Weise* (אורח *'orah̲*) *der Frauen ging* (Gen 18,11).
Er hat den Bund gebrochen.... (Jes 33,8c): *Meinen Bund aber will ich aufrichten mit Isaak,* [*den dir Sara gebären wird um diese Zeit im nächsten Jahr*] (Gen 17,21).
....die Städte verworfen.... (Jes 33,8d): [*Abraham aber zog von dort in das Gebiet des Südlandes*] *und blieb zwischen Kadesch und Schur* (Gen 20,1).
....der Mensch gilt ihm nichts (Jes 33,8e): Für Abraham blieb keine *zᵉkhut* bestehen, ich staune darüber!
Und wer sagt dir, dass von nichts anderem als von Dienstengeln die Rede ist? Es wird hier gesagt: *....oben auf* (ממעל *mimaᶜal*) *das Holz* (Gen 22,9). *Und es wird ferner gesagt: Serafim standen über* (ממעל *mimaᶜal*) *ihm* (Jes 6,2).[307]

Die Hauptaussage des vorliegenden Midrasch ist die Zukunftslosigkeit, Ausweglosigkeit, Hoffnungslosigkeit und Trostlosigkeit Abrahams im Falle der Opferung Isaaks. Diese wird in der vorliegenden Auslegung zu Gen 22,9f dadurch zum Ausdruck gebracht, dass die Dienstengel (Jes 33,7) klagen. Diese Klage wird mit Hilfe von Jes 33,8 ausgedrückt. Dabei wird der Vers in fünf Teile aufgegliedert. Diese werden entweder mit Schriftversen aus den Abrahamserzählungen in der Genesis oder mit Anspielungen darauf interpretiert. Bedingt durch dieses Verfahren und durch die exegetischen Probleme, die Jes 33,7f stellt, bietet der Midrasch in BerR 56,5 zahlreiche Schwierigkeiten. Diesen soll jedoch nicht im Einzelnen nachgegangen werden. Es soll nur das für das angemessene Verständnis von *zᵉkhut* Notwendige gesagt werden:
Abraham und Sara sind alt. An die Geburt eines weiteren Sohnes ist nicht zu denken (Jes 33,8b in Verbindung mit Gen 18,11). Wenn Isaak stirbt, stirbt auch Gottes Verheissung, Abraham zu einem grossen Volke zu machen und seinen Nachkommen das Land zu geben. Die Verheissung auf Land und Nachkommen aber ist integraler Bestandteil der Erwählung Abrahams durch Gott und von Gottes Bund mit ihm (vgl. Gen 12,1-3). Wenn Isaak geopfert wird, *bricht Gott* dadurch *den Bund*. Dass tatsächlich Gott es ist, der gemäss der Aussage des Midrasch den Bund bricht, geht eindeutig daraus hervor, dass Jes 33,8c durch Gen 17,21 interpretiert wird. Für das richtige Verständnis des Passuses הפר ברית (*hefer bᵉrit*) ist also nicht der Zusammenhang von Jes 33 massgebend, sondern allein derjenige von Gen 17,21. Dort aber ist Gott Subjekt. Indem Gott den Bund bricht, und d.h. indem er die Erwählung Abrahams vollständig missachtet und seine Verheissungen an ihn dahinfallen lässt, gilt ihm Abraham nichts mehr.

307) Freedman (I,495) und Neusner (II,282) übersetzen *zᵉkhut* mit „merit". Wünsche (267) übersetzt den Ausdruck mit „Verdienst".

„....*der Mensch gilt ihm nichts*“, heisst es in Jes 33,8e. Und der Kommentar R. Azaryas dazu lautet: „Für Abraham blieb keine z^{e}*khut* bestehen, ich staune darüber!“ Wenn Gott den Bund mit Abraham bricht, bleibt für Abraham tatsächlich keine z^{e}*khut* bestehen.
Obwohl Jes 33,8e keine Frage sondern eine Feststellung ist, hat Mirqin (II,271) den Satz לא עמד זכות לאברהם (*lo'* ^{c}*amad* z^{e}*khut* l^{e}*'avraham*), der diesen Versteil auslegt, mit einem Fragezeichen versehen. Aus Steinbergers (II,550f) Kommentar zur Stelle geht hervor, dass er diesen Satz ebenfalls als Frage versteht. Aber auch Freedman (I,495), Neusner (II,282) und Wünsche (267) haben ihn als Frage verstanden und dementsprechend übersetzt:
– Freedman: „– has Abraham no merit in his favour?“
– Neusner: „Does Abraham have no merit in his favor?“
– Wünsche: „d. i. sollte denn dem Abraham nicht sein Verdienst beistehen?“
Keiner der genannten Autoren versteht Jes 33,8e als Frage, sondern als Indikativ. Trotzdem wollen sie den Satz, der diesen Versteil interpretiert, nicht ebenfalls als Indikativ, sondern als Frage verstanden wissen. Dies hängt wohl damit zusammen, dass sie z^{e}*khut* als „Verdienst“ verstehen, und sich nicht vorstellen können, dass Abraham keine „Verdienste“ gehabt haben soll. Wie Mirqin und Steinberger in diesem Punkt gedacht haben, ist nicht auszumachen, da beide Hebräisch schreiben und aus ihren Bemerkungen zur Stelle nicht ersichtlich wird, was sie unter z^{e}*khut* verstehen.
Das Verständnis von z^{e}*khut* als „Verdienst“ kommt hier aber nicht in Frage. Auf dem Hintergrund der bisherigen Ausführungen kann z^{e}*khut* sich nur auf den Bund und damit also auf die Erwählung und die damit verbundenen Verheissungen beziehen. Mit der z^{e}*khut* Abrahams ist *die Gültigkeit, Wirksamkeit und Verwirklichung der Erwählung Abrahams durch Gott, des Bundes mit ihm und der damit gegebenen Verheissung auf Land und Nachkommen mit ihrem Anspruch auf Erfüllung* gemeint. Diese Umschreibung wirkt zugegebenermassen etwas langatmig. Der vorliegende Midrasch mit den darin enthaltenen Bibelzitaten berechtigt jedoch nicht, einen in dieser Umschreibung enthaltenen Gesichtspunkt um der Kürze willen wegzulassen.

Ein Midrasch, der grosse Ähnlichkeit mit dem eben besprochenen hat, ist in einigen Textvarianten in BerR 56,8 enthalten.[308] In BerR 56,8 heisst es:

> *Und Abraham streckte seine Hand aus* [*und ergriff das Messer, um seinen Sohn zu schlachten*] (Gen 22,10).
> Er streckte eine Hand aus, um das Messer zu nehmen, und seine Augen liessen Tränen herabfliessen. Und die Tränen fielen auf die Augen Isaaks aus dem Erbarmen des Vaters, und trotzdem war das Herz froh, den Willen seines Schöpfers zu tun.

308) Obwohl dieser im Haupttext der kritischen Ausgabe von Theodor/Albeck sowie in Neusners Übersetzung fehlt, soll er hier der Vollständigkeit halber vorgestellt und kurz besprochen werden. Der hier gebotenen Übersetzung liegt der Text Mirqins (II,273f) zugrunde.

> Und oben versammelten sich die Engel scharenweise. Was schrien sie? *Die Landstrassen sind verwüstet, der Reisende ruht. Er hat den Bund gebrochen, die Städte verworfen....* (Jes 33,8a-d): Er hat kein Wohlgefallen an Jerusalem und am Tempel, mit denen er die Absicht hatte, sie den Kindern Isaaks zum Besitz zu geben. *....der Mensch gilt ihm nichts* (Jes 33,8e): Für Abraham blieb keine *z^{e}khut* bestehen. Kein Mensch hat Geltung vor ihm.[309]

Wie in BerR 56,5 drohen durch die Opferung Isaaks der Bund gebrochen, die Erwählung aufgehoben und die Verheissungen zunichte gemacht zu werden. Dass es um all dies geht, geht nicht nur aus Jes 33,8 hervor, sondern auch aus dem Satz: „Er hat kein Wohlgefallen an Jerusalem und am Tempel, mit denen er die Absicht hatte, sie den Kindern Isaaks zum Besitz zu geben." Jerusalem und der Tempel sind in ganz pointierter Art und Weise Ausdruck und Ziel der Erwählung und des Bundes. Der Verheissungscharakter kommt darin zum Ausdruck, dass von der Absicht Gottes gesprochen wird, die nun allerdings fallengelassen zu werden droht. Die Bedeutung von *z^{e}khut* ist hier dieselbe wie in BerR 56,5.

---

309) Freedman (I,498) übersetzt *z^{e}khut* mit „merit". Wünsche (268) übersetzt hier sehr frei: „....d. i. er hat kein Wohlgefallen an Jerusalem, am Tempel, den Gott an die Nachkommen Jizchaks vererben wollte; er sieht nicht auf die Frömmigkeit Abrahams, kurz, kein Geschöpf ist vor ihm beachtet."

Zu Kapitel 5.2.1

T.6 Die *z^e^khut* der *torah*, die mit Milch verglichen wird: BerR 99,8 zu 49,12 (III,1281)[310]

ולבן שנים מחלב (בראשית מט יב) בזכות התורה, אם יהיו חטאיכם כשנים כשלג ילבינו (ישעיה א יח).

....*und seine Zähne sind weiss von Milch* (Gen 49,12b). Aufgrund der *z^e^khut* der *torah*: *Wenn eure Verfehlungen* (חטאים *hata'im*)[311] *wie Karmesin sind, können sie [dann] weiss werden wie Schnee* (Jes 1,18b)?[312]

Bei Gen 49,12b handelt es sich um einen Passus aus dem Segen Jakobs an den Stamm Juda. Der anonyme Verfasser des vorliegenden Midrasch hat diese Stelle auf die Bedeutung bezogen, welche die *torah* für Israel hat. Für seine Auslegung zieht er Jes 1,18b heran. Die Brücke zwischen dieser Stelle und Gen 49,12b besteht darin, dass es in Jes 1,18b heisst, ילבינו (*yalbinu*) – *„können sie [dann] weiss werden"*, und in Gen 49,12b ולבן (*ul^e^ven*) – *„und weiss"*.
Der Gedankengang des Midrasch läuft somit etwa wie folgt: So wie die Milch die Zähne weiss macht, macht die *z^e^khut* der *torah* die karmesinroten Sünden weiss. Bekanntlich ist die weisse Farbe in der biblisch-jüdischen Tradition oft ein Symbol für die Reinheit. Dass die *z^e^khut* der *torah* „weiss macht", ist somit dahingehend zu verstehen, dass sie von den Verfehlungen „rein macht".
In Jes 1,18b wird zwar die Frage gestellt, auf welche Weise die karmesinroten Verfehlungen weiss wie Schnee werden können, aber keine Antwort darauf gegeben. Mit grosser Sicherheit bezieht sich der Midrasch auf die beiden Verse, die auf V.18b folgen. In V.19f heisst es:

> *Wenn ihr willig seid und gehorcht, so sollt ihr des Landes gute Gaben essen. Doch wenn ihr euch weigert und widerstrebt, sollt ihr gefressen werden vom Schwert. Denn der Mund des HERRN hat es geredet.*

---

310) Parallele: TanBer waye<u>h</u>i 10.

311) H. Wildberger (Jesaja, I,21) bemerkt zur Wurzel חטא, dass sie „fehlgehen" bedeute. Im juristischen Bereich meint חטא die Verfehlung der Rechtsnorm, im kultisch-religiösen den Verstoss gegen die festgesetzte Ordnung, durch die das Verhältnis zum Heiligen geregelt ist.

312) Freedman (II,983) übersetzt *z^e^khut* mit „for .... sake" und Wünsche (498) mit „Verdienst". In Neusners (III,378) Übersetzung fehlt BerR 99,5-12 und somit auch der vorliegende Midrasch.

Mit *„willig sein“* (אבה *'avah*) und *„gehorchen“* (שמע *shama*^{c}) sind die Einwilligung und der Gehorsam gegenüber Gottes Willen gemeint.[313] Es geht in Jes 1,19f um etwas ganz Grundsätzliches: Israel wird aufgefordert zu wählen, ob es auf Gott hören und seinen Willen tun will, oder ob es sich Gott verweigern will. D.h. ob es im Bunde mit Gott und somit in der Gemeinschaft mit ihm leben will, oder „ausserhalb“. Nach Jes 1,19f ist dieses Ausserhalb jedoch keine Lebensmöglichkeit. Es kann für Israel nur Tod und Verderben bedeuten.[314]
Der Ausdruck *torah* kommt in Jes 1,19f nicht *expressis verbis* vor. Trotzdem ist vom Zusammenhang her von ihr die Rede und zwar in einem ganz umfassenden Sinne. Die Beantwortung der Frage von Jes 1,18b mit „Aufgrund der *z*^{e}*khut* der *torah*“ ist also berechtigt. Obwohl Jes 1,18b ausspricht, wie todernst die Lage ist, besteht laut V.19 noch Hoffnung.[315] Diese hat ihren Grund darin, dass Gott seinem Volk die Möglichkeit zur Umkehr zu ihm, zur Rückkehr in den Bund und zum Neubeginn in der Gemeinschaft mit ihm anbietet. Indem die Israeliten diese Möglichkeit ergreifen, zu Gott zurückkehren und einen Neubeginn wagen und realisieren, erfahren sie Gottes Vergebung, und werden sie auch von ihren Verfehlungen frei und damit „gereinigt“.[316]
Den Ruf zur Umkehr und zum Neubeginn und den Zuspruch der Vergebung hört Israel durch die *torah*. Aber auch deren konkrete Verwirklichung erfolgt mit ihrer Hilfe. Die *z*^{e}*khut* der *torah* ist demnach ihre *reinigende, versöhnende, heilende und erneuernde Wirksamkeit und Kraft*. Ebensowenig wie es in Jes 1,19f um das Erbringen irgendeiner Leistung gehen kann,[317] kann es sich bei ihrer *z*^{e}*khut* um ein „Verdienst“ handeln.

---

313) Wildberger (ebd 53) bemerkt in diesem Zusammenhang: „Es kann kein Zufall sein, dass die beiden Verben אבה und שמע in Lv 26 21, im „Bundesfestpsalm“ 81 (12) und in Jos 24 10 (s. auch Ez 3 7 und 20 8 [hier auch parallel mit מרה]) nebeneinanderstehen (vgl. auch Jes 28 12 und 30 9). Die Vokabeln in ihrer Zusammenordnung sind eindeutig in der Bundestradition zu Hause, welche Israel vor die beiden Möglichkeiten von Heil oder Unheil, Segen oder Fluch stellt. Das unterstreicht auch das übrige Vokabular. Für den Fall des Gehorsams kann sich Israel satt essen in seinem Land (Lv 26 5. 10, vgl. dazu 26 16. 26 Dt 28 31. 33 u.a.). Dass auch טוב dort beheimatet ist, zeigt Dt 6 11; mit diesem Wort sind die guten Gaben zusammengefasst, die sonst einzeln in den Segensverheissungen namhaft gemacht werden. Die Drohung mit dem „Schwert“ schliesslich gehört erst recht zum Wortfeld dieser Tradition (Lv 26 25. 33 Dt 28 22 u.ö.).“

314) Vgl. Exkurs A.

315) Wildberger, ebd. 54.

316) Vgl. auch die Besprechung von BerR 2,4 in Kapitel 5.2.2.

317) Auch Wildberger weist mit Nachdruck auf diesen Sachverhalt hin (ebd. 54).

Zu Kapitel 5.2.2

T.7 Die *z^ekhut* Abrahams, die für seine Kinder bestehen bleibt: BerR 44,16 zu 15,11 (I,438)[318]

וירד העיט על הפגרים וגו' (בראשית טו יא) אמר ר' אסי
נסב אברהם מכושה והוה מכש להון ולא הוו מתכשין
ואפעלפיכן וישב אתם אברם בתשובה, אמר ר' עזריה
לכשיעשו בניך פגרים בלא גירים ובלא עצמות זכותך
עומדת להם.

Und die Raubvögel stiessen auf die Leichname, [doch Abram scheuchte sie weg] (Gen 15,11). R. Assi (pA3 um 300) sagte: Abraham nahm einen Knüppel und schlug sie, aber sie wurden nicht geschlagen. Und trotzdem: ....*doch Abram scheuchte sie weg* (וישב *wayyashshev*). Durch Umkehr (תשובה *tshuva*). R. Azarya (pA5 um 380) sagte: Damit, wenn deine Kinder zu Leichnamen ohne Sehnen und ohne Knochen gemacht werden, deine *z^ekhut* für sie bestehen bleiben wird.[319]

Nach Auffassung R. Azaryas repräsentieren die in Gen 15,9f getöteten Tiere Abrahams Kinder.[320] Inwiefern diese zu „Leichnamen ohne Sehnen und ohne Knochen gemacht werden", sagt R. Azarya allerdings nicht. Immerhin geht aus dem Zusammenhang von R. Assis und R. Azaryas Auslegungen hervor, dass die Raubvögel in BerR 44,16 als feindliche Wesen verstanden werden. In der Hebräischen Bibel sind die Raubvögel häufig ein Ausdruck von Gottes Gericht.[321] Besonders erhellend für das Verständnis der Auslegung R. Azaryas ist Dtn 28,15 und V.26: *„Wenn du aber auf das Wort des HERRN, deines Gottes, nicht hörst und alle seine Gebote und Satzungen, die ich dir heute gebe, nicht getreulich erfüllst, so werden alle diese Flüche über dich kommen und werden dich erreichen: ....und deine Leichen werden allen Vögeln des Himmels und allem Getier der Erde ein Frass sein, und es ist keiner, der sie verscheucht."* (Vgl. auch die Parallelstelle Jer 7,33, wo fast wörtlich dasselbe gesagt wird wie in Dtn 28,26.)
Es ist anzunehmen, dass R. Azarya sich dieser Zusammenhänge bewusst war. Für das Verständnis seiner Auslegung bedeutet dies: Abrahams Kinder werden zu

---

318) Parallelen: MHG Ber 15,11, YalqBer 77.

319) Freedman (I,372) und Neusner (II,137) übersetzen *z^ekhut* mit „merit", Billerbeck (I,117, II,278) und Wünsche (206) mit „Verdienst". Levy (I,535) übersetzt den Ausdruck in seinem Wörterbuch mit „Tugendhaftigkeit".

320) Vgl. zur Bedeutung von Gen 15,9f auch die Besprechung von BerR 44,14 in Kapitel 5.1.

321) Vgl. Dtn 28,26; 1Sam 17,46; 1Kön 14,11; 16,4; 21,24; Ps 79,2; Jer 7,33; 15,3; 16,4; 19,7; 34,20; Ez 29,5. Zwar ist in diesen Stellen nicht wie in Gen 15,11 von עיט (*^cayt*), sondern allgemeiner von עוף השמים (*^cof hashamayim*), „Vögel des Himmels" die Rede, aber es ist klar, dass damit nur aasfressende Raubvögel gemeint sein können.

Leichnamen, auf die sich die Raubvögel stürzen, weil sie Gott verliessen und den Bund mit ihm brachen. Dass dieses Verständnis richtig ist, wird von der Auslegung R. Assis bestätigt. Nach R. Assi verscheucht Abraham die Raubvögel durch Umkehr. In Dtn 28,26 (par. Jer 7,33) wird für „verscheuchen" das Hif'il Partizip von חרד (*ḥarad*) verwendet. Wörtlich übersetzt heisst es dort: *„Und es ist keiner, der sie schreckt."* Da man Vögel normalerweise verscheucht, indem man sie erschreckt, handelt es sich in Dtn 28,26 und Jer 7,33 um eine Ausdrucksweise, die der Sache, um die es geht, angemessen ist. Das ist in Gen 15,11 nicht der Fall. Wörtlich übersetzt heisst es hier: *„....doch Abraham liess sie umkehren."* Gegenüber der Ausdrucksweise in Dtn 28,26 und Jer 7,33 wirkt diejenige in Gen 15,11 eigenartig unpräzise, und man fragt sich, auf welche Weise denn Abraham die Raubvögel „umkehren liess". Wie seine Auslegung von Gen 15,11 deutlich macht, hat auch R. Assi diese Frage gestellt. Aus der Verwendung des Verbes שוב (*shuv*) in Gen 15,11 schliesst er, dass Abraham die Raubvögel durch תשובה (*tshuvah*), durch Umkehr vertrieben habe.

Die *tshuvah* ist die Umkehr des von Gott erwählten Gottesvolkes bzw. seiner einzelnen Glieder in die Bundesgemeinschaft mit Gott, nachdem diese durch Israel bzw. durch einzelne seiner Glieder zerstört wurde. Obwohl die *tshuvah* also gerade kein „Verdienst" ist, ist sie dennoch ein pointiert *menschliches Tun*. Sie ist die Beteiligung des Menschen als Gottes freies Gegenüber bei der Wiederherstellung und Vollendung des Bundes.[322]

Die Auslegung R. Assis kann nur von der Voraussetzung der Auslegung R. Azaryas her verstanden werden, dass mit den „Leichnamen" in Gen 15,11 die Kinder Abrahams gemeint sind. Ohne diese Voraussetzung wird nicht klar, weshalb Abraham die Raubvögel vertreiben will. Und man versteht auch nicht, weshalb es ihm nicht gelingt, diese mit einem Knüppel zu vertreiben. Das versteht man erst, wenn man die Raubvögel auf Gottes Gericht bezieht und die Leichname der Tiere auf die Kinder Abrahams. Angesichts von Gottes Gericht hilft tatsächlich nur noch Umkehr. Es fällt auf, dass in der Auslegung R. Assis nicht von der Umkehr Israels, sondern von derjenigen Abrahams gesprochen wird. Vordergründig ist das deshalb so, weil in Gen 15,11 von Abraham gesagt wird, dass er die Raubvögel vertrieb. Die tiefere Ursache dafür besteht jedoch darin, dass Abraham, Repräsentant Israels ist, und daher seine Umkehr auch diejenige Israels ist. Wenn von Die Rede von Abrahams Umkehr macht zudem deutlich, dass R. Assi ihn nicht idealisiert.

Bei der Besprechung von BerR 2,4 (Kapitel 5.2.2) wurde gezeigt, dass nach rabbinischer Tradition die Wiederherstellung und Vollendung des Bundes und somit die Rettung Israels ganz von Gott abhängt und ganz von Israel. Dass die Rettung ganz von Israel abhängt, d.h. von seiner Umkehr, streicht auch R. Assi in seiner Auslegung hervor.

Es ist nicht anzunehmen, dass R. Azarya noch einmal dasselbe sagt wie R. Assi. Viel wahrscheinlicher ist, dass sich seine Aussage von derjenigen R. Assis unterscheidet. Demnach meint R. Azarya mit der *z^e^khut* Abrahams die „andere Seite"

322) Vgl. Kapitel 5.2.2.

der Wiederherstellung und Vollendung des Bundes und der Rettung Israels meint. In diesem Fall ist die *z^ekhut* Abrahams das Tun Gottes. Worin dieses besteht, kann genau angegeben werden: Gott hat Abraham erwählt und ihm verheissen, ihn zu einem grossen Volke zu machen. Wenn aber Abrahams Kinder zu „Leichnamen" werden, geht die Verheissung Gottes nicht in Erfüllung und kommt die Erwählung Abrahams, die mit der Erwählung Israels gleichbedeutend ist, nicht ans Ziel. Wenn daher die *z^ekhut* Abrahams für Israel bestehen bleibt, bedeutet das, dass *die Gültigkeit und Wirksamkeit der Erwählung Abrahams, und damit Israels* und dass damit auch die damit gegebene *Gültigkeit von Gottes Verheissung mitsamt dem damit verbundenen Anspruch auf Verwirklichung bzw. Erfüllung* für Israel bestehen bleibt. *z^ekhut* bedeutet hier also „*Gültigkeit und Wirksamkeit der Erwählung und der Verheissung mitsamt dem damit verbundenen Anspruch auf Erfüllung*".

In seiner Auslegung sagt R. Azarya, dass Abrahams Kinder „zu Leichnamen ohne Sehnen und ohne Knochen gemacht werden". Mit dieser Aussage geht er noch über das hinaus, was in Ez 37 geschildert wird. Dort wird von Israel als von einem Volk gesprochen, das von sich selbst sagt: „*Verdorrt sind unsre Gebeine, und dahin ist unsre Hoffnung! Wir sind verloren*" (Ez 37,11)! In der Vision Ezechiels sind von diesem Volk immerhin noch die Gebeine übriggeblieben, auch wenn diese verdorrt sind (Ez 37,2). Und das ist nach dem Empfinden der Hebräischen Bibel eben gerade nicht nichts. Die Gebeine eines Menschen sind ein Teil seiner selbst und repräsentieren ihn auch dann noch, wenn er schon lange gestorben ist.[323] Nach dem Empfinden der Bibel ist es daher etwas Schreckliches, wenn Gebeine verbrannt werden (vgl. 1Kön 13,2; 2Kön 23,16; 2Chr 34,5; Am 2,1). Wenn R. Azarya davon spricht, dass die Kinder Abrahams zu Leichnamen ohne Knochen werden, spricht er von ihrer völligen Auslöschung. Aber selbst in dieser Situation, wo Israel aufgehört hat zu existieren, und wo nicht nur alles verloren scheint, sondern wirklich und wahrhaftig alles verloren ist, bleibt für Israel die *z^ekhut* Abrahams bestehen, bleibt also die Gültigkeit und Wirksamkeit von Gottes Erwählung bestehen, und bleiben auch seine Verheissungen gültig. Mit seiner Auslegung spricht R. Azarya einen fast grenzenlosen Glauben und eine fast unermessliche Hoffnung aus. Wie gross und tief dieser Glaube und diese Hoffnung sein muss, die durch R. Azaryas Auslegung ausgesprochen werden, erahnt man dann, wenn man an die unzähligen Juden denkt, deren Gebeine in Auschwitz und anderswo verbrannt wurden.

323) Vgl. auch die Auslegung von BerR 87,8 (= Text 31), wo gesagt wird, dass das Meer aufgrund der *z^ekhut* der Gebeine Josefs gespalten wurde.

Zu Kapitel 5.3

T.8 Parallelauslegung LeqT Ber 12,7 zu BerR 39,15

Da erschien der HERR dem Abram [*und sprach zu ihm:*] (Gen 12,7a). Er suchte (נתבקש *nitbaqqesh*) für sich nach der *z*^{e}*khut* im Land.

Deinen Nachkommen will ich dieses Land geben (V.7b). R. Levi (pA3 um 300) sagte: In dem Augenblick als unser Vater Abraham durch das Aram der zwei Ströme und durch das Aram Nahors ging, sah er, wie sie assen und tranken. Da sprach er: Oh dass doch mein Anteil nicht in diesem Lande sei. Als er zur Leiter von Tyros[324] kam, sah er, wie sie mit Jäten und Behacken beschäftigt waren. Da sprach er: Oh dass doch mein Anteil in diesem Lande sei. Da sprach der Heilige, gepriesen sei er: *Deinen Nachkommen will ich dieses Land geben* (V.7b).

Und er baute daselbst dem HERRN, der ihm erschienen war, einen Altar (V.7c). Dies [geschieht] hier aufgrund der *z*^{e}*khut* des Landes.

Im Unterschied zu BerR 39,15 und MHG Ber 12,6 bezieht sich der vorliegende Midrasch nicht auf Gen 12,6, sondern auf Gen 12,7. LeqT Ber 12,7 ist somit eine weitere Bestätigung dafür, dass erst von V.7 her ersichtlich wird, wonach Abraham sucht. Da V.7 für das richtige Verständnis von BerR 39,15 zu 12,6 unentbehrlich ist, passt der Midrasch von BerR 39,15 auch zu Gen 12,7.

Als weitere Besonderheit im Zusammenhang von LeqT Ber 12,7 fällt auf, dass es hier nicht heisst, dass Abraham „für sie" nach der *z*^{e}*khut* im Lande suchte, sondern „für sich". Wie der Textzusammenhang klar macht, handelt es sich dabei um keinen Schreibfehler. Dies geht aus dem zweimaligen Passus „Oh dass doch mein Anteil...." hervor. Abraham sucht für sich nach der Verwirklichung der Landverheissung.

Dass Abraham aufgrund der *z*^{e}*khut* des Landes einen Altar baut, bedeutet, dass er diesen Altar zur Anerkennung und Bestätigung der Verheissung Gottes baut (vgl. dazu die Auslegung in BerR 39,16 zu 12,8 = Text 4).

---

324) Mit „Leiter von Tyros" ist eine Küstenstrasse südlich von Tyros gemeint. Vgl. den Artikel סֻלָּם bei Dalman, 291.

T.9 Parallelauslegung MHG Ber 12,6 zu BerR 39,15

Eine andere Auslegung: *Und Abram zog durch das Land [bis zu der Stätte von Sichem, bis zur Orakel-Terebinthe]* (Gen 12,6).

[1] Um für sie die *z^ekhut* im Lande zu suchen (לבקש *l^evaqqesh*).

[2] Um zu erkennen, an welchem Ort seine Kinder schliesslich die *z^ekhut* tun würden (לעשות בו זכות *la^casot bo z^ekhut*) – und er dankte dem Namen (d.h. Gott) an ihm (d.h. an dem Ort). Und [um zu wissen,] an welchem Ort sich [seine Kinder] schliesslich schuldig machen würden – und er ersuchte [Gott] (מבקש *m^evaqqesh*) um Erbarmen an ihm (d.h. an dem Ort).

Der vorliegende Midrasch besteht aus drei Teilen: Dem Bibelzitat, der Erklärung „Um für sie die *z^ekhut* im Lande zu suchen“ in [1] und der Interpretation dieser Aussage in [2]. [2] ist also als Erläuterung zu [1] zu verstehen. Die Ergänzungen in [2] dürften entweder vom Verfasser von MHG oder von einem unbekannten Rabbi stammen, der in der Zeit zwischen der Abfassung von BerR und derjenigen von MHG gelebt hat. Die Erläuterungen in [2] sind also jünger als [1].
Gemäss den Ausführungen in [2] durchzog Abraham in Gen 12,6 das verheissene Land, um zweierlei zu tun: Um zu erkennen, an welchem Ort seine Nachkommen einst „die *z^ekhut* tun würden“, und an welchem Ort sie sich einst schuldig machen würden. Hinsichtlich der *z^ekhut* dankte Abraham Gott und hinsichtlich der Schuld bat er Gott, seinen Nachkommen barmherzig zu sein.
Die Wendungen „die *z^ekhut* tun würden“ und „sich .... schuldig machen würden“ bilden einen Gegensatz. Worin besteht dieser? Steinberger (II,707), der den vorliegenden Midrasch zur Erklärung von BerR 39,15 heranzieht, spricht davon, dass Abraham an diejenige Orte gegangen sei, an denen seine Nachkommen „*z^ekhuyot* tun würden“. Da Steinberger Hebräisch schreibt, ist nicht mit Sicherheit auszumachen, was er damit meint. Dass er aus dem Singular von *z^ekhut* einen Plural macht, scheint allerdings darauf hinzudeuten, dass er unter *z^ekhuyot* „Verdienste“ versteht. Folglich ging Abraham an jene Orte, an denen seine Nachkommen „Verdienste erwerben“ würden, und an jene Orte, an denen sie „Schuld erwerben“ würden. Der Gegensatz zwischen den Wendungen „die *z^ekhut* tun würden“ und „sich .... schuldig machen würden“ wäre somit also der Gegensatz von positivem und negativem „Verdienst“.
Nun aber gilt es zu bedenken, dass die Ausführungen in [2] eine Erklärung von [1] darstellen, und dass [1] lange Zeit ohne [2] tradiert wurde. Die Bedeutung von *z^ekhut* in [2] muss daher von [1] her verstanden werden. Wenn [2] isoliert dastünde, könnte man *z^ekhut* allenfalls im Sinne Steinbergers verstehen. Da sich der Zusatz von [2] auf den Satz „Um für sie die *z^ekhut* im Lande zu suchen“ bezieht, ist dies nicht möglich. Wie dieser Satz verstanden werden muss, wurde bei der Besprechung von BerR 39,15 erörtert. Die Analyse dieser Stelle ergab unter Berücksichtigung des biblischen Umfeldes, in dem Gen 12,6 steht, dass *z^ekhut die Verwirklichung der Verheissung Gottes an Abraham* ist. Von dieser wird im vorliegenden Midrasch gesagt, dass sie einst von den Kindern Abrahams *getan*

würde. Wenn von der Verwirklichung und Erfüllung von Gottes Verheissung die Rede ist, denkt man gewöhnlich vor allem an das Handeln Gottes und an die Rolle, die Gott selbst dabei spielt. Das ist aber nur die eine Seite des Erfüllungsgeschehens. Zu diesem gehört selbstverständlich auch das *Tun* und *Handeln* Israels. Gottes Verheissung an Abraham, dass seine Kinder einst das Land besitzen werden, geht nur in Erfüllung, *indem* Israel sich auf den Weg macht und das Land *in Besitz nimmt*. Das *Tun* und *Handeln* Israels wird in der Bibel als ebenso entscheidend und wichtig erachtet wie das *Tun* und *Handeln* Gottes.
Das Tun der *z^ekhut*, nach der Abraham sucht, ist also nicht nur Gottes, sondern ebensosehr Israels Sache. Weil Israel an der Erfüllung und Verwirklichung von Gottes Verheissung nicht nur passiv, sondern vielmehr aktiv beteiligt ist, kann Gott die Verheissung und deren Anspruch nur erfüllen, indem Israel sich voll daran beteiligt. Wie der Bund ist auch die Erfüllung der damit gegebenen Verheissung eine gegenseitige Angelegenheit.
Aufgrund der bisherigen Ausführungen ist der Midrasch in [2] wie folgt zu verstehen: Abraham geht an diejenigen Orte, an denen seine Nachkommen die „*z^ekhut* tun würden“. Er geht also an diejenigen Orte, an denen *die Verwirklichung der Verheissung Gottes* von seinen Nachkommen künftig vollzogen wird. An diesen Orten angekommen, dankt Abraham Gott für die künftige Einlösung der Verheissung. Obwohl Israel ganz daran mitbeteiligt ist – und zwar so vollständig, dass es ohne seine Mitbeteiligung gar keine Erfüllung der Verheissung gibt – bietet die Verwirklichung der Verheissung allen Grund zur Dankbarkeit Gott gegenüber. Die Mitbeteiligung Israels hebt nämlich nicht auf, dass die Verheissung und deren Erfüllung von Gott *geschenkt* wird. Zugleich geht Abraham an diejenigen Orte, an denen Israel schuldig wird. Die Hebräische Bibel legt ein beredtes Zeugnis darüber ab, wie sehr die Einnahme und der Besitz des von Gott verheissenen Landes durch die Schuld Israels gefährdet wird.[325] Abraham hat daher allen Grund, Gott für seine Nachkommen um Barmherzigkeit zu bitten. Nur Gottes Barmherzigkeit kann verhindern, dass die Erfüllung der Verheissung nicht an der Schuld Israels scheitert.

325) Vgl. auch die Besprechung von BerR 44,14 (Kapitel 5.1).

T.10 Die *z*ᵉ*khut* der Liebe der Kanaaniter: BerR 100,6 zu 50,10f (III,1287f)[326]

ויבואו עד גורן האטד וגומ' (בראשית נ י) אמר ר' שמואל בר נחמן חזרנו על כל המקרא ולא מצאנו מקום ששמו אטד, וכי יש גורן לאטד, אלא אלו הכנעניים, מלמד שהיו ראוים לדוש כאטד, באי זה זכות ניצולו, בזכות חסד שעשו עם אבינו יעקב, ומה חסד עשו, רבי אלעזר אמר אזורי מתניהם התירו, וריש לקיש אמר קשרות כתפותיהן התירו, ר' יהודה בר שלום אמ' הראו באצבע ואמרו אבל כבד זה למצרים (בראשית נ יא), ורבנן אמרי זקפו קומתן, והרי דברים קל וחומר ומה אלו שלא הלכו לא בידן ולא ברגלן אלא על ידי שהראו באצבע ניצולו מן הפורענות, ישראל שהם עושין חסד עם גדוליהם ועם קטניהם בידיהם וברגליהם על אחת כמה וכמה.

*Als sie nun nach Dornentenne (*גורן האטד *Goren-ha'Atad) kamen, [das jenseits des Jordan liegt, hielten sie daselbst eine gar grosse und feierliche Totenklage, und er veranstaltete eine Trauerfeier für seinen Vater, sieben Tage lang. Und als die Bewohner des Landes, die Kanaaniter, die Trauerfeier in Goren-ha'Atad sahen, sprachen sie: Das ist eine schwere Trauer für Ägypten. Daher nennt man den Ort Avel-Mitsraim* (d.h. *Trauer für Ägypten*)] (Gen 50,10f).

R. Shᵉmu'el b. Nahman (pA3 um 260) sagte: Wir haben die ganze Schrift durchforscht, aber wir haben keinen Ort gefunden, dessen Name *Atad* ist. Aber gibt es denn [überhaupt] eine Tenne für Bocksdornen (גורן לאטד *goren la'atad*)? Sondern, das sind die Kanaaniter. Dies lehrt, dass sie ausersehen gewesen wären, wie Bocksdornen zertreten[327] zu werden. Aufgrund welcher *z*ᵉ*khut* wurden sie gerettet? Aufgrund der *z*ᵉ*khut* der Liebe (חסד *hesed*), die sie unserem Vater Jakob erwiesen. Und inwiefern erwiesen sie ihm Liebe (חסד *hesed*)? R. Elᶜazar (pA3 um 270) sagte: Sie lösten die Gürtel an ihren Hüften. Und Resh Laqish (pA2 um 250) sagte: Sie lösten

326) Parallelen: MHG Ber 50,10, TanBer wayehi 17, TanBBer wayehi 18, ySota 1,10 17bc.

327) Das Verb דוש (*dush*), das hier verwendet wird, bedeutet sowohl „treten", „zertreten" als auch „dreschen". Durch die Wahl dieses Verbes stellt R. Shᵉmu'el b. Nahman die Verbindung zwischen der „Dornentenne" her, auf der man keine Dornen drischt, und den Kanaanitern, die von Gott dazu ausersehen gewesen wären, ebenfalls „gedroschen" bzw. eben „zertreten" zu werden.

> die Knoten an ihren Schultern. R. Y^{e}huda b. Shalom (pA5 um 370) sagte: Sie zeigten mit dem Finger und sagten: *Das ist eine schwere Trauer für Ägypten* (Gen 50,11). Und die Rabbinen sagten: Sie richteten sich zu voller Grösse auf. Und siehe, das sind Dinge vom Leichten zum Schwereren: Wenn [schon] jene, die weder mit ihren Händen noch mit ihren Füssen gingen (הלכו *halkhu*), aufgrund dessen, dass sie mit dem Finger zeigten, von der Bestrafung gerettet wurden, um wieviel mehr dann die Israeliten, die an ihren Grossen und Geringen mit ihren Händen und Füssen Liebe (חסד *hesed*) erweisen.[328]

Die hesed der Kanaaniter

Gemäss BerR 100,6 erwiesen die Kanaaniter dem Leichnam Jakobs Liebe, indem sie ihn ehrten. Laut den Rabbinen, die in BerR 100,6 zu Worte kommen, taten sie das auf verschiedene Weise. Der Frage, was mit den verschiedenartigen Ehrbezeugungen der Kanaaniter gemeint ist, und was genau dahinter steht, soll hier nicht weiter nachgegangen werden. Auch ohne Klärung derartiger Detailfragen steht jedenfalls fest, dass sie sich an Jakobs Totengeleit beteiligten.
Die Teilnahme an einem Totengeleit gehört im rabbinischen Judentum zu den sogenannten גמילות חסדים (*g^{e}milut hasadim*), den „Liebeserweisen".[329] Billerbeck (IV/1,559) bemerkt zu den *g^{e}milut hasadim*, dass diese von der *torah* nicht in so bestimmter Weise vorgeschrieben sind wie die *mitswot*. Allerdings sind auch die *g^{e}milut hasadim* in der Schrift begründet, sodass sie ebenfalls zu den *mitswot* gerechnet werden können.[330] Für das Verständnis der *hesed* in BerR 100,6 ist besonders yHag 1,7 76c aufschlussreich:

> Wenn R. Y^{e}hudah[331] sah, dass man einen Toten oder eine Braut rühmte, pflegte er seine Augen auf seine Schüler zu richten und zu sagen: Das Tun kommt vor der Lehre.

Mit dem Rühmen eines Toten bzw. einer Braut ist der Trauer- bzw. Hochzeitszug gemeint. Wenn R. Y^{e}hudah sagt, dass das Tun vor der Lehre komme, meint er damit, dass er und seine Schüler sich ebenfalls an der Ehrung des Toten bzw. der

---

328) Freedman (II,992), Marmorstein (82) und Neusner (III,383f) übersetzen *z^{e}khut* mit „merit". Billerbeck (IV/1,582.584) und Wünsche (502) übersetzen den Ausdruck mit „Verdienst".

329) Vgl. ARN A 4; vgl. auch Billerbeck, IV/1,559. Billerbeck spricht anstatt von „Liebeserweisen" von „Liebeswerken". Von diesen sagt er, dass sie als „verdienstlich" gegolten hätten (Billerbeck, IV/1,559f). Die Übersetzung von גמילות חסדים (*g^{e}milut hasadim*) mit „Liebeswerke" dürfte seinen Grund also darin haben, dass sie für Billerbeck „Werke" sind, mit deren Hilfe man „Verdienste" erwerben kann.

330) Dass Billerbeck mit dieser Einschätzung richtig liegt, geht aus dem angeführten Stellenmaterial hervor (IV/I,560f). Vgl. besonders yPea 1,1 15b (par. tPea 4,19), wo gesagt wird: „Die Wohltätigkeit (צדקה *ts^{e}daqah*) und die Liebeserweise wiegen ebensoviel wie alle Gebote in der *torah*."

331) Es ist nicht klar, welcher R. Y^{e}hudah gemeint ist.

Braut beteiligen sollten. Mit der „Lehre" ist natürlich das Studium der *torah* gemeint. Aus diesem Grunde kann mit dem „Tun" nur das Tun der *torah* gemeint sein. In diesem Falle besteht das Tun der *torah* also in der Ehrung des Toten bzw. der Braut.

Für das Verständnis von BerR 100,6 ist entscheidend, dass die Beteiligung am Totengeleit und an der Ehrung eines Toten in die Kategorie des Tuns der *torah* fällt. Damit fällt auch die *ḫesed* der Kanaaniter in die Kategorie des Tuns der *torah*. Dies ist deshalb von entscheidender Bedeutung, weil damit klar wird, unter welchem Vorzeichen die *ḫesed* der Kanaaniter verstanden werden muss: Bei der *torah* handelt es sich gerade um kein Instrument zum Erwerb von „Verdiensten". Die *torah* ist vielmehr der *Lebensraum* und das *Lebenselement* Israels.[332]

Die Bedeutung von zᵉkhut

Weil die *torah* das Lebenselement Israels ist, wird sie in BerR 40[41],9 mit dem Wasser verglichen, das den toten Staub zum Leben erweckt (s.o. Kapitel 5.2.1). In BerR 100,6 geht es ebenfalls um Leben; nämlich darum, dass die Kanaaniter vor dem drohenden Gericht verschont werden und somit also am Leben bleiben. Die *zᵉkhut* der *ḫesed* ist daher analog zu BerR 40[41],9 zu verstehen (s.o. S. 86), allerdings unter Berücksichtigung des Zusammenhangs von BerR 100,6. Die *zᵉkhut* der *ḫesed* ist *die soteriologische Wirksamkeit und Kraft der Liebeserweisung, welche die Kanaaniter Jakob erwiesen*. Diese Wirksamkeit hat ihren Grund und Ursprung in der segnenden und rettenden Kraft Gottes, und sie realisiert sich in der glaubenspraktischen Antwort der Kanaaniter.

Indem nämlich die Kanaaniter den Leichnam Jakobs ehren, ehren sie Israel, denn Jakob ist der Repräsentant Israels, dessen Namen er ja auch trägt. Damit aber ehren sie – ob sie sich dessen bewusst sind oder nicht – deren *Erwählung* durch Gott und anerkennen sie diese *faktisch*. Und indem sie dies tun, anerkennen sie *faktisch* auch denjenigen, der Israel erwählt hat, den Gott Abrahams, Isaaks und Jakobs.

In BerR 100,6 heisst es von den Kanaanitern, dass sie „weder mit ihren Händen noch mit ihren Füssen gingen (הלכו *halkhu*)". Dass die Kanaaniter nicht „gingen" (הלכו *halkhu*), bedeutet, dass sie die *halakha* (הלכה) nicht verwirklichten. Mit der *halakha* ist das Leben im Bunde mit Gott, ist also die *Bundesnachfolge* gemeint. Aber obwohl sie im Unterschied zu Israel *nicht in die volle* Bundesnachfolge traten, obwohl sie also Heiden blieben, wurden sie gerettet, weil sie durch die Ehrung Jakobs und damit dessen Erwählung einen glaubenspraktischen Schritt in Richtung auf das Leben in der Erwählung und der Bundesgemeinschaft mit Gott hin taten.

---

332) Vgl. Exkurs A.

Zu Kapitel 6.1

T.11 Die *z^e^khut* Abrahams, durch den alle Geschlechter der Erde gesegnet werden: BerR 39,12 zu 12,3 (I,377)[333]

ונברכו בך (בראשית יב ג) הגשמים והטללים בזכותך.

Und durch dich werden gesegnet werden [*alle Geschlechter der Erde*] (Gen 12,3). Den Regen und den Tau [gibt er] aufgrund deiner *z^e^khut*.[334]

Auf die Bedeutung des Wassers und somit auch des Regens und des Taus in der Bibel wurde bereits bei der Besprechung von BerR 40[41],9 hingewiesen (s.o. S. 85f): Regen und Tau bedeutet Leben für die Welt. Von Regen und Tau ist im vorliegenden Midrasch ohne Einschränkung die Rede. D.h. nicht nur Israel, sondern alle Menschen und damit auch die Heiden und sogar die Feinde Gottes und Israels leben vom und durch den Segen Abrahams.
Da es sich bei Gen 12,3 um eine Verheissung Gottes an Abraham handelt, kann *z^e^khut* nicht „Verdienst" bedeuten. *z^e^khut* hat hier dieselbe Bedeutung wie in BerR 39,11 (s.o. S. 129).

333) Parallelen: LeqT Ber 12,3, MAgBer 12,3, YalqBer 65.
334) Freedman (I,323) übersetzt *z^e^khut* mit „for .... sake", Neusner (II,72) mit „merit", Billerbeck (III,541) mit „Verdienst" und Wünsche (179) mit „wegen"

T.12 Die z^e*khut* der Nation Israel, durch die alles Gute in die Welt kommt: BerR 66,2 zu 27,28 (II,744.746)[335]

Praktisch dasselbe, was in BerR 39,12 (= Text 11) in Bezug auf Abraham ausgesagt wird, wird in BerR 66,2 zu 27,28 (II,744.746) von Jakob bzw. Israel gesagt:

ויתן לך האלהים מטל השמים וגו' (בראשית כז כח) ....
ר' יהושע דסיכנין בשם ר' לוי אומה שכל טובה שהיא
באה לעולם אינה באה אלא בזכותה, הגשמים אינן
יורדין אלא בזכותה לך בזכותך, הטללים אינן יורדין
אלא בזכותה לך בזכותך ויתן לך האלהים וגו'.

Gott gebe dir vom Tau des Himmels [*und vom Fett der Erde und Korn und Most die Fülle*] (Gen 27,28). ....
R. Y^ehoshua^c von Sikhnin (pA um 330) [sagte] im Namen R. Levis (pA3 um 300): Es ist die Nation (d.h. Israel) aufgrund deren z^e*khut* allein alles Gute kommt, was in die Welt kommt. Der Regen fällt allein aufgrund ihrer z^e*khut*: *dir* [d.h.] aufgrund deiner z^e*khut*. Der Tau fällt allein aufgrund ihrer z^e*khut*: *dir* [d.h.] aufgrund deiner z^e*khut*: *Gott gebe dir vom Tau des Himmels* [*und vom Fett der Erde und Korn und Most die Fülle.*][336]

Gen 27,28 ist Teil des Segens Isaaks an Jakob. Jakob wird hier nicht als Einzelperson verstanden, sondern als Israel. Jakob wird ja auch Israel genannt. Zum „Tau des Himmels" ist dasselbe zu sagen, wie im Zusammenhang von BerR 39,12 (= Text 11).
Gleich wie in BerR 39,12 geht es auch hier um eine Verheissung, allerdings nicht an Abraham, sondern an Jakob. Da sowohl Abraham als auch Jakob Väter Israels sind, kommt das aber auf dasselbe hinaus. Die Verheissungen gelten so oder so Israel. In der Auslegung R. Levis ist denn auch nicht von „Jakob", sondern von der „Nation" die Rede. Und schliesslich ist wie in BerR 39,12 die Bedeutung von z^e*khut* dieselbe wie in BerR 39,11 (s.o. S. 129).

---

335) Parallelen: DevR 7,7, MHG Ber 27,28, ShirR 7,1. Die Parallelen unterscheiden sich im Wortlaut zwar ziemlich von BerR 66,2. Der Sinn ist jedoch derselbe.
336) Freedman (II,602) übersetzt z^e*khut* mit „for .... sake", Marmorstein (90) mit „merit", Neusner (II,404) mit „merit" und mit „for .... sake" und Wünsche (319) mit „um .... willen" und mit „Verdienst".

T.13 Die *z^e^khut* Jakobs, durch den die Bewohner Harans mit Wasser gesegnet wurden: BerR 70,19 zu 29,22 (II,817f)[337]

ויאסוף לבן את כל אנשי המקום ויעש משתה (בראשית כט כב) כינס כל אנשי המקום, אמר להם יודעין אתם שהיינו מדוחקים למים, וכיון שבא זה הצדיק נתברכו המים, אמ' ליה מה דהני לך עביד, אמר להון אם בעיין אתון אנא מרמי ביה ויהב ליה לאה, והוא רחים להדא רחל סגי, והוא עבד גבכון שבע שנין אחרנין, אמרו ליה עביד מה דהני לך, אמר לון הבו לי משכונין דלית חד מינכון מפרש ליה, יהבון ליה משכונין, ואזל אייתי עליהון חמר משח וקופד, הוי לכך נקרא לבן הארמי לפי שרימה אפילו אנשי מקומו. כל ההוא יומא הוון מכללין בה, כיון דעל ברמשא אמר להון מהו כדין, אמ' ליה את גמלת חסד בזכותך.

> *Da lud Laban alle Leute des Ortes ein, und veranstaltete ein Festmahl* (Gen 29,22). Er versammelte alle Leute des Ortes. Er sagte zu ihnen: Ihr wisst, dass wir des Wassers ermangelten. Aber sobald dieser *tsadiq* kam, wurde das Wasser gesegnet. Sie sagten zu ihm: Was für dich gut ist, tue. Er sagte zu ihnen: Wenn ihr wollt, betrüge ich ihn und gebe ihm Lea. Und [da] er Rahel sehr liebt, dient er weitere sieben Jahre bei euch. Sie sagten zu ihm: Tue, was für dich gut ist. Er sagte zu ihnen: Gebt mir Pfänder, damit keiner es ihm verrät. Sie gaben ihm Pfänder. Und er ging weg und brachte für sie Wein, Öl und Fleisch. Deshalb wird Laban der Aramäer (הארמי *ha'arammi*) genannt, weil er sogar die Leute seines Ortes betrog (רמה *rimma*). Den ganzen Tag feierten sie mit ihm (d.h. Jakob) Hochzeit. Und als [es] gegen Abend [war], sagte er zu ihnen: Was ist es, dass [ihr euch] so [verhaltet]? Sie sagten zu ihm: Du hast [uns] durch deine *z^e^khut* Zuwendung (חסד *ḫesed*) erwiesen.[338]

Jakob ist nicht aufgrund von „Verdiensten" ein *tsadiq*, sondern weil er von Gott erwählt wurde (vgl. Kapitel 7.2). Wie Abraham (Gen 12,3) wird auch ihm (Gen 28,14) verheissen, dass durch ihn alle Geschlechter der Erde gesegnet werden. Daher werden auch die feindseligen heidnischen Bewohner Harans gesegnet, welche die Heiden- und Völkerwelt repräsentieren. Auch hier hat *z^e^khut* dieselbe Bedeutung wie in BerR 39,11 (s.o. S. 129).

---

337) Parallele: YalqBer 125.

338) Freedman (II,650) übersetzt *z^e^khut* mit „merit", Neusner (III,41) mit „on .... account" und Billerbeck (I,515) mit „Verdienst". Wünsche (345) übersetzt den Ausdruck gar nicht.

Zu Kapitel 6.2

T.14 Die z^{e}*khut* des Völkervaters Abraham: BerR 51,11 zu 19,37 (II,540f)[339]

ותלד הבכירה בן ותקרא שמו מואב (בראשית יט לז) ....
ר' יודה ור' חנן בשם ר' יוחנן בנותיו שללוט הולכות
לעבור עבירה ונפקדות, באי זו זכות, בזכות מואב מאב
כי אב המון גוים נתתיך (בראשית יז ה).

Und die ältere gebar einen Sohn und nannte ihn Mo'av (Gen 19,37). .... R. Yudah (pA4 um 350) und R. Hanan[340] [sagten] im Namen R. Yohanans (pA2 gest. 279): Lots Töchter gingen hin, eine Übertretung zu begehen, und wurden bedacht. Aufgrund welcher z^{e}*khut*? Aufgrund der z^{e}*khut* von *Mo'av* (מואב), [*was soviel wie*] „derjenige, [welcher] Vater ist" (מאב *mi'av*)[341] [*bedeutet*]: [*Darum sollst du nicht mehr Abram heissen, sondern Abraham soll dein Name sein;*] *denn ich mache dich zum Vater vieler Völker* (Gen 17,5).[342]

Indem die Töchter Lots mit ihrem Vater ehelichen Umgang hatten (Gen 19,31-35), taten sie etwas, das nach Lev 18,7 verboten ist. In Lev 18,24-28 wird gesagt, dass die Heiden dies und andere Greuel taten, dass das Land Israel dadurch verunreinigt wurde und seine Bewohner ausspie. Indem Lots Töchter schwanger wurden und die Stammväter Moabs und Ammons gebaren, wurde ihnen ihre Sünde von Gott vergeben. Gemäss R. Yohanan geschah dies aufgrund der z^{e}*khut* Abrahams.
Zu diesem Schluss gelangt R. Yohanan, indem er zunächst behauptet, dass die Töchter Lots aufgrund der z^{e}*khut* von מואב (*mo'av*) von Gott bedacht wurden. Darauf erklärt er, מואב (*mo'av*) bedeute soviel wie מאב bzw. מיאב (*mi'av*), d.h. „derjenige, [welcher] Vater ist". Er interpretiert den Ausdruck מואב (*mo'av*), indem er das ו mit einem י ersetzt. Dieses Verfahren erscheint nach heutigem Ermessen gewagt. Bei den Rabbinen lag es jedoch im Bereich des exegetisch Zulässigen.[343] Und schliesslich begründet R. Yohanan seine Interpretation mit Gen 17,5.

---

339) Parallele: YalqBer 87.
340) Es ist unklar, welcher R. Hanan gemeint ist.
341) Ausser מאב ist in einigen Textvarianten auch מיאב bzw. מי אב belegt. מאב ist also nicht als *me'av* (vom Vater), sondern wie angegeben als *mi'av* zu lesen.
342) Freedman (I,450) übersetzt z^{e}*khut* mit „merit", Neusner (II,230) mit „merit" und „on account of" und Wünsche (245) mit „weshalb" und „wegen". Marmorstein (75) übersetzt den Ausdruck mit „for the sake of", wobei aus dem Zusammenhang klar ist, dass er damit „for the merit of" meint.
343) Vgl. die Auslegung von BerR 56,5 (= Text 5).

Nach R. Yoẖanan wurden Lots Töchter aufgrund der *z*^{e}*khut* von „derjenige, [welcher] Vater ist" bedacht, d.h. aufgrund der *z*^{e}*khut* Abrahams, dem Gott verheissen hat, dass er ein Vater vieler Völker sein werde. Worin besteht dieses Vater-Sein? Bekanntlich war Lot der Neffe Abrahams. Moab und Ammon sind also nicht Abrahams Nachkommen. Selbstverständlich hat dies auch R. Yoẖanan gewusst. Abrahams Vater-Sein in Bezug auf Moab und Ammon ist also nicht genealogischer, sondern soteriologischer Art. Es besteht darin, dass Lots Töchter um der Verheissung willen vergeben wurde, die Gott in Gen 17,5 Abraham gab, sodass Moab und Ammon geboren werden konnten. Die Verheissung an Abraham ist der Grund für die Existenz Moabs und Ammons, oder wie R. Yoẖanan sagt, die *z*^{e}*khut* von „derjenige, [welcher] Vater ist". Da sich R. Yoẖanan bei seiner Aussage auf Gen 17,5 beruft, kann *z*^{e}*khut* auch hier nicht „Verdienst" bedeuten. *z*^{e}*khut* hat hier dieselbe Bedeutung wie in BerR 53,11 (s.o. S. 132f).

Wenn Abraham gemäss R. Yoẖanan auch der Vater der Moabiter und Ammoniter ist, bedeutet das zwar nicht, dass Moab und Ammon in der selben Weise wie Israel erwählt sind. Aber auch Moab und Ammon sind von Gott gewollt und insofern auf ihre Weise auch erwählt. Das ist kein Widerspruch zur Erwählung Israels, sondern entspricht ihr vielmehr: Israel ist nicht nur für sich selbst erwählt und kein Selbstzweck. Vielmehr ist Israel für die Welt da (vgl. besonders Kapitel 6.1). An der Existenz Moabs wird sichtbar, dass die Heidenvölker ihre Existenz der Gültigkeit und Wirksamkeit der universalen Erwählung Abrahams verdanken.

T.15 Die *z^e^khut* Rahels, Leas, Jakobs und der Mütter: BerR 73,3 zu 30,22 (II,845ff)[344]

ויזכר אלהים את רחל וגו' (בראשית ל כב) .... פדה בשלום נפשי וגו' (תהלים נה יט) זה יעקב, מקרב לי (שם שם) שלא תקרב לי עצת הרשע שלא יאמר זו שילדה יטלינה וזו שלא ילדה לא יטלינה, כי ברבים היו עמדי (שם שם) דאמר ר' יודן בשם ר' אייבו בהרבה תפילות נפקדה רחל, בזכותה דכת' ויזכר אלהים את רחל, את רחל בזכות אחותה, וישמע אליה אלהים בזכות יעקב ויפתח את רחמה בזכות האימהות.

Und Gott gedachte der Rahel. [*Und Gott hörte auf sie und tat ihren Schoss auf*] (Gen 30,22). ....
Er befreit zum Heil meine Seele, [*damit er nicht an mich kann;*[345] *denn ihrer viele sind für mich*] (Ps 55,19). Das ist Jakob. ....*damit er nicht an mich kann....*: Damit der Beschluss des Gottlosen nicht an mich kann, damit er (d.h. Laban) nicht sagt: Diejenige, welche geboren hat, mag er nehmen, aber diejenige, welche nicht geboren hat, soll er nicht nehmen.
....*denn ihrer viele sind für mich.* Denn R. Yudan (pA4 um 350) sagte im Namen R. Ayvus (pA4 um 320): Durch viele Gebete wurde Rahel bedacht. Aufgrund ihrer eigenen *z^e^khut*, wie geschrieben steht: *Und Gott gedachte der Rahel.* ....*der Rahel* (את רחל): Aufgrund der *z^e^khut* ihrer Schwester.[346] *Und Gott hörte auf sie....*: Aufgrund der *z^e^khut* Jakobs. ....*und tat ihren Schoss auf*: Aufgrund der *z^e^khut* der Mütter.[347]

Da Rahel aufgrund vieler Bittgebete schwanger wurde, kann *z^e^khut* auch hier nicht „Verdienst" bedeuten. Bei Jakob, Lea, Rahel und den Müttern handelt es

---

344) Parallelen: MHG Ber 30,22, YalqBer 130, YalqMPs 55,17.

345) Üblicherweise wird die Infinitivkonstruktion מקרב־לי (*miqqarav-li*) mit „*damit sie nicht an mich können*" und somit also als Plural übersetzt. Im vorliegenden Midrasch wird diese Konstruktion jedoch als Singular verstanden.

346) Freedman bemerkt zur Stelle (II,669, Anm. 1): „'Eth' is the sign of the accusative, but it is often interpreted as an extending particle, adding instances or cases not explicitly mentioned." D.h. weil in Gen 30,22 nicht nur רחל dasteht (was für das Verständnis völlig genügend wäre), sondern את רחל, gibt die *nota accusativa* R. Ayvu Anlass zu einer besonderen Interpretation. Darauf, dass die *nota accusativa* eine sprachliche „Anhäufung" darstellt, weisen auch Mirqin (III,134) und Steinberger (III,233) hin. Dass die genannten Autoren recht haben, geht aus der Parallele in MHG Ber 30,22 hervor, wo es heisst: „....*et* (את): Aufgrund der *z^e^khut* Leas...."

347) Marmorstein (99) und Neusner (III,64) übersetzen *z^e^khut* mit „merit". Freedman (II,669) übersetzt den Ausdruck mit „for .... sake" und Wünsche (355) mit „Verdienst".

sich um den Vater und die Mütter der Stämme Israels. Mit den „Müttern" können nur Silpa und Bilha, die etwas weniger bekannten Mütter der Stämme Israels gemeint sein.[348] Stammeltern Israels aber sind sie durch Gottes Erwählung und der damit verbundenen Verheissung. Die *z^ekhut* Rahels, Leas, Jakobs und der Mütter ist hier gleich zu verstehen wie die *z^ekhut* Abrahams in BerR 53,11 (s.o. S. 132f).

348) In bBer 16b wird gesagt, dass nur drei „Väter" genannt werden und nur vier „Mütter", nämlich Abraham, Isaak und Jakob, und Sara, Rebekka, Lea und Rahel. Nun darf man aber nicht vergessen, dass rabbinische Aussagen sich auf bestimmte Bibelstellen stützen und darum kaum je absolut gemeint sind. In BerR 73,3 können mit „Mütter" nicht dieselben Frauen gemeint sein wie in bBer 16b, weil Sara zu diesem Zeitpunkt bereits gestorben ist (vgl. Gen 23,2). Sondern damit können nur Silpa und Bilha gemeint sein.

Zu Kapitel 6.3.2

T.16 Die z^{e}*khut* des Zehnten, des Sabbats und der Festtage: BerR 11,4 zu 2,3 (I,87.91)[349]

ויברך אלהים וגו' (בראשית ב ג) .... ר' ישמעאל בר' יוסי שאל לר' אמר לו בני בבל בזכות מה חיים, אמר לו בזכות תורה, ובארץ ישראל, בזכות מעשרות, ואנשי חוץ לארץ, בזכות שהן מכבדים השבתות וימים טובים.

Und Gott segnete [*den siebten Tag und heiligte ihn*] (Gen 2,3). .... R. Yishma^{c}el b. R. Yose (pT4 um 180) fragte Rabbi (pT4 gest. 217), er sagte zu ihm: Die Kinder Babels, durch die z^{e}*khut* von was leben sie? Er sagte zu ihm: Durch die z^{e}*khut* der *torah*. Und im Lande Israel? Durch die z^{e}*khut* der Zehnten. Und die Menschen im Ausland? Durch die z^{e}*khut*, dass sie die Sabbate und die Festtage ehren.[350]

Gemäss BerR 40[41],9 leben alle Israeliten durch die z^{e}*khut* der *torah* (s.o. Kapitel 5.2.1). Wenn Rabbi sagt, dass die Juden in Babylon durch die z^{e}*khut* der *torah* leben, meint er dies in einem ganz speziellen Sinne. Mit der *torah* ist hier wohl die Beschäftigung mit derselben gemeint.[351] Bekanntlich leisteten die Juden in Babylon ebenfalls einen grossen Beitrag zur Interpretation der *torah*. So ist z.B. der berühmtere der beiden Talmudim der babylonische.
Die Zehnten sind charakteristisch für das Judentum im Lande Israel, weil es sich dabei um Abgaben der Bodenerzeugnisse des Landes Israel handelt (s.o. S. 60f). Sie sind eine Erinnerung daran, dass Gott Israel dieses Land gegeben hat. Da zur Zeit Rabbis die meisten Juden im Exil lebten, da sie jedoch an der Hoffnung festhielten, dass Gott sein Volk einst wieder zurückführen werde, ist die Abgabe der Zehnten nicht nur Ausdruck der Erinnerung, sondern auch Ausdruck der Verheissung.

---

349) Parallelen: bShab 119a, PesR 23 (119b), YalqBer 16. PesR 23 liest „durch die z^{e}*khut* der Priesterabgaben und der Zehnten". bShab 119a unterscheidet sich sowohl im Wortlaut als auch inhaltlich ziemlich stark von BerR 11,4, ist jedoch noch eindeutig als Parallelstelle zu erkennen. Einer der wichtigsten Unterschiede zu BerR 11,4 und PesR 23 besteht darin, dass in bShab 119a anstatt בזכות (*biz^{e}khut*) בשביל (*bishvil*) dasteht. Zudem wird in bShab 119a nach der Ursache des Reichtums gefragt, während in BerR 11,4 und PesR 23 gefragt wird: „Durch die z^{e}*khut* von was leben sie?" Der Wortlaut von YalqBer 16 ist mit demjenigen von BerR 11,4 praktisch identisch, liest aber anstatt „leben sie" „werden sie reich" (מתעשרין *mit^{c}ashrin*).

350) Marmorstein (60) und Neusner (I,113) übersetzen z^{e}*khut* mit „merit". Freedman (I,83) übersetzt den Ausdruck mit „on account of what virtue" und „in virtue of", Billerbeck (I,613) mit „Verdienst" und Wünsche (47) nacheinander mit „Verdienst", „wegen" und „weil".

351) Dieser Auffassung ist auch Neusner (I,113).

Zum Sabbat sei auf das verwiesen, was im Zusammenhang von BerR 39,11 gesagt wurde (s.o. S. 127f). Dass die Juden im Ausland durch die *z*^{e}*khut* der Ehrung der Sabbate und der jüdischen Festtage leben, bedeutet natürlich nicht, dass die Juden Babylons und des Landes Israel diese weniger beachten, sondern dass die Juden „im Ausland“ ihren Glauben vor allem durch das Begehen des Sabbats und der jüdischen Festtage praktizieren und erneuern können.
Die Beschäftigung mit der *torah*, die Abgabe der Zehnten und das Ehren der Sabbate und Festtage ist je ein konkreter Ausdruck des Festhaltens Israels an seiner Erwählung, am Leben im Bunde und an der Hoffnung auf die Erfüllung von Gottes Verheissung. In allem dem geht es um das ganze Leben des jüdischen Volkes in dessen Vergangenheit, Gegenwart und Zukunft. Die *z*^{e}*khut* kann darum nur als *die Gültigkeit, Wirksamkeit und Verwirklichung der universalen Erwählung, des Bundes und der Verheissung in der antwortenden Glaubenspraxis* verstanden werden. Da Rabbi sagt, dass Israel von der Beschäftigung mit der *torah* bzw. von der Abgabe der Zehnten bzw. vom Ehren der Sabbate und Festtage lebt, liegt auch hier ein starker Akzent auf der *Glaubenspraxis*. Es verhält sich hier also ähnlich wie in der Auslegung R. N^{e}horais in BerR 43,8. Zur Frage der Verdienstlichkeit solchen Tuns ist dasselbe zu sagen wie dort (s.o. S. 144).
Obwohl es in BerR 11,4 ganz schlicht heisst „...durch die *z*^{e}*khut* von was leben sie?“, nehmen folgende Autoren eine Näherbestimmung vor. Mirqin (I,76) ergänzt dieses „leben sie“ mit „gut“. Freedman (I,83) übersetzt mit „live [a life of wealth]“ und Neusner (I,113) mit „live so long“. Steinberger (I,160) interpretiert den Passus im Sinne von „sie werden eines Lebens in Reichtum und Ehre gewürdigt“, Theodor/Albeck (I,91) im Sinne von „werden sie reich“, und Wünsche (46f) umschreibt ihn mit „sich eines glücklichen Lebens erfreuen“. Zwar liest eine einzige Textvariante „werden sie reich“ (הם מתעשרין *hem mit*^{c}*ashrin*), und zwar ist im Textumfeld des vorliegenden Midrasch tatsächlich von gutem und glücklichem Leben und sogar von Reichtum die Rede. Aber das rechtfertigt die Interpretation der genannten Autoren trotzdem nicht. Erstens liest die erdrückende Mehrheit der Textzeugen „leben sie“. Die einzige Variante, die „werden sie reich“ liest, könnte durch die nachfolgende Erzählung verursacht worden sein, in der von einem wohlhabenden Juden erzählt wird, der gesegnet wurde, weil er den Sabbat ehrte. Zweitens muss man sich vor Augen halten, dass der vorliegende Midrasch lange selbständig überliefert wurde, bevor er an die Stelle zu stehen kam, an der er nun in BerR steht. Man kann den Sinn des „leben sie“ nur aus den Antworten Rabbis schliessen und nicht aus den Perikopen, die der Frage R. Yishma^{c}el b. R. Yoses vorausgehen und der Antwort Rabbis nachfolgen.
Diese Antwort lautet: Israel lebt durch die Erwählung Gottes, durch den Bund, und durch die Hoffnung auf Gottes Verheissung. Das alles macht die Existenz Israels zu dem, was sie ist. R. Yishma^{c}el b. R. Yose fragt nicht danach, wodurch die Juden reich und glücklich werden. Nicht um Reichtum und Glück geht es, sondern um Leben oder Tod. R. Yishma^{c}el b. R. Yose fragt also ganz radikal nach dem Grund der Existenz Israels.

Zu Kapitel 6.

T.17 Die z^e*khut* Jakobs und seiner Väter: BerR 76,7 zu 32,13 (II,904)[352]

ואתה אמרת היטב איטיב עימך (בראשית לב יג) היטב בזכותך איטיב בזכות אבותיך.

Du hast doch gesagt: Ich will dir Gutes tun (היטב איטיב *heytev eytiv*) [*und dein Geschlecht zahlreich machen wie den Sand am Meer, den man nicht zählen kann vor Menge*] (Gen 32,13). היטב (*heytev*) [meint] aufgrund deiner z^e*khut.* איטיב (*eytiv*) [meint] aufgrund der z^e*khut* deiner Väter.[353]

Anlass für den Midrasch in BerR 76,7 sind die Worte היטב איטיב (*heytev eytiv*). Der Sprecher in Gen 32,13 ist Jakob. Die Worte *„Du hast doch gesagt"* müssen sich demnach auf eine Verheissung beziehen, die Jakob bereits früher von Gott erhielt. Dafür gibt es nur eine Stelle, nämlich Gen 28,13-15. Der Ausdruck היטב (*heytev*) hat seinen Schriftgrund also in dieser Stelle. Folglich muss auch der Ausdruck איטיב (*eytiv*) einen Schriftgrund haben. Von den verschiedenen Verheissungen an die Väter kommt Gen 22,16f dem Wortlaut von Gen 32,13 am nächsten: *„Ich schwöre bei mir selbst, spricht der HERR: weil du das getan und deinen Sohn, deinen einzigen, mir nicht vorenthalten hast, darum will ich dich segnen und dein Geschlecht so zahlreich machen wie die Sterne des Himmels und wie den Sand am Gestade des Meeres, und dein Geschlecht wird das Tor seiner Feinde besitzen."*

Da sich sowohl die z^e*khut* Jakobs als auch die z^e*khut* der Väter – also die z^e*khut* Abrahams und Isaaks – auf Bibelstellen bezieht, in denen von Gottes Verheissung die Rede ist, kann z^e*khut* auch hier nicht „Verdienst" bedeuten. Eine Verheissung beinhaltet immer den Anspruch auf Erfüllung. Dies kommt auch in den Worten *„Du hast doch gesagt"* zum Ausdruck. Aus diesem Grunde kann z^e*khut* hier nur als *Gültigkeit und Wirksamkeit der Verheissung Gottes mit ihrem Anspruch auf Verwirklichung und Erfüllung* verstanden werden.

---

352) Parallelen: LeqT Ber 32,13, MHG Ber 32,13, SekhT Ber 32,13, YalqBer 131.

353) Freedman (II,706) übersetzt z^e*khut* mit „for .... sake", Neusner (III,113) mit „merit" und Wünsche (374) mit „Verdienst".

T.18 Die z^e*khut* des Segens Jakobs und Josuas: BerR 98,15 zu 49,19 (III,1266)[354]

גד גדוד יגודנו (בראשית מט יט) בשעה שהיו ישראל מכבשין ומחלקין את הארץ היה שבט ראובן וגד עמהן והניחו את בניהם קטנים, מי שהניחוהו בן עשר מצאו אותו בן ארבע ועשרים, מי שהניחוהו בן עשרים מצאו אותו בן ארבע ושלשים, נזדוגו להן שלש משפחות רעות יטור נפיש ונודב, הה"ד ובימי שאול עשו מלחמה את ההגראים וגומ' (דה"א ה י), אמר רבי יהושע ב"ר נחמיה בימי שאול זה יהושע, ולמה הוא קורא אותו שאול, שהיתה המלכות שאולה בידו, והיו אילו מגדלים שער ואילו מגדלים שער, היו אלו מגדלין שער עד שיראו את בניהם, ואילו מגדלין שער עד שיראו את אבותם, וישמעאלים מגדלין שער, ונתן הקב"ה בלבם של בנים והיו אומרים ענינו י"י ענינו, אלהי אברהם אלהי יצחק וישראל ענינו, הה"ד ויעזרו עליהם וינתנו בידם ההגריאם (שם שם כ), באי זו זכות, ר' לוי ורבנן, רבנן אמרי מברכתו של יעקב אבינו שאמר גד גדוד יגודנו, גייסא אתי למגייס יתהון, ואינון מגייסין גייסא, ורבי לוי אמר מברכתו של יהושע הה"ד ויאמר אליהם בנכסים רבים וגומ' (יהושע כב ח).

Gad wird von Drängern bedrängt; [*er aber drängt ihnen nach*] (Gen 49,19). Zu dem Zeitpunkt als Israel das Land besetzte und aufteilte, waren die Stämme Ruben und Gad bei ihnen, und sie liessen ihre Söhne klein zurück. Wer ihn zehnjährig zurückliess, fand ihn vierundzwanzigjährig, wer ihn zwanzigjährig zurückliess, fand ihn vierunddreissigjährig. Da griffen sie drei üble Sippen an, Jetur, Nafisch und Nodav, wie denn geschrieben steht: *Und in den Tagen Sauls führten sie Krieg mit den Hagritern,*[355] [*und sie fielen in ihre Hände. Und sie wohnten in deren Zelten auf der ganzen Ostseite von Gilead*] (1Chr 5,10).

354) Parallele: MHG Ber 49,19.

355) In 1Chr 5,18f heisst es: „*Die Rubeniter, die Gaditer und der halbe Stamm Manasse, was streitbare Männer waren, die Schild und Schwert führen und den Bogen spannen konnten und kampfgeübt waren 44'760 wehrfähige Leute – die führten Krieg mit den Hagritern und mit Jetur, Nafisch und Nodav.*" In BerR 98,15 werden Jetur, Nafisch und Nodav offensichtlich als Sippen der Hagriter verstanden.

R. Y^e^hoshua^c^ b. R. N^e^h̲emya (pA4 um 350) sagte: *In den Tagen Sauls* (שאול *sha'ul*), das ist Josua. Aber weshalb nennt er ihn שאול (*sha'ul*)? Weil das Königreich durch seine Hand [nur] geliehen (שאולה *sh^e^'ula*) war.
Und diese liessen das Haar wachsen, und jene liessen das Haar wachsen. Diese liessen das Haar wachsen, bis sie ihre Söhne wiedersähen, und jene liessen das Haar wachsen, bis sie ihre Väter wiedersähen. Auch die Ismaeliten liessen das Haar wachsen. Da gab der Heilige, gepriesen sei er, in die Herzen der Söhne, dass sie sprachen: Erhöre uns, HERR, erhöre uns! Gott Abrahams, Gott Isaaks und Israels, erhöre uns! Wie denn geschrieben steht: *Und es ward ihnen geholfen wider sie, sodass die Hagriter in ihre Hand gegeben wurden [und alle, die bei ihnen waren; denn sie hatten im Kampfe zu Gott geschrien, und er hatte sich von ihnen erbitten lassen, weil sie ihm vertrauten]* (1Chr 5,20).
Aufgrund welcher *z^e^khut*? R. Levi (pA3 um 300) und die Rabbinen: Die Rabbinen sagten: Aufgrund des Segens unseres Vaters Jakob, der gesagt hat: *Gad wird von Drängern bedrängt; [er aber drängt ihnen nach]* (Gen 49,19). Eine Räuberschar kommt, um sie auszuplündern, sie aber rauben die Räuber aus. Und R. Levi sagte: Aufgrund des Segens Josuas, wie denn geschrieben steht: *Und er sprach zu ihnen: Mit reichen Schätzen [kehrt zurück zu euren Zelten, und mit sehr viel Vieh, mit Silber, Gold, Erz, Eisen und Kleidern in grosser Menge]* (Jos 22,8).[356]

Dass die Gaditer nach vierzehn Jahren Krieg endlich nach Hause zurückkehren können, hat seine Ursache im Gebet ihrer Kinder. Dieses „gab der Heilige, gepriesen sei er, in die Herzen der Söhne". Zwar sind es die Söhne, die beten, aber Gott ist es, der sie dazu veranlasst. Das bedeutet, dass Gott nicht erst bei der Erhörung, sondern schon beim Beten selbst voll dabei ist. Umgekehrt sind die Gaditer auch bei der Erhörung beteiligt. Dass Gott ihre Feinde in ihre Hände gibt, ist ja nur möglich, weil sie kämpfen. Sowohl das Gebet als auch dessen Erhörung ist also ganz eine gegenseitige Angelegenheit. Seinen Grund hat dieses gegenseitige Heilsgeschehen in der *z^e^khut* des Segens. Gemäss den Rabbinen in der *z^e^khut* des Segens Jakobs, und gemäss R. Levi in der *z^e^khut* des Segens Josuas. D.h. der Grund ist *die Gültigkeit und Wirksamkeit des Segens* Jakobs bzw. Josuas. Die Rabbinen berufen sich bei ihrer Auslegung auf Jos 22,8. R. Levi beruft sich auf Gen 49,19.

356) Freedman (II,966) übersetzt *z^e^khut* mit „for .... sake", Neusner (III,365) mit „merit" und Wünsche (489) mit „Verdienst".

T.19 Die z^e*khut* des Segens Mose, die Simson rettete: BerR 98,13 zu 49,16 (III,1263f)

דן ידין עמו כאחד שבטי ישראל (בראשית מט טז) .... וימצא לחי חמור טריה (שופטים טו טו), מהו טריה בר תלתא יומין, רבי אבון אמר בטנה תרין, היא דעתיה דר' אבון דאמר רבי אבון בלחי החמור חמור חמורתי' וגו' (שם שם טז), ויצמא מאוד (שם שם יח) דמפטט צהי, אמר רבי חוניא ורבי עזריה בשם רבי יוחנן אפילו היה לפניו צרצור של מים לא היה יכול לפשוט את ידו וליטלו אלא ויקרא שמשון אל י"י ויאמר י"י אלהים אתה נתת ביד עבדך וגומ' ועתה אמות בצמא ונפלתי ביד הערלים (שם שם) אמר לפניו רבון העולמים אם אין ביני לבינן אלא המילה הזאת, כדי הוא שלא אפול בידן, מיד ויבקע אלהים את המכתש אשר בלחי (שם שם יט), ר' לוי ורבנן, רבי לוי אמר המקום ההוא שמו לחי, רבנן אמרי המקום ההוא מכתש שמו, רבי אבא בר כהנא ורבי ברכיה בשם רבי אליעזר מלמד שברא לו הקב"ה מעין מבין שניו, באי זו זכות, מברכתו של משה שאמר יזנק מן הבשן (דברים לג כב) מבין שניו.

Dan schafft Recht seinem Volk wie einer der Stämme Israels.... (Gen 49,16). ....
Und er (d.h. Simson) *fand eine frische* (טריה *triya*) *Kinnlade* (לחי *le<u>h</u>i*) *eines Esels;* [*da streckte er seine Hand aus, ergriff sie und erschlug damit tausend Mann*] (Ri 15,15). Was [bedeutet] טריה (*triya*)? Sie war drei Tage alt.[357]
R. Avun[358] sagte: In ihrem Bauch (d.h. der Eselin) waren zwei [Junge]. Dies ist die Meinung R. Avuns, denn R. Avun sagte: *Mit der Kinnlade* (לחי *le<u>h</u>i*) *des Esels, des Esels der zwei Esel,* [*mit der Kinnlade* (לחי *le<u>h</u>i*) *des Esels schlug ich tausend Mann*] (V.16).
Da ihn aber sehr dürstete.... (V.18a): Wer schwatzt, wird durstig.[359]
R. <u>H</u>unya (pA4 um 350) und R. Azarya (pA5 um 380) sagten im

---

357) Es handelt sich hier offensichtlich um ein Wortspiel zwischen טְרִיָּה (Kinnlade) und dem griechischen τρία (drei). Vgl. Mirqin (IV,206) und Steinberger (IV,294).

358) Es ist nicht klar, welcher R. Avun gemeint ist.

359) Nach dem Empfinden des rabbinischen Auslegers (es ist nicht klar, von wem die Bemerkung stammt, ob von R. Avun, einem unbekannten Rabbi, oder vom Redaktor von BerR) hätte es gereicht, wenn Simson lediglich gesagt hätte: *„Mit der Kinnlade des Esels schlug ich tausend Mann."* Er hat daher den Eindruck, dass Simson in V.16 viel redet.

Namen R. Yohanans (pA2 gest. 279): Sogar wenn ein Krug Wasser vor ihm gestanden hätte, hätte er seine Hand nicht ausstrecken können, um ihn aufzuheben, sondern *da rief Simson den HERRN an und sprach: Du hast durch die Hand deines Knechtes* [*diesen grossen Sieg verliehen,*] *und nun soll ich vor Durst sterben und in die Hand der Unbeschnittenen fallen* (V.18b)? Er sprach vor ihm: Herr der Welten, wenn es zwischen mir und ihnen nur diese Beschneidung gibt, [dann] ist dies genug, damit ich nicht in ihre Hände falle. Sogleich *spaltete Gott die Höhlung* (מכתש *makhtesh*) *in der Kinnlade* (לחי *lehi*) (V.19).
R. Levi (pA3 um 300) und die Rabbinen: R. Levi sagte: Der Name jenes Ortes ist *lehi*. Die Rabbinen sagten: Der Name jenes Ortes ist *makhtesh*. R Abba b. Kahana (pA3 um 310) und R. Berekhya (pA5 um 340) [sagten] im Namen R. Eli^{c}ezers (pA3 um 270): Dies lehrt, dass der Heilige, gepriesen sei er, ihm zwischen seinen Zähnen eine Quelle erschuf. Aufgrund welcher *z^{e}khut*? Aufgrund des Segens Mose, der sprach: [*Dan ist ein junger Löwe,*] *der aus Bashan hervorspringt* (Dtn 33,22). [D.h.] zwischen seinen Zähnen.[360]

R. Eli^{c}ezers Auslegung kommt dadurch zustande, dass er in Dtn 33,22 nicht מִן הַבָּשָׁן (*min ha-bashan*) – *„aus Bashan“* liest, sondern מִן הַבָּשֵׁן (*min ha-bashen*) – „aus dem Zahn“. Diese Lesart war für R. Eli^{c}ezer umsomehr möglich, als zu seiner Zeit erst die unvokalisierte Form der Schrift vorlag. Dass Gott Simson zwischen seinen Zähnen einen Quell schuf, sieht R. Eli^{c}ezer im Segen Mose an den Stamm Dan begründet, dessen Exponent und Repräsentant Simson ist. Simson stammt bekanntlich aus Dan. Die *z^{e}khut* des Segens Mose hat hier dieselbe Bedeutung wie die *z^{e}khut* des Segens Jakobs und Josuas in BerR 98,15 (s.o. S. 339). Da Simson aufgrund der *z^{e}khut* des Segens Mose vor dem Verdursten und damit vor dem Tode bewahrt wird, ist diese Gültigkeit und Wirksamkeit *soteriologischer* Art.

360) Freedman (II,963) übersetzt *z^{e}khut* mit „for .... sake“, Neusner (III,362) mit „merit“ und Wünsche (488) mit „Verdienst“.

T.20 Die *z^ekhut* des Segens Mose als Grund für den Fall Griechenlands: BerR 99,2 zu 49,27 (III,1271.1273f)

בנימין זאב יטרף וגו' (בראשית מט כז) .... כי לא יעשה י"י אלהים דבר וגו' (עמוס ג ז) יעקב זיוג שנים כנגד שנים, ומשה זיוג שנים כנגד שנים, יהודה כנגד מלכות בבל, זה נמשל בארי, וזה נמשל בארי, זה נמשל בארי, גור אריה יהודה (בראשית מט ט), וזה נמשל באריה קדמייתה כאריה (דניאל ז ד), ביד מי מלכות בבל נופלת, ביד דניאל שהוא בא משל יהודה, בנימין כנגד מלכות מדי, זה נמשל בזאב, וזו נמשלה בזאב, זה נמשל בזאב בנימין זאב יטרוף וגומ', וזו נמשלה בזאב וארו חיוה אחרי תנינא דמיה לדוב (שם שם ה), רבי חנינה אמר לדב כתיב, דב היה שמה, היא דעתיה דרבי יוחנן, דאמר רבי יוחנן על כן הכם אריה מיער (ירמיה ה ו) זו בבל, זאב ערבות ישדדם (שם שם) זו מדי, ביד מי מלכות מדי נופלת, ביד מרדכי שהוא בא משל בנימין, לוי כנגד מלכות יון, זה שבט שלישי, וזו מלכות שלישית, זה אותיותיו משולשין, וזו אותיותיה משולשין, אלו תוקעי קרנים, ואלו תוקעי סולפירים, אלו לובשי קובעים, ואלו לובשי קיסים, אלו לובשי מכנסים, ואלו לובשי פמלליא, אלו מרובים באוכלסין, ואלו מועטין באוכלסין, באו מרובים ונפלו ביד מועטין, באי זו זכות, מברכתו של משה שאמר מחץ מתנים קמיו (דברים לג יא), ביד מי מלכות יון נופלת, ביד בני חשמונאי שהם משל לוי, יוסף כנגד מלכות אדום, זה בעל קרנים, וזה בעל קרנים, זה בעל קרנים בכור שורו הדר לו וקרני ראם קרניו (שם שם יז), וזה בעל קרנים ועל קרניא עשר די בראשה (דניאל ז כ), זה פירש מן הערוה, וזה נידבק בערוה, זה חס על כבוד אביו, וזה ביזה על כבוד אביו, זה כתי' בו את האלהים אני ירא (בראשית מב יח), וזה כתו' בו ולא ירא אלהים (דברים כה יח), ביד מי מלכות אדום נופלת, ביד משוח מלחמה שהוא בא משל יוסף, ר' פנחס בשם ר' שמואל בר נחמן מסורת היא שאין עשו נופל אלא ביד בניה של רחל הה"ד אם לא יסחבום צעירי

הצאן (ירמיה מט כ), ולמה הוא קורא אותן צעירי הצאן,
שהן צעיריהן של שבטים.

Benjamin ist ein reissender Wolf; [*am Morgen verzehrt er Raub, und am Abend verteilt er Beute*] (Gen 49,27). ....
Denn Gott der HERR tut kein Ding, [*er habe denn seinen Ratschluss seinen Knechten, den Profeten, enthüllt*] (Am 3,7).
Jakob stellte je zwei einander gegenüber, und Mose stellte je zwei einander gegenüber.
Juda gegenüber dem babylonischen Reich: Dieser wird mit einem Löwen verglichen, und jenes wird mit einem Löwen verglichen. Dieser wird mit einem Löwen verglichen: *Ein junger Löwe ist Juda....* (Gen 49,9). Und jenes wird mit einem Löwen verglichen: *Das erste* [*Tier*] *war wie ein Löwe....* (Dan 7,4). Durch wessen Hand fällt das babylonische Reich? Durch die Hand Daniels, denn er kommt aus Juda.
Benjamin gegenüber dem medischen Reich: Dieser wird mit einem Wolf verglichen, und jenes wird mit einem Wolf verglichen. Dieser wird mit einem Wolf verglichen: *Benjamin ist ein reissender Wolf;* [*am Morgen verzehrt er Raub, und am Abend verteilt er Beute*] (Gen 49,27). Und jenes wird mit einem Wolf verglichen: *Und siehe, ein anderes Tier erschien, ein zweites, das glich einem Bären;* [*es war nur auf einer Seite aufgerichtet und hatte drei Rippen im Maul zwischen den Zähnen, und es ward ihm geboten: Auf, friss viel Fleisch*] (Dan 7,5)! R. H̲anina[361] sagte: Es steht *Wolf* geschrieben, *Wolf* war sein Name.[362] Das war [auch] die Meinung R. Yoh̲anans (pA2 gest. 279). Denn R. Yoh̲anan sagte: *Darum schlägt sie der Löwe aus dem Wald* (Jer 5,6a): Das ist Babel. ....*der Wolf der Steppe wird sie verderben....* (Jer 5,6b): Das ist Medien. Durch wessen Hand fällt das medische Reich? Durch die Hand Mordechais, denn er kommt aus Benjamin.
Levi gegenüber dem griechischen Reich: Dieser ist der dritte Stamm, und jenes ist das dritte Reich. Dieser hat drei Buchstaben, und jenes hat drei Buchstaben. Diese stossen in die Hörner, und jene stossen in die Trompeten. Diese tragen eine Kopfbedeckung, und jene tragen Helme. Diese tragen Hosen, und jene tragen Beinkleider.

---

361) Es gibt mehrere Rabbinen mit den Namen H̲anina. Es ist nicht klar, welcher hier gemeint ist.

362) In Dan 7,5 steht für Bär דֹּב (*dov*). Dieses wird in BerR 99,2 der Verständlichkeit halber als דוב geschrieben. Es gibt jedoch keine Textüberlieferung der Bibel mit dieser Schreibweise. Alle Manuskripte lesen דֹב (vgl. die BHS zur Stelle). Zur Zeit der Rabbinen war der Text natürlich noch nicht vokalisiert. Man konnte in Dan 7,5 also mit gutem Grund sowohl דֹב (*dov*) als auch דֵב (*dev*), d.h. anstatt „Bär“ „Wolf“ lesen. Und dies umso mehr, als Dan 7,5 in aramäischer Sprache verfasst ist, und דֵב (*dev*) ebenfalls ein aramäisches Wort ist.

Jene sind viele Volkshaufen, diese sind wenige Volkshaufen. Die Vielen kamen und fielen in die Hand der Wenigen. Aufgrund welcher *z^{e}khut*? Aufgrund des Segens Mose, welcher sprach: *Zerschlage die Hüften seiner* (d.h. Levis) *Gegner* [*und seiner Hasser, dass sie nicht mehr aufstehen*] (Dtn 33,11)! Durch wessen Hand fällt das griechische Reich? Durch die Hand der Söhne der Hasmonäer, denn sie sind aus Levi.

Josef gegenüber dem edomitischen (d.h. dem römischen) Reich: Dieser besitzt Hörner, und jener (d.h. Esau) besitzt Hörner. Dieser besitzt Hörner: *Sein* (d.h. Josefs) *erstgeborner Stier ist voller Hoheit, und seine Hörner sind die eines Wildochsen;* [*mit ihnen stösst er die Völker nieder, alle zumal, bis an die Enden der Erde*] (Dtn 33,17)! Jener besitzt Hörner: *....und über die zehn Hörner auf seinem Kopf....* (Dan 7,20). Dieser enthielt sich der Unzucht, jener hängte sich an die Unzucht. Dieser schützte die Ehre seines Vaters, jener verachtete die Ehre seines Vaters. Über diesen steht geschrieben: *....denn ich fürchte Gott....* (Gen 42,18). Und über jenen steht geschrieben: *....ohne Gott zu fürchten* (Dtn 25,18). Durch wessen Hand fällt Edom? Durch die Hand dessen, der zum Krieg gesalbt ist, denn er kommt aus Josef.[363] R. Pinẖas (pA5 um 360) [sagte] im Namen R. Sh^{e}mu'el b. Naẖmans (pA3 um 260): Es gibt eine Überlieferung, dass Esau nur durch die Hand der Söhne Rahels fällt, wie denn geschrieben steht: *Fürwahr die Buben der Herde werden sie wegzerren* (Jer 49,20). Und weshalb nennt er sie *Buben der Herde*? Weil sie die Jüngsten der Stämme sind.[364]

In BerR 99,2 geht es um die vier Reiche aus Dan 7 und um die Frage, durch wen sie fallen. Während drei dieser Reiche bereits der Vergangenheit angehören, und man sagen kann, wodurch sie fielen, ist das beim vierten, noch bestehenden Reich noch nicht klar.

Für die Frage, mit der sich diese Arbeit befasst, ist besonders die Aussage von Interesse, dass das griechische Reich aufgrund der *z^{e}khut* des Segens Mose fiel. Wie in BerR 98,13 (= Text 19) hat die *z^{e}khut* des Segens Mose dieselbe Bedeutung wie die *z^{e}khut* des Segens Jakobs und Josuas in BerR 98,15 (s.o. S. 339).

---

363) Mit „der zum Krieg gesalbt ist", ist der „Messias, Sohn Josefs," gemeint. Nach rabbinischer Tradition gibt es ausser einem „Messias, Sohn Davids," auch einen „Messias, Sohn Josefs," bzw. einen „Messias, Sohn Efraims". Da Josef Efraims Vater ist, ist der Messias, der Efraims Nachkomme ist, auch der Nachkomme Josefs. Vgl. das reiche Stellenmaterial bei Billerbeck, II,292-299.

364) Freedman (II,974) übersetzt *z^{e}khut* mit „for .... sake", Neusner (III,375) mit „merit" und Wünsche (493) mit „Verdienst".

Zu Kapitel 7.1.3

T.21 Parallelauslegung bPes 5a zu BerR 63,8

Denn es wurde in der Schule R. Yishmaᶜels gelehrt: Dank (בשכר *bis^{e}khar*) dreier *ersten* (ראשון *rishon*) wurden sie (d.h. die Israeliten) dreier Erster (ראשון *rishon*) gewürdigt (זכו *zakhu*): Der Ausrottung des Samens Esaus, des Baues des Tempels und des Namens des Messias.
– Der Ausrottung des Samens Esaus, wie geschrieben steht: *Und der Erste* (ראשון *rishon*) *kam heraus, rötlich, ganz und gar wie ein behaarter Mantel,* [*und man nannte ihn Esau*] (Gen 25,25).
– Und des Baues des Tempels, wie geschrieben steht: *Ein Thron der Herrlichkeit, erhaben vom Ersten* (ראשון *rishon*)*, ist unseres Heiligtums Stätte* (Jer 17,12).
– Und des Namens des Messias, wie geschrieben steht: *Einen Ersten* (ראשון *rishon*) *für Zion siehe, siehe da,* [*und für Jerusalem werde ich einen Frohbotschafter geben*] (Jes 41,27).

Im Unterschied zu BerR 63,8 wird in bPes 5a anstatt בזכות (*biz^{e}khut*) בשכר (*bis^{e}khar*) verwendet. Billerbeck (I,65) übersetzt *bis^{e}khar* mit „zum Lohne für". Geht man von der Voraussetzung aus, *biz^{e}khut* bedeute „wegen des Verdienstes von", kann man zum Schluss kommen, dass *biz^{e}khut* und *bis^{e}khar* austauschbare Begriffe seien, *z^{e}khut* also auch den Sinn von „Verdienst" haben könne.
Dem ist entgegenzuhalten, dass die Analyse von BerR 63,8 den eindeutigen Befund ergeben hat, dass *z^{e}khut* nicht „Verdienst" bedeuten kann. Zur Klärung der Bedeutung von *bis^{e}khar* ist folgendes zu sagen:
Aus dem Zusammenhang, in dem der vorliegende Midrasch in bPes 5a steht, geht hervor, dass es sich bei den drei *„ersten"* um Festtage handelt. Die grosse Schwierigkeit besteht nun darin, dass nicht gesagt wird, um welche es sich handelt. Es stellen sich daher zwei Fragen:
- Handelt es sich um drei verschiedene Festtage?
- Oder handelt es sich um die dreimalige Erwähnung von Festtagen in der Bibel, wobei sich die in Frage kommenden Bibelstellen auf dasselbe Fest beziehen können?

Ein entscheidender Hinweis zur Lösung dieses Problems ist in bPes 5a enthalten. Unmittelbar vor dem vorliegenden Midrasch wird Lev 23,7 zitiert: *„Am ersten Tage soll für euch eine heilige Versammlung sein, da sollt ihr keine Arbeit tun."* Dieser Vers bezieht sich auf das Laubhüttenfest. Somit steht eine der drei gesuchten Bibelstellen fest. Da in Lev 23,7 der Ausdruck ראשון (*rishon*) enthalten ist, der den Schlüsselbegriff des vorliegenden Midrasch bildet, muss dieser Ausdruck auch in den zwei verbleibenden Bibelstellen vorkommen, die noch gesucht werden müssen.
In der Hebräischen Bibel gibt es einige Stellen, in denen es um eines der grossen jüdischen Feste geht, und in denen der Ausdruck ראשון (*rishon*) vorkommt. Die

Suche muss daher weiter eingeengt werden. Es ist danach zu fragen, ob es zwei Bibelstellen gibt, deren Wortlaut möglichst nahe an denjenigen von Lev 23,7 herankommt. Aufgrund der Arbeit mit der Konkordanz kommen dafür nur zwei Stellen in Frage, nämlich Lev 23,35 und Num 28,18. Sowohl in Lev 23,35 als auch in Num 28,18 heisst es:

> *Am ersten Tage* [*ist*] *eine heilige Versammlung, da sollt ihr keine Arbeit tun.*

In Lev 23,7 und in Num 28,18 ist von Pesach die Rede. Diese beiden Stellen unterscheiden sich nur ganz minim von Lev 23,35, wo es um das Laubhüttenfest geht.

Dies bedeutet, dass es sich bei den drei ראשון (*rishon*), aufgrund derer Israel dreier ראשון (*rishon*) gewürdigt wurde, nicht um drei verschiedene Feste handelt, sondern nur um zwei, die aber in drei Stellen mit fast identischem Wortlaut genannt werden. Zu diesen beiden Festen ist folgendes zu bemerken:

Da nicht nur Pesach, sondern auch das Laubhüttenfest seine Begründung in der Befreiung Israels aus Ägypten hat, erinnern beide Feste an dasjenige Ereignis, das die Erwählung Israels durch Gott und den Bund Gottes mit ihm begründet und konstituiert. Beide Feste sind daher in hohem Masse repräsentativ für die Bundesgeschichte Gottes mit Israel. Indem sie an Israels Befreiung aus Ägypten und an den Bundesschluss erinnern, weisen sie gleichzeitig auf die eschatologische Befreiung Israels von seinen Feinden und auf seine Wiederherstellung hin. Beide Feste sollen gemäss Dtn 16,16 *„an der Stätte, die der HERR erwählt"*, begangen werden. Damit ist Jerusalem und insbesondere der Tempel gemeint. Zwar wurden beide Feste auch noch nach der Tempelzerstörung gefeiert. Pesach allerdings mit der schwerwiegenden Einschränkung, dass das Pesachlamm nicht mehr geschlachtet werden konnte. Pesach, aber auch das Laubhüttenfest enthalten daher die Hoffnung und Verheissung auf den Wiederaufbau Jerusalems und des Tempels.

Von Pesach und vom Laubhüttenfest heisst es in bPes 5a, dass Israel durch sie dreier „Erster" gewürdigt wurde: der „Ausrottung des Samens Esaus (d.h. Roms), des Baues des (dritten) Tempels und des Namens des Messias". Dies ist dahingehend zu verstehen, dass der Grund für diese Würdigung in dem liegt, was diese beiden Feste bedeuten und repräsentieren und worauf sie in Bezug auf Vergangenheit und Zukunft der Erwählung und der Bundesgeschichte Gottes mit Israel hinweisen.

Die Beziehung zwischen dem Grund für diese Würdigung (Pesach und Laubhüttenfest, und das, was sie bedeuten und repräsentieren) und den drei Verheissungen mit ihrem Anspruch auf Erfüllung, wird durch den Ausdruck *bis^{e}khar* hergestellt. In vielen Fällen wird שכר (*sakhar*) im Sinne von „Lohn" bzw. „Entgelt" für eine geleistete Arbeit und die dabei aufgewendete Zeit, Kraft und Mühe gebraucht.[365] Die Übersetzung von בשכר (*bis^{e}khar*) mit „zum Lohne für" ist aber

365) Vgl. den Artikel zu שכר in TWAT, VII,795-801.

höchst irreführend. Sie erweckt den Eindruck, es gehe in diesem Zusammenhang um eine Leistung. Zudem erweckt eine solche oder ähnliche Übersetzung den Anschein, es gehe in bPes 5a doch um irgendein „verdienstliches Tun“.
Das hebräische Wort שכר (*sakhar*) kann man auf Deutsch nicht mit einem einzigen Ausdruck wiedergeben. Even-Shoshan gibt als Synonym für בשכר (*bi-s^{e}khar*) u.a. לתודות ל־ (*l^{e}todot l^{e}*), „dank....“ an.[366] Mit dieser Umschreibung ist sicher nichts Falsches gesagt, da sie zwar in verschiedenem Sinne verstanden werden kann, aber nicht von vornherein Missverständnisse provoziert. Aus diesem Grunde wurde sie auch für die Übersetzung von bPes 5a verwendet. In welchem Sinne dieses „dank....“ zu verstehen ist, haben die Ausführungen zu BerR 63,8 und bPes 5a ergeben: Pesach und Laubhüttenfest sind konstituierend für das Befreiungs- und Rettungshandeln Gottes in der Erwählungs-, Bundes- und Verheissungsgeschichte mit Israel von ihren Anfängen bis zu ihrer eschatologischen Vollendung. Obwohl Israel dabei ganz mitbeteiligt ist und mitwirkt, und zwar sosehr, dass es ohne Israels Mitbeteiligung und Mitwirkung diese Geschichte gar nicht gäbe, ist Gott Initiant und Vollender zugleich, und liegt der Akzent in BerR 63,8 und bPes 5a auf Gottes Wollen und Handeln. Etwas abgekürzt ausgedrückt bedeutet „dank....“ „dank Gottes Wollen und Handeln“.

366) Even-Shoshan, III,1366.

Zu Kapitel 7.2

T.22 Die z^e^khut der zehn *tsadiqim*: BerR 49,13 zu 18,32 (II,514f)[367]

ויאמר אל נא יחר לי"י וגו' אולי ימצאון שם עשרה (בראשית יח לב) .... ד"א למה עשרה שכבר נשתייר בדור המבול שמונה ולא נתלה לעולם בזכותן, ד"א למה עשרה שהיה סבור שיש שם עשרה לוט ואשתו וארבע בנותיו וד' חתניו. ר' יודן בר' סימון ר' חנן בשם ר' יוחנן נאמר כאן עשרה ובירושלם אפילו אחד הה"ד שוטטו בחוצות ירושלם וגו' (ירמיה ה א), וכן הוא אומר אחת לאחת למצוא חשבון (כהלת ז כז) אמר ר' יצחק כמה מיצוי חשבון עד אחת.

Er sprach: Der HERR[368] *zürne nicht,* [*wenn ich noch diesmal rede.*] *Vielleicht sind zehn darin zu finden.* [*Er sprach: Ich will sie nicht verderben, um der zehne willen*] (Gen 18,32). ....

[1] Eine andere Auslegung: Warum zehn? Weil bereits im Geschlecht der Sintflut acht übriggeblieben waren, und [trotzdem] wurde es für die Welt nicht von ihrer *z^e^khut* abhängig gemacht.[369]

[2] Eine andere Auslegung: Warum zehn? Weil er meinte, dass es dort schon zehn gab, Lot und seine Frau, seine vier Töchter und seine vier Schwiegersöhne.

[3] R. Yudan (pA4 um 350) [sagte] im [Namen] R. Simons (pA3 um 280) [und] R. H̱anin[370] [sagte] im Namen R. Yoẖanans (pA2 gest. 279): Hier wird zehn gesagt, aber in Jerusalem ist es sogar nur einer, wie denn geschrieben steht: *Streifet umher in den Gassen Jerusalems,* [*schauet und merket auf, und suchet auf seinen Plätzen, ob ihr einen findet, der Recht übt, der sich der Treue befleisst! Dann will ich ihr vergeben*] (Jer 5,1)! Und so sagt er: *Eins für eins, so findet man die Berechnung* (Pred 7,27).

---

367) Parallelen: LeqT Ber 18,32, YalqBer 83. In LeqT Ber 18,32 ist nur der Midrasch in [1] enthalten, und in YalqBer 83 fehlt [4] ebenfalls.

368) Der Bibeltext, von dem die Rabbinen im vorliegenden Midrasch ausgehen, liest *„Jahwe"* und nicht wie die BHS אדני (*adonai*).

369) Mit den „acht" sind Noah, seine Frau, seine drei Söhne und seine drei Schwiegertöchter gemeint (vgl. Theodor/Albeck, II,515; Mirqin, II,207; Freedman, I,432, Anm. 6). Dass „es für die Welt nicht von ihrer *z^e^khut* abhängig gemacht" wurde, bedeutet, dass diese „acht" nicht reichten, um die Welt zu retten. Deshalb ging Abraham nicht weiter hinunter als bis auf zehn.

370) Es ist nicht klar, welcher R. H̱anin gemeint ist.

[4] R. Yitsẖaq (pA4 um 300) sagte: Auf wieviel beläuft sich das Ergebnis der Berechnung? Bis auf eins.[371]

Die Aussage R. Yitsẖaqs variiert je nach Lesart ziemlich stark. Mirqin (II,207)[372] gibt sie wie folgt wieder:

> R. Yitsẖaq sagte: Auf wieviel beläuft sich das Ergebnis der Berechnung für eine einzige Stadt? Auf einen. Wenn sich in der ganzen Stadt einer findet, macht man sie von seiner *z^ekhut* abhängig.[373]

Bei den „zehn" die sich in Sodom finden müssen, damit die Stadt gerettet wird, sind zehn *tsadiqim* gemeint. Das Verständnis von *z^ekhut* hängt auch hier wie in BerR 50,1 (Kapitel 7.2) vom Verständnis der *tsadiqim* ab. Was bei der Besprechung von BerR 50,1 über die Bedeutung von *tsadiq* gesagt wurde, gilt auch hier. Die Bedeutung von *z^ekhut* ist hier dieselbe wie in BerR 50,1 (s.o. S. 186).

---

371) Marmorstein (88) und Neusner (II,209) übersetzen *z^ekhut* mit „merit". Freedman (I,432) übersetzt den Ausdruck mit „for .... sake" und Wünsche (236) mit „Verdienst".

372) Steinberger (II,427) benützt wie Mirqin in seiner Ausgabe den Text der Ausgabe Wilna.

373) Marmorstein (88) und Wünsche (236) gehen vom selben Wortlaut aus wie Mirqin. Die Aussage R. Yitsẖaqs ist einer der wenigen Texte, die Marmorstein auf Hebräisch zitiert. Im Unterschied dazu folgen Neusner (II,209) und Freedman (I,432) dem Haupttext Theodor/Albecks.

T.23 Die *z^ekhut* eines einzigen *tsadiq*: BerR 68,6 zu 28,10 (II,773ff)[374]

ויצא יעקב (בראשית כח י) .... ויצא וכי לא יצא משם אלא הוא, והלא כמה חמרים וגמלים יצאו עימו, ר' עזריה בשם ר' יהודה בר' סימון ר' חנן בשם ר' שמואל בר רב יצחק הצדיק שבעיר הוא זיווה הוא הדרה והוא שבחה, פינה משם פינה זיווה הדרה ושבחה, דכוותה ותצא מן המקום אשר היתה שמה (רות א ז) וכי לא יצאה משם אלא היא, כמה חמרים וכמה גמלים יצאו, ר' עזריה בשם ר' יהודה בר' סימון ר' חנן בשם ר' שמואל בר רב יצחק הצדיק שבעיר הוה זיווה הוא הדרה והוא שבחה, פינה משם פינה זיווה הדרה ושבחה, ניחא תמן שלא היתה שם אלא אותה הצדקת בלבד, ברם הכא לא היה שם יצחק, ר' עזריה בשם ר' יודן בן ר' סימון לא דומה זכות צדיק אחד לזכות ב' צדיקים.

Und Jakob zog aus [*von Ber-Sheva und ging nach Haran*] (Gen 28,10). ....
....*zog aus*....: Aber er zog doch nicht allein von dort aus? Zogen nicht auch einige Esel- und Kameltreiber mit ihm aus?
R. Azarya (pA5 um 380) [sagte] im Namen R. Y^ehudah b. R. Simons (pA4 um 320) [und] R. Hanan[375] [sagte] im Namen R. Sh^emu'el b. Rav Yitshaqs (pA3 um 300): Der *tsadiq*, der in der Stadt ist, ist ihr Glanz, ihre Herrlichkeit und ihr Schmuck. Wendet er sich von dort weg, wendet sich ihr Glanz, ihre Herrlichkeit und ihr Schmuck weg. Entsprechend wie: *Und sie zog von dem Ort fort, wo sie gewesen war,* [*und ihre beiden Sohnsfrauen begleiteten sie*] (Rut 1,7). Aber sie zog doch nicht allein von dort aus? Wie viele Esel- und Kameltreiber zogen aus! R. Azarya [sagte] im Namen R. Y^ehudah b. R. Simons [und] R. Hanan [sagte] im Namen R. Sh^emu'el b. Rav Yitshaqs: Der *tsadiq*, der in der Stadt ist, ist ihr Glanz, ihre Herrlichkeit und ihr Schmuck. Wendet er sich von dort weg, wendet sich ihr Glanz, ihre Herrlichkeit und ihr Schmuck weg. Das ist annehmbar, weil diese dort die einzige *tsadeqet*[376] war. Allein hier war [auch] Isaak dort. R. Azarya [sagte] im Namen

---

374) Parallelen: LeqT Ber 28,10, MHG Ber 28,10, MRut 2,12 zu 1,7, SekhT Ber 28,10, YalqBer 117, YalqRut 601 zu 1,7.
375) Es ist nicht klar, welcher R. Hanan gemeint ist.
376) *tsadeqet* (צדקת) ist feminin Singular von *tsadiq* (צדיק).

> R. Yudan b. R. Simons:[377] Die *z^e^khut* eines einzigen *tsadiq* ist nicht mit der *z^e^khut* zweier *tsadiqim* vergleichbar.[378]

Theodor/Albeck (II,774), Mirqin (III,78) und Steinberger (III,126) machen darauf aufmerksam, dass es in Gen 28,10 genügt hätte, zu sagen: *„Und Jakob ging nach Haran.“* Da der Auszug Jakobs dennoch „unnötigerweise“ erwähnt wird, muss es sich dabei um etwas gehandelt haben, das erwähnenswert ist. Es stellt sich allerdings noch ein weiteres Problem, der Singular in Gen 28,10. Dieser ist darum fragwürdig, weil mit Jakob zusammen auch noch Esel- und Kameltreiber aus Ber-Sheva wegzogen. Dass Jakob bzw. Noemi in Rut 1,7 von Esel- und Kameltreibern begleitet wurden, steht nicht in der Bibel. Es ist daher nicht klar, woraus die Rabbinen dies schliessen, ob aus dem Umstand, dass es zur damaligen Zeit riskant war, allein zu reisen, und daher geraten war, sich einer Karawane anzuschliessen, oder anderswoher. Aus dem Zusammenhang des vorliegenden Midrasch geht hervor, dass die Rabbinen die Esel- und Kameltreiber im Unterschied zu Jakob nicht als *tsadiqim* verstanden haben. Über den Grund gibt mQid 4,14 Auskunft. Dort wird gesagt, dass man seinen Sohn unter anderen Berufen auch nicht Esel- oder Kameltreiber lernen lassen solle, da deren Gewerbe ein räuberisches sei.

Obwohl Jakob sich durch seinen Betrug an seinem Vater und Bruder ebenfalls „räuberisch“ verhielt, ist er ein *tsadiq*, weil er *erwählt* ist (s.o. Kapitel 7.2). Zur Bedeutung der *z^e^khut* eines *tsadiq* ist hier dasselbe zu sagen wie in BerR 50,1 (s.o. S. 186).

Der Schlusssatz des Midrasch ist nicht leicht zu verstehen. Freedman (II,619, Anm. 4) bemerkt dazu: „I.e. even when one remains, the departure of the other is still noticeable.“ Für die Richtigkeit dieser Bemerkung spricht, dass in Gen 28,10 nur Jakob im Blick ist. Wenn man Freedmans Aussage mit dem kombiniert, was *tsadiq* bedeutet, kann man die Bedeutung des Schlusssatzes des Midrasch wie folgt umschreiben: Jeder *tsadiq* ist ein Repräsentant für die Erwählung Israels durch Gott und somit für den Bund mit ihm. Jeder *tsadiq* repräsentiert darum die ganze Würde, den ganzen „Glanz“, die ganze „Herrlichkeit“ und den ganzen „Schmuck“, den Erwählung und Bund darstellen. Da die Erwählung Israels durch Gott und der Bund mit ihm kein Selbstzweck ist, sondern die Erwählung der ganzen Menschheit zum Ziele hat, repräsentiert jeder einzelne *tsadiq* und jede einzelne *tsadeqet* die Erwählung der Menschheit durch Gott und den Bund mit ihr. Und weil bereits ein einziger *tsadiq* oder eine einzige *tsadeqet* die ganze Erwählung und den ganzen Bund repräsentiert, repräsentiert jeder und jede einzelne auch deren ganzen „Glanz“, „Herrlichkeit“ und „Schmuck“. Zwei *tsadiqim* ergeben nicht „mehr“ Glanz und Herrlichkeit. Man kann sie nicht „zusammenzählen“ oder sonst auf irgendeine Weise miteinander „verrechnen“.

---

377) Mit R. Yudan b. R. Simon ist R. Y^e^hudah b. R. Simon gemeint.

378) Freedman (II,619) und Neusner (III,5) übersetzen *z^e^khut* mit „merit“. Wünsche (328) übersetzt den Ausdruck mit „Verdienst“.

Zu Kapitel 7.3

T.24 Die z^e*khut* der *tsadiqim* und *tsadiqot* und die z^e*khut* eines Heiden, der den Himmel fürchtet: BerR 28,5 zu 6,7 (I,263f)[379]

מעל פני האדמה (בראשית ו ז) אמר ר' אבא בר כהנא נעשה בעשרת השבטים מה שלא נעשה בדור המבול, כת' בדור המבול וכל יצר מחשבות לבו רק רע כל היום (בראשית ו ה) ובעשרת השבטים הוי חושבי און ופועלי רע על משכבותם (מיכה ב א) הרי בלילה, ומנין אף ביום תלמוד לומר באור הבוקר יעשוה (שם שם), אותן לא נשתיירה מהן פליטה ואילו נשתיירה מהם פליטה, לא נשתיירה אלא בזכות הצדיקים והצדיקות שעתידין לעמוד מהן הה"ד והנה נותרה בה פליטה המוצאים בנים ובנות (יחזקאל יד כב) בזכות הצדיקים והצדקניות שעתידין לעמוד מהן. .... אמר ר' חנן נעשה בכרכי הים מה שלא נעשה בדור המבול הוי יושבי חבל הים גוי כריתים (צפניה ב ה) שהוא ראוי כרת, ובאי זה זכות עומד, בזכות גוי אחד וירא שמים אחד שהקב"ה מקבל מידן.

[*Und der HERR sprach: Ich will den Menschen, den ich geschaffen habe,*] *vom Angesicht der Erde* [*wegwischen, die Menschen, sowohl als das Vieh, auch die kriechenden Tiere und die Vögel des Himmels, denn es reut mich, dass ich sie gemacht habe*] (Gen 6,7).

[1] R. Abba b. Kahana (pA3 um 310) sagte: Durch die zehn Stämme wurde getan, was durch das Geschlecht der Sintflut nicht getan wurde. Vom Geschlecht der Sintflut steht geschrieben, *dass alles Trachten ihres Herzens den ganzen Tag nur böse war* (V.5). Von den zehn Stämmen aber: *Wehe denen, die Arges sinnen und Böses tun auf ihren Lagern* (Mi 2,1a). Siehe, [auch noch] in der Nacht. Und woher [wissen wir], dass [sie es] auch am Tage [taten]? Die Belehrung lautet: *Im Lichte des Morgens tun sie es* (Mi 2,1b). Von jenen blieben keine Entronnenen übrig, aber von diesen blieben Entronnene übrig. Sie blieben allein aufgrund der z^e*khut* der *tsadiqim* (צדיקים) und *tsadiqot* (צדיקות) übrig, die künftig von ihnen erstehen würden, wie denn geschrieben steht: *....siehe, es bleiben*

379) Parallelen zur Auslegung R. Abba b. Kahanas: ShirR 1,4, YalqEz 352 zu 14,22, YalqMi 551 zu 2,1. In YalqMi 551 zu 2,1 wird anstatt בזכות (*biz*^{e}*khut*) בשביל (*bishvil*) verwendet. Parallelen zur Auslegung R. H̱anans: ShirR 1,4, YalqZef 567 zu 2,5.

Entronnene darin übrig, die Söhne und Töchter herausführen (Ez 14,22). [D.h.] aufgrund der z^{e}*khut* der *tsadiqim* (צדיקים) und *tsadiqot* (צדיקות),[380] die einst von ihnen erstehen würden.[381] ....

[2] R. H̱anan[382] sagte: Durch die Städte am Meer wurde getan, was durch das Geschlecht der Sintflut nicht getan wurde: *Wehe euch, die ihr den Strich am Meere bewohnt, du Volk der Kreter* (כריתים *kretim*) (Zef 2,5)! Denn es war zur Ausrottung (כרת *karet*) ausersehen. Und aufgrund welcher z^{e}*khut* bleibt es bestehen? Aufgrund der z^{e}*khut* eines einzigen Heiden, der den Himmel fürchtet, den der Heilige, gepriesen sei er, aus ihren Händen empfängt.[383]

Trotz Gemeinsamkeiten zwischen dem Midrasch in [1] und demjenigen in [2] sind sie voneinander unabhängig. Sie folgen in BerR 28,5 auch nicht unmittelbar aufeinander. Die Analogien zwischen [1] und [2] bestehen darin, dass es sich bei beiden Midraschim um Interpretationen von Gen 6,7 handelt, und dass in beiden von Menschengruppen die Rede ist, die noch schlimmer als das Geschlecht der Sintflut waren, aber im Unterschied zu diesem nicht völlig untergingen.

a. Die Auslegung R. Abba b. Kahanas [1]

Während es vom Geschlecht der Sintflut heisst, sein Trachten sei den ganzen Tag lang böse gewesen, heisst es von den zehn Stämmen Israels sogar, sie hätten Tag *und* Nacht Böses getan. Somit waren die zehn Stämme noch schlimmer als das Geschlecht der Sintflut. Es wäre daher zu erwarten, dass es ihnen noch schlimmer ergeht, als dem Geschlecht der Sintflut. Da dies jedoch nicht möglich ist, weil vom Geschlecht der Sintflut niemand gerettet wurde, wäre wenigstens zu erwarten, dass die zehn Stämme ebenso wie dieses vollständig ausgerottet würden.[384] Auf gar keinen Fall aber wäre zu erwarten, dass von ihnen Entronnene übrigbleiben, die erst noch Nachkommen haben.

Wenn dies trotzdem geschieht, dann nur aufgrund der Verheissung in Ez 14,22 so: „*...siehe, es bleiben Entronnene darin übrig, die Söhne und Töchter herausführen.*“ In Ez 14,21-23 heisst es:

> *So spricht der Herr HERR: Ja, wenn ich meine vier bösen Gerichte, Schwert und Hunger und wilde Tiere und Pest, wider Jerusalem loslasse, um Menschen und Vieh darin auszurotten, siehe, es bleiben Entronnene darin übrig, die Söhne und Töchter herausfüh-*

---

380) Der Haupttext von Theodor/Albeck liest hier anstatt צדיקות (*tsadiqot*) צדקניות (*tsidqaniyot*). Der Sinn ist natürlich derselbe.

381) Freedman (I,226) übersetzt z^{e}*khut* mit „for .... sake“, Neusner (I,298) mit „merit“ und Wünsche (125) mit „Verdienst“.

382) Es ist nicht klar, welcher R. H̱anan gemeint ist.

383) Marmorstein (99) und Neusner (I,298) übersetzen z^{e}*khut* mit „merit“, Billerbeck (I,928) und Wünsche (125) mit „Verdienst“. Freedman (I,227) übersetzt den Ausdruck mit „for .... sake“.

384) Noah wird hier offensichtlich nicht zum Geschlecht der Sintflut gezählt.

ren. Wenn diese dann zu euch herauskommen und ihr ihren Wandel und ihr Tun seht, so werdet ihr euch trösten über das Unheil, das ich über Jerusalem gebracht habe, ja über alles, was ich über die Stadt gebracht habe.

Wie bei der Sintflut trifft Gottes Gericht auch hier Mensch *und* Tier. Ez 14,21 passt daher gut zu Gen 6,7. Dass die in V.23 Angesprochenen sich über das Unheil trösten lassen, das Gott über Jerusalem gebracht hat, wenn sie den *„Wandel“* und das *„Tun“* der Söhne und Töchter sehen, interpretiert R. Abba b. Kahana dahingehend, dass es sich bei ihnen um *tsadiqim* (צדיקים) und *tsadiqot* (צדיקות) handelt.[385] Trösten aber werden sie sich darum lassen, weil dieser *„Wandel“* und dieses *„Tun“* im Gegensatz zu demjenigen der zehn Stämme Gott wohlgefällt.
Weil von ihnen *tsadiqim* und *tsadiqot* abstammen würden, blieben von den zehn Stämmen Entronnene übrig, oder wie R. Abba b. Kahana sagt, aufgrund ihrer *z^ekhut*. Die *z^ekhut* dieser *tsadiqim* und *tsadiqot* kann aus zwei Gründen nicht „Verdienst“ bedeuten:

1. Ein *tsadiq* ist immer ein *erwählter* Bundespartner Gottes (s.o. Kapitel 7.2).
2. Der Wandel und die Taten der *tsadiqim* und *tsadiqot* liegen zum Zeitpunkt der Rettung der Entronnenen aus den zehn Stämmen noch in der Zukunft. Gott rechnet den zukünftigen Wandel und die zukünftigen Taten der Menschen nicht bereits in der Vergangenheit bzw. Gegenwart an.[386]

Mit der *z^ekhut* der *tsadiqim* und *tsadiqot* „die künftig von ihnen erstehen werden“ kann daher nur *die Gültigkeit, Wirksamkeit und Verwirklichung ihrer Erwählung durch Gott und der damit gegebenen Verheissung* gemeint sein. Da das Tun und der Wandel der *tsadiqim* und *tsadiqot* zum Zeitpunkt der Rettung der Entronnenen aus den zehn Stämmen noch aussteht, liegt der Akzent ganz auf dem Tun und Wollen Gottes.
Weil Gott die Söhne und Töchter der Entronnenen erwählt hat, gibt es Menschen aus den zehn Stämmen, die dem Gericht Gottes entrinnen, obwohl sie wie das Geschlecht der Sintflut verdient hätten, vollständig unterzugehen, da sie noch schlimmer waren als jenes.

b. Die Auslegung R. Hanans [2]

Während aus der Auslegung R. Abba b. Kahanas klar wird, weshalb er meint, dass die zehn Stämme noch schlimmer waren als das Geschlecht der Sintflut, wird dies aus derjenigen R. Hanans in Bezug auf die „Städte am Meer“ nicht recht deutlich. Dass auch die „Städte am Meer“ wie das Geschlecht der Sintflut den Untergang verdient hätten, schliesst R. Hanan aus der Ähnlichkeit zwischen כריתים (*kretim*), „Kreter“ und כרת (*karet*), „Ausrottung“. Aufgrund dieser

385) Üblicherweise ist sowohl in der Bibel als auch in den rabbinischen Schriften nur von *tsadiqim* (צדיקים) die Rede, wenn sowohl Männer als auch Frauen gemeint sind. Wenn R. Abba b. Kahana hier von „*tsadiqim* (צדיקים) und *tsadiqot* (צדיקות)“ spricht, dann hat dies seinen Grund darin, dass in Ez 14,22 von Söhnen und Töchtern die Rede ist.

386) S.o. Exkurs B, S. 197-202.

Ähnlichkeit bildet Zef 2,5 den Schriftbeweis dafür, dass die „Städte am Meer" zur Ausrottung bestimmt gewesen seien.
Gemäss R. Hanan blieben sie nur aufgrund der *z^e^khut* „eines einzigen Heiden, der den Himmel fürchtet, den der Heilige, gepriesen sei er, aus ihren Händen empfängt" verschont. Mit einem „der den Himmel fürchtet" ist jemand gemeint, der Gott fürchtet.[387]
Bei der Frage, in welchem Sinne die *z^e^khut* eines Heiden, der Gott fürchtet, zu verstehen ist, hilft ein Vergleich mit BemR 10,1 weiter:

> ....Derjenige, welcher seinen Schöpfer fürchtet und kennt, der wird *tsadiq* genannt....

Mit „Himmel" in BerR 28,5 und mit „Schöpfer" in BemR 10,1 ist beide Male Gott gemeint. Folglich ist mit einem, „der den Himmel fürchtet" (BerR 28,5) und einem „der seinen Schöpfer fürchtet" (BemR 10,1) dasselbe gemeint. Und daraus folgt weiter, dass einer, „der den Himmel fürchtet" ein *tsadiq* ist.
Aus diesem Grunde ist die *z^e^khut* eines Heiden, „der den Himmel fürchtet," mit der *z^e^khut* eines *tsadiq* identisch. Die *z^e^khut* der *tsadiqim* hat hier dieselbe Bedeutung wie in BerR 50,1 (s.o. S. 186). Da die „Städte am Meer" aufgrund dieser *z^e^khut* bestehen blieben und somit immer wieder vor dem drohenden Untergang gerettet wurden, hat sie auch hier soteriologischen Charakter.

---

387) Billerbeck (I,928) und Marmorstein (99) verstehen darunter einen Proselyten. Das ist sicher richtig.

T.25 Die z^{e}*khut* des Geschlechts der Wüste: BerR 29,3 zu 6,8 (I,269)[388]

ונח מצא חן וגו' (בראשית ו ח) אמר ר' סימון ג' מציאות
מצא הקב"ה ומצאת את לבבו נאמן וגו' (נחמיה ט ח)
מצאתי דוד עבדי וגו' (תהלים פט כא) כענבים במדבר
מצאתי ישראל (הושע ט י), התיבון חבריא לר' סימון
והכת' ונח מצא חן בעיני י"י, אמר להן הוא מצא הקב"ה
לא מצא, אמר ר' סימון מצא חן במדבר (ירמיה לא א)
בזכות דור המדבר.

Noah aber fand Gnade (מצא חן *matsa' ḫen*) [*in den Augen des HERRN*] (Gen 6,8).
R. Simon (pA3 um 280) sagte: Drei Funde hat der Heilige, gepriesen sei er, gemacht:
Du hast sein Herz treu [*gegen dich*] *gefunden* [*und mit ihm* (d.h. Abraham) *den Bund geschlossen, seinen Nachkommen das Land der Kanaaniter, Hethiter, Amoriter, Pheresiter, Jebusiter und Girgasiter zu geben, und hast deine Verheissung erfüllt; denn du bist gerecht*] (Neh 9,8).
Ich habe meinen Knecht David gefunden, [*mit meinem heiligen Öl ihn gesalbt*] (Ps 89,21).
Wie Trauben in der Wüste habe ich Israel gefunden, [*wie Frühfeigen am jungen Feigenbaum habe ich eure Väter erschaut*] (Hos 9,10).
Die Genossen von R. Simon entgegneten: Aber es steht doch auch geschrieben: *Noah aber fand Gnade in den Augen des HERRN.*
Er sagte: Er (d.h. Noah) fand; der Heilige, gepriesen sei er, fand nicht. R. Simon sagte: *Es fand Gnade* (מצא חן *matsa' ḫen*) *in der Wüste* [*das Volk, dem Schwerte entronnen, als Israel wanderte, zu seiner Ruhe zu kommen*] (Jer 31,2). Aufgrund der z^{e}*khut* des Geschlechts der Wüste.[389]

Die Brücke zwischen Gen 6,8 und Jer 31,2 sind die Worte מצא חן (*matsa' ḫen*), „*fand Gnade*", die in beiden Stellen vorkommen. Dass Noah „aufgrund der z^{e}*khut* des Geschlechts der Wüste" Gnade fand, bedeutet, dass er Gnade fand, weil jenes Gnade fand und gerettet wurde. Zur Zeit Noahs liegt die Rettung des

388) Parallelen: YalqHos 525 zu 9,10, YalqPs 839 zu 89,21. Die Parallele in YalqPs 839 zu 89,21 ist gegenüber BerR 29,3 stark gekürzt. In ihr fehlt auch der Schluss, der für unsere Untersuchung von Interesse ist.

389) Freedman (I,231) übersetzt z^{e}*khut* mit „for .... sake", Neusner (I,304) mit „merit" und Wünsche (127) mit „Verdienst".

Geschlechts der Wüste noch in ferner Zukunft. Aus diesem Grunde kann *z*^{e}*khut* auch hier nicht „Verdienst" bedeuten.[390]
Weshalb fand Noah gerade aufgrund der *z*^{e}*khut* des Geschlechts der Wüste Gnade? Mirqin (I,211) weist darauf hin, dass das Geschlecht der Wüste jenes ist, das die *torah* erhalten hat, und dass Noah somit aufgrund der *z*^{e}*khut* der *torah* Gnade fand.
Noah repräsentiert die Menschheit. Indem er Gnade fand und gerettet wurde, wurde die Menschheit gerettet. Nicht nur Noah, sondern auch die Menschheit verdanken ihre Rettung also dem Umstand, dass das Geschlecht der Wüste seinerseits gerettet wurde. Da dieses gerettet wurde, weil Gott ihm die *torah* geben, d.h. weil Gott mit ihm seinen Bund schliessen wollte, verdankt die Menschheit ihre Rettung der Erwählung Israels durch Gott und seinem Bund mit Israel. Daraus folgt, dass Israel kein Selbstzweck ist, sondern vielmehr eine *soteriologische* Grösse für die Welt. Dass Noah und damit die Menschheit aufgrund der *z*^{e}*khut* des Geschlechts der Wüste Gnade fand, bedeutet also, dass dies aufgrund *der soteriologischen Gültigkeit, Wirksamkeit und Bedeutung der universalen Erwählung Israels durch Gott und seines Bundes mit ihm und damit auch mit der ganzen Menschheit und für sie* geschah.

---

390) S.o. S. 354, Anm. 386.

Zu Kapitel 7.4

T.26 Die *z^e^khut* des Viehs: BerR 33,1 zu 8,1 (I,298.301ff)[391]

ויזכר אלהים את נח וגו' (בראשית ח א) צדקתך כהררי אל משפטיך תהום רבה אדם ובהמה תושיע י"י (תהלים לו ז) .... אלכסנדרוס מקדון אזל גבי מלכא קצייה לאחורי צלמי שלחשך, נפק טעין ליה גרדומי דדהב בגו דיסקס דדהב, אמר ליה ולממונך אנא צריך, אמר ליה ולא הוה לך מה מיכול בארעך דאתית להכא, אמר ליה לא אתית אלא בעי למידע היך אתון דנין, מה יתיב גביה אתא חד בר נש קבל על חבריה אמר הדין גברא זבילי חדא קיקילתא ואשכחית בה סימתא, ההוא דזבן אמר קיקילתא זבנית, וההוא דזבין אמר קיקילתא וכל דבגווה זבינית, אמר לחד אית לך בר, אמר ליה הין, אמר לחד אית לך ברתא, אמר ליה הין, אמר אסיבו להון ויהא ממונא לתרויהון, חמתיה יתיב תמיה, אמר ליה מה לא טבית דנית, אמר ליה הין, אמר ליה אילו הוה גביכון איך אתון דינין, אמר ליה קטלין לתרויהו וסימא למלכא, אמר ליה נחת לכון מטרא, אמר ליה אין, שמשא דנח לכון, אמר ליה אין, אית גבכון בעיר דקיק, אמר ליה אין, אמר ליה תיפח רוחיה דההוא גברא לא בזכותכון הוא אלא בזכות בעירא דכת' אדם ובהמה תושיע י"י אדם בזכות בהמה תושיע י"י.

Und Gott (אלהים *Elohim*) *gedachte des Noah* [*und all des Wildes und des Viehs, das bei ihm in der Arche war*] (Gen 8,1). *Deine ts^e^daqah ist wie die Berge Gottes, deine Gerichte wie die grosse Urflut* (תהום רבה *t^e^hom rabbah*). *Den Menschen und dem Vieh hilfst du, Jahwe* (Ps 36,7). ....
Der Makedonier Alexander ging zum König von Qatsya[392] hinter dem finsteren Gebirge. [Dieser] ging [zu ihm] hinaus und brachte ihm ein goldenes Brot auf einem goldenen Teller. Er sagte zu ihm:

391) Parallelen: PesK 9,1, TanWa emor 6, TanBWa emor 9, WaR 27,1, YalqPs 727, yBM 2,5[4]-6[4] 8c. Der Midrasch ist in allen Stellen in Aramäisch verfasst. Das könnte darauf hinweisen, dass ihr eine Volkserzählung zugrunde liegt.

392) Freedman (I,258, Anm. 3) bemerkt zur Bedeutung dieses Namens, dass der König so heisse, weil er am Ende (קץ *qets*) der Welt wohne. Offensichtlich sei damit das Innere Afrikas gemeint.

Brauche ich etwa dein Geld? Er antwortete ihm: Du hattest in deinem Lande [wohl] nichts zu essen, dass du hierher gekommen bist. Er sagte zu ihm: Ich bin nur gekommen, weil ich wissen will, wie ihr richtet.

Als er bei ihm blieb, kam ein Mann, der gegen seinen Genossen klagte. Er sagte: Dieser Mann verkaufte mir einen Misthaufen, und ich habe darin einen Schatz gefunden. Derjenige, welcher [ihn] gekauft hatte, sagte: Ich habe [nur] den Misthaufen gekauft. Aber jener, der [ihn] verkauft hatte, sagte: Ich habe den Misthaufen und alles, was darin ist, verkauft. [Der König] fragte den einen: Hast du einen Sohn? Er antwortete ihm: Ja. Er fragte den anderen: Hast du eine Tochter? Er antwortete ihm: Ja. [Da] sprach er: Verheiratet sie und das Geld soll ihnen beiden gehören.

Er sah ihn (Alexander) staunend dasitzen. Er sagte zu ihm: Wie, habe ich nicht gut gerichtet? Er antwortete ihm: Doch. Er fragte ihn: Wenn [das] bei euch vorgekommen wäre, wie hättet ihr gerichtet? Er antwortete: Man hätte sie beide getötet, und das Geld [wäre] dem König [zugefallen]. Er fragte ihn: Fällt bei euch Regen? Er antwortete ihm: Ja. – Die Sonne, geht sie bei euch auf? Er antwortete ihm: Ja. – Gibt es bei euch Kleinvieh? Er antwortete ihm: Ja. Er sagte zu ihm: Der Geist dieses Mannes möge [ihm] ausgehen, nicht aufgrund eurer *z^e^khut* ist das so, sondern aufgrund der *z^e^khut* des Viehs, wie geschrieben steht: *Den Menschen und dem Vieh hilfst du, Jahwe* (Ps 36,7b). Den Menschen *hilfst du, Jahwe* aufgrund der *z^e^khut* des Viehs.[393]

Zwar beginnt BerR 33,1 mit dem Zitat von Gen 8,1, aber es handelt sich nicht um eine Auslegung dieser Stelle, sondern um einen Midrasch zu Ps 37,6. In den Parallelstellen wird nur auf Ps 36,7 Bezug genommen. Obwohl der Midrasch urspünglich nicht im Zusammenhang der Auslegung von Gen 8,1 tradiert wurde, ist sicher, dass die Rabbinen dabei an die Sintflut gedacht haben. Am Ende der Erzählung über Alexander wird Ps 36,7b zitiert. Ps 36,7a lautet: *„Deine ts^e^daqah ist wie die Berge Gottes, deine Gerichte wie die grosse Urflut* (תהום רבה *t^e^hom rabbah*)*“*. Mit dem Wort *t^e^hom* verbindet sich unweigerlich die Erinnerung an die Sintflut, umso mehr als in Ps 36,7a von der *t^e^hom* im Zusammenhang von Gottes Gericht die Rede ist.

Der Schatz im Misthaufen

Damit die Sache mit dem Schatz einsichtig wird, muss man um folgende Hintergründe wissen:

393) Marmorstein (188) bemerkt zur Stelle: „And, finally, if there are no merits among men, Israel or Gentiles alike, then God does mercy for the sake of the cattle.“ Er versteht „for the sake of“ also im Sinne von „merit“. Freedman (I,259) übersetzt *z^e^khut* mit „for .... sake“, Neusner (I,341) mit „merit“, Billerbeck (I,376) mit „Verdienst“ und Wünsche (143) nacheinander mit „wegen“ und „Verdienst“.

Der Streit zwischen Verkäufer und Käufer besteht nicht darin, dass beide den Schatz im Misthaufen als ihr Eigentum beanspruchen. Vielmehr will weder der Verkäufer noch der Käufer den Schatz. Der Grund für dieses merkwürdige Verhalten ist folgender: Offenbar befand sich der Schatz im Misthaufen, weil er von jemandem dort versteckt worden war. Es handelte sich also um Eigentum eines Dritten. Käufer und Verkäufer fürchteten nun, für Diebe gehalten und dafür verurteilt zu werden. Zwar wurde man in Israel wegen Diebstahl nicht hingerichtet, in anderen Ländern hingegen schon. Das geht auch aus der Antwort Alexanders auf die Frage des Königs hervor, wie in seinem Lande der Fall entschieden worden wäre.

Die Art und Weise wie der Fall in Alexanders Land entschieden worden wäre, ist in mehrfacher Hinsicht skandalös: Einmal kann gar nicht bewiesen werden, dass der Käufer bzw. der Verkäufer sich den Schatz im Misthaufen unrechtmässig angeeignet hat. Und selbst wenn sich das eine oder andere beweisen liesse, wäre damit nicht gesagt, dass der Schatz durch einen Raubmord in die Hände des Schuldigen kam. Denn nur ein Raubmord würde nach jüdischem Recht die Todesstrafe rechtfertigen. Auch ist nicht einzusehen, weshalb der Schatz an den König fallen soll. Wenn schon sollte dieser an seinen rechtmässigen Besitzer oder an dessen Erben zurückgehen.

Regen und Sonne aufgrund der z^ekhut des Viehs

Dass man in Alexanders Land nicht nur einen Menschen töten würde, der vielleicht des Diebstahls schuldig ist, sondern auch noch den Tod eines garantiert Unschuldigen in Kauf nimmt, und dass der König den Schatz erst noch unrechtmässig an sich bringt, ist in jüdischen Augen eine Ungerechtigkeit, die zum Himmel schreit. Menschen, die so etwas tun oder auch nur dulden, haben ihr Recht zu Leben verwirkt. Aber dennoch werden sie von Gott am Leben erhalten. Die Sonne scheint auch ihnen und der Regen fällt auch für sie.[394] Dies geschieht aber nicht aufgrund ihrer eigenen *z^ekhut*, sondern aufgrund derjenigen des Viehs.

Wenn in BerR 33,1 nur von der *z^ekhut* der Menschen die Rede wäre, könnte man auf der Basis dieser Stelle allein nicht entscheiden, ob damit nicht doch ein „Verdienst" gemeint ist. Wenn man *z^ekhut* als „Verdienst" verstünde, würde es heissen: „Er sagte zu ihm: Der Geist dieses Mannes möge [ihm] ausgehen, nicht aufgrund eures Verdienstes ist das so." Es ist nicht zu bestreiten, dass dieser Satz einen Sinn ergibt.

Nun ist aber auch von der *z^ekhut* des Viehs bzw. des Kleinviehs die Rede. Es fällt auf, dass der König zuerst nur vom Kleinvieh spricht: „Gibt es bei euch Kleinvieh?" Danach ist nur noch vom „Vieh" die Rede. Dass zuerst vom „Kleinvieh" und danach vom „Vieh" die Rede ist, kommt daher, weil in Ps 36,7 nicht vom „Kleinvieh", sondern vom „Vieh" die Rede ist. Dass der König Alexander fragt, ob es in seinem Lande Kleinvieh gebe, ist für das Verständnis von *z^ekhut* von entscheidender Bedeutung. Beim Kleinvieh handelt es sich bekanntlich um Schafe

---

394) Vgl. zur Bedeutung des Regens bzw. des Wassers die Besprechung von BerR 40[41],9 in Kapitel 5.2.1. Vgl. auch Mt 5,45.

und Ziegen und somit um reine Tiere. Zur Bedeutung der reinen Tiere sei auf das verwiesen, was bereits bei der Besprechung von BerR 33,3 (Kapitel 7.4) dazu gesagt wurde (s.o. S. 210f). Die *z^e^khut* des Kleinviehs bzw. des Viehs ist somit die *z^e^khut* der reinen Tiere in BerR 33,3 (s.o. S. 211).
In BerR 33,1 dient der Midrasch zur Auslegung von Gen 8,1. In BerR 33,3 wird dieser Vers dahingehend ausgelegt, dass Gott Noah aufgrund des Bundes rettet, den er mit den Tieren schloss (Gen 6,18f; 9,9-11). In Noah ist die ganze Menschheit mit eingeschlossen. Die *z^e^khut* des Viehs, von der Alexanders Volk lebt, ist somit die Gültigkeit und Wirksamkeit des Noahbundes, wobei anzumerken ist, dass der Begriff sich auch hier nicht auf Noah bezieht, sondern auf die reinen Tiere. Da sich Alexanders Volk jedoch alles andere als bundesgerecht verhält, stellt sich die Frage, ob es seine Zugehörigkeit zum Bund und damit seine Erwählung, die ihm durch die Erwählung Noahs gilt, nicht verwirkt hat. In BerR 33,1 wird diese Frage indirekt bejaht. Wenn Alexanders Volk dennoch von Gott am Leben erhalten wird, indem die Sonne scheint und der Regen fällt, dann geschieht dies um des Viehs willen. Dann geschieht dies also darum, weil Gott den Bund mit den Tieren und damit auch den Segen für sie aufrechterhält. Und indem Gott die Tiere erhält, können auch die Menschen leben – seien sie noch so gottlos.

Zu Kapitel 7.5.1

T.27 Parallelauslegung AgBer 64/65,4 zu BerR 63,2

> Eine andere Auslegung: *Warum sagst du, Jakob,* [*und warum sprichst du, Israel: «Mein Geschick ist dem HERRN verborgen und mein Recht entgeht meinem Gott.»*] (Jes 40,27)? R. Sh^{e}mu'el b. Naẖman (pA3 um 260) sagte: Der Heilige, gepriesen sei er, sprach zu ihm: Du beschwerst dich? Abraham hätte sich beschweren können! Denn in der Stunde, als er in den Feuerofen fiel, sagte ich zu ihm: Wenn nicht Jakob [wäre], der künftig von dir abstammen wird, würdest du nicht von hier herauskommen. Sondern um Jakobs willen (בשביל *bishvil*) kommst du heraus, denn es wird gesagt: *Darum also* [*spricht der HERR, der Gott des Hauses Jakobs,*] *der Abraham erlöst hat....* (Jes 29,22). Von wo erlöste er ihn? Aus dem Feuerofen. Und Abraham hätte sich beschweren können, indem er sprach: Hatte ich nicht Taten vor dir, so dass ich aufgrund meiner eigenen *z^{e}khut* herauskäme? Sondern aufgrund der *z^{e}khut* eines anderen [komme ich heraus]. Aber Abraham beschwerte sich nicht. Du jedoch beschwerst dich! *Warum sagst du, Jakob,* [*und warum sprichst du, Israel: «Mein Geschick ist dem HERRN verborgen und mein Recht entgeht meinem Gott.»*] (Jes 40,27)?

Beim vorliegenden Midrasch handelt es sich um eine Auslegung von Jes 40,27, obwohl Jes 29,22 wie in BerR 63,2 ebenfalls ausgelegt wird.
Die Frage *„Warum sagst du, Jakob, und warum sprichst du, Israel....“* wird von R. Sh^{e}mu'el b. Naẖman als Frage Gottes an die Adresse Jakobs bzw. Israels verstanden. Und den Satz *„«Mein Geschick ist dem HERRN verborgen und mein Recht entgeht meinem Gott.»“* versteht er als ungerechtfertigte Beschwerde Israels Gott gegenüber. Dies geht aus dem Satz hervor: „Abraham hätte sich beschweren können!“ D.h. Abraham *nicht Jakob* bzw. *Israel* hätte sich beschweren können.
Nach R. Sh^{e}mu'el b. Naẖman hätte Abraham sich Gott gegenüber wie folgt beschweren können: „Hatte ich nicht Taten vor dir, so dass ich aufgrund meiner eigenen *z^{e}khut* herauskäme? Sondern aufgrund der *z^{e}khut* eines anderen [komme ich heraus].“ Bei den „Taten“ die Abraham hat, kann es sich nur um solche *innerhalb* des Bundesverhältnisses zwischen Gott und ihm handeln. Etwas anderes ist für rabbinisches Denken undenkbar. Die Taten Abrahams sind also sein *Leben und Handeln* im Bunde mit Gott und somit der *konkrete Ausdruck der Annahme und der Verwirklichung seiner Erwählung*. Oder nochmals anders ausgedrückt: Seine Taten sind *sein Festhalten am Glauben an den einzigen wahren Gott und seine Bundestreue ihm gegenüber*. Obwohl R. Sh^{e}mu'el b. Naẖman nicht näher ausführt, woran er bei den Taten Abrahams denkt, hat er wohl besonders letzteres im Blick. Abraham wurde ja wegen seines Glaubens und seiner Bundestreue Gott gegenüber zum Tode im Feuerofen verurteilt.

Weil Abraham Gott die Treue hielt, durfte er erwarten, dass auch Gott sich ihm gegenüber als treu erwies, indem er ihn rettete. R. Sh^{e}mu'el b. Naẖman bringt dies in seiner Auslegung zum Ausdruck, indem er sagt: „Der Heilige, gepriesen sei er, sprach zu ihm: .... Abraham hätte sich beschweren können!" Gott gesteht Abraham ausdrücklich das Recht zu, von ihm zu erwarten, dass er ihn aufgrund seiner eigenen *z^{e}khut* rettet. Da die „Taten" Abrahams die Verwirklichung seiner Erwählung durch Gott sind, ist die *z^{e}khut* Abrahams *die Gültigkeit, Wirksamkeit und Verwirklichung der Erwählung Abrahams durch Gott und seines Bundes mit ihm in seiner Gott antwortenden, ihm bis in den Tod die Treue haltenden Glaubenspraxis.*

z^{e}khut kann auch hier nicht „Verdienst" bedeuten. Zunächst scheint dies allerdings nicht ausgeschlossen. Dass dieses Verständnis nicht in Frage kommt, wird jedoch klar, wenn man folgendes in Rechnung stellt:

1. Wenn man „aufgrund meiner eigenen *z^{e}khut*" als „aufgrund meines eigenen Verdienstes" versteht, muss man den Passus „aufgrund der *z^{e}khut* eines anderen" konsequenterweise als „Verdienst eines anderen" verstehen. Es stellt sich dann allerdings die Frage, weshalb Abraham aufgrund des „Verdienstes" Jakobs gerettet werden soll und nicht aufgrund seines eigenen, umso mehr, als er selbst ja „Taten" hat. Wenn man *z^{e}khut* als „Verdienst" versteht, lässt sich diese Frage aber gerade nicht beantworten, weil nicht einzusehen ist, weshalb die „Taten" Jakobs „verdienstvoller" sein sollen als diejenigen Abrahams.
2. Aus der Aussage, dass Abraham sich hätte beschweren können, *weil er „Taten" hatte*, einerseits und daraus, dass Gott die Beschwerde Israels entschieden zurückweist, andererseits, folgt, dass Israel selbst keine „Taten" hatte, oder zumindest nicht solche, die sich mit denjenigen Abrahams vergleichen konnten. Wenn aber Israel keine oder viel geringere „Taten" als Abraham hatte, ist erst recht nicht einzusehen, weshalb Abraham aufgrund von Israels „Verdiensten" gerettet werden sollte und nicht aufgrund seiner eigenen.

Daraus folgt, dass die Auslegung R. Sh^{e}mu'el b. Naẖmans keinen Sinn ergibt, wenn man *z^{e}khut* als „Verdienst" versteht. Einen Sinn ergibt der Midrasch nur, wenn man *z^{e}khut* wie in BerR 63,2 von der Erwählung her versteht:

Obwohl Abraham „Taten" hatte, Israel bzw. Jakob jedoch nicht, oder zumindest nicht im selben Ausmass, wird Abraham nicht aufgrund seiner eigenen *z^{e}khut* gerettet, sondern aufgrund derjenigen Israels bzw. Jakobs. Das heisst: Obwohl er „Taten" hat, die von Gott beachtet werden, *wird er gerade nicht aufgrund von „Taten" gerettet.* Sondern Abraham wird ausschliesslich aufgrund der Erwählung Jakobs bzw. Israels gerettet. Dies ist darum so, weil seine Erwählung kein Selbstzweck ist, sondern die Erwählung Israels zum Ziele hat. Die *z^{e}khut* Jakobs, ist hier dieselbe wie in BerR 63,2 (s.o. S. 216). Auch die Begründung dafür ist dieselbe, und auch der Akzent liegt ganz auf dem Wollen und Handeln Gottes.

Weil das Ziel der Erwählung Abrahams und somit auch dessen Rettung aus dem Feuerofen die Erwählung Israels ist, kann und darf auch Israel darauf hoffen und damit rechnen, dass es von Gott gerettet wird. Nur beschweren darf es sich im Unterschied zu Abraham nicht! Beschweren darf Israel sich deshalb nicht, weil darin der Vorwurf enthalten ist, dass Gott Israel gegenüber vergesslich geworden ist und in seiner Bundestreue Israel gegenüber nachgelassen hat. Das Verhalten Israels ist umso mehr zu tadeln, als es selbst es ist, das immer wieder Gott vergessen und ihm nicht die Bundestreue gehalten hat.

T.28 Parallelauslegung TanBer toledot 4 zu BerR 63,2

Dies ist die Geschlechterfolge Isaaks.... Abraham zeugte den Isaak (Gen 25,19). Das ist es, was das bedeutet, was geschrieben steht: *Die Krone der Alten sind die Kinder der Kinder, und der Stolz der Kinder sind ihre Väter* (Spr 17,6). Die *tsadiqim* werden durch die Kinder ihrer Kinder gekrönt, und ihre Kinder werden durch ihre Väter gekrönt.

Auf welche Weise? Abraham wurde aufgrund der *z^{e}khut* Jakobs gekrönt. Als Nimrod ihn in den Ofen warf, stieg der Heilige, gepriesen sei er, hinab, um ihn zu retten. [Da] sagten die Dienstengel: Herr der Welt, diesen willst du retten? Wieviele Gottlose werden von ihm künftig abstammen! Der Heilige, gepriesen sei er, sagte zu ihnen: Um Jakobs willen (בשביל *bishvil*), des Sohnes seines Sohnes, der künftig von ihm abstammen wird, rette ich ihn. Woher? R. Berekhya (pA5 um 340) sagte: Denn so steht es geschrieben: *Darum also spricht der HERR, der Gott des Hauses Jakobs, der Abraham erlöst hat....* (Jes 29,22). Er erlöste ihn aus dem Ofen. Siehe, [wie] die Väter um der Söhne willen (בשביל *bishvil*) gekrönt wurden.

Und woher, dass die Söhne um der Väter willen (בשביל *bishvil*) gekrönt wurden? In dem Augenblick als Jakob von Laban wegging, jagte Laban hinter ihm her. Da offenbarte der Heilige, gepriesen sei er, sich ihm auf dem Wege und sagte zu ihm: *Hüte dich, dass du mit Jakob nur freundlich redest* (Gen 31,24). Als sie zusammenkamen, um miteinander zu verhandeln, was sagt Jakob zu Laban? *Wenn nicht der Gott meines Vaters, der Gott Abrahams und der Gefürchtete Isaaks, für mich gewesen wäre,* [*du hättest mich jetzt mit leeren Händen ziehen lassen*] (Gen 31,42a). Siehe, die *z^{e}khut* Abrahams rettete Jakob. Aber Isaak wurde durch Abraham gekrönt, und Abraham wurde durch Isaak gekrönt.

Beim vorliegenden Midrasch handelt es sich um eine Auslegung von Spr 17,6. Indem Abraham aufgrund der *z^{e}khut* Jakobs gerettet wurde, ist Jakob die „Krone“ Abrahams (Jes 29,22). Und indem Jakob aufgrund der *z^{e}khut* Abrahams gerettet wurde, ist Abraham die „Krone“ Jakobs (Gen 31,42a). Dasselbe gilt gemäss dem Schlusssatz auch für Isaak. Die Ausdrücke *biz^{e}khut* und *bishvil* sind hier austauschbar. Die *z^{e}khut* Jakobs ist hier gleich zu verstehen wie in BerR 63,2 (s.o. S. 216).

In Gen 31,42a wird gesagt, dass Laban Jakob nur deshalb nicht mit leeren Händen ziehen liess, weil der Gott Abrahams mit ihm war. Diese Aussage wird im vorliegenden Midrasch dahingehend interpretiert, dass die *z^{e}khut* Abrahams Jakob gerettet habe. Der Ausdruck *„Gott Abrahams“* entspricht demnach dem Ausdruck „*z^{e}khut* Abrahams“. Gemäss dem Zeugnis der Bibel ist Gott darum der Gott Abrahams, weil er ihn erwählte, einen Bund mit ihm schloss und ihm seine Verheissung gab (vgl. z.B. Gen 12,1-3 und 17,2). Bei der *z^{e}khut* Abrahams kann

es sich daher nur um *die Gültigkeit, Wirksamkeit und Verwirklichung der universalen Erwählung Abrahams durch Gott, des Bundes mit ihm und der ihm gegebenen Verheissung* handeln.
Wie in BerR 53,14 (s.o. S. 197ff) vertreten die Dienstengel auch in TanBer toledot 4 Gottes Interessen. Auf den ersten Blick scheint dies jedoch nicht der Fall zu sein. Wenn man daran denkt, dass Abraham der Stammvater Israels ist, erstaunt es vielmehr, dass die Dienstengel gegen seine Rettung aus dem Feuerofen protestieren. Nun ist Abraham nicht nur der Vater Israels, sondern auch derjenige Ismaels und der Grossvater Esaus. Nach rabbinischer Tradition gehören deren Nachkommen zu den Gottlosen. Von Abraham stammen demnach auch viele Gottlose ab. Im Unterschied zu BerR 53,14 haben die Dienstengel in TanBer toledot 4 nicht die Nachkommen Ismaels im Blick, sondern diejenigen Esaus bzw. Edoms. Das geht aus der Antwort hervor, die Gott den Dienstengeln auf ihren Einwand hin gibt: „Um Jakobs willen, des Sohnes seines Sohnes, der künftig von ihm abstammen wird, rette ich ihn." Abraham wird also darum gerettet, weil von Jakob nur die Stämme Israels abstammen. Oder wie es der Midrasch ausdrückt: Weil von ihm nur *tsadiqim* abstammen.
Üblicherweise wird dieser Ausdruck mit „Gerechte" übersetzt. Von dieser Übersetzungsgewohnheit her fällt es schwer zu glauben, dass die Nachkommen Jakobs alles „Gerechte" gewesen sein sollen. TanBer toledot 4 macht darum einmal mehr deutlich, wie irreführend die Übersetzung von *tsadiqim* mit „Gerechte" ist. Wenn Jakobs Nachkommen trotz all ihrer Schuld als *tsadiqim* bezeichnet werden, dann deshalb, weil sie von Gott *erwählt* und zum Leben in der Gemeinschaft mit ihm berufen und weil sie Gottes *Bundespartner* sind.[395]
Mit „Edom" wird in der rabbinischen Literatur das römische Reich bezeichnet. Und zwar unter dem Gesichtspunkt, dass es sich dabei um eine gottlose Grösse handelt.[396] Das wird auch in TanBer toledot 4 vorausgesetzt. Die Dienstengel protestieren gegen die Rettung Abrahams, weil von ihm auch das gottfeindliche Edom abstammen wird. Gottlos ist es in erster Linie darum, weil es ausserhalb des Bundes mit Gott steht, weil es heidnisch ist, und weil es als heidnische Grösse Israel bedroht. Dadurch bedroht es Gottes Erwählungswillen und seinen Bund. Es stellen sich hier ganz ähnliche Probleme wie im Zusammenhang der Schiffe, die Wein für heidnische Trankopfer transportieren (s.o. S. 125), oder wie im Falle der Rettung Ismaels vor dem Verdursten (s.o. S. 198ff).
Wenn Gott nicht in Kauf nimmt, dass von Abraham auch Gottlose abstammen, dann können auch keine *tsadiqim* von ihm abstammen, dann gibt es auch Israel nicht. Obwohl die Dienstengel mit ihrem Einwand recht haben, entscheidet sich Gott gegen sie, indem er Abraham aus dem Feuerofen rettet und so den Weg für die Erwählung Israels, den Bund und die damit gegebene Verheissung freigibt.

---

395) Vgl. zur Bedeutung von *tsadiq* Kapitel 7.2.
396) Vgl. z.B. Kapitel 6.4.1 und 6.4.2.

Zu Kapitel 7.5.2

T.29 Die *z^ekhut* Abrahams und Isaaks: BerR 49,11 zu 18,27 (II,513)[397]

ויען אברהם ויאמר וגו' ואנכי עפר ואפר (בראשית יח כז) אמר אילו הרגני נמרוד לא הייתי עפר ואילו שרפני לא הייתי אפר, אמר לו הקב"ה אתה אמרת ואנכי עפר ואפר חייך שאני נותן לבניך כפרה בהם שנ' ולקחו לטמא מעפר שריפת וגו' (במדבר יט יז) ואסף איש טהור את אפר וגו' (שם שם ט): תנינן סדר תעניות כיצד מוציאין את התיבה ברחוב העיר ונותנין אפר מקלה על גבי התבה, ר' יודן בר' מנשה ור' שמואל בר נחמן חד אמר זכותו שלאברהם דכת' ואנכי עפר ואפר וחד אמר זכותו שליצחק מלמד אפר לחוריה.

Da antwortete Abraham und sprach: [*Ach, ich habe mich unterfangen, mit meinem Herrn zu reden.*] *Und ich bin doch Staub und Asche* (Gen 18,27).

[1] Er sprach: Wenn Nimrod mich getötet hätte, wäre ich dann nicht Staub? Wenn er mich verbrannt hätte, wäre ich dann nicht Asche? Da sprach der Heilige, gepriesen sei er, zu ihm: Du hast gesagt: *Und ich bin doch Staub und Asche.* Bei deinem Leben, ich gebe deinen Kindern eine Sühne durch diese, wie gesagt wird: *Man nehme nun für den Unreinen von der Asche des verbrannten* [*Sündopfers*] (Num 19,17). *Und ein reiner Mann soll die Asche* [*der Kuh sammeln und sie ausserhalb des Lagers an reiner Stätte niederlegen, damit sie der Gemeinde Israels für das Reinigungswasser aufbewahrt werde; es ist ein Sündopfer*] (Num 19,9).

[2] Wir haben gelernt: Welches ist die Ordnung der Fastentage? Man trägt die Lade[398] auf einen freien Platz der Stadt hinaus und streut Asche des Herdes auf die Lade (mTa'an 2,1).

[3] R. Yudan (pA4 um 350) im [Namen] R. M^enashes (bA um 300) und R. Sh^emu'el b. Naḫman (pA3 um 260): Der eine sagte: [Dies geschieht, um an] die *z^ekhut* Abrahams [zu erinnern], wie geschrieben steht: *Und ich bin doch Staub und Asche.* Der andere sagte:

---

397) Parallelen: YalqBer 83, yTa'an 2,1 65a.

398) Nach E. Baneth ist mit der „Lade“ diejenige gemeint, in der die Torahrollen aufbewahrt werden (Mischnajot, II,417, Anm. 1).

> [Dies geschieht, um an] die *z^{e}khut* Isaaks [zu erinnern]. Er lehrt [dies] besonders von Asche [ausgehend].[399]

Der Zusammenhang zwischen [1], [2] und [3] bietet einige Schwierigkeiten. Diese rühren daher, dass die Ausdrücke „*z^{e}khut* Abrahams“ und „*z^{e}khut* Isaaks“ ohne Präposition und ohne Verb dastehen.
Da *z^{e}khut* sehr oft mit der Präposition בְּ (*b^{e}*) dasteht, läge es nahe, anstatt *z^{e}khut biz^{e}khut* zu lesen. Neusner (II,208) hat sich für diesen Weg entschieden. So verstanden stellen die Aussagen R. M^{e}nashes und R. Sh^{e}mu'el b. Na<u>h</u>mans in [3] die Begründung für die Gabe der Sühne durch Gott in [1] dar. Allerdings ist dann nicht klar, welchen Zusammenhang das Zitat aus mTa'an 2,1 in [2] zu [1] und [3] hat. Dieses wirkt wie ein Fremdkörper.
Die andere Möglichkeit besteht darin, die Ausdrücke „*z^{e}khut* Abrahams“ und „*z^{e}khut* Isaaks“ mit einem Verb zu ergänzen. Da es dafür mehrere Möglichkeiten gibt, scheint damit der Spekulation Tür und Tor geöffnet zu sein. Tatsächlich aber fällt die Entscheidung leicht, da sich das gesuchte Verb in der Parallelstelle in yTa'an 2,1 65a findet. Diese Variante hat den Zusatz כדי להזכיר (*k^{e}dei l^{e}hazkir*), „um zu erinnern“. Bei der Übersetzung von BerR 49,11 wurde dieser Zusatz aus yTa'an 2,1 65a übernommen.[400]
Durch diese Ergänzung wird nun auch der Aufbau von BerR 49,11 klar: In [1] ist von der Sühne durch Asche die Rede und in [2] von der Asche, die man auf die Lade mit den Torahrollen streut. Und in [3] wird der tiefere Sinn dieser Handlung erklärt: Sie erinnert an die *z^{e}khut* Abrahams, weil dieser in Gen 18,27 sagt, er sei Asche. Und an die *z^{e}khut* Isaaks erinnert sie, weil dieser zu Asche verbrannt wäre, wenn er als Brandopfer dargebracht worden wäre. Zu Asche wäre auch Abraham geworden, wenn Nimrod ihn verbrannt hätte.
Dass Abraham und Isaak nicht zu Asche verbrannten, verdanken sie Gottes rettendem Eingreifen.[401] Wenn Abraham sagt „Wenn Nimrod mich getötet hätte, wäre ich dann nicht Staub? Wenn er mich verbrannt hätte, wäre ich dann nicht Asche?“, dann ist das als Anerkennung der Rettungstat Gottes und als Bekenntnis zu ihr zu verstehen. Die *z^{e}khut* Abrahams und die *z^{e}khut* Isaaks ist demnach die *z^{e}khut* ihrer Rettung durch Gott.
Mit Abraham und Isaak steht ganz Israel auf dem Spiel. Wenn sie zu Asche verbrennen, wird Israel nicht existieren. Indem Gott Abraham und Isaak rettet, rettet er ganz Israel. Israel steht aber auch später immer wieder auf dem Spiel. Nämlich dadurch, dass es den Bund mit Gott bricht. Indem Gott Israel Sühne schafft und somit das gebrochene Bundesverhältnis wiederherstellt und heilt, rettet er es.[402]

---

399) Freedman (I,431), Marmorstein (82), Neusner (II,208) und Urbach (I,503, II,913, Anm. 84) übersetzen *z^{e}khut* mit „merit“. Wünsche (236) übersetzt den Ausdruck mit „Verdienst“.

400) Freedman (I,431) und Urbach (I,503) haben bei ihren Übersetzungen ebenfalls diesen Weg gewählt.

401) Vgl. die Legende von Abraham im Feuerofen in Kapitel 7.5.1 und zur Rettung Isaaks Gen 22,11f.

402) Vgl. zur Bedeutung der Sühneopfer die Ausführungen zu BerR 44,14 (Kapitel 5.1, S. 79-82).

Die *z^e khut* Abrahams bzw. Isaaks ist die *z^e khut* der Rettung durch Gott. Da Gott Abraham und Isaak rettet, weil er sie und somit Israel erwählt hat, ist mit *z^e khut die soteriologische Gültigkeit, Wirksamkeit und Verwirklichung der Erwählung* gemeint. An diese erinnert Israel Gott und die Menschen, wenn es Asche auf die Lade mit den Torahrollen streut. D.h. Israel erinnert daran, dass es vom rettenden Eingreifen Gottes lebt.

Zu Kapitel 7.6

T.30 Die *z*^{e}*khut* Dans: BerR 73,4 zu 30,22 (II,847f)[403]

ויזכר אלהים את רחל (בראשית ל כב) .... והדין נותן
שהכניסה צרתה לביתה, ר' הונא ר' אחא מש' ר' סימון
דן יוסף ובנימן (דה"א ב ב) בזכות דן נפקדה רחל,
בזכות דן נולד יוסף ובינימן.

> *Und Gott gedachte der Rahel.* [*Und Gott hörte auf sie und tat ihren Schoss auf*] (Gen 30,22). ....
> Auch das Recht liess das zu, weil sie ihre Nebenfrau in ihr Haus brachte.
> R. Huna[404] [und] R. Aha (pA4 um 320) [sagten] im Namen R. Simons (pA3 um 280): *Dan, Josef und Benjamin;* [*Naftali, Gad und Asser*] (1Chr 2,2). Aufgrund der *z*^{e}*khut* Dans wurde Rahel bedacht. Aufgrund der *z*^{e}*khut* Dans wurden Josef und Benjamin geboren.[405]

Um die Auslegung R. Simons zu verstehen, ist ein Vergleich der Genealogie in Gen 35,22-26 mit derjenigen von 1Chr 2,1f nötig. In Gen 35,22-26 heisst es:

> *Jakob hatte zwölf Söhne. Die Söhne Leas waren: Ruben, der Erstgeborne Jakobs, Simeon, Levi, Juda, Issaschar und Sebulon; die Söhne Rahels: Josef und Benjamin; die Söhne Bilhas, der Magd Rahels: Dan und Naftali; die Söhne Silpas, der Magd Leas: Gad und Asser. Dies sind die Söhne Jakobs, die ihm in Mesopotamien geboren wurden.*

In Gen 35,22-26 werden die Söhne Jakobs nicht in der Reihenfolge ihrer Geburt genannt, sondern nach ihren Müttern, Leah, Rahel, Bilha und Silpa. Dabei wird die Leibmagd Rahels vor derjenigen Leas genannt. Demgegenüber wird in 1Chr 2,1f die Reihenfolge folgendermassen wiedergegeben:

> *Dies sind die Söhne Israels: Ruben, Simeon, Levi und Juda; Issachar und Sebulon; Dan, Josef und Benjamin; Naftali, Gad und Asser.*

Auch in 1Chr 2,1f werden die Söhne Jakobs nicht gemäss der Reihenfolge ihrer Geburt genannt, sondern nach ihren Müttern. Bis auf eine Ausnahme: Dan. Für

---

403) Parallele: YalqBer 130.

404) Es ist nicht klar, welcher R. Huna gemeint ist.

405) Freedman (II,669) übersetzt *z*^{e}*khut* mit „for .... sake“, Neusner (III,65) mit „merit“ und Wünsche (355) mit „wegen“.

R. Simon stellte sich daher die Frage, weshalb Dan vor Josef und Benjamin genannt wird. Chronologisch gesehen ist das richtig. Aber konsequenterweise müsste dann auch Naftali vor Josef und Benjamin genannt werden.
In Gen 30,1-4 wird erzählt, dass Rahel wegen ihrer Kinderlosigkeit ihre Leibmagd Bilha Jakob zur Nebenfrau gab. Bilha gebar darauf einen Sohn (V.5), den Rahel Dan nannte (V.6). Da Dan in 1Chr 2,2 *vor* Josef und Benjamin genannt wird, obwohl in dieser Genealogie die Söhne der Nebenfrauen Jakobs *nach* denjenigen Leas und Rahels genannt werden, wird in BerR 73,4 daraus der Schluss gezogen, dass Gott der Rahel gedachte, „....weil sie ihre Nebenfrau in ihr Haus brachte.". Aus den Worten „Auch das Recht liess das zu...." geht hervor, dass es sich bei diesem Gedenken nach Auffassung der Rabbinen um einen Rechtsakt handelt. Der exegetische Grund dafür besteht darin, dass Gott in Gen 30,22 als *Elohim* bezeichnet wird.[406]
Bei der Geburt Dans handelt es sich um diejenige eines *Stammvaters* Israels. Indem Rahel Jakob Bilha zur Nebenfrau gab, sorgte sie für die Entstehung eines Stammes Israels. Dasselbe gilt auch für Naftali. Wenn R. Simon seine Aussage über Dan nicht auch auf diesen ausdehnt, hängt dies mit 1Chr 2,2 zusammen. wo Naftali hinter Josef und Benjamin genannt wird.
Da sowohl Dan als auch Naftali vor Josef und Benjamin geboren wurden, in 1Chr 2,2 jedoch nur Dan vor Josef und Benjamin genannt wird, folgt für R. Simon, dass Josef und Benjamin aufgrund der *z^e khut* Dans geboren wurden. Gestützt auf die bisherigen Überlegungen kann die *z^e khut* Dans nur als *Gültigkeit, Wirksamkeit, Wichtigkeit und Verwirklichung seiner Erwählung als Stammvater bzw. als Stamm Israels* verstanden werden. Indem Dan ein Stamm Israels ist, ist er Teil des Gottesvolkes und hat er Anteil an Gottes Bund, an seinen Verheissungen und an Gottes Geschichte mit diesem Volk. Als Stamm Israels bildet er mit den anderen Stämmen „ganz Israel", d.h. die Gesamtheit des Gottesvolkes. Gerade weil Dan – und das gilt nicht nur für ihn, sondern für alle Stämme Israels – nur mit den anderen Stämmen zusammen „ganz Israel" bildet, ist er in seiner Geschichte nicht nur auf Gott bezogen, sondern auch auf die anderen Stämme. Gemäss der Auslegung R. Simons kommt dies darin zum Ausdruck, dass die Geburt Josefs und Benjamins und somit die Erwählung dieser Stämme erst erfolgen konnte, nachdem Dan erwählt wurde.

406) Aus dem Passus „Auch das Recht liess das zu...." wird ersichtlich, dass die Rabbinen das Gedenken Gottes in erster Linie als Akt der Barmherzigkeit verstanden haben. Aufgrund der rabbinischen Lehre von der Bedeutung der Gottesbezeichnungen wäre daher zu erwarten gewesen, dass in Gen 30,22 nicht gesagt wird, dass *Elohim*, sondern dass *Jahwe* der Rahel gedachte. Es muss daher einen Grund geben, weshalb auch *middat hadin*, d.h. Gottes Verfahren nach der Art und Weise des Rechts bzw. das Recht dies zuliess. Vgl. dazu die Besprechung von BerR 33,3 in Kapitel 7.4.

T.31 Die z^e*khut* der Väter und der Gebeine Josefs: BerR 87,8 zu 39,12 (III,1073)[407]

ותתפשהו בבגדו וגו' וינס ויצא החוצה (בראשית לט יב) קפץ בזכות אבות, כמה דאת אמ' ויוצא אתו החוצה (בראשית טו ה). שמעון איש קיטרון א' בזכות עצמותיו שליוסף נקרע הים, הים ראה וינס (תהלים קיד ג), בזכות וינס ויצא החוצה.

[1] *Da fasste sie* (d.h. Potifars Frau) *ihn beim Kleide* [*und sprach: Lege dich zu mir! Er aber liess sein Kleid in ihrer Hand,*] *und er floh und lief hinaus* (החוצה *ha*<u>*h*</u>*utsah*) (Gen 39,12). Er sprang aufgrund der z^e*khut* der Väter davon, wie du sagst: *Und er führte ihn hinaus* (החוצה *ha*<u>*h*</u>*utsah*) [*und sprach: Schaue gen Himmel und zähle die Sterne – ob du sie zählen kannst? Und er sprach zu ihm: So sollen deine Nachkommen sein*] (Gen 15,5).

[2] Shim^{c}on, ein Mann aus Qitron, sagte: Aufgrund der z^e*khut* der Gebeine Josefs wurde das Meer gespalten: *Das Meer sah es und floh* (וינס *wayanos*) (Ps 114,3). Aufgrund der z^e*khut* von *und er floh* (וינס *wayanos*) *und lief hinaus* (Gen 39,12).[408]

In beiden Midraschim spielt Gen 39,12 eine Rolle. [1] ist eine Auslegung von Gen 39,12 mit Hilfe von Gen 15,5 und [2] eine Auslegung von Ps 114,3 mit Hilfe von Gen 39,12. Wie die Parallele in MekhY beshalla<u>h</u> 3 zeigt, gehörten die beiden Auslegungen ursprünglich nicht zusammen. Die Redaktion von BerR hat sie zusammengefügt, weil sie einen inneren sachlichen Zusammenhang haben.

a. Die Auslegung von Gen 39,12 durch Gen 15,5 [1]

Die Brücke zwischen Gen 39,12 und Gen 15,5 ist der Ausdruck החוצה (*ha*<u>*h*</u>*utsah*), *„hinaus"*. Mirqin (IV,62) macht geltend, dass es in Gen 39,12 genügt hätte zu sagen: *„....und er floh."* Da die *torah* nach rabbinischem Verständnis keine überflüssigen Worte enthält, lieferte die scheinbar unnötige Ergänzung *„und lief hinaus"* dem anonymen Verfasser den exegetischen Grund, Gen 39,12 mit Hilfe von Gen 15,5 auszulegen, wo der Ausdruck החוצה (*ha*<u>*h*</u>*utsah*) ebenfalls verwendet wird. Gestützt auf Gen 15,5 sagt er, dass Josef aufgrund der z^e*khut* der Väter davonsprang.

In Gen 15,5 wird Abraham von Gott verheissen, seine Nachkommen zu einem grossen Volke zu machen. In Ägypten geht diese Verheissung bereits in Erfül-

---

407) Parallelen: Zu [1] und [2]: MHG Ber 39,12, YalqBer 146; zu [1]: LeqT Ber 39,12; zu [2]: MekhY beshalla<u>h</u> 3, YalqMPs 114,11.

408) Freedman (II,812) übersetzt z^e*khut* mit „merit" und „for .... sake", Marmorstein (145) mit „merit", Neusner (III,235) nacheinander mit „merit", „on account of" und „merit", Wünsche (430) mit „Verdienst".

lung. Deshalb auch die Angst des Pharaos in Ex 1,9f vor diesem Volk. Im Zusammenhang von BerR 84,5 (Kapitel 7.6) war von der Schlüsselrolle Josefs in der Geschichte Israels die Rede: Er war es, der seinen Vater, seine Brüder und deren Familien nach Ägypten hinunterziehen liess und sie dort versorgte. In diesem Zusammenhang war zudem von der soteriologischen Vaterrolle Josefs die Rede. Im Zusammenhang von BerR 87,8 bedeutet das, dass Jakob und seine Kinder nur auf seine Veranlassung hin an den Ort kommen, an dem Gottes Verheissung von Gen 15,5 in Erfüllung geht.
In Erfüllung gehen aber konnte diese Verheissung nur, weil Josef zum zweiten Mann Ägyptens aufstieg. Bekanntlich geschah dies darum, weil er die Träume des Pharao deuten konnte (Gen 41,1-44). Die Gelegenheit dazu erhielt er jedoch nur darum, weil er zuvor die Träume des Mundschenks und des Bäckers des Pharaos gedeutet hatte (Gen 40,1-23), die er im Gefängnis kennenlernte. In dieses geriet er, weil er sich Potifars Frau verweigerte (Gen 39,19f).
Wenn Josef Potifars Frau nachgegeben hätte, wäre ihm das Gefängnis natürlich erspart geblieben. Aber dann hätte er auch keine Gelegenheit gehabt, die Träume des Pharao zu deuten, wäre er nicht zum zweiten Mann Ägyptens aufgestiegen, wären Jakob und seine Kinder nicht nach Ägypten gekommen, und wäre die Abrahamsverheissung aufgehalten worden. In Gen 39,9 begründet Josef seine Weigerung wie folgt: *„Wie sollte ich da ein so grosses Unrecht begehen und wider Gott sündigen."* Seine Weigerung ist also nicht nur als Treue gegenüber seinem Herrn Potifar zu verstehen, sondern vielmehr als Bundestreue Gott gegenüber, als Ausdruck seiner Glaubenspraxis und damit als Ausdruck seines Festhaltens an seiner Erwählung durch Gott. Indem Josef an seiner Erwählung festhielt, hatte er gemäss dem anonymen Verfasser des Midrasch Anteil an der Verheissung von Gen 15,5. Aufgrund dieser Verheissung wurde er durch Gott vor der Sünde des Ehebruchs bewahrt, die das Aufhalten dieser Verheissung zur Folge gehabt hätte. Oder wie der anonyme Ausleger es ausdrückt: „Er sprang aufgrund der *z^e^khut* der Väter davon...."
Dass Josef aufgrund der *z^e^khut* der Väter davonsprang, bedeutet deshalb, dass er davonsprang, damit die Väterverheissung von Gen 15,5 in Erfüllung gehen konnte. Es versteht sich von selbst, dass Josef das Seinige zu seiner Bewahrung beitrug, d.h. dass seine Treue Gott gegenüber eine wichtige Rolle spielte. Wie die Begründung mit Gen 15,5 zeigt, legte der anonyme Ausleger in BerR 87,8 den Akzent jedoch ganz auf die *Verheissung*. Diese hat ihren Grund in der Erwählung durch Gott und in seinem Bund. Die *z^e^khut* der Väter ist demnach *die Gültigkeit, Wirksamkeit und Verwirklichung der Erwählung durch Gott, des Bundes mit ihm und der damit gegebenen Verheissung mit ihrem Anspruch auf Erfüllung und Verwirklichung.*

Die Bedeutung der z^e^khut der Väter

In Gen 15,5 ist von Abraham die Rede. Es stellt sich daher die Frage, weshalb der anonyme Verfasser nicht von der *z^e^khut* Abrahams, sondern von der *z^e^khut* der Väter spricht. Das könnte folgenden Grund haben: Von den Verheissungen an die Väter in der Genesis kommt der Wortlaut von Gen 22,16f demjenigen von

Gen 15,5 am nächsten. In Gen 22,16f heisst es: *„Ich schwöre bei mir selbst, spricht der HERR: weil du das getan und deinen Sohn, deinen einzigen, mir nicht vorenthalten hast, darum will ich dich segnen und dein Geschlecht so zahlreich machen wie die Sterne des Himmels und wie den Sand am Gestade des Meeres, und dein Geschlecht wird das Tor seiner Feinde besitzen....“* Dieser Stelle kommt wiederum der Wortlaut der Verheissung von Gen 32,13 an Jakob am nächsten: *„Du hast doch gesagt: Ich will dir Gutes tun und dein Geschlecht zahlreich machen wie den Sand am Meer, den man nicht zählen kann vor Menge.“*[409] Ob der anonyme Verfasser ausser Gen 15,5 tatsächlich auch noch Gen 22,16f und 32,13 im Blick hatte und deshalb von der *z^ekhut* der Väter sprach anstatt von der *z^ekhut* Abrahams, lässt sich jedoch lediglich vermuten.
Jedenfalls aber ist zu dieser Frage folgendes zu sagen: Ob man von der *z^ekhut* Abrahams oder von der *z^ekhut* der Väter spricht, ist ein sprachlicher, nicht aber ein sachlicher Unterschied, da Isaak und Jakob Erben der Erwählung durch Gott, des Bundes mit ihm und der Abraham gegebenen Verheissungen sind.

b. Die Auslegung von Ps 114,3 durch Gen 39,12 [2]

Die Brücke zwischen Ps 114,3 und Gen 39,12 ist der Ausdruck וינס (*wayanos*). In Ps 114,1 heisst es: *„Als Israel aus Ägypten zog....“* Beim fliehenden Meer in V.3 handelt es sich also um den Durchzug Israels durch das Schilfmeer. Im Zusammenhang von V.3 stellt sich nun die Frage, was denn das Meer *„sah“*, dass es floh. Shim^con beantwortet diese Frage dahingehend, dass das Meer die Gebeine Josefs *„sah“*, welche die Israeliten nach Ex 13,19 mit sich führten. Seine Aussage begründet er mit Gen 39,12, wo es auch von Josef heisst, dass er floh.
Höchstwahrscheinlich gelangte Shim^con zu seiner Auslegung, weil es gereicht hätte zu sagen: *„Er aber liess sein Kleid in ihrer Hand, und lief hinaus.“* Dem scheinbar überflüssigen *„und er floh“* schenkte er daher besondere Aufmerksamkeit, indem er es zur Interpretation von Ps 114,3 benützte.

Die z^ekhut der Gebeine Josefs

In Neusners (III,235) Übersetzung heisst es: „It was on account of bringing up the bones of Joseph that the sea was split....“ Wünsche (430) übersetzt den Passus in ähnlichem Sinne: „Wegen des Verdienstes, dass die Israeliten Josephs Gebeine (aus Aegypten) mit hinaufnahmen, wurde ihnen das Meer gespalten....“. Beide Übersetzungen sind falsch. Aus dem Text geht eindeutig hervor, dass das Meer nicht aufgrund der *z^ekhut* der Israeliten gespalten wurde, welche die Gebeine Josefs mit sich führten, sondern aufgrund der *z^ekhut* der Gebeine Josefs.
Nach Auffassung der Hebräischen Bibel sind die Gebeine eines Menschen ein Teil seiner selbst und repräsentieren ihn auch dann noch, wenn er schon lange gestorben ist.[410] Es gilt als etwas Grauenhaftes, die Gebeine eines Menschen zu

409) Die beiden genannten Stellen spielten bereits bei der Besprechung von BerR 76,7 zu 32,13 (= Text 17) eine Rolle.
410) Vgl. die Besprechung von BerR 44,16 (= Text 7).

verbrennen.[411] Dass die Gebeine eines Menschen ihn selbst repräsentieren, kommt auch in 2Kön 13,20f zum Ausdruck, wo erzählt wird, dass ein Toter durch die Berührung mit den Gebeinen des Profeten Elisa wieder zum Leben erweckt wurde.

Die Gebeine Josefs sind also in einem gewissen Sinn mit ihm selbst identisch. Dass das Meer aufgrund der *z^{e}khut* der Gebeine Josefs gespalten wurde, bedeutet daher, dass es aufgrund der *z^{e}khut* Josefs gespalten wurde, wie dies bereits in BerR 84,5 ausgesagt wurde. Allein von der Auslegung Shim^{c}ons her kann man nicht beurteilen, was mit *z^{e}khut* an dieser Stelle gemeint ist. Isoliert und d.h. unter Nichtberücksichtigung dessen, was sich als Bedeutung von *z^{e}khut* bisher ergeben hat, wäre es auch denkbar, dass Gott das Meer aufgrund des „Verdienstes" Josefs spaltete. Da die Auslegung Shim^{c}ons in den Zusammenhang von BerR bzw. anderer rabbinischer Midraschim eingebettet ist, kommt ein solches Verständnis jedoch nicht in Betracht. Die Bedeutung der *z^{e}khut* (der Gebeine) Josefs ist daher analog zur Bedeutung der *z^{e}khut* der Väter in [1] zu verstehen. Im Unterschied zur Auslegung in [1] liegt der Akzent hier auf *der Gott antwortenden und ihm die Treue haltenden Glaubenspraxis*. Dies geht daraus hervor, dass Shim^{c}on den Grund dafür, dass Gott das Meer spaltete, darin sieht, dass Josef in Gen 39,12 floh. Über die weitreichenden Folgen dieser Flucht wurde bei der Besprechung von [1] gesprochen. Die Bedeutung der *z^{e}khut* (der Gebeine) Josefs ist demnach *die Gültigkeit, Wirksamkeit und Verwirklichung der Erwählung Josefs durch Gott, des Bundes mit ihm und der damit gegebenen Verheissung in der Gott antwortenden und ihm die Treue haltenden Glaubenspraxis*.[412]

c. Die Zusammengehörigkeit der beiden Auslegungen

In [1] ist davon die Rede, dass Josef aufgrund der Erwählung der Väter, des Bundes und der Verheissung seine Erwählung und Bundestreue Gott gegenüber bewähren konnte. Indem er Gott die Treue hielt, wurde die Verwirklichung der Verheissung nicht aufgehalten, sondern vielmehr gefördert. Von dieser Förderung ist auch in [2] die Rede. Zwar fehlt der Hinweis auf die Verheissung von Gen 15,5 par., aber die Verheissung, die Väter zu einem grossen Volk zu machen, geht nur dann wirklich in Erfüllung, wenn die Israeliten am Schilfmeer nicht von den Ägyptern vernichtet werden. Obwohl in der Auslegung Shim^{c}ons nicht von der Verheissung an die Väter die Rede ist, ist sie dennoch mit im Spiel. Die *z^{e}khut* der Väter und die *z^{e}khut* der Gebeine Josefs gehören daher wie die beiden Seiten einer Münze zusammen: Während der Akzent bei der *z^{e}khut* der Väter auf dem Wollen und Handeln Gottes liegt, liegt der Akzent bei der *z^{e}khut* Josefs ganz auf dem Gott antwortenden und ihm die Treue haltenden Wollen und Handeln des Menschen Josef.

---

411) Vgl. 1Kön 13,2; 2Kön 23,16; 2Chr 34,5; Am 2,1.

412) Zur Frage, ob man die Gott antwortende Glaubenspraxis Josefs in einem anders verstandenen Sinne als *Verdienst*, als *verdienstvoll* o.ä. bezeichnen könnte, ist dasselbe zu sagen wie im Zusammenhang von BerR 43,8 (s.o. S. 144) und BerR 56,2 (s.o. S. 169f).

T.32 Die z^{e}*khut* Jakobs, aufgrund der Israel den Jordan überquerte: BerR 76,5 zu 32,11 (II,901)[413]

כי במקלי עברתי וגו' (בראשית לב יא) ר' יודה בר'
סימון אמר בשם ר' יוחנן בתורה ובנביאים ובכתובים
מצינו שלא עברו ישראל את הירדן אלא בזכות יעקב,
בתורה כי במקלי עברתי את הירדן הזה, בנביאים דכת'
והודעתם את בניכם לאמר ביבשה עבר ישראל את
הירדן הזה (יהושע ד כב) ישראל סבא, בכתובים מה לך
הים כי תנוס הירדן תסוב לאחור (תהלים קיד ה) מלפני
אלוה יעקב וגו' (שם שם ז).

Denn nur mit meinem Stabe überquerte ich [den Jordan da, und nun bin ich zu zwei Heeren geworden] (Gen 32,11).
R. Yudah b. R. Simon (pA4 um 320) sagte im Namen R. Yohanans (pA2 gest. 279): In der *torah*, in den Profeten und in den Schriften haben wir gefunden, dass Israel den Jordan nur aufgrund der z^{e}*khut* Jakobs überquerte:
In der *torah*: *Denn nur mit meinem Stabe überquerte ich* (Jakob) *den Jordan da....* (Gen 32,11).
In den Profeten, wie geschrieben steht: *....dann sollt ihr euren Kindern kundtun: Durch das Trockene überquerte Israel den Jordan da* (Jos 4,22). [Mit] Israel ist der Grossvater [gemeint].
In den Schriften: *Was ist dir, du Meer, dass du fliehst, du Jordan, dass du zurückweichst* (Ps 114,5)? *....vor dem Angesicht des Gottes Jakobs, usw.* (V.7).[414]

Beim vorliegenden Midrasch handelt es sich nicht nur um eine Auslegung von Gen 32,11, sondern um eine umfassendere These: Diese lautet: „In der *torah*, in den Profeten und in den Schriften haben wir gefunden, dass Israel den Jordan nur aufgrund der z^{e}*khut* Jakobs überquerte." Mit der *torah*, den Profeten und den Schriften ist bekanntlich die Hebräische Bibel gemeint. Um die Richtigkeit dieser These zu beweisen, führt R. Yohanan aus jedem dieser Teile der Bibel eine Belegstelle an. Um zu verstehen, was R. Yohanan mit der Aussage meint, dass Is-

413) Parallelen: MHG Ber 32,11, ShirR 4,4, YalqBer 131, YalqJos 15 zu 3,16, YalqJes 452 zu 43,2, YalqMJes 43,2.

414) Freedman (II,705) übersetzt z^{e}*khut* mit „merit" und Wünsche (374) mit „Verdienst". Neusner (III,111) übersetzt den Ausdruck in seiner Übersetzung von BerR mit „merit". In seinem späteren Aufsatz (Systemic Integration and Theology, The Concept of Zekhut in formative Judaism, 176) gibt er den entsprechenden Passus wie folgt wieder: „....that the Israelites were able to cross the Jordan only on account of the *zekhut* achieved by Jacob." Unter z^{e}*khut* versteht Neusner „the heritage of virtue and its consequent entitlements" (ebd. 171).

rael den Jordan nur aufgrund der *z^{e}khut* Jakobs überquerte, beginnt man mit der Besprechung am besten am Schluss seiner Auslegung und geht danach rückwärts bis zum Anfang.

„....vor dem Angesicht des Gottes Jakobs....“

Als Beleg aus den Schriften für seine These, führt R. Yoh̲anan Ps 114,5.7 an. In V.7 heisst es: *„....vor dem Angesicht des Gottes Jakobs....“* In Verbindung mit V.5 bedeutet dies, dass der Jordan *„vor dem Angesicht des Gottes Jakobs“* zurückwich. Den Ausdruck *„Angesicht des Gottes Jakobs“* interpretiert R. Yoh̲anan als die *z^{e}khut* Jakobs.[415]
Gott ist darum der Gott Jakobs, weil er Jakob erwählte, und ihm Land und Nachkommen verhiess (Gen 28,13-15). Eine Voraussetzung für die Besitznahme des Landes durch die Nachkommen Jakobs und somit für die Erfüllung von Gottes Verheissung an ihn, besteht darin, dass Israel den Jordan überschreitet. Wenn R. Yoh̲anan also sagt, dies sei aufgrund der *z^{e}khut* Jakobs geschehen, kann dies nur bedeuten, dass das aufgrund *der Gültigkeit, Wirksamkeit und Verwirklichung von Jakobs Erwählung durch Gott und der damit gegebenen Verheissung* geschah.

„Durch das Trockene überquerte Israel den Jordan da“

Während es in Ps 114,5.7 heisst, der Jordan weiche vor *„dem Angesicht des Gottes Jakobs“* zurück, wird in Jos 3,11-17 dasselbe von der Bundeslade erzählt. Das *„Angesicht des Gottes Jakobs“* und die Bundeslade sind hier also *in der Sache* identisch.[416] Wenn es in Jos 4,22 heisst *„....dann sollt ihr euren Kindern kundtun: Durch das Trockene überquerte Israel den Jordan da“*, bedeutet das, Israel solle sich daran erinnern, dass der Jordan *„vor dem Angesicht des Gottes Jakobs“* zurückwich. Es geht ja bei allem Erinnern Israels um das Gedenken von Gottes Wirken an seinem Volk.
Im Erinnern und Gedenken Israels ist selbstverständlich auch dasjenige an das Handeln Gottes an den Vätern mit eingeschlossen, und somit das Erinnern und Gedenken ihrer Erwählung durch Gott und seiner Verheissungen an sie. R. Yoh̲anan sieht daher in der Aufforderung in Jos 4,22 einen Hinweis darauf, dass Israel den Jordan aufgrund der *z^{e}khut* Jakobs überquerte.

---

415) Es ist darum falsch, wenn Neusner (ebd. 177) den Midrasch wie folgt kommentiert: „Here is a perfect illustration of my definition of *zekhut* as an entitlement I enjoy by reason of what someone else – an ancestor – has done; and that entitlement involves supernatural power.“ Da die *z^{e}khut* Jakobs den Ausdruck *„Angesicht des Gottes Jakobs“* interpretiert, geht es nicht um das Tun Jakobs, sondern um das Handeln Gottes. Folglich kann es bei der Bedeutung von *z^{e}khut* auch nicht um einen Anspruch gehen, der aufgrund des Tuns von „jemand anderem“ (someone else) besteht.

416) Es soll hier nicht die Frage erörtert werden, was genau die Bundeslade war. Soviel lässt sich jedoch sagen: Die Bundeslade repräsentierte Gott. Und zwar tat sie dies in einer geradezu exklusiven Weise, da es nur *eine einzige* Bundeslade gab. Durch die Präsenz der Bundeslade war auch Gott anwesend.

R. Yoḫanan versteht Israel in Jos 4,22 ausdrücklich als „Grossvater Jakob". Das ist insofern beachtenswert, als meistens das Umgekehrte geschieht: Bibeltexte, in denen primär vom „Grossvater" bzw. von den Vätern die Rede ist, werden auf das Volk Israel bezogen. Jos 4,22 ist folglich dahingehend zu verstehen, Israel solle sich daran erinnern, dass „Grossvater Jakob" den Jordan trockenen Fusses überquert habe. Nach Mirqin (III,180) und Steinberger (III,312) hat R. Yoḫanan Gen 32,11 *instrumental* verstanden. Gewöhnlich versteht man diese Stelle so, dass Jakob mit nichts weiter als mit seinem Stabe in der Hand über den Jordan ging und in die Fremde zog. Instrumental verstanden bedeutet der Passus *„mit meinem Stabe überquerte ich den Jordan"*, dass Jakob den Jordan mit seinem Stabe *spaltete* – gerade so wie Mose das Schilfmeer. Der Hinweis R. Yoḫanans, wonach in Jos 4,22 mit „Israel" der „Grossvater" gemeint sei, bestätigt die Richtigkeit von Mirqins und Steinbergers Auffassung. Zwar sagt R. Yoḫanan nicht *expressis verbis*, Jakob habe den Jordan gespalten. In Jos 4,23 wird die Überquerung des Jordans jedoch ausdrücklich mit dem Durchzug durch das Schilfmeer in Zusammenhang gebracht.

„Denn nur mit meinem Stabe überquerte ich den Jordan da"

Erst nachdem klargeworden ist, dass R. Yoḫanan den Passus *„mit meinem Stabe" instrumental* verstanden hat, versteht man seine Aussage, Israel habe den Jordan nur aufgrund der *z^e^khut* Jakobs überquert. Da Jakob den Jordan mit seinem Stabe spaltete, hatte die Überquerung des Jordans durch Jakob *Verheissungscharakter*. In der Überquerung des „Grossvaters" war die Verheissung und der Hinweis darauf enthalten, dass seine Kinder einst ebenfalls trockenen Fusses über den Jordan gehen würden. Dies aber würde aufgrund der *z^e^khut* Jakobs geschehen.

Wenn R. Yoḫanan sagt, „In der *torah*, in den Profeten und in den Schriften haben wir gefunden, dass Israel den Jordan nur aufgrund der *z^e^khut* Jakobs überquerte", bedeutet dies, dass die ganze Bibel lehrt und bestätigt, dass Israel nur aufgrund der Erwählung Jakobs und der ihm gegebenen Verheissung ins gelobte Land gelangte und es in Besitz nahm.

Zu Kapitel 7.7

T.33 Die *z^e khut* der Väter, an die Elieser Gott erinnerte: BerR 60,2 zu 24,12 (II,639f)[417]

ויאמר יי"י אלהי אדני אברהם הקרה נא לפני היום וגו'
(בראשית כד יב) .... כת' עבד משכיל ימשול בבן מביש
וגו' (משלי יז ב) עבד משכיל זה אליעזר, מה היתה
השכלתו, אמר כבר קללתו שלאותו האיש בידו, שמא
יבוא כושי אחד או ברברי אחד וישתעבד בי, מוטב לי
להשתעבד בבית הזה ולא נשתעבד בבית אחר, ימשול
בבן מביש זה יצחק שבייש את כל העולם בשעה שנעקד
על המזבח, ובתוך אחים יחלק נחלה (שם שם) כי בתוך
אחים יחלק נחלה, מה אילו מזכירין זכות אבות אף זה
מזכיר זכות אבות שנ' ויאמר יי"י אלהי אדני אברהם.

Und er (d.h. Elieser) *sprach: O HERR, du Gott meines Herrn Abraham, lass es mir doch heute glücken* [*und erweise dich gütig gegen Abraham, meinen Herrn*] (Gen 24,12)! ....
Es steht geschrieben: *Ein kluger Sklave wird über den Sohn, der beschämt* (מביש *meviysh*), *herrschen* [*und inmitten der Brüder das Erbe teilen*] (Spr 17,2).
Ein kluger Sklave....: Das ist Elieser. Was war seine kluge Überlegung? Er sprach: Längst [befindet sich] der Fluch dieses Mannes in seiner Hand. Vielleicht kommt ein Kuschit oder ein Barbar[418] und versklavt mich. [Da] ist es für mich besser, in diesem Hause versklavt zu sein und nicht in einem anderen Sklave zu sein.
....*wird über den Sohn, der beschämt* (מביש *meviysh*), *herrschen*....: Das ist Isaak, der die ganze Welt beschämte (בייש *biyyesh*), als er auf den Altar gefesselt wurde.
....*und inmitten der Brüder das Erbe teilen*: Denn inmitten der Brüder wird er das Erbe teilen. Wie diese[419] an die *z^e khut* der Väter erinnern, erinnert auch dieser an die *z^e khut* der Väter, wie gesagt wird: *Und er sprach: O HERR, du Gott meines Herrn Abraham....*[420]

---

417) Parallelen: YalqBer 107, YalqProv 956 zu 17,2.

418) Nach Mirqin (II,303) handelt es sich dabei um einen Bewohner Nordafrikas. Freedman (II,526 Anm. 3) spricht von einem Bewohner an der afrikanischen Küste.

419) Damit sind die Israeliten gemeint (vgl. Freedman, II,526 und Neusner, II,314).

420) Freedman (II,526) und Neusner (II,314) übersetzten *z^e khut* mit „merit". Wünsche (281) übersetzt den Ausdruck mit „Verdienst".

Im vorliegenden Midrasch wird die Bitte Eliesers in Gen 24,12 mit Hilfe des Spruches vom klugen Sklaven in Spr 17,2 ausgelegt. Die Sache, um deren Gelingen Elieser Gott bittet, ist die Suche nach einer geeigneten Frau für Isaak und damit nach einer geeigneten Mutter für die Nachkommen Abrahams. Es geht somit um einen Teil der Erfüllung der Verheissung auf Land und Nachkommen. Mit dieser Suche wurde Elieser durch Abraham beauftragt und nach Haran geschickt.

„Ein kluger Sklave....“

Elieser ist gemäss Gen 15,2 Abrahams Sklave. Aus seinem Munde kommt die fremdartig anmutende Aussage: „Längst [befindet sich] der Fluch dieses Mannes in seiner Hand.“ Aus dem Zusammenhang geht hervor, dass Elieser mit dem Ausdruck „dieses Mannes“ sich selbst meint.[421] Weshalb Elieser verflucht ist, wird aus der vorliegenden Auslegung nicht klar. Zwar wird bereits in BerR 59,9 gesagt, Elieser sei verflucht. Aus dem Zusammenhang geht auch hervor, dass Elieser nach Auffassung des anonymen Verfassers ein Kanaaniter war. Allerdings geht aus BerR 59,9 gerade nicht hervor, weshalb der anonyme Verfasser dieser Meinung war. Woher Elieser stammt, geht auch aus der Bibel nicht hervor.[422] Obwohl es keine Erklärung zu geben scheint, weshalb Elieser nach rabbinischer Tradition ein Kanaaniter war, lässt sich zumindest erklären, weshalb er verflucht war. Theodor/Albeck (II,640), Mirqin (II,303) und Steinberger (II,606) verweisen mit Recht auf Gen 9,25: *„Verflucht sei Kanaan! Knecht der Knechte sei er seinen Brüdern!“* Daraus folgt, dass Elieser aufgrund der Tatsache, dass er ein Kanaaniter war, dazu verdammt war, irgend jemandes Sklave zu sein. Oder wie Neusner (II,314) den betreffenden Passus übersetzt und kommentiert: „He said, ‘The curse that has applied to that man [me] still pertains [since, as a Canaanite, I must be a slave to someone]....’“ Die kluge Überlegung Eliesers bestand also darin, das kleinstmögliche Übel zu wählen und – wenn er schon kein freier Mann sein konnte – wenigstens in Abrahams Haus Sklave zu sein.

„....wird über den Sohn, der beschämt, herrschen....“

Obwohl Elieser ein Sklave war, herrschte er über den Sohn, d.h. über Isaak. Er tat dies, indem er für Isaak eine Frau aussuchte (Freedman, 526 Anm. 5; Steinberger, II,607). Isaak ist der Sohn, *„der beschämt“*, indem er durch seine Opferbereitschaft seine Liebe zu Gott bewies (Mirqin, II,303), und so die Welt beschämte, die dies nicht tut.

---

421) Dieser Meinung sind auch Freedman (II,526), Mirqin (II,303), Neusner (II,314), Steinberger (II,606), Theodor/Albeck (II,640) und Wünsche (281).

422) Aus Gen 15,2 scheint hervorzugehen, dass Elieser aus Damaskus stammt. Die Stelle ist jedoch verderbt. Vgl. zu den verschiedenen Lösungsversuchen C. Westermann, Genesis, II,251f, II,260f.

„....und inmitten der Brüder das Erbe teilen“

Elieser teilte *„inmitten der Brüder das Erbe“*, indem er wie die Israeliten Gott an die $z^{e}khut$ der Väter erinnerte. Die Anrufung der $z^{e}khut$ der Väter ist also *„das Erbe“* Israels. Die Aussage, dass Elieser die $z^{e}khut$ der Väter anrief, wird mit Gen 24,12a begründet: *„Und er sprach: O HERR, du Gott meines Herrn Abraham....“* In Gen 24,12a ruft Elieser den Gott Abrahams an. Dies wird im vorliegenden Midrasch dahingehend interpretiert, dass Elieser die $z^{e}khut$ der Väter anruft. Die Anrufung der $z^{e}khut$ der Väter ist also die Anrufung des Gottes Abrahams. Gott ist der Gott und Herr Abrahams, indem er Abraham erwählte, mit ihm seinen Bund schloss, ihm die Verheissung auf Land und Nachkommen gab und ihm verhiess, dass durch ihn alle Völker der Erde gesegnet werden (vgl. z.B. Gen 12,1-3 und 17,2). Die $z^{e}khut$ der Väter hat hier daher dieselbe Bedeutung wie in BerR 74,12 (s.o. S. 232).

Da in Gen 24,12 nicht von allen Vätern die Rede ist, sondern nur vom Abraham, wäre zu erwarten, dass von der $z^{e}khut$ Abrahams die Rede ist. Wenn entgegen dieser Erwartung von der $z^{e}khut$ der Väter gesprochen wird, hat dies seinen Grund darin, dass die Erwählung Abrahams durch Gott und seine Verheissung an ihn die Erwählung Isaaks, Jakobs und Israels mitsamt den an sie gerichteten Verheissungen einschliesst. Hier ist also dasselbe zu sagen wie im Zusammenhang der Besprechung von BerR 87,8 (= Text 31): Ob man von der $z^{e}khut$ Abrahams oder von der $z^{e}khut$ der Väter spricht, ist ein sprachlicher Unterschied, nicht aber ein Unterschied in der Sache.

Indem Elieser die $z^{e}khut$ der Väter anruft, hat er Teil am Erbe Israels. Dieses besteht in der Anrufung des Gottes Abrahams und der Erwähnung der $z^{e}khut$ der Väter, d.h. in der Erwähnung der Erwählung Abrahams und damit Israels und in der Erwähnung der Verheissung Gottes. Indem Elieser die Erwählung und Verheissung erwähnt, beruft er sich auf sie. Obwohl er ein versklavter Kanaaniter ist, hat auch er damit Anteil an der Erwählung und Verheissung Abrahams bzw. Israels. Das zeigt sich daran, dass sein Gebet erhört wird. Er kehrt nicht unverrichteter Dinge zu Abraham zurück, sondern mit einer Frau für Isaak und damit mit einer Mutter Israels.

Zu Kapitel 7.

T.34 Die *z^e khut* Abrahams, die Lot rettete: BerR 50,6 zu 19,8 (II,522)[423]

כי על כן באו בצל קורתי (בראשית יט ח) לא באו בזכותי אלא בזכותו שלאברהם.

[*Nur diesen Männern tut nichts;*] *denn deshalb* (כי על כן *ki ᶜal ken*) *kamen sie unter den Schatten meines Daches* (Gen 19,8). Sie kamen nicht aufgrund meiner eigenen *zᵉkhut*, sondern aufgrund der *zᵉkhut* Abrahams.[424]

Mirqin (II,212) zufolge ist Lots Aussage nicht korrekt, dass die beiden Männer *„unter den Schatten meines Daches"* kamen, um bei ihm vor den Leuten Sodoms Schutz zu suchen. Vielmehr drang Lot in Gen 19,1-3 in die beiden Männer, zu ihm zu kommen. Die Unstimmigkeit zwischen Gen 19,1-3 und Lots Aussage in V.8 ist der Anlass für den vorliegenden Midrasch. Die Spannung von Gen 19,8 zu V.1-3 entsteht allein wegen des *„denn deshalb"* (כי על כן *ki ᶜal ken*). Wenn dieser Ausdruck in V.8 fehlte, würde Lot lediglich sagen: *„Sie kamen unter den Schatten meines Daches."* Diese Aussage stünde dann nicht mehr in Spannung zu V.1-3. Der vorliegende Midrasch legt daher das כי על כן (*ki ᶜal ken*) in V.8 aus.
Die Spannung zwischen V.8 und V.1-3 verschwindet auch dann, wenn man den Ausdruck *„denn deshalb"* nicht auf Lot bezieht, sondern auf etwas anderes. Dass der Ausdruck nicht auf Lot zu beziehen ist, drückt der anonyme Verfasser mit dem Satz aus: „Sie kamen nicht aufgrund meiner eigenen *zᵉkhut*...." Die Frage, worauf sich der Ausdruck *„denn deshalb"* bezieht, beantwortet er dahingehend, dass die beiden Männer aufgrund der *zᵉkhut* Abrahams zu Lot kamen. Wie kommt er zu dieser Schlussfolgerung?
Mirqin meint, der Schlüssel dieses Problems liege in Gen 18,5. In Gen 18,1-5 wird von der Einladung der drei Männer durch Abraham berichtet. Und in Gen 18,5 heisst es: *„....und ich will einen Bissen Brot holen, dass ihr euch erlabet; darnach mögt ihr weiterziehen. Denn deshalb* (כי על כן *ki ᶜal ken*) *seid ihr bei eurem Knecht vorbeigekommen."*
Die Gemeinsamkeiten zwischen der Einladung Abrahams in Gen 18,1-5 und derjenigen Lots in Gen 19,1-3 sind gross.[425] Für unseren Zusammenhang ist besonders wichtig, dass Gen 18,5 und Gen 19,8 mit den Worten beginnen: *„Denn deshalb* (כי על כן *ki ᶜal ken*)...." Mirqin hat daher sicher recht, dass Gen 18,5 die unausgesprochene Begründung für die Aussage in BerR 50,6 bildet, die beiden

423) Parallelen: LeqT Ber 19,8, YalqBer 84.
424) Freedman (I,438) und Neusner (II,216) übersetzen *zᵉkhut* mit „merit". Wünsche (239) übersetzt den Ausdruck mit „Verdienst".
425) C. Westermann, Genesis, II,364 spricht sogar von Parallelen.

Männer seien „aufgrund der *z*^{e}*khut* Abrahams“ zu Lot gekommen. D.h. der Grund ist die Einladung Abrahams und somit seine Gastfreundschaft.
Es stellt sich nun freilich die Frage, in welchem Sinne die Gastfreundschaft Abrahams und somit auch der Passus „aufgrund der *z*^{e}*khut* Abrahams“ zu verstehen ist. Billerbeck (IV/1,565) macht zu Recht darauf aufmerksam, dass die Gastfreundschaft im rabbinischen Judentum als ausserordentlich wichtig eingestuft wurde.[426] Sie gehört zu den גמילות חסדים (*g*^{e}*milut ẖasadim*), den „Liebeserweisen“.[427] Wie die *mitswot* sind auch diese in der Hebräischen Bibel begründet und ebenso wichtig.[428] Die Gastfreundschaft gehört somit zum konkreten Leben im Bunde mit Gott und zur Gott antwortenden Glaubenspraxis.
Indem Abraham die drei Fremden aufnahm, nahm er Engel auf.[429] Da ein Engel von Gott gesandt ist, nahm Abraham dadurch Gott selbst auf. D.h. er erwies den Boten Gottes und damit Gott selbst חסד (*ẖesed*). Obwohl dieser Ausdruck weder in Gen 18, noch in BerR 50,6 vorkommt, ist *sachlich* genau davon die Rede, da die Gastfreundschaft ein Erweis von *ẖesed* ist. Da die *ẖesed* Abrahams letztlich Gott selbst gegenüber erfolgte, ist sie in ihrer ganzen möglichen Weite und Tiefe zu verstehen, und somit als sein auf Gott Eingehen und ihm Entsprechen.
Gemäss BerR 50,6 kamen die beiden Männer aufgrund der *z*^{e}*khut* Abrahams, um Lot zu retten. Die *z*^{e}*khut* Abrahams ist somit die *z*^{e}*khut seiner Zuwendung zu Gott*. Diese hat ihren Grund in der Zuwendung Gottes zu Abraham, nämlich in der Erwählung Abrahams durch Gott in Gen 12,1-3 und in der Verheissung, dass er ein Segen für die Völker sein solle. An diese erinnert sich Gott gemäss Gen 18,18. Obwohl er ein Verwandter Abrahams ist, gehört auch Lot zu den Völkern:. Er ist der Stammvater der Moabiter und Ammoniter (Gen 19,30-38). Zum Vater dieser Völker aber wird Lot unmittelbar nach seiner Rettung aus Sodom.
An Lot erfüllt sich die Verheissung von Gen 12,2f bzw. Gen 18,18. Aufgrund dieser Verheissung wird Lot durch die *ẖesed* Abrahams gerettet. Weil diese ihren Grund in seiner Erwählung durch Gott und im Bund mit ihm hat, ist die *z*^{e}*khut* der Zuwendung Abrahams *die Gültigkeit, Wirksamkeit und Verwirklichung der soteriologischen Erwählung durch Gott und des Bundes mit ihm in der segensreichen Zuwendung Abrahams zu Gott.* Dabei liegt der Akzent auf *der segensreichen Zuwendung Abrahams zu Gott* und somit also auf der segensreichen Verwirklichung seiner Erwählung..[430]

---

426) Vgl. das reiche Stellenmaterial bei Billerbeck, IV/1,565-568.

427) Vgl. Billerbeck, IV/1,559.

428) S.o. S. 326. Vgl. besonders das Zitat aus yPea 1,1 15b par. tPea 4,19 (S. 326, Anm. 330).

429) Dass es sich bei den drei Männern um Engel handelte, geht z.B. auch aus BerR 48,10, 50,1, 50,2 und 50,11 hervor.

430) Wie in anderen Stellen, wo der Akzent auf der antwortenden Glaubenspraxis liegt, stellt sich auch im Zusammenhang von BerR 50,6 die Frage, ob diese nicht als *Verdienst, verdienstvoll* o.ä. bezeichnen werden könnte. Zu diesem Problem ist analog dasselbe zu sagen wie im Zusammenhang von BerR 43,8 (s.o. S. 144) und BerR 56,2 (s.o. S. 169f).

T.35 Die *z*^{e}*khut* Mose: BerR 97,3 zu 48,16 (III,1246f)

וידגו לרוב בקרב הארץ (בראשית מח טז) .... אמ' רבי
לוי ששים רבוא תינוקת עיברו נשותיהן של ישראל
בלילה אחד, וכולן הושלכו ליאור ועלו בזכותו של
משה, הוא שמשה אומר שש מאות אלף רגלי העם אשר
אנכי בקרבו (במדבר יא כא) כולן לרגלי עלו.

> [*Der Engel, der mich aus aller Not erlöst hat, segne diese Knaben, dass in ihnen mein Name fortlebe und der Name meiner Väter Abraham und Isaak,*] *dass sie wachsen und zahlreich werden inmitten der Erde* (Gen 48,16). ....
> R. Levi (pA3 um 300) sagte: Mit sechzig Myriaden (d.h. 600'000) Säuglingen wurden die israelitischen Frauen in einer einzigen Nacht schwanger. Und alle wurden in den Nil geworfen, aber stiegen aufgrund der *z*^{e}*khut* Mose herauf. Das ist es, was Mose sagt: *600'000 Fussgänger* (רגלי *ragli*) [*zählt*] *das Volk, in dessen Mitte ich bin* (Num 11,21). Alle stiegen wegen mir (לרגלי *l*^{e}*ragli*) herauf.[431]

Das Wort רגלי (*ragli*) bedeutet „Fussgänger", mit der Präposition ל (*l*^{e}) bedeutet es „wegen mir". R. Levi liest Num 11,21, wie wenn anstatt רגלי (*ragli*) לרגלי (*l*^{e}*ragli*) dastünde. Er liest Num 11,21 also etwa wie folgt: *„600'000 wegen mir* [*zählt*] *das Volk, in dessen Mitte ich bin."* Gemäss R. Levi ist das so zu verstehen, dass es sich bei diesen um 600'000 männliche Säuglinge handelt, die auf Befehl des Pharao in den Nil geworfen wurden (vgl. Ex 1,22), und die wegen Mose bzw. aufgrund seiner *z*^{e}*khut* gerettet wurden. Im Zusammenhang der Auslegung R. Levis gibt es vor allem zwei Problemkreise:

1. Die Interpretation R. Levis von Num 11,21 ist aus dem Zusammenhang von BerR 97,3 allein nicht verständlich. Welche Gründe veranlassen ihn, in Num 11,21 anstatt רגלי (*ragli*) לרגלי (*l*^{e}*ragli*) zu lesen? Gibt es rabbinische Traditionen, die für die Beantwortung dieser Frage erhellend sind?
2. Worin hat das „wegen mir" seinen Grund? In irgendeiner Leistung Mose und somit in irgendeinem „Verdienst", oder in etwas anderem?

Die Auslegung R. Levis knüpft tatsächlich an bestehende Traditionen an. In ShemR 1,18 zu 1,22 wird erzählt, die Astrologen des Pharao hätten die Geburt des Retters Israels vorausgesehen. Da der Pharao nicht wusste, wer dies sein würde, gab er den Befehl, alle neugeborenen Knaben in den Nil zu werfen. Und in ShemR 1,24 zu 2,6 wird erzählt, dass die Seher des Pharaos diesen veranlassten, diesen Befehl aufzuheben. Sie hatten nämlich „gesehen", dass der Retter Israels bereits in den Nil „geworfen" worden war. Da es sich um heidnische Seher handelte, sahen sie nicht klar, was sie erblickten, und sie bemerkten daher

---

431) Freedman (II,940) und Neusner (III,340) übersetzen *z*^{e}*khut* mit „merit". Wünsche (477) übersetzt den Ausdruck mit „Verdienst".

nicht, dass Mose sich zwar im Nil befand, aber in einem Kästchen. Aufgrund der Aufhebung des pharaonischen Erlasses, der durch ihren Irrtum zustandekam, wurden 600'000 neugeborene Knaben nicht in den Nil geworfen. D.h. weil Mose, der Retter Israels, in den Nil „geworfen" wurde, blieben sie am Leben. In ShemR 1,24 wird diese Aussage wie in BerR 97,3 durch Num 11,21 belegt.

Von ShemR 1,18 und ShemR 1,24 her lassen sich freilich nicht alle Fragen im Zusammenhang von R. Levis Auslegung in BerR 97,3 beantworten. R. Levi sagt: „Und alle wurden in den Nil geworfen, aber stiegen aufgrund der *z^e^khut* Mose herauf." Meint R. Levi, die Kinder seien tatsächlich in den Nil geworfen worden und durch ein Wunder aus dem Wasser gestiegen? Hat er eine Legende gekannt, in der erzählt wurde, dass Mose Wunderkräfte besass? Oder meint R. Levi, die israelitischen Knaben seien um Haaresbreite in den Nil geworfen, jedoch sozusagen in letzter Minute gerettet worden, so dass es war, wie wenn sie aus dem Nil „heraufstiegen"? Für diese Variante spricht der Umstand, dass in ShemR 1,24 mehrmals gesagt wird, Mose sei in den Nil „geworfen" worden, obwohl zur Zeit der Rabbinen praktisch jedes jüdische Kind wusste, dass Mose eben gerade nicht in den Nil geworfen, sondern in einem Kästchen ausgesetzt und dadurch gerettet wurde.

Eines lässt sich jedoch mit Sicherheit sagen: Sowohl in ShemR 1,18 als auch in ShemR 1,24 ist vom Retter die Rede. Während die Astrologen in ShemR 1,18 noch nicht wissen, wer das sein wird, wird Mose in ShemR 1,24 ausdrücklich als Retter bezeichnet. Von Mose als Retter ist auch in BerR 97,3 die Rede. Die Säuglinge werden ja „wegen ihm" bzw. aufgrund seiner *z^e^khut* gerettet. Mose ist darum der Retter Israels, weil er von Gott dazu *erwählt* und *berufen* wurde – und zwar bekanntlich gegen seinen Willen. Die Tat, durch die Mose gemäss ShemR 1,24 600'000 Säuglinge vor dem Tod rettet, ist zudem gar keine Tat. Die israelitischen Knaben werden ja gerettet, weil die Seher des Pharaos meinen, Mose, der Retter Israels, habe im Nil den Tod gefunden. Zwar ist Mose bei der Rettung der Säuglinge vollständig beteiligt, aber nicht aktiv, sondern nur passiv. Bei der Rettung der 600'000 Säuglinge durch ihn kann es sich daher um keine Leistung Mose und um kein „Verdienst" handeln. Da Mose durch seine Berufung Israels Retter wird und ist, kann *z^e^khut* nur *die Gültigkeit, Wirksamkeit und Verwirklichung der Erwählung des Mose durch Gott* bedeuten. Wobei zu präzisieren ist, dass es sich bei dieser *z^e^khut* um eine pointiert *soteriologische* handelt.

Zu Kapitel 8.

T.36 Die z^{e}*khut* Abrahams, die mit Rafael war: BerR 50,11 zu 19,16f (II,528f)[432]

ויחזיקו האנשים וגו' (בראשית יט טז-יז) מי היה זה,
רפאל, אתיבון והא כת' ויהי כהוציאם אותם וגו', אמר
לון קרון דבתריה ויאמרו המלט על נפשך אין כת' אלא
ויאמר, אם כן למה נאמר ויחזיקו זכות אברהם עם
רפאל, ההרה המלט בזכותו שלאברהם. פן תספה בעון
העיר.

[1] *Da ergriffen die Männer* [*ihn, seine Frau und seine Töchter bei der Hand, weil der HERR ihn verschonen wollte, führten ihn hinaus und liessen ihn draussen vor der Stadt*] (Gen 19,16).
Wer war das? Rafael. Sie wandten ein: Aber es steht geschrieben: *Und als sie dieselben hinausgeführt hatten, usw.* (V.17). Er sagte zu ihnen: Lest das Nachfolgende: *....da sprachen sie: Rette dich....*, steht nicht geschrieben, sondern *....da sprach er....* (V.17a). Wenn es so ist, warum wird [dann] gesagt *Da ergriffen....* (V.17a)? [Weil] die z^{e}*khut* Abrahams mit Rafael war.[433]

[2] *Ins Gebirge rette dich....* (Gen 19,17b). Aufgrund der z^{e}*khut* Abrahams; *....dass du nicht weggerafft werdest* (V.17b) durch die Schuld der Stadt.[434]

Wie in BerR 50,6 (= Text 34) wird auch in BerR 50,11 ausgesagt, dass Lot aufgrund der z^{e}*khut* Abrahams gerettet wurde.
In [1] geht es um das Problem, das in Gen 19,17 durch den Wechsel vom Plural zum Singular und wieder zum Plural entsteht. Dort heisst es: *„Und als sie dieselben hinausgeführt hatten, da sprach er: Rette dich, es gilt dein Leben! Sieh nicht hinter dich und bleibe nirgends stehen im ganzen Umkreis! Ins Gebirge rette dich, dass du nicht weggerafft werdest!“* Das Problem dieses Wechsels löst der anonyme Verfasser, indem er sagt, nur einer der beiden Engel, nämlich Rafael, habe Lot gerettet, doch sei die z^{e}*khut* Abrahams mit ihm gewesen. Dass Rafael

---

432) Parallelen: LeqT Ber 19,17, SekhT Ber 19,17, YalqBer 84. In LeqT Ber 19,17 und SekhT Ber 19,17 sind nur Parallelen zu [2] enthalten.

433) Freedman (I,441) und Neusner (II,220) übersetzen z^{e}*khut* mit „merit“. Wünsche (241) übersetzt den Ausdruck an dieser Stelle nicht.

434) Freedman (I,441) übersetzt z^{e}*khut* mit „for .... sake“ und Neusner (II,220) mit „on account of“. Wünsche (241) übersetzt den Ausdruck mit „Tugend“ und Billerbeck (III,770) mit „Verdienst“.

Lot rettete, wird bereits in BerR 50,2 gesagt, und scheint eine weit verbreitete rabbinische Tradition zu sein.[435]
In [2] wird der Passus *„Ins Gebirge rette dich"* auf Abraham bezogen. Weshalb wird nicht ersichtlich. Einen Schriftgrund kennt nur die Variante in Ms. Oxford II.[436] Danach lautet der Midrasch wie folgt:

> *Ins Gebirge rette dich* (Gen 19,17b). Aufgrund der *z^ekhut* Abrahams, der ein Berg genannt wird: *....springt daher über die Berge* (Hld 2,8); *Höret, ihr Berge....* (Mi 6,2).[437]

Die Frage, was die beiden Stellen mit Abraham zu tun haben, ist sehr schwierig. Man kann hier nur wie Mirqin (II,217) und Steinberger (II,446) vage Vermutungen anstellen.[438]
Eine weitere Schwierigkeit besteht darin, dass es nicht möglich ist, die Bedeutung der *z^ekhut* Abrahams allein aus BerR 50,11 herzuleiten. Wenn man BerR 50,11 isoliert betrachtet, macht die Übersetzung von *z^ekhut* mit „Verdienst" durchaus einen Sinn. Der Midrasch bedeutet dann, dass Lot aufgrund des „Verdienstes" Abrahams gerettet wurde.
Die Bedeutung von *z^ekhut* muss daher von anderen Texten in BerR hergeleitet werden. Dafür gibt es verschiedene Möglichkeiten:
- Da Rafael Lot rettete, nachdem er Abrahams Gast war, kann die *z^ekhut* Abrahams gleich verstanden werden wie in BerR 50,6 (= Text 34).
- Da Abraham zu den Vätern gehört, kann die *z^ekhut* Abrahams gleich verstanden werden wie in den Texten, in denen der Ausdruck *z^ekhut avot* vorkommt (vgl. Kapitel 7.7).
- Da Abraham ein *tsadiq* ist, kann seine *z^ekhut* gleich verstanden werden wie die *z^ekhut* der *tsadiqim* (vgl. Kapitel 7.2).

Deshalb geht es auch hier bei der *z^ekhut* um *die soteriologische Gültigkeit, Wirksamkeit und Verwirklichung der Erwählung durch Gott, des Bundes mit ihm, und der damit gegebenen Verheissung in der antwortenden Glaubenspraxis Abrahams.*

---

435) In BerR 50,2 heisst es, dass gelehrt worden sei, weder führe *ein* Engel *zwei* Aufträge durch, zu deren Ausführung er gesandt worden ist (שליחות *sh^eliẖut*), noch führten *zwei* Engel *einen einzigen* Auftrag aus. Dass zuerst drei Männer zu Abraham kamen (Gen 18,2) und danach zwei zu Lot (Gen 19,1), wird wie folgt erklärt: Michael hatte den Auftrag, Sara die frohe Botschaft der Geburt Isaaks zu überbringen, Gabriel, Sodom zu zerstören und Rafael, Lot zu retten. Vgl. auch TanBer wayera 8, wo dasselbe mit etwas anderen Worten ausgesagt wird, und wo auch die Namen der Engel fehlen.

436) Oxford Nr. 2335 wird von Theodor/Albeck als ^{2}א, d.h. als Oxford II bezeichnet. Diese Variante wird auch in den Ausgaben Mirqins (II,217) und Steinbergers (II,446) berücksichtigt. Beide benützten den Text der Ausgabe Wilna.

437) In der Parallele YalqBer 84 wird nur Hld 2,8 zitiert.

438) In ySanh 10,1 27d,59-65 (= Text 40), in SifDev 353 und in ShemR 15,4 werden die Väter als Berge bezeichnet. Der exegetische Grund wird jedoch auch aus diesen Stellen nicht recht ersichtlich.

T.37 Die z^{e}*khut* der Väter, die Bestand haben wird: BerR 70,8 zu 29,2f (II,805.807)[439]

וירא והנה באר בשדה וגו' (בראשית כט ב-ג) .... ד"א
וירא והנה באר בשדה זה ציון, והנה שם שלשה עדרי
צאן אילו ג' מלכיות הראשונות, כי מן הבאר ההיא וגו'
שהעשירו מן ההקדישות הצפונות בלשכות, והאבן גדולה
זו זכות אבות, ונאספו שמה כל העדרים זו מלכות
הרשעה שמכתבת טירוניה מכל אומות העולם, וגללו את
האבן שהעשירו מן ההקדישות הצפונות בלכשות, והשיבו
את האבן לעתיד לבוא זכות אבות עומדת.

Und als er (d.h. Jakob) *um sich schaute, war da ein Brunnen auf dem Felde;* [*und siehe, drei Herden Schafe lagerten an ihm; denn aus dem Brunnen tränkte man die Herden. Der Stein über der Öffnung des Brunnens aber war gross. Und wenn alle Herden dort beisammen waren, wälzte man den Stein von der Öffnung des Brunnens und tränkte die Schafe; dann brachte man den Stein wieder über die Öffnung des Brunnens an seine Stelle*] (Gen 29,2f). ....
Eine andere Auslegung:
Und als er um sich schaute, war da ein Brunnen auf dem Felde: Das ist Zion.
....*und siehe, drei Herden Schafe lagerten an ihm*: Dies sind die ersten drei Reiche.
....*denn aus dem Brunnen* [*tränkte man die Herden*]: Denn sie wurden von dem in den Schatzkammern [des Tempels] verborgenen Geweihten reich.
....*Der Stein* [*über der Öffnung des Brunnens*] *aber war gross*: Das ist die z^{e}*khut* der Väter.
....*Und wenn alle Herden dort beisammen waren....*: Das ist das gottlose Reich, das aus allen Nationen der Welt Truppen aushebt.
....*wälzte man den Stein* [*von der Öffnung des Brunnens und tränkte die Schafe*]: Denn sie wurden von dem in den Schatzkammern [des Tempels] verborgenen Geweihten reich.
....*dann brachte man den Stein wieder* [*über die Öffnung des Brunnens an seine Stelle*]: In der Zukunft, die kommen wird (לעתיד לבוא *l*^{c}*atid lavo'*),[440] wird die z^{e}*khut* der Väter Bestand haben.[441]

---

439) Parallelen: YalqBer 123.

440) Mit dem Ausdruck לעתיד לבוא (*l*^{c}*atid lavo'*) ist die messianische Zeit gemeint. Vgl. Dalman, 326 und Freedman, II,642.

441) Freedman (II,642), Marmorstein (81) und Neusner (III,32) übersetzen z^{e}*khut* mit „merit". Wünsche (341) übersetzt den Ausdruck mit „Verdienst".

Beim vorliegenden Midrasch handelt es sich um die vierte von insgesamt sechs allegorischen Auslegungen R. H̲ama b. R. H̲aninas (pA2 um 260) zu Gen 29,2f. Mit den drei ersten Reichen sind Babel, Medien und Griechenland gemeint. Mit dem Passus „das gottlose Reich, das aus allen Nationen der Welt Truppen aushebt“ ist das römische Reich gemeint. Allen vier Reichen ist gemeinsam, dass sie aus dem Brunnen Zions tranken, d.h. sie bereicherten sich an den Schätzen des Tempels in Jerusalem.
Der Stein und damit also die *z*^{e}*khut* der Väter, hat die Funktion, den Brunnen (Zion) vor der Ausplünderung durch diese Reiche zu schützen. Zur Zeit R. H̲ama b. R. H̲aninas lag die Selbstbereicherung Roms aus dem Tempel schon zweihundert Jahre zurück, noch weiter zurück lag jene durch Babel, Medien und Griechenland. Es kann daher nicht bloss darum gehen, dass die Ausplünderung des Tempels aufhört. Es geht vielmehr um die Wiederherstellung des Tempels. Und zwar geht es nicht nur um Restaurierung der Vergangenheit, sondern um die eschatologische Wiederherstellung und Vollendung. Dies kommt durch die Wendung לעתיד לבוא (*l*^{ec}*atid lavo'*) zum Ausdruck. Bei der *z*^{e}*khut* der Väter handelt es sich demnach um eine soteriologische Grösse.[442]
Aufgrund des vorliegenden Midrasch allein kann nicht entschieden werden, was *z*^{e}*khut avot* bedeutet, da die Übersetzung mit „Verdienst der Väter“ durchaus einen Sinn ergibt: Die eschatologische Wiederherstellung und Vollendung Zions und somit auch Israels wird dann aufgrund der „verdienstlichen Werke“ der Väter geschehen. Bei diesem Verständnis stellt sich dann allerdings die Frage, weshalb dies denn nicht sofort geschieht bzw. schon längst geschah. Weshalb konnte Israel die eschatologische Wiederherstellung und Vollendung nicht schon längst mit Berufung auf das „Verdienst der Väter“ von Gott einfordern? Weshalb dauerte die Herrschaft des „vierten Reiches“ auch noch zweihundert Jahre nach der Tempelzerstörung über Palästina, der Heimat R. H̲ama b. R. H̲aninas, ungebrochen an?
Obwohl die Übersetzung von *z*^{e}*khut avot* mit „Verdienst der Väter“ im vorliegenden Midrasch auch einen Sinn ergibt, kann der Ausdruck aufgrund jener Texte, aus denen sich seine Bedeutung eindeutig erschliessen lässt,[443] nur so verstanden werden wie in BerR 74,12 (s.o. S. 232). Dass die *z*^{e}*khut* der Väter „in der Zukunft, die kommt,“ Bestand haben wird, bedeutet dann, dass Gott trotz aller Treulosigkeit und Schuld von seiten Israels an der Erwählung seines Volkes und an seinem Bund mit ihm festhalten und die ihm gegebenen Verheissungen erfüllen wird.

442) Dieser Auffassung sind auch Freedman (II,642), Marmorstein (81), Mirqin (III,105), Steinberger (III,176) und Neusner (III,32).

443) Vgl. die Besprechungen von BerR 60,2, 74,12, 87,8, 92,4, 98,14 und ySanh 10,1 27d,45-59.

T.38 Die z^e*khut* der Väter, an die Elia Gott erinnert: BerR 71,9 zu 30,11 (II,833f)[444]

ותאמר לאה בגד (בראשית ל יא) אתא גדה דבייתה, אתא גדה דעלמא, בא מי שעתיד לגדד משתיתן שלאומות. נמנו אליהו משלמי, ר' לעזר אמר מבינימן ויערישיה ואליה וזכרי בני ירוחם (דה"א ח כז) כל אלה בני בנימן, ר' נהוראי אמר מגד הה"ד ויען אליהו התשבי מתושבי גלעד וגו' (מ"א יז א), אמר ליה ר' פליפי לר' נהוריי מה חמית למימר כן, אמר ליה דכת' ויהי להם גבול יעזר וכל ערי הגלעד (יהושע יג כה), מה מקיים ר' אלעזר קרייה דר' נהוריי מתושבי גלעד, מיושבי לשכת הגזית, ומה מקיים ר' נהוריי קרייה דר' אלעזר ויערישיה ואליה, אלא מדרשות הן, בשעה שמרעיש עולמו אליהו מזכיר זכות אבות בני ירוחם והקב"ה מתמלא רחמים על עולמו.

Da sprach Lea: «Es kommt Glück!» [*und nannte ihn Gad*] (Gen 30,11). Das Glück ihres Hauses war gekommen. Das Glück der Welt war gekommen. Es kam derjenige, der künftig die Fundamente der Nationen abschneiden würde.
Sie erwogen: Elia, von wem [kommt er] her?
R. La^{c}azar[445] sagte: [Er ist] aus Benjamin: *Und Ya^{c}areshya* (יערשיה), *Elia und Zikhri* (זכרי) *waren die Söhne Y^{e}ro*<u>*h*</u>*ams* (ירחם)[446] (1Chr 8,27). Alle diese sind Kinder Benjamins.[447]
R. N^{e}horai (pT3 um 150) sagte: [Er ist] aus Gad, wie denn geschrieben steht: *Und Elia, der Tischbiter, von den Beisassen aus Gilead sagte....* (1Kön 17,1).
R. Philippi sagte zu R. N^{e}horai: Was hast du gesehen, um dies zu sagen? Er sagte zu ihm: Denn es steht geschrieben: *Und es ward ihnen* (d.h. Gad) *folgendes Gebiet: Ya^{c}zer und alle Städte in Gilead....* (Jos 13,25).
Wie erklärt R. El^{c}azar den Vers von R. N^{e}horai *....von den Beisassen aus Gilead....*? [Das sind] diejenigen, welche in der Quaderhalle sitzen.

---

444) Parallele: MHG Ber 30,11.
445) Anstatt „R. La^{c}azar" lesen die meisten Textvarianten „R. Ela^{c}azar" oder „R. Eli^{c}ezer". Es ist nicht klar, welcher gemeint ist.
446) Die BHS liest anstatt יערישיה יערשיה und anstatt ירוחם ירחם.
447) Dass die in 1Chr 8,27 genannten Namen zum Stamm Benjamin gehören, geht aus V.40 hervor.

Und wie erklärt R. N^e^horai den Vers von R. El^c^azar *Und Ya^c^aresh-ya,* (יערשיה) *Elia....*? [Das sind keine Eigennamen], sondern Deutungen. In dem Augenblick, in dem er seine Welt erschüttert (מרעיש *mar^c^ish*), erinnert (מזכיר *mazkir*) [ihn] Elia an die *z^e^khut* der Väter, [und] – *die Söhne Jerohams* – der Heilige, gepriesen sei er, wird mit Barmherzigkeit (רחמים *rahamim*) über seine Welt erfüllt.[448]

Der Ausdruck גד (*gad*) bedeutet sowohl „Glück" als auch den Eigennamen „Gad". In Gen 30,11 liegt also ein Wortspiel vor, das in der deutschen Übersetzung nicht mehr sichtbar ist. Wenn gemäss der Aussage Leas durch die Geburt Gads „Glück kommt", stellt sich die Frage, worin dieses bestand. Aus dem vorliegenden Midrasch geht hervor, dass die Rabbinen darunter weit mehr verstanden haben als das Glück einer Mutter, deren Ansehen durch jeden geborenen Sohn wächst.
Die Frage, worin das Glück bestand, das durch die Geburt Gads kam, wird dahingehend beantwortet, dass derjenige kam, „der künftig die Fundamente der Nationen abschneiden würde". Das Verb, das für „abschneiden" gebraucht wird, ist die aramäische Wurzel גדד (*g^e^dad*), die im Pa'el den Sinn von „abschneiden" hat. Es liegt hier also noch ein weiteres Wortspiel vor, nämlich zwischen גד (*gad*) und גדד (*g^e^dad*). Wenn man bei einem Gebäude die Fundamente „abschneidet", bricht es zusammen. Gad bzw. einer seiner Nachkommen wird also den Zusammenbruch der Nationen herbeiführen.
Aus dem Fortgang des Midrasch wird ersichtlich, dass es sich bei diesem um Elia handelt. Nur so macht die Diskussion zur Frage, woher Elia kam, einen Sinn. Aus dieser wird deutlich, dass die Behauptung, Elia sei aus Gad, bei den Rabbinen umstritten war. Aber nur wenn dies bewiesen werden kann, ist auch die Aussage richtig, dass Elia derjenige ist, „der künftig die Fundamente der Welt abschneiden würde".
Am Ende dieser Diskussion steht die Aussage, dass Gott mit Barmherzigkeit über seine Welt erfüllt wird, wenn Elia ihn an die *z^e^khut* der Väter erinnert. Aus dem vorliegenden Midrasch allein kann man nicht schliessen, was mit *z^e^khut* gemeint ist. Die Übersetzung von *z^e^khut* mit „Verdienst" macht zunächst durchaus einen Sinn. Der Sinn ist dann, dass Elia Gott an das „Verdienst der Väter" erinnert.
Da es sich beim Ausdruck *z^e^khut avot* um eine feste Wendung handelt, partizipiert der Sinn in BerR 71,9 am Sinn jener Texte, in denen sich die Bedeutung von *z^e^khut avot* herleiten lässt,[449] und in denen er dieselbe Bedeutung hatte wie in BerR 74,12 (s.o. S. 232).

---

448) Freedman (II,660) und Neusner (III,52) übersetzen *z^e^khut* mit „merit". Wünsche (351) übersetzt den Ausdruck mit „Verdienst".
449) S.o. S. 389, Anm. 443.

T.39 Für jeden möge seine eigene *z^e khut* einstehen: BerR 78,7 zu 33,1 (II,924f)[450]

וישא יעקב עיניו וירא והנה עשו בא (בראשית לג א) ....
ר' יהודה בר' סימון אמר יש בי כח לסדור תפילה, ר'
לוי אמר יש בי כח לערוך מלחמה, כיון דמטא ויחץ את
הילדים וגו' אמר כל איניש זכותיה תקום ליה.

Als nun Jakob seine Augen erhob, sah er Esau herankommen [*und vierhundert Mann mit ihm. Da verteilte er die Kinder auf Lea und Rahel und die beiden Mägde*] (Gen 33,1). ....
R. Y^ehudah b. R. Simon (pA4 um 320) sagte: [Jakob sagte:] In mir ist Kraft, mich zum Gebet zu rüsten. R. Levi (pA3 um 300) sagte: [Er sagte:] In mir ist Kraft, mich zum Krieg zurechtzumachen. Als er herankam, *da verteilte er die Kinder* [*auf Lea und Rahel und die beiden Mägde*] (Gen 33,1b). Er sprach: Für jeden möge seine eigene *z^e khut* einstehen.[451]

Wenn Esaus Absichten Jakob gegenüber von Anfang an friedlicher Natur wären, bräuchte er nicht vierhundert Mann, die ihn begleiten (Gen 32,6; 33,1). Esau muss daher einen überzeugenden Grund haben, Jakob und seine Angehörigen am Leben zu lassen. D.h. er muss zur Überzeugung gelangen, dass Jakob und seine Angehörigen es wert sind, verschont zu werden.
Es geht aber nicht nur um den Wert, den Jakob und seine Angehörigen vor Esau haben, sondern gleichzeitig auch um den Wert, den sie vor Gott haben. Das folgt aus Gen 33,10: *„Jakob antwortete: Nicht doch! Habe ich Gnade vor dir gefunden, so nimm das Geschenk von mir an; denn ich habe ja dein Angesicht schauen dürfen, wie man Gottes Angesicht schaut, und du hast mich gütig aufgenommen."* In der gütigen Aufnahme Esaus erfährt Jakob Gottes Güte. Die Begegnung mit Esau wird für ihn daher zur Gottesbegegnung. Der Wert, den Jakob und seine Angehörigen für Esau haben, entspricht darum demjenigen, den sie vor Gott haben. Dieser ist in der *z^e khut* begründet, die für jeden einzelnen vor Esau einstehen soll.
Worin besteht dieser Wert? Es gibt dafür zwei Verstehensmöglichkeiten:
1. Dieser Wert besteht in einer Leistung, die Jakob und jedes Mitglied seiner Familie erbracht hat bzw. zu erbringen fähig ist. In diesem Fall macht die Übersetzung von *z^e khut* mit „Verdienst" durchaus Sinn.
2. Der Wert Jakobs und seiner Angehörigen besteht darin, dass sie von Gott erwählt sind. Bei allen, die in Gen 33,1 erwähnt sind, handelt es sich um die Stammväter und Stammmütter Israels. In diesem Fall ist die *z^e khut* eines jeden

450) Parallelen: LeqT Ber 33,1, MHG Ber 33,1, SekhT Ber 33,1, YalqBer 133.
451) Freedman (II,720) und Neusner (III,128) übersetzen *z^e khut* mit „merit". Wünsche (382) übersetzt den Ausdruck an dieser Stelle überhaupt nicht.

die Gültigkeit, Wirksamkeit und Wichtigkeit seiner Erwählung und der damit gegebenen Verheissung. Die Erwählung kommt ja nur dann ans Ziel, und die Verheissung geht nur dann in Erfüllung, wenn Jakob und seine Angehörigen am Leben bleiben. Da im vorliegenden Midrasch von der Kraft die Rede ist, sich zum Gebet bzw. zum Krieg zu rüsten, und da gesagt wird, dass die *z^ekhut* eines jeden für ihn einstehen solle, ist wie in BerR 77,3 (Kapitel 6.4.2) in der *z^ekhut* eines jeden auch *die Wirksamkeit und Kraft des Segens* mit eingeschlossen, der mit der Erwählung jedes Einzelnen verbunden ist.

Welche der beiden Verstehensmöglichkeiten richtig ist, lässt sich allein von BerR 78,7 her nicht entscheiden. Aufgrund der bisherigen Ergebnisse kommt jedoch nur letzteres Verständnis in Betracht.

Zu Kapitel 9.2

T.40 Wenn die z^e*khut* der Väter wankt und die z^e*khut* der Mütter sinkt: ySanh 10,1 27d,59-65[452]

רבי יודן בר חנן בשם ר' ברכיה אמר הק"בה לישראל בני אם ראיתם זכות אבות שמטה וזכות אימהות שנתמוטטה לכו והידבקו בחסד. מה טעמא כי ההרים ימושו והגבעות תמוטינה (ישעיה נד י). כי ההרים ימושו זה זכות אבות. והגבעות תמוטינה זו זכות אימהות מיכן והילך וחסדי מאיתך לא ימוש וברית שלומי לא תמוט אמר מרחמך יי' (שם שם שם).

R. Yudan b. H̲anan [sagte] im Namen R. Berekhyas (pA5 um 340): Der Heilige, gepriesen sei er, sprach zu Israel: Meine Kinder, wenn ihr seht, dass die z^e*khut* der Väter wankt, und dass die z^e*khut* der Mütter sinkt, geht und hängt euch an die Zuwendung (חסד *h̲esed*). Was ist die Begründung? *Denn die Berge mögen weichen und die Hügel wanken....* (Jes 54,10a). *Denn die Berge mögen weichen....*: Das ist die z^e*khut* der Väter. *....und die Hügel wanken....*: Das ist die z^e*khut* der Mütter. Und weiter [steht geschrieben]: *....aber meine Zuwendung* (חסד *h̲esed*) *soll nicht von dir weichen und mein Friedensbund nicht wanken, spricht der HERR, dein Erbarmer* (Jes 54,10b).[453]

In seiner Auslegung von Jes 54,10 versteht R. Berekhya unter den Bergen die Väter und unter den Hügeln die Mütter, bzw. deren z^e*khut*. Es fällt auf, dass R. Berekhya keine weiteren Bibelstellen anführt, um seine Interpretation zu begründen.[454] Mit den Vätern sind Abraham, Isaak und Jakob gemeint. Schwieriger ist die Frage zu beantworten, wer mit den Müttern gemeint ist. Nach bBer 16b werden nur drei „Väter" und „vier" Mütter genannt: Abraham, Isaak und Jakob, und Sara, Rebekka, Lea und Rahel. In BerR 73,3 (= Text 15) waren mit den „Müttern" jedoch die beiden Nebenfrauen Jakobs Silpa und Bilha gemeint. Die Frage, wer nun genau zu den „Müttern" dazuzuzählen ist, spielt für das Verständ-

---

452) Parallelen: WaR 36,6, YalqJes 477, YalqMJes 54,10.

453) Marmorstein (13), Neusner (The Talmud of the Land of Israel, XXXI,317f) und Urbach (I,508) übersetzen z^e*khut* mit „merit". Schechter (172) spricht von der „*Zachuth* of the Fathers and the *Zachuth* of the Mothers". Die Bedeutung von „*Zachuth*" gibt er mit „merit" an (170). Wewers (IV/4,258) übersetzt den Ausdruck mit „Verdienst".

454) Es stellt sich hier ein ähnliches Problem wie im Zusammenhang von BerR 50,11 (= Text 36), wo laut der Textvariante von Oxford II, den Ausgaben Wilna, Mirqin und Steinberger Abraham „ein Berg genannt wird", und wo der exegetische Grund ebenfalls nicht recht klar wurde (s.o. S. 387).

nis der Auslegung R. Berekhyas jedoch keine Rolle. Jedenfalls sind damit die Stammesmütter Israels gemeint.

Wessen ḫesed ist gemeint?

In Jes 54,10 ist von der *ḫesed* (חסד) Gottes die Rede. Es ist daher nur konsequent, wenn man die *ḫesed* in der Auslegung R. Berekhyas ebenfalls als die freundliche und gnädige Zuwendung Gottes versteht. In diesem Sinne verstehen auch Marmorstein (13f) und Schechter (172) die Stelle. Marmorstein (13f) interpretiert den vorliegenden Midrasch zudem wie folgt:

> God's grace is greater than the merits of the fathers. He proves further from several passages in the Books of Psalms that God helped and is about to help Israel, not because Israel has special merits, but in order to make all the nations of the world acknowledge His might and name.

Laut Marmorstein ist R. Berekhyas Auslegung also dahingehend zu verstehen, dass die Israeliten von Gottes Gnade leben, sobald die „Verdienste" der Väter und Mütter aufgebraucht sind. Anstatt aufgrund von „Verdiensten" erweist Gott Israel seine freundliche und gnädige Zuwendung um seiner selbst willen.
Im Unterschied zu Marmorstein und Schechter versteht Urbach (I,508) unter der *ḫesed* diejenige der Israeliten:

> When men on their part forsake lovingkindness, this causes the merit of the fathers to decline, whereas the renewal of devotion to lovingkindness can bring about the renewal of the merit.

Da Jes 54,10 der Schriftgrund für R. Berekhyas Auslegung ist, und da in dieser Stelle mit *ḫesed* diejenige Gottes gemeint ist, fragt man sich, mit welchem Recht Urbach seine Aussage macht. Urbach (II,915, Anm. 4) beruft sich bei seiner Auslegung auf die Parallele in WaR 36,6. Dort liest nur eine von insgesamt drei Textvarianten wie in ySanh 10,1 27d,59-65 בחסד (*baḫesed*). Eine weitere liest בחסדים (*baḫasadim*) und eine בגמילות הסדים (*bigᵉmilut ḫasadim*). Zwar erwähnt Urbach die Parallele in YalqJes 477 nicht. Aber auch diese liest בגמילות הסדים (*bigᵉmilut ḫasadim*). Mit den הסדים (*ḫasadim*) bzw. den גמילות הסדים (*gᵉmilut ḫasadim*) sind die einzelnen Erweise bzw. Taten der Zuwendung gemeint. Urbach hat sicher recht, dass damit diejenigen der Menschen, insbesondere diejenigen der Israeliten gemeint sind. Wobei die Möglichkeit, dass damit die Gnadenerweise Gottes gemeint sind, nicht völlig ausgeschlossen ist.
Laut Urbach hat das Vergessen der tätigen Zuwendung von seiten Israels zur Folge, dass das „Verdienst der Väter" schwindet. Wie dies zu verstehen ist, führt er allerdings nicht aus. Bedeutet es, dass Israel seinen Anspruch auf das „Verdienst der Väter" verliert? Demgegenüber führt laut Urbach die Erneuerung der Hingabe an die tätige *ḫesed* von seiten Israels zur Erneuerung (renewal) des

„Verdienstes der Väter". Auch hier bleibt unklar, was Urbach damit meint. Das „Verdienst der Väter" ist in deren irdischem Lebenswandel, insbesondere in deren gottgefälligen Taten begründet. Diese liegen in der Vergangenheit, da kommt nichts mehr dazu. Das „Verdienst der Väter" ist daher eine abgeschlossene Grösse. Wie muss man sich diese Erneuerung also vorstellen? Meint Urbach mit seiner Aussage, dass die Teilhabe am „Verdienst der Väter" erneuert wird? Falls ja, weshalb sagt er das nicht?
Auch Mirqins (VIII,194) Ausführungen zur Parallele in WaR 36,6 bereiten Schwierigkeiten. Nach Mirqin kam die *z*^{e}*khut* der Väter zustande, indem sie die *ẖesed* taten. Wenn nun ein Mensch Taten der *ẖesed* vollbringt, hat er die gleiche *z*^{e}*khut* wie sie die Väter hatten. Die Schwierigkeit bei Mirqins Ausführungen besteht darin, dass er Hebräisch schreibt, und somit unsicher bleibt, was er unter *z*^{e}*khut* versteht. Versteht er darunter ein „Verdienst", und meint er demnach, wer Taten der *ẖesed* vollbringe, erlange dieselben „Verdienste", welche die Väter erlangten?
Obwohl Marmorstein, Schechter und Urbach sowohl diejenigen Varianten der Auslegung R. Berekhyas kennen, die darauf schliessen lassen, dass mit *ẖesed* diejenige Gottes gemeint ist, als auch jene, in denen damit diejenige der Menschen gemeint ist, bringen sie nur ihr eigenes Verständnis zur Sprache. Die Schwierigkeiten, die durch die Varianten entstehen, verschweigen sie. Da man keine der beiden Verständnismöglichkeiten ausschliessen kann – jede stützt sich auf eine ernstzunehmende Textlage – ist auch weiterhin mit beiden zu rechnen. D.h. man muss davon ausgehen, dass R. Berekhya in seiner Auslegung mit *ẖesed* sowohl diejenige Gottes als auch diejenige der Menschen gemeint hat.

z^e*khut avot – ein fester Begriff*

In der Auslegung R. Berekhyas ist von der *z*^{e}*khut* der Väter und von der *z*^{e}*khut* der Mütter die Rede. Exegetisch hat die *z*^{e}*khut* der Mütter ihren Grund darin, dass in Jes 54,10 nicht nur von den Bergen die Rede ist, sondern auch von den Hügeln. *„Berge"* und *„Hügel"* sind parallele Ausdrücke. Daraus folgt, dass die *z*^{e}*khut* der Väter und die *z*^{e}*khut* der Mütter ebenfalls parallele Ausdrücke sind. Mit der *z*^{e}*khut* der Mütter ist demnach dasselbe gemeint wie mit der *z*^{e}*khut* der Väter.
Von der Auslegung R. Berekhyas her ist es nicht möglich, die Bedeutung des Ausdrucks „*z*^{e}*khut* der Väter" bzw. „*z*^{e}*khut* der Mütter" herzuleiten. Isoliert betrachtet wäre es auch möglich, *z*^{e}*khut* als „Verdienst" zu verstehen. Bei *z*^{e}*khut avot* handelt es sich jedoch um einen festen Ausdruck, dessen Bedeutung in Kapitel 7.7 erarbeitet und in Kapitel 9.2 bestätigt wurde. Daher ist auch hier von der im Zusammenhang von BerR 74,12 angegebenen Bedeutungsformel von *z*^{e}*khut avot* auszugehen (s.o. S. 232), und den Sinn der Auslegung R. Berekhyas mit Hilfe des bereits erarbeiteten Verständnisses aufzuzeigen.
R. Berekhyas Auslegung beginnt mit dem Passus:

> Der Heilige, gepriesen sei er, sprach zu Israel: Meine Kinder, wenn ihr seht, dass die *z^e^khut* der Väter wankt, und dass die *z^e^khut* der Mütter sinkt....

Nachdem im Midrasch, welcher der Auslegung R. Berekhyas in ySanh 10,1 27d,59-65 bzw. in der Parallele in WaR 36,6 vorangeht, die Frage erörtert wurde, bis wann die *z^e^khut* der Väter für die zehn Stämme Bestand hatte, ist es nicht schwierig zu verstehen, warum „die *z^e^khut* der Väter wankt“ und „die *z^e^khut* der Mütter sinkt“. Die vielen Rabbinen, welche die Auffassung vertraten, dass die *z^e^khut* der Väter für die zehn Stämme Israels zu bestehen aufhörte, waren der Ansicht, dass dies eine Folge von Gottes Gericht war. Die Aufhebung der Gültigkeit, Wirksamkeit und Verwirklichung von Erwählung, Bund und Verheissung war eine Folge der Untreue und des Ungehorsams der zehn Stämme Gott gegenüber.[455]

Da sich nicht nur die zehn Stämme der Untreue, des Ungehorsams und des Bundesbruches schuldig gemacht hatten, sondern auch die Nachfahren jener, die von den zwölf Stämmen übriggeblieben waren, d.h. die Juden, sind auch sie von Gottes Gericht bedroht. Auch sie sind davon bedroht, dass die Gültigkeit, Wirksamkeit und Verwirklichung von Erwählung, Bund und Verheissung für sie für immer ungültig und zunichte wird. Auch sie sind also davon bedroht, dass „die *z^e^khut* der Väter wankt“ und „die *z^e^khut* der Mütter sinkt“.

Nun sagt R. Berekhya: „Der Heilige, gepriesen sei er, sprach zu Israel: Meine Kinder, wenn ihr seht....“ Woran Israel sieht, dass die *z^e^khut* der Väter und Mütter „wankt“ und „sinkt“, ist nicht schwer zu erraten. Die Rabbinen haben die Zerstörung des Tempels im Jahre 70 n.Chr., den Verlust des verheissenen Landes und die Zerstreuung der Kinder Israels unter die Völker als Gottes Gericht gedeutet. In dieser Situation, in der sich auch R. Berekhya befindet, sollen die Israeliten sich an die *ḫesed* halten. Wie gesagt ist mit guten Gründen damit zu rechnen, dass damit sowohl die *ḫesed* Gottes gemeint ist, als auch die *ḫesed*, die durch die Israeliten getan wird.

Dass die Israeliten sich an die *ḫesed* Gottes halten sollen, bedeutet: Die Juden, welche die Gültigkeit, Wirksamkeit und Verwirklichung von Erwählung, Bund und Verheissung in Frage gestellt sehen, weil sie die Folgen der Tempelzerstörung und des Verlustes des verheissenen Landes erdulden müssen, und weil sie die Bitterkeit des Exils erfahren, können und sollen weiterhin auf Gottes freundliche und barmherzige Zuwendung, auf seine *ḫesed* hoffen. Sie sollen darauf hoffen und vertrauen, dass Gott auch noch dann, wenn nicht nur alles verloren scheint, sondern auch wirklich verloren ist, Israel retten kann und will.

Dass die Israeliten Taten der *ḫesed* tun sollen, bedeutet: In Kapitel 5.2.2 war davon die Rede, dass der Messias und damit die eschatologische Rettung, Wiederherstellung und Vollendung nur kommt, wenn Israel umkehrt. Dabei wurde dargelegt, dass die Umkehr nicht ein Gott konkurrenzierendes Tun ist, sondern vielmehr ein ihm entsprechendes. Die messianische Zeit ist dadurch charakterisiert,

455) Vgl. die Ausführungen in Kapitel 9.2.

dass die *z^ekhut* der Väter (und Mütter) Bestand haben wird (vgl. BerR 70,8 = Text 37). Die גמילות חסדים (*g^emilut ḫasadim*), von denen in gewissen Varianten der Auslegung R. Berekhyas die Rede ist, sind als *Taten der Umkehr* zu verstehen. Wenn die Israeliten zu Gott umkehren, indem sie Taten der *ḫesed* tun, indem sie also tun, was Gott laut Jes 54,10 selbst auch tut – wird dadurch die Gültigkeit, Wirksamkeit und Verwirklichung der Erwählung der Väter bzw. Israels durch Gott, des Bundes mit ihm und der damit gegebenen Verheissung erneuert.

VERZEICHNISSE

Abkürzungsverzeichnis der rabbinischen Literatur

Viele Abkürzungen der rabbinischen Literaturangaben sind zusammengesetzt. Der Übersichtlichkeit halber werden hier nicht alle Kombinationen aufgelistet. Die Mischnah-, Talmud- und Toseftatraktate werden jeweils mit einem vorangestellten „m“, „b“, „y“ oder „t“ gekennzeichnet.

AgBer	Aggadat Bereshit
ARN	Avot de Rabbi Natan
AZ	Avoda Zarah
Avot	Avot
b....	Babylonischer Talmud
Bem	Bemidbar (Numeri)
BemR	Midrasch Bemidbar Rabba
Ber	a) Bereshit (Genesis), b) mit vorangestelltem „b“, „m“, „t“ oder „y“ Berakhot
BerR	Midrasch Bereshit Rabba (Genesis Rabba)
Bik	Bikkurim
BM	Bava Metsi^{c}a
Dev	Devarim (Deuteronomium)
DevR	Midrasch Devarim Rabba
EkhaRbti	Midrasch Ekha Rabbati
Hag	Hagigah
Hal	Hallah
LeqT	Midrasch Leqah Tov
m	Mischnah
M	Midrasch
Ma‘as	Ma^{c}aserot
MAg....	Midrasch Aggadah
MekhY	Mekhilta de Rabbi Yishma^{c}el
Mi	Micha
MHG	Midrasch ha-Gadol
MMish	Midrasch Mishle (Proverbia)
MRut	Midrasch Ruth
MShem	Midrasch Shemu’el
MTan	Midrasch Tannaim
MTeh	Midrasch Tehillim
Pea	Pe’a
Pes	Pesahim
PesK	Pesiqta de Rav Kahana
PesR	Pesiqta Rabbati
Qid	Qiddushin

QohR	Midrasch Qohelet (Ecclesiastes) Rabba
QohZ	Midrasch Zuta Qohelet
RH	Rosh Hashanah
Sanh	Sanhedrin
SekhT	Midrasch Sekhel Tov
SER	Seder Eliahu Rabba
Shab	Shabbat
Shem	Shemot (Exodus)
ShemR	Midrasch Shemot Rabba
ShirR	Midrasch Shir ha-Shirim
SifDev	Midrasch Sifre Devarim
Sota	Sotah
t....	Tosefta
Ta‘an	Ta^{c}anit
Tan....	Midrasch Tanh̲uma
TanB....	Midrasch Tanh̲uma ed. Buber
War	Wayyiqra (Leviticus)
WaR	Midrasch Wayyiqra Rabba
y....	Talmud Yerushalmi
Yalq....	Yalqut de Rabbi Shim^{c}on
YalqM....	Yalqut Makhiri
Yev	Yevamot
Yoma	Yoma

Literaturverzeichnis

Abkürzungen nach S. M. Schwertner, IATG^2, Internationales Abkürzungsverzeichnis für Theologie und Grenzgebiete, 2. überarbeitete und erweiterte Aufl., Berlin / New York 1992.

Bibelausgaben

Elliger K. / Rudolph W. (Hrsg.), Biblia Hebraica Stuttgartensia, Stuttgart (1967/77) ^{4}1990.

Kirchenrat des Kantons Zürich (Hrsg.), Die Zürcher-Bibel, Zürich (1907-1931) 1955, 1993.

Rahlfs A., Septuaginta, id est Vetus Testamentum Graece iuxta LXX Interpretes, 2 Bde., Stuttgart 1935, 6. Aufl. o.D.

Rabbinische Texte

Buber S., Aggadat Bereshit, Krakau 1903, Ndr. Jerusalem 1973.

Buber S., Midrasch Ekha Rabah / Midrasch Zuta, Wilna 1899/1925, Ndr. o.O. u. o.D.

Buber S., Jalkut Machiri, Sammlung halachischer und hagadischer Stellen aus Talmud und Midraschim zu den 150 Psalmen, Berdyzcew 1899, Ndr. Jerusalem 1964.

Buber S., Lekach tob (Pesiqta sutarta), ein agadischer Commentar zum ersten und zweiten Buche Mosis von R. Tobia ben Elieser, 2 Bde., Wilna 1880, Ndr. Jerusalem 1986.

Buber S., Midrasch Aggadah ‘al ḫamishah ḫumshe torah, Wien 1894, Ndr. o.O. u. o.D.

Buber S., Midrash Shemuel / Midrash Mishle, Krakau 1893 / Wilna 1893, Ndr. Jerusalem 1965.

Buber S., Sechel Tob, Commentar zum ersten und zweiten Buch Mosis von Rabbi Menachem ben Salomo verfasst i. J. 1139, Berlin 1900/01, Ndr. o.O. u. o.D.

Buber S., Midrasch Tanchuma, 2 Bde., Wilna 1885, Ndr. Jerusalem 1964.

Buber S., Midrasch Tehillim, Wilna 1892, Ndr. Jerusalem 1977.

Buber S., Pesikta, die älteste Hagada, redigiert in Palästina von Rab Kahana, Lyck 1868, Ndr. Jerusalem 1983.

Finkelstein L. (Hrsg.), Siphre ad Deuteronomium, H. S. Horovithii schedis usus cum variis lectionibus et adnotationibus, Berlin 1939, Ndr. New York 1969.

Friedmann M., Pesikta Rabbati, Wien 1880, Ndr. o.O. u. o.D.

Friedmann M., Seder Eliahu Rabba und Seder Eliahu Zuta (Tanna d'be Eliahu) Wien 1902 / Pseudo Eliahu Zuta (Derech Ereç und Pirkê R. Eliezer), Wien 1904, Jerusalem ^{2}1960.

Goldschmidt L., Der babylonische Talmud (hebräisch und deutsch) mit Einschluss der vollständigen Mischnah, hrsg. nach der ersten zensurfreien Bombergschen Ausgabe – Venedig 1520-23 – nebst Varianten, sinn- und wortgetreue Übersetzung und mit kurzen Anmerkungen versehen, 9 Bde., Berlin / Leipzig 1897-1905, Haag 1935.

Hoffmann D. Z., Midrash Tannaim ^{c}al Sefer Devarim, Berlin 1908/9, Ndr. Jerusalem o.D.

Horovitz H. S., Mechilta d'Rabbi Ismael, cum variis lectionibus et adnotationibus edidit H. S. Horovitz, defuncti editoris opus exornavit et absolvit I. A. Rabin, Jerusalem ^{2}1970.

Mandelbaum B., Pesikta de Rav Kahana, According to an Oxford Manuscript with Variants from all Known Manuscripts and Genizoth Fragments and Parallel Passages with Commentary and Introduction, 2. Bde., New York ^{2}1987.

Margulies M., Midrash Haggadol on the Pentateuch, Edited from Various Manuscripts, Bd. 1, Genesis, Jerusalem 1967.

Margulies M., Midrash Wayyikra Rabbah, A Critical Edition Based on Manuscripts and Genizah Fragments with Variants and Notes, 3 Bde., Jerusalem ^{2}1972.

Midrasch Rabbah, Ausgabe Wilna, 2 Bde., Wilna 1887, Ndr. o.O. u. o.D.

Midrasch Tanẖuma (menuqqad), Ausgabe Eshkol, 2 Bde., Jerusalem 1972.

Mirqin M. A., Midrash Rabbah, 11 Bde., Jerusalem ^{4}1986/87.

Mischnajot, Die sechs Ordnungen der Mischna, Hebräischer Text mit Punktation, deutscher Übersetzung und Erklärung von Samter A., Baneth E., Petuchowski M., Schlesinger S., Hoffmann D., Cohn J., Auerbach M., 6 Bde., Basel ^{3}1986.

Rabinoviz H. D., Midrash Tanẖuma, ʻim Perush Daʻat Sofrim, Sefer Bereshit, Jerusalem 1994.

Schechter S., Aboth de Rabbi Nathan, Hujus Libri Recensiones Duas Collatis Variis Apud Bibliothecas et Publicas et Privatas Codicibus Edidit, Londini / Vindobonae / Francofurti 1887, Ndr. o.O. u. o.D.

Spira Y. Z. K., Yalqut ha-Makhiri ʿal Jeshayahu, (Berlin 1894), Ndr. Jerusalem 1964.

Shinan A., Midrash Shemot Rabbah, Chapters I-XIV, A Critical Edition Based on a Jerusalem Manuscript with Variants, Commentary and Introduction, Jerusalem 1984.

Steinberger A. und andere, Midrash Rabba ham-mevo'ar, Sefer Bereshit, 4 Bde., Jerusalem 1980-1988.

Steinsalz A., Talmud Bavli, mevo'ar, meturgam u-menuqqad, Jerusalem
- Masekhet Berakhot, 1984.
- Masekhet Shabat, Bd. 1., 1989 / Bd. 2, 1987.
- Masekhet Eruvin Bd. 1, 1991 / Bd. 2, 1989.
- Masekhet Pesaḫim Bd. 1, 1991 / Bd. 2, 1989.
- Masekhet Yoma, 1982.
- Masekhet Sukka, 1991.
- Masekhet Betsa / Rosh Hashanah, 1989.
- Masekhet Taʿanit / Megilla, 1989.
- Masekhet Moʿed Qatan / Ḫagiga, 1984.
- Masekhet Yevamot, Bd. 1, 1985 / Bd. 2, 1986.
- Masekhet Ketuvot, Bd. 1, 1988 / Bd. 2, 1988.
- Masekhet Nedarim, Bd. 1, 1991 / Bd. 2, 1992.
- Masekhet Nazir, 1994.
- Masekhet Sota, 1990.
- Masekhet Gittin, 1993.
- Masekhet Qiddushin, 1989.
- Masekhet Bava Qamma, Bd. 1, 1995 / Bd. 2 1996.
- Masekhet Bava Metsiʿa, Bd.1, 1985 / Bd. 2, o.D.
- Masekhet Bava Batra, Bd. 1, 1996.
- Masekhet Sanhedrin Bd. 1, 1989 / Bd. 2, 1989.

Talmud Yerushalmi, Ausgabe Krotoshin, Krotoshin 1866, Ndr. Jerusalem 1969.

Theodor J. / Albeck Ch., Midrash Bereshit Rabba, Critical Edition with Notes and Commentary, 3 Bde., Jerusalem ^{2}1965, Ndr. 1996.

Visotzky B. L., Midrash Mishle, A Critical Edition based on Vatican MS. Ebr. 44, with variant readings from all known Manuscripts and Early Editions, and with an Introduction, References and a short Commentary, New York, 1990.

Yalqut Shim'oni, Ndr. Jerusalem 1967.

Zuckermandel M. S., Tosephta, Based on the Erfurt and Vienna Codices with Parallels and Variants, Jerusalem 1970.

Übersetzungen

Dietzfelbinger Ch., Pseudo Philo, Antiquitates Biblicae (JSHRZ II/2), Gütersloh 1975.

Freedman H. / Simon M., Midrash Rabbah, translated into English with Notes, Glossary and Indices, Bd. 1-2, Genesis, London 1939, ³1961.

Neusner J., Genesis Rabbah, The Judaic Commentary to the Book of Genesis, A New American Translation, 3 Bde., Atlanta 1985.

Neusner J., The Talmud of the Land of Israel, A Preliminary Translation and Explanation, Volume 31, Sanhedrin and Makkot, Chicago / London 1984.

Wewers G. A., Sanhedrin Gerichtshof, Übersetzung des Talmud Yerushalmi (IV/4), Tübingen 1981.

Wünsche A., Bibliotheca Rabbinica, Bd. I, Der Midrasch Kohelet / Der Midrasch Bereschit Rabba, Das ist die haggadische Auslegung der Genesis, Leipzig 1880, Ndr. Hildesheim u.a. 1993.

Wörterbücher und Konkordanzen

Allen, R. E. (Hrsg.), The Concise Oxford Dictionary of Current English, Oxford ⁸1990.

Ben Yehuda E., A. Complete Dictionary of Ancient and Modern Hebrew, 8 Bde., New York / London 1959.

Brockhaus/Wahrig, Deutsches Wörterbuch, hrsg. von Wahrig G., Krämer H., Zimmermann H., 6 Bde., Stuttgart 1984.

Dalman G. H., Aramäisch-Neuhebräisches Handwörterbuch zu Targum, Talmud und Midrasch, Mit Lexikon der Abbreviaturen von G. H. Händler und einem Verzeichnis der Mischna-Abschnitte, 2. verb. Aufl. Frankfurt a.M. 1922, 3. unv. Aufl. Göttingen 1938, 2. Ndr. Hildesheim u.a. 1987.

Duden, Das Grosse Wörterbuch der deutschen Sprache, 2. völlig neu bearbeitete und stark erweiterte Aufl., hrsg. von Drosdowski G. und anderen, 8 Bde., Mannheim u.a. ²1995.

Even-Shoshan A., Ham-Millon heḫadash bi-shloshah kerakhim, 3 Bde., Jerusalem [14]1982.

Fabry H.-J. und Ringgren H. (Hrsg.), Theologisches Wörterbuch zum Alten Testament, in Verbindung mit Anderson G. W., Cazelles H., Freedman D. N., Talmon Sh., und Wallis G., begründet von Botterweck G. J., und Ringgren H., 8 Bde., Stuttgart / Berlin / Köln 1973-1995.

Gesenius W., Hebräisches und Aramäisches Handwörterbuch über das Alte Testament, Berlin / Göttingen / Heidelberg [17]1915, Ndr. 1962.

Grimm J. und Grimm W., Deutsches Wörterbuch, Hrsg. von der Deutschen Akademie der Wissenschaften zu Berlin, 16 Bde., Leipzig 1854-1914, Ndr. Leipzig 1956.

Jastrow M., A Dictionary of the Targum, the Talmud Babli and Yerushalmi and the Midrashic Literature, 2 Bde., London 1886-1903, Ndr. New York 1950.

Jenni E. / Westermann C., (Hrsg.), Theologisches Handwörterbuch zum Alten Testament (THAT), 2 Bde., München / Zürich [4]1984.

Kasovski B., Otzar Leshon Hatanna'im, Concordantiae Verborum quae in Mechilta d'Rabbi Ismael reperiuntur, 4 Bde., Hierosolymis 1965.

Kasovski B., Otzar Leshon Hatanna'im, Concordantiae Verborum quae in Sifra or Torat Kohanim reperiuntur, 4 Bde., Hierosolymis 1967.

Kasovski B., Otzar Leshon Hatanna'im, Thesaurus „Sifrei", Concordantiae Verborum quae in („Sifrei" Numeri et Deuteronomium) reperiuntur, 4 Bde., Hierosolymis 1972.

Kasovski C. J. (hrsg. Kasovski M.), Thesaurus Talmudis, Concordantiae Verborum quae in Talmude Babylonico reperiuntur, 41 Bde., Hierosolymis 1963.

Kasovski C. Y. (hrsg. Kasovski B.), Thesaurus Mishnae, Concordantiae Verborum quae in sex Ordinibus Mishnae reperiuntur, 4 Bde., Tel Aviv 1957, 1967.

Kasovski M., Concordance to the Talmud-Yerushalmi (Palestinian Talmud), Bd. 3, Jerusalem 1984.

Levy J., Wörterbuch über die Talmudim und Midraschim, 4. Bde., Darmstadt (Berlin und Wien) [2]1924.

Mandelkern S., Veteris Testamenti Concordantiae Hebraicae atque Chaldaicae, Lipsiae 1896, Ndr. o.O. u. o.D.

Neusner J. / Green W. S. (Hrsg.), Dictionary of Judaism in the Biblical Period, 450 B.C.E. to 600 C.E., Volume 2, New York 1996.

The Oxford English Dictionary, Prepared by Simpson J. A. and Weiner E. S. C., 20 Bde., Oxford ^{2}1989

Paul H., Deutsches Wörterbuch, Tübingen ^{9}1992.

Urdang L., The Oxford Thesaurus, An A-Z Dictionary of Synonyms, Oxford 1991.

Wahrig G., Deutsches Wörterbuch, neu herausgegeben von Wahrig-Burfeind R. und anderen, Gütersloh ^{5}1994.

Kommentare

Elliger K., Deuterojesaja, Jesaja 40,1-45,7 (BK XI/1), Neukirchen-Vluyn ^{2}1989.

Noth M., Könige, 1. Könige 1-16 (BK IX/1), Neukirchen-Vluyn ^{2}1983.

Plöger O., Sprüche Salomos (Proverbia) (BK XVII), Neukirchen-Vluyn 1984.

Rendtorff R., Leviticus (BK III/3), Neukirchen-Vluyn 1992.

Westermann C., Genesis, Genesis 1-11 (BK I/1), Neukirchen-Vluyn ^{3}1983.

Westermann C., Genesis, Genesis 12-36 (BK I/2), Neukirchen-Vluyn 1981.

Weiser A., Das Buch Jeremia (ATD 20/21), Göttingen ^{8}1981.

Wildberger H., Jesaja, Jesaja 1-12 (BK X/1), Neukirchen-Vluyn ^{2}1980.

Wildberger H., Jesaja, Jesaja 28-39 (BK X/3), Neukirchen-Vluyn 1982.

Sonstige Literatur

Avemarie F., Semantische Überlegungen zu b^{e}rît in der rabbinischen Literatur, in: Bund und Tora. Zur theologischen Begriffsgeschichte in alttestamentlicher, frühjüdischer und urchristlicher Tradition, hrsg. von F. Avemarie und H. Lichtenberger (WUNT 92), 1996.

Egger P., Von den Middot des Rechts und der Barmherzigkeit, (maschinenschriftliche Akzessarbeit), Bern 1983.

Eliade M. (Hrsg.), The Encyclopedia of Religion, Bd 9, New York / London 1987.

Encyclopaedia of Religion and Ethics, Edited by Hastings J. with the assistance of Selbie J. A. and Gray L. H., Bd. 8, Edinburgh / New York [4]1958.

Ginzberg L., The Legends of the Jews, 7 Bde., Philadelphia [7]1968.

Jüdisches Lexikon, Ein enzyklopädisches Handbuch des jüdischen Wissens in vier Bänden, Begründet von Herlitz D. G. und Kirschner B., 4. Bde., Frankfurt a.M. [2]1987.

Küchler M., Frühjüdische Weisheitstraditionen, Zum Fortgang weisheitlichen Denkens im Bereich des frühjüdischen Jahweglaubens (OBO 26), Freiburg (CH) / Göttingen 1979.

Kuhn P., Gottes Trauer und Klage in der rabbinischen Überlieferung (Talmud und Midrasch) (AGJU XIII), Leiden 1978.

Mach R., Der Zaddik in Talmud und Midrasch, Leiden 1957.

Maier J., Geschichte der jüdischen Religion (GLB), Berlin / New York 1972.

Marmorstein A., The Doctrine of Merits in Old Rabbinical Literature, London 1920.

Moore G. F., Judaism in the first Centuries of the Christian Era, the Age of the Tannaim, 3 Bde., Cambridge 1946.

Neusner J., Systemic Integration and Theology, The Concept of Zekhut in formative Judaism, in: The Tablet and the Scroll, Near Eastern Studies in Honor of William W. Hallo, edited by Cohen M. E., Snell D. C., Weisberg D. B., Bethesda (Maryland) 1993.

Nissen A., Gott und der Nächste im antiken Judentum, Tübingen 1974.

Rad von G., Theologie des Alten Testaments, München [8]1982.

Die Religion in Geschichte und Gegenwart, Handwörterbuch für Theologie und Religionswissenschaft. Dritte, völlig neu bearbeitete Aufl. in Gemeinschaft mit Frhr. v. Campenhausen H., Dinkler E., Gloege G. und Løgstrup K. E., hrsg. von Galling K., Bd. 6, Tübingen [3]1962.

Remaud M., Le mérite des pères dans la tradition juive ancienne et dans la liturgie synagogale. Thèse présentée pour l'obtention du doctorat en science théologique, Paris 1992.

Sanders E. P., Paul and Palestinian Judaism. A Comparison of Patterns of Religion, London / Philadelphia [2]1981; deutsch: Paulus und das palästinische Judentum. Ein Vergleich zweier Religionsstrukturen (StUNT 17), Göttingen 1985.

Schechter S., Aspects of Rabbinic Theology, Major Concepts of the Talmud, New York (1909) Ndr. 1961.

Sperber D., Nautica Talmudica, Jerusalem 1986.

Stamm J. J., Erlösen und Vergeben im Alten Testament, Bern 1940.

Strack H. L. / Billerbeck P., Kommentar zum Neuen Testament aus Talmud und Midrasch, 5 Bde., München ^{9}1986.

Strack H. L., / Stemberger G., Einleitung in Talmud und Midrasch, München ^{7}1982.

Thoma C. / Lauer S., Die Gleichnisse der Rabbinen, Zweiter Teil, Von der Erschaffung der Welt bis zum Tod Abrahams: Bereschit Rabba 1-63, Bern u.a. 1991.

Urbach E. E., The Sages, their Concepts an Beliefs, 2 Bde., Jerusalem ^{2}1979, Ndr. 1987.

Bibelstellen (in Auswahl)

Rabbinische Stellen

Namen und Sachen (in Auswahl)

Verbindungen mit z^{e}*khut*

(Die Seitenangaben beziehen sich ausschliesslich auf die rabbinischen Textbeispiele.)

Bd. 1 MAX KÜCHLER, Schweigen, Schmuck und Schleier. Drei neutestamentliche Vorschriften zur Verdrängung der Frauen auf dem Hintergrund einer frauenfeindlichen Exegese des Alten Testaments im antiken Judentum. XXII + 542 Seiten, 1 Abb. 1986. [vergriffen]

Bd. 2 MOSHE WEINFELD, The Organizational Pattern and the Penal Code of the Qumran Sect. A Comparison with Guilds and Religious Associations of the Hellenistic-Roman Period. 104 Seiten. 1986.

Bd. 3 ROBERT WENNING, Die Nabatäer – Denkmäler und Geschichte. Eine Bestandesaufnahme des archäologischen Befundes. 364 Seiten, 50 Abb., 19 Karten. 1986. [vergriffen]

Bd. 4 RITA EGGER, Josephus Flavius und die Samaritaner. Eine terminologische Untersuchung zur Identitätsklärung der Samaritaner. 4 + 416 Seiten. 1986.

Bd. 5 EUGEN RUCKSTUHL, Die literarische Einheit des Johannesevangeliums. Der gegenwärtige Stand der einschlägigen Forschungen. Mit einem Vorwort von Martin Hengel. XXX + 334 Seiten. 1987.

Bd. 6 MAX KÜCHLER/CHRISTOPH UEHLINGER (Hrsg.), Jerusalem. Texte – Bilder – Steine. Im Namen von Mitgliedern und Freunden des Biblischen Instituts der Universität Freiburg Schweiz herausgegeben... zum 100. Geburtstag von Hildi + Othmar Keel-Leu. 240 S., 62 Abb.; 4 Taf.; 2 Farbbilder. 1987.

Bd. 7 DIETER ZELLER (Hrsg.), Menschwerdung Gottes – Vergöttlichung von Menschen. 8 + 228 Seiten, 9 Abb., 1988.

Bd. 8 GERD THEISSEN, Lokalkolorit und Zeitgeschichte in den Evangelien. Ein Beitrag zur Geschichte der synoptischen Tradition. 10 + 338 Seiten. 1989.

Bd. 9 TAKASHI ONUKI, Gnosis und Stoa. Eine Untersuchung zum Apokryphon des Johannes. X + 198 Seiten. 1989.

Bd. 10 DAVID TROBISCH, Die Entstehung der Paulusbriefsammlung. Studien zu den Anfängen christlicher Publizistik. 10 + 166 Seiten. 1989.

Bd. 11 HELMUT SCHWIER, Tempel und Tempelzerstörung. Untersuchungen zu den theologischen und ideologischen Faktoren im ersten jüdisch-römischen Krieg (66–74 n. Chr.). XII + 432 Seiten. 1989.

Bd. 12 DANIEL KOSCH, Die eschatologische Tora des Menschensohnes. Untersuchungen zur Rezeption der Stellung Jesu zur Tora in Q. 514 Seiten. 1989.

Bd. 13 JEROME MURPHY-O'CONNOR, O.P., The Ecole Biblique and the New Testament: A Century of Scholarship (1890–1990). With a Contribution by Justin Taylor, S.M. VIII + 200 Seiten. 1990.

Bd. 14 PIETER W. VAN DER HORST, Essays on the Jewish World of Early Christianity. 260 Seiten. 1990.

Bd. 15 CATHERINE HEZSER, Lohnmetaphorik und Arbeitswelt in Mt 20,1–16. Das Gleichnis von den Arbeitern im Weinberg im Rahmen rabbinischer Lohngleichnisse. 346 Seiten. 1990.

Bd. 16 IRENE TAATZ, Frühjüdische Briefe. Die paulinischen Briefe im Rahmen der offiziellen religiösen Briefe des Frühjudentums. 132 Seiten. 1991.

Bd. 17 EUGEN RUCKSTUHL/PETER DSCHULNIGG, Stilkritik und Verfasserfrage im Johannesevangelium. Die johanneischen Sprachmerkmale auf dem Hintergrund des Neuen Testaments und des zeitgenössischen hellenistischen Schrifttums. 284 Seiten. 1991.

Bd. 18 PETRA VON GEMÜNDEN, Vegetationsmetaphorik im Neuen Testament und seiner Umwelt. Eine Bildfelduntersuchung. XII + 558 Seiten. 1991.

Bd. 19 MICHAEL LATTKE, Hymnus. Materialien zu einer Geschichte der antiken Hymnologie. XIV + 510 Seiten. 1991.

Bd. 20 MAJELLA FRANZMANN, The Odes of Solomon. An Analysis of the Poetical Structure and Form. XXVIII + 460 Seiten. 1991.

Bd. 21 LARRY P. HOGAN, Healing in the Second Temple Period. 356 Seiten. 1992.

Bd. 22 KUN-CHUN WONG, Interkulturelle Theologie und multikulturelle Gemeinde im Matthäusevangelium. Zum Verhältnis von Juden- und Heidenchristen im ersten Evangelium. 236 Seiten. 1992.

Bd. 23 JOHANNES THOMAS, Der jüdische Phokylides. Formgeschichtliche Zugänge zu Pseudo-Phokylides und Vergleich mit der neutestamentlichen Paränese XVIII + 538 Seiten. 1992.

Bd. 24 EBERHARD FAUST, Pax Christi et Pax Caesaris. Religionsgeschichtliche, traditionsgeschichtliche und sozialgeschichtliche Studien zum Epheserbrief. 536 Seiten. 1993.

Bd. 25 ANDREAS FELDTKELLER, Identitätssuche des syrischen Urchristentums. Mission, Inkulturation und Pluralität im ältesten Heidenchristentum. 284 Seiten. 1993.

Bd. 26 THEA VOGT, Angst und Identität im Markusevangelium. Ein textpsychologischer und sozialgeschichtlicher Beitrag. XIV + 274 Seiten. 1993.

Bd. 27 ANDREAS KESSLER/THOMAS RICKLIN/GREGOR WURST (Hrsg.), Peregrina Curiositas. Eine Reise durch den orbis antiquus. Zu Ehren von Dirk Van Damme. X + 322 Seiten. 1994.

Bd. 28 HELMUT MÖDRITZER, Stigma und Charisma im Neuen Testament und seiner Umwelt. Zur Soziologie des Urchristentums. 344 Seiten. 1994.

Bd. 29 HANS-JOSEF KLAUCK, Alte Welt und neuer Glaube. Beiträge zur Religionsgeschichte, Forschungsgeschichte und Theologie des Neuen Testaments. 320 Seiten. 1994.

Bd. 30 JARL E. FOSSUM, The Image of the invisible God. Essays on the influence of Jewish Mysticism on Early Christology. X + 190 Seiten. 1995.

Bd. 31 DAVID TROBISCH, Die Endredaktion des Neuen Testamentes. Eine Untersuchung zur Entstehung der christlichen Bibel. IV + 192 Seiten. 1996.

Bd. 32 FERDINAND ROHRHIRSCH, Wissenschaftstheorie und Qumran. Die Geltungsbegründungen von Aussagen in der Biblischen Archäologie am Beispiel von Chirbet Qumran und En Feschcha. XII + 416 Seiten. 1996.

Bd. 33 HUBERT MEISINGER, Liebesgebot und Altruismusforschung. Ein exegetischer Beitrag zum Dialog zwischen Theologie und Naturwissenschaft. XII + 328 Seiten. 1996.

Bd. 34 GERD THEISSEN / DAGMAR WINTER, Die Kriterienfrage in der Jesusforschung. Vom Differenzkriterium zum Plausibilitätskriterium. XII + 356 Seiten. 1997.

Bd. 35 CAROLINE ARNOULD, Les arcs romains de Jérusalem. 368 pages, 36 Fig., 23 Planches. 1997.

Bd. 36 LEO MILDENBERG, Vestigia Leonis. Studien zur antiken Numismatik Israels, Palästinas und der östlichen Mittelmeerwelt. XXII + 266 Seiten, Tafelteil 144 Seiten. 1998.

Bd. 37 TAESEONG ROH, Die «familia dei» in den synoptischen Evangelien. Eine redaktions- und sozialgeschichtliche Untersuchung zu einem urchristlichen Bildfeld. ca. 272 Seiten. 1998. (in Vorbereitung)

Bd. 38 SABINE BIEBERSTEIN, Verschwiegene Jüngerinnen – vergessene Zeuginnen. Gebrochene Konzepte im Lukasevangelium. XII + 324 Seiten. 1998.

Bd. 39 GUDRUN GUTTENBERGER ORTWEIN, Status und Statusverzicht, im Neuen Testament und seiner Umwelt. VIII + 372 Seiten. 1999.

Bd. 40 MICHAEL BACHMANN, Antijudaismus im Galaterbrief? Beiträge zur Exegese eines polemischen Schreibens und zur Theologie des Apostels Paulus. X + 238 Seiten. 1999.

Bd. 41/1 MICHAEL LATTKE, Oden Salomos. Text, Übersetzung, Kommentar. Teil 1. Oden 1 und 3–14. XII + 312 Seiten. 1999.

Bd. 42 RALPH HOCHSCHILD, Sozialgeschichtliche Exegese. Entwicklung, Geschichte und Methodik einer neutestamentlichen Forschungsrichtung. VIII + 308 Seiten. 1999.

Bd. 43 PETER EGGER, Verdienste vor Gott? Der Begriff *z^ekhut* im rabbinischen Genesiskommentar Bereshit Rabba. VII + 440 Seiten. 2000.

UNIVERSITÄTSVERLAG FREIBURG SCHWEIZ
VANDENHOECK & RUPRECHT GÖTTINGEN

ORBIS BIBLICUS ET ORIENTALIS (eine Auswahl)

Bd. 25/1 MICHAEL LATTKE: Die Oden Salomos in ihrer Bedeutung für Neues Testament und Gnosis. Band I. Ausführliche Handschriftenbeschreibung. Edition mit deutscher Parallel-Übersetzung. Hermeneutischer Anhang zur gnostischen Interpretation der Oden Salomos in der Pistis Sophia. XI + 237 Seiten. 1979.

Bd. 25/1a MICHAEL LATTKE: Die Oden Salomos in ihrer Bedeutung für Neues Testament und Gnosis. Band Ia. Der syrische Text der Edition in Esṭrangelā. Faksimile des griechischen Papyrus Bodmer. XI + 68 Seiten. 1980.

Bd. 25/2 MICHAEL LATTKE: Die Oden Salomos in ihrer Bedeutung für Neues Testament und Gnosis. Band II. Vollständige Wortkonkordanz zur handschriftlichen griechischen, koptischen, lateinischen und syrischen Überlieferung der Oden Salomos. Mit einem Faksimile des Kodex N. XVI + 201 Seiten. 1979.

Bd. 25/3 MICHAEL LATTKE: Die Oden Salomos in ihrer Bedeutung für Neues Testament und Gnosis. Band III. Forschungsgeschichtliche Bibliographie 1799–1984 mit kritischen Anmerkungen. Mit einem Beitrag von Majella Franzmann. A Study of the Odes of Solomon with Reference to the French Scholarship 1909–1980. XXXIV + 478 Seiten. 1986.

Bd. 25/4 MICHAEL LATTKE: Die Oden Salomos in ihrer Bedeutung für Neues Testament und Gnosis. Band IV. XII + 284 Seiten. 1998.

Bd. 76 JOŽE KRAŠOVEC: La justice (Ṣdq) de Dieu dans la Bible hébraïque et l'interprétation juive et chrétienne. 456 pages. 1988.

Bd. 90 JOSEPH HENNINGER: Arabica varia. Aufsätze zur Kulturgeschichte Arabiens und seiner Randgebiete. Contributions à l'histoire culturelle de l'Arabie et de ses régions limitrophes. 504 Seiten. 1989.

UNIVERSITÄTSVERLAG FREIBURG SCHWEIZ
VANDENHOECK & RUPRECHT GÖTTINGEN

Zum Buch:

Bei der Frage nach der Bedeutung der Verdienste vor Gott in der rabbinischen Literatur spielt das Verständnis des Begriffs *z*^{e}*khut* eine entscheidende Rolle. Diese Arbeit untersucht die Bedeutung von *z*^{e}*khut* in Midrasch Bereshit Rabba sowie vier weiteren Texten aus dem Talmud Jerushalmi und stellt sich inbesonders die Frage, ob dieses hebräische Wort mit dem deutschen Wort «Verdienst» übersetzt und mit dessen Konnotationen versehen werden kann und darf. Die Analyse aller Texte ergibt deutlich, dass die *z*^{e}*khut*-Texte stets in einem grossen und fundamentalen Kontext von Erwählung und Gnade stehen, wobei die Rabbinen das theologische Paradox von Gnade und antwortender Glaubenspraxis («Werke», «Verdienste») geduldig austragen. – Die oft schwierigen rabbinischen Texte werden dabei durch eine wörtliche Übersetzung und eine die sprachliche Verschlüsselung der Rabbinen auflösende Präsentierung auch für Leser und Leserinnen ohne Spezial- oder Hebräischkenntnisse zugänglich gemacht, so dass hier ein besonders für Christen lehrreicher Einblick in den Reichtum rabbinischer Theologie angeboten ist.